Environmental Policy

환경정책론

윤 경 준

제2판

DY 도서출판 대영문화사

제2판 머리말

이 책이 처음 출간된 지 4년여가 지났다. 그간 여러 대학에서 수업교재로 활용되는 등 분에 넘치는 사랑을 받은 것 같다. 이 책을 사용하고 필자에게 의견을 주신 분들께 먼저 감사 인사를 드리고 싶다.

돌이켜보면 지난 4년은 여느 4년과는 달랐다. 이 책이 출간된 지 얼마 지나지 않은 2019년 12월에 코로나19가 발병하여 대유행하면서 인류문명에 적지 않은 상흔을 남겼기 때문이다. 코로나19는 2023년 10월까지 약 7.7억 명의 확진자와 약 7백만 명의 사망자를 발생시켰다. 인류가 만들고 자랑해 왔던 지식과 첨단기술들이 하나의 바이러스 앞에서 어쩔 줄 몰라 했고, 눈에 보이지 않는, 어쩌면 하찮게 생각해 왔던 미지의 존재로 인해 사람들의 일상과 일하는 방식이 크게 변했다. 2023년 5월 세계보건기구가 코로나19 대유행의 공식적 종료를 선언했으나, 이것으로 인류가 안전해졌다고 믿는 사람들은 별로 없는 듯하다. 과학자들이 경고하는 바와 같이 기후변화를 비롯한 환경파괴로 인해 코로나19와 같은 전염병이 향후 더 자주 발생할 전망이기 때문이다. 2022년 발표된 한 연구에 따르면, 인류가 밝혀낸 모든 전염병 375개 중에서 218개가 기후변화로 인해 악화하고 있다. 코로나 대유행을 겪으면서, 환경파괴가 이처럼 파괴적인 전염병을 가져올 수 있고 이런 일이 이전보다 자주 발생할 수 있겠다고 생각하는 사람들도 많이 증가했다. 이러한 생각이 환경보호 행동으로 이어질 수 있기를 필자는 간절히 소망한다.

제2판을 준비하면서 역점을 둔 사항들은 크게 두 가지다. 첫째, 초판의 내용을 전반적으로 업데이트하기 위해 노력했다. 최근에 제시된 문헌이나 데이터를 추가하면서 내용을 보완했고, 문맥이나 문장을 전반적으로 가다듬는 작업을 병행했다. 초판에 있던 내용 중 일부를 삭제하거나 다른 내용으로 대체하기도 했다. 둘째, 우리나라의 분야별 환경정책을 다룬 제4부를 대폭 보완하고 편제도 변경했다. 초판에서 4개 장으로 구성했던 제4부를 5개 장으로 재편했고, 이 과정에서 결과적으로 분량도 상당히 증가하게 되었다. 특히 제11장에 '린치핀 환경정책'이라는 제목을 붙인 것은 다소 모험적이라고 생각한다. 필자는 지속가능발전 추구, 기후변화 대응, 순환경제사회로의 전환을 우리나라의 환경정책뿐만 아니라 국가정책 전반을 선도하는 주요 정책으로 구분해 왔다. 초판에서도 이 정책들은 제11장에 함께 담겼었는데, 제2판에서는 이 정책들의 중요성을 더욱 강조하는 차원에서 린치핀으로 규정한 것이다. 새로운 시도에 대한 독자들의 평가를 겸허한 마음으로 기다린다.

대중적인 책이 아님에도 불구하고, 이 책의 출판을 맡아주신 대영문화사에 감사드린다. 특히 초판이 나온 직후부터 자주 소통하면서 제2판 출간을 독려하고 출판 일정을 잘 관리해 주신 임현준 부장님과 직원들의 노고에 감사드린다.

2024년 1월
윤경준 드림

초판 머리말

이 책은 비교적 뚜렷한 목표를 바탕으로 집필되었다. 학부나 대학원에서 한 학기 동안 환경정책을 강의하는 데 이 책이 활용될 수 있다면 필자의 집필목적이 충족되는 셈이다. 이런 차원에서 환경정책과 관련한 기초지식 및 정책수단들을 충실히 담는 데 초점을 맞추어 모두 4부 14장으로 구성했다.

제1부에서는 환경문제와 환경정책을 개관했다. 환경문제의 특성 및 오염종류, 환경위기의 원인, 환경정책의 본질, 환경정책수단의 유형 등을 차례로 논의했다. 제2부에서는 환경문제에 대한 지구 차원의 대응양식을 논의했다. 지구환경논의의 흐름과 국제환경협약에 대해 설명하고, 기후변화, 생물다양성, 사막화 등 주요 국제환경레짐에 대해 정리했다. 제3부는 한국 환경정책의 맥락과 기반을 파악하는 데 할애되었다. 한국의 자연환경 및 사회경제적 환경을 살펴보고, 환경오염의 현황과 환경성과를 정리했다. 또한 한국 환경정책의 전개를 시기구분을 통해 고찰하고, 법, 행정조직, 재정 측면에서 환경정책의 추진기반을 논의했다. 제4부에서는 한국의 분야별 환경정책을 다루었다. 환경정책을 국가지속가능성 강화, 환경의 질 개선, 환경안전 강화, 자연환경 및 생태계 보전 등 네 개 영역으로 구분하고, 영역별로 세부정책들을 소개하고 설명했다.

필자는 최근의 환경정책 흐름까지 이 책에 담고자 노력했다. 그러나 환경문제를 둘러싼 국내·외 변동성이 워낙 크기 때문에, 이 책의 내용 중 적지 않은 부분들이 현실과 부합하지 못하는 상황에 조만간 당면하게 될 것이다. 여건이 허락하는 한 주기적인 개정을 통해 이 문제를 보완해 나갈 생각이다. 그런 의미에서 이 책은 끝이 아니라 시작이라 할 것이다. 이 책의 구성과 내용 및 오류에 관한 독자들의 비판과 조언을 겸허한 마음으로 기다리며 진심으로 환영한다는 점을 말씀드린다.

책을 쓰면서 두 가지 감상을 갖게 되었다. 하나는 고마움이다. 지난 20여 년 간 환경정책론 강의를 위해 필자가 사용했던 교재들을 만든 선배학자들의 노고에 대해 새삼 고마운 마음을 금할 길 없다. 이 책은 그분들의 노력들을 바탕으로 집필될 수 있었다. 이제라도 그분들의 노고에 동참할 수 있게 되어 다행이라 생각한다. 다른 하나는 깨달음이다. 나름 오랫동안 환경정책을 강의했음에도 불구하고, 여전히 무지하고 부족한 나 자신을 발견하게 되었다. 이제라도 깨달았으니 이 역시 다행이라 생각한다.

학업의 길에 들어서고 교단에 설 수 있게 도와주신, 그리고 필자의 인생을 즐겁고 풍요롭게 만들어주신 많은 분들이 있었다. 일일이 호명할 수는 없지만 지면을 통해 깊은 감사의 말씀을 전하며 그분들의 행복을 기원한다. 특히 한국연구재단의 지원을 받아 운영되는 연세대학교 SSK미래정부연구센터, 그리고 문명재 교수와 나태준 교수를 비롯한 참여연구진에게 감사드린다. 훌륭한 연구자들과의 다양한 교류와 협업을 통해 큰 경험과 영감을 얻을 수 있었다. 아울러 이 책을 집필하는 데 센터의 도움이 있었음을 밝힌다. 필자가 몸담고 있는 한성대학교가 베풀어 준 각종 지원에 대해, 그리고 행정학과 동료교수들이 보여준 끈끈한 우정에 대해서도 감사드린다. 상업적 가치보다는 필자의 진지함과 환경문제의 중요성을 높게 평가하여, 이 책의 출판을 흔쾌히 맡아주신 대영문화사 임춘환 사장님과 임현준 과장님을 비롯한 임직원들께 심심한 감사의 뜻을 표한다.

항상 든든하게 곁을 지켜주고 있는 가족들에게 평소 잘 표현하지 못했던 감사와 사랑의 마음을 전하고 싶다. 이 책이 부모님과 형제들, 아내 혜정, 그리고 두 아들 성재와 성률에게 조그만 보답이자 선물이 될 수 있다면 필자에게는 더할 나위 없는 기쁨이 될 것이다.

2019년 6월 5일 '세계환경의 날'에 즈음하여
윤경준 드림

차례

제 1 부
환경문제와 환경정책

제 1 장 인간과 환경

제 2 장 환경위기의 현황과 원인

제2부
환경문제에 대한 지구적 대응

제 5 장 지구환경논의의 흐름

차례

제3부
한국 환경정책의 맥락과 기반

제 8 장 한국의 환경현황

제 9 장 한국 환경정책의 전개

제 10 장 한국 환경정책의 추진기반

제4부
한국의 분야별 환경정책

제 11 장 린치핀 환경정책

차례

차례

제 15 장 자연환경 및 생태계 정책

제 1 부

환경문제와 환경정책

인간과 환경

제 1 절 | 환경문제의 의의

1 환경의 개념과 관점

1) 환경의 개념

환경이란 본래 어떤 대상을 둘러싸고 있는 모든 것들(surroundings)을 통칭하는 용어다. 어떤 대상을 둘러싸고 있는 물질적 또는 비물질적, 가시적 또는 비가시적, 생물적 또는 비생물적인 모든 것들을 통칭해서 환경이라 부를 수 있다. 여기서 환경이 둘러싸고 있는 대상이 반드시 사람일 필요는 없다. 예를 들어, 국가는 특유의 정치적, 경제적, 사회적, 문화적, 자연적 환경 속에 놓이게 되고 기업도 마찬가지다. 모든 존재는 저마다 특유의 환경에 처하기 마련이고, 그 환경에 적응하거나 이를 극복하면서 생존을 유지한다. 어떤 경우에는 생존을 위해 환경을 변화시키기도 한다.

물론 환경정책이 대상으로 하는 환경은 이보다 훨씬 협소한 것이다. 우리나라 환경정책의 근간 법률인 「환경정책기본법」 제3조에서는 환경을 자연환경과 생활환경으로 구분한다. 실정법상 환경정책의 대상이 되는 환경은 자연환경과 생활환경이라는 뜻이다. 자연환경은 지하, 지표(해양 포함) 및 지상의 모든 생물, 그리고 이들을 둘러싸고 있는 비생물적인 것을 포함한 자연의 상태(생태계 및 자연경관 포함)를 말한다. 또한 생활환경은 대기, 물, 폐기물, 소음, 진동, 악취, 일조, 인공조명 등 사람의 일상

생활과 관계되는 환경을 말한다. 이러한 구분은 '사람의 일상생활과의 관계성' 정도에 따른 것일 뿐이며(이준서, 2009: 285), 실제로는 자연환경과 생활환경은 매우 밀접하게 연결되어 있다.

환경은 인간의 존재나 복리와 상관없이 그 자체로 중요성을 지닌다. 지구가 생성된 것은 약 45억 년 전이고, 생물이 등장한 것은 약 38억 년 전이며, 현 인류의 조상으로 알려진 호모사피엔스가 등장한 것은 약 20만 년 전이다. 인간이 지구역사에서 차지하는 비중은 0.004%에 지나지 않는 셈이다.[1] 지구 나이를 24시간으로 보면 인간이 지구상에 등장한 것은 오후 11시 59분 56초 정도이다. 그러므로 지구 차원에서 바라보면 최근에 등장하여 조만간 퇴장할 수도 있는 나그네와 같은 인간이 지구환경을 극적으로 변화시키고 파괴하는 것은 가당치 않은 일이다. 환경문제를 이처럼 지구 차원에서 바라본다면 그 해결을 위한 접근과 해법이 어떠해야 하는지도 분명히 인식할 수 있다.

환경이 인간에 미치는 영향을 제대로 인식하게 되면 환경문제는 더욱 심각하고 직접적인 문제로 다가온다. 환경은 인간이 생존하는 공간이다. 인간은 환경이 제공하는 공기를 호흡하고 환경으로부터 식량과 물을 비롯한 생활에 필요한 모든 것들을 얻는다. 이 과정의 저변에는 매우 복잡하고 상호의존적인 물리적, 화학적, 생물학적 시스템이 존재한다. 시스템을 이루는 요소 중 일부라도 그 기능을 상실한다면 인간의 삶의 질이 훼손되거나 심하면 생존이 위협받을 수 있다. 이러한 시스템 속에서는 모든 생물과 비생물이 저마다의 위상과 기능을 갖기 때문에, 환경을 이루는 어떤 것도 소홀히 여겨져서는 안 된다. 우리가 환경문제를 바라볼 때 생태학적 관점을 지녀야 하는 이유도 여기에 있다.

2) 환경문제에 대한 생태학적 관점

환경위기는 생태위기와 긴밀하게 연결되어 있으므로 환경문제 해결에 있어 생태학적 관점을 취하는 것이 중요하다. 생태학(ecology)이라는 용어는 고대 그리스어로 '사는 곳'을 의미하는 'oikos'와 '학문'을 의미하는 'logos'로부터 유래했다. 1866년 독일의 동물학자인 헤켈(Ernst Haeckel, 1834~1919)이 『생물체의 일반 형태론』에서 처음 사용했다(정진호, 2018). 생태학은 '유기체가 자신을 둘러싼 환경과 맺는 관계'를 연구하는 학문이다. 생태계에는 중심이 존재하지 않는다. 세상의 모든 유기체는 동등하며

1) http://www.bbc.co.uk/nature/history_of_the_earth(2019.1.5. 검색)

서로 연결되어 있을 뿐이다.

생태학은 생태계의 보전 및 다양성을 이해할 수 있는 지식을 제공하고, 인간은 자연의 지배자가 아니라 구성원이며, 모든 생물은 생존권을 지니므로 인간이 함부로 위험에 빠뜨려서는 안 된다는 것을 우리에게 일깨운다(진교훈, 1998: 20). 따라서 생태학적 관점에 근거함으로써 우리는 환경문제 해결을 위해 효과적이고 바람직한 대안을 찾을 수 있을 것이다. 이하에서는 생태학의 기본적인 연구대상인 생태계의 구조와 기능에 관해 설명하기로 한다.

(1) 생태계의 구조

생태계(ecosystem)는 영국의 생태학자인 탠슬리(Arthur Tansley, 1871~1955)가 1935년에 처음 제안한 용어로 '상호작용하는 생물 및 그들과 서로 영향을 주고받는 주변의 무생물적 환경'을 하나로 묶어서 부르는 말이다(정진호, 2018). 생태계는 생물 환경(생물적 구조)과 이를 둘러싼 무생물 환경(무생물적 구조)으로 구성된다(강찬수, 1997). 생물은 다양한 단위로 구분되는데, 가장 작은 단위를 개체(individual)라 한다. 한 가지 종의 여러 개체가 모여 개체군(population)을 이룬다. 서로 다른 종의 개체군들이 모여 군집(community)을 이루고 생태계에는 수많은 군집이 존재한다. 무생물 환경은 화학적 성분과 물리적 성분으로 나뉜다. 화학적 성분은 물, 공기, 토양 속에 존재하는 다양한 물질들을 말하는데, 생물은 이 물질들을 흡수하며 성장한다. 화학적 성분에는 산소, 수소, 질소, 탄소 등의 원소, 황, 인, 철 등의 무기물, 단백질, 탄수화물, 지방 등의 유기물 등이 포함된다. 물리적 성분은 온도, 습도, 태양광선, 압력 등이며, 생물마다 그 생존을 위해 특정한 물리적 성분이 필요하다.

한편 생물은 형태에 따라 동물, 식물, 미생물로 구분되며, 생태계 내에서 수행하는 역할에 따라 생산자, 소비자, 분해자로 구분된다. 생물들이 각자의 역할을 담당하는 과정을 통해 끊임없이 물질이 순환되며 생태계가 균형을 유지한다(강찬수, 1997). 생산자는 광합성을 하는 식물들을 말하는데, 수중 생태계의 식물플랑크톤도 여기 포함된다.[2] 광합성을 통해 만들어진 유기물은 생산자를 제외한 모든 생물이 살아갈 수 있는 바탕이 된다. 동물은 소비자다. 스스로 유기물을 합성하지 못하고 외부로부터 유기물을 공급받아야 생존할 수 있기 때문이다. 외부로부터 공급받은 유기물을 소화

2) 광합성이란 태양에너지를 이용하여 무기물인 물이나 이산화탄소로부터 유기물인 탄수화물을 만들어내는 과정이다.

하면서 세포를 만들고 체온을 유지하며 필요한 에너지를 얻는다. 소비자는 1차 소비자인 초식동물과 2차 소비자인 육식동물로 구분할 수 있다. 분해자도 물질과 에너지를 외부로부터 공급받는다는 점에서는 소비자와 같다. 하지만 분해자는 몸 밖에서 다른 생물의 사체 유기물을 분해하여 잘게 나눈 다음 흡수한다는 점에서 다르다. 미생물들인 세균, 곰팡이, 바이러스, 원생동물 등이 분해자에 해당한다. 이들은 유기물을 분해하여 물, 이산화탄소 등의 무기물로 되돌려 놓는다. 생산자가 다시 광합성을 할 수 있도록 원료를 제공하는 것이다.

(2) 생태계의 기능

생태계가 수행하는 기능들을 바탕으로 생명체가 유지되는데, 이러한 기능들에는 다음과 같은 것들이 있다(강찬수, 1997; 정진호, 2018).

첫째, 먹이사슬을 형성하고 에너지를 전달한다. 생산자, 소비자, 분해자도 각각 종류가 다양하므로 먹이사슬은 매우 복잡한 구조를 지니게 된다.[3] 이러한 복잡성 때문에 하나의 생물 개체군이 감소하더라도 전체 먹이사슬이 안정적으로 유지될 수 있는 것이다. 먹이사슬을 통해 에너지가 전달됨으로써 생물이 생존하고 생태계가 유지된다. 태양에너지는 식물에 의해 화학에너지(유기물)로 전환되고, 이것이 소비자에게 전달된다. 이때 식물이 사용하는 태양에너지는 지표면에 도달한 전체 태양에너지의 0.8% 정도다. 일반적으로 한 영양단계에 유입된 에너지는 먹이사슬의 다음 단계로 전달되면서 그 양이 감소한다. 즉, 생태학적 효율(ecological efficiency)이 감소하는 것이다.[4] 예를 들어, 1차 소비자는 식물로부터 받은 에너지의 10~20%만 체내에 축적하고, 나머지는 호흡이나 활동 등으로 소비한다.

둘째, 물질을 순환시킨다. 먹이사슬을 통한 에너지전달 과정은 물질순환을 동반한다. 예컨대, 유기물 구성에 있어 핵심인 탄소(C)의 순환은 다음과 같이 이루어진다. 식물이 광합성을 통해 무기물인 이산화탄소를 유기물로 바꾸고 소비자인 초식동물이 이를 섭취한다.[5] 섭취된 유기물 중 일부는 동물의 몸을 구성하는 데 활용되고, 나머

---

3) 먹이사슬(food chain) 대신에 먹이그물(food web)이라는 용어를 사용하기도 한다.

4) 생태학적 효율이란 한 영양단계의 생물체를 구성하고 있는 화학에너지 중에서 다음 영양단계의 생물체 구성에 포함되는 화학에너지 비율을 의미한다.

5) 유기물(organic compound)은 일반적으로 탄소 원자를 갖는 화합물을 통칭한 것이다. 탄수화물, 지방, 단백질 등이 대표적인 유기물이다. 화학적으로 모든 유기물은 탄소성분을 가지고 있고 탄소성분이 산소, 질소, 수소, 황, 인 등의 물질들과 결합한 형태를 지니고 있으므로, 모든 유기물은 탄소화합물이다. 하지만 유기물과 무기물을 탄소성분 유무로만 구분할 수는 없다. 탄소성분을 갖는 일

지 대부분은 호흡을 통해 이산화탄소로 되돌려진다. 또한 동물이 죽으면 분해자는 사체를 분해하게 되고, 이 과정에서 이산화탄소가 생성되어 공기 중으로 되돌려진다. 되돌려진 이산화탄소는 다시 광합성에 활용됨으로써 탄소순환이 반복되는 것이다. 탄소 이외에 질소(N), 인(P), 황(S) 등의 순환도 일정한 경로를 통해 이루어진다.

셋째, 생물의 진화를 가져온다. 45억 년 전 지구가 생성된 초기에는 생물이 살 수 없었다. 화산활동이 활발했고, 태양광선이 여과되지 않고 지표면에 도달하여 자외선의 양도 많았으며, 대기 중 메탄(CH_4)이나 황화수소(H_2S)의 농도가 매우 높았던 것으로 추정된다. 이후 메탄과 황화수소를 이용하여 생존하는 세균이 등장했고, 광합성을 하는 시아노박테리아(Cyanobacteria, 남세균)가 대기 중 이산화탄소 농도를 낮추고 산소 농도를 증가시키는 역할을 했다. 산소가 증가함에 따라 다양한 생물들이 등장했고, 이에 따라 다시 대기 구성이 변화했다. 그리고 변화한 대기가 지구환경에 영향을 미쳐 생물의 진화를 가져왔다. 러브록(James Lovelock, 1919~2022)은 이러한 관점을 담아 그리스신화에 등장하는 '대지의 여신'의 이름을 딴 가이아이론(Gaia Theory)을 제시했다. 지구를 변화에 적응하고 진화해 나가는 하나의 거대한 생명체로 보는 관점이다. 이 이론에 따르면, 지구환경이 생물에 영향을 미치는 것 못지않게 생물도 지구환경에 영향을 미치며, 이렇게 변화된 지구환경이 다시 생물에 영향을 미치는 식으로 지구와 생물이 함께 진화한다.

넷째, 조절기능을 통해 항상성을 확보한다. 생태계는 항상성을 추구한다.[6] 생태계에 오염과 같은 외부충격이 가해질 때 생태계 스스로 자정 능력을 발휘하여 다시 안정적인 상태로 복원하는 것이다. 이러한 자정 능력은 희석, 침전, 분해 등 세 가지 작용을 통해 이루어진다. 하지만 이러한 자정 능력도 한계가 있기 마련이다. 생태계의 자정 능력이 감당하기 어려운 정도의 큰 충격이 가해지는 경우 생태계는 항상성을 잃고 영영 파괴될 수도 있다. 환경오염 등 외부충격을 생태계의 자정 능력 범위 내로 제한해야만 생태계의 지속가능성을 확보할 수 있는 것이다.

산화탄소, 이산화탄소, 탄화칼슘 등은 무기물로 분류된다.

6) 항상성(homeostasis)은 '같음(same)', '일정함(steady)'을 뜻하는 그리스어에서 유래한 것으로, '생물이 생존에 필요한 안정적 조건들을 적극적으로 유지하기 위해 사용하는 일련의 프로세스'를 말한다. 1930년에 물리학자인 월터 캐넌(Walter Cannon, 1871~1945)이 자신의 저서 *The Wisdom of the Body*에서 처음 사용했다(Rodolfo, 2020).

(3) 생태계의 법칙

이상에서 살펴본 생태계의 구조와 기능을 바탕으로 생태계가 운용되는 규칙들이 존재한다고 볼 수 있다. 미국의 저명한 생물학자이자 환경운동가인 커머너(Barry Commoner, 1917~2012)는 1971년 저서 *The Closing Circle*(원은 닫혀야 한다)에서 네 가지 생태계 법칙을 제시했다(Commoner, 1971).

첫째, 모든 것은 다른 모든 것에 연결되어 있다(Everything is connected to everything else). 생태계 내에 존재하는 모든 것들은 상호 밀접하고 순환적인 인과관계 그물 속에 존재하며, 전체적으로 안정적인 관계를 구축하려는 힘을 갖고 있다는 것이다. 이러한 속성은 양면적 의미를 지닌다. 우선 상호 연관되어 있으므로 생태계 내의 특정 부분에서 상당한 변화가 진행된다 해도 생태계 전체는 고도의 회복력(resilience)을 바탕으로 안정성을 유지할 수 있다. 하지만 다른 한편으로는 이러한 변화가 생태계의 회복력을 벗어나는 수준으로 진행될 경우 생태계 전체가 붕괴할 수도 있다. 먹이사슬은 생태계의 이러한 속성을 잘 보여준다. 어느 산에 살쾡이와 토끼가 먹이사슬을 형성하고 있다고 하자. 살쾡이 수가 증가하면 토끼 수는 감소한다. 그러면 먹이 부족으로 살쾡이 수가 감소하게 되고, 이에 따라 토끼 수가 회복된다. 하지만 만일 살쾡이가 토끼를 한 마리도 남기지 않고 다 먹어치웠다면 조만간 살쾡이 역시 모두 사라지게 될 것이다. 이 산의 생태계가 붕괴하는 것이다.

둘째, 모든 것은 어디론가 가야 한다(Everything must go somewhere). 자연계에 존재하는 물질은 영원히 없어지지 않고 장소를 이동할 뿐이라는 것이다. 동물은 호흡을 통해 이산화탄소를 배출하는데, 이산화탄소는 식물 광합성의 필수요소가 된다. 광합성을 통해 식물이 산소를 배출하면 동물은 이를 호흡하여 생명을 유지한다. 이런 관점에 따라 환경오염물질의 이동을 생각해 볼 수 있다. 예를 들어, 수은건전지를 쓰레기통에 버렸다고 하자. 이것이 소각장에 가서 소각되면 수은 증기가 방출되고, 방출된 수은 증기는 비나 눈에 섞여 강이나 호수에 떨어진다. 강이나 호수에 떨어진 수은은 응고되어 바닥에 가라앉게 되고, 이것이 박테리아의 작용으로 메틸수은으로 변한다. 메틸수은은 물에 녹게 되고, 이것을 섭취한 어패류나 물고기의 체내에 축적될 수 있다. 이것을 사람이 먹으면 수은에 중독될 수 있고, 사람이 죽은 후 수은은 다시 자연으로 배출된다. 1950년대 일본에서 발병한 미나마타병은 어패류를 많이 섭취한 사람들이 수은에 중독되면서 신경계통에 심각한 질환을 발생시킨 질병이다. 신일본질소 회사가 생산과정에서 사용한 수은이 유출된 후 생물농축(bioaccumulation)을 통해 인체에 영향을 미친 대표적 사례다.

셋째, 자연이 가장 잘 안다(Nature knows best). 자연에 대한 인위적인 변화는 어떤 것이라도 자연계에 해롭다는 것이다. 현존하는 대부분 생물에는 매우 오랫동안 축적되어 온 생존방식이 체득되어 있다. 무수한 시행착오를 거치며 진화하는 과정을 통해 자신의 생체배열 중 자연환경과 양립할 수 없는 부분을 제거하면서, 현재 최선의 생체배열을 갖게 된 것이다. 이렇게 진화해 온 생물들이 갑작스러운 인위적 변화에 직면한다면 생존하기 어려울 수 있다. 특히 인간이 만든 화학물질이 자연발생적 형태와는 매우 다른 분자구조를 지니고 있어 적절히 분해되지 못하는 경우, 그 물질은 생태계 속에서 순환되지 못하고 어느 지점에 축적되어 생물에 부정적인 영향을 끼칠 가능성이 있다. 오늘날 많은 인위적 화학물질들이 인간에게 돌연변이나 암과 같은 다양한 질병을 발생시키고, 심한 경우 사망을 초래하기도 한다.

넷째, 공짜 점심은 없다(There is no such thing as a free lunch). 생태계는 모두

생물농축 - 보르네오섬의 고양이 공수작전

1955년 어느 날, 인도네시아 보르네오섬의 마을 하늘은 낙하산으로 뒤덮였다. 낙하산에는 고양이가 한 마리씩 대롱대롱 매달려 있었다. 이른바 '고양이 공수작전.' 쥐가 들끓는 마을을 구하려는 세계보건기구(WHO)의 실제 작전이었다. 그 마을 고양이는 다 어디로 갔기에? 도마뱀을 잡아먹고는 죽어갔단다. 도마뱀은 무얼 먹었기에? 바퀴벌레를 잡아먹었다. 바퀴벌레는 무얼 먹었기에? 이렇게 먹이사슬을 타고 내려가 조사해 보니 맨 밑바닥에는 DDT가 있었다. 말라리아 퇴치용으로 모기에게 살포한 DDT가 화근이었다. 기초생물체에 흡입된 오염물질이 2차, 3차 소비자에게 고스란히 옮아가는 '생물농축'의 위험성을 보여주는 '현실의 우화'다.

먹이사슬의 맨 꼭대기에 있는 인간은 '생물농축'의 원인 제공자인 동시에 최대 피해자다. 최고 소비자로서 치르는 숙명의 부메랑이다. 생명체는 '생태학적 효율'이 매우 낮아 몸을 불리자면 쓰는 양보다 훨씬 많이 먹어야 한다. 예컨대, 생태학적 효율이 10%라면 10g의 체중을 늘리려면 100g을 먹어야 한다. 먹이의 영양분만이 아니라 먹이에 농축된 독성물질도 10배 더 먹는 결과를 낳는다. 바다에 유입되는 강물 속 DDT가 0.000002ppm일 때, 동물성 플랑크톤에는 0.04ppm, 작은 물고기에는 0.5ppm, 또 이를 먹는 큰 물고기에는 1.5ppm, 다음 소비자인 바다새에는 20ppm이 쌓인다. 따라서 생선구이를 먹는다 치면, 수백만 배까지 축적된 독성물질을 함께 먹을 수도 있다.

출처: 권귀순(2007)

연결되어 있으므로, 그 속에서 공짜로 얻는 것도 잃는 것도 없다. 자연계로부터 얻은 것에 대해서는 언젠가는 반드시 그 대가를 지불해야 한다는 것이다. 우리가 환경을 파괴하고 자원을 사용하면서 경제발전을 이루고, 이를 바탕으로 당장은 풍요로운 삶을 영위하고 있지만, 이 모든 것들은 결코 공짜가 아니다. 우리 또는 자손들이 결국 그 비용을 지불하게 될 것이다. 따라서 모든 경제활동의 편익과 비용을 산출할 때에는 그 활동에 수반되는 생태적 비용을 함께 고려하여 손익을 따지는 것이 마땅하다. 녹색국민총생산(Green GDP) 개념이 관심을 받는 것도 이 때문이다. 이제까지는 공짜로 여겨졌던 물, 공기, 흙과 같은 환경요소들에 대해서도 경제적 가치가 산정되어야 하고, 그 활용에 따르는 비용을 지불하는 것을 당연하게 여기는 자세가 필요하다.

2 환경문제의 특성과 접근방법

1) 환경문제의 특성

환경문제에 제대로 대처하기 위해서는 지구를 시스템으로 이해할 필요가 있다. 시스템이란 '규칙적으로 상호작용하고 상호의존적인 부분들의 집합으로서 하나의 전체를 이루는 것'(Merriam-Webster 사전) 또는 '함께 작동하는 연결된 사물들이나 장치들의 집합'(Cambridge 사전)으로 정의된다. 즉, 시스템이란 하나의 전체(a whole)인데, 그 안에 상호 연관된 여러 부분, 즉 하위시스템들(subsystems)이 존재하고, 하위시스템들은 전체로서의 시스템이 제대로 작동할 수 있도록 유기적으로 함께 움직인다. 이렇게 볼 때 시스템이란 전체성, 부분들 간의 위계, 상호연관성 등을 기본적 특징으로 지니는 개념이다.

지구도 공기, 물, 흙 등의 환경매체들, 물리적, 화학적, 생물학적 작용들, 정치, 사회, 경제, 문화적 제도들 등 수많은 하위시스템이 서로 복잡하게 연관되어 작동하면서 구성하는 하나의 시스템이다. 시스템 내에서 일어나는 작용들의 인과관계가 대단히 복잡하다는 점에서 복잡시스템이며, 태양으로부터 에너지를 받는다는 점에서 개방시스템인 동시에, 지구 밖으로 나가서는 생존할 수 없다는 점에서 폐쇄시스템이기도 하다. 이에 따라 지구에서 나타나는 환경문제는 다음과 같은 특징을 지닌다.

첫째, 비선형성이다. 많은 환경문제에 있어 그 원인과 결과 간 관계가 비례적이지 않다는 것이다. 이러한 비선형성에 따라 인과관계를 추적하는 것도 어려울 수 있다. 예컨대, 환경오염물질이 버려져도 오염 현상이 처음에는 나타나지 않다가 어느 정도

누적된 순간에 폭발적으로 나타날 수 있다. 이에 따라 특정 환경오염의 피해가 언제 어느 정도 규모로 발생할 것인지 불확실하여 예측하기 어렵고, 따라서 정책적으로 대응하기 어려운 경우가 많다.

둘째, 비가역성이다. 많은 환경문제에 있어 특정한 지점을 초과하면 원래 상태로 돌이키기 어렵다는 것이다. 이러한 지점을 임계점(threshold point)이라 한다.[7] 하지만 임계점이 어디인지 모르는 경우가 많다는 것이 문제다. 환경오염에 따른 피해가 있더라도 당장은 이를 감내할 만하다는 판단에 따라 오염행위를 지속하는 경우가 많다. 하지만 환경문제는 그 인과관계가 비선형적인 경우가 많아 어느 순간에 돌이킬 수 없을 정도로 급속하게 악화할 수 있다. 마치 찬물 속에 개구리를 넣고 가열하면 상당히 높은 온도에 도달하도록 개구리가 위험을 인식하지 못하고 있다가 결국에는 죽는 현상과 비슷한 이치다. 임계점을 넘어 진행된 환경문제는 원래 상태로 돌이키는 것이 불가능하거나, 가능하더라도 대단히 큰 비용을 초래할 수 있다.

셋째, 광범위성이다. 많은 환경문제는 시간적 및 공간적으로 광범위한 영향을 미친다. 오염이 발생한 지 상당한 시간이 흐른 후에 피해가 나타나기도 하고, 오염발생지로부터 대단히 멀리 떨어진 지역에서 피해가 나타나기도 한다. 14세기 중반 유럽에 창궐한 흑사병이 유럽 인구의 1/3 이상을 죽음에 이르게 한 원인에 대하여 여러 설명이 존재한다. 환경론자들 중에서는 그 이전 시기의 산림파괴가 가져온 기후변화와 식량 생산량 감소, 그리고 이에 따른 면역력 약화를 그 원인으로 지목하는 사람이 많다. 또한 선진국에서 발생한 오염물질이 오존층파괴, 기후변화, 산성비, 사막화 등의 원인이 되어 개발도상국에 피해를 초래하기도 한다. 이러한 시간적 및 공간적 광범위성은 환경문제의 인과관계 규명이나 대응을 그만큼 어렵게 만들 수 있다.

2) 환경문제의 접근방법

이상의 특성을 갖는 환경문제를 해결하기 위해서는 통합적 접근, 지구적 접근, 사전적 접근이 필요하다. 이러한 접근방법들을 좀 더 자세히 살펴보자.

(1) 통합적 접근

환경문제에 대한 통합적 접근은 여러 측면에서 추구될 수 있다.

첫째, 학문 분야의 통합이다. 오염물질을 가려내어 그 성질을 규명하고 상호작용

7) 티핑포인트(tipping point)라고도 한다.

을 이해하는 것은 화학, 생물학, 물리학 등 자연과학 분야로부터, 오염방지시설을 설치하고 처리기술을 개발하는 것은 기계공학, 화학공학, 토목공학 등의 공학 분야로부터 도움을 받을 수 있다. 오염 행동을 규제하거나 피해자 구제방안을 마련하기 위해 정치학, 행정학, 경제학, 법학 등의 사회과학 분야로부터, 그리고 자연과 인간의 관계를 올바르게 이해하고 설정하기 위해 철학이나 윤리학과 같은 인문학으로부터 지혜를 구할 수 있을 것이다. 특정 학문 분야만의 노력으로는 환경문제를 충분히, 그리고 효과적으로 해결할 수 없으므로, 학문 분야 간의 통합적 접근이 필요하다.

둘째, 환경정책 주체의 통합이다. 오염방지시설 설치의무를 강화하거나, 환경영향평가 제도를 도입하거나, 오염원인자에게 비용을 부담시키거나, 환경산업을 촉진하는 등의 제도를 만들고 운영하는 것은 주로 정부와 행정의 영역이다. 환경문제 해결을 위한 국가적 비전을 제시하거나, 환경정책에 높은 우선순위를 부여하거나, 환경입법을 추진하는 것 등은 정치의 영역과 관련이 깊다. 개인, 시민사회단체, 기업 등 다양한 주체들도 각자의 역할을 담당해야 한다. 이처럼 다양한 주체들의 노력을 유기적으로 통합하는 것이 환경문제 해결을 위해 긴요하다.

셋째, 국가목표의 통합이다. 오늘날 모든 국가는 지속가능성의 요체인 경제성장, 사회정의, 환경보호라는 국가목표들을 동시에 추구한다. 이에 더해 우리나라가 통일을 국가목표로 설정한 것처럼 국가마다 자신들의 여건에 따라 독특한 국가목표들을 설정하기도 한다. 분명한 것은 국가목표들이 상호연관성 속에서 시너지를 낼 수 있는 방식으로 추구되어야 한다는 것이다. 특정 국가목표를 달성하기 위해 다른 국가목표를 희생하는 것은 국가적 지속가능성의 기반을 약화하는 결과를 초래하게 될 것이다. 국가목표의 통합을 위해서는 우선 각 국가목표를 구성하는 하위요소들이 상호 어떻게 연관되는지 깊이 이해해야 한다. 이러한 이해를 바탕으로 정책추진의 정합성과 조화를 확보할 수 있다.

넷째, 환경정책수단의 통합이다. 환경정책수단은 명령통제 방식, 경제적 유인 방식, 정보제공 방식 등으로 구분할 수 있고, 각 방식 내에서도 다양한 정책수단들을 구분할 수 있다. 이러한 수단들을 독자적이고 개별적으로 활용해서는 문제를 효과적으로 해결하기 어려운 경우가 많다. 정책수단들이 지니는 강점과 약점에 대한 이해를 바탕으로, 적절한 정책혼합(policy mix)을 통해 환경정책의 성과를 높일 수 있다.

다섯째, 환경매체의 통합이다. 대기권(atmosphere), 수권(hydrosphere), 지권(geosphere), 암석권(lithosphere) 등 환경매체들은 상호 긴밀한 영향을 주고받기 때문에, 통합적 관점에서 관리해야 한다. 대기오염물질이 물이나 토양을 오염시킬 수 있고, 수질오염물질이 대기와 토양을 오염시킬 수 있으며, 토양오염물질이 물이나 대기를 오염시킬 수 있다. 이처럼 오염물질들이 매체를 이동하면서 환경피해를 초래할 수 있다는 점을 인식하고, 매체별 환경정책들을 유기적으로 연계하고 통합해야 한다.

(2) 지구적 접근

환경문제 중에는 그 영향이 국내에 머물지 않는 것들도 많다. 소음이나 진동과 같은 환경문제는 지역적인 문제로서 소음원이나 진동원에서 멀리 떨어지면 그 영향도 사라진다. 토양오염 역시 그 영향 범위가 넓지 않은 것이 보통이다. 그러나 수질오염은 해양을 오염시킬 수 있다는 점에서 그 영향이 국경을 넘을 수 있고, 대기오염은 시공간적으로 더욱 광범위한 영향을 미칠 수 있다. 환경문제 해결을 위한 지구적 접근의 필요성이 여기에 있다. 1980년대 이후 인류는 오존층파괴, 기후변화, 생물다양성, 사막화와 같이 인류의 생존에 중대한 영향을 미치는 환경문제들에 대처하기 위해 국제적 대응체계를 마련하는 노력을 진행해 왔다. 이에 따라 오늘날 환경문제는 주요 국제이슈로 인식되고 있으며, 개별 국가의 경제, 사회, 문화 전반에 강력한 영향을 미친다. 국제환경문제는 이 책의 제2부에서 자세히 다루게 될 것이다.

(3) 사전적 접근

과거의 환경정책은 환경오염이 발생한 후에 이를 해결하는 사후처리방식에 치우치는 경향이 있었다. 문제가 발생하기 전에 대응하기 위해서는 예측이 필요한데, 그 예측이 어렵고 큰 비용을 초래할 수 있기 때문이다. 이 때문에 사전대응은 정치적 지지를 얻지 못하는 경우도 많다. 그러나 환경문제의 비가역성을 고려할 때 사후처리방식의 비용-효과성이 사전대응방식에 비해 낮다는 지적이 제기되어 왔다. 아울러 사후처리는 발생한 문제에 대응하는 방식이므로, 근본적인 해결책이 되지 못한다는 점, 그리고 한번 발생한 환경오염이 다른 지역에서, 또는 다른 형태의 환경오염을 가져올 가능성도 지적되었다.

예를 들어, 도시환경 개선을 위해 산업체를 농어촌으로 이전하면 농어촌 지역의 오염을 초래할 수 있고, 토양오염을 방지하기 위해 폐기물을 매립 대신 소각하게 되면 대기오염을 초래할 수 있다. 하천오염을 방지하기 위해 우회 배출경로를 만들면 다른 곳의 수질오염을 초래할 수 있다. 사후처리방식이 지니는 이러한 문제점들을 인식할 때 환경정책의 올바른 접근은 사전대응적일 필요가 있다. 생산과 소비의 매 단계에서 발생할 수 있는 오염을 사전에 제거하거나 최소화하는 방식으로 대응해야 한다는 것이다. 사전적 접근은 환경정책 추진의 주요 원칙 중 하나로 여겨지며, 이 책의 제3장에서 더 자세히 논의될 것이다.

제 2 절 | 환경오염의 종류

환경문제는 매우 다양하고 복잡하다. 인간을 포함한 생태계의 건강과 지속가능성에 부정적 영향을 미칠 뿐만 아니라 사회경제적 측면에서도 많은 과제를 발생시킨다. 환경문제는 경제성장, 사회정의, 산업구조, 대외무역, 국제관계 등과 밀접하게 연결되어 있어 해당 분야들에서도 중요한 이슈로 다루어진다. 모든 환경문제의 출발점은 오염이며, 오염의 대상은 크게 공기, 물, 흙으로 구분할 수 있다. 따라서 이하에서는 환경오염의 종류를 대기오염, 수질오염, 토양오염으로 나누어 살펴보기로 한다.

1 대기오염

1) 대기의 특성

대기는 지구를 둘러싸고 있는 거대한 공기층으로 지표면에서 약 10,000km 상공까지 존재한다. 대기를 구성하는 것은 대부분 질소(78%)와 산소(21%)이며, 두 기체가 전체의 99% 이상을 차지한다. 그 밖에 이산화탄소, 헬륨, 아르곤 등의 기체들이 대기를 구성한다. 대기가 없다면 지구상에 생물이 존재하기 어려운데, 대기가 지니는 다음 기능들 때문이다(박종안 외, 2010: 104). 첫째, 대기는 외계에서 들어오는 광선들을 흡수하여 생물체를 보호한다. 둘째, 대기는 지구의 온도를 일정하게 유지해 준다. 셋째, 대기는 인간이 호흡하는 공기를 제공한다.

대기권(atmosphere)은 대류권, 성층권, 중간권, 열권, 외기권 등으로 구분된다. 대류권(troposphere)은 지상에서 가장 가까운 권역으로, 중력이 크기 때문에 전체 공기의 75% 정도가 대류권에 존재한다. 적도에서는 지상에서부터 약 17km 정도까지, 그리고 극지방에서는 지상에서부터 약 7km 정도까지가 대류권이다. 대류권은 바람, 눈, 비, 기온 등 우리 일상을 지배하는 기후 현상들이 순환적으로 일어나는 곳이다. 대류권에서는 고도가 높아질수록 온도가 낮아지는데, 그 이유는 지표면의 복사열이 대류권의 하단부터 가열하기 때문이다. 성층권(stratosphere)은 대류권의 끝부터 중간권이 시작되는 고도인 약 50km 지점까지의 권역이다. 성층권에서는 고도가 높아질수록 온도가 높아지는데, 고도 15~30km 사이에 존재하는 오존이 자외선 형태의 태양에너지를 흡수하기 때문이다. 성층권의 하단은 온도가 높은 공기의 아랫부분에 존재하게 되므로, 열역학적으로 안정되어 난류가 발생하지 않는다. 따라서 이 부분은 비행기 고도(해발 11~13km)로 이용된다.

중간권(mesosphere)은 고도 50~85km 권역으로, 여기서는 오존농도가 감소하기 때문에 고도가 높아질수록 온도는 낮아진다. 대부분의 유성이 대기권에 들어온 후 타서 소멸하는 권역이기도 하다. 열권(thermosphere)은 중간권 이후 고도 690km 정도까지의 권역이다. 이 권역에서는 고도가 높아지면 온도가 높아지는데, 그 이유는 밀도가 워낙 낮아 적은 태양에너지로도 온도가 급속히 높아지기 때문이다. 1,700℃ 이상까지 상승하는 것으로 알려져 있다. 외기권(exosphere)은 대기권의 끝을 형성하는 권역으로, 사실상 여기부터 우주 공간이라 할 수 있다. 고도 690~10,000km 권역으로 주로 수소와 헬륨으로 구성되어 있다. 인공위성이 존재하는 곳이 외기권이다. 저궤도 위성은 주로 500~1,500km 상공에 존재하며, 통신이나 기상관측을 목적으로 활용되는 정지궤도 위성은 36,000km 상공에 존재한다.[8)]

2) 대기오염물질

대기오염은 유해하거나 과도한 양의 오염물질이 대기 중에 유입됨으로써 발생하는 현상이다. 오염의 원인에 따라 인위적 오염과 자연적 오염으로 구분할 수 있다. 인위적 오염은 고정오염원, 이동오염원, 기타 오염원으로 구분할 수 있다. 주된 고정오염원은 발전소, 산업시설, 소각장 등의 시설들이고, 주된 이동오염원은 자동차, 비행기, 선박 등의 교통수단들이다. 고정오염원과 이동오염원에서의 오염물질 배출은 대체로 연료를 태우는 과정에서 이루어진다. 기타 오염원으로는 통제화입(controlled burn),[9)] 휘발성 유기화합물(VOCs), 쓰레기매립지 등이 있다. 넓게 보면 방사능이나 유독가스 배출 가능성이 있는 시설들도 기타 오염원에 포함된다.

8) 처음 발사된 인공위성은 1957년 10월 러시아의 스푸트니크 1호다. 우리나라는 1992년 8월 우리별1호를 발사하여 세계에서 22번째로 인공위성 보유국이 되었다. 유엔우주업무사무소(UNOOSA)에 따르면, 2022년 1월 현재 8,261개의 인공위성이 지구를 돌고 있다.

9) 농업이나 산림관리 분야에서 특정한 목적을 위해 인위적으로 불을 내는 방법이다.

대기오염물질은 1차 오염물질과 2차 오염물질로 구분할 수 있다. 1차 오염물질은 연소, 휘발, 증발, 연마, 비산 등의 작용에 따라 대기 중으로 직접 배출되는 물질들을 의미한다. 2차 오염물질은 1차 오염물질들이 대기 중에서 특정한 조건에서 반응 또는 상호작용함으로써 생성되는 것들이다. 대표적인 2차 오염물질로는 대류권 오존과 질산과산화아세틸 등을 들 수 있다. 직접 배출되기도 하고 대기 중에서 생성되기도 하여, 1차 및 2차 속성을 모두 지닌 오염물질들도 있다. 이하에서는 대기오염물질의 종류에 대하여 좀 더 자세히 살펴보기로 한다.[10]

(1) 입자상 오염물질

입자상 오염물질(particulate matters)은 아주 작은 액체 또는 고체 형태의 부유물질로 분진이라고도 부른다. 입자상 오염물질들은 크기를 기준으로 거대입자와 미세입자로 대분할 수 있다. 거대입자는 토양의 먼지나 기계적 분쇄과정 등을 통해 생성되며, 대부분 짧은 시간 이내에 낙하하기 때문에 대기오염물질로서의 위험성은 적은 편이다. 미세입자는 주로 불완전연소 또는 1차 오염물질의 화학적 반응 등을 통해 생성되는데, 호흡기를 통해 인체 깊숙이 침투하기 때문에 매우 심각한 문제를 초래하기도 한다. 입자상 오염물질들은 다음과 같다.

① 먼지(dust): 낙하 여부에 따라 강하먼지와 부유먼지로 구분할 수 있고, 크기에 따라 미세먼지와 초미세먼지로 구분할 수 있다. 세계보건기구는 지름 10μm 이하의 먼지를 미세먼지(PM_{10}), 2.5μm 이하의 먼지를 초미세먼지($PM_{2.5}$)로 규정하고 있다.[11] 우리나라는 미세먼지와 초미세먼지에 대하여 대기환경기준을 정해 관리하고 있다.

② 안개(fog): 기온 저하에 따라 공기 중 수증기가 응축하여 생기는 액체상 입자로, 기체상 물질이나 미세먼지와 결합하여 피해를 발생시킬 수 있다.

③ 연무(mist): 안개보다 투명하고 입자가 큰 액체상 입자로, 물의 증발작용에 의해 생성되어 주로 지표면 부근에 분포한다.

④ 연기(smoke): 불완전연소에 의해 발생하는 미세입자로, 유리탄소나 기타 연소성 물질로 구성된다. 석탄연기가 기름연기에 비해 더 미세하다.

⑤ 검댕(black carbon): 유리탄소 입자들이 타르에 의해 뭉쳐진 것으로, 주로 탄화

10) 이 부분은 김광렬 외(2009: 118-123)를 참조하고 보완해 작성했다.
11) μm(마이크로미터)=100만분의 1미터.

수소 계통 연료의 불완전연소로 인해 발생한다.

(2) 기체상 오염물질

기체상 오염물질(gaseous pollutants)은 연소과정에서 발생하기도 하고, 기화과정에서 발생하기도 하며, 대기 중에서 화학반응을 통해 만들어지기도 한다. 주요 기체상 오염물질들은 다음과 같다.

① 탄소함유가스: 일산화탄소(CO), 탄화수소(HC), 산화탄화수소(HCO) 등이 있다. 일산화탄소는 화석연료의 불완전연소에 의해 생성되는 무색무취의 독성을 지닌 기체다. 주로 실내에서 사람에게 영향을 미치며 연탄가스에 의한 일산화탄소 중독 등이 대표적이다. 탄화수소는 불완전연소 또는 휘발유나 용매의 증발과정에서 생성되는 화합물이다. 탄소와 수소가 다양한 비율로 구성되는데, 가장 간단한 탄화수소는 탄소 하나와 수소 넷으로 이루어진 메탄(CH_4)이다. 대표적인 탄화수소로 석유와 천연가스가 있고, 가솔린, 파라핀, 항공유, 윤활유, 파라핀왁스 등도 탄화수소 혼합물이다. 산화탄화수소는 탄소, 수소 및 산소로 구성된 화합물로, 연소과정에서 생성되기도 하고, 광화학반응에 의해 탄화수소와 산소의 화학적 반응에 따라 생성되기도 한다. 우리나라는 이 중 일산화탄소에 대하여 대기환경기준을 정해 관리하고 있다.

② 황산화물(SO_x): 이산화황(SO_2), 삼산화황(SO_3)이 있다. 황을 함유한 연료를 연소할 때 배출되는 이산화황은 미세한 양으로도 건강피해를 줄 수 있는 유독가스로, 스모그를 형성하는 대표적인 대기오염물질이다. 삼산화황은 이산화황이 배출될 때 함께 배출되거나 이산화황을 산화할 때 배출되는데, 대기 중의 수분과 반응하여 황산(H_2SO_4)을 생성함으로써 산성비의 원인이 된다. 우리나라는 이 중 이산화황에 대하여 대기환경기준을 정해 관리하고 있다.

③ 질소산화물(NO_x): 산화질소(NO), 이산화질소(NO_2), 아산화질소(N_2O), 무수질소(N_2O_5) 등 질소 성분이 함유된 연료를 연소할 때 생성되는 것들이다. 산화질소는 무색이고 그 자체로는 거의 해가 없으나, 산소와 반응하여 이산화질소를 생성하는 역할을 한다. 아산화질소는 풍선에 주입하거나 마취 용도로 널리 쓰이는 기체로, 일명 웃음가스로도 알려져 있다. 많이 노출되면 호흡곤란을 유발하기도 한다. 이산화질소는 이산화황과 함께 대표적인 대기오염물질로 단내가 나는 자극성 기체다. 우리나라는 이 중 이산화질소에 대하여 대기환경기준을 정

해 관리하고 있다.

④ 오존(O_3): 오존은 산소원자 3개로 이루어지며, 신선한 공기 냄새를 지닌 무색의 기체다. 성층권에서는 자외선에 의한 광화학반응으로 생성되며, 지표 가까이에서는 질소산화물과 탄화수소의 광화학반응을 통해 생성된다. 성층권 오존은 유해 자외선을 막아주는 지구의 방패 역할을 하지만, 지표 가까이 생성되는 오존은 동・식물과 인체에 해로운 영향을 주는 오염물질이다. 특히 일조량이 많은 계절에 광화학반응에 의한 오존 발생이 많아진다. 오존은 광화학스모그의 가장 중요한 원인이기 때문에, 우리나라는 오존에 대하여 대기환경기준을 정해 관리할 뿐만 아니라 오존경보제를 운영하고 있다.

⑤ 기타: 여타 기체상 오염물질로 암모니아(NH_3), 염화수소(HCl), 염소(Cl_2), 불소(F), 브롬(Br), 황화수소(H_2S), 포름알데히드(HCNO), 페놀(C_6H_5OH), 납(Pb), 벤젠(C_6H_6) 등이 있다. 우리나라는 이 중 납과 벤젠에 대하여 대기환경기준을 정하여 관리하고 있다.

3) 대기오염의 영향

대기오염이 가져오는 영향은 세 가지 요소에 의해 결정된다고 볼 수 있다. 첫째, 오염물질의 유해성 정도다. 오염물질 자체에 함유된 유해성이 높을수록, 그리고 많은 양이 배출될수록 그 영향도 크게 나타난다. 둘째, 오염물질에 대한 노출 정도다. 생활이나 일을 하는 공간이 어디인가에 따라 특정 오염물질에 대한 노출 정도가 다를 수 있다. 셋째, 오염물질에 대한 취약성 정도다. 동일한 오염물질에 노출되더라도 오염물질에 대한 취약성이 높은 집단일수록 더 큰 영향을 받게 된다. 따라서 대기오염 문제는 환경정의 차원에서 다루어질 필요가 있다. 같은 오염이라도 저소득층 등 소외계층일수록 상대적으로 더 많이 노출되고 더 취약할 가능성이 크기 때문이다. 특히 오염을 발생시키면서 편익을 누리는 주체와 그에 따른 부정적 영향을 받는 주체가 서로 다르다면, 환경정의는 더욱 중요한 과제가 된다. 대기오염의 영향은 크게 건강 영향과 경제적 영향 측면으로 구분할 수 있다.

(1) 건강 영향

인간은 하루에 14kg의 공기를 호흡하며 대기오염물질 중 미세한 것들은 공기와 함께 인체 각 부분까지 도달한다. 이를 통해 주로 호흡기 및 심혈관 계통의 질병을 발생시키는데, 특히 기관지염, 심장병, 만성폐쇄성폐질환, 심장마비, 폐암, 천식 등의 주된 원인이 될 수 있다. 대기오염물질 중에서도 특히 먼지, 오존, 이산화질소, 이산화황 등이 질병의 주된 원인인 것으로 알려져 있다. 세계보건기구에 따르면, 2012년 한 해 동안 700만 명이 대기오염으로 인한 사망했다(WHO, 2014). 영국 BBC News에 따르면, 2020년 유럽에서 사망자 8명 중 1명은 대기오염으로 인해 사망했다. 아울러 2020년 조사에 따르면, 2015년 기준 세계적으로 대기오염으로 인한 수명 단축이 평균 2.9년에 달하는 것으로 추정되었다.12)

앞서 설명한 대로 대기오염에 따른 영향은 노출과 취약성에 의해 좌우된다. 세계보건기구(WHO)에 의하면, 2016년 현재 세계 인구의 91%가 세계보건기구가 정한 대기환경기준을 충족하지 못하는 지역에 거주하며, 개발도상국에 거주하는 5세 미만 어린이가 대기오염에 가장 취약한 집단인 것으로 나타났다(WHO, 2018). 세계은행 조사에 따르면, 저소득국가의 5세 미만 어린이가 대기오염으로 사망할 확률은 고소득국가의 같은 연령대 사망 확률보다 60배나 높았다(World Bank, 2016). 전통적으로 대기오염은 주로 호흡기 분야에 영향을 미치는 것으로 여겨져 왔다. 그러나 최근에는 대기오염이 뇌 건강을 악화시켜 치매 등 퇴행성 질환 위험을 높이는 한편, 심혈관질환이나 당뇨병과 같은 중증 및 만성질환 위험성도 높일 뿐 아니라, 심지어 자폐나 비만과 같은 질병에도 영향을 미치는 것으로 의심되고 있다(동아사이언스, 2022). 중국인 2만여 명을 대상으로 언어와 산수 시험을 보게 하고, 그 점수와 대기오염 수준을 연계하여 분석한 결과, 대기오염이 평균적으로 1년 정도의 교육 효과를 상쇄해 버리는 것으로 나타나기도 했다(연합뉴스, 2018).

(2) 경제적 영향

세계은행 조사에 따르면, 대기오염으로 인한 사망과 질병에 따라 생산성 저하가 초래되어 연간 약 5조 달러의 경제적 손실이 발생한다(World Bank, 2016). 농업부문을 비롯한 다른 영역에서 발생하는 생산성 저하를 합산하면 그 경제적 손실은 훨씬 더 클 것으로 추정된다. 대기오염은 농작물 생산의 양과 질뿐만 아니라 판매 시기에도 영향을 미쳐 농업생산 비용을 증가시킨다. 인도에서는 검댕과 오존 등 대기오염에 따라 2011년 곡물 수확량이 1980년대에 비해 절반으로 감소한 지역이 나타나기도 했다(Guardian, 2014). 2022년 중국에서 진행된 연구에 따르면, 대기오염물질은 농작물

12) https://www.bbc.com/news/world-europe-54071380(2023.6.5. 검색)

의 질에도 부정적 영향을 미치며, 농업용수 및 농지에도 스며드는 것이 확인되었다(Li et al., 2022). 그뿐 아니라 황산화물이나 질소산화물 등의 산성 물질은 철이나 대리석으로 만들어진 구조물들을 부식시켜 관리비용을 증가시키고, 산성비의 원인이 되어 토양과 산림을 황폐화함으로써 천문학적 경제적 손실을 초래하기도 한다.

2 수질오염

1) 물의 특성

물은 지표면의 71%를 덮고 있으며, 모든 생명체의 유지에 있어 필수불가결한 요소다. 지구에 있는 물의 분포는 바닷물 96.5%, 지하수 1.7%, 빙하 내지 빙모 1.7% 등이며, 나머지가 수증기나 구름 형태로 존재한다. 담수는 전체 물의 2.5%에 불과한데, 그 중 대부분인 98.9%가 얼음이나 지하수 형태로 존재한다. 강이나 호수처럼 사람들이 많이 사용하는 담수는 지구 전체 물 중 0.3%에도 미치지 못하는 셈이다. 물 순환(water cycle)은 증발산(증발+발산), 응축, 강수, 표류를 통해 이루어진다.

사람에게 특히 중요한 것은 안전한 물을 충분히 공급받을 수 있는가다. 먹는물에 대한 접근성은 전반적으로 높아졌지만, 아직도 먹는물 부족에 시달리는 인구가 세계적으로 약 10억 명에 달한다. 특히 여러 개발도상국에서 안전하게 마실 수 있는 물 부족으로, 그리고 오염된 물로 인한 수인성 질병으로 많은 사람이 사망하고 있다. 하지만 물은 식수로서의 효용만 제공하는 것이 아니다. 인류가 사용하는 물의 약 70% 정도는 농업생산에 활용된다. 참고로 소고기 1kg을 얻으려면 약 15,000L의 물이 필요하며, 한 사람이 하루에 먹을 식량을 생산하는 데 약 5m^{3}의 물이 필요하다(UNESCO, 2017). 어업은 중요 식량 공급수단 중 하나이고, 대부분의 국제무역이 물길을 통해 이루어지며, 수력발전을 통해 전력을 생산하고, 각종 공업생산에도 역시 물이 활용된다. 이처럼 물은 경제적으로도 매우 중요한 자원이다. 역사적으로 인류문명이 강을 중심으로 발전했던 것도 물이 지니는 경제적 가치 때문이다.

물은 자연적 원인과 인위적 원인에 의해 오염될 수 있다. 그러나 수질오염이란 통상 인위적 원인으로 수질이 훼손되는 것을 의미한다. 수질오염은 크게 지표수 오염과 지하수 오염으로 구분된다. 지표수 오염은 강, 호수, 해양에서의 오염이고, 지하수 오염은 지하 공간에서의 오염이다. 한편 수질오염원은 점오염원과 비점오염원으로 구분될 수 있다. 공장이나 하수처리장 등과 같이 오염물질을 배출하는 특정 지점을 확인할 수 있다면 점오염원이고, 그렇지 않으면 비점오염원이다. 숲이나 농지와 같은 곳에서 사용되는 비료나 농약이 물에 섞여 흐른다거나 도로와 같이 불특정 다수의 자동차가 배출한 오염물질이 물에 섞여 흘러 수질을 오염시키는 것 등이 비점오염원에 속한다. 하지만 비점오염원이라 해도 최종적으로 하수처리장에 한데 모여 배출된다면 점오염원으로 간주할 수 있다. 비점오염원은 오염원을 특정하기 곤란하므로 관리하기가 점오염원보다 훨씬 어렵다. 일반적으로 수질오염 여부나 정도를 확인하기 위해 사용되는 지표들로는 다음과 같은 것들이 있다.[13)]

① 탁도(turbidity): 물의 투명한 정도를 시각적으로 확인하는 것이다. 오염물질이 많을수록 빛을 산란시키거나 흡수 또는 반사함으로써 물이 탁하게 보인다. 탁한 물일수록 심미적으로 불쾌감을 유발하며, 미생물의 서식처일 가능성이 크고 악취를 유발하는 경우가 많다.

② 총고형물(Total Solids: TS): 물을 완전히 증발시켰을 때 잔류하는 모든 물질을 말한다. 크기에 따라 부유고형물(suspended solids: SS)과 용존고형물(dissolved solids: DS)로 구분되는데, 전자는 여과지에 걸리는 정도의 크기를 가진 고형물이다. 또한 550±50℃에서 휘발하는 휘발성고형물(volatile solids: VS)과 잔류하는 잔류성고형물(fixed solids: FS)로 구분할 수도 있다.

③ 색도(color): 물은 부유고형물이나 용존고형물에 의해 어떤 색상을 갖게 될 수 있다. 부유고형물은 쉽게 제거할 수 있으나 용존고형물을 제거하는 것은 훨씬 어렵다. 부유고형물로 인해 나타난 색을 겉보기색이라 하고, 부유고형물을 제거했지만 남아 있는 용존고형물로 인해 갖게 된 색을 진색이라 한다. 통상적으로 물의 색깔을 보면 오염물질의 종류를 대략 파악할 수 있다. 자연수의 경우 조류(藻類)가 많은 물은 녹색이나 갈색을, 철분이 많은 물은 빨간색을, 망간이 많은 물은 흑갈색을 띤다. 폐수는 처음에는 밝은 갈색이나 회색을 띠다가 부패가 일어남에 따라 짙은 회색이나 검은색을 띠게 된다.

④ 수소이온농도(pH): 산도와 염기(알칼리)도를 표현하는 단위로 수소이온(H^+) 활동도의 척도다. 대부분 물질이 0~14까지 값을 보이며, 7이 중성인데 수소이온의 활동도와 수산화이온의 활동도가 같은 지점을 의미한다. 적은 숫자를 보일수록 산도가 강한 물질이다. 순수한 물도 대기에 노출되면 이산화탄소를 받아

13) 이 부분은 김광렬 외(2009: 145-148)를 참조하고 보완하여 작성했다.

들여 탄산을 형성하므로, H^+가 형성되어 pH 수치가 5.7 정도로 내려간다. 이처럼 자연 상태에서 내리는 오염되지 않는 비의 농도가 pH 5.7로 약한 산성을 띠므로, pH 5.7 이하의 비를 산성비(acid rain)로 분류한다. 우리가 흔히 마시는 음료수 중에는 산도가 높은 것들도 많은데, 콜라, 오렌지주스, 스포츠음료들은 대부분 pH 3 이하의 높은 산도를 지니고 있다.[14)]

⑤ 용존산소(Dissolved Oxygen: DO): 물에 녹아 있는 산소를 말하며, 오염이 적은 물일수록 용존산소 농도가 높다. 오염물질이 많으면 미생물이 이를 분해하느라 용존산소를 많이 소비하기 때문에 용존산소가 낮게 측정되고, 이에 따라 BOD 측정치가 높게 나타난다. 용존산소는 대부분 대기 중 산소가 물에 녹아 생기며, 극히 일부는 수중식물의 광합성에 의해 생긴다. 통상 유속이 빠를수록 물과 공기의 접촉면이 많아지므로 용존산소 농도가 높다. 반대로 고인물일수록 용존산소 농도는 낮아진다.[15)] 또한 수온이 낮을수록 용존산소 농도가 높다.

⑥ 생화학적 산소요구량(Biochemical Oxygen Demand: BOD): 수중의 유기물질이 호기성(好氣性) 미생물[16)]에 의해 분해될 때 사용되는 용존산소량을 측정한 것이다. 유기물질이 수중에 유입되면 이를 분해하는 호기성 미생물이 증식되고, 결과적으로 용존산소 소비가 증가한다. 따라서 BOD 측정치가 높다는 것은 그 물에 유기물질이 많음을 의미한다. BOD가 높으면 용존산소 결핍 현상이 발생하여 수중생물의 호흡을 저해할 수 있다. 또한 혐기성 미생물이 증식하고 분해되어 메탄, 암모니아, 황화수소와 같이 악취를 발생시키는 물질이 생성될 수 있다. 가장 널리 활용되는 BOD 측정치는 BOD_5다. 물을 채취한 후 5일 동안 20 ± 0.5℃의 어두운 곳에서 배양한 후 측정하는 것이다. BOD 1ppm 이하면 여과만 거쳐 먹을 수 있을 정도로 매우 깨끗한 물이며, 10ppm 이상이면 공업용수로도 쓸 수 없을 정도로 오염된 물이라 할 수 있다.

⑦ 화학적 산소요구량(Chemical Oxygen Demand: COD): 강한 산화제를 사용하여 물속의 오염물질을 분해할 때 사용되는 용존산소량을 측정하는 것이다. 오염물질이 포함된 물에 과망간산칼륨이나 중크롬산칼륨 등을 산화제로 넣어 오염물

14) 시중 음료수들의 산도는 Reddy et al.(2016)에서 확인할 수 있다.

15) 이명박 정부가 2008~2012년 동안 추진한 4대강 정비사업에 대한 비판 중 하나는 강에 다수의 보를 설치함으로써 유속이 줄어 수질오염이 심화했다는 것이다.

16) 산소가 있는 환경에서 생존하는 미생물을 말한다. 반대로 산소가 없는 환경에서도 살 수 있는 미생물을 혐기성(嫌氣性) 미생물이라 한다.

질을 분해하면서, 이때 사용되는 용존산소의 양을 측정한 값이 COD다. BOD와 마찬가지로 COD 측정치가 높게 나타날수록 오염이 심하다는 뜻이다. 하천이나 호수에 대해서는 BOD 값을 제시하고, 공장폐수, 도시하수, 해수 등에 대해서는 COD 값을 제시하는 경우가 많다. COD 측정은 고온에서 이루어지며 측정에 3 시간 정도밖에 소요되지 않기 때문에, BOD 측정보다 편리한 점이 많다.

⑧ 질소화합물: 질소화합물은 질소를 함유한 화합물을 총칭하는 것으로, 유기성질소와 무기성질소로 구분된다. 유기성질소에는 단백질, 요산, 아미노산 등이 있고, 무기성질소에는 암모니아성질소(NH_3-N), 아질산성질소(NO_2-N), 질산성질소(NO_3-N) 등이 있다. 이 중 어떤 것이 물속에서 발견되느냐에 따라 그 물이 오염된 시기를 추정할 수 있다.

⑨ 대장균 군(Escherichia coli): 대장균 군은 보통 사람이나 온혈동물의 장내에 기생하는 대장균 및 그와 유사한 균을 통칭하는 것이다. 따라서 물에서 대장균 군이 검출되면 분뇨오염 및 그에 따른 수인성전염병 가능성을 의심하게 된다. 또한 대장균 군의 검출 여부는 다른 병원균의 살균 여부를 확인하는 지표가 된다. 대장균 군 자체는 비병원균이지만 여타 소화기계 병원균보다 물속에서 오래 생존하고 살균에 대한 저항력이 강하다. 따라서 살균 후 대장균 군이 검출되지 않으면 병원균에 의한 오염이 있었다 해도 이미 사멸되었다고 판단한다.

⑩ 생물상의 변화: 수중에는 다양한 형태의 생물들이 존재하며 생물마다 서식환경에 차이가 있다. 맑은 물에 서식하는 생물이 있는가 하면, 오염된 물에 서식하는 생물도 있다. 따라서 수중에 서식하는 생물의 종류를 확인함으로써, 그 물의 오염 정도나 단계를 파악할 수 있다. 오염되지 않아 용존산소 농도가 높은 곳에서는 가재, 조개, 배스, 농어 등을 볼 수 있고, 용존산소 농도가 낮은 곳에서는 메기, 잉어 등을 볼 수 있다. 오염이 매우 심한 곳에서는 세균이나 곰팡이만 발견되기도 한다.

2) 수질오염물질

수질오염물질은 대단히 다양하다. 우리나라 「물환경보전법 시행규칙」 [별표 2]에서는 2023년 현재 구리와 그 화합물 등 모두 51종의 수질오염물질을 지정하고 있다. 구리화합물만 해도 그 종류가 매우 많으므로, 이 책에서 모든 수질오염물질을 열거하는 것은 가능하지도 않고 바람직하지도 않다. 개별적인 수질오염물질을 열거하기보다

는 수질오염의 주요 원인이나 경로를 중심으로 설명하기로 한다.[17)]

① 독성물질에 의한 오염: 제조업과 광업을 포함한 산업부문은 생산과정에서 다양한 독성물질을 함유한 폐수를 배출한다. 이것이 제대로 정화되지 않고 강, 호수, 연안에 유입될 경우 큰 피해를 초래할 수 있다. 대표적으로 납, 수은, 황, 석면, 질산염 등이 있으며, 물의 색이나 온도를 변화시키거나 부영양화를 초래하기도 한다.

② 부유물질에 의한 오염: 물속에 부유물질이 많으면 이를 분해하느라 용존산소가 고갈되어 수중생물의 호흡을 저해할 수 있다. 또한 부유물질들은 물을 혼탁하게 함으로써 광합성을 저해하여 수중식물의 성장을 억제하고, 정화비용을 증가시키며, 심미적 불쾌감을 초래하기도 한다.

③ 열에 의한 오염: 화력발전소나 원자력발전소는 열을 식히기 위해 냉각수를 사용한다. 이 과정에서 뜨거워진 냉각수가 강이나 바다에 유입될 경우 수온을 상승시켜 오염을 촉발할 수 있다. 수온이 높아지면 수중생물의 호흡이 증가하여 용존산소를 고갈시킬 수 있고, 병원성 세균의 증식을 촉진하여 수인성전염병의 발생 가능성을 높인다. 어떤 경우에는 특정 수온에서 서식하는 수중생물의 생존을 위협할 수도 있다.

④ 석유에 의한 오염: 석유 오염이 발생하는 장소는 대체로 해양이다. 해양시추 과정, 유조선, 파이프라인 등을 통한 석유유출로 오염이 일어나는 것으로 널리 인식되고 있으나, 실제로 대부분의 석유 오염은 폐기물 해양투기나 선적과정에서 일어난다. 석유는 물에 녹지 않고 표면에 얇은 막을 형성함으로써, 대기로부터 물로의 산소전달을 저해하여 용존산소를 감소시킨다. 또한 새나 수중모피동물의 부력을 감소시켜 생존을 위협하고, 어류나 조개의 상품가치를 저해하며, 해양관광지를 파괴하는 등의 피해를 가져온다. 제때 분해되지 않은 석유는 야구공 크기의 타르공(tar ball)을 형성하는데, 이것이 물속으로 가라앉아 수중 생태계를 파괴하기도 한다.

⑤ 유기물에 의한 오염: 유기물에 의한 오염이란 부영양화(eutrophication)에 따른 오염을 의미한다. 동·식물의 성장과 대사에는 여러 영양분이 필요한데, 특히 가장 중요한 영양분은 질소와 인이며, 이들은 질산염과 인산염으로 존재한다.

17) 이 부분은 김광렬 외(2009: 149-153)를 참조하고 보완하여 작성했다.

물속 유기물질을 미생물이 분해하면서 이러한 양분이 생성되는 것이다. 문제는 오염물질이 배출되면서 물속에 질산염과 인산염이 너무 많아져 필요 이상의 영양 상태, 즉 부영양화가 된다는 것이다. 부영양화의 주된 원인은 질소비료, 인산비료, 합성세제 등이다. 도시나 공장에서 빗물에 씻겨 물에 들어가는 오염물질에 포함된 질산염과 인산염의 양도 상당한 것으로 알려져 있다. 부영양화가 되면 모든 미생물의 성장이 촉진되는데, 특히 조류(藻類)나 식물성플랑크톤의 번식이 두드러진다. 호수에서는 남조류의 번식에 따른 녹조현상(algal bloom)이 주로 나타나고, 연안에서는 식물성플랑크톤의 번식에 의한 적조현상(red tide)이 나타난다. 이에 따라 악취나 독성이 초래될 수 있고, 조류나 식물성플랑크톤의 사체가 분해되는 과정에서 용존산소가 고갈됨으로써 수중생물의 폐사를 가져올 수 있다.

⑥ 방사성폐기물에 의한 오염: 원자력발전, 의료목적 원자력 사용, 원자력 무기 생산과 실험과정 등에서 방사성폐기물이 배출된다. 방사성폐기물의 위험은 길게는 수만 년 동안 지속하기 때문에, 통상 컨테이너에 담겨 땅이나 해저에 보관된다. 이 과정에 천문학적 예산이 사용됨에도 불구하고 누출 가능성을 완전히 배제할 수는 없다. 예를 들어, 미국 워싱턴주 핸퍼드(Hanford)에 소재한 방사성폐기물 저장소는 2060년까지 5,600만 갤런에 달하는 방사성폐기물을 정화할 계획인데, 여기에 1,000억 달러 이상이 투입될 전망이다(Gusterson, 2017). 2011년 일본 후쿠시마원전사고는 해양 방사능오염을 초래한 바 있으며, 그 영향이 지금도 이어지고 있다. 이처럼 해양에 유입된 방사능물질은 생물농축을 통해 생물에 부정적 영향을 미칠 수 있다. 특히 스트론튬, 세슘, 코발트, 플루토늄, 루비듐 등이 문제시되고 있다. 오늘날 방사성폐기물의 해양투기는 국제적으로 금지된 상태다.

⑦ 미생물에 의한 오염: 물속의 세균과 바이러스 등 미생물들은 수인성전염병의 원인이 된다. 아직도 많은 국가에서 이질, 장티푸스, 파라티푸스, 콜레라, 간염 등 물속 미생물을 매개로 한 전염병들이 발병하며, 특히 개발도상국들에서 심각한 상황이다. 병원균을 죽이기 위해 염소소독 처리를 하고, 소독 이후 대장균군 수를 측정하여 병원균의 존재확률을 평가하는 방식으로 관리한다. 대장균이 검출되지 않으면 여타 병원균은 존재하지 않는 것으로 평가하게 된다.

⑧ 중금속에 의한 오염: 수질오염의 원인이 되는 대표적인 중금속으로 수은(Hg)과

카드뮴(Cd)이 있다. 자연계에 존재하는 수은의 형태는 금속수은, 무기수은, 유기수은 등이 있다. 이 중 유기수은은 메틸수은으로 대표되며, 장 흡수율이 높아 치명적인 영향을 끼친다. 일본에서 발생한 미나마타병의 원인도 메틸수은이었다. 미나마타병은 화학공장 폐수에 섞여 배출된 메틸수은이 생물농축을 거쳐, 어패류를 많이 섭취한 구마모토현 미나마타만 주민들 체내에 농축됨으로써 나타난 신경계통 질병이다. 1953년 발병하여 모두 71명이 사망했다. 카드뮴은 아연을 정련하는 과정에서 나오는 부산물로 보통 금속 도금에 사용된다. 일본에서 1910년경부터 발생한 이타이이타이병의 원인이 된 것이 카드뮴중독이었다. 도야마현 진쓰강 유역으로 배출되는 폐수에 섞인 카드뮴이 인체에 들어가 일으킨 뼈 계통 질병이다.

⑨ 유기염소계 화합물 오염: 농업과 산림 분야에서 많이 사용되는 살충제, 살균제, 제초제 중, 특히 유기염소계 화합물을 함유하는 살충제는 매우 위험하다. 1938년 DDT, 1942년 BHC 개발 이후 많은 유기염소계 살충제가 사용되었는데, 다른 살충제에 비해 독성은 약하지만 저렴하고 물에 잘 녹지 않아 지속성이 높다는 장점 때문이었다. 문제는 유기염소계 화합물은 생물농축이 잘 이루어지는 특징 때문에, 시간이 지날수록 여러 생물 체내에 축적되어 성장과 생식을 저해하는 등의 문제를 일으킨다는 것이다. 이러한 화학물질의 위험은 광역적으로 확산할 수 있다. 예컨대, 아프리카에서 사용한 살충제 성분이 멕시코만이나 남극에서 검출되기도 했다.

⑩ 대기오염에 의한 오염: 대기오염도 수질오염을 초래할 수 있다. 공장 굴뚝에서 배출된 황이나 질소 성분으로 인해 산성비가 내리면 강이나 호수, 바다를 산성화할 수 있다. 아울러 온실가스 배출에 따른 지구온난화가 수온을 상승시켜 수중 생태계를 파괴할 수 있다.

3) 수질오염의 영향

물은 지구상의 어떤 물질보다 용해 능력이 뛰어난 물질이다. 외부로부터 투입된 물질에 의해 물이 쉽게 오염되는 것도 이 때문이다. 특히 인류가 사용한 물 중 상당 부분이 정화되지 않은 채 버려지는 것이 수질오염의 원인 중 하나다. 지구상의 폐수 총량 중 제대로 정화되어 배출되는 비율은 평균 20%에도 못 미친다. 고소득국가의 폐수정화비율은 70% 정도지만, 상위 중간소득국가는 38%, 하위 중간소득국가는 28%,

그리고 저소득국가는 8%에 불과하다(UNESCO, 2017). 개발도상국에서 충분하고 깨끗한 물을 공급받지 못해 많은 문제가 발생하는 것도 이 때문이다. 제대로 정화되지 못한 폐수는 사람을 포함한 거의 모든 생물에 부정적 영향을 미칠 수 있다. 이러한 수질오염의 영향은 크게 인간건강에 대한 영향과 생태계 영향으로 나눌 수 있다.

(1) 건강 영향

세계질병부담연구(GBD)에 따르면, 매년 120만 명(2017년 기준)의 사람들이 수질오염으로 인해 사망하며,[18] 그 양상은 지역에 따라 매우 달리 나타난다. 특히 저소득국가 국민일수록 이러한 위험에 더 크게 노출된다. 저소득국가 사망자의 평균 6%가 수질오염으로 사망했는데, 아프리카의 차드에서는 이 수치가 14%에 달했으나 유럽에서는 0.01% 미만이었다.[19] 안전한 식수가 부족할 경우, 사망에 이르지는 않더라도 여러 질병과 위험에 노출될 수 있다. 오염된 물은 콜레라, 설사병, 이질, A형간염, 장티푸스, 소아마비 등 수인성 질병의 원인이 되며, 영양실조나 성장기 발육 부진을 가져오기도 한다.

지구상 많은 사람이 여전히 안전한 식수를 공급받지 못하고 있다. 세계보건기구와 유니세프 자료에 따르면, 2020년 기준 세계 인구의 26%가 안전한 식수를 공급받지 못하고 있으며,[20] 저소득국가(특히 사하라 이남)의 경우는 이 수치가 70%에 달한다. 지속가능발전목표 6에서는 '2030년까지 모든 사람의 안전한 식수 접근'을 목표로 제시했으나, 현재의 개선속도를 유지한다면 2030년 안전한 식수에 접근할 수 있는 인구비율은 82% 수준에 머물 것으로 전망된다.

안전한 물에 대한 접근이 주로 저소득국가의 문제이긴 하지만 선진국이라 해서 수질오염 관련 질병의 안전지대는 아니다. 미국에서도 해마다 수천 명이 오염된 식수로 인해 폐렴의 일종인 레지오넬라병에 걸리고 있다. 상수원관리 등의 부실에 따라 납, 비소, 수은 등과 같은 중금속, 살충제나 비료 등에 함유된 화학물질이 상수원에 흘러 들어갈 가능성도 상존한다. 미국 환경보호청에 따르면, 수영에 의한 질병도 상

18) 이는 교통사고 사망자 수와 유사하며 전체 사망자의 2.2%에 해당한다. 세계질병부담연구(Global Burden of Disease)는 1990년부터 수행되고 있는 연구로, 사망의 원인이 되는 질병과 위험요인을 계량화하여 발표한다. 2020년 현재까지 모두 6차례의 연구보고서를 발표한 바 있다. 2020년 발표된 GBD2019에는 152개국 출신 5,000명 이상의 연구자가 참여했다.

19) https://ourworldindata.org/water-access(2023.8.5. 검색)

20) 깨끗한 물에 대한 접근도는 점차 개선되고 있다. 2000년에는 안전한 식수를 공급받지 못하는 비율이 38%에 달했다. https://ourworldindata.org/water-access(2023.8.5. 검색)

당하다. 하수에 의한 연안 수질오염에 따라 매년 미국에서만 350만 명이 피부발진, 결막염, 호흡기감염, 간염 등 크고 작은 질병에 걸리고 있는 것으로 조사된 바 있다(www.nrdc.org).

(2) 생태계 영향

수생태계는 동·식물, 박테리아, 균류 등 모든 구성원이 서로 직접 및 간접적으로 상호작용하는 체계다. 생태계의 어느 부분에 문제가 생기면 연쇄적으로 전체 수생태계가 파괴될 수 있다. 수질오염물질에 의한 부영양화 및 그에 따른 용존산소 고갈은 수중 동·식물의 폐사를 가져올 수 있고, 나아가 신경계 독성물질을 생성하여 고래나 바다거북과 같은 동물의 생존을 위협할 수도 있다. 중금속이나 화학물질도 동·식물의 성장을 저해하여 먹이사슬을 교란할 수 있다. 플라스틱 등 바다에 버려지는 썩지 않는 쓰레기들이 엄청난 재앙을 초래할 수 있다는 점도 속속 밝혀지고 있다. 또한 매년 화석연료 연소에 따라 발생하는 이산화탄소 중 많은 부분을 해양이 흡수함으로써 해양산성화가 진행되고 있고, 이것이 조개류 등의 껍질 형성을 저해하고 다른 해양생물의 신경계에 부정적 영향을 미치고 있는 것으로 알려져 있다.

3 토양오염

1) 토양의 특성

토양은 암석물질에 대한 기후, 풍화, 마모, 미생물 등의 작용으로 생성된다. 암석이 물리적, 화학적, 생물학적 작용으로 인해 부스러지고 분해된 물질을 모재(母材)라 하며, 이 모재를 원료로 한 다양한 토양생성작용을 통해 토양이 조성된다. 토양이

〈표 1-1〉 토양 조성물질의 종류 및 특징

토양 조성물질	특징
무기물질	O, Si, Al, Fe, Ca, Na, K, Mg 등
유기물질	낙엽, 가지, 뿌리, 동물배설물 등
물	토양의 보수력(토양이 지닐 수 있는 물의 양)에 의한 수분
공기	공기가 공극(토양입자 사이의 빈 공간)을 채우며 식물은 뿌리를 통해 이러한 공기를 이용
생물	세균, 곰팡이, 원생동물, 선충류, 기타 작은 동물 등이 토양 질량의 0.1%를 차지하여, 토양비옥도와 공극도에 기여

출처: 김광렬 외(2009: 197).

1cm 조성되는 데 약 1만 년이 걸린다는 점에서 토양변화는 매우 서서히 일어난다. 토양 내부에는 고체상, 액체상, 기체상 물질들이 공존하는데, 토양의 상태와 유형에 따라 이러한 물질들의 구성 비율이 달라진다. 보통 육지토양의 경우 식물이 잘 자라는 비율은 고체상 50%(무기물 45%, 유기물 5% 내외), 액체상 25%, 기체상 25% 정도다(김광렬, 2009). 토양 조성물질은 무기물질, 유기물질, 물, 공기, 생물 등이다.

토양은 생태계의 생산자인 식물에 수분, 영양분, 산소를 공급하여 생육할 수 있는 환경을 조성함으로써, 상위 소비자인 동물의 생존 및 인간 생활을 가능케 한다. 또한 토양입자 사이 공극에 물을 함유할 수 있는 저수 기능이 있어 지하수를 형성한다(정승우, 2003). 토양은 물, 공기와 함께 환경을 구성하는 가장 기본적인 요소로 생물 존재의 기반이 되는 동시에 물질순환 매체로서도 중요하고 다양한 역할을 담당하기 때문에, 오염에 따른 부정적 영향도 매우 크다.

토양이 물이나 공기와 크게 다른 점은 유동성이 거의 없다는 점이다. 토양에 유입된 오염물질은 스스로 유동성을 갖지 않는 한 공극 내에 존재하는 물이나 공기에 의하지 않고는 거의 움직일 수 없다. 그 결과 오염물질이 토양에 한 번 유입되면 쉽게 드러나지 않고 장기적 영향을 미치며, 정화에 많은 시간과 비용을 수반하게 된다. 토양이 오염되면 생물의 존재 기반으로서의 본래 기능이 훼손되고, 장기간에 걸쳐 작물이나 지하수를 오염시킬 뿐만 아니라 생태계, 사람의 건강, 생활환경 등에 부정적인 영향을 끼치게 된다.

2) 토양오염물질

대기와 수질을 오염시키는 오염물질들은 대부분 토양도 오염시킨다. 특히 수질오염물질과 토양오염물질은 상당 부분 중복된다. 우리나라는 2023년 현재 「토양환경보전법 시행규칙」 [별표 1]에서 카드뮴 및 그 화합물 등 23종의 물질과 기타 환경부장관이 필요에 따라 고시하는 물질을 토양오염물질로 지정하고 있다. 이 물질들은 대부분 「물환경보전법 시행규칙」 [별표 2]에 제시된 수질오염물질 목록에도 포함되어 있다. 오염물질이 배출되어 토양과 물을 동시에 또는 순차적으로 오염시킨다는 것을 생각하면, 수질오염과 토양오염 간에 높은 연관성이 있음을 쉽게 이해할 수 있다. 토양오염물질 역시 대단히 다양하므로 이 책에서는 개별적인 오염물질보다는 이러한 물질들이 배출되는 경로를 중심으로 설명하기로 한다.[21]

① 농약 : 살균제, 살충제, 제초제 등 농약은 토양을 오염시킬 뿐만 아니라 지표수

나 지하수를 오염시키는 주요 수질오염물질이다. 특히 난분해성 농약의 경우 토양에 오래 잔류함으로써 먹이사슬을 통해 농축되어 인간을 포함한 동물에게 부정적 영향을 미친다. 지금은 생산과 사용이 금지되어 있으나 과거 대표적인 살충제였던 DDT는 사용 후 수십 년이 지난 지금까지도 검출되고 있다.

② 생활하수: 농촌에서는 생활하수를 농지에 살포하기도 한다. 생활하수는 질소나 인의 공급으로 농작물 생육에 도움이 되는 수도 있다. 그러나 중금속이나 합성세제 성분이 과다하게 함유된 생활하수는 토양을 오염시키고 오염물질이 식물에 축적하는 결과를 초래할 수 있다.

③ 산업폐수: 산업폐수는 산성 물질, 알칼리성 물질, 중금속, 난분해성 물질, 기타 독성물질들을 함유하는 경우가 많아, 토양에 살포될 경우 토양오염을 일으킬 수 있다. 일본의 이타이이타이병은 산업폐수에 함유된 카드뮴에 의해 발생했다.

④ 비료: 비료의 과다사용은 토양오염의 원인이 된다. 특히 산성비료를 과하게 사용하면 토양 산성화를 가져올 수 있다.

⑤ 기타: 대기오염물질도 토양오염의 원인이 된다. 특히 산성 물질과 방사성 물질이 토양오염의 원인이 될 수 있고, 폐기물이 제대로 처리되지 않고 매립되는 경우에도 토양오염을 가져올 수 있다.

3) 토양오염의 영향

토양오염의 영향은 크게 건강 영향과 생태계 영향으로 구분할 수 있다.

(1) 건강 영향

토양오염은 우리가 먹는 음식, 마시는 물, 숨 쉬는 공기의 질을 떨어뜨리고 건강에 부정적 영향을 미칠 수 있다. 토양오염에 노출되는 경로는 다양한데, 오염된 토양에 직접 접촉하는 경우, 오염된 토양에서 자란 음식이나 채소 또는 오염물질이 함유된 음식을 섭취하는 경우, 오염된 먼지나 흙을 섭취하는 경우, 오염물질을 함유한 토양 증기를 흡입하는 경우 등이 대표적이다. 최근 국제기구의 보고서(FAO and UNEP, 2021)에 따르면, 오염된 음식 섭취가 가장 빈번한 노출 경로로서 전체 경로의 90%를 차지한다.

토양오염에 의한 건강 영향은 오염물질의 유형, 노출경로, 노출된 인구의 취약성

21) 이 부분은 김광렬 외(2009: 198-199)를 참고하고 보완하여 작성한 것이다.

등에 따라 다를 수 있다. 대체로 크롬이나 납 등의 중금속, 석유류, 살충제 및 제초제 등에 지속 노출될 경우 암, 선천성 장애, 기타 만성적 질병 등을 유발하는 것으로 알려져 있다. 고농도 벤젠에 만성적으로 노출되면 백혈병 발병률이 높아지고, 수은과 시클로디엔에 노출되면 신장 등이 손상될 수 있다. PCB와 시클로디엔은 간 독성과 연관되고, 유기인산염과 탄산염은 신경근차단과 연관되며, 염소계 용제들은 간, 신장, 중추신경계 질환을 유발할 수 있다. 아울러 다양한 화학물질들이 두통, 메스꺼움, 피로, 눈 자극, 피부 발진과 같은 증상을 초래하는 것으로 보고된 바 있다.[22]

(2) 생태계 영향

토양오염물질은 생태계에도 중대하고 부정적인 영향을 미칠 수 있다. 토양오염물질로 인해 먹이사슬이 끊어지거나 교란되기도 하고, 오염물질이 생물농축 과정을 거치면서 사람을 포함한 생태계 전반에 치명적인 결과를 가져오기도 한다. 1962년 카슨(Rachel Carson, 1907~1964)은 기념비적인 저서 *Silent Spring*(침묵의 봄)에서 DDT와 같은 살충제가 한번 살포되었을 때 나타나는 연쇄적이고 파괴적인 과정을 호소력 있게 드러냈다(Carson, 1962). 살충제가 뿌려지면 곤충이 죽을 뿐 아니라 새도 함께 죽기 때문에 봄이 와도 새가 울지 않는다. 그뿐 아니라 얼마 후 곤충은 다시 돌아오는데, 곤충의 개체 수를 조절할 새는 존재하지 않음으로써 생태계의 균형이 깨지는 현상도 묘사하고 있다. 그는 "고요한 연못에 돌을 던지면 잔물결이 생기듯이, 유독물질의 연쇄작용을 일으켜 죽음의 물결을 퍼트리는 사람은 누구인가?"라고 무분별한 살충제 살포를 비난하면서 정부와 기업의 각성을 촉구했고, 결과적으로 미국에서 환경정책의 일대 전환을 가져오는 계기를 마련했다.

토양오염은 식물의 신진대사를 변화시켜 수확량을 감소시키기도 한다. 이러한 신진대사 변화는 토양침식 방지 능력을 약화해 결국 토양보전 저하라는 이차결과를 초래할 수 있다. 중금속 등 일부 토양오염물질은 토양미생물의 활동, 종의 구성이나 수 등에 악영향을 미쳐 탄소와 질소의 생화학적 순환과 같은 토양 기능을 위협할 수 있다.

22) https://en.wikipedia.org/wiki/Soil_contamination#Consequences(2023.6.15. 검색)

제 3 절 | 인류문명과 환경

1 사회적 신진대사와 환경문제

생물은 신진대사를 통해 생명을 유지하고 환경에 적응한다. 세포 안에서 이루어지는 일련의 화학적 변화를 통해 각 부분을 성장, 재생, 유지하면서 환경에 적응하는 것이다. 생물이 신진대사를 하는 것처럼 사회도 신진대사를 하는데, 이를 사회적 신진대사(social metabolism)라 한다. 사회적 신진대사는 사회와 자연 간에 물질과 에너지가 교환되는 일련의 흐름을 의미한다. 이 흐름은 사회가 자연으로부터 물질과 에너지를 가져오고, 이것들이 가공되어 각종 재화나 서비스 형태로 소비되며, 결국은 폐기되어 자연으로 버려지는 과정으로 구성된다. 한 사회가 유지되려면 사회적 신진대사는 필수적이다. 하지만 그 규모나 다양성은 각 사회의 특성에 따라 다르다. 사회는 인간에 의해 구성되는 것이므로, 시간과 공간에 따라 문화적, 경제적, 정치적 특성이 다르기 때문이다. 따라서 사회적 신진대사의 규모와 다양성, 그리고 이에 따른 인간과 자연 간의 관계는 인간에 의해 결정된다 해도 과언이 아니다. 인류문명과 더불어 환경파괴가 진행되었고, 시대와 문명의 성격에 따라 환경파괴의 규모와 양상이 다른 것도 이러한 관점에서 이해할 수 있다.

사람들은 환경문제를 산업사회의 산물로 생각하는 경향이 강하다. 따라서 환경문제를 18세기 산업혁명 이후의 문제로 인식하기도 한다. 산업사회가 환경문제를 극적으로 다양화하고 심화시킨 것은 사실이다. 하지만 산업혁명 이전이라 해서 환경문제가 없었을 리 없다. 어느 사회에든 사회적 신진대사는 존재했기 때문이다. 이하에서는 산업혁명 이전과 이후의 환경문제의 주요 특징을 간략히 살펴보기로 한다.

2 농업혁명, 산업혁명, 그리고 환경문제

산업혁명 이전에 환경문제를 촉발한 가장 중요한 사건은 농업혁명이었다. 농업을 시작하기 이전에 인류는 자연에서 구할 수 있는 것을 먹고 사용하며 살았다. 따라서 끊임없이 이동할 수밖에 없었다. 이러한 생활방식은 자연에 순응 또는 적응하는 것이었으므로, 당시 인류가 환경에 미치는 영향은 미미했을 것이다. 하지만 농업이 시작되면서 모든 것이 달라졌다. 무심코 버린 씨앗이나 알곡으로부터 과일이나 곡식이 자란다는 것을 누군가 학습함에 따라 농업이 시작되었을 것이다. 농업용수가 풍부해서 농사짓기 유리한 강이나 저수지 주변에 정착해서 씨를 뿌리고 수확하는 일을 반복하면서 인류는 미래를 예측하고 계획할 수 있게 되었을 것이다. 주요 문명들이 큰 강을 끼고 생겨난 것은 결코 우연이 아니다.

점진적인 농업기술 발달은 농업생산 증가를 가져왔고, 이에 따른 풍요는 인구증가를 가져왔을 것이다. 더 많은 인구를 부양하기 위해 점차 더 많은 농지가 필요했고, 늘어난 노동력과 농지는 다시 농업생산량의 증가를 가져왔을 것이다. 농업기술의 발달은 이러한 풍요와 인구증가, 그리고 다시 생산량 증가로 이어지는 순환과정을 촉진했을 것이다. 농업생산을 증가시키는 와중에 토양오염이나 산림파괴와 같은 환경오염은 불가피했을 것이다. 아울러 농업생산량 증가에 따라 잉여생산이 발생했고, 이를 보관하게 되면서 사유재산 개념이 생겼으며, 사유재산을 빼앗고 지키기 위한 분쟁이 생겼을 것이다. 공동체가 생성되고 이것이 국가생성으로 확대된 것도 이러한 분쟁에서 승리하기 위한 공동대응의 일환이었다고 추정할 수 있다. 공동체를 관리하고 외부침략에 대비하기 위해 군대가 생겼고, 군대를 운영하기 위해 조세제도 및 관료제가 생겼으며, 이 모든 것들을 관리하기 위한 거버넌스가 필요해짐에 따라 정치조직도 생겼을 것이다. 농업사회에서 벌어진 이와 같은 일련의 활동들이 사회적 신진대사를 촉진하고 결국 환경문제의 확대를 초래했을 것이다.[23)]

농경으로 인해 발생하는 가장 대표적인 환경문제는 크게 두 가지로 볼 수 있다. 하나는 관개농업으로 인한 토양 훼손이다. 관개농업은 저수지나 강의 물을 수로를 통해 인공적으로 농지에 공급하는 방식으로, 농업의 기원과 거의 때를 같이할 정도로 오랜 역사를 지니고 있다.[24)] 장기간 관개에 의존할 경우 해당 농지는 염분축적으로

---

23) 환경론자들은 역사상 많은 문명이 환경문제로 인해 멸망했을 것으로 추정하고 있다. Hughes (1975)는 선사시대, 이스라엘, 그리스, 로마 등의 대표적 고대문명들이 어떠한 환경문제에 직면했고, 이에 따라 어떻게 변모했는지를 흥미롭게 서술하고 있다. 예를 들어, 로마인들은 납을 섞어 만든 컵에 시럽과 와인을 넣고 끓인 음료를 즐겨 마셨고, 이 때문에 많은 사람이 납중독으로 사망한 것으로 묘사되고 있다. 중세 때 유럽에서 발병하여 재앙을 가져온 흑사병도 알고 보면 숲의 파괴와 이에 따른 기후변화와 무관하지 않은 것으로 추정되기도 한다(이필렬, 1997). 최근 한 연구에서는 크메르왕국(캄보디아)의 수도였고 앙코르와트 사원으로 유명한 도시인 앙코르의 쇠퇴도 14~15세기 기후변화로 인한 물 관리시스템 붕괴 때문으로 해석하고 있다(아시아경제, 2019).

24) 메소포타미아 근방인 이란에서 약 8,000년 전의 것으로 추정되는 관개시설이 발견되었다.

훼손될 수 있다. Hughes(1975)는 메소포타미아 문명의 종말을 이러한 관점에서 설명하고 있다. 메소포타미아 지역은 유프라테스강과 티그리스강에 의해 형성된 비옥한 토양 덕분에 가장 먼저 농업기반 문명이 발생한 곳이다. 강수량이 적고 습도가 낮았기 때문에 관개시설에 의존할 수밖에 없었고, 수로를 통해 농지에 공급된 물에 포함된 염분이 계속 농지에 누적되면서 농지는 황폐화의 길을 걸었다. 결국 농업생산이 감소하고 사람들이 떠나면서 문명이 종말을 고하게 되었다는 설명이다.

농경으로 인한 또 하나의 주요 환경문제는 농지확보 및 사회적 수요 충족을 위한 숲 파괴다. 농업생산 확대를 위해 농지가 필요했고, 건축물, 함선, 생활용품 등을 만들기 위해, 그리고 연료로 사용하기 위해 나무가 필요했는데, 숲은 이 모든 수요를 동시에 충족시킬 수 있는 자원이었다. 기원전 5세기 이후 그리스와 로마 시대를 거치면서 지중해 지역의 많은 숲이 훼손되었음이 확인되고 있다. 특히 로마의 대규모 나무 수요는 이탈리아반도뿐 아니라, 시칠리아, 스페인, 소아시아, 북아프리카, 그리스 등 지중해 연안의 숲을 거의 황폐화했고, 나아가 영국과 프랑스의 숲까지 파괴했다. 숲의 파괴는 기후와 식물생태 변화를 초래했고, 이것이 로마 멸망의 한 원인이 되었다(이필렬, 1997). 이러한 숲의 파괴는 오늘날에도 진행 중인 현상이다.[25)]

산업혁명 이후 환경문제는 그 이전과는 질적 및 양적인 측면에서 비교할 수 없을 만큼 심화했다. 기술발전이 대량생산을 가져오고, 이에 따른 잉여생산 물품을 교환하느라 교통수단과 유통망이 발달했다. 상품거래의 양과 공간적 범위가 확대되면서 자본이 확대되고, 이것이 다시 투자확대 및 대량생산을 촉진하는 일이 연쇄적으로 이어졌다. 인구증가, 기술발전, 자본주의, 그리고 인간의 탐욕이 맞물려 환경파괴가 급속하게 그것도 범세계적으로 진행되었다.

브리태니커 백과사전에 따르면, 산업혁명(Industrial Revolution)이란 농업과 수공업 경제가 산업과 기계생산으로 변모하는 과정을 말한다. 이 과정은 18세기에 영국에서 시작되어 세계적으로 퍼져나갔다.[26)] 산업혁명이 가져온 주요 변화는 다음과 같이 정리할 수 있다(Encyclopedia Britannica).[27)] ① 철(iron)이나 강(steel)과 같은 새로운

25) '지구의 허파'로 불리는 아마존 열대우림에서 2022년 한 해 파괴된 면적이 11,600km^{2}에 달한다. https://en.wikipedia.org/wiki/Deforestation_of_the_Amazon_rainforest#Estimated_loss_by_year (2023.8.5. 검색)

26) 산업혁명이라는 용어는 영국의 경제사학자 토인비(Arnold Toynbee, 1852~1883)가 1760~1840년 동안의 영국 경제발전을 기술하면서 사용한 이후부터 널리 사용되었다. *A Study of History*(역사연구)를 저술한 영국의 역사철학자 토인비(Arnold J. Toynbee, 1889~1975)의 삼촌이기도 하다.

기초물질 사용 증대, ② 석탄, 증기엔진, 전기, 석유, 내연기관 등 새로운 에너지원 사용 증가, ③ 인력 사용에 대한 지출을 최소화하고 생산성을 증가시킬 수 있는 새로운 기계의 발명과 사용 확대, ④ 분업과 전문화를 기반으로 하는 공장시스템의 도입과 확산, ⑤ 증기기관차, 증기선, 자동차, 비행기, 전신, 라디오 등 교통과 통신 분야 발전, ⑥ 산업부문에 과학의 적용 확대 등이다. 이러한 변화는 대량생산 및 대량소비 체제를 가져왔고, 이에 따라 자원사용이 확대되고 환경문제가 심화했다. Magdoff & Foster(2011)가 언급한 대로 산업혁명 이후 인간은 지구의 대부분 지역에 거주하게 되었고, 이전 시대보다 훨씬 큰 피해를 더 빠르게 환경에 줄 수 있는 기술들을 갖게 되었으며, 한계를 외면해 버리는 경제체제에서 살게 되었다. 이러한 점들이 결국 산업혁명 이전과 이후의 환경문제를 차별화하는 핵심 요소들이라 할 것이다.

이 책은 주로 산업혁명 이후의 환경문제 및 환경정책들을 다루고 있으므로, 자세한 내용은 각 장에서 논의하기로 한다. 참고로 〈표 1-2〉에는 주요 매체들이 선정한 산업혁명 이후의 주요 환경재난들을 수록했다.

〈표 1-2〉 대표적 환경재난들

미국 시사주간지 Time 선정 10대 환경재난[28]
체르노빌 원전 사고(우크라이나, 1986년)
보팔 가스누출 사고(인도, 1984년)
이라크 유전 화재 사건(이라크, 1991년)
러브운하 유해폐기물 매립 사고(미국, 1970년대 초)
엑손 발데즈 기름유출 사고(미국, 1989년)
도카이무라 원전 사고(일본, 1999년)
아랄해 육지화 사건(우즈베키스탄 및 카자흐스탄, 1960년대)
세베소 화학물질 누출 사고(이탈리아, 1976년)
미나마타 병(일본, 1956년)
스리마일섬 원전 사고(미국, 1979년)
환경정보제공 사이트 Earth's Friends 선정 10대 환경재난[29]
후쿠시마 원전 사고(일본, 2011년)
보팔 가스누출 사고(인도, 1984년)
런던스모그(영국, 1952년)
체르노빌 원전 사고(우크라이나, 1986년)

27) https://www.britannica.com/explore/savingearth/industrial-revolution(2023.6.10. 검색)
28) http://content.time.com/time/specials/packages/completelist/0,29569,1986457,00.html
29) https://www.earthsfriends.com/environmental-disasters/

	모래폭풍(미국, 1930년대)
	오존층파괴(대기권, 1966년 이전)
	흑사병(유럽, 14세기)
	호주 토끼 유입(호주, 1788년)
	아프리카화 꿀벌(브라질, 1956년)
	엑손 발데즈 기름유출 사고(미국, 1989년)
미국 History 채널 선정 7대 환경재난[30]	
	모래폭풍(미국, 1930년대)
	런던스모그(영국, 1952년)
	미나마타 병(일본, 1956년)
	보팔 가스누출 사고(인도, 1984년)
	체르노빌 원전 사고(우크라이나, 1986년)
	이라크 유전 화재 사건(이라크, 1991년)
	BP 오일유출 사고(미국, 2010년)

30) https://www.history.com/news/7-deadly-environmental-disasters

제2장 ENVIRONMENTAL POLICY

환경위기의 현황과 원인

제 1 절 | 환경위기의 현황

1 인류의 시대와 환경위기

1) 인류세의 도래

지구역사를 지질학적으로 구분하기 위해 이언(eon), 대(era), 기(period), 세(epoch) 등의 기준들이 사용된다. 현대 인류는 현생이언 신생대 제4기 중 약 11,700년 전부터 시작된 홀로세(Holocene)에 살고 있다. 인류는 홀로세 초기에 농경을 시작했고, 이후 급속하게 문명을 발전시켰다. 문명발전은 곧 환경에 대한 지배력의 강화를 의미한다. 인류가 환경에 미치는 영향이 확대되면서 이제는 홀로세를 지나 인류세(人類世, anthropocene)에 진입했다는 주장이 힘을 얻고 있다. 인류세는 네덜란드의 대기화학자 크루첸(Paul Jozef Crutzen, 1933~2021)이 2000년 국제지구권-생물권프로그램(IGBP)[1] 회의에서 처음 사용한 용어다. 고대 그리스어로 '인류'를 뜻하는 anthropos와 '최근'을 뜻하는 kainos에서 유래한 cene을 합성한 신조어다. 문자 그대로 인류가 지구환경에 중대한 영향을 미치게 된 지질시대를 의미한다.

아직 인류세가 공식적인 새로운 지질시대로 분류된 것은 아니며, 언제부터 인류세가 시작되었는지에 대해서도 이견이 있다. 인류세의 시작을 농업혁명으로 보는 관

1) International Geosphere-Biosphere Programme.

점도 있고, 콜럼버스가 아메리카 대륙을 발견한 지 100년 정도 지난 1610년 부근으로 보는 관점도 있다. 크루첸은 이산화탄소와 메탄의 농도가 증가하기 시작한 시점인 18세기 후반을 인류세의 시작으로 보면서, 이 시기에 증기기관이 발명되었음에 주목했다(Crutzen, 2002). 하지만 대체로 인구폭발과 핵실험 및 급속한 환경파괴가 시작된 20세기 중반을 인류세 시작 시점으로 보는 전문가들이 많은 것 같다.

지구지질연대 결정기구인 국제층서위원회(ICS)[2]는 2009년 인류세실무그룹(AWG)[3]을 산하에 설치하고, 인류세를 구분할 수 있는 과학적 근거를 제시하는 임무를 부여했다. 새로운 지질시대를 구분하려면 '이전 지질세대와 뚜렷하게 구분할 수 있는 지질학적 흔적'을 확인해야 하기 때문이다. AWG 위원 다수가 참여하여 『사이언스』에 발표한 논문에서는 20세기 중반을 인류세 시작 시점으로 제시한 바 있다. 이 시기부터 많은 핵실험으로 인해 방사능물질이 퍼졌으며, 플라스틱, 알루미늄, 콘크리트 등 새로운 물질이 퇴적층에 쌓이기 시작했고, 기후변화로 인해 해수면의 높이도 크게 상승했으며, 탄소, 질소, 인 순환에 변동이 일어났고, 무엇보다 이러한 변화들이 유례없이 빠른 속도로 발생했기 때문이라는 것이다(서동준, 2016).[4]

과연 인류세가 공식적인 지질연대로 구분될 것인가? 2019년 5월 AWG 위원(당시 34명)을 대상으로 한 투표에서 응답자 33명 중 29명이 '인류세는 공식적인 층서학적 단위로 구분되어야 하고, 20세기 중반이 인류세의 시작'이라고 응답한 바 있다.[5] 이후 AWG는 2022년부터 투표를 시작하여 캐나다 온타리오주에 있는 크로포드호수를 표준층서(GSSP)[6]로 2023년 7월 11일 선정했다.[7] AWG의 이러한 제안이 최종적으로 추인되면 20세기 중반이 인류세의 공식적인 출발점으로 인정된다. 즉, 20세기 중반부터 인류는 '신생대 제4기 인류세'에 살게 되는 것이다. 최종 승인을 위해서는 지질학자로 구성된 3개 위원회의 투표를 각기 통과해야 하며, 각 투표에서 60%의 득표가 필

2) International Commission on Stratigraphy.
3) Anthropocene Working Group.
4) 우리나라에서도 인류세 연구를 위해 2018년에 한국과학기술원(KAIST)에 인류세연구센터(CAS)가 설치되었다.
5) https://en.wikipedia.org/wiki/Anthropocene_Working_Group(2023.8.4. 검색)
6) Global Boundary Stratotype Section and Point.
7) 원래 11곳의 후보지를 대상으로 한 투표에서 크로포드호수가 선정된 것이다. 크로포드호수는 물이 워낙 깊어서 바닥에 떨어지는 것은 무엇이든 진흙 속에 보존되어 시간이 지남에 따라 나무 나이테와 같은 형태로 축적되는 특징이 있다. AWG는 20세기 중반을 인류세의 시작으로 볼 수 있는 명료한 증거(원자탄실험, 화석연료사용 등)를 여기서 확인할 수 있다고 판단한 것이다(Zhong, 2023).

요하다(Zhong, 2023).

2) 생물대멸종 가능성

인류세를 새로운 지질시대로 구분하는 것은 생물대멸종(mass extinction)과 긴밀한 관련이 있다. 지구가 생성된 이후 현재까지 다섯 번의 생물대멸종이 있었다. 4억 4,000만 년 전 오르도비스기 말, 3억 7,000만 년 전 데본기 말, 2억 5,100만 년 전 페름기 말, 2억 500만 년 전 트라이아스기 말, 그리고 6,550만 년 전의 백악기 말 대멸

[그림 2-1] 지구역사에서 나타난 멸종 사건

이언	대	기	세	시기
현생이언	신생대	제4기	인류세	현재
			홀로세	1만 1,700년 전~
			플라이스토세	180만 년 전~
		제3기	플라이오세	530만 년 전~
			마이오세	2,300만 년 전~
			올리고세	3,390만 년 전~
			에오세	5,580만 년 전~
			팔레오세	6,550만 년 전~
	중생대	백악기		1억 4,500만 년 전~
		쥐라기		1억 9,960만 년 전~
		트라이아스기		2억 5,100만 년 전~
	고생대	페름기		2억 9,900만 년 전~
		석탄기		3억 5,900만 년 전~
		데본기		4억 1,600만 년 전~
		실루리아기		4억 4,400만 년 전~
		오르도비스기		4억 8,800만 년 전~
		캄브리아기		5억 4,200만 년 전~
원생이언				25억 년 전~
시생이언				46억 년 전~

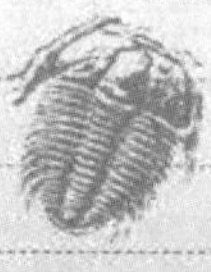

6대 멸종 사건

인류의 생태계 파괴로 향후 500년 동안 지구 생물종의 20~50%가 멸종할 수도 있다.

백악기 말 멸종
(6,550만 년 전)
생물종의 75%가 멸종

트라이아스기 말 멸종
(2억 500만 년 전)
생물종의 80%가 사멸

페름기 말 멸종
(2억 5,100만 년 전)
바다 생물종의 96%, 육지 생물종의 70%가 멸종

데본기 말 멸종
(3억 7,000만 년 전)
생물종의 70%가 사멸

오르도비스기 말 멸종
(4억 4,000만 년 전)
생물종의 85%가 사멸

출처: 중앙일보(2018).

종이다.[8] 오늘날 인류가 환경을 파괴함으로써 여섯 번째 생물대멸종을 가져올 수도 있다는 경고가 반복적으로 제기되고 있다. 또한 최근 과학적 연구들은 생물대멸종이 우리 예상보다 더 빨리, 그리고 더 광범위하게 도래할 수 있음을 경고하고 있다.

멕시코 국립자치대와 미국 스탠포드대 공동연구팀은 척추동물 27,600여 종에 대한 국제자연보전연맹(IUCN)의 자료를 분석하여 동물들의 개체 수와 서식면적 감소를 계량화했다. 그 결과 약 32%인 8,851개 종의 개체 수가 최고 절반까지 줄어든 것으로 나타났으며, 여기에는 멸종위기종이 아닌 종들도 포함되어 있었다. 연구팀은 이런 감소 현상이 일어난 원인으로 서식환경 축소, 남획, 인공미생물, 공해, 독성물질, 기후변화 등을 꼽았다. 연구팀은 이러한 동물들의 대규모 감소를 '인류세의 생물학적 절멸'이라고 지칭하고, '인류문명의 뿌리에 대한 끔찍한 폭거'로 표현할 수 있을 정도로 심각하다고 주장했다(한겨레신문, 2017).

2 생태발자국과 생태용량

인류가 환경에 미치는 영향을 평가하기 위한 지표로 생태발자국을 사용하곤 한다.[9] 생태발자국(ecological footprint)은 1996년 캐나다 경제학자들에 의해 개발된 개념이다. 의식주 등 인간 생활을 유지하기 위해서는 자원생산 및 폐기물 흡수가 필수적인데, 이를 위해 필요한 만큼의 면적을 헥타르(ha)로 환산한 것이다.[10] 개인, 집단, 국가, 특정 활동 등에 대해 생태발자국을 측정할 수 있다. 생태발자국은 생태용량(biological capacity)과 관련지어 이해할 필요가 있다. 생태용량이란 인간 생활에 필요한 자원을 생산하고 폐기물을 흡수할 수 있는 생태계의 능력을 의미하며, 이 역시 토지 단위로 표현할 수 있다. 그러므로 생태발자국은 인간의 수요 측면을, 그리고 생태용량은 자연의 공급 측면을 보여준다.

생태발자국이 생태용량을 초과하면 생태부채 상태에 놓이게 된다. 2003년 설립된 지구생태발자국네트워크(Global Footprint Network)는 지구적 및 국가적 차원에서의

---

8) 생물대멸종에 대한 설명은 https://en.wikipedia.org/wiki/Extinction_event 참조.

9) 생태발자국 개념과 계산에 대해서는 다양한 접근이 가능하다. 아울러 여기서 제시되는 생태발자국이나 생태용량 수치들은 사용 가능한 데이터에 한정하여 도출된 것이므로 엄밀한 것은 아니다. 따라서 대략적인 현황을 나타내는 것으로 이해하면 될 것이다.

10) 1ha는 10,000m^2다. 생태발자국과 생태용량 단위로는 표준화된 단위인 Gha(Global ha)를 사용한다.

생태발자국을 평가해 왔다. 이들에 따르면, 2023년 현재 인류는 생태발자국이 생태용량의 1.7배에 달하는 생태부채 상태에 놓여 있다. 인류가 현재의 생활을 유지하려면 1.7개의 지구가 필요하다는 뜻이다.[11] 인구는 계속 증가추세에 있고, 1인당 생태발자국 역시 증가할 전망이다. 반면 생태용량의 변화는 거의 없을 것이므로, 앞으로도 생태부채는 계속 확대될 것이다. 다시 말해, 환경위기가 심화하는 것이다.

국가별로 생태발자국과 생태용량을 계산할 수도 있다. 생태발자국이 생태용량보다 크면 생태채무국으로 볼 수 있다. 선진국일수록 1인당 소비가 많으므로, 1인당 생태발자국도 대체로 크기 마련이다. 선진국이 개발도상국보다 지구환경에 더 큰 부담을 주고 있다는 것이다. 하지만 국가 단위에서 보면 선진국이라 해서 모두 생태채무국은 아니다. 생태용량이 국가마다 다르기 때문이다. 1인당 생태발자국이 크지만 1인당 생태용량 역시 매우 큰 국가는 운 좋게 생태채권국이 될 수도 있다. 지구생태발자국네트워크 웹사이트(footprintnetwork.org)에서 국가별 1인당 생태발자국, 1인당 생태용량, 생태부채를 검색할 수 있다. 2022년 현재 호주는 1인당 생태발자국이 5.8Gha인데, 생태용량은 11Gha이므로 생태채권국에 속한다. 반면 방글라데시는 1인당 생태발자국이 호주의 약 8분의 1인 0.7Gha인데, 생태용량이 0.2Gha에 불과해 생태채무국에 속한다. 2022년 현재 우리나라의 1인당 생태발자국은 5.8Gha이고, 생태용량은 0.6Gha로 추정되었다. 상대적으로 많은 인구와 협소한 영토, 그리고 높은 소비로 인해 생태발자국이 생태용량의 거의 10배에 달하는 상태에 놓여 있는 것이다.

생태발자국과 생태용량 계산에 기초하여 이른바 '지구생태용량 초과의 날(Earth Overshoot Day: EOD)'을 추산하고, 이를 지구의 지속가능성을 판단하는 지표 중 하나로 활용할 수 있다.[12] 예컨대, 2023년의 지구생태용량 초과의 날은 8월 2일로 추정되었다.[13] 연간으로 따지면 인류가 12월 31일까지 생존해야 하지만, 2023년에는 8월 2일에 생태용량을 소진한다는 것이다. 1971년에는 12월 25일이었으니 당시에는 인류생활이 대략 지구 1개의 생태용량 내에서 이루어졌다고 볼 수 있다. 하지만 날짜가 점점 앞당겨져 1980년에는 11월 8일, 1990년에는 10월 14일, 2000년에는 9월 25일, 2010년에는 8월 8일, 2023년에는 8월 2일이 된 것이다.[14] 해를 거듭할수록 지구생태

11) https://www.footprintnetwork.org/(2023.8.4. 검색)
12) EOD를 구하는 공식은 다음과 같다. EOD=(생태용량÷생태발자국)×365
13) https://www.footprintnetwork.org/our-work/earth-overshoot-day/(2023.8.4. 검색)
14) 코로나19 확산의 한 가운데 있었던 2020년에는 8월 22일로 그 이전보다 연장되었다. 인류의 생산 및 소비 활동과 환경위기 간의 관계를 극명하게 보여준다.

[그림 2-2] 1971~2023년 지구생태용량 초과의 날

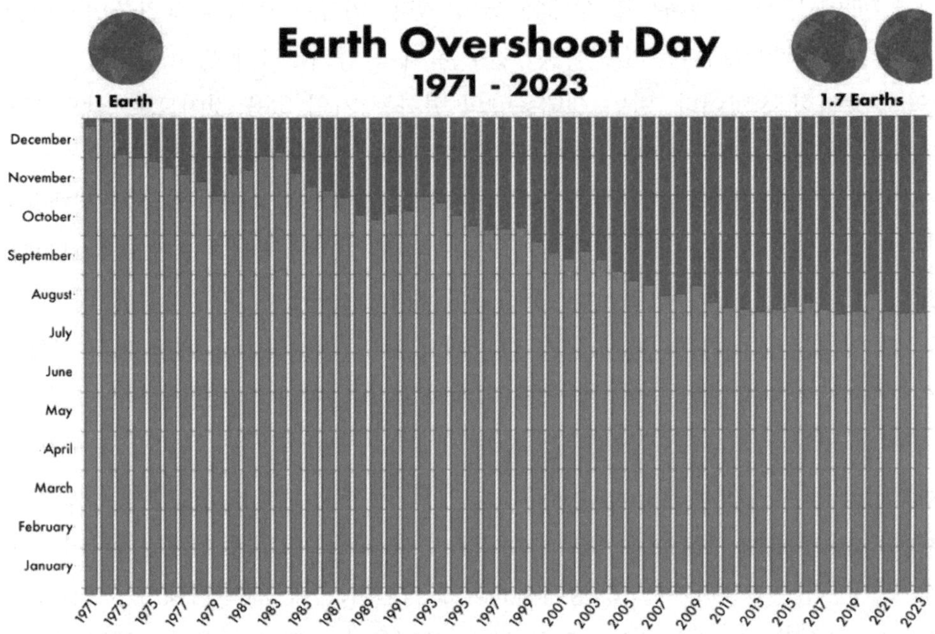

출처: https://www.overshootday.org/

용량 초과 날짜가 당겨지고 있는 셈이다. 국가별로 보면 2023년 한국의 지구생태용량 초과의 날은 4월 2일로 추정되었다. 모든 지구인이 한국인의 생활방식처럼 산다면 대략 4개 정도의 지구가 필요하다는 뜻이다. 미국은 3월 13일, 일본은 5월 6일, 중국은 6월 2일로 각각 추정되었다.15)

한편 아사히글라스재단(The Asahi Glass Foundation)은 리우회의가 개최된 1992년부터 매년 환경전문가들을 대상으로 지구환경위기의 심각성에 대한 인식수준을 조사하고, 이를 바탕으로 이른바 '환경최후심판시계(Environmental Doomsday Clock)'를 제시해 왔다. 응답자들은 본인이 판단하는 심각성 수준에 따라 최소 0:10부터 12:00까지 10분 단위로 선택하여 응답했다. 환경최후심판시계는 해가 갈수록 12시에 점점 더 근접하고 있는 것으로 나타난다. 1992년의 최초 조사(N=1,054)에서는 7시 49

15) https://www.overshootday.org/newsroom/country-overshoot-days/(2023.8.4. 검색). 세계 모든 사람이 나처럼 생활한다면 과연 몇 개의 지구가 필요할까? 지구생태발자국네트워크 웹사이트에 들어가면 '나의 Earth Overshoot Day'를 계산해 볼 수도 있다.

[그림 2-3] 환경최후심판시계(Environmental Doomsday Clock)

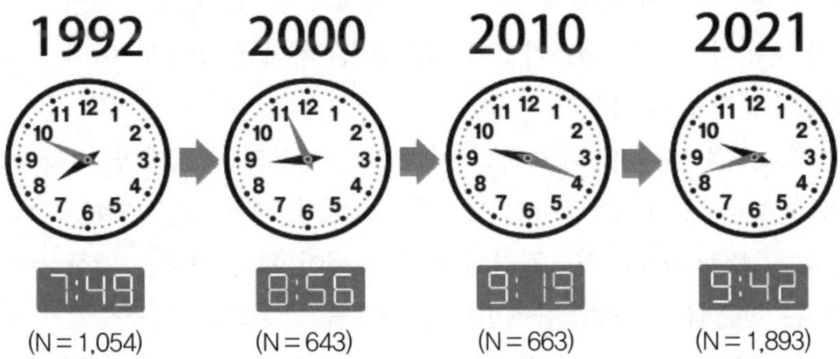

출처: The Asahi Glass Foundation(2022).

분이었는데, 2022년에는 9시 35분(N=1,873)을 가리켰다(The Asahi Glass Foundation, 2022). 환경전문가들이 지구환경위기를 점점 더 심각하게 느끼고 있다는 뜻이다.

제 2 절 환경위기의 원인

환경위기의 직접적 원인은 생산, 유통, 소비 등 경제활동의 증가다. 경제활동이 증가하면 자원이용과 환경오염이 증가하기 때문이다. OECD(2012)가 발간한 *OECD Environmental Outlook to 2050*에 따르면, 2050년의 세계 경제활동 규모는 2012년보다 4배 정도 증가할 전망이다. 당연히 자원이용과 환경파괴도 이에 따라 증가할 것이다. 그렇다면 무엇이 경제활동을 증가시켜 궁극적으로 환경위기를 초래하는가? 학자들은 이와 관련하여 다양한 요인들을 제시해 왔다. 이 책에서는 인구증가, 기술발전, 자본주의 등 세 가지를 환경위기의 가장 중요한 요인들로 보았다.

1 인구증가

환경위기의 원인으로 가장 먼저, 그리고 가장 빈번하게 지목되는 요인은 인구증가다. 인구가 늘어나면 환경문제는 심화할 가능성이 크다. 인구를 부양하기 위해 식량, 거주지, 의복과 같은 기본적 재화의 생산과 소비가 늘어나야 하고, 이에 따라 자원사용 및 폐기물 발생이 증가하는데, 이 과정에서 공기, 물, 숲, 토양, 생태계 등이 영향을 받기 때문이다. 환경전문가들에 따르면 현재 세계 인구는 이미 지구생태용량을 초과하는 수준으로 증가했다.

인구의 중요성을 지목한 대표적인 사람으로 영국의 성직자이자 학자인 맬서스(Thomas Robert Malthus, 1766~1834)를 들 수 있다. 맬서스는 1798년 *An Essay on the Principle of Population*(인구원리에 관한 엣세이)에서 인구는 기하급수적으로 증가하고 식량은 산술급수적으로 증가한다는 전제를 바탕으로, 인구증가가 식량부족과 기아를 가져올 것으로 예견했다. 인류가 위기를 모면하려면 결국 인구를 통제하는 수밖에 없는데, 그 방법으로 적극적 통제와 예방적 통제를 제시했다. 전자는 질병, 기아, 전쟁 등에 따라 많은 조기 사망이 초래되어 적정인구 규모가 유지되는 방식이고, 후자는 금욕을 강조하거나 경제적 능력이 없는 빈곤층의 결혼을 제한함으로써 출산율을 낮추어 적정인구 규모를 유지하는 방식이다. 비록 맬서스가 환경위기를 직접 언급한 것은 아니지만, 이때부터 인구는 환경문제를 포함하여 인류가 당면하게 되는 여러 위기의 근본적 원인 중 하나로 인식되기 시작한 것이다.

학자들은 서기 1년의 세계 인구가 1.5~3.3억 명이었던 것으로 추정하고 있다. 세계 인구가 5억 명에 도달한 것이 대략 1500년경이니 당시까지만 해도 인구증가는 대단히 완만했던 셈이다. 10억 명에 도달한 것은 1800년이었고, 이로부터 127년 후인 1927년에 20억 명에 도달했다. 33년 뒤인 1960년에 30억 명, 14년 뒤인 1974년에 40억 명, 13년 뒤인 1987년에 50억 명,[16] 12년 뒤인 1999년에 60억 명, 12년 뒤인 2011년에 70억 명, 다시 11년이 지난 2022년에 80억 명에 도달했다.[17] 5억 명의 2배인 10억 명이 되는 데 300년, 10억 명의 2배인 20억 명이 되는 데 127년, 20억 명의 2배인 40억 명이 되는 데 47년이 걸렸고, 40억 명의 2배인 80억 명이 되는 데 48년이 소요된 것이다. 특히 20세기 중반 이후의 인구증가는 가히 폭발적이었다.

그렇다면 인구폭발 시기에 경제활동 변화는 어떠했는가? 세계은행에 따르면 2022년 세계 GDP 규모는 100.56조 달러로, 1960년의 1.38조 달러보다 대략 73배 증가했다.[18] 세계무역 규모는 이보다 훨씬 큰 비율로 증가했다. 수출 규모만 놓고 보더라도

16) 50억 명에 도달한 것은 1987년 7월 11일이다. UN은 매년 7월 11일을 '세계 인구의 날'로 지정했다.
17) UN은 2022년 11월 15일에 세계 인구가 80억 명에 도달했다고 공식 선언했다.
18) https://data.worldbank.org/indicator/NY.GDP.MKTP.CD(2023.8.5. 검색)

1960년 0.13조 달러에서 2021년 22.3조 달러로 170배 이상 증가했다.[19] 사람들의 이동성을 나타내는 지표들도 대폭 증가했다. 세계 자동차 등록 대수는 1960년 1.27(억 대)에서 2019년에 14.9(억 대)으로 약 12배 증가했다.[20] 항공기 이용자 수는 1970년 3.1(억 명)에서 2019년에 44.6(억 명)으로 약 15배 증가했다.[21] 이러한 주요 경제활동 지표들을 보면 인구가 급증하는 시기와 경제활동이 증가하는 시기가 상당히 일치할 뿐만 아니라, 경제활동은 인구증가보다 훨씬 더 빠른 속도로 증가했음을 알 수 있다. 단순히 인구가 증가한 비율만큼 경제활동이 증가한 것이 아니라, 여러 사회경제적 요소들이 맞물려 1인당 경제활동이 훨씬 더 많이 증가했기 때문이다.

앞으로도 인구증가는 지속할 것으로 보인다. UN이 2022년에 발간한 *World Population Prospects 2022*(2022 세계인구전망)에 따르면, 세계 인구는 2030년에 85억

〈표 2-1〉 지역별 인구전망

지역	인구 수(백만 명)		
	2022년	2030년	2050년
세계	7,942	8,512	9,687
사하라 이남 아프리카	1,152	1,401	2,094
북아프리카 및 서아시아	549	617	771
중앙아시아 및 남아시아	2,075	2,248	2,575
동아시아 및 동남아시아	2,342	2,347	2,317
라틴아메리카 및 카리브	658	695	749
호주 및 뉴질랜드	31	34	38
오세아니아(호주/뉴질랜드 제외)	14	15	20
유럽 및 북아메리카	1,120	1,129	1,125
최빈개발도상국(LDCs)	1,112	1,328	1,914
아시아내륙 개발도상국(LLDCs)	557	664	947
군소도서 개발도상국(SIDS)	74	79	87

출처: UN(2022).

19) https://www.statista.com/statistics/264682/worldwide-export-volume-in-the-trade-since-1950/#st atisticContainer(2023.8.5. 검색)
20) https://en.wikipedia.org/wiki/Motor_vehicle(2023.8.5. 검색)
21) 항공기 이용자 수는 코로나-19 영향으로 2020년 17.7(억 명), 2021년 22.8(억 명)을 각각 기록했다. https://data.worldbank.org/indicator/IS.AIR.PSGR(2023.8.5. 검색)

명, 2050년에 97억 명으로 증가하며, 2080년에 100.4억 명으로 정점에 도달할 전망이다. 인구는 증가하되 그 증가율은 점차 감소하고 있으며, 2020년 세계 인구증가율은 1950년 이후 최초로 1% 미만을 기록했다. 지역별 인구 예상전망을 나타낸 〈표 2-1〉을 보면 세계적 인구증가의 대부분은 아프리카와 아시아지역 개발도상국의 인구증가 때문이다(UN, 2022). 특히 가장 빈곤한 지역인 사하라 이남 아프리카 및 아시아내륙 개발도상국의 인구가 많이 늘어날 전망이다. 아직 개발 잠재력이 높은 개발도상국 중심으로 인구가 증가한다는 것은 그만큼 향후 경제활동이 폭발적으로 증가하고, 이에 따른 자원이용 증가와 환경파괴 가능성이 크다는 것을 의미한다.

그렇다고 환경위기의 책임을 개발도상국에만 돌릴 수 있는가? 그렇지 않다. 인구가 개발도상국 중심으로 증가하고, 이에 따라 지구환경문제가 심화할 가능성이 큰 것은 사실이지만, 이를 예방할 책임을 개발도상국에만 전가해서는 안 된다는 것이다. 선진국은 현재까지 진행된 환경오염에 대해 역사적 책임이 있을 뿐만 아니라, 개발도상국의 저발전 상태에도 일정 부분 책임이 있기 때문이다. 개발도상국의 인구안정을 위한 방안을 찾는 것이 중요하고, 이를 위해 선진국이 일정한 역할을 담당해야 한다는 뜻이다. 이 문제를 인구전이모델(demographic transition model) 관점에서 생각해 볼 수 있다.

인구전이란 산업화 이전에는 '높은 출산율, 높은 사망률'을 보이다가 산업화 이후에는 '낮은 출산율, 낮은 사망률'을 보이면서 인구가 안정되는 경향을 말한다. 인구전이모델은 1929년 미국의 인구학자인 톰슨(Warren Thompson, 1887~1973)에 의해 처음 제시되고, 1950년대에 미국의 인구학자인 노트스타인(Frank Notestein, 1902~1983)에 의해 발전되었다. 인구전이단계는 [그림 2-4]와 같이 5단계로 구분할 수 있다(Roser & Ortiz-Ospina, 2013).

1단계는 산업화 이전 단계로 출산율과 사망률이 모두 높아 인구가 정체되었던 시기인데, 인류 역사의 대부분을 차지한다. 2단계는 출산율은 높으나 건강상태 등의 개선으로 사망률이 낮아져 인구가 급속히 증가하는 시기다. 3단계는 사회변화로 인해 출산율이 감소하면서 인구가 완만하게 증가하는 시기다. 4단계는 출산율이 사망률과 비슷한 수준으로 낮아져 사실상 인구증가가 정체하는 단계다. 마지막 5단계는 출산율이 반등하면서 약간의 인구증가로 반전하는 단계다. 오늘날 많은 선진국은 대체로 4단계까지의 인구전이를 나타냈고, 소수의 국가에서는 5단계로의 전이 가능성도 점쳐지고 있다. 반면 개발도상국들의 인구전이 단계는 국가마다 상당한 편차를 보인다.

[그림 2-4] 인구전이의 5단계

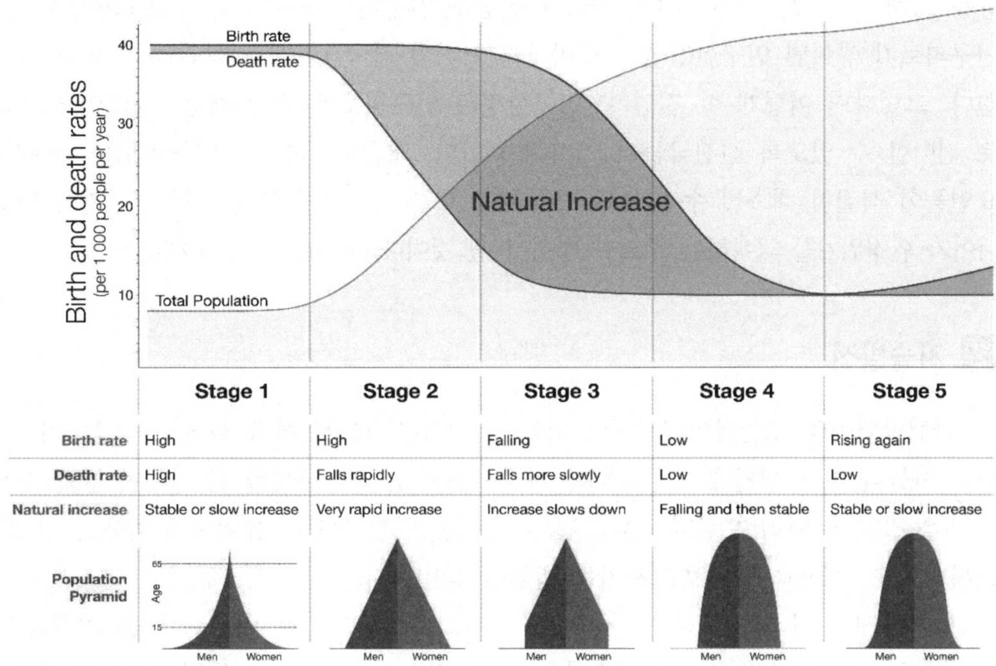

출처: Roser & Ortiz-Ospina(2013).

세계 인구증가와 관련하여 핵심은 2단계에서 3단계로의 전이다. 모든 국가에서 2단계에서 3단계로 전이할 수만 있다면 세계 인구증가 추세는 크게 약화할 것이다. 대체로 사회경제적 상황 변화에 따른 자녀 양육 부담 증가, 여성의 교육과 사회적 지위 향상, 피임의 확산 등이 3단계로의 전이를 촉진한다. 지구상의 대부분 국가는 2단계에 진입했고, 실제로 오래지 않아 3단계로의 전이에 성공했다. 문제는 개발도상국 중 2단계에 오랫동안 머물면서 인구급증이 지속되는 국가들이 있다는 것이다. 이러한 현상을 인구함정(population trap)이라 한다.

앞에서 살펴본 바와 같이 최빈개발도상국에서 인구증가가 가속할 전망이다. 이러한 전망은 최빈개발도상국 중에서 인구함정에 빠질 가능성이 있는 국가들이 있음을 시사한다. 2단계는 연간 인구증가율이 통상 3%를 유지하는 인구폭발단계로서 2단계에 오래 머물면 사회경제체계의 붕괴를 초래할 가능성이 커진다(Brown et al., 1999). 2단계의 빠른 인구증가로 인해 새롭게 대두하는 식량, 교육, 일자리, 주택, 인프라, 환경문제 등 수많은 수요에 대처하지 못하면, 재정고갈, 정치적 리더십 부재, 사회갈등 등을 초래할 수 있기 때문이다. 이러한 현상을 인구피로(population fatigue)라 한다. 인구피로가 쌓이면 인구함정에서 벗어나기 어려워 결국 1단계로 회귀할 가능성이 커진다. 그렇다면 어떻게 할 것인가? 인구함정과 인구피로에 빠진 개발도상국이 3단계로 전이할 수 있도록 선진국들이 기여해야 한다. 개발도상국에서 인구피로를 가져온 요인들이 적절히 해소될 수 있도록 선진국이 지원하는 것이 세계 인구를 안정화하고, 나아가 환경위기를 극복하는 주요한 방법이 될 것이다(Brown et al., 1999).

2 기술발전

국립국어원의 표준국어대사전에 따르면, 기술은 '과학이론을 실제로 적용하여 자연의 사물을 인간 생활에 유용하도록 가공하는 수단' 및 '사물을 잘 다루는 방법이나 능력'을 말한다. 이러한 정의에 따르면, 기술이란 인간 생활에 유익하게 활용될 수 있도록 사물을 사용하거나 변모시키는 방법을 의미한다.

인류에게 있어 기술발전은 양면성을 가지고 있다. 기술은 많은 질병을 퇴치함으로써 인류의 생존에 도움을 주었으나, 다른 한편으로는 대량살상무기 생산을 가능케 하여 인명을 희생시키는 수단으로도 활용되었다. 또한 기술은 물질적 생활 수준을 향상하는 데 도움을 주었으나, 다른 한편으로는 빈부격차를 확대하는 결과도 초래했다. 이렇게 보면 기술발전은 여러 측면에서 긍정적 효과를 가져왔지만, 이를 통해 인류사회가 진정으로 더 좋아진 것인지는 불분명하다. 환경 측면에서 보면 기술은 인류의 삶을 풍요롭게 하는 대가로 자원고갈, 유해물질 배출, 생태계 파괴, 공기나 물과 같은 각종 환경매체의 오염 등을 초래한 원인이다. Commoner(1971)는 '환경위기는 현대 기술기반 사회가 자랑하는 생산성과 부의 이면에 교활한 사기가 숨어 있음을 보여주는 암울한 증거'라고 비판했다. 비슷한 맥락에서 Magdoff & Foster(2011)는 현대사회에서 기술의 목표는 기본적으로 성장을 부양하는 것이므로, 현대사회는 더 많은 산출을 위해 자원 및 에너지 사용량을 극대화하는 기술을 선택하게 된다고 주장했다.

환경문제 해결에 있어 기술에 거는 기대 역시 양면적이다. 기술발전이 환경문제를 해결하는 데 견인차가 될 것이라는 기대와 기술발전으로 인해 환경파괴가 지속할 것이라는 우려가 공존한다. 또한 기술발전으로 인한 삶의 질 향상은 소수의 부유한 계층(국가)에 집중되고, 기술발전으로 인한 환경파괴의 피해는 다수의 소외계층(국가)에 전가되기 때문에, 기술발전은 정의와 형평성을 저해한다는 지적도 있다. 환경문제 해결을 위해 기술을 어떻게 활용해야 하는지는 대단히 중요한 논의주제다. 하지만 이러한 논의는 차치하고, 이하에서는 기술발전이 경제활동 증가를 통해 환경위기를 초래하는 측면들을 설명하기로 한다.

첫째, 기술은 이동성을 확대한다. 현대의 기술이 발전하기 전에 이동은 사람의 힘, 바람과 같은 자연의 힘, 말이나 소와 같은 동물의 힘 등에 의존했다. 수레나 바퀴와 같은 기술들이 개발되면서 이동이 다소 편해지기도 했지만, 당시의 교통수단들이 지니는 근본적 한계로 인해 이동범위나 속도는 여전히 제한적이었다. 먼 거리를 신속하게 이동하는 것은 불가능하거나 큰 비용을 초래했다. 이후 기술발전에 따라 획기적 교통수단들이 발명되면서 사람과 사물의 이동성은 크게 확대되었다. 1705년에 영국에서 증기엔진이 개발되고 곧이어 이를 장착한 증기기관차와 증기선이 상용화되자, 이동성은 이전과 비교할 수 없을 정도로 증가했다. 나아가 1859년 상업용 내연기관 개발은 자동차 시대를 열었고, 사람과 사물의 이동성도 새로운 국면을 맞이했다.

기술발전에 힘입어 장거리 해상교통이 가능해지면서 국제무역도 대폭 증가했고, 해상교통 능력의 강화는 강대국에 의한 식민지개척의 원동력이 되기도 했다. 1903년 라이트형제의 성공적 비행에 힘입어, 제1차 세계대전 이후에는 가장 빠르고 이동범위가 넓은 이동수단으로 항공교통이 확산하기 시작했다. 제2차 세계대전 이후에는 자동차가 대중에게 보급되면서 신속하고 편리한 개인 이동수단으로 자리매김했다. 모든 차종을 합산하면 현재 세계적으로 매년 8~9천만 대의 자동차가 생산되고 있다. 철도 분야에서도 1964년 일본의 신칸센을 시작으로 고속열차가 보급되기 시작했다. 기술발전은 이처럼 사람과 사물의 이동범위와 속도를 증대시킴으로써 세계 경제활동의 규모를 엄청나게 팽창시켰다. 이동성 증가 및 이에 따른 경제활동 증가는 모두 에너지사용과 환경오염을 동반하면서 진행되었다.

둘째, 기술은 상품생산을 확대한다. 기술발전을 바탕으로 많은 새로운 상품들이 시시각각 개발되었고, 상품의 생산, 유통, 소비 과정에서 산업들이 부침을 거듭해 왔다. 이 과정에서 에너지를 비롯한 자원이용 및 폐기물 발생이 증가했다. 아울러 기술발전을 통해 석유, 석탄, 광물 등 재생 불가능 자원의 이용이 확대되고, 그 결과로 배출되는 폐기물은 오염물질의 형태로 공기, 물, 토지에 축적되었다. 기후변화, 오존층 파괴, 사막화 등 지구환경문제는 이러한 폐기물 축적의 산물이다. 최근에는 유해화학물질, 플라스틱, 방사능폐기물 등이 인류의 건강과 생존을 위협하는 수준에 도달하고 있다. 인류는 이러한 문제들을 해결하기 위해 노력하고 있으나, 지식의 한계 및 집단 간 이해관계의 차이가 맞물려 궁극적 해법에 도달하는 일이 쉽지 않은 실정이다.

셋째, 기술은 토지이용을 변화시킨다. 역사적으로 새로운 기술이 등장할 때마다 도시와 그 속에서의 생활형태가 변화해 왔다. 19세기 기술발전은 산업혁명을 이끄는 한편, 중세적 도시구조를 산업적 도시구조로 변모시켰다. 새롭게 건설되는 공장들이 노동자를 흡인했고, 도시에서는 늘어난 인구를 감당하기 위해 교통수단 및 거주지 확대가 필요했다. 농지와 산지가 산업 등 다른 용도로 활용되면서 녹지가 줄어들고 도시는 확대를 거듭했다. 사람들이 떠난 농어촌은 공동화하기 시작했다.[22] 아울러 20세기에는 자동차 시대를 맞이하여 고밀도 건축물을 중심으로 조성된 도심, 그리고 거주지가 존재하는 교외가 조성되고, 그 사이를 자동차가 왕래할 수 있도록 도로가 대규모로 건설되는 도시구조가 많이 나타났다. 토지이용 형태는 자동차 이용이 편리하도록 변모했다. 이처럼 기술은 토지이용을 변화시켰고, 이 과정에서 숲, 녹지, 농지, 하천 등의 자연적 공간 및 생태계 훼손이 심화했다.

3 자본주의

간단히 정의하자면 자본주의는 생산수단의 사적 소유가 가능하고 이러한 생산수단을 이윤을 위해 운용할 수 있게 하는 체제다. 이윤(자본축적)의 궁극적 목적은 더 큰 이윤(자본축적)을 창출하는 데 있다. 이처럼 자본주의는 이윤을 극대화하고자 하는 동기에 의해 움직이게 되며, 자본주의가 지니는 장・단점들이 모두 이러한 특징으로부터 나온다. 이윤 극대화 동기는 필연적으로 소비사회를 초래하고, 이에 따라 환경위기를 가져오기 마련이다(Movahed, 2016). 이처럼 자본주의적 생산과 소비체제를 환경위기의 본질적 원인으로 보는 관점에 따르면, 환경위기 극복 역시 자본주의 체제와의 절연을 통해서만 가능하다. 자본주의 체제를 유지한 상태에서는 어떠한 기술(친환경기술 개발 등)이나 정책(각종 규제 및 유인책)을 통해서도 문제를 근본적으로 해결할 수 없다는 것이다.

대표적 마르크스주의 환경론자인 Foster(1999: 13-14)에 따르면 본격적인 환경위

22) 세계 도시화율(도시 거주인구의 비율)은 1960년 33.6%에서 2021년 56%로 증가했다. 산업화가 진행된 국가일수록 이러한 경향이 더 높다. 2022년 OECD 평균 도시화율은 81%다. https://data.worldbank.org/indicator/SP.URB.TOTL.IN.ZS?locations=OE(2023.8.5. 검색)

기는 1400년대 말 유럽에서 시작된 자본주의의 시작과 함께 등장했다. 콜럼버스의 대서양 횡단 항해 이후 강대국의 식민지개척이 시작되었고, 이에 힘입어 16세기부터 18세기까지의 상업혁명이 진행되었으며, 결국 18세기 산업혁명으로 이어지는 자본주의 발전단계를 보였고, 이 과정에서 환경위기가 본격화되었다는 것이다. 구체적으로 Magdoff & Foster(2011)는 자본주의가 환경파괴를 초래하게 되는 이유를 다음과 같이 제시하고 있다.[23)]

첫째, 자본주의에서는 인구증가를 멈출 수 없다. 인구증가는 환경위기를 초래하는 가장 중요한 요인 중 하나이므로, 인구증가를 그대로 둔 채 환경위기를 극복하는 것은 한계가 있다. 그런데 자본주의는 인구증가 없이 기능할 수 없으므로, 결국 자본주의가 존속하는 한 인구증가는 필연적으로 수반된다. 자본주의가 인구증가를 수반하는 이유는 생산과 이윤을 충족하기 위해 항상 새로운 상품시장, 노동력의 지속적 팽창, 낮은 임금 유지를 위한 일정한 수준의 실업인구(산업예비군)가 필요하기 때문이다. 따라서 자본주의국가는 인구감소 노력에 소극적일 수밖에 없고, 이에 따라 환경위기도 필연적이라는 것이다.

둘째, 자본주의에서는 경제성장을 멈출 수 없다. 경제성장은 환경문제를 초래하는 중요한 요인인데, 경제성장 없는 자본주의는 그 자체로 모순이라는 것이다. 자본주의의 원동력은 이윤이고, 이윤의 본질은 '돈이 더 많은 돈을 벌게 하는 것'이므로, 자본주의에서는 지속적인 투자가 이루어져야 한다. 경제성장 없이는 소비증가가 불가능하고, 그러면 시장팽창도 불가능하게 되어 결국은 투자와 이윤 창출이 불가능하게 된다. 이처럼 자본축적이 멈추면 자본주의 체제는 위기에 빠지게 되므로, 어떻게든 경제성장의 바퀴를 다시 돌리려 노력한다. 여기서 환경은 인간이 다른 종들과 공생하는 장소가 아니라, 경제성장을 위해 무엇인가를 가져오고 내다 버려야 하는 영역으로 인식될 수 있다. 결국 자본주의 체제를 지속하려면 경제활동 증가는 필연적이며, 이 과정에서 환경위기가 도래하는 것이다.

셋째, 자본주의에서는 장기적 미래를 계획하기 어렵다. 환경문제는 장기적 관점에서 접근해야 할 과제인데, 자본주의 시장은 대체로 장기적 관점에 따라 움직이지 않는다. 기업은 3~5년 내지 길면 10년 미만의 단기적 관점에서 경기순환, 시장전망, 경쟁기업 상황, 원자재 공급가격, 투자자 보호 등을 따지며 사업을 진행하는 경우가 많

23) 이 부분은 Wolters(2016)를 함께 참조했다.

다. 사업을 둘러싼 상황을 장기적으로 예측하는 것이 어려운 상황에서 이윤을 창출하고 경쟁에서 승리하려면 그렇게 운신하는 수밖에 없다. 여기서 환경파괴는 중요시되지 않는다. 오히려 다른 경쟁자보다 앞서 자원을 착취하고 이것이 고갈되면 서둘러 다른 자원을 찾아 나서는 기업이 성공할 가능성이 훨씬 크다. 즉, 자본주의에서 기업들은 자신들의 이익을 극대화하기 위해 합리적으로 의사결정하고 신속하게 움직이지만, 이러한 개별행위가 결국 사회 전체적으로는 불합리한 결과, 즉 환경위기를 가져올 수 있다는 것이다.

넷째, 자본주의는 인간의 본성 중 이기적인 측면만 부각함으로써, 인간과 자연 간, 그리고 인간과 공동체 간의 연관성을 등한시하게 한다. 자본주의 옹호자들은 인간이 원래 탐욕스러운 존재이고, 이러한 탐욕을 통제하는 최선의 제도가 자본주의라고 주장한다. 자본주의는 이익(이윤)을 추구하는 인간 본성에 부합하여 자연스럽게 진화한 제도이고, 따라서 자본주의 이외에 다른 경제체제는 오히려 부자연스러운 것이라는 입장이다.[24] 인간은 이기적이라는 가정 하에서 탐욕, 경쟁, 착취, 소비주의 등이 학교, 언론, 직장에서 끊임없이 주입되고 합리화된다. 이 속에서 공동체주의와 환경에 대한 존중은 싹트기 어렵다. 하지만 인간은 탐욕뿐만 아니라 협동심, 동정심, 이타심 등의 속성도 함께 지닌 존재다. 인간은 자신의 이익을 추구하는 개별적 존재인 동시에 타인과 더불어 살면서 공동체적 이익도 추구하는 사회적 존재임에도 불구하고, 자본주의는 전자의 측면만 지나치게 강조하는 경향이 있다. 이러한 자본주의적 인간관에 입각하면 환경파괴가 당연한 것으로 여겨질 수 있고, 자연, 동・식물, 미래세대 등에 대한 배려를 전제로 환경문제를 해결하려는 노력은 저해될 수 있다.

다섯째, 자본주의에서는 빈부격차가 확대되는데 환경문제는 빈자에게 더 큰 피해를 주므로, 결국 자본주의는 환경문제로 인한 빈자의 고통을 확대한다. 자본주의가 빈부격차를 확대한다는 것은 자본주의 비판진영만의 주장이 아니다. 미국의 대표적 자본가 중 하나인 버핏(Warren Buffett, 1930~)은 자본주의는 빈부격차를 초래하기 마련이니 정부의 역할(부유세 등)이 필요하다고 여러 차례 언급한 바 있다. 거대한 부와 거대한 빈곤은 마치 동전의 양면처럼 동시에 발생하는 것이다. 부자는 환경문제

24) 이데올로기적으로 자본주의는 이익을 추구하는 개인들이 결국 공공의 이익과 성장을 촉진한다는 명제에 기반한다. 스미스(Adam Smith, 1723~1790)는 이를 "우리가 우리의 만찬을 기대할 수 있는 것은 도축업자, 양조업자, 제빵업자의 자비심 때문이 아니라 그들이 자신들의 이익에 관심을 가지기 때문이다"라는 말로 표현했다(Magdoff & Foster, 2011).

로부터 자신을 지킬 수 있는 능력이 있으나 가난할수록 그렇지 못하다. 돈이 있으면 유기농 음식을 사 먹을 수 있고, 깨끗하고 충분한 물을 마실 수 있으며, 기후변화 등 환경재난으로부터 안전한 집에 거주할 수 있고, 환경 질환에 걸리더라도 치료받을 수 있다. 빈부격차에 따른 환경피해 차이는 국가 간에도 일어난다. 1970년대 이후 부유한 나라들은 가난한 나라에 유해폐기물을 수출하는(버리는) 대가로 약간의 금전적 보상을 지급하곤 했다. 부유한 국가들이 지금의 부를 축적하면서 배출한 온실가스로 인한 기후변화는 가난한 나라에서 식량이나 물 부족, 홍수나 가뭄 등 기후재해, 거의 유일한 경제적 기반이나 다름없는 농업의 생산성 저하를 가져오기도 한다.

환경정책의 본질

제 1 절 | 정책의 개념과 유형

1 정책의 개념

정책이라는 용어와 의미를 대충이라도 모르는 사람은 거의 없다. 하지만 정책을 정의하는 방식은 학자들에 따라 매우 다양해서 전문용어로서의 정책이 지니는 의미가 간단치는 않다. 유훈(2009)은 정책에 대하여 주요 학자들이 내린 정의들을 평가한 후 자신의 정의를 제시하고 있다. 다이(Thomas Dye)에 의하면, 정책은 '무엇이든지 정부가 수행하기로 정하거나 수행하지 않기로 정한 것'이다. 젠킨스(William Jenkins)는 정책을 '정치적 활동가 또는 일단의 활동가들이 그들의 능력 범위 내에 있는 문제에 관하여 목표를 설정하고 그것을 달성하기 위한 수단에 관하여 취하는 서로 연관된 일련의 과정'으로 정의했다. 앤더슨(James Anderson)은 정책을 '문제나 관심사를 해결하기 위해 하나 또는 복수의 행위자들이 결정하는 목표지향적 활동'으로 정의했다. 유훈(2009)에 의하면, 정책이란 '각종의 정치적 · 행정적 과정을 통하여 권위 있게 결정된 공적 목표와 이를 달성하기 위한 수단과 관련된 기본방침'을 말한다. 이렇게 보면 환경정책이란 환경 영역에서 설정된 공적 목표 및 이를 달성하기 위한 수단과 관련된 기본방침이라 하겠다.

정책을 이해하고 분석하는 다양한 접근들이 존재한다. 이 중 정책을 결정, 집행,

〈표 3-1〉 주요 학자들이 제시한 정책과정

Lasswell	지식 → 제안 → 대안처방 → 혁신 → 적용 → 종결 → 평가
Anderson	정책의제형성 → 정책형성 → 정책채택 → 정책집행 → 정책평가
Jones	문제인지 및 정의 → 총의 → 조직화 → 대표성확보 → 의제형성 → 정책형성 → 법령화 → 예산확보 → 집행 → 평가 → 적응과 종결
Brewer & deLeon	문제제기 → 추정판단 → 선택 → 집행 → 평가 → 종결
Palumbo	의제형성 → 정책형성 → 집행 → 평가 → 종결
Dunn	문제구성 → 정책결과예측 → 정책제안 → 정책결과관리 → 정책성과평가
Birkland	이슈의 발단 → 의제선정 → 대안선택 → 법령화 → 집행 → 평가
이해영	정책의제형성 → 정책형성 → 정책집행 → 정책평가 → 정책종결

출처: 이해영(2009: 114-116).

평가 등의 과정 중심으로 이해하는 접근방법이 폭넓게 활용되고 있다. 주요 학자들이 제시한 정책과정은 〈표 3-1〉과 같다. 이들의 공통적인 요소들을 추려보면, 정책과정은 정책의제형성, 정책형성, 정책집행, 정책평가, 피드백 등으로 구성된다.

한편 정책과정은 진공 속에서 이루어지는 것이 아니다. 정책의 모든 과정은 그 사회가 처한 환경과 영향을 주고받으며, 매 단계에서 되먹임(feedback)이 수반되기 마련이다. 정책을 둘러싼 환경은 크게 정치적 환경, 경제적 환경, 사회문화적 환경, 자연적 환경 등으로 구분할 수 있다(김형렬, 2000). 정치적 환경에는 법체계, 선거제도, 정당, 정치이념, 입법부, 행정부, 사법부, 국제정세 등이 포함된다. 경제적 환경에는

[그림 3-1] 정책과정모형

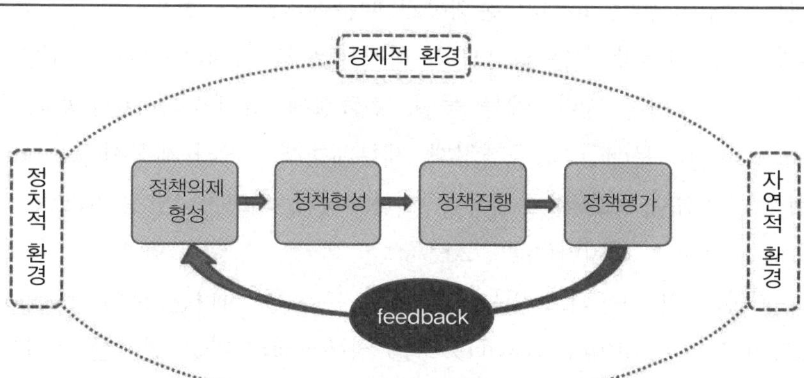

소득, 부의 분배, 부채, 무역, 세계경기, 기술 등의 요소들이, 사회문화적 환경에는 인구, 교육, 언론, 이익집단, 종교, 전통 등이, 그리고 자연적 환경에는 기후, 지형, 자원 등이 포함된다. 앞서 제시한 정책과정과 정책환경을 결부하면 [그림 3-1]과 같은 도식으로 표현할 수 있을 것이다. 도식에 맞추어 개별 정책이 추진되는 과정을 간단하게 예시해 보자.

[정책추진과정 예시]

매년 겨울에 초미세먼지로 인해 사람들이 고통을 겪는 일이 반복되자 언론과 시민단체에서 미세먼지 문제의 심각성을 제기했다. 급기야 국회 환경노동위원회와 대통령실은 환경부장관에게 미세먼지 문제 해결을 촉구하고, 환경부에서 이 문제를 본격적으로 논의하기 시작했다(정책의제형성). 우선 다양한 해결방안들을 살펴본 후 가장 비용-효과적인 대안들로 '겨울철 석탄발전소 가동 일시중지' 및 '미세먼지 농도가 높은 날 경유차 운행제한'을 선정했다(정책형성). 정책을 집행하기 위해 세부시행계획을 수립하는 동시에 소요예산을 책정하고, 환경부 대기정책실을 책임 부서로 지정하여 세부시행계획을 실천했다(정책집행). 정책집행 2년이 지난 후 평가해 보니 미세먼지가 정책추진 이전보다 10% 감소하는 효과가 나타났다. 그러나 많은 국민은 더욱 청정한 공기를 원하고 있었다(정책평가). 이에 따라 언론과 시민단체는 정부에 추가대책을 요구했다. 정부는 이 문제를 보완하기 위한 논의를 시작했고(환류에 의한 정책의제형성), 논의결과 중국으로부터의 미세먼지 유입을 막기 위한 '동북아 미세먼지 협의체'를 신설하여 외교적 노력을 기울이기로 했다(정책형성).

2 정책의 유형

1) 정책유형 분류

사회에는 수없이 많은 문제가 존재하기 때문에 다양한 정책들이 필요하다. 이러한 정책들을 모두 나열할 수는 없으므로, 학자들은 몇 가지 속성이나 기준들을 사용하여 정책들을 유형화해 왔다. 예를 들면, 추출정책, 규제정책, 분배정책, 상징정책(Almond & Powell), 분배정책, 규제정책, 재분배정책, 자율규제정책(Salisbury), 분배정책, 경쟁적 규제정책, 보호적 규제정책, 재분배정책, 외교·국방정책(Ripley & Franklin) 등으로 구분하는 것이다(유훈, 2009).

아마도 가장 널리 인용되고 있는 정책유형 분류 중 하나는 로위(Theodore Lowi, 1931~2017)의 분류일 것이다. Lowi(1972)는 정부정책의 가장 현저한 특징은 강제성(coercion)이라는 전제 하에 강제의 행사방법 및 적용대상을 기준으로 정책을 〈표 3-2〉와 같이 네 가지 유형으로 구분했다. 강제의 행사방법은 간접적이거나 직접적일

〈표 3-2〉 Lowi의 정책유형

강제의 행사방법	간접적 (remote)	분배정책	구성정책
	직접적 (immediate)	규제정책	재분배정책
		개별적 행동 (individual conduct)	행동의 환경 (environment of conduct)
		강제의 적용대상	

출처: Lowi(1972).

수 있는데, 간접적 행사방법은 보조금이나 서비스제공과 같이 제재를 수반하지 않는 것을 말한다. 아울러 강제는 개별적 행동에 혹은 행동이 이루어지는 환경에 적용될 수 있다.

분배정책(distributive policy)이란 사회적으로 바람직한 활동을 촉진하기 위해 정부가 보조금 등의 지원을 합당한 대상자에게 부여하는 정책이다. 농산물가격을 보상해 주기 위한 보조금, 건강연구에 대한 보조금, 지방정부 공항건설에 대한 보조금, 병원이나 학교 설립에 대한 보조금 등과 같이 많으면 많을수록 사회 전체적으로 더 바람직한 재화들(가치재)의 공급을 확대하기 위한 각종 지원정책이 여기 속한다.

규제정책(regulatory policy)은 특정한 개인이나 조직의 활동에 통제 및 제한을 가하는 정책으로, 경쟁적 규제정책과 보호적 규제정책으로 구분할 수 있다. 경쟁적 규제정책은 특정 재화나 서비스의 공급 권한을 몇몇 또는 단일 공급자에게만 제한적으로 부여하는 형태의 규제정책(항공기산업 사업자 선정, TV 채널이나 주파수 할당, 버스운행노선 할당 등)이다. 이 경우 공급 권한 확보를 둘러싸고 잠재적 공급자들 간에 이권 경쟁이 생겨날 가능성이 크다. 보호적 규제정책은 공중의 이익을 보호하기 위해 특정한 기준이나 조건에 따라 개인이나 조직의 활동을 제한하는 정책(환경오염물질 배출 금지, 불공정 거래행위 금지, 부당노동행위 금지 등)이다.

재분배정책(redistributive policy)은 자산, 소득, 권한 등 가치들의 불균형적 분배 상황을 재조정하기 위한 정책이다. 대체로 특정 집단의 비용을 증가시키는 대신 다른 집단의 이득을 발생시키는 방식을 취하는데, 누진적 조세제도, 소외계층(저소득층, 장애인, 독거노인 등) 대상 복지제도, 중소기업이나 소상공인 지원제도 등이 여기 속한다. 끝으로 구성정책(constituent policy)에는 정부조직, 정부운영, 국가권력 및 관할권 배분(삼권분립제도, 지방자치제도 등), 선거제도(선거구획정, 선거절차 등)와 같이 국가기구의 구성 및 운영과 관련된 정책들이 포함된다.

2) 규제정치의 유형

환경정책은 전통적으로 규제정책과 관련이 깊은 것으로 여겨져 왔다. 최근 경제적 유인 제공을 통해 친환경적 행동을 유도하는 정책들이 많이 활용되고 있으나, 이 역시 환경오염 행위를 제한하는 목적을 가진다는 점에서 규제적 속성을 지니고 있다. 규제정책으로서의 환경정책은 어떤 특징을 지니는가? 윌슨(James Q. Wilson, 1931~2012)은 1980년 저서 *The Politics of Regulation*(규제정치론)에서 규제정책을 둘러싸고 나타날 수 있는 네 가지 정치유형을 구분했다. 환경정책이 지니는 특징을 이러한 틀 속에서 이해해 볼 수 있다.

Wilson(1980)은 두 가지 기준을 사용했다. 하나는 규제의 비용이 분산되는가 아니면 집중되는가 하는 것이고, 다른 하나는 규제의 편익이 분산되는가 아니면 집중되는가 하는 것이다. 분산된다는 것은 불특정 다수에게 비용이나 편익이 감지된다는 것, 그리고 집중된다는 것은 특정 소수에게 비용이나 편익이 감지된다는 것을 의미한다. 이러한 두 가지 기준에 따라 〈표 3-3〉과 같이 네 가지 규제정치유형을 구분했다.

〈표 3-3〉 Wilson의 규제정치유형

규제의 비용	분산	고객정치	대중정치
	집중	이익집단정치	기업가적 정치
		집중	분산
		규제의 편익	

출처: Wilson(1980: 367-372).

(1) 대중정치

대중정치(majoritarian politics) 상황은 규제로 인한 비용과 편익 모두 광범위하게 분산되는 경우로, 대다수 불특정 사회구성원이 편익을 향유하고 비용도 균등하게(예컨대, 세금 형태로) 부담하는 상황이다. 이러한 상황에서는 해당 정책 이슈에 대해 강력하게 찬성하거나 강력하게 반대하는 주체가 없는 것이 보통이다. 불특정 다수가 비용과 편익을 공유하므로, 각자의 몫이 크지 않아 민감하게 반응할 가능성이 작기 때문이다. 또한 비용과 편익을 어느 정도 인지하더라도, 규제를 통해 문제를 해결하는 것이 모두에게 도움이 되고 따라서 그 비용도 모두가 함께 부담하는 것이 마땅하다고 인식할 수 있다. 강력한 찬성이나 반대 주체가 없으므로, 대중정치 상황에서는 전문가의 의견이 상대적으로 중요한 영향력을 행사할 가능성이 크다.

음주운전 규제(면허정지 내지는 면허취소)를 예로 들어보자. 누구든지 음주운전의 피해자가 될 수 있으므로, 음주운전 규제의 편익은 사회구성원 모두가 향유한다. 규제를 집행하는 주체는 경찰이고, 경찰을 유지하는 비용은 사회구성원 모두가 납부하는 세금으로 충당한다. 대체로 음주운전의 폐해에 대해서는 사회적 공감대가 형성되어 있으므로, 규제를 강화하는 데 대해 누군가가 강하게 문제를 제기할 여지는 적은 편이다. 특정 연합을 결성해서 정책결정에 관여한다고 해서 이 연합에 돌아오는 편익이 커지는 것도 아니므로, 연합 자체가 결성되기 어려운 상황이라 하겠다.

(2) 이익집단정치

이익집단정치(interest group politics) 상황이란 규제의 비용과 편익 모두 특정 집단에 집중되는 경우로 대중정치와 정반대 상황이다. 어떤 규제를 추진하는 데 따른 비용이 특정 집단에 집중되고 편익은 다른 집단에 집중되는 경우, 이 두 집단 간에는 첨예한 이익갈등이 생기기 마련이다. 따라서 조직화한 강력한 정치적 행동이 발생할 가능성이 크고, 결국 양 집단이 어느 정도 만족할 수 있는 타협점을 찾는 과정을 거쳐야 문제가 해결될 수 있다.

버스 전용차선제도를 예로 들어보자. 버스 전용차선제도를 실시하면 가장 이익을 보는 집단은 버스회사다. 배차 간격을 준수하기가 쉬워지고 더 많은 승객을 유치할 수 있기 때문이다. 반면 택시회사는 상당한 피해를 볼 수 있다. 전용차선을 제외한 차선들에서 정체가 심화할 수 있고, 이에 따라 승객감소가 예상되기 때문이다. 대중은 자가용을 운전할 때도 있고 버스를 이용할 때도 있기 때문에, 비용이나 편익에 대해 상대적으로 민감하지 않을 수 있다. 결국은 버스회사와 택시회사 간에 첨예한 이익갈등이 생기고, 이들 간 절충점을 찾는 것이 주된 과제가 된다. 이처럼 이익집단정치 상황에서는 대중은 무관심한 채 이익집단 간 갈등조정을 통해 정책이 결정될 가능성이 크다.

(3) 고객정치

고객정치(client politics) 상황이란 편익이 사회의 특정 집단에 집중되는 반면, 이로 인한 비용부담은 사회 전체로 광범위하게 분산되는 경우다. 편익을 향유하는 집단은 조직화하여 강력한 로비활동을 할 동기가 충분하지만, 불특정 다수인 대중은 규제로 인해 파생되는 비용에 상대적으로 무감각할 수 있다. 대중은 정책의 존재 자체를 모른 채 지나가는 수도 있고, 혹여 자신에게 소소한 손해가 발생하는 것을 인지하더라도 시간과 노력을 들여 반대 활동에 나서는 사람은 많지 않을 수 있다. 이러한 상황이라면 편익을 향유하는 집단에 유리한 방향으로 정책이 결정될 가능성이 크다.

많은 환경 관련 정책들이 이와 유사한 상황에 놓일 수 있다. 골프장 설치규제를 예로 들어보자. 골프장은 숲을 파괴하고 제초제 등 농약사용으로 인해 토양이나 수질을 오염시킬 수 있다. 골프장 이해당사자(사업자, 협회, 용품제조회사 등)는 골프장 설치규제 완화를 위해 강력한 로비활동을 하겠지만, 정작 오염피해 당사자인 불특정 다수 대중은 이 문제에 무관심하거나 모르고 지나칠 수 있다. 공장이나 아파트건설을 위해 그린벨트를 해제하는 경우 또는 기업경영 원활화를 위해 환경오염 방지시설의 설치기준을 완화해 주는 경우도 대중은 무관심할 수 있다. 고객정치 상황에서는 이른바 규제포획(regulatory capture)이 나타날 수 있다.[1] 규제자(정부)가 공공이익이 아닌 특정 집단의 이익에 봉사하게 되는 것이다.

(4) 기업가정치

기업가정치(entrepreneurial politics)[2] 상황은 고객정치 상황과 긴밀하게 연관되며 동전의 앞뒷면과 같다. 편익은 광범위하게 분산되는 반면 비용은 특정 집단에 집중되는 경우로서, 많은 환경 관련 정책들이 이 상황에 놓일 수 있다.

예컨대, 공장의 오염물질 규제나 자동차 배기가스 규제를 강화하는 정책은 대기를 깨끗하게 함으로써, 일반 대중에게 중요한 편익을 줄 수 있다. 반면 오염물질을 배출하는 공장이나 자동차 제조회사에는 상당한 부담이 될 수 있다. 이 경우 규제를 당하는 기업은 비용부담을 줄이고자 하는 강력한 동기를 갖겠지만 대중은 무관심할 수 있다. 여기까지만 보면 고객정치 상황과 유사한 결말을 초래할 수 있다. 하지만 대중의 이익을 보호하기 위해 정책과정을 감시하고 공공의 이익을 확보하려는 주체(환경단체, 언론, 정치인 등)가 있다면 상황은 달라질 수 있을 것이다. 이러한 주체들의 활동을 매개로 고객정치 상황이 기업가정치 상황으로 변모할 수 있기 때문이다.

---

1) 스티글러(George Stigler, 1911~1991)는 1971년 논문 The Theory of Economic Regulation에서 규제포획 현상을 이론화한 '포획이론(Capture Theory)'을 제시하고, 1982년 노벨경제학상을 받았다.

2) 불어인 entreprenuer는 '무엇인가를 시작하는 사람'을 말하며, 우리나라에서 기업가(起業家)로 번역되곤 한다. 신념을 위해 위험이 있더라도 남들이 가지 않은 길을 가는 사람을 가리키는 용어로 종종 사용된다. 따라서 창업가 또는 혁신가로 번역하는 것이 더 정확할 수 있다. 어쨌든 Businessman을 뜻하는 기업인(企業人)과는 전혀 다른 의미다.

Wilson의 규제정치유형 중에서 환경문제는 고객정치 내지 기업가정치 상황에 놓일 경우가 많다. 고객정치 상황은 불특정 다수 대중이 자신들이 지불하는 비용에 대하여, 그리고 기업가정치 상황은 불특정 다수 대중이 자신들이 향유하는 편익에 대하여 무감각하여 의사 표현이나 정치적 활동 동기가 약한 경우다. 반면에 규제대상자인 환경오염 주체들은 규제정책의 추진이나 저지를 위해 움직이려는 강력한 동기를 갖게 된다. 이 과정에서 규제기관(정부)이 포획되는 현상이 발생할 수도 있다. 이를 막기 위해 대중의 편에서 활동하는 중간집단의 활동이 중요할 수 있다. 특히 환경문제와 관련하여 국내・외적으로 많은 NGO가 결성되어 활동하고 있는 현상을 이러한 측면에서 이해할 수 있을 것이다.

제 2 절 | 환경문제와 정부개입

1 시장실패와 정부개입

정부는 왜 사람들의 일상에 개입하는가? 정부개입의 이유는 주로 시장실패(market failure) 개념을 바탕으로 설명되고 있다. 시장실패란 시장을 통해서는 재화나 서비스가 효율적으로 배분되지 않아 결국 사회적 후생이 저하되는 상황을 의미한다. 정부가 공공정책을 통해 개입함으로써 이러한 시장실패를 교정할 수 있다는 것이다.[3] 또한 시장실패를 가져오는 요소들이 상황에 따라 다를 것이므로 정부개입의 양상 역시 상황별로 달라야 한다. 시장실패를 가져오는 주요 요소들로는 경쟁의 구조, 재화의 속성, 정보비대칭 등 세 가지를 들 수 있다.

1) 경쟁의 구조

완전경쟁시장에서는 어떤 참여자도 시장지배력(market power)을 가질 수 없다. 시장지배력이란 특정 기업이 한계비용(marginal cost)을 상회하는 수준으로 재화나

3) 정부개입에 대해서는 긍정적 관점 못지않게 부정적 관점도 존재한다. 과도한 정부개입이 정부실패(government failure)를 초래하여 사회적 후생을 더 크게 저하할 수도 있다는 것이다. 따라서 정부의 불필요한 시장개입은 없어야 하며, 정부개입의 규모와 범위 역시 신중하게 결정되어야 한다.

서비스의 가격을 인상할 수 있는 능력을 말한다. 독점이나 과점상태에서는 강력한 시장지배력을 지닌 단일 또는 소수의 기업이 가격과 생산량을 결정하게 된다. 이러한 불완전경쟁시장에서는 자원배분이 왜곡되어 비효율이 증가할 수 있다. 우선 독과점기업은 더 적게 생산하고 더 높은 가격을 책정할수록 이익이 된다. 소비자는 이렇게 책정된 가격을 수동적으로 받아들여야 하므로, 결국 시장에서는 생산과 소비 모두 적정수준보다 적은 상황이 된다. 가격은 높고 생산은 줄어드는 비효율적인 결과를 초래하는 것이다. 그뿐 아니라 독과점기업이 이미 만들어 놓은 진입장벽으로 인해 새로운 기업이 시장에 진입하는 것이 어렵고, 이에 따라 소비자의 선택지도 그만큼 제한된다.

정부는 시장에서 불완전경쟁 상태가 유지되지 않도록 개입함으로써 자원배분의 효율화를 도모한다. 시장참여자들이 공정하게 경쟁할 수 있도록 규칙을 마련하고 규칙이 준수되도록 감시한다. 독과점기업이 부당하게 가격을 인상하거나 생산량을 조절하는 행위를 금지하고 소비자의 권리 보호 장치를 마련하는 것이다. 현대국가들은 이렇게 불완전경쟁을 교정하는 정부조직을 설치하고 있다. 예컨대, 미국은 1914년에 연방거래위원회(Federal Trade Commission: FTC)를 설치하여 독과점과 불공정거래를 규제해 왔다. 우리나라에서는 공정거래위원회가 그 역할을 담당한다. 공정거래위원회는 「독점규제 및 공정거래에 관한 법률」에 따라 시장지배적 지위의 남용행위 규제, 기업결합의 제한 및 경제력 집중의 억제, 부당한 공동행위 및 사업자단체의 경쟁제한행위 규제, 불공정거래행위 및 재판매가격 유지행위 규제, 부당한 국제계약의 체결제한, 경쟁제한적인 법령 및 행정처분의 협의·조정 등 공정한 경쟁을 촉진하기 위한 정책들을 추진하다.

2) 재화의 속성

어떤 속성을 지니는 재화는 시장에서 너무 적게 공급되거나 과하게 공급될 가능성이 있다. 즉, 재화가 지니는 속성으로 인해 시장실패가 초래되는 것이다. 이러한 재화가 지니는 속성은 두 가지로 구분해 볼 수 있는데, 하나는 공공재(public good) 속성이고, 다른 하나는 외부성(externality)이다.

첫째, 공공재는 비경합성(non-rivalrous)과 비배제성(non-excludable)을 지니는 재화를 말한다. 이용자가 증가하더라도 그 소비의 효용이 감소하지 않을 뿐 아니라, 누가 이용하든 이를 막기도 어려운 재화라는 뜻이다. 누구나 공짜로 이용할 수 있으므로 무임승차(free rider)가 발생하고, 이 상황에서는 이윤을 창출할 수 없으므로, 공공재를 공급할 생산자는 시장에 존재하지 않게 된다. 재화가 필요보다 적게 공급되는 형태의 시장실패가 나타나는 것이다. 따라서 사회적으로 이 재화가 꼭 필요하다면 정부가 나서서 공급하는 수밖에 없다. 순수공공재라 할 만한 재화는 많지 않은데, 대표적으로 국방은 순수공공재에 가깝다. 외국인이 우리나라에 입국해서 국방의 혜택을 본다 해서 우리 국민의 효용이 감소하는 것도 아니고, 그 외국인을 국방으로부터 배제할 수도 없기 때문이다. 치안, 도로, 환경서비스 등도 공공재 속성을 강하게 가지고 있다. 이런 영역들에서 전통적으로 국가개입이 강하게 나타나는 것도 이 때문이다.

둘째, 외부성으로 인해 재화나 서비스가 과소 또는 과다 생산되는 경우에도 시장실패가 나타난다. 외부성이란 재화나 서비스 생산에 따른 비용이나 편익이 그 생산자에게 귀속되지 않는 것, 즉 불귀속성(non-appropriability)이 발생하는 것을 의미한다. 비용 측면에서 외부성이 있는(외부비용이 발생하는) 행위는 과도하게 발생하기 때문에, 이 행위를 제한하기 위한 정부개입이 필요하다. 예를 들어, 어느 공장에서 폐수를 정화하지 않고 강에 몰래 방류한다면 편익(폐수처리비용 절감)은 공장에 귀속되고, 비용(수질오염 피해)은 강 주변 주민들에게 귀속될 것이다. 특별한 제약이 없다면 해당 공장은 이러한 무단방류 행위를 지속할 가능성이 크다. 따라서 정부는 단속하고 벌금을 부과하는 등의 규제로 개입하게 된다. 반대로 편익 측면에서 외부성이 있는(외부편익이 발생하는) 행위는 필요한 것보다 적게 이루어질 가능성이 크기 때문에, 이를 촉진하기 위한 정부개입이 필요하다. 외부편익이 발생하는 경우 해당 행위가 과소하게 되는 것은 무임승차자(free-riders) 때문이다.[4] 이 경우 정부는 주로 보조금 지급, 세금감면, 직접공급 등의 형태로 개입하게 된다(Wolf, 1993; 윤경준, 1995).

3) 정보비대칭

거래당사자가 충분한 정보를 갖지 못함으로써 과다한 거래비용이 발생하는 경우, 재화와 서비스 배분의 비효율이 생길 수 있다. 이러한 현상은 정보비대칭 관점에서 논의

4) 도둑 방지를 위해 A씨가 자기 집으로 들어가는 골목 입구에 방범초소를 설치한 경우를 생각해 보자. 이 방범초소에 들어가는 비용은 A씨가 부담하지만 편익(도난가능성 감소)은 그 골목 안 사람들 모두가 누리게 된다. 이 상황이 오래 지속되면 A씨는 방범초소를 계속 유지할 것인가를 고민하게 될 수도 있다(Samaritan's Dilemma). 급기야 방범초소를 철거하고 경비서비스업체에 연락해서 자신의 집에 무인경비시스템을 설치할 수도 있다. 이렇게 되면 골목을 위한 존재했던 공공재인 '방범서비스'가 없어진다. 이로 인해 골목의 모든 집에서 각각 무인경비시스템을 설치한다면, 결과적으로 방범초소를 공동으로 운영하는 것보다 더 큰 비용을 초래할 수 있다. 그렇다면 정부가 방범초소를 세우고 각자의 집에서 비용(세금)을 거두어 운영하는 편이 더 효율적일 수 있다.

되고 있다. 정보비대칭(information asymmetry)이란 거래당사자 간에 정보의 질이나 양이 달라 거래를 단절하거나 왜곡하는 결과를 가져오는 현상을 말한다. 정보비대칭이 존재할 경우 도덕적 해이와 역선택이 발생함으로써 시장실패를 초래할 수 있고, 이에 따라 정부개입이 필요할 수 있다.

도덕적 해이(moral hazard)란 정보를 더 많이 가진 측이 거래 이후에 기대했던 만큼의 최선의 노력을 기울이지 않는 현상을 말한다. 건강보험을 판매하는 보험회사와 가입자가 있다고 하자. 여기서 보험 가입이라는 거래를 둘러싸고 건강에 관하여 더 많은 정보를 가진 쪽은 가입자다. 가입자는 건강보험에 가입한 이후 건강관리 노력을 소홀히 하는 이른바 도덕적 해이에 빠질 가능성이 있다. 건강이 나빠지더라도 치료 등을 위해 필요한 비용을 보험회사가 분담하는 상황이 마련되었기 때문이다. 보험회사는 이러한 가입자의 의도를 사전에 알 수 없었기 때문에 결국 손실을 보게 된다. 손실을 만회하기 위해 보험료를 인상한다면 건전한 가입자의 가입이 감소하므로, 보험회사의 손해는 더 확대될 수 있다. 궁극적으로 이 상품은 시장에서 사라지게 될 것이다. 현실에서 가입 이후 의도적으로 자신의 건강을 돌보지 않는 가입자는 많지 않으므로, 그나마 건강보험은 시장에서 판매될 가능성이 크다. 하지만 실업보험이나 고용보험의 경우는 도덕적 해이가 훨씬 클 수 있으므로 시장에서 상품으로 판매되기 어렵다. 어느 국가에서든 실업보험이나 고용보험을 정부가 운영하는 것도 이 때문이다.

역선택(adverse selection)이란 정보를 덜 가진 측이 자신에게 불리한 선택을 하는 현상을 말한다. 앞서 예로 든 건강보험의 경우 보험회사는 가입자의 정확한 건강정보를 바탕으로 위험률을 제대로 산정해야만 가입자의 건강 위험이 발생했을 때 보험료를 지급할 수 있고, 회사에도 적정한 이윤을 남길 수 있다. 하지만 가입자가 건강상태를 속여도 보험회사가 이를 확인하기 어려운 상황이라면 역선택이 발생할 수 있다. 건강상태가 나쁜 사람일수록 자신의 건강상태를 숨긴 채 보험에 더 가입하려 할 것이고, 이대로 가면 보험회사는 위험률이 높은 가입자를 집중적으로 유치하는 역선택을 지속하게 될 것이다. 보험회사가 손실을 만회하기 위해 보험료를 인상하면 건강상태가 좋은 사람들은 점점 가입을 회피함으로써 결국 시장에서 이 상품은 존속할 수 없다. 건강보험은 그나마 역선택 가능성이 적은 편이다. 보험회사가 가입자의 의료정보를 확인할 수 있고, 보험금을 지급하지 않아도 되는 상세한 조건들을 담은 약관을 준비하는 것이 가능하기 때문이다. 하지만 실업보험이나 고용보험과 같은 상품은 역선택 문제로 인해 시장에서는 공급될 가능성이 희박하여 국가만 운영하게 되는 것이다.

2 환경문제와 정부개입

1) 환경문제와 정부개입의 기원

환경정책은 대기, 물, 토양 등의 오염, 그 밖에도 폐기물, 생태계, 화학물질 등 다양한 환경문제들을 해결하려는 목적 하에 추구되는 정책이다. 농업혁명 이래 인류는 환경을 이용 또는 파괴해 왔고, 산업혁명 이후에는 이러한 양상이 더욱 다양화 및 심화했다. 환경문제는 오랜 역사를 지닌 사안이기 때문에 어느 시기에나 최소한의 환경정책은 있었을 것이다.

기원전 2600년경에 건설된 인더스 문명의 고대 도시 모헨조다로에 하수도가 건설되었으며, 기원전 2300년경에 세워진 메소포타미아의 바빌론에는 침대나 컵을 병자와 함께 사용하지 말 것을 정한 위생법이 제정되었다. 기원전 600년 전 고대 로마에 하수도가 건설되었으며, 기원전 200년 전 고대 그리스 도시국가에서는 산림관리를 위한 법이 제정되기도 했다. 서기 1000년 유럽에는 과도한 사냥을 예방하기 위해 사냥터를 별도로 지정한 적이 있으며, 17세기 파리에서는 유럽 최초로 대규모 하수처리시스템을 개발했다. 19세기 후반 이후 본격화된 산업화와 도시화에 따라 인간건강이 위협받기 시작하면서, 각국 정부들은 도시위생, 하수처리, 주택 등의 문제 해결을 위해 각종 법규를 만들었다. 미국에서는 1872년에 세계 최초로 옐로스톤을 국립공원으로 지정하여 자연경관과 야생동물을 보호하고자 했다(Bueren, 2014).

하지만 사람들의 환경의식이 높아지고 이에 따라 정부 차원의 환경정책 추진이 본격화된 것은 선진국에서도 비교적 최근인 1960년대 후반부터라 할 수 있다(Hunt, 2014). 여기에는 유해물질의 피해에 대한 각성이 중요한 역할을 했다. 1950년대 일본에서 발생한 수은중독 질병인 미나마타병, 그리고 살충제 등의 환경 영향을 고발한 Carson의 1962년 저서 *Silent Spring*(침묵의 봄)은 환경문제의 심각성에 대해 경종을 울렸다. 미국은 1969년에 국가환경정책법(National Environmental Policy Act: NEPA)을 제정하고, 대통령 소속으로 환경질위원회(Council on Environmental Quality: CEQ)를 신설했으며, 1970년에는 연방정부의 환경전담부처인 환경보호청(Environmental Protection Agency: EPA)을 신설했다. 유럽연합은 1973년에 제1차 환경행동프로그램(Environmental Action Programme)을 채택했다. 일본에서도 1967년에 「환경오염관리기본법」을 제정하고 1971년에 환경청을 신설하는 등, 1960년대 말과 1970년대 초에 이르러서야 각국에서 환경정책이 본격 추진되었다. 선진국들의 정책적 노력은 점차 다른 국가들의 환경정책 확산에 영향을 미쳤으며, 환경문제에 관한 국제협력을 활성화하는 데도 크게 기여했다.

2) 환경문제에 대한 정부개입의 논거

환경문제에 대한 정부개입의 논거로 가장 흔히 사용되는 비유로 '공유재의 비극(Tragedy of Commons)'을 들 수 있다. 공유재(common good)는 특정 공동체 구성원이 공유하는 재화로 비배제성과 경합성을 특징으로 한다. 공동체 구성원 누구나 사용할 수 있으나, 사용이 늘어남에 따라 효용은 감소한다는 것이다. 따라서 특별한 개입이 없다면 공유재는 과도하게 착취되는 운명을 맞게 된다. 이 개념은 영국 정치경제학자인 로이드(William Foster Lloyd, 1794~1852)의 1833년 저작 *Two Lectures on the Checks to Population*(인구통제에 관한 두 가지 강의)에서 처음 사용된 것으로 알려져 있다. 여기서 그는 영국 브리튼제도에서 있었던 공공방목지의 과도한 착취를 언급했다.[5] 이후 이 개념은 미국의 생물학자이자 철학자인 하딘(Garrett Hardin, 1915~2003)의 1968년 논문 The Tragedy of Commons(공유재의 비극)에 의해 더 널리 알려지게 되었다.

마을 구성원 모두에게 허용된 공동방목지가 있다고 하자. 개인은 공동방목지에서 자신의 이익 극대화를 추구할 것이므로, 가능한 한 많은 가축을 방목하려 할 것이다. 가축을 방목할 때 이익(판매수입)은 자신의 몫이 되지만, 그에 따른 비용(방목지 훼손)은 마을 구성원 모두에게 분산되기 때문이다. 문제는 모두가 이렇게 행동할 경우 조만간 공동방목지가 파괴되는 비극적인 결말이 초래된다는 것이다. 환경오염문제에서는 이와는 반대방식으로 공유재의 비극이 발생한다. 환경오염은 개인이 공유재로부터 무엇인가를 착취해서가 아니라 공유재에 무엇인가를 버림으로써 발생하기 때문이다. 개인이 공기, 물, 땅에 오염물질을 버림으로써 얻는 이익(정화비용 절약)은 본인에게 속한다. 하지만 그에 따른 오염을 정화하는 비용은 공유자에게 분산되기 때문에, 합리적 개인이라면 이러한 오염행위를 지속할 가능성이 크다(Hardin, 1968).

그렇다면 공유재의 비극을 막기 위해서는 어떻게 해야 하는가? 우선 양심이나 윤리적 판단에 호소하는 방법을 생각할 수 있다. 공동방목지를 보호하는 것이 구성원 모두에게 이롭다는 점을 설득하고 가축 수를 늘리지 않도록 유도하는 것이다. 하지만

5) https://en.wikipedia.org/wiki/Tragedy_of_the_commons#cite_note-forster-1(2019.6.15. 검색)

'죄수의 딜레마 게임(Prisoner's Dilemma Game: PD게임)' 관점에서 보면 이런 노력은 오래지 않아 실패할 가능성이 크다.

두 명의 죄수 A와 B가 같이 은행을 턴 후 잡혀 심문을 받는 경우를 생각해 보자. 검사가 각 죄수를 따로 불러 "만일 당신이 범행을 자백하고 상대방은 부인하면 당신은 놓아주고 상대방은 5년을, 둘 다 자백하면 각각 3년을, 둘 다 부인하면 각각 1년을 구형할 것"이라고 회유했다고 하자. 이 상황의 보상구조는 〈표 3-4〉와 같다. 죄수 2인으로 구성된 공동체에 가장 바람직한 결과는 모두 범행을 부인함으로써 최소한으로(1+1=2년) 복역하는 것이다. 그러나 죄수 각자의 관점에서는 '자백'을 택하는 것이 이익이므로 자백하는 것이 합리적 선택이다. A와 B 모두에게 있어서 자백이라는 선택이 지배전략(dominant strategy)이 되며, 결국 합계 6년을 복역해야 하는 불합리한 결과에 이르게 된다. 이러한 2인 PD게임은 개인의 합리적 선택이 어떻게 사회적으로 비합리적인 결과를 초래할 수 있는지를 보여준다.

〈표 3-4〉 죄수의 딜레마(PD) 게임의 보상구조

		B의 선택	
		부인	자백
A의 선택	부인	1년 / 1년	5년 / 0년
	자백	0년 / 5년	3년 / 3년

(각 칸: 왼쪽 아래 A의 형량 / 오른쪽 위 B의 형량)

- B가 부인할 것으로 예상한 경우 A의 선택: 부인 1년, 자백 0년 – 자백이 유리
- B가 자백할 것으로 예상한 경우 A의 선택: 부인 5년, 자백 3년 – 자백이 유리
- A가 부인할 것으로 예상한 경우 B의 선택: 부인 1년, 자백 0년 – 자백이 유리
- A가 자백할 것으로 예상한 경우 A의 선택: 부인 5년, 자백 3년 – 자백이 유리

다른 예를 이번에는 N명으로 구성된 N-PD게임 형태로 살펴보자. 어느 마을에서 사람들이 뒷산에 있는 나무를 베어 연료로 사용하고 있었다. 사람들은 뒷산이 점차 황폐해지는 것을 보고, 이대로 가다가는 산사태가 날 위험성이 있다는 데 공감했다. 사람들은 모여서 마을 모두를 위해 앞으로는 뒷산에서 나무를 베지 말고 먼산에서 베기로 결의했다. 이 상황의 보상구조는 〈표 3-5〉와 같다. 여기서 B(Benefit)는 뒷산의 나무가 울창해짐으로써 생기는 편익이고, C(Cost)는 먼산에서 나무를 벨 때 생기는 비용(피곤함, 시간 소요 등)이다. 그 결과는 앞의 2인 PD게임에서 본 바와 같이 개인

〈표 3-5〉 죄수의 딜레마(N-PD) 게임의 보상구조

		다른 사람의 선택	
		먼산	뒷산
나의 선택	먼산	B－C	－C
	뒷산	B	0

• 다른 사람들이 먼산에서 나무를 벨 것으로 예상한 경우 나의 선택: 뒷산(B > B－C)
• 다른 사람들이 뒷산에서 나무를 벨 것으로 예상한 경우 나의 선택: 뒷산(0 > －C)

출처: 김용학(1992).

의 합리적 선택이 사회적으로 비합리적 결과를 가져올 수 있음을 보여준다. 처음에는 양심이나 윤리적 판단에 따라 결의를 준수하는 사람들도 있을 것이다. 하지만 시간이 지남에 따라 점차 먼산까지 가서 나무를 베는 사람은 하나둘씩 사라지고, 결국 모두가 뒷산에서 나무를 베게 될 것이다. 이 사례 역시 공통의 이해관계가 있다는 인식만으로는 사람들을 공동체 보호 행동으로 이끌지 못한다는 것을 보여준다.

사람은 합리적 판단에 따라 자신의 이익을 극대화하려는 존재라는 전제를 바탕으로 할 때, 특정인이 어떤 행동을 하도록 양심이나 윤리에 호소하는 것은 그가 자신의 이익에 반하는 방향으로 행동하도록 유도하는 것과 크게 다르지 않다. 이러한 행동은 사회적으로 바람직하고 아름답기까지 하지만, 점차 심각한 자기모순을 초래할 수 있어 오래 유지되기 어려울 수 있다. 따라서 양심이나 윤리에 호소하는 것도 중요하지만 이것만으로는 공유재의 비극을 막을 수 없을 것이다. 효과적으로 문제를 해결하려면 '동의를 바탕으로 한 강제' 수단을 추구할 수밖에 없다는 것이다. 방목공동체 구성원의 동의를 바탕으로, 방목시간을 지정해 주거나, 방목하는 가축 수를 제한하거나, 규칙을 어기면 벌금을 물리거나 일정 기간 방목불허 처분을 하는 등의 벌칙을 정하는 것이다. '동의를 바탕으로 한 강제'를 집행하는 주체는 강제력과 대표성을 동시에 지녀야 하는데, 오늘날 이러한 주체는 민주주의 체제 하에서 운영되는 정부밖에 없다. 환경문제에 정부가 개입하고 환경정책을 추진하는 논거를 여기서 찾을 수 있다.

제 3 절 | 환경정책 추진의 원칙

환경정책의 효과적이고 일관된 추진을 위해서는 일정한 원칙이 존재해야 한다. 환경문제는 복잡하고 그 해결에 있어 다양한 집단의 이해관계가 걸려 있는 경우가 많으므로, 원칙 없는 정책은 혼란과 이해당사자 간 갈등을 초래할 수 있다. 환경정책 추진에 있어 대표적인 원칙으로 오염자부담원칙, 사전대응원칙, 보충성원칙 등 세 가지를 제시할 수 있다.

1 오염자부담원칙

오염자부담원칙(Polluter Pays Principle)은 환경오염 발생의 원인을 제공한 자가 그 복구비용도 부담해야 한다는 것이다. 오염자부담원칙은 상식과 공정성 관념에 부합하기 때문에 널리 수용되고 있다. 비용의 내재화라는 시장원리에도 부합하여 잠재적 오염행위를 사전에 차단하는 효과도 기대할 수 있다. 오염자부담원칙을 최초로 명확히 규정한 것은 OECD(1972)이며, 이후 국제기구 및 개별 국가들에서 환경정책 추진의 주요 원칙으로 정착되었다. 1992년 채택된「환경과 개발에 관한 리우선언」원칙 16에서는 "국가기관은 오염 원인자가 원칙적으로 오염비용을 부담해야 한다는 접근에 따라 환경비용의 내부화와 경제적 수단의 이용을 증진하도록 노력해야 한다. 이렇게 함에 있어 공공의 이익을 적절히 고려해야 하며, 국제무역과 투자를 왜곡시키지 않아야 한다"라고 규정했다. 우리나라「환경정책기본법」제7조(오염원인자책임원칙)에서도 "자기의 행위 또는 사업 활동으로 인하여 환경오염의 원인을 야기한 자는 그 오염의 방지와 오염된 환경의 회복 및 피해구제에 소요되는 비용을 부담함을 원칙으로 한다"라고 규정하고 있다.

이처럼 매우 타당해 보이지만 오염자부담원칙 적용이 가능하지 않은 경우들도 있다. 첫째, 오염 원인자가 누구인지 명확히 규명하기 어려운 경우다. 특정 오염에 대해 다수의 오염원인 행위가 복합적으로 존재하거나 오염원인 행위가 언제 있었는지 특정하기 어려운 경우, 오염 원인자를 규명하기 어렵다. 둘째, 오염 원인자가 부담해야 하는 금액을 정확히 산정하기 어려운 경우다. 오염을 화폐가치로 평가할 수 있어야 공정한 부담금액을 부과하는 것도 가능해진다. 셋째, 오염 원인자가 규명되더라도 정작 비용을 부담할 수 없는 경우다. 비용부담 능력이 없거나 사망 등으로 인해 오염 원인자가 이미 존재하지 않을 수 있다. 넷째, 행정비용이 과도한 경우다. 오염 원인자를 규명하고 복구비용을 산정하는 등의 작업이 초래하는 행정비용이 과도하다면, 오염자부담원칙을 적용하는 것이 비용-편익 관점에서 실익이 없을 수도 있다.

이처럼 오염자부담원칙을 적용하는 것이 어려운 경우 결국 환경문제의 해결은 공동부담에 의존하게 된다. 공동부담의 형태는 두 가지로 구분할 수 있다. 첫째, 일반적 공동부담이다. 공공재정을 통해 정부나 공공기관이 비용을 부담하는 것이다. 즉, 오염 원인자를 규명하지 못했거나 규명했더라도 부담 능력이 없는 경우, 오염자부담원칙만으로는 시급한 환경문제를 신속히 해결할 수 없으므로 재정을 활용할 수밖에 없다는 것이다. 둘째, 수익자부담이다. 환경정책의 수혜자들이 그 비용의 일부라도 부담하는 경우다. 예컨대, 환경오염을 제거하기 위해 정화시설을 설치할 경우 이 시설의 설치에 따라 수혜를 입는 주민들이 비용을 부담하는 것이다. 이 경우 수익자부담은 결국 피해자부담이 된다. 환경오염의 피해자가 오염 원인자 대신 비용을 대는 셈이기 때문이다. 이러한 불합리성에도 불구하고 환경피해가 심각하여 신속한 조치가 필요한데 별다른 해결수단이 없다면 불가피하게 수익자부담 방식을 적용하게 되는 것이다.

2 사전대응원칙

환경문제는 예측 및 인과관계 규명이 어려운 경우가 많을 뿐 아니라 한번 발생하면 원상회복이 어렵거나 큰 비용이 소요될 수 있다. 따라서 환경문제에 대한 최선의 정책은 사전대응이다. 사전대응원칙은 크게 두 가지로 구분할 수 있다. 하나는 사전조치원칙이고, 다른 하나는 사전예방원칙이다.

사전조치원칙(Precautionary Principle)은 바람직하지 않은 결과가 예견되는 경우 이에 대비해서 선제적 행동을 취해야 한다는 원칙이다. 미래에 어떻게 될 것인지에 관해 확실한 정보가 없더라도, 일단 그러한 일이 발생하면 치명적일 수 있다는 점을 전제로 의사결정하고 행동해야 한다는 것이다. 이른바 후회방지정책(no-regret policy)을 택하는 것이다. 사전조치원칙을 처음 천명한 것은 1982년 「세계자연헌장(World Charter for Nature)」이며, 이후 다양한 환경 관련 문서들에서 이를 채택했다.

「환경과 개발에 관한 리우선언」 원칙15에서는 "환경보호를 위해 국가들은 자신들의 능력에 부합하는 선에서 사전적 접근을 폭넓게 적용해야 한다. 심각하거나 불가역적인 위협이 존재하는 경우라면, 과학적 불확실성이 존재한다는 이유로 환경파괴를 예방할 수 있는 비용-효과적인 수단 사용을 지연시켜서는 안 된다"라고 규정했다. 정보의 불확실성이 있다는 이유로 심각한 피해를 가져올 가능성이 있는 상황을 그대로 두어서는 안 된다는 것이다(UNEP, 2006). 사전조치원칙이 가장 강조되는 분야 중 하나가 기후변화 분야일 것이다. 전대미문의 인위적 기후변화로 인해 돌이킬 수 없는 결과가 초래될 수 있는 상황에서, 기후변화 관련 지식이 불확실하다는 이유로 온실가스 감축이나 기후변화적응 정책추진을 뒤로 미루어서는 안 된다는 것이다. 전염병 등에 대해서도 사전조치원칙에 따라 대응하는 경우를 종종 볼 수 있다.[6)]

사전예방원칙(Preventive Principle)은 사전조치원칙과 마찬가지로 부정적 결과가 예견될 때는 사전에 대응하라는 원칙이다. 사전조치원칙과 사전예방원칙은 미래에 발생할 결과에 대한 정보의 확실성 여부에서 차별화된다(EU Commission, 2012). 과학적 불확실성이 존재하는 경우, 특정한 결과가 발생할 것인지 발생한다면 언제 어디에서 발생할 것인지를 예측하기 어렵다. 하지만 만일에 대비하여 사전에 행동한다면 이는 사전조치원칙에 따른 것이다. 반면 미래에 발생할 결과에 대해 확실한 정보를 바탕으로 사전에 취하는 행동은 사전예방원칙에 따른 것이라 할 수 있다. 그러므로 사전조치원칙에 입각한 행동은 사회적 합의를 전제로 한 정치적 의사결정 성격이 강하고, 사전예방원칙에 입각한 행동은 과학적 정보를 전제로 한 기계적 의사결정의 성격이 강하다고 할 수 있다.

기후변화 문제를 예로 들어보자. 기후변화로 인해 홍수나 가뭄 등의 기후재난이 예상됨에 따라 특정 지역에 저수지를 증설한다면 이는 사전조치원칙에 입각한 것이라 할 수 있다. 현재의 과학적 지식으로는 그 지역에 홍수나 가뭄이 발생할지 확신할 수 없더라도, 만에 하나 발생한다면 워낙 큰 피해가 우려된다는 전제 하에 사전조치를 취하는 것이기 때문이다. 한편 현재의 기후변화는 인위적 온실가스 배출 때문이므로, 자동차에 의한 온실가스 배출이 증가하지 않도록 연비규제를 강화한다면, 이는 확실한 정보에 근거하여 사전예방원칙에 따라 이루어지는 조치라 할 것이다. 자동차의 연비규제를 강화하면 온실가스 배출은 확실히 감소한다는 것이 과학적으로 충분

6) 코로나-19에 대한 선진국들은 주된 대응양식은 백신 접종이었다. 코로나-19의 병증이나 변종에 대한 정보도 부족하고 집단별 취약성에 관한 정보도 부족한 상태임에도 불구하고, 나이, 성별, 지역을 가리지 않고 진행된 전방위적 접종은 사전조치원칙에 입각한 것이었다고 할 수 있다.

히 증명되어 있기 때문이다.

우리나라 「환경정책기본법」에는 사전예방원칙만 제시되어 있다. 「환경정책기본법」 제8조(환경오염 등의 사전예방) 제①항에서는 "국가 및 지방자치단체는 환경오염물질 및 환경오염원의 원천적인 감소를 통한 사전예방적 오염관리에 우선적인 노력을 기울여야 하며, 사업자로 하여금 환경오염을 예방하기 위하여 스스로 노력하도록 촉진하기 위한 시책을 마련하여야 한다"라고 규정하고 있다. 환경 분야에서 사전조치원칙을 법에 명문화한 국가들은 그리 많지 않은데,[7] 그 이유는 이 원칙을 둘러싸고 많은 논쟁거리가 있기 때문이다. 세 가지 논쟁거리가 대표적이다(하대청, 2010).

첫째, 객관적 근거가 약한 위험인데도 대중들의 두려움에 편승하여 필요 이상으로 대응하는 경향이 있다. 이 경우 왜곡된 의사결정에 이를 수 있다. 과학적 근거가 희박하여 어떤 위험이 더 크고 작은지 객관적으로 판단하기 어려운 상황이다 보니, 결국 목소리가 큰 특정 이익집단의 주장에 의존한 정치적 의사결정이 이루어질 수 있다는 것이다. 둘째, 확률이 낮은 위험에 대해 과도한 조치가 이루어짐으로써 자원의 합리적 배분을 저해할 수 있다. 2000년대 초반 미국에서 식수 소독을 위해 사용하는 비소(arsenic)가 연간 최대 100여 명의 사망을 초래할 수 있다는 분석이 나옴에 따라, 클린턴 행정부는 당시 50ppb이던 비소 함유기준을 10ppb로 낮추려 했다. 이렇게 하면 2억 달러의 비용이 소요되고 매년 6명의 목숨을 구할 수 있는 것으로 판단되었다. 이에 대하여 2억 달러를 다른 분야에 투자한다면 훨씬 더 많은 인명을 구할 수 있다는 주장이 제기되었다. 그뿐 아니라 비용문제로 인해 지역 식수회사들이 폐업할 가능성이 크고, 이렇게 되면 식수 부족으로 더 많은 인명이 희생될 수 있다는 문제가 제기된 바 있다. 살충제 DDT 규제에 따라 개발도상국에서 말라리아로 인한 인명피해가 증가한 것도 이와 비슷한 맥락에서 설명되기도 한다. 셋째, 사전조치원칙은 이른바 오류 없는 시험(trial without error)을 전제함으로써, 어떠한 혁신도 불가능하게 한다는 것이다. 어떤 기술이든 초기에는 오류를 발생시키고 잠재적인 위험성을 내포하기 마련인데, 일말의 잠재적인 위험을 막기 위해 새로운 기술의 채택을 금지한다면 애초에 기술혁신은 불가능할 것이라는 지적이다. 나아가 사전조치원칙을 엄격하게 적용하고자 한다면 어떠한 경제적 행위도 불가능할 것이라는 다소 극단적인 주장이 제기되기도 한다(Zylicz, 2010).

7) 독일, 스웨덴, 덴마크 등 유럽 환경선진국들에서 주로 채택하고 있다.

3 보충성원칙

보충성원칙(Subsidiarity Principle)이란 문제 해결에 있어 가장 합당한 주체가 의사결정을 담당하고 다른 주체들은 보완적으로만 기능해야 한다는 원칙이다. 보충성원칙은 특히 유럽연합 운영에 있어 기본원칙 중 하나로 대두되었다. 유럽연합과 이를 구성하는 개별 국가 간의 권한과 책임을 어떻게 구분할 것인지가 중요한 문제였기 때문이다. 특히 환경문제 중에는 오존층파괴, 기후변화, 생물다양성, 수질오염 등과 같이 국경을 넘나드는 문제가 많았고, 환경오염을 빌미로 인접 국가 간 교역이 위축될 가능성도 있었기 때문에, EU 차원의 대응이 긴요한 것으로 여겨졌다(Sadeleer, 2012). EU 차원의 대응이 강조될수록 개별 국가의 주권적 의사결정이 위축될 우려가 있으므로, 개별 국가의 독자성을 보호하기 위해 보충성원칙을 명문화한 것이다.

보충성원칙은 1987년 체결된 「단일유럽의정서(the Single European Act)」에 의해 환경정책 분야에 처음 도입되고, 1992년 체결된 「마스트리히트조약(Maastricht Treat)」, 그리고 이를 업데이트한 2007년의 「유럽연합조약(the Treaty of European Union)」에 따라 공식원칙으로 정착했다. 「유럽연합조약」 제5(3)조에서는 보충성원칙에 입각하여 유럽연합의 개입이 허용되는 세 가지 조건을 명시했다. 첫째, 유럽연합의 고유권한에 속하는 영역, 둘째, 개별 국가에 의해서는 목표가 충분히 달성될 수 없는 경우, 셋째, 규모나 효과를 고려할 때 개별 국가보다는 유럽연합이 수행하는 편이 성공 가능성이 더 큰 경우 등이다.[8] 그 밖의 사안은 개별 국가가 담당하라는 것이다.

보충성원칙은 우리나라 지방자치제도에서도 강조되고 있다. 「지방분권 및 지방행정체제개편에 관한 특별법」 제9조(사무배분의 원칙)에서는 네 가지 사무배분원칙을

> **「지방분권 및 지방행정체제 개편에 관한 특별법」 제9조**
>
> 국가는 지방자치단체가 행정을 종합적·자율적으로 수행할 수 있도록 국가와 지방자치단체 간 또는 지방자치단체 상호 간의 사무를 주민의 편익증진, 집행의 효과 등을 고려하여 서로 중복되지 아니하도록 배분하여야 한다(제①항). 국가는 제1항에 따라 사무를 배분하는 경우 지역주민생활과 밀접한 관련이 있는 사무는 원칙적으로 시·군 및 자치구(이하 "시·군·구"라 한다)의 사무로, 시·군·구가 처리하기 어려운 사무는 특별시·광역시·특별자치시·도 및 특별자치도(이하 "시·도"라 한다)의 사무로, 시·도가 처리하기 어려운 사무는 국가의 사무로 각각 배분하여야 한다(제②항).

8) http://www.europarl.europa.eu/factsheets/en/sheet/7/the-principle-of-subsidiarity(2019.1.10. 검색)

제시하고 있다. 이 중 제①항에 제시된 '불경합의 원칙' 및 제②항에 제시된 '현지성 원칙'이 보충성원칙과 높은 관련성을 지니는 것으로 볼 수 있다.

보충성원칙 관점에서 누가 적절한 의사결정자여야 하는가? 보충성원칙을 분권화와 동일시하는 그릇된 경향이 간혹 관찰되곤 한다. 문제의 속성 및 해법을 가장 잘 이해하고 편익이나 피해를 직접 경험하는 단위가 지역사회이니, 낮은 수준의 지방정부에 많은 권한을 부여하는 것이 보충성원칙에 부합할 것이라는 막연한 인식에 따른 것이다. 하지만 특정 지역이 자신의 문제를 해결하는 과정에서 다른 지역에 영향을 끼친다면 그 지역은 이 문제에 관한 적절한 의사결정 주체가 아닐 수 있다. 이와 관련하여 경제학자들은 외부효과(외부편익이나 외부비용) 개념을 사용하기도 한다(Zylicz, 2010: 12). 문제 해결에 있어 외부효과를 최소화할 수 있는 단위가 적절한 의사결정 주체라는 것이다. 이렇게 보면 외부효과가 큰 문제에 관해서는 상급정부가 개입하는 것이 보충성원칙에 더 부합하는 것일 수 있다. 일반적으로 광역화는 외부효과를 내부화하는 효과가 있기 때문이다.

환경문제와 같이 외부성이 강한 문제를 해결하기 위해서는 분권화라는 이념적 지향성을 추종하는 것보다는 보충성원칙에 충실하여 적절한 의사결정 주체를 확인하는 작업이 더 중요할 수 있다. 환경 분야에서 분권화에 대한 대표적인 비판은 의사결정 권한이 지방정부에 위임될 경우 정책의 실효성이 저하될 수 있다는 것이다. 지방정부는 기업을 유치하고 경제를 활성화하기 위해 경쟁적으로 환경규제 수준을 낮추는 이른바 '바닥으로의 경주(race to the bottom)'에 돌입하는 경향을 보이기 때문이다. 우리나라에서도 지방자치단체장 선거공약들을 살펴보면 대체로 개발 관련 공약의 우선순위가 매우 높게 나타나고 환경공약은 눈에 잘 띄지 않는다. 당선된 단체장은 공약을 지키기 위해, 그리고 다음 선거에서도 당선되기 위해 개발정책에 힘을 쏟기 마련이다. 이 상황에서 지방자치단체에 환경규제 권한을 많이 부여할 경우, 규제 완화에 따른 환경 저하를 가져올 가능성이 없지 않다. 시대적 과제인 분권화를 추구하더라도, 지방정부의 환경정책 추진 의지 및 역량을 함께 고려하는 것이 보충성원칙에 부합하고, 나아가 환경정책의 효과성을 확보하는 길이 될 것이다.

환경정책의 수단

제 1 절 | 정책수단의 유형

1 정책수단의 개념과 유형

정책수단(policy instruments)은 정책목표를 달성하기 위해 정부가 사용하는 도구들(tools)을 말한다. 어떤 정책을 수립하면 이를 실천하기 위한 정책수단도 채택해야 한다. 따라서 정책수단이라는 개념이 새로울 것은 없지만 정책학 분야에서 정책수단에 본격적인 관심을 기울인 것은 비교적 최근인 1970년대 초반부터다. 정책수단을 바라보는 관점은 시기에 따라 변화했다. 초기 연구의 주류를 이룬 전통적 접근(classical approach, 1970~1985)에서는 주로 도구주의 관점에서, 어떤 정책수단을 채택할지는 개별 정책수단이 지니는 특징 및 효과에 달려 있다고 보았다. 다음 단계 연구의 주된 흐름이었던 제도-맥락적 접근(instrument-context approach, 1985~1995)에서는 정책수단의 선택이 상황적 맥락에 따라 달라진다는 점에 초점을 맞추었다(van Nispen, 2011). 상황에 따라 적절한 정책수단이 다르다는 것이다. 유사한 정책문제가 있더라도 이를 다루는 정책수단이 국가마다 다른 이유도 상황적 맥락이 다르기 때문이다.

이후 정책수단 연구는 정책집행 및 거버넌스 변화 문제와 연결되면서 발전했다. Salamon(2002)에 따르면, 정책수단 연구가 중요성을 지니게 된 것은 정부가 일하는 방식에 변화가 생기고 있기 때문이다. 과거에 정부의 역할에서는 관료제를 통해 시민을 대상으로 일방적으로 공공서비스를 공급하는 것이 주류를 이루었다. 하지만 오늘날에는 정부 활동의 범위, 수준, 형태 등에서 변화가 나타남으로써, 새로운 거버넌스 형태가 등장하게 되었다. 공공서비스의 공급에 있어 다양한 주체들이 관여하고 다양한 공급방식이 도입되면서 정책수단에 관한 관심도 높아졌다는 것이다. 이런 관점의 연장선에서 Bouwma et al.(2015)은 1970년대 이후 유럽의 환경정책 추진을 위해 채택된 중요지침들에 대한 검토를 바탕으로,[1] 〈표 4-1〉과 같이 다섯 가지 거버넌스 유형 및 각 유형에 상응하는 다섯 가지 정책수단 유형을 제시했다.

〈표 4-1〉 거버넌스와 정책수단

거버넌스 유형	정책수단 유형
계층적 거버넌스(Hierarchical Governance)	입법 및 규제적 수단
네트워크 거버넌스(Network Governance)	경제 및 재정적 수단
시장 거버넌스(Market Governance)	동의 또는 협력적 수단
자율 거버넌스(Self-Governance)	정보 및 의사소통 수단
지식 거버넌스(Knowledge Governance)	지식 및 혁신 수단

출처: Bouwma et al.(2015).

정책수단 개념에는 대체로 다음과 같은 세 가지 요소들이 함축되어 있다(전영한 · 이경희, 2010). 정책수단은 첫째, 의도적으로 고안된 기법 혹은 기술이며, 둘째, 정부 혹은 유사한 공적 행위자에 의해 활용되고, 셋째, 정책목표의 달성 혹은 집합적 문제 해결이라는 목표지향성을 갖는다는 것이다. 정책수단과 관련하여 중요한 논점들은 어떤 종류의 정책수단들이 존재하는지, 각 정책수단이 지니는 장 · 단점은 무엇인지, 정책수단은 어떤 기준에 의해 채택되어야 하는지, 정책수단들은 어떻게 혼합되어야 하는지 등이다.

주요 학자들이 제시한 정책수단의 유형은 〈표 4-2〉와 같다. 이러한 유형들을 종합하면 정책수단은 대체로 세 가지 정도로 구분될 수 있다. 첫째, 명령통제 방식이다. 정부의 법적 권위나 강제성에 기초한 정책수단이다. 둘째, 경제적 유인 방식이다. 경제적 인센티브를 제공함으로써 정부의 시책에 부합하는 행동을 유도하는 정책수단이다. 셋째, 정보제공 방식이다. 행동에 필요한 정보를 제공하거나 당위성을 설득함으로

1) Habitats Directive, Renewable Energy Directive, Timber Regulation, Water Framework Directive, Common Agricultural Policy 등 5개 지침이다.

〈표 4-2〉 정책수단 유형분류

Hood(1986)	정보제공(nodality), 재정(treasure), 권위(authority), 조직(organization)
Bardach(1980)	강제집행(enforcement), 유도(inducement), 혜택제공(benefaction)
McDonnel & Elmore(1987)	명령(mandate), 유도(inducements), 역량형성(capacity-building), 체제변화(system-changing)
Doern & Phidd (1983)	설득(exhortation), 지출(expenditure), 규제(regulation), 공적소유(public ownership)
Vedung(1998)	채찍(sticks), 당근(carrots), 설교(sermons)

출처: 전영한 · 이경희(2010: 98)에서 일부 수정.

써, 행위자의 자발적 행동을 유도하는 정책수단이다. Vedung(1998)은 이 세 가지 유형을 채찍(sticks), 당근(carrots), 설교(sermons)로 은유한 바 있다. 다음 절들에서는 환경정책수단을 이러한 세 가지로 구분하여 설명하기로 한다. 하지만 그에 앞서 환경정책수단 선택에 있어 고려해야 할 사항들을 간략하게 논의한다.

2 정책수단 선택에 있어 고려사항

다양한 정책수단 중 어떤 것을 선택할 것인가는 정책의 성패를 가름하는 중요하면서도 어려운 과제다. 정책수단 선택문제와 관련하여 다음과 같은 사항들을 전제할 필요가 있다(Goulder & Parry, 2008: 152-153).

첫째, 어떤 정책수단도 다른 정책수단에 비해 완벽하게 우월하기는 어렵다. 정책수단마다 특징과 장 · 단점이 있기 때문이다. 정책수단 선택에 있어 경제적 효율성, 비용-효과성, 비용과 편익의 분배(집단 간, 지역 간, 세대 간), 불확실성에 대한 대응성, 정치적 실현가능성 등 다양한 기준들이 활용될 수 있는데, 특정 정책수단이 어느 한 기준에서 우수하다 해도 다른 기준에서는 그렇지 않을 수 있다는 것이다. 둘째, 정책수단 선택에 있어 상쇄성을 고려할 필요가 있다. 예를 들어, 정치적 실현가능성을 고려하다 보면 경제적 효율성이 저하될 수 있고, 비용-효과성을 고려하다 보면 분배정의가 약화될 수 있다. 셋째, 정책수단들을 혼합하는 형태로 정책을 구성하는 것이 바람직하다. 하나의 문제에 하나의 정책수단만 활용되는 경우는 거의 없는 것이 현실이다. 서로 보완적이고 시너지를 창출할 수 있는 수단들로 효과적인 정책혼합(policy mix)을 구성하는 것이 매우 중요하다.

제 2 절 | 명령통제 방식

1 명령통제 방식의 의의

명령통제 방식(Command-and-Control)은 환경정책 분야에서 가장 널리 활용되어 온 방식이다. '명령'이란 표준을 설정하여 제시하는 것을 말하며, '통제'는 이러한 표준을 준수하도록 모니터링하고 강제하는 것을 말한다. 법 등에 표준을 설정하고 이를 준수하지 않는 경우 어떤 방식으로 제재할지를 규제대상자에게 명확히 인지시킴으로써, 정부는 규제대상자의 행동을 특정 방향으로 유도할 수 있고, 이에 따른 정책효과를 예측할 수 있다. 규제대상자도 정부규제의 방향 및 수준을 명확히 인지한 상황에서 나름의 합리적인 대응방안을 정할 수 있다.

명령통제 방식은 다양한 형태로 구분할 수 있으나 대체로 다음과 같은 장 · 단점을 갖는다(Bouwma et al., 2015). 우선 장점들은 다음과 같다. 첫째, 표준이 법에 명시되고 모든 규제대상자에게 동등하게 적용된다는 점에서 규제의 형평성을 확보할 수 있다. 둘째, 명확한 법적 근거를 바탕으로 제재가 이루어진다는 점에서 규제대상자들을 정부의 자의적 의사결정으로부터 보호할 수 있다. 셋째, 정부정책이 가져올 결과에 대해 비교적 정확히 예측할 수 있으므로, 정책목표를 달성하는 데 유리하다. 한편 다음과 같은 단점도 지적될 수 있다. 첫째, 규제대상자가 정부의 표준이나 제재에 동의하지 않으면 순응도가 낮을 수 있으며, 이에 따라 정부의 규제집행 비용이 커질 수 있다. 둘째, 복잡하고 급변하는 상황에 대처하는 데 불리할 수 있다. 상황변화에 따라 표준을 수정하려면 법 등의 개정이 필요한데, 여기서 많은 시간이 소요될 경우 상황변화에 제대로 대처하기 어렵다.

2 명령통제 방식의 유형

1) 상품 및 물질 규제

환경에 부정적 영향을 미칠 것으로 판단되는 상품이나 물질의 생산, 유통, 사용, 폐기 등을 금지하거나 제한하는 방식이다. 예를 들어, 오존층파괴물질, 납 함유 휘발유, 특정 성분 함유 살충제 등의 생산과 사용을 금지하거나 제한하는 것이다. 이러한 규제는 상황이나 규제대상자를 가리지 않고 예외 없이 적용되는 것이 원칙이다. 아울러 규제를 시행하기에 앞서 규제대상자들이 대비할 수 있도록(대체상품이나 대체물질 개발 등) 일정 기간 예고기간을 두는 것이 보통이다.

상품 및 물질 규제 방식의 장·단점은 다음과 같다. 장점은 첫째, 특정 유해상품이나 유해물질을 시장에서 완전히 퇴출하거나 일정한 조건에서는 그 사용을 금지하는 데 있어 효과적이고, 둘째, 긴급상황에서 비교적 신속하게 적용할 수 있으며, 셋째, 대체상품이나 대체물질 개발을 위한 기술혁신을 유도할 수 있다는 것 등이다. 반면 단점으로는 첫째, 과거에 사용된 상품이나 물질에 의해 이미 발생한 오염은 해결할 수 없고, 둘째, 대체상품이나 대체물질이라 해도 그 안전성을 확신하기 어려울 수 있으며,[2] 셋째, 해당 상품이나 물질의 거래시장에 악영향을 줄 수 있고, 넷째, 한 번 실행되고 나면 관련된 상황이 바뀌어도(예컨대, 무해성이 확인된다 해도) 돌이키기 어렵다는 것을 들 수 있다.

2) 기술명세

기술명세(technological specifications)는 환경오염 발생을 예방하기 위해 규제대상자가 채택해야 할 특정한 기술이나 설비의 표준을 사전에 설정하는 것이다. 예를 들어, 자동차 배기가스 규제를 위해 연료의 종류나 성분, 엔진 성능, 정화장치 등에 관한 기준을 설정하거나, 식품안전 규제를 위해 식자재의 성분, 유통, 보관 등에 있어 사업자가 준수해야 할 사항을 설정하거나, 특정 생산시설을 가동하기 위해 필수적으로 설치해야 하는 오염방지시설을 규정하는 것 등이다. 기술명세를 통한 규제는 합당하고 신뢰할 만한 기술명세가 존재한다는 것을 전제로 활용될 수 있는 방식이며, 인허가, 승인, 확인 등의 절차를 통해 규제대상자들이 이를 준수하는지 판단하게 된다.

이 방식의 장·단점은 다음과 같다. 장점은 첫째, 특정 기술이 활용되거나 특정 설비가 설치 및 운영되는지를 확인하면 되기 때문에 규제대상자들의 준수 여부를 확인하는 작업이 비교적 간단하며, 둘째, 한 부문 내에서 모든 규제대상자에게 동일 규제가 가해진다는 점에서 형평성이 높다는 것 등이다. 단점은 첫째, 정해진 기술명세가 규제대상자가 처한 서로 다른 상황들(기업의 규모, 재정적 여건, 혁신수준 등)을

2) 특정 유해물질을 대체하기 위해 새로 개발된 대체물질이 오히려 더 해로운 것으로 판명될 수 있다.

반영하지 못함으로써, 어떤 규제대상자에게는 적정하지 않을 수 있으며, 둘째, 더 우수한 기술이 있더라도 이를 활용할 유인을 제공하지 못한다는 점에서 규제의 경직성이 높고, 셋째, 규제대상자의 기술개발 의지를 저해할 가능성이 있다는 것 등이다.

3) 환경기준

환경기준이란 사회구성원이 건강하고 쾌적한 삶을 영위하기 위해 확보해야 할 환경질의 수준을 설정해 놓은 것이다. 우리나라 「환경정책기본법 시행령」 [별표 1]에서 정하고 있는 대기, 소음, 수질 및 수생태계에 관한 환경기준들이 여기에 속한다. 예를 들어, 대기 분야는 아황산가스, 일산화탄소, 이산화질소, 미세먼지(PM_{10}), 초미세먼지($PM_{2.5}$), 오존, 납, 벤젠 등 여덟 가지 오염물질에 대해 대기환경기준을 정하고 있다. 구체적으로 아황산가스 대기환경기준은 연간 평균치 0.02ppm 이하, 24시간 평균치 0.05 ppm 이하, 1시간 평균치 0.15ppm 이하 등이다.

환경기준은 국가적 환경목표의 성격을 지니는 것으로, 규제대상자를 직접 규제하는 데 활용되는 것은 아니다. 정해진 환경기준을 유지하기 위해 규제대상자의 배출행위를 규제하기 위한 규제기준은 따로 정해야 한다. 다시 말해, 환경기준은 후술하는 성과기준을 설정하는 근거가 되는 것이라 하겠다.

4) 성과기준

성과기준에 의한 규제는 오염 배출허용수준만 정하고, 이를 달성하는 방법 선택은 규제대상자의 재량으로 두는 방식이다. 우리나라에서 활용하고 있는 다양한 배출허용기준들이 여기에 해당한다. 대기 분야를 예로 들어보자. 2023년 현재 「대기환경보전법 시행규칙」 [별표 1]에서는 64종의 대기오염물질을 정하고 있으며, [별표 8]에서는 이들에 대하여 배출허용기준을 정하고 있다. 예를 들어, 암모니아의 배출시설은 5종으로 구분되며, 각각에 해당하는 배출허용기준이 따로 설정되어 있다. 구체적으로 '화학비료 및 질소화합물 제조시설'의 배출허용기준은 20ppm 이하, '시멘트 제조시설 중 소성시설'의 배출허용기준은 30ppm 이하로 설정되어 있다. 규제대상자는 설정된 배출기준을 준수하기 위해 자신에게 가장 유리한 방법을 선택할 수 있다.

이 방식이 지니는 장점은 다음과 같다. 첫째, 규제대상자가 배출허용기준 충족 방법을 선택한다는 점에서 기술혁신을 유도할 수 있다. 둘째, 정부는 배출허용기준 마련을 위해 오염물질의 특성 규명작업을 선행하는 과정을 진행하며, 이를 통해 오염물질과 연관된 잠재적 위험 및 안전 문제를 이해하고 관리하는 전문성을 향상하는 데 도움이 된다. 한편 단점은 다음과 같다. 첫째, 규제대상자는 정해진 배출허용기준 달성에 안주하여, 그 이상의 적극적인 오염감소 노력을 하지 않는 경향을 보일 수 있다. 둘째, 정부는 배출허용기준을 정함에 있어 오염물질의 특성과 영향에 관한 과학적 분석을 사전에 진행해야 하므로, 이에 따른 행정 및 재정적 부담을 감수해야 한다.

5) 토지이용규제

토지이용규제는 환경보전을 위해 오래전부터 활용되어 온 수단이다. 인간의 모든 활동은 토지와 관련이 있으므로, 토지를 어떻게 이용하느냐가 환경문제와 직결되기 때문이다. 토지는 공급이 한정되어 있어 정부가 직간접적으로 폭넓게 개입하는 것이 세계적 추세다. 법률에 근거하여 토지를 특정한 지역이나 지구로 지정하고 해당 토지에서의 경제활동을 제한하는 것이 주된 방식이다. 2006년 제정된 우리나라 「토지이용규제기본법」 제2조(정의)에 따르면 지역 · 지구란 '개발행위를 제한하거나 토지이용과 관련된 인가 · 허가 등을 받도록 하는 등 토지의 이용 및 보전에 관한 제한을 하는 일단(一團)의 토지'다. 이 법 [별표]에 보면 우리나라에는 2023년 현재 모두 243개 종류의 지역 · 지구가 있다.[3]

환경보전을 위한 토지이용규제는 시점에 따라 사전규제와 사후규제, 그리고 성격에 따라 직접규제와 간접규제로 구분할 수 있다(조대현, 2007). 사전규제는 토지이용 이전에 가하는 규제이고(생태계보전지역, 공원구역, 특정도서, 상수원보호구역 등), 사후규제는 토지이용이 이미 진행 중인 상황에서 가하는 규제다(특별대책지역, 배출시설설치제한지역 등). 한편 직접규제는 환경보전을 목적으로 직접 오염원의 입지를 제한하는 규제이고(생태계보전지역, 공원구역, 야생동물보호구역, 특별대책지역, 수변구역 등), 간접규제는 환경보전을 직접 목적으로 하는 것은 아니지만 반사적 효과로서 환경보전에 도움이 되는 규제다(역사문화환경보존지역, 군사시설보호구역, 개발제한구역 등).[4]

3) 모든 지역 · 지구가 환경보전을 목적으로 지정된 것은 아니다. 하지만 다른 목적으로 지정되었더라도 환경보전과 직 · 간접적으로 연관되는 경우가 많다.

4) 주체에 따라 환경 관련 법률에 따른 토지이용규제와 국토 관련 법률에 따른 토지이용규제로 구분할 수도 있다. 토지이용규제는 기본적으로 환경정책과 국토정책의 교차점에 놓여 있는 정책수단이다.

제 3 절 | 경제적 유인 방식

1 경제적 유인 방식의 의의

1980년대까지 환경정책은 주로 명령통제 방식을 중심으로 추진되었다. 하지만 오늘날은 환경문제 해결에 있어 경제적 유인(economic incentive)을 함께 고려하는 경향이 있다.[5] 경제적 유인 방식이 관심을 끌게 된 데는 세 가지 정도의 이유가 있다(Harrington & Morgenstern, 2004). 첫째, 경제적 유인 방식에 대해 정책담당자와 정책분석가들의 인식이 높아졌다. 이전에는 경제학자들을 제외하고는 경제적 유인 방식에 대한 인식이 낮은 편이었다. 둘째, 1970년대에 배출권거래제도가 등장하면서 경제적 유인 방식이 더 관심을 끌게 되었다. 그 이전의 경제적 유인 방식은 배출부과금 정도밖에 없었다. 셋째, 1970년대에 집중적으로 채택된 많은 명령통제 방식 환경정책들의 성과가 기대했던 것보다 낮았다. 규제의 복잡성 및 법적 판단에 대한 의존성 등이 결합하여 규제의 이행이 지체되는 부작용이 있었다.

경제적 유인 방식은 금전적 또는 비금전적 유인 제공을 통해 규제대상자 스스로 오염행위를 감소하게 유도하는 것이다. 간단히 말하면 환경보호 행동에 대해서는 편익을 주고, 환경오염 행동에 대해서는 비용을 물리는 것이다. 규제대상자는 얻을 수 있는 경제적 유인과 오염감소에 필요한 비용을 함께 고려하면서 비용-효과적인 최선의 수단을 찾기 마련이다. 그러므로 경제적 유인 방식의 성패는 어느 정도의 유인책을 제공하느냐에 달려 있다. 즉, 경제적 유인이 행위자를 움직이게 할 정도는 되어야

---

5) Harrington & Morgenstern(2004)은 명령통제 방식과 경제적 유인 방식의 장·단점에 관한 다섯 가지 가설을 다음과 같이 제시하고, 이를 선진국들에서 실시된 12개 환경정책을 중심으로 조사했다. ① 경제적 유인 방식이 명령통제 방식보다 효율적이다. 오염감소의 단위비용을 더 낮출 수 있기 때문이다. ② 경제적 유인 방식은 지속적인 배출감소 동기를 제공하며 새로운 기술개발을 촉진한다. ③ 명령통제 방식은 경제적 유인 방식에 비해 확실하고 신속한 목표달성을 가능케 한다. ④ 규제대상 기업은 명령통제 방식보다 경제적 유인 방식이 더 큰 비용을 초래한다고 느껴 반대할 가능성이 크다. ⑤ 행정비용면에서 명령통제 방식이 경제적 유인 방식보다 크다. 결과적으로 이러한 다섯 가지 장·단점들은 국가나 상황에 따라 달라지는 것으로 나타났다. 1980년대 말 이후 전통적인 명령통제 방식 이외에 경제적 유인 방식이 항상 함께 고려되어, 대개의 환경정책은 양자를 결합하는 형태로 추진된다. 우선 명령통제 방식이 채택된 이후 경제적 유인 요소를 추가하거나, 처음부터 명령통제 방식과 경제적 유인 방식을 결합한 정책수단을 모색하는 것이다.

한다는 것이다. 명령통제 방식의 단점 중 하나는 규제대상자가 규제수준을 충족할 정도까지만 배출감소 노력을 한다는 것인데, 이에 반해 경제적 유인 방식을 활용하여 적정한 수준의 유인을 제공한다면 오염감소 노력을 지속하도록 유도할 수 있다.

2 경제적 유인 방식의 유형

1) 배출권거래제도

배출권거래제도(Emission Trading System: ETS)란 규제대상자에게 일정한 오염물질 배출권(permit)을 할당하여 배출권 내에서 배출하도록 하고 남는 배출권은 매매할 수 있게 하는 제도다. 배출권을 초과하여 배출하는 사업자는 배출권의 여분이 있는 사업자로부터 필요한 만큼의 배출권을 사와야 하고, 정부(또는 공공기관)는 이러한 거래가 이루어지는 배출권 거래시장을 만들고 관리한다. 배출권 가격은 주식시장에서의 주식 가격처럼 수요와 공급의 원리에 따라 변동하게 된다. 오늘날 배출권거래제도가 널리 활용되는 대표적인 분야는 온실가스 분야인데, 2022년 현재 25개의 시스템이 운영되고 있으며, 전 세계 온실가스 배출량의 약 17% 정도를 관장하고 있다(ICAP, 2022). 온실가스 배출권거래제도는 우리나라(K-ETS)처럼 국가 차원에서 운영되기도 하고, 유럽연합(EU-ETS)처럼 여러 국가를 묶어 운영되기도 한다. 미국이나 중국처럼 한 국가 안에서 여러 시스템을 운영하는 국가도 있다.

배출권거래제도는 크게 두 가지 유형으로 구분할 수 있다. 첫째, 총량제한 배출권거래제도(Cap and Trade System)이다. 이 방식에서는 특정 영역에 속한 모든 배출 주체가 배출할 수 있는 오염물질의 총량(cap)을 먼저 정한 다음, 개별 배출 주체에게 최대허용량인 배출권(allowance)을 할당하는 방식이다. 배출권 할당은 무상지급을 하거나 경매를 통해 이루어지는데, 어떠한 할당 방식을 적용하건 일단 할당된 후에는 배출권을 거래할 수 있다. 둘째, 기준선 및 실적인증제도(Baseline and Credit System)이다. 현재와 같이 사업을 지속한다는 전제 하에 개별 배출 주체에 대하여 기준선배출량(baseline)을 설정한 후, 특정 사업을 통해 온실가스 저감을 달성하면 그만큼의 실적인증(credit)을 받아 판매할 수 있게 하는 방식이다. 반대로 기준선을 초과하면 다른 배출 주체로부터 실적인증을 구매해야 한다. 주로 배출감소 프로젝트(CDM 사업 등)를 수행하여 실적인증을 획득하기 때문에 프로젝트 기반(project-based) 방식이라고도 한다. 오염 총량을 기반으로 배출권을 할당하는 것이 아니라는 점, 특정 사업 수행으로 배출권이 창출될 수 있다는 점에서 총량제한 방식과 다르다.

배출권거래제도는 다음 조건들이 충족될 때 효과를 발휘할 수 있다. 첫째, 배출권(allowance 또는 baseline)이 평상시 배출수준보다 낮게 책정되고 주기적으로 강화되어야 한다. 그래야 오염물질 배출량을 줄일 수 있기 때문이다. 둘째, 오염물질에 대한 정확한 조사 및 측정이 선행되어야 한다. 셋째, 배출시설마다 단위당 오염물질 감축비용이 달라서 배출권 거래가 활성화될 수 있어야 한다. 넷째, 배출권을 거래할 수 있는 규모의 시장이 형성되어야 한다. 다섯째, 오염물질 누적이 크게 염려되는 위험지역(hotspot)이 생길 가능성이 작아야 한다. 예를 들어, 특정 지역의 기업이 배출감소 노력은 하지 않고 배출권을 사들이면서 생산 활동을 지속한다면, 결국은 이 지역에서 오염이 심화할 수 있기 때문이다.

2) 세금 또는 부과금 방식

환경에 부정적 영향을 주는 행위에 대하여 세금(tax)이나 부과금(fee)과 같은 경제적 불이익을 주는 방식이다. 다음과 같은 유형으로 세분할 수 있다.

(1) 자원이용에 부과하는 방식

자원을 이용한 만큼의 대가를 내도록 함으로써 자원남용을 막고 지속가능성을 확보하기 위한 것이다. 우리나라에서 운용하는 제도로는 물이용부담금, 공원입장료 등을 예로 들 수 있는데, 여기서 생기는 수입은 통상 해당 자원의 보존이나 관리에 사용된다. 이 방식은 자원의 환경적 및 사회적 가치가 시장에서 인정받을 수 있게 함으로써, 환경자원이 공짜가 아니라는 인식을 확산시킨다는 장점이 있다. 그러나 이처럼 경제적 부담을 가한다 해도 해당 자원을 실질적으로 보호하기보다는 정부 수입을 확대하는 데 그치는 경우도 많다. 경제적 부담 때문에 자원사용을 줄이기보다는 어쩔 수 없이 내야 하는 추가비용쯤으로 인식하는 경우가 많기 때문이다. 따라서 이러한 방식이 효과를 보려면 자원별 희소성을 고려하여 적정하면서도 충분한 수준의 금액을 책정함으로써, 실질적인 경제적 부담으로 인식되도록 하는 것이 필요하다.

(2) 배출행위에 부과하는 방식

대기오염물질, 폐수, 폐기물 등에 대하여 배출단위당 부과금을 부과함으로써, 환경오염의 외부비용을 오염행위자에게 내재화하는 것으로 통상 배출부과금제도라 부른다. 오염행위자는 배출부과금을 낼 것인지 아니면 오염물질을 덜 배출할 것인지 자발적으로 결정해야 한다. 오염물질 감소에 드는 비용이 배출부과금보다 적어야 실제 감축 행동에 나설 것이니, 이 정책의 성패는 부과액의 수준에 달려 있다. 징수한 배출부과금은 대개 해당 오염의 예방이나 관리사업에 충당된다. 배출부과금제도는 배출허용기준과 함께 활용되는 것이 바람직하다. 배출허용기준 없이 배출단위당 부과금만 징수한다면 환경의 질을 일정 수준으로 유지하기가 어렵기 때문이다. 우리나라에서 운영하는 배출부과금제도 역시 이러한 방식을 취하고 있다.

배출부과금은 오염자부담원칙을 구현하는 수단이자 자발적으로 오염행위를 줄이도록 하는 동인이 된다는 점에서 대개의 국가에서 채택되고 있다. 하지만 이 제도의 운용방식이 지니는 문제점들도 지적되고 있다. 첫째, 배출부과금 액수가 적어 오염물질 감축 효과가 미흡한 경우가 많다. 둘째, 해당 오염물질의 최종배출량이 어느 정도가 될지 정책당국이 확실하게 예상하기 어렵고, 이를 알아내는 데 적지 않은 비용이 소요될 수 있다. 셋째, 오염물질 배출에 따른 환경 영향을 해결할 수 있는 수준의 배출부과금이 얼마인지 산정하기 어렵다. 그러다 보면 배출부과금 결정에 있어 비과학적(또는 정치적) 요소가 개입할 수 있다.

(3) 상품에 부과하는 방식

일단 사용된 후에는 재활용이 어렵고 환경에 좋지 않은 영향을 줄 것으로 판단되는 상품들이 있다. 이러한 상품들에 세금이나 부과금을 징수함으로써, 그 생산과 유통을 감소시키고 보다 환경친화적인 대안상품의 생산과 유통을 확대할 수 있다. 세계적으로 윤활유, 타이어, 살충제, 비료 등에 부과되며, 보통은 일정한 금액을 부과하고 이후 상품유통의 증감을 추적하면서 요율을 변경시키는 방식을 활용한다. 발생한 수입은 이 상품으로 인한 환경 영향을 해결하는 데 활용되는데, 주로 재활용산업 육성이나 재활용기술 개발에 투입되는 경우가 많다.

우리나라에서는 1993년 도입되어 현재 「자원의 절약과 재활용촉진에 관한 법률」에 의해 운영되고 있는 폐기물부담금제도가 여기에 해당한다. 오염자부담원칙에 충실한 제도로서, 환경 유해상품의 가격을 상승시켜 소비감소를 유도할 수 있고, 운영이 단순하고 쉽다는 장점이 있다. 반면 어느 정도를 부과해야 실질적인 소비감소를 유도할 수 있는지의 계산이 쉽지 않다. 나아가 부담금에 따라 높아진 상품가격을 감당할 수 있는 소비자와 그렇지 않은 소비자 간에 소비의 불평등을 초래할 수 있다는 지적도 있다.

3) 보조금 방식

환경적으로 바람직하다고 판단되는 행위에 재정지원을 하는 방식이다. 보조금(subsidy)은 상품생산이나 기술이용에 있어 환경 영향이 적은 방식을 채택하도록 유도하기 위한 것으로, 이러한 변화가 완료될 때까지만 한시적으로 지원하는 것이 보통이다. 특히 혁신적인 기술을 채택하는 경우 당면할 수 있는 위험부담으로 인해 다른 투자자를 찾지 못하는 사업자에 대하여 정부 등이 보조금을 지급함으로써 이러한 혁신을 촉진할 수 있다. 보조금은 폭넓은 개념으로 여러 유형으로 구분할 수 있다. 첫째, 무상보조금(grants)이다. 이는 받은 후 갚지 않아도 되는 지원금이다. 대신 용도가 명확하고 구체적으로 지정되는 경우가 대부분이다. 둘째, 대출(loans)이다. 특정 활동에 대하여 시중금리보다 저렴한 금리를 적용하여 대출을 제공하거나 이러한 대출이 이루어지도록 정부가 보증하는 방식이다. 셋째, 세금감면(tax relief)이다. 특정 활동에 드는 비용을 고려하여 세금을 면제하거나 감면하는 방식이다.

보조금 방식의 장점은 다음과 같다. 첫째, 특정 환경오염원이나 환경문제에 초점을 맞추어 목표를 설정하고 달성하는 데 유리하다. 둘째, 명령통제 방식에 따라 발생할 수 있는 불평등(영세업체의 역량 부족 등에 따른) 개선에 도움이 될 수 있다. 셋째, 상대적으로 적은 보조금을 통해서도 오염행위자의 인식을 개선하고 바람직한 행동을 유도할 수 있다. 반면 단점들은 다음과 같이 지적되고 있다. 첫째, 오염행위자가 원래 하지 않아야 마땅한 오염행위를 하지 않는다고 해서 이를 보상하는 것은 오염자부담원칙에 어긋난다. 둘째, 정부재정지출을 증가시킬 수 있다. 셋째, 보조금의 목적에 부합하지 않는 엉뚱한 활동에 보조금 지원이 이루어지는 경우가 있다.

4) 예치-환급 방식

예치-환급(deposit-refund) 방식은 세금 및 부과금 방식과 보조금 방식을 절충한 것이라 할 수 있다. 환경 영향이 예상되는 상품에 대하여, 판매가 이루어지는 시점에서 일정 금액을 정부에 예치하도록 하고, 판매자가 재활용 등을 통해 환경 영향이 없었음을 소명하면 환급해 주는 방식이다. 예치금은 오염행위에 대한 세금이나 부과금처럼 작동하고, 환급금은 환경친화적 행위에 대한 보조금처럼 작동한다. 유리, 플라스틱, 금속 등 재활용이 가능하지만 실제로는 재활용이 잘 이루어지지 않는 상품에 주로 적용하며, 판매자와 소비자의 재활용 노력을 동시에 유도하는 효과가 있다.

이 방식의 최대 장점은 재활용을 촉진함으로써 폐기물 발생 및 자원사용을 동시에 줄일 수 있다는 데 있다. 이 방식의 성패는 유통 이후의 회수율에 달려 있으므로 예치금의 액수가 적절히 결정될 필요가 있다. 예치금이 너무 적으면 판매자와 소비자의 재활용 노력을 유도하기 어렵기 때문이다. 여러 국가에서 활용되는 제도이며, 우리나라에서도 1992년 폐기물예치금제도가 도입된 바 있다. 2003년부터는 폐기물예치금제도를 대체한 생산자책임재활용제도가 「자원의 절약과 재활용촉진에 관한 법률」에 따라 실시되고 있다.

5) 재무적 보장 방식

오염자부담원칙에 따라 오염행위자는 자신이 초래한 환경오염의 복구비용을 부담해야 하지만, 이것이 여의치 않은 경우도 발생하기 마련이다. 예를 들어, 산지나 광산 등에서 생산 활동을 한 후 해당 지역을 복구하지 않고 잠적하거나, 파산 등으로 인해 복구비용을 부담하기 어렵게 되면 오염자부담원칙을 준수하기 어렵다. 이러한 상황에 대비하기 위해 재무적 보장(financial security) 방식을 활용할 수 있다.

재무적 보장이란 특정 오염행위를 하는 경우 선제적으로 일정한 금액을 적립하거나 조합에 가입하는 것을 의무화하는 것이다. 오염을 정상적으로 복구하지 못하는 상황이 발생하면 적립금으로 복구비용을 충당하거나 평소 가입했던 조합이 복구를 대행하도록 하기 위해서다. 정상적으로 복구한 경우에는 적립한 금액의 일정 부분을 규정에 따라 환급받을 수 있다. 이러한 방식은 오염행위자의 오염행위를 감소하도록 유도할 수 있고, 무엇보다 복구비용을 충당하기 어려운 상황에 대처할 수 있다는 장점이 있다. 우리나라에서 시행하고 있는 원상회복예치금, 생태계보전부담금, 폐기물처리이행보증금, 폐기물처리시설사후관리이행보증금 등이 이러한 방식에 해당한다.

6) 환경성과포상제도

환경성과포상제도(environmental performance awards)는 환경적으로 탁월한 성과를 보인 개인이나 기업 등에 대하여 적절한 방식으로 포상함으로써 벤치마크로 부각하는 방식이다. 이러한 포상은 해당 기관의 사회적 이미지를 제고시킴으로써 기업활동에 실질적 도움이 될 수 있다. 미국 환경보호청이 주관하여 2000년부터 2009년까지 운영했던 국가환경성과트랙(USEPA), 캐나다 Alberta 주 Emerald 재단이 주관했던 주민 대상 포상사업 등을 들 수 있다.

우리나라는 1988년 모범업소지정제도를 도입했고, 이를 보완하여 1995년 환경친화기업지정제도를 운영했다. 2009년에 그 명칭을 녹색기업지정제도로 바꾸고 현재 「환경기술 및 환경산업 지원법」에 따라 운영하고 있다. 법 제16조의2에 의하면, 녹색기업이란 '오염물질의 현저한 감소, 자원과 에너지의 절감, 제품의 환경성 개선, 녹색경영체제의 구축 등을 통하여 환경개선에 크게 이바지하는 기업, 기관, 사업장 등'을 말한다. 녹색기업으로 지정된 대상에 대해서는 규제조치의 면제나 감면, 재정지원 등의 혜택을 주고 있다. 재정지원으로는 「환경기술 및 환경산업 지원법 시행령」 제22조에서 환경개선에 드는 자금 및 기술 지원을 명시하고 있다.

제 4 절 | 정보제공 방식

1 정보제공 방식의 의의

환경친화적 행동을 촉진하기 위해서는 환경 영향이 큰 상품, 사업, 서비스 등에 관한 정보를 제공할 필요가 있다. 정부는 정확한 정보를 바탕으로 올바른 정책을 채택할 수 있고, 기업은 정보를 바탕으로 환경친화적 경영을 도모할 수 있으며, 대중은 정보를 바탕으로 환경친화적 소비를 증진할 수 있다. 사회구성원 모두의 환경친화적 생산과 소비를 촉진하는 데 도움이 되는 것이다.

2 정보제공 방식의 유형

1) 환경평가

환경평가(environmental assessment)란 특정 정책이나 사업이 환경에 미칠 수 있는 영향을 평가하여 심각한 환경문제 발생을 사전에 방지하기 위한 제도다. 전략환경평가(Strategic Environmental Assessment: SEA)와 환경영향평가(Environmental Impact Assessment: EIA)가 대표적인 형태다.[6] 1969년 미국이 「국가환경정책법(NEPA)」에 근거하여 환경영향평가제도를 최초로 도입한 이래 세계적으로 다양한 환경평가제도가

6) 전략환경평가와 환경영향평가를 별개의 정책수단으로 구분하는 논의도 존재하나[예: World Bank Group(2012) 보고서 등], 양 제도의 기본 취지가 유사하므로 여기서는 하나의 항목으로 묶었다.

운영되고 있다. 우리나라는 「환경영향평가법」에서 전략환경영향평가, 환경영향평가, 소규모환경영향평가를 구분하고 있다. 전략환경영향평가의 주체는 계획을 수립하는 행정기관의 장이며, 환경영향평가 및 소규모환경영향평가의 주체는 사업수행자다.

〈표 4-3〉 우리나라의 환경영향평가 구분

구분	내용
전략환경 영향평가	환경에 영향을 미치는 계획을 수립할 때, 환경보전계획과의 부합 여부 확인 및 대안의 설정·분석 등을 통하여, 환경적 측면에서 해당 계획의 적정성 및 입지의 타당성 등을 검토하여 국토의 지속가능한 발전을 도모하는 것
환경 영향평가	환경에 영향을 미치는 실시계획·시행계획 등의 허가·인가·승인·면허 또는 결정 등을 할 때, 해당 사업이 환경에 미치는 영향을 미리 조사·예측·평가하여 해로운 환경 영향을 피하거나 제거 또는 감소시킬 수 있는 방안을 마련하는 것
소규모 환경 영향평가	환경보전이 필요한 지역이나 난개발이 우려되어 계획적 개발이 필요한 지역에서 개발 사업을 시행할 때, 입지의 타당성과 환경에 미치는 영향을 미리 조사·예측·평가하여 환경보전방안을 마련하는 것

출처: 「환경영향평가법」 제2조.

2) 생애주기평가

생애주기평가(Life Cycle Assessment: LCA)란 한 제품이 초래하는 환경 영향을 원료, 생산, 유통, 사용, 폐기에 이르기까지의 전 과정을 대상으로 평가하는 방법론이다. 우리는 전자제품을 구매할 때 전력사용효율이 높고 사용 후 재활용 가능성이 큰 것을 선호한다. 하지만 이 제품을 만들 때 다른 제품보다 더 많은 원자재와 에너지를 소모했다면, 전력사용효율이나 재활용 가능성만 가지고 이 제품의 환경 영향을 평가하는 것은 한계가 있다. 생애주기평가는 환경 영향이 시간과 장소를 바꾸어 발생하는 현실에 대응하여 진정한 의미의 환경 영향을 평가하는 데 목적이 있다. 부분최적화가 아니라 전체최적화를 지향하는 것이다. 생애주기평가의 대상으로는 개별 제품으로부터 복잡한 시스템에 이르기까지 다양할 수 있다. 평가요소도 오염물질 배출, 자원이나 에너지 소비, 인간의 건강이나 생태학적 영향까지 폭넓게 포함할 수 있다. 생애주기평가는 환경 영향을 근본적으로 감소하는 방향으로 의사결정이 이루어지도록 관련 정보를 제공할 수 있다는 데 의의가 있다.

국제표준화기구(ISO)는 2006년에 생애주기평가를 위한 방법론의 국제표준인 ISO 14040을 제시했다. 하지만 생애주기평가의 목적과 범위, 생애주기 조사분석, 생애주기 영향평가, 생애주기해석, 생애주기평가의 보고 및 비판적 검토, 생애주기평가의 한계, 생애주기평가단계들 사이의 관계, 가치선택 및 대안적 요소들의 활용조건 등을 제시했을 뿐 구체적인 기법은 제시하지 않고 있다.[7] 선진국들 중심으로 생애주기평가를 활용하면서 방법론을 구체화하고 있지만, 생애주기평가는 비용이 많이 들고, 평가결과에 대한 불확실성이 존재하며, 방법론 선택에 있어 주관성이 개입된다는 등의 한계가 지적되고 있다. 선진국 이외의 국가들에서는 생애주기평가를 담당할 전문가나 소프트웨어를 확보하기 어렵다는 점도 지적되고 있다.

3) 오염물질 배출 인벤토리

오염물질 배출 인벤토리(pollutant release inventories)는 주요 오염물질들의 배출을 주기적으로 조사하여, 데이터베이스로 구축하고 대중에 공표하는 시스템을 말한다. 연도별, 주체별, 업종별, 물질별 등으로 인벤토리를 구축할 수 있으며, 환경오염의 현황과 추세에 대한 국민의 인식과 알 권리를 향상하는 데 유익하고, 정부의 정책 수립에 있어 기초자료로 활용할 수 있다.

많은 선진국에서 환경오염물질 인벤토리를 구축하고 있다. 국가 차원의 인벤토리로는 미국의 유해화학물질배출 인벤토리(TRI), 캐나다의 국가오염물질배출 인벤토리(NRPI), 우리나라의 온실가스종합관리시스템(NGMS) 등을 들 수 있다. 민간 비영리기관에 의한 인벤토리 구축사례로는 캘리포니아기후행동레지스트리(California Climate Action Registry) 등을 들 수 있다. 인벤토리가 소기의 목적을 달성하기 위해 가장 중요한 것은 데이터의 신뢰성이다. 오염물질 배출량을 계산하는 공신력 있고 표준화된 방법론이 필요하고, 오염물질 배출자의 정직한 보고 및 이를 모니터링할 수 있는 시스템이 있어야 한다.

4) 환경표지제도

환경표지제도(environmental labelling)는 소비자의 친환경구매 행동을 유도하여 궁극적으로 지속가능한 생산 및 소비구조를 만들어가기 위한 것이다. 다양한 형태의 환경표지가 있는데, 이를 ISO는 〈표 4-4〉와 같이 세 가지로 분류하고 있다. 가장 활성화되어 있는 것은 흔히 에코라벨(Eco-Label)로 알려진 제Ⅰ유형으로, 1979년 독일의 '블루엔젤(Blue Angel)' 이후 많은 나라에서 시행하고 있다. 생애주기 관점에서의 평가결과를 기초로 객관적인 제3자가 인증하는 방식으로, 국제협의체인 에코라벨링

7) https://www.iso.org/standard/37456.html(2019.1.10. 검색)

네트워크(GEN)가 구성되어 국가 간 상호인정 및 정보공유를 위한 협력체계로 기능하고 있다. 제Ⅱ유형은 상품이나 서비스를 생산하는 기업이 스스로 환경성을 주장하고 자체적으로 만든 로고를 부착하는 방식이다. 제Ⅲ유형은 환경성 정보를 보다 구체적인 형태(숫자, 표, 그래프 등을 이용하여)로 제시하는 방식이다.

〈표 4-4〉 국제표준화기구(ISO)의 환경표지 유형화

규격	명칭	특징	내용	한국 제도
ISO 14024 (Type Ⅰ)	에코라벨링	생애주기에 걸친 환경성이 우수한 제품 인증	사업자의 신청에 따라 제3자 기관이 심의 및 인증	환경 표지제도
ISO 14021 (Type Ⅱ)	환경성 자기주장제도	생산자 스스로 제품의 환경성 주장	제품의 환경성을 기업 스스로 주장하고 로고 사용	
ISO 14025 (Type Ⅲ)	환경정량 정보선언	제품의 환경성 정보를 정량화하여 표시	생애주기에 걸친 환경성을 정량적으로 표시	환경성적 표지제도

출처: 김용국(2011: 2).

ENVIRONMENTAL POLICY

제 2 부

환경문제에 대한 지구적 대응

지구환경논의의 흐름

제 1 절 | 지구환경논의의 배경

1970년대 전후 지구환경문제가 부각하고 그 대응양식이 국제화됨에 따라 국가들은 자국의 환경정책 수립에 있어 국제규범을 본격적으로 고려하기 시작했다. 선진국과 개발도상국이 상반된 입장을 드러냈고, 이를 조율하는 개념으로서 지속가능발전이 전면에 등장한 것도 1970년대 이후의 일이다. 이 시기에 환경문제에 대한 국제사회 차원의 대응이 나타나게 된 조건들은 다음과 같다.

첫째, 인구가 폭발적으로 증가하고 지구생태용량의 한계가 드러났다(문순홍, 1997). 20세기 중반 이후 인구가 급증하는 동시에 경제발전에 힘입어 다양한 욕구들이 증가함에 따라 지구가 인류를 부양할 수 있는 능력이 한계를 드러내기 시작한 것이다. 1972년 발표된 보고서 *The Limits to Growth*(성장의 한계)는 환경파괴로 인해 초래될 암울한 미래를 예견해 큰 파장을 일으켰다(Martell, 1994). 이 보고서는 1968년에 설립된 로마클럽의 의뢰와 폭스바겐재단의 재정지원을 받아 MIT 연구팀이 작성한 것으로, 컴퓨터 시뮬레이션을 통해 인류의 미래를 전망했다. 인구증가, 공업산출, 식량생산, 오염, 자원고갈 등 다섯 가지 요소들이 1900~1970년 사이의 비율로 계속 증가한다는 가정 하에 일곱 가지 시나리오를 제시하고, 오직 성장을 멈춤으로써만 위기를 예방할 수 있다는 결론을 내렸다. 분석의 타당성과 관련하여 다양한 비판이 제기된 것이 사실이지만, 이 보고서는 지구생태용량 한계에 대한 지적을 통해 환경문

〈표 5-1〉 '성장의 한계' 시나리오

기본 시나리오 작업 1: 모든 요소의 성장 가정
공업화 → 자원고갈 → 공업투자로부터 자원탐색으로 자본의 전환 → 공업붕괴 → 공업 의존적 서비스산업 및 농업의 붕괴 → 식량 및 의료서비스 부족 → 인구감소
시나리오 2: 자원이용도의 증대를 통한 자원고갈 문제 해결을 가정
높은 자원이용도 → 높은 공업생산 → 오염증대 → 사망률증대 → 궁극적으로 자원고갈
시나리오 3: 기술발전을 통한 자원고갈 문제 해결을 가정
높은 자원이용도 → 오염증대 → 궁극적으로 공업생산 · 식량생산 · 서비스산업 발전 중지 → 사망률증대
시나리오 4: 기술발전을 통한 오염 문제 해결을 가정
인구 및 공업생산 증대 → 개간 가능한 토지의 과도한 이용 및 지력의 고갈 → 식량부족 → 농업부문으로 자본전환 → 공업생산 몰락 → 인구 격감
시나리오 5: 기술발전이 토지 산출을 증대할 것이라고 가정
식량 및 공업생산의 증대 → 오염증대 → 사망률증대 → 궁극적으로는 자원고갈
시나리오 6: 자발적인 산아제한을 통한 인구감소를 가정
자발적 산아제한 → 불충분한 인구감소 → 식량생산의 위기 → 인구 격감
시나리오 7: 모든 해결책의 동원
토지의 과도한 사용 → 식량부족 → 자원고갈 → 과도한 오염 → 식량생산의 위기 → 사망률증대

출처: Martell(1994).

제에 대한 지구적 차원의 경각심을 불러일으키는 데 크게 기여했다.

둘째, 개발도상국이 경제성장을 추진하며 세계 정치무대에 본격 진입하여 다양한 국제문제에 발언권을 행사하기 시작했다(문순홍, 1997). 제2차 세계대전 이후 정치적으로 독립한 제3세계 국가들은[1] 한편으로는 근대화를 추진하고 다른 한편으로는 블록화(비동맹그룹 및 77그룹 형성)함으로써, 세계 정치무대에서 발언권을 강화하고 강대국으로부터 자율성을 확보하려 했다. 제3세계는 1955년 인도네시아 반둥에서 개최된 아시아, 아프리카, 라틴아메리카 개발도상국들의 회합을 기점으로 조직화하기 시작했다. 특히 1960년대 중반 이후 강화되어 1970년대 초반에는 UN을 비롯한 각종 국제정치무대에서 강력한 발언권을 행사하기 시작했다. 선진국들은 개발도상국의 급속한 경제성장에 따른 환경파괴와 자원고갈을 우려했다. 반면 개발도상국들은 지구환경위기와 자원고갈에 대한 선진국의 역사적 책임을 거론하면서, 선진국을 중심으로 한 환경보호 주장이 자신들의 경제발전을 저해할까 우려했다. 개발도상국들은 지구 차원의 환경보호에는 기본적으로 동의하면서도, 개발도상국의 환경보호 노력 유도와 빈곤

1) 미국을 중심으로 한 자본주의 국가들(제1세계), 소련을 중심으로 한 공산주의 국가들(제2세계)을 제외한 나머지 국가들을 통칭한 것이다.

탈출을 위해 선진국들이 수행해야 할 역할을 전면에 부각했다. 개발도상국의 발언권 강화는 이후 지속가능발전 개념 확산 및 지속가능발전목표 추구, 기후변화와 사막화 대응, 생물다양성 보존 등 다양한 환경 이슈들이 국제사회의 핵심 쟁점으로 자리매김하는 하나의 원동력으로 작동했고, 문제 해결에 있어 다양한 관점을 도입하는 계기를 형성했다.

셋째, 환경문제를 국제적 관점에서 조망하고 이끌어나가는 주요 비국가 행위 주체들이 등장했다. 우선 1972년 유엔 차원의 환경기구인 UNEP가 창설되어 환경문제 해결을 위한 국제협력의 가교역할을 수행하기 시작했다. UNEP는 설립 이래 국제환경 어젠다 설정, 환경문제 해결을 위한 국가 간 협력과 조정 촉진, 회원국의 역량 형성 및 기술지원, 국제환경문제 관련 연구 및 분석, 지속가능발전 추진 및 모니터링 등 매우 다양한 역할을 담당해 왔다. 환경 NGO들도 국제환경논의 확산에 중요한 역할을 담당했다. 1961년 스위스에서 설립된 세계자연기금(World Wildlife Fund), 1969년 미국에서 설립된 지구의 벗(Friends of the Earth), 1971년 캐나다에서 설립된 그린피스(Greenpeace) 등을 들 수 있다. NGO들은 환경문제에 대한 대중의 인식을 높이고, 각국 정부와 국제사회의 의사결정에 영향력을 행사하고 감시하면서, 환경문제가 세계적 담론으로 형성되는 데 일정한 역할을 담당했다.

제 2 절 | 국제환경회의 및 기구

다양한 주체들이 다자 또는 양자 형태로 국제사회의 환경논의를 이끌고 있다. 여기서는 UN을 중심으로 진행되고 있는 국제환경회의의 흐름을 정리하고, 이 흐름 속에서 활동하고 있는 UN 조직들을 살펴보기로 한다.[2)]

2) 분야별로 수많은 국제환경회의 및 기구들이 설치되어 있으나, 여기서는 UN 차원의 논의에 한정했다. 다른 회의 및 기구들은 필요에 따라 해당 부분에서 언급하기로 한다.

1 UN 국제환경회의

1) UN인간환경회의

UN 차원에서 환경문제를 본격적으로 다룬 최초의 환경회의는 1972년 UN인간환경회의(United Nations Conference on the Human Environment, 이하 UNCHE)라 할 수 있다. 1968년에 스웨덴이 인간과 환경의 상호작용을 논의할 회의의 주최를 UN에 제안했고, 1969년 UN총회에서 이를 수용하여(결의안 2398호), 1972년 6월 5일부터 16일까지 스웨덴 스톡홀름에서 개최된 것이다.[3] 115개 국가가 UNCHE에 참여함으로써, 환경문제가 국제사회의 주요 정치적 이슈로 최초로 등장하게 되었다.

UNCHE의 주요 결과는 두 가지다. 하나는 스톡홀름선언으로 더 잘 알려진 「UN 인간환경회의선언」을 채택한 것이고, 다른 하나는 UN환경계획(United Nations Environment Programme, 이하 UNEP)을 창설한 것이다. 스톡홀름선언은 26개 원칙 및 109개 권고안을 담았다. 스톡홀름선언 앞부분에는 이 선언의 핵심 지향성이 잘 드러나 있는데, 이를 요약하면 다음과 같다(UN, 1972a).

첫째, 인간은 환경의 피조물이자 환경의 형성자로서 과학기술 진보에 따라 환경을 변화시킬 수 있는 능력을 지니게 되었다. 둘째, 인간 환경의 보호 및 개선은 모든 세계인의 소망이자 모든 정부의 책무다. 셋째, 인간의 능력은 지혜롭게 활용될 수도 있고 부주의하게 활용될 수도 있다. 오늘날 환경에 대한 인간의 부정적 영향이 점차 증대해 왔다. 넷째, 개발도상국의 환경문제는 저개발상태로 인한 것이다. 따라서 개발도상국은 개발을 위해 노력하되 환경개선을 염두에 두어야 하며, 선진국은 개발도상국과의 격차를 줄이기 위해 노력해야 한다. 다섯째, 인구의 자연증가는 환경문제의 근본 원인 중 하나로 적절히 관리되어야 한다. 여섯째, 현재와 미래세대를 위해 환경을 보호하는 것이 절박한 과제가 되었으며, 이러한 과제는 평화 및 경제사회발전이라는 과제와 조화를 이루며 추구되어야 한다. 일곱째, 환경보호라는 목표를 달성하기 위해 시민, 지역사회, 기업, 지방정부, 중앙정부 등 모든 주체의 공동노력이 필요하며, 국제협력과 국제조직들의 역할도 중요하다.

이상 스톡홀름선언의 지향성을 보면 환경보호와 빈곤 탈피의 연관성, 지속가능발전, 선진국의 역사적 책임, 모든 주체의 참여 등 오늘날 지구환경논의에서 중요하게 다루어지는 논점들이 UNCHE에서 이미 도출되었음을 알 수 있다.

---

3) 1972년 UN총회는 6월 5일을 세계환경의 날(World Environment Day)로 정했다.

2) UN환경개발회의

UNCHE는 환경과 개발에 관한 선진국과 개발도상국의 관점 차이를 명확히 드러냈다. 선진국은 지구환경 보호를 위한 공동의 노력을, 개발도상국은 빈곤 극복을 위한 개발을 각각 강조했다. 양 진영의 상반된 입장은 1982년의 「나이로비선언」과 「세계자연헌장」에 드러나 있다(문순홍, 1997). 「나이로비선언」은 UNCHE 개최 10주년을 맞아 세계국가공동체(World Community of States) 명의로 채택된 것이며, 선진국의 시각을 많이 반영했다. 환경평가와 예방을 통해 인류가 공동으로 환경문제를 해결해야 한다는 점을 강조했다. 「세계자연헌장」은 세계자연보전연맹(IUCN)이 1975년에 작성한 초안을 1982년에 UN총회가 채택한 것으로, 상대적으로 개발도상국의 시각을 많이 대변했다. 오늘날 환경문제의 원인이 선진국의 지나친 소비와 자원남용, 그리고 적절한 국제경제 관계 수립의 실패에 있음을 강조했다. 이처럼 선진국과 개발도상국의 시각에 상당한 차이가 존재했기 때문에, 국제사회는 환경보호와 경제발전의 동시 추구를 위한 전략을 찾아야 했다.

1983년 12월 UN총회는 이러한 전략 수립을 담당할 기구로 세계환경개발위원회(World Commission on Environment and Development, 이하 WCED) 설치를 결의했다. WCED는 1983년부터 활동을 시작하여 1987년에 보고서 *Our Common Future*(우리 공동의 미래)를 UN에 제출했다.[4] 보고서는 빈곤이 지속가능성을 저해하고 환경압력을 가속하기 때문에 경제와 생태 사이의 균형이 필수적이라는 전제 하에, 균형을 실현하는 핵심전략으로 지속가능발전 개념을 제시했다. 지속가능발전은 '미래세대의 욕구충족 능력을 저해하지 않으면서 현재세대의 욕구를 충족시키는 방식의 개발'로 정의되었다(UN, 1987).[5]

이후 지구환경논의는 지속가능발전 개념을 중심에 놓고 전개되었는데, 그 공식적 계기가 UN환경개발회의(United Nations Conference on Environment and Development, 이하 UNCED)다. UNCED(리우회의)는 1992년 6월 3일부터 14일까지 브라질 리우데자네이루에서 개최되었다. UNCHE 개최 20주년을 맞아 국제사회가 추구해야 할 새로운 전략으로 지속가능발전을 공식화하는 회의였다. 178개국 정부 대표 8천여 명과 국가정상급 인사 115명이 참석한 사상 최대 규모의 국제회의였기 때문에, 지구정상회의(Earth Summit)라고도 부른다. 이 회의를 통해 여러 중요한 문서들이 채택되었다.

---

4) 위원장인 브룬트란트(Gro Harlem Brundtland)의 이름을 따서 「브룬트란트보고서」라고도 한다.
5) 지속가능발전의 개념 및 추진과정에 대해서는 이 장 제3절에서 상세히 논의하기로 한다.

출처: https://www.unmultimedia.org/photo

우선 「환경과 개발에 관한 리우선언」과 「의제21」이 채택되었다. 리우선언은 환경보전을 위한 국제협력의 방향성을 제시한 것으로, 5개 항의 전문과 27개 항의 원칙으로 구성되었다. 「의제21」은 리우선언의 원칙을 구체적으로 실천하기 위한 행동지침으로, 2,500여 개의 권고사항을 담았다. 아울러 이 회의에서는 기후변화협약과 생물다양성협약이 체결되었으며, 사막화방지협약 논의가 시작되어야 한다는 점을 명문화했다. 이러한 문서들 이외에, 지속가능발전 추진상황을 관리하기 위한 기구로 UN지속가능발전위원회(United Nations Commission on Sustainable Development, 이하 UNCSD)가 신설되었다.

〈표 5-2〉 리우선언의 27개 원칙(요약)

1. 사람은 자연과 조화하면서 건강하고 생산적인 생활을 영위할 권리가 있다.
2. 각국은 자국의 자원을 개발할 권리 및 그 활동이 타국의 환경에 해를 끼치지 않도록 할 책임을 동시에 지닌다.
3. 개발 권리는 현재와 미래세대가 추진할 개발이나 환경자원의 필요성을 공평하게 만족시킬 수 있도록 행사되어야 한다.
4. 지속가능발전을 달성하기 위해서 환경보호와 개발은 따로 떼어 생각할 수 없는 일체적 개념이라는 의식을 가져야 한다.
5. 모든 나라와 그 국민은 생활수준의 격차를 줄이고 빈곤을 근절하기 위해 노력해야 한다.
6. 개발도상국에 대해 환경과 개발에 관한 특별하고도 우선적인 권리가 부여되어야 한다.

7. 선진국은 기술과 재원 관점에서 지속가능발전을 국제적으로 추진할 의무를 인식해야 한다.
8. 각국은 소비적인 생활과 양태를 줄이고 적절한 인구정책을 추진한다.
9. 과학기술의 개발・보급・이전을 촉진하며 지속가능발전을 위해 각국의 적응 능력을 신장시킨다.
10. 환경문제는 각 계층의 관심 있는 모든 시민이 참가함으로써 최선의 효력을 발휘한다.
11. 각국은 적절한 환경법을 제정할 의무가 있다.
12. 환경보호를 이유로 부당한 무역 제한이 이루어져서는 안 된다.
13. 각국은 환경오염 피해자에 대한 책임과 배상에 관한 국내법을 정비한다.
14. 각국은 유해한 물질 혹은 활동이 타국에 이전되지 않도록 협력한다.
15. 과학적 근거의 부족을 이유로 환경보호를 늦추어서는 안 된다.
16. 각국은 오염 원인자가 오염에 대한 비용을 부담한다는 원칙과 그 방법을 숙고해야 한다.
17. 환경에 중대한 영향을 미치는 활동에는 환경영향평가를 실시한다.
18. 각국은 자연재해나 긴급사태가 타국에 영향을 미치는 경우 이를 즉시 통보한다.
19. 각국은 환경피해가 국경을 넘는 경우 피해를 받는 나라에 대해 사전통지와 관련 정보제공을 반드시 해야 한다.
20. 여성은 환경관리와 개발에 있어 중요한 역할을 맡는다.
21. 세계 젊은이의 창조력 및 용기가 지구적 파트너십을 구축할 수 있도록 집결시켜야 한다.
22. 원주민은 환경관리와 개발에 중요한 역할을 맡는다.
23. 억압, 제압 및 점령하에 있는 주민의 환경 및 천연자원은 보호되어야 한다.
24. 전쟁은 지속가능발전을 파괴하는 성격을 지니고 있다.
25. 평화, 개발 및 환경은 상호의존적이며 서로 떼어 놓을 수 없다.
26. 각국은 환경에 관한 분쟁을 UN헌장에 따라 평화적으로 해결한다.
27. 각국 및 그 국민은 이 선언에 표명된 원칙의 실천을 향하여 성실히 또한 파트너십의 정신으로 협력하여야 한다.

출처: 환경운동연합(http://kfem.or.kr/?p=38373). 필자에 의해 문구 수정이 이루어짐.

3) 지속가능발전세계정상회의

리우회의 개최 10년을 맞아 지속가능발전의 진행 상황을 점검하고 방향을 모색하기 위해 2002년 8월 26일부터 9월 4일까지 요하네스버그에서 지속가능발전세계정상회의(World Summit on Sustainable Development, 이하 WSSD)가 개최되었다. 189개국 6만여 명이 참석한 회의로서 요하네스버그정상회의 또는 리우+10회의라고도 한다. 회의의 주요 의제는 빈곤퇴치, 지속가능한 소비와 생산, 천연자원의 지속가능한 관리, 지속가능발전에 대한 세계화의 기여, 지속가능발전 이행수단 확보, 지속가능발전 관리체제 등 6개 부문이었다. WSSD는 궁극적으로 「의제21」의 이행을 촉진하고, 세계화를 기반으로 한 실질적 행동계획을 마련하기 위한 회의였다(권율, 2002).

회의의 주요 결과물은 「요하네스버그선언」과 「이행계획서」라 할 수 있다. 정치적 선언문인 「요하네스버그선언」은 빈곤, 질병, 생물다양성 상실 등 환경악화 및 세계화

〈표 5-3〉 요하네스버그선언의 주요 내용

- 지속가능발전의 3대 축인 환경보호, 경제발전, 사회발전의 상호의존성과 보완성을 강화하고 전진시키기 위한 공동의 책임을 지님
- 빈곤퇴치와 인류발전을 달성할 실질적이고 가시적인 계획 수립을 위해 노력함
- 빈곤퇴치, 소비와 생산패턴 변경 및 자연자원 기반의 보전 및 관리가 지속가능발전의 필수요건이며 포괄적인 목표임을 인식함
- 인류사회를 빈·부로 나누는 뿌리 깊은 구분과 선진국과 개발도상국 간 격차는 지구촌의 번영, 안전 및 안정을 위협하는 주요 요인임을 인식함
- 지구환경의 고통은 계속되고 세계화가 새로운 도전에 직면하는 상황에서, 삶의 근본적 변화가 없다면 지구촌 불균형이 심화할 위험이 있고 빈곤층은 자신의 대표에 대한 신뢰감을 잃을 수 있음을 인식함
- 정상회의에서 깨끗한 물, 위생시설, 에너지 등과 같은 기본여건에 대한 접근확대를 위해 목표와 시간 계획을 정하여 결의한 것을 환영하며, 재정자원 접근 및 시장개방 이익을 누리도록 서로 지원함
- 여성권익과 해방, 성 평등, ODA 목표이행 노력, 의사결정에 있어 주요그룹 참여, 기업의 책무, 거버넌스 개선 등을 강조함
- UN헌장 및 국제법의 목적과 원칙 및 다자주의 강화에 대한 공약을 재확인하고 지속가능발전 촉진에 있어 UN의 역할을 지지함
- 지속가능발전목표 달성을 위하여 정기적으로 진행 경과를 모니터링하고, 요하네스버그 이행계획 및 계획에 포함된 목표달성을 촉진함

출처: 외교통상부(2002). 필자에 의해 문구 수정이 이루어짐.

에 따른 개발문제 지적, 국제적으로 합의된 ODA 공약 달성을 위한 구체적인 노력의 이행방안 모색, 그리고 경제, 사회, 환경을 동시에 고려한 지속가능발전을 위한 정치

〈표 5-4〉 WSSD 이행계획서의 주요 합의사항

빈곤퇴치	• 2015년까지 절대빈곤 인구 절반 감축 • 2015년까지 안전한 식수와 위생시설의 혜택을 받지 못하는 인구 절반 감축 • 빈곤퇴치를 위한 세계연대기금(World Solidarity Fund) 설립
지속가능하지 못한 생산과 소비패턴 개선	• 2020년까지 화학물질의 인체·환경에 대한 부정적 영향 최소화 • 에너지효율 증대와 재생에너지 사용비율 증대
자연자원 보전 및 관리	• 2015년까지 고갈 어족을 지속가능한 수준으로 회복 • 지구온난화 방지를 위한 교토의정서 조기비준 촉구 • 지구환경금융의 중점지원 분야로 토지 황폐화 방지 추가 권고
이행수단	• 선진국에 대해 공적개발원조(ODA)로 GNP의 0.7% 제공목표 달성 촉구 • 지속가능발전을 저해하는 보조금 감축 추진
지속가능발전을 위한 제도적 틀	• 개발도상국에 법치, 민주주의 등 건전한 관리체제 마련 촉구

출처: 권율(2002: 11).

적 의지와 관심 재확인 등으로 구성되었다. 요하네스버그선언문은 총 37개의 조항으로 이루어져 있다. 한편 「이행계획서」에는 〈표 5-4〉와 같이 5대 부문에서의 주요 합의사항이 담겼다.

4) UN지속가능발전회의

2009년 12월 UN총회는 지속가능발전을 위한 고위급 회의를 2012년에 개최하기로 결의했다. 이에 따라 2012년 6월 20일부터 22일까지 리우데자네이루에서 UN지속가능발전회의(United Nations Conference on Sustainable Development, 이하 UNCSD)가 개최되었다. 192개 국가에서 다양한 부문의 대표들이 참석했으며, 리우+20회의 또는 2012지구정상회의(Earth Summit 2012)라고도 부른다.

이 회의의 결과물로 지속가능발전 이행을 위한 명확하고 실질적 수단들을 담은 보고서 *The Future We Want*(우리가 원하는 미래)가 채택되었다. 이 보고서에서는 1992년 리우선언의 원칙들을 재확인하고, 지속가능발전을 위한 그간의 국제사회의 노력을 높이 평가했으며, 향후의 지속적 노력을 촉구했다. 지구에 대한 위협요인으로 사막화, 어류자원 고갈, 생물종 멸종위기 및 지구온난화를 명시했다. 아울러 기후변화의 주범인 이산화탄소 배출량을 줄이고 자원의 효율성을 높이면서 사회적 통합을 지향하는 경제모델인 녹색경제(Green Economy)로의 이행을 촉구했다. 기존의 새천년개발목표(MDGs)를 보완 및 대체하는 지속가능발전목표(SDGs) 개발의 필요성을 명시한 것도 특기할 만하다.

5) 스톡홀름+50회의

1972년 스톡홀름에서 개최된 UNCHE 50주년을 기념하고 향후 나아갈 방향을 재정립하기 위해 스톡홀름에서 2022년 6월 2일부터 3일까지 스톡홀름+50회의가 개최되었다. 이 회의의 가장 두드러진 산출물은 이른바 '모두의 번영을 위한 건강한 지구(a Healthy Planet for the Prosperity of All)'를 위해 추구할 10개의 행동 권고라 할 수 있다. 이러한 행동들은 과거부터 권고되었던 것이니 새로울 것은 없었다. 하지만 이러한 행동들을 재차 제안한 것은 국제사회의 노력이 약화된 최근의 현실을 반영한 것이라 할 수 있다.

〈표 5-5〉 스톡홀름+50회의에서 도출된 10가지 행동 권고

• 건강한 지구와 모두의 번영에 있어 인간의 복리(well-being)를 중심에 둘 것 • 깨끗하고, 건강하며, 지속가능한 환경에 대한 권리를 인지하고 이를 달성할 것 • 현재의 경제체제가 건강한 지구를 위해 작동할 수 있도록 체제 전반적 변화를 채택할 것 • 건강한 지구를 위한 현존 조치들에 대한 개별 국가에서의 추진을 강화할 것 • 공공 및 민간의 재정적 흐름이 환경, 기후, 지속가능발전 추구와 함께 가도록 유도할 것 • 음식, 에너지, 물, 건물 및 건축, 제조, 자동차 등 영향력이 큰 분야에서 체제 전반적 변혁을 가속할 것 • 협력과 연대성 강화를 위해 신뢰 관계를 재구축할 것 • 다자 시스템을 강화하고 활성화할 것 • 세대 간 책임성이 건전한 정책 결정에 있어 중추임을 인지할 것 • Stockholm+50 결과들이 결실을 보도록 추진해 나갈 것

출처: https://www.stockholm50.global/(2023.8.9. 검색)

2 UN 차원의 국제환경기구

1) UNEP

UNEP는 1972년 UNCHE 및 제27차 UN총회 결의에 따라 1973년에 설립된 기구로 케냐 나이로비에 사무국을 두고 있다. UN 기구들의 환경 관련 활동들을 조정하고, 개발도상국의 지속가능발전을 지원하며, 국제환경 현안들에 관한 국가 간 협력을 촉진하는 등의 역할을 담당해 왔다. 사무국은 2023년 현재 의사소통, 경제, 생태계, 법률, 과학, 정책 및 사업, 거버넌스, 기업서비스 등을 각각 담당하는 8개 부서로 구성되어 있다. 또한 아시아태평양(방콕), 서아시아(바나마), 유럽(제네바), 중남미(파나마시티), 북미(워싱턴 D.C.) 및 아프리카(나이로비)에 각각 지역사무소를 운영하고 있다. 사무총장은 UN사무총장이 추천하고 UN총회에서 선출되며 임기는 4년이다.[6]

UNEP의 내부조직으로는 사무국 이외에 UN환경총회와 상주대표회의가 있다. UN환경총회(United Nations Environment Assembly, 이하 UNEA)는 UNEP의 기능 강화를 위해 종전의 집행위원회(Governing Council)를 대체하여 2012년 신설된 최고의사결정기구다. UNEP 가입국 대표들로 구성되며, 격년제로 회의를 개최하여 UNEP의 사업, 예산 및 세계 환경상태 등 전반적 사항을 의결한다. 총회 사무국은 10명으로 구성되는데(의장 1명, 부의장 8명, 간사 1명), 이들의 임기는 2년이고 지역별로 순환한다.

6) 2019년 선출된 덴마크의 잉거 안데르센(Inger Andersen)이 2023년 1월 재선출되어 2027년까지 재직할 예정이다.

상주대표회의(Committee of Permanent Representatives, 이하 CPR)는 원래 1985년 5월에 UNEP 집행위원회의 보조기구로 설치된 조직이며 현재는 UNEA를 보좌한다. 연 4회 이상 회의를 개최하며, UNEA에서 다루어질 의제 준비, UNEA에 대한 정책자문, UNEA에서 채택될 결정문 준비, UNEA 결정사항의 이행상황 검토 등의 역할을 담당한다. CPR은 UNEP에 상주하는 각국 대표들로 구성되며, 선거를 통해 5명으로 구성된 자체 사무국(five-member bureau)을 중심으로 운영된다.

2) 지속가능발전고위정치포럼

지속가능발전고위정치포럼(High-Level Political Forum on Sustainable Development, 이하 HLPF)은 리우+20회의 후속 조치의 일환으로 2013년 9월 UN총회 결의에 따라 신설되었다. 리우회의 결과에 따라 1992년에 UN경제사회이사회(United Nations Economic and Social Council, 이하 ECOSOC) 산하에 만들었던 UNCSD를 대체하여 신설된 조직으로, 지속가능발전에 관한 최고위급 국제협의체다. 본부는 뉴욕에 소재하고 있다. 포럼의 회의 개최는 두 가지 형식이 있다. 첫째, 4년에 한 번 국가수반급들이 참여하여 UN총회 개막 시기에 UN총회 후원 하에 2일 간 회의를 개최한다. 둘째, 매년 ECOSOC 후원 하에 8일 간 회의를 개최하되, 이 중 3일은 장관급 회의가 진행된다. ECOSOC 지속가능발전분과 사무국장이 HLPF 사무국장을 맡게 된다. 우리나라는 2015년 7월부터 1년 동안 ECOSOC 의장국(의장-UN대사)을 맡은 바 있다.

UN총회는 HLPF가 지니는 보편적·범세계적 성격에 부합하도록 다음과 같은 역할을 담당할 것을 규정했다(UN총회결의안 66/188, 67/290).[7] ① 정치적 리더십 제공, 지속가능발전의 방향 제시 및 권고, ② 모든 수준에서 전체적 및 범부문적 방식으로 지속가능발전을 구성하는 세 가지 차원 간의 통합성 향상, ③ 지속가능발전 진전을 위한 이행점검 및 의제설정에 있어 필요한 상시적 대화가 가능하도록 역동적 플랫폼 제공, ④ 새롭게 등장하는 지속가능발전 과제를 적절히 고려할 수 있도록 초점이 명확하고 역동적이며 행동지향적인 의제 제시, ⑤ 「의제21」, 「요하네스버그행동계획」, 「발바도스행동프로그램」, 「모리셔스전략」, 「우리가 원하는 미래」 등의 문서 및 여타 UN회의 결과물에 담긴 지속가능발전 행동들의 이행상황 진전을 추적 및 검토, ⑥ UN의 기구, 기금, 사업들 및 여타 다자간 재정, 무역, 조약 관련 기구들이 고위급 수

7) https://sustainabledevelopment.un.org/index.php?menu=1556

준에서 참여할 수 있도록 유도, ⑦ UN 내부의 지속가능발전 사업 및 정책 간 협력과 조정 향상, ⑧ 주요그룹과 여타 관련 당사자들의 자문역할 및 참여를 확대함으로써, 사업의 투명성과 집행력 향상, ⑨ 지속가능발전 추진과 관련한 우수사례와 경험의 공유 촉진, ⑩ 각종 정보수집 및 평가를 바탕으로 과학과 정책의 상호작용 강화, ⑪ 모든 수준에서 증거기반 의사결정을 강화하고, 개발도상국의 자료수집 및 분석 역량 강화에 기여, ⑫ 지속가능발전의 범세계적 일관성과 조정 능력 강화 등이다.

제 3 절 | 지속가능발전

앞서 논의한 바와 같이 지구환경논의는 중심에는 지속가능발전 개념이 자리하고 있다.[8] 지속가능발전은 점차 국제사회가 공유하는 발전모델이자 각국의 발전전략을 구성하는 핵심개념으로 자리매김했다. 그 의미의 모호성이 여전히 해소되지 않았음에도 불구하고 지속가능발전을 추구해야 한다는 점에는 모두가 동의하고 있는 셈이다. 아울러 2015년에는 UN이 17개 지속가능발전목표와 169개 이행과제를 제시함에 따라 각국은 한층 분명하고 가시화된 추구대상을 갖게 되었다. 이하에서는 지속가능발전의 개념과 등장 배경을 먼저 정리한 후 이 개념의 구체화 과정 및 그 결과물인 지속가능발전목표의 주요 내용을 설명한다.

1 지속가능발전의 개념과 배경

1) 지속가능성과 지속가능발전

지속가능발전은 무엇이고 여타의 발전과는 어떻게 다른가? 이 물음에 답하려면 지속가능성과 지속가능발전을 구분해서 이해하는 것이 필요하다. 이 두 가지 개념은 혼용되는 경향이 있지만 실제로는 상당히 다르다.

첫째, 지속가능성(Sustainability)은 상태 또는 목표와 같은 정태적 속성을 지니는 데 비해, 지속가능발전(Sustainable Development)은 과정 또는 수단과 같은 동태적

8) 이 부분은 윤경준(2017b) 중 일부를 기반으로 보완 정리한 것이다.

속성을 지닌다. 사전적 의미에서 지속가능성은 '일정한 기간에 특정 수준을 유지할 수 있는 능력'으로 정의된다(Cambridge English Dictionary). 지속가능발전은 다양한 사람들이 다양하게 정의해 왔지만 가장 자주 인용되는 것은 1987년 보고서 *Our Common Future*에 제시된 정의다. 이에 따르면, 지속가능발전은 '미래세대의 욕구충족 능력을 저해하지 않으면서 현재 세대의 욕구를 충족시키는 방식의 발전'을 말한다(UN, 1987).[9] 이에 반해 전통적 발전은 '지금 이곳의(here and now)' 경제적 및 사회적 편익에 초점을 맞추는 발전이라 할 수 있다(O'Connor, 2016). 이렇게 보면 지속가능발전은 결국 지금부터 미래시점까지의 지속가능성을 유지 또는 확보하기 위한 수단으로 볼 수 있다. 지속가능발전과 그렇지 않은 발전은 지속가능성을 목표로 하는지 또는 지속가능성에 보탬이 되는지에 따라 구분될 수 있다는 것이다.

둘째, 지속가능성은 상태 또는 목표를 의미하므로, 그 앞에 교육, 환경, 경제, 사회, 정치, 기업, 가족, 지역 등 앞으로도 지속해서 특정 상태가 유지되는 것이 바람직한 부문이면 무엇이든 붙여 사용할 수 있다. 예를 들어, 경제적 지속가능성은 일정한 기간(예를 들어, 앞으로 100년 동안) 경제적 측면(예를 들어, 잠재성장률 등)에서 특정 수준을 유지할 수 있는 능력을 의미하게 된다. 하지만 지속가능발전 앞에는 이러한 부문을 붙일 수 없다. 예컨대, '경제적 지속가능발전'과 같은 용어는 성립하지 않는다. 지속가능발전은 환경, 경제, 사회라는 세 부문의 균형적 상호관계, 그리고 이를 근간으로 하는 통합적 발전을 의미하기 때문이다.[10] 우리나라 「지속가능발전기본법」 제2조에서도 지속가능발전을 '지속가능한 경제성장과 포용적 사회, 깨끗하고 안정적인 환경이 지속가능성에 기초하여 조화와 균형을 이루는 발전'으로 정의함으로써 세 가지 부분의 균형이 지속가능발전의 요체임을 분명히 하고 있다.[11]

셋째, 지속가능성은 오래전부터 모든 생물이 추구해 온 일상적 목표지만 지속가

9) 이 정의에서 보는 바와 같이 지속가능발전은 기본적으로 형평성 원리에 기초한다(Dernbach & Cheever, 2015). 미래세대도 현재 세대 못지않은 삶의 질을 유지할 수 있어야 한다는 것을 전제하기 때문이다.

10) 전통적 발전은 카푸치노, 그리고 지속가능발전은 케이크에 비유되기도 한다. 기존의 발전이 에스프레소(경제)를 밑바닥에 깔고 그 위에 우유크림(사회), 그리고 시나몬(환경)이 차례로 배열된 카푸치노라면, 지속가능발전은 이 모두를 섞어야만 비로소 만들 수 있는 케이크에 비유할 수 있을 것이다(Fishman, 2015). 카푸치노에서는 우유크림이나 시나몬 없이 에스프레소만 남아도 나름 마시는 즐거움을 느낄 수 있으나, 케이크는 재료가 하나라도 빠지면 그 맛을 낼 수 없다.

11) 우리나라는 2007년에 「지속가능발전기본법」을 제정했으나 이 법은 2010년에 「지속가능발전법」으로 격하된 바 있다. 2022년 1월 「지속가능발전법」을 폐지하고 다시 「지속가능발전기본법」을 제정했다.

능발전은 20세기 말에 등장한 비교적 최근의 개념이다(윤경준, 2012). 음식물을 저장하는 원시인의 행동도 지속가능성을 위한 것이었고, 오늘날 사람들이 소득 중 일부를 저축하는 것도 지속가능성을 위한 것이다. 공식문건에서 지속가능성이라는 개념이 발견된 것도 최소한 3백여 년 전의 일이다. 1713년 독일의 폰 카를로비츠(von Carlowitz)가 저서 『산림경제』에서 '벌목량은 새로 심은 나무의 성장에 의해 보충될 수 있을 만큼만 허용'한다는 원칙을 제시하면서 처음 사용한 것으로 알려져 있다. 하지만 지속가능발전을 언급한 최초의 공식문서는 1980년 국제자연보전연맹(IUCN)의 보고서 「세계보전전략-지속가능발전을 위한 생명자원 보전」이다(IUCN, 1980). 다시 말해서, 모든 생물체가 추구하는 일상적 목표로서의 지속가능성과 달리 지속가능발전은 비교적 최근에 전개된 지구환경논의 과정의 산물이라는 뜻이다. 지속가능발전 개념이 환경, 경제, 사회라는 세 가지 요소를 근간으로 하여 정립된 것도 이러한 지구환경논의 맥락과 연계된다. 이와 관련해서는 항을 바꾸어 살펴보기로 한다.

2) 지속가능발전 개념의 배경 및 확산

이 장 제2절에서는 지속가능발전이 1972년 UNCHE 이후 명백하게 드러난 선진국과 개발도상국의 상반된 이해관계를 조율하는 과정의 산물임을 설명했다. 1980년대는 선진국과 개발도상국의 이해관계를 조율하여 새로운 국제환경 규범을 모색하는 시기였고, 이를 위해 환경과 개발을 동시에 포함하는 발전전략이 필요했다. 이 작업을 위해 1983년 설치된 WCED가 1987년 보고서 「우리 공동의 미래」에서 지속가능발전 개념을 제시했다. 1988년 UN총회는 이 개념을 공식화할 국제회의 개최를 결정했고, 그 결과 개최된 것이 1992년 UNCED(리우회의)다. 회의 명칭에 '환경'과 '개발'이 포함된 것도 이러한 맥락을 반영한 것이다. UNCED를 계기로 지속가능발전 개념은 세계적으로 확산했고, 많은 국가가 입법이나 정책추진에 이 개념을 반영해 왔다. 경제정책, 사회정책, 환경정책을 통합적 관점에서 바라보고, 이들을 상호 연계하는 방식으로 정책을 추진하는 경우가 많아졌다.

반면 지속가능발전 개념이 지니는 한계도 많이 지적되었다. 하나의 개념 속에 경제, 사회, 환경이라는 세 가지 다른 핵심가치들을 포함했기 때문에, 이 개념을 둘러싼 논란은 처음부터 예견된 것이었다. 지속가능발전이 다양한 방식으로 정의되고 정의들 사이에 크고 작은 차이가 존재하는 것도 이러한 특징을 반영한다. Dernbach & Cheever(2015)는 지속가능발전 개념에 대한 다양한 비판들을 세 가지로 간명하게 요약했다. 첫째, 관심을 끌기에는 너무 밋밋하고(too boring), 둘째, 지침을 제공하기에는 너무 모호하고(too vague), 셋째, 문제를 해결하기에는 너무 늦었다(too late)는 것이다. 그렇다 해도 현시점에서 지속가능발전을 대체할 만한 대안이 있지는 않다는 점도 덧붙이고 있다.

지속가능발전은 두 가지 방식을 통해 확산했다(Dernbach & Cheever, 2015). 하나는 지속가능발전의 진전을 점검하고 모니터링하기 위해 각종 국제회의 및 절차들을 진행하는 방식이다. 이 장 제2절에서 살펴본 UN 차원의 국제환경회의들 및 2012년 UNCSD(Rio+20) 결의에 따라 2015년에 만들어진 UN지속가능발전목표(SDGs)는 이러한 맥락에서 이해될 수 있다. 다른 하나는 기후변화협약, 생물다양성협약, 사막화방지협약 등 분야별 환경협약 체결 및 레짐형성을 통해 지속가능발전을 추구하는 방식이다. 이러한 협약들은 지속가능발전을 기본원칙으로 전제하고, 해당 영역에서의 지속가능성을 강화하는 데 초점을 맞추고 있다. 이하에서는 우선 UN지속가능발전목표에 대해 살펴보고, 제6장과 제7장에서 국제환경협약 및 주요 국제환경레짐에 대해 각각 살펴보기로 한다.

2 UN지속가능발전목표

1) UN지속가능발전목표의 도출 경위

어떤 개념이든 정책추진을 위해 실질적으로 활용되려면 이를 측정하고 평가할 방법이 있어야 한다. 앞서 설명한 바와 같이 지속가능발전 개념에는 여전히 모호성이 존재한다. 지속가능발전 추구에는 원칙적으로 동의했으나, 그 개념적 모호성으로 인해 구체적인 정책수단이나 실천전략을 마련하는 것이 쉬운 일은 아니었다. 모호성을 극복하려는 노력은 주로 지속가능성 측정을 위한 지표설정 작업을 통해 진행되어왔다. 「의제21」 제40장에서는 지속가능성을 높이기 위한 의사결정에 활용할 수 있도록 국가적 및 국제적 수준에서 지속가능발전지표를 개발할 것을 요구했다. 1995년 UN지속가능발전위원회 제3차 회의에서는 지속가능발전지표 개발프로그램을 승인했고, 그 후속 작업으로 134개의 포괄적 지표들이 UN 차원에서 제시되었다. 이후 국제기구, 국가, 민간단체들이 다양한 형태의 지속가능발전지표들을 개발해 왔다(윤경준, 2005). 이러한 다양한 노력의 결실로 2015년에 UN지속가능발전목표(Sustainable Development Goals, 이하 SDGs)가, 그리고 2016년에 이를 구현하기 위한 지속가능발전지표가 도출되었다.

SDGs 설정 작업의 공식적 출발점은 2012년 UNCSD(Rio+20)였다. 이 회의에서 지속가능발전목표 수립을 결의했고, 공개작업반(Open Working Group, 이하 OWG)과 HLPF를 중심으로 작업을 진행했다. OWG는 13차례 회의를 거쳐 2014년 9월 17개 지속가능발전목표 및 169개 이행과제를 담은 보고서를 UN총회에 제출했다. 이 보고서는 2014년 12월 「2015 의제에 관한 UN사무총장 종합보고서」라는 이름으로 발간되었다. 이에 기초하여 2015년 9월 25일 UN창설 70주년 기념총회에서 선언문 *Transforming Our World: the 2030 Agenda for Sustainable Development*(우리 세계의 변혁: 2030 지속가능발전의제)를 채택하게 된 것이다(UN, 2015c).

2) 지속가능발전목표의 주요 내용

「우리 세계의 변혁」 선언문은 서문과 91개 조항으로 구성되어 있다. 도입(제1~6조), 비전(제7~9조), 원칙(제10~13조), 오늘날 세계(제14~17조), 새로운 의제들(제18~38조), 이행수단(제39~46조), 점검(제47~48조), 변화 행동에 대한 요구(제49~53조), SDGs와 이행과제(제54~59조), 이행수단 및 국제공조(제60~71조), 점검(제72~91조) 등이다. 17개 SDGs와 169개 이행과제(Targets)는 제59조에 제시되어 있다.12) 2016년 3월에는 SDGs와 이행과제 달성을 모니터링하기 위해 230개의 지속가능발전지표가 제시되었다. 〈표 5-6〉은 17개 지속가능발전목표 및 목표별 이행과제와 지표의 개수를 제시한 것이다.

〈표 5-6〉 UN 지속가능발전목표(SDGs) 및 지표

지속가능발전목표		이행과제	지표
목표 1	모든 곳에서 모든 형태의 빈곤 종식	7	12
목표 2	기아종식, 식품안전 및 영양개선 달성, 지속가능한 농업 증진	8	14
목표 3	모든 연령층에 대하여 건강한 삶 보장 및 복리 증진	13	26

12) UN 차원의 논의와는 별개로 국제비정부기구, 이해관계자그룹을 중심으로 한 논의들도 진행되었다. 새천년개발목표를 뛰어넘는 목표를 만든다는 취지에 따라 국제 시민사회단체들이 2010년에 결성한 'Beyond 2015'는 2012년 이후 UN의 SDGs 수립과정에 영향을 미치는 활동을 전개했다. 지속가능발전목표 개발을 지원하기 위해 2012년에 반기문 UN사무총장에 의해 구성되어 삭스(Jeffrey Sachs)가 주도한 지속가능발전해법네트워크(SDSN)는 2013년 6월에 10개 목표와 100개의 지표로 구성된 지속가능발전목표 체계를 제시했다.

목표 4	모든 사람을 위한 포용적이고 공평한 양질의 교육 보장 및 평생학습 기회 증진	10	11
목표 5	성 평등 달성 및 모든 여성 및 여아의 권익 신장	9	14
목표 6	모든 사람을 위한 물 이용가능성, 지속가능한 물 관리, 위생 보장	8	11
목표 7	모든 사람을 위한 적정가격의 안정적이고 지속가능한 현대적 에너지에 대한 접근 보장	5	6
목표 8	모든 사람을 위한 지속적·포용적·지속가능한 경제성장, 완전하고 생산적인 고용 및 양질의 일자리 증진	12	17
목표 9	회복력 있는 사회기반시설 구축, 포용적이고 지속가능한 산업화 증진 및 혁신 배양	8	12
목표 10	국내 및 국가 간 불평등 감소	10	11
목표 11	포용적이고 안전하며 회복력 있고 지속가능한 도시 및 주거지 조성	10	15
목표 12	지속가능한 소비 및 생산패턴 확보	11	13
목표 13	기후변화 및 그 영향에 대해 긴급하게 대응	5	7
목표 14	지속가능발전을 위해 대양, 바다, 해양자원의 보전 및 지속가능한 이용	10	10
목표 15	육상생태계 보호, 복원 및 지속가능한 이용 증진, 지속가능한 산림관리, 사막화 방지, 토지황폐화 중단 및 회복, 생물다양성 손실 중단	12	14
목표 16	지속가능발전을 위해 평화롭고 포용적인 사회 증진, 모든 사람에게 사법적 권리 보장, 모든 수준에서 효과적이고 책임성 있고 포용적인 제도 구축	12	23
목표 17	이행수단 강화 및 지속가능발전을 위한 지구적 협력체계 재활성화	19	25
합계		169	241*

* 개별지표의 총수는 230개이지만 이 중 9개가 2~3개 세부목표에 중복되어 있음.
출처: UN(2015c).

[그림 5-1] SDGs 로고

출처: UN Department of Global Communications(2019: 49).

SDGs는 리우회의 이후 이어진 지속가능발전 논의의 구체화 작업인 동시에 UN새천년개발목표(Millenium Development Goals, 이하 MDGs)를 확대 계승한 것이다. MDGs는 2000년 뉴욕에서 개최된 UN밀레니엄정상회의(Millennium Summit)에서 채택한 「밀레니엄선언(*Millennium Declaration*)」과 함께 제시된 2015년까지 달성해야 할 8개 목표다([그림 5-2] 참조).

「우리 세계의 변혁」(UN, 2015c)에서는 SDGs가 MDGs의 바탕 위에서 만들어진 것이지만(제16조), MDGs의 범주를 크게 넘어서는 것임을 명시하고 있다(제17조). MDGs는 몇몇 지역 및 분야에서 나름대로 성과를 도출했다(Sachs, 2012). 명료하고 이해하기 쉬운 8개의 목표가 제시되어 사람들에게 쉽게 각인될 수 있었고, 법적 구속력이 없음으로써 국가 간 합의에 쉽게 이를 수 있었다. 아울러 특정한 측정치(지표)를 통해 진전을 평가했다는 점에서 실용적이었다. SDGs 역시 이러한 특성을 기본적으로 이어받았다고 볼 수 있다. 그러나 SDGs와 MDGs는 그 범위, 핵심주제, 대상국가, 재원마련방식, 모니터링 등에 있어 상당한 차이를 보인다.

SDGs의 가장 중요한 슬로건은 '누구도 소외되지 않는다(Leave No one Behind)'라는 것이며, 이것이 MDGs와 근본적으로 다른 점이다. MDGs는 빈곤과 보건에 초점을 둠으로써 주로 개발도상국들을 대상으로 한 것이었으나, SDGs는 공공정책의 모든 국면, 그리고 모든 국가에 적용되는 것이다. SDGs는 현세대 및 미래세대, 그리고 모

[그림 5-2] MDGs 로고

출처: 지속가능발전포털(http://ncsd.go.kr/app/sub02/19_tab2.do).

든 국가 모든 사람의 복리와 지속가능성을 강조하며, 경제, 사회, 환경의 상호 연결성에 입각한 한층 더 원대하고 변혁적이며 통합적인 접근을 함유하는 의제다(Morales, 2015). 아울러 SDGs는 국가 및 하위국가(지방) 차원에서 지속가능성을 보다 효과적으로 서술하고 접근하는 새로운 방식으로 평가될 수 있다(Pisano et al., 2015). 따라서 현시점에서 지속가능발전의 추진은 곧 SDGs 추진과 동일시된다고 해도 과언이 아닐 것이다. 즉, SDGs 추진을 통해 '전통적 발전'으로부터 '지속가능발전'으로 옮겨가고 있는 셈이다(O'Connor, 2016).

〈표 5-7〉 MDGs와 SDGs 비교

	MDGs(2002~2015)	SDGs(2016~2030)
범위	사회발전 중심	지속가능발전(경제, 사회, 환경)
핵심주제	극심한 빈곤 감소	모든 형태의 빈곤과 불평등 감소
대상국가	개발도상국 중심	모든 국가
재원마련	ODA 중심	공공재원(세금), ODA, 민간재원 등
모니터링	자발적으로 UN에 보고	UN이 주도하여 각 국가에 보고를 권고(국가별 진전 상황을 고위급정치포럼(HLPF)에 보고)

출처: KOICA(2016)에서 일부 문구 수정하여 작성.

제 6 장 ENVIRONMENTAL POLICY

국제환경협약

20세기 후반부터 지구촌의 주요 관심사로 등장한 환경문제는 이제는 오염의 문제를 넘어 인류의 생존과 지속가능성 문제로 진화했다.[1] 인류는 환경이 제공하는 편익을 누리고 환경을 파괴하면서 살고 있으나, 정작 환경에 대해 가지고 있는 지식은 많지 않다. 인간 활동을 감내할 수 있는 환경의 한계가 어디까지인지, 언제 어디에서 어떤 환경문제가 생겨날 것인지, 이러한 문제가 초래하는 영향은 무엇인지는 많은 부분 여전히 미지의 영역에 속한다. 하지만 비선형성, 비가역성, 광범위성을 그 특징으로 하는 환경위기가 다가오고 있음은 점점 분명해지고 있다. 인류는 지구가 우주 공간에 있는 우주선과 같이 그 경계와 자원이 유한한 실체라는 사실, 그리고 유한한 지구 속에서 환경위기에 대처하기 위해서는 어떻게 해야 하는지 점차 깨닫는 중이다.

이러한 깨달음에 따라 등장한 것이 환경문제에 대한 국제협력이다. 환경문제가 지닌 고유의 특성과 지구적 산업화로 인해 일부 국가들의 노력만으로는 해결될 수 없는 환경문제들이 발생해 왔다. 만일 지금과 같은 추세로 개발이 계속된다면 인류의 미래를 보장할 수 없다는 점에 많은 사람이 동의한다. 그러나 환경은 공유재이고 공동체의 비극이 올 것을 알면서도 착취를 멈추지 않는 대상이다. 주지하다시피 이런 대상의 활용에 대해서는 규제가 필요하고, 이를 위해 특히 지난 50여 년 간 다양한 국제환경협약이 만들어졌다.

국제환경협약은 개별적 사안을 해결하기 위해 분절적 방식으로 체결되어 옴으로

1) 이 장은 나태준 외(2013) 중 필자가 작성한 '국제환경협약의 전개와 전망'을 토대로 보완 작성한 것이다.

써, 협약의 종류도 많고 협약 간 중복도 많아 효율화를 위한 개혁대상으로 꼽히기도 한다. 그러나 지구환경문제를 해결하기 위한 해법으로서 국제환경협약이 지니는 의미와 중요성은 매우 크다. 국제사회의 환경규범은 국제환경협약을 통해 확산했으며, 이것이 개별 국가들의 환경의식과 행동을 강화해 왔기 때문이다. 국가들은 국제환경협약에 참여함으로써 경험, 정보, 기술을 공유하고, 이를 바탕으로 국제환경규범을 국내법에 내재화했다(Yang & Percival, 2009). 오늘날 각국의 환경법과 환경정책들은 대부분 국제환경협약과 무관하지 않을 정도로 국제환경협약은 우리 가까이에 존재한다. 이 장에서는 국제환경협약의 의의와 현황, 그리고 개혁작업에 대해 살펴보기로 한다.

제 1 절 | 국제환경협약의 의의

1 국제환경협약의 개념 및 특징

1) 국제환경협약의 개념

지구환경문제 해결을 위해 국가 간 협력이 긴요해지면서 20세기 중반 이후 국제법의 한 분야로 국제환경법 체계가 본격적으로 형성되기 시작했다. 국제환경 분야에서 개별 국가는 다음과 같은 방식으로 전통적인 국제법에서 상정하는 것과 동등한 주권과 평등권을 지닌다(한국환경정책 · 평가연구원, 2004). 첫째, 자국의 영토와 주민에 대해 배타적 관할권을 지니며, 둘째, 타국의 배타적 관할권에 구속되는 지역에 간섭하지 않을 의무를 지니며, 셋째, 자신의 동의를 조건으로 체결된 조약과 국제관습법을 이행할 의무를 지닌다.

국제환경법의 법원은 여타 국제법과 마찬가지로 경성법(hard law)과 연성법(soft law)으로 구분될 수 있다. 경성법은 구속력을 갖춘 전통적 법원으로서 조약과 국제관습법 등으로 구성되며, 연성법은 그 자체로는 법적 구속력이 없는 선언, 규칙, 지침, 기준, 권고 등으로 구성된다. 일반적으로 조약은 여러 형태의 국제적 외교문서를 통칭하는 말로 사용되며,[2)] 조약에는 조약, 규약 · 헌장 · 규정, 협정, 협약, 의정서, 교환

2) 국제조약을 규율하는 협약으로 두 개의 비엔나협약이 있다. 국가 간 조약의 체결에 대한 원칙과 규칙은 기본적으로 1969년 채택된 '조약법에 관한 비엔나협약(The Vienna Convention on the Law

〈표 6-1〉 조약의 주요 유형

구분	내용
조약 (Treaty)	가장 격식을 따지는 것으로 정치적·외교적 기본관계나 지위에 관한 실질적 합의를 기록 (예) 한·러시아 기본관계에 관한 조약(1993)
규약(Covenant) 헌장(Charter) 규정(Statute)	주로 국제기구를 구성하거나 특정 제도를 규율하는 국제적 합의에 사용 (예) 국제연맹규약(1919), UN헌장(1945), 국제사법재판소(ICJ)규정(1945)
협정 (Agreement)	비정치적인 전문적·기술적인 주제를 다루는 경우 사용 (예) 한·호주 자원협력협정(2005)
협약 (Convention)	• 양자조약에서 특정 분야·기술적 사항에 관한 입법적 성격의 합의에 사용 (예) 한·요르단 이중과세방지협약(2005) • 국제기구 주관 하에 개최되는 국제회의 또는 외교회의에서 체결하는 다자조약에 사용 (예) 담배규제기본협약(2005)
의정서 (Protocol)	기본적인 문서에 대한 개정 또는 보충적인 성격을 띠는 조약에 사용 (예) 한·루마니아 경제과학기술협력협정 개정의정서(2005)
교환각서 (Exchange of Notes)	조약의 서명절차를 체결 주체 간의 각서교환으로 간소화함으로써, 기술적 성격의 합의에 있어 폭주하는 행정수요에 부응하기 위해 사용 (예) 한·칠레 사증면제 교환각서(2004)
양해각서 (Memorandum of Understanding)	이미 합의된 사항 또는 조약 본문에 사용된 용어의 개념을 명확화하기 위해 당사자 간 외교교섭의 결과 상호 양해된 사항을 확인·기록하는 경우에 사용. 최근에는 독자적인 전문적·기술적 내용의 합의에도 많이 사용 (예) WTO DDA 국제신탁기금 출연에 관한 한-WTO 양해각서(2005)

출처: 외교통상부(2006: 18). 필자에 의해 일부 문구 수정이 있었음.

각서, 양해각서 등이 포함된다(외교통상부, 2006). 국제환경협약은 조약의 한 형태이며, 국제환경문제는 대부분 국제환경협약을 바탕으로 다루어지고 있다.[3)]

국제환경협약(International Environmental Agreements: IEA)은 '자연자원에 대한 인간 영향의 방지 또는 관리라는 목적을 달성하기 위한 법적 구속력을 지닌 정부 간 문서'(iea.uoregon.edu) 내지는 '자연자원에 대한 인간 영향의 예방 또는 관리라는 일차적 목적이 언급된, 법적 구속력을 부여할 목적으로 작성된 정부 간 문서'(Kanie, 2007)로 정의할 수 있다. 이처럼 협약은 법적 구속력을 지니므로, 협약에 서명하는 국가는 자국 내 또는 자국 외에서 협약의 목표에 부합하는 정책이나 제도에 적응하기

of Treaties)'에 담겨 있다. 이는 국가 간에 체결되는 조약이 어떻게 체결, 적용, 해석되어야 하는지에 관한 통일된 규칙을 마련한 것이라 할 수 있다. 이후 국제기구가 조약의 중요한 주체로 등장함에 따라 1986년 3월 '국가와 국제기구 간 또는 국제기구 상호 간의 조약법에 관한 비엔나협약(The Vienna Convention on the Law of Treaties between States and International Organizations and between International Organizations)'이 체결되었다.

3) 현실에서 협정(agreement)과 협약(convention)은 종종 혼용되는 경향이 있는 것 같다.

위해 노력할 의무가 있다(InfoResources Focus, 2005).

2) 국제환경협약의 특징

국제환경협약의 주요 특징은 다음과 같다(노명준, 2003; 한국환경정책 · 평가연구원, 2004; DeSombre, 2005; UNEP, 2006).4)

첫째, 일반적이고 원칙적인 차원의 의무만 부과하는 골격협약(framework convention) 형태로 체결되는 경우가 많다. 이는 일단 합의를 성사시키고 가능한 한 많은 국가, 특히 해당 환경문제에 관련된 주요 국가들의 참여를 유도하기 위한 것이다. 골격협약에서는 후속 작업을 통해 세부적인 의무이행 관련 사항을 다룰 것을 규정하는 것이 일반적이며, 세부적인 의무이행에 관한 사항은 협약에 대한 의정서(protocol)에 담는 것이 오늘날의 추세다. 비엔나협약과 몬트리올의정서, 기후변화협약과 교토의정서, 생물다양성협약과 카르타헤나의정서 및 나고야의정서, 런던협약과 1996의정서 등이 그 전형적인 예다.

둘째, 협약이나 의정서는 하나 이상의 부속서(appendix)를 수반하는 경우가 많다. 부속서에는 과학적 · 기술적 명세, 분쟁해결 또는 정보교환 등에 관한 절차, 규제가 적용되는 생물종이나 오염물질 또는 오염행위 등이 규정되거나 실질적 의무가 부과되는 당사국의 이름이 열거되기도 한다. 이처럼 부속서가 많이 활용되는 이유는 정치적 · 경제적 · 과학적 상황 변화에 신축적으로 대응하기 위해서다. 기본적인 조건이나 전제가 변화하지 않는 한 협약이나 의정서는 그대로 두고 부속서만 개정하는 방식으로 상황 변화에 대처할 수 있기 때문이다. 환경 분야에서는 과학적 지식의 변화와 이에 대한 고려가 중요하다는 점에서 이러한 접근이 특히 유용할 수 있다.

셋째, 국제조약은 통상 일정 수 이상의 당사국이 비준함으로써 발효한다. 환경협약의 경우 효력 발생을 위해 요구되는 비준국의 수를 비교적 적게 설정하는 경향이 있다. 어떤 경우에는 특정 국가 또는 특정 활동의 일정 비율을 점하는 국가들의 참여를 조건으로 발효하기도 한다. 환경협약의 효력 발생은 해당 환경 분야에서 중대한 영향을 끼치는 핵심 국가들의(비록 소수라 하더라도) 참여를 전제로 이루어지는 경우가 많다는 것이다. 예를 들어, 비엔나협약이나 바젤협약은 발효를 위한 비준국의 수를 20개국으로 규정했다. 몬트리올의정서는 1986년 기준으로 의정서에 의해 규제되

4) 여기서는 다자협약의 특징을 중심으로 정리했다.

는 오존층파괴물질의 전 세계 소비량 중 3분의 2 이상을 소비하는 11개 이상 국가의 비준을 효력 발생요건으로 규정했다. 교토의정서는 55개국의 비준, 그리고 비준서를 기탁한 부속서 I 국가들의 온실가스 배출량 합이 전체 부속서 I 국가들의 1990년 기준 배출량의 55% 이상이 될 것을 효력 발생요건으로 규정했다. 파리협정은 세계온실가스 배출량의 55% 이상을 차지하는 55개 국가의 비준을 효력 발생요건으로 규정했다.

넷째, 소수의 협약을 제외한 대부분의 환경협약은 효과적인 집행수단이나 구속력 있는 분쟁해결절차가 없는 것이 보통이다. 조약의 이행을 돕기 위해 국제기구를 설치하는 경우라도 집행기능은 없는 경우가 대부분이며, 상설사무국을 두지 않고 UNEP 등 기존의 국제기구에 사무국 기능을 위임하는 경우가 많다. 아울러 협약에 따라 당사국들은 특정 조치를 취할 의무를 부여받지만, 세부적 조치는 개별 당사국이 국내입법을 통해 실행하도록 위임하기 때문에 그 집행을 담보할 수 없는 것이 보통이다. 요컨대, 환경협약의 이행을 강제할 수 있는 수단은 거의 없는 것이 보통이며, 대체로 당사국들의 자발적 준수 및 보고제도에 대한 의존도가 크다. 이러한 점은 국제환경협약이 지니는 최대의 한계이자 극복과제라 할 수 있다.

다섯째, 당사국총회(Conference of Parties: COP), 사무국(Secretariat), 보조기구(Subsidiary Bodies)를 두어 협약을 관리해 나가는 것이 일반적이다. 당사국총회는 최고의사결정기구로서 대체로 매년 또는 격년으로 개최되며, 협약의 이행상황을 점검하고 필요에 따라 협약이나 의정서의 개정을 논의한다. 사무국은 당사국총회를 보조하며, 당사국 간의 정보교환, 당사국총회 준비, 다른 환경협약이나 사무국들과의 업무조정 등 일상적 관리업무를 수행한다. 보조기구는 주로 과학기술보고서를 작성 및 제출하는 역할을 담당하며, 이를 위해 분야별 전문가들로 구성되는 것이 보통이다. 환경분야는 의사결정에 있어 과학기술지식의 활용이 특히 강조된다는 점에서 보조기구의 역할과 전문성이 상당히 중요하다.

여섯째, 협약대상이 되는 부문을 둘러싼 인센티브 구조, 시점, 불확실성, 참여대상 국가의 광범위성 등에 따라 협약체결 및 이행의 용이성 정도가 다르다.[5] 협약체결의 이익이 궁극적으로 누구에게 돌아갈지 불확실하거나 나아가 특정 국가에 손해를 끼칠 것으로 예견되는 경우 성사되기 어렵다.[6] 문제 해결을 위해 행동에 나서더라도 그

5) 이와 같은 조건들이 모두 열악했음에도 불구하고 성공한 대표적 환경협약사례로 오존층보호를 위한 비엔나협약과 몬트리올의정서를 들 수 있다(DeSombre, 2005).

6) 어족이나 산림 등 자연자원을 둘러싼 협약이 상대적으로 용이했던 것은 협약이 체결될 경우 해당

효과가 나타나기까지 오랜 시간이 소요되리라 예상되는 경우, 해당 문제의 존재 여부나 심각성 정도 및 해결책과 관련하여 불확실성이 큰 경우, 많은 국가가 참여해야 협약의 실익이 있는 경우 등은 체결이나 발효 가능성이 작아진다. 기후변화협약, 생물다양성협약, 사막화방지협약 등이 체결에 많은 시간을 소요하거나 체결 이후에도 진척이 원활하지 못한 것은 위의 속성들을 다수 가지고 있기 때문이다.

2 국제환경협약의 기본원칙

UNEP(2006)는 스톡홀름선언, 리우선언 등의 내용을 중심으로 국제환경협약들에 내재하고 있는 기본원칙들을 다음과 같이 정리하고 있다.[7)]

첫째, 지속가능발전, 통합 및 상호의존성 원칙이다. 리우선언은 '지속가능발전을 달성하기 위해서는 환경보호가 개발과정의 주된 요소로 통합되어야 하며 양자가 별개의 사안이 되어서는 안 된다는 것'(원칙4), 그리고 '평화, 개발 및 환경보호는 상호의존적이며 분리될 수 없다는 것'(원칙25)을 명확히 했다. 같은 맥락에서 2002년 요하네스버그선언은 '상호의존적이고 상호보완 관계에 있는 지속가능발전 요소들(경제발전, 사회발전, 환경보호)을 지방, 국가, 지역, 세계 차원에서 진전 및 강화할 집합적 책임이 모두에게 있음'을 규정했다.

둘째, 세대 간 및 세대 내 형평성 원칙이다. 리우선언은 '개발에 대한 권리는 현세대와 미래세대의 개발 및 환경 욕구를 공평하게 충족할 수 있도록 행사되어야 한다는 것'(원칙3), 그리고 '모든 국가와 인류는 지속가능발전의 필수요소인 빈곤퇴치, 생활수준의 불평등 감소, 그리고 다수의 필요 충족을 위해 협력해야 한다는 것'(원칙5)을 명확히 했다. 즉, 지속가능발전에서 추구하는 형평성은 미래세대와 현세대 간의 형평성뿐만 아니라 현세대 내에서의 형평성(부자와 빈자 간, 부국과 빈국 간)을 함께 포함한다.

셋째, 초국경적 피해에 대한 책임 원칙이다. 스톡홀름선언은 '각국은 자신의 환경정책을 위해 자체자원을 활용할 주권을 지니며, 자국 내에서의 활동이나 규제가 타국이나 자국 밖의 영역에 해를 끼치지 않도록 할 의무가 있다는 것'(원칙21)을 명시했

자원의 고갈을 예방하여 당사국 모두에게 이익이 되었기 때문이다(DeSombre, 2005).

7) 한편 Lang(1999)은 스톡홀름선언, 리우선언 외에 UNEP원칙과 CSD원칙을 함께 검토한 후 국제환경협약(법)의 원칙을 현존하는 원칙, 등장하고 있는 원칙, 잠재적인 원칙 등 세 가지로 구분했다.

다. 이 원칙을 그대로 반영하여 리우선언은 '각국은 UN헌장과 국제법 원칙에 조화를 이루면서 자국의 환경정책 및 개발정책에 따라 자국의 자원을 개발할 주권적 권리를 가지며, 자국의 관리구역 또는 통제범위 내의 활동이 다른 국가나 관할범위 외부 지역의 환경에 피해를 주지 않도록 할 책임이 있다는 것'(원칙2)을 명시했다. 자국 내에서 자원사용의 주권적 권리가 있더라도 자국의 행위가 자국 밖의 영역에 해를 끼쳐서는 안 된다는 것을 분명히 한 것이다. 이러한 행위에는 기업 등 민간부문의 활동도 포함되며, '자국 밖의 영역'에는 타국뿐만 아니라 공해, 우주, 극지방, 달 등도 포함된다.

넷째, 투명성, 그리고 정보와 처방책에 대한 대중의 참여 및 접근 허용 원칙이다. 리우선언은 '국가는 정보제공을 통해 대중의 인식과 참여를 촉진해야 하며, 치유 및 처방책을 포함한 제반 사법적 및 행정적 과정에 대한 효과적 접근을 허용해야 한다는 것'(원칙10)을 명시했다. 또한 「의제21」에서는 주요집단[8]의 참여가 지속가능발전의 기본 조건임을 분명히 했다. 투명성, 참여적 의사결정, 정보에 대한 접근은 좋은 거버넌스의 핵심요건들이다. 따라서 이 원칙은 지속가능발전은 '좋은 거버넌스' 하에서 가능하다는 점을 시사하고 있다.

다섯째, 협력, 그리고 '공통의 차별화된 책임' 원칙이다. 리우선언은 '국가들은 지구생태계의 건강과 통합성을 보호 및 회복하기 위해 지구적 파트너십 정신에 따라 협력해야 하며, 지구환경파괴에 미친 차별화된 영향에 입각한 공통의 차별화된 책임(Common But Differentiated Responsibilities: CBDR)을 질 것'(원칙 7)을 규정했다. 여기서 협력에는 국가뿐 아니라 NGO, 시민사회, 기업 등의 협력도 포함된다. 공통의 차별화된 책임은 선진국에 상대적으로 무거운 책임이 있다는 점을 분명히 함으로써 개발도상국의 참여를 유도하기 위해 채택된 원칙이다. 규제의 강도, 규제 일정, 비용분담, 기술지원 등에서 선진국과 개발도상국 간에 현실적인 차이를 발생시키기 위한 것이다.[9]

여섯째, 사전조치원칙이다. 사전조치원칙은 환경 분야에서 가장 논쟁거리가 되는 원칙 중 하나다. 사전조치의 정확한 의미를 둘러싸고 이견이 존재할 뿐만 아니라 자

8) 「의제21」에서는 제23~32장에 걸쳐 9개 주요집단(major groups)의 참여를 강조하고 있다. 여성, 어린이 및 청소년, 원주민, 비정부조직, 지방자치단체, 노동조합, 기업 및 산업, 과학기술공동체, 농업인 등이다.

9) '공통의 차별화된 책임' 원칙이 1992년 리우회의 이후에야 추구된 것은 아니다. 1985년 비엔나협약과 1987년의 몬트리올의정서에서 이미 오존층파괴 물질 규제에 있어 선진국과 개발도상국의 차별화된 조치를 규정함으로써 이 원칙을 활용했다.

칫하면 이 원칙이 보호무역주의에 악용될 수 있기 때문이다. 사전조치원칙을 천명하고 있는 리우선언 제15조는 '환경보호를 위해 국가들은 자신들의 능력에 부합하는 선에서 사전적 접근을 폭넓게 적용해야 하고, 심각하거나 불가역적인 위협이 존재하는 경우라면 과학적 불확실성이 존재한다는 이유로 환경파괴를 예방할 수 있는 비용-효과적인 수단 사용을 지연시켜서는 안 된다'라고 규정했다. 사전조치원칙의 중심에는 환경 관련 의사결정에는 근본적으로 정보의 한계가 존재한다는 인식이 자리하고 있다. 누구도 완벽한 정보를 바탕으로 환경 관련 의사결정을 할 수 없는 것이 현실이지만, 정보의 불확실성이 있다고 해서 심각한 피해를 가져올 수 있는 상황을 방치해선 안 된다는 것이다.

일곱째, 사전예방원칙이다. 환경문제는 비선형성, 비가역성, 광범위성 등으로 인하여 한 번 발생하면 돌이키기 어렵고, 돌이킬 수 있다 해도 천문학적 비용을 수반하는 것이 보통이다. 따라서 문제가 발생하기 전에 예방하는 것이 가장 비용-효과적인 수단이라 할 수 있다. 예방은 다양한 법적 장치들(예: 환경영향평가, 각종 인증제도, 규제 및 표준, 가용한 최신기술 활용 등)이 공통으로 표방하는 목표라 할 수 있다.

여덟째, 오염자부담원칙이다.[10] 리우선언은 '국가기관은 오염 주체가 원칙적으로 오염비용을 부담해야 한다는 접근에 따라 환경비용의 내부화와 경제적 수단의 이용을 증진하도록 노력해야 하고, 이에 있어 공공의 이익을 적절히 고려해야 하며, 국제무역과 투자를 왜곡시키지 않을 것'(원칙16)을 규정했다. 하지만 누가 오염자고 따라서 비용을 부담해야 하는지는 상황에 따라 달리 해석될 수 있다.[11] 기업이 될 수도 있고 소비자가 될 수도 있다. 소비자는 물품의 최종소비 주체로서 오염자고, 기업의 오염 예방기술 적용에 따라 높아진 물품값을 내는 비용부담자이며, 오염 해결에 필요한 정부 예산을 충당하는 납세자다.

아홉째, 지역 토착사회 중시 원칙이다. 지역사회는 오랫동안 주변 환경과 지속가능한 방식으로 공존해 왔기 때문에, 지역의 환경관리와 지속가능발전을 위해 중요한 주체가 되어야 한다. 리우선언은 '토착민과 그 지역사회는 지식과 전통적 관행이 있

10) 오염자부담원칙(Polluter Pays Principle: PPP)은 1970년대에 OECD에 의해 개발된 개념이다. 한정된 자원의 효율적 활용을 위한 경제원칙으로 원래 국내 경제정책 집행과 관련된 것이었으나, 추후 다양한 국제환경협약에 이 원칙이 포함되면서 국제환경협약에서도 대표적인 원칙 중 하나가 되었다(UNEP, 2006).

11) 따라서 오염자부담원칙은 환경 분야의 가장 대표적인 원칙이면서도 여전히 모호성도 공존하는 원칙이라 할 수 있다.

어 환경관리와 개발에 있어 중요한 역할을 하며, 각 국가는 그들의 정체성, 문화 및 이익을 인정하고 적절히 지원해야 하고, 지속가능발전 달성을 위해 그들의 효과적인 참여가 가능하도록 할 것'(원칙22)을 규정했다. 또한 생물다양성협약 제8조는 '지식, 혁신, 관행의 활용으로 인해 발생하는 편익은 공평하게 향유되어야 함'을 명시했다.[12)]

열째, 인류의 공동유산 및 인류에 대한 공동관심 원칙이다. 이 원칙은 생태계와 환경문제의 상호의존성, 환경문제의 지구적 속성, 그리고 심각성 등에 대한 점증하는 인식을 반영하는 것으로, 환경문제에 대한 인류 공동의 관심과 대처의 중요성을 강조하는 것이다.

끝으로, 좋은 거버넌스(good governance) 원칙이다. 지속가능발전과 좋은 거버넌스의 관련성은 비교적 최근 조명되었으나 점차 그 중요성이 강조되고 있다. 좋은 거버넌스를 위해 국가와 국제기구들은 ① 민주적이고 투명한 의사결정과정 및 재정 책임성을 확보해야 하며, ② 공직자 및 여타 부문의 부패를 척결하기 위해 효과적인 수단을 채택해야 하고, ③ 업무처리에 있어 적절한 절차를 존중하고 법치주의를 확산해야 하며, ④ 인권을 보호해야 하고, ⑤ 공공구매에 있어 투명하고 반부패적 방식을 활용해야 한다. 오늘날 좋은 거버넌스는 지속가능발전을 추구하는 각종 법과 정책을 효과적으로 추진하기 위한 필수요소로 간주된다.

제 2 절 | 국제환경협약의 현황

간헐적이나마 19세기에도 해양이나 특정 생물종 등과 관련하여 국가 간 협력은 존재했다. 심지어 14세기에도 국제환경협약이 체결된 바 있다. 하지만 현대적 의미의 국제환경협약은 1972년 스톡홀름회의 전후에 본격적으로 등장했다(UNEP, 2006). 국제환경협약의 기본 구조와 내용은 과학과 지식의 발전, 신기술의 적용과 그 영향, 국제정치 질서, 국제법질서 및 제도변화에 따라 발전해 왔으며, 〈표 6-2〉와 같이 4단계

12) UNEP(2006)에서는 동 원칙을 '자연자원에 대한 접근 및 편익 공유 원칙'으로 명명했는데, 이것은 아마도 위의 생물다양성협약에 명시된 편익향유(특히 유전자원 활용에 따른 편익) 부분에 초점을 맞춘 것으로 보인다. 여기서는 좀 더 포괄적으로 국제환경협약 전반의 원칙에 부합할 수 있도록 지역사회의 역할에 초점을 맞추어 '지역 토착사회 중시의 원칙'으로 명명했음을 밝힌다.

〈표 6-2〉 국제환경협약의 형성과 발전

단계	기간	특징과 내용
제1기	19세기-UN창설 (19세기~1945)	• 산업화와 경제발전의 부작용이 인식됨에 따라, 특정 천연자원의 이용과 개발에 일정한 제약이 가해져야 하며 그에 대한 적절한 법규범 창설이 필요하다는 점을 이해하기 시작
제2기	1945-UNCHE (1945~1972)	• 지구환경 보호를 위해 다수의 국제기구가 창설되고, 지역적·국제적 환경협약 채택 • 유류오염, 핵실험, 습지, 해양과 해양생물자원, 청정수질, 해양에 대한 폐기물 투기 등 특정한 오염원의 규제와 일반적인 환경자원의 보존을 주요 대상으로 하여 환경협약 체결
제3기	UNCHE-UNCED (1972~1992)	• UN이 국제환경문제에 대하여 다자간 협력체계를 구축하기 시작하고, 다수의 환경협약 체결 • 환경보호를 위해 최초로 세계적인 차원에서 특정 제품의 생산, 소비, 국제거래 등이 금지되기 시작
제4기	UNCED-현재 (1992년 이후)	• 지구환경문제가 국제법 및 국제정치의 핵심으로 등장하여 모든 국제적 활동에 통합되기 시작 • 국제적 환경의무 이행에 관한 관심 증가에 따라 의무이행 확보를 위한 다양한 법체계 증대

출처: 한국환경정책·평가연구원(2004).

로 구분할 수 있다.

미국 오리건(Oregon) 대학교는 2002년부터 국제환경협약 데이터베이스 프로젝트를 진행하고 있다. 프로젝트를 통해 최근까지의 국제환경협약 현황을 자세히 제공하고 있는데,[13] 이하에서는 이 사이트의 자료를 바탕으로 다자협약과 양자협약의 현황을 시기별 및 분야별로 나누어 살펴보기로 한다.

13) 이 데이터베이스(IEADB)는 Ronald Mitchell 교수에 의해 2002년부터 구축되어 온 것으로 날짜 및 분야별로 국제환경협약들을 정리하고 있다. 2023년 현재 3,600개 이상 협약의 이름 및 원문 검색이 가능하고, 협약별로 가입한 국가 확인이 가능하며, 개별 협약에 관한 참고문헌까지 검색할 수 있다(http://iea.uoregon.edu). 비록 완벽하지는 않아도 국제환경협약에 관한 한 가장 포괄적인 데이터베이스라 할 수 있다. 다만 이 데이터베이스를 활용할 때 유의해야 할 사항들도 있다. 제시된 협약의 수는 협약(agreements), 의정서(protocols), 협약이나 의정서의 개정서(amendments) 등을 각각 독립적인 것으로 간주하여 합산한 것이므로 중복이 존재하고, 체결 여부를 기준으로 작성된 것이어서 발효되지 못한 것도 포함되어 있으며, 포괄성을 추구하다 보니 농업이나 원자력과 같이 전형적인 환경문제로 보기는 어려운 협약들도 포함되어 있다는 점 등이다.

1 시기별 현황

[그림 6-1]은 2018년 기준 다자협약과 양자협약의 시기별 건수를 나타내고 있다.[14] 다자협약(Multilateral Environmental Agreement: MEA)은 1,545건, 양자협약(Bilateral Environmental Agreement: BEA)은 2,255건이다. 1900년 이전까지 다자협약은 26건, 양자협약은 41건 체결되었고, 1900년부터 1949년까지 50년 동안 다자협약 57건, 양자협약 131건이 체결되었다. 국제환경협약 데이터베이스를 바탕으로 한 시기별 특징을 다음과 같이 정리할 수 있다.[15]

[그림 6-1] 시기별 국제환경협약 체결현황

(단위: 건)

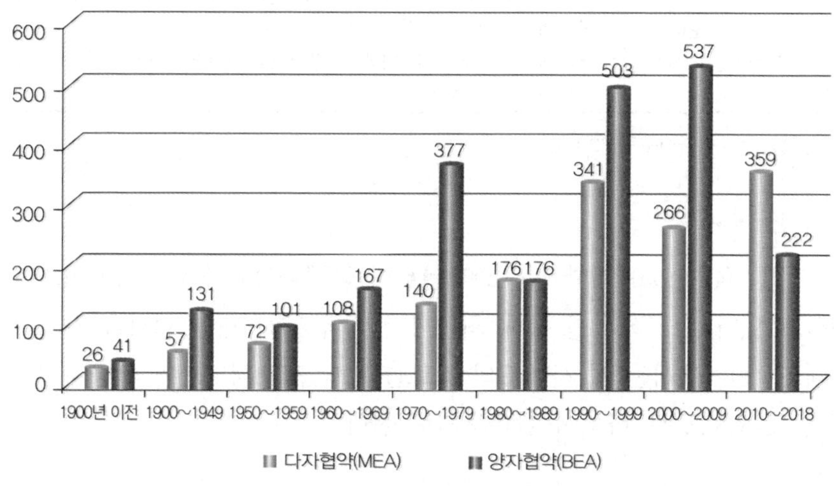

첫째, 양자협약과 다자협약 모두 증가해 왔으며, 전체적으로는 양자협약 건수가 다자협약 건수보다 많다. 협약체결 추세를 보면 그동안의 국제환경문제 해결이 다자협약보다는 양자협약에 더 크게 의존해 왔으나, 최근에는 다자협약의 중요성이 강화되고 있는 것으로 일단 해석할 수 있다. 아울러 국제협약을 통해 해결하고자 하는 분야 역시 다양해졌음을 알 수 있다. 과거 특히 1970년대 이전에는 어류나 동·식물 분

14) 시기별 건수는 2018년 11월 12일 현재 방문한 결과를 바탕으로 집계한 것이다. 수정협약도 개별 건으로 포함되었다.
15) 특징을 도출하는 과정에서 Mitchell et al.(2020)의 내용을 함께 참조했다.

야에서 압도적으로 많은 협약이 체결되었으나, 현재 데이터베이스에는 종 다양성 분야, 오염과 에너지 분야, 그리고 여타 분야 협약이 각기 비슷한 비중을 점하고 있다.

둘째, 1970년대, 1990년대, 2000년대는, 특히 국제환경협약이 많이 증가한 시기였다. 1970년대에는 양자협약이 급증했으며, 1990년대 및 2010년대에는 양자협약과 다자협약 모두 증가하는 모습을 보였고, 2010년 이후에는 특히 다자협약이 증가하는 경향을 보였다. 1972년 UNCHE(스톡홀름회의), 1992년 UNCED(리우회의), 2002년 WSSD (Rio+10) 개최 등 UN 차원에서 국제환경문제 대응의 새로운 전기를 마련한 시기와 맞물려 이러한 협약들도 함께 증가한 것으로 이해할 수 있다. 특히 권역별 자연자원 보전이 주된 관심사여서 양자협약이 대거 체결되었던 1970년대와는 달리, 1990년대에는 기후변화, 생물다양성, 사막화 등과 같이 범세계적으로 공동대응이 필요한 환경문제가 두드러지면서 다자협약도 급증한 것으로 해석할 수 있다.

셋째, 협약에 가입한 국가의 수가 특히 최근에 증가했다. 최근으로 올수록 다자협약이 증가했다는 점에서 이러한 추세는 자연스러운 것이다. 1970년대에는 약 140개 UN 회원국이 국가당 평균 10개의 협약에 가입했으나, 1990년대 이후에는 약 180개 UN 회원국이 국가당 평균 50개의 협약에 가입하고 있다. 100개 이상의 협약에 가입한 국가들도 있는데, 특히 유럽의 선진국일수록 많은 협약에 가입하는 경향을 보인다. 아울러 다자협약 중에는 가입조건에 제한을 두지 않는 것들도 많아서 앞으로도 시간이 지날수록 당사국 수는 점차 늘어나게 될 것이다. 한편 대부분의 협약에는 소수의 국가만이 당사국으로 참여하고 있다. 현재까지 체결된 다자협약의 90% 이상은 당사국 수가 10개 미만이며, 100개국 이상이 가입한 협약은 30개 정도에 불과하다.

2 분야별 현황

국제환경협약 분야들은 〈표 6-3〉과 같이 구분할 수 있으며, 그 특징들은 다음과 같다.[16] 첫째, 가장 많은 환경협약이 체결된 분야는 어업 분야다. 사실 어업 분야는 가장 오래전부터 협약이 체결되어 온 분야로 양자협약은 14세기부터 체결되었다.[17] 20세기 이전에 이미 수십 건의 양자협약이 체결되었고 다자협약도 다수 체결되었다.[18]

16) 이 부분은 2011년까지의 현황을 정리한 나태준 외(2013: 25-27)를 보완한 것이다.

17) Treaty between England and Castile(1351년 8월 1일 체결), Treaty between England and Portugal(1353년 10월 20일 체결) 등이 있다.

18) 예를 들면, Convention Between Alsace-Lorraine And The Two Initial Parties To The Con-

〈표 6-3〉 분야별 환경협약 건수(2011년까지의 현황)

분야		협약 (Agreement)	수정안 (Amendment)	의정서 (Protocol)	소계	합계
에너지 (energy)	다자	44	12	23	79	274
	양자	189	3	3	195	
수자원 (freshwater resources)	다자	106	23	19	148	463
	양자	286	7	22	315	
정주지 (habitat)	다자	31	16	20	67	87
	양자	19	1		20	
자연생태 (nature)	다자	158	97	40	295	531
	양자	224	6	6	236	
대양 (ocean)	다자	134	150	58	342	582
	양자	212	17	11	240	
대기오염 (pollution–air)	다자	7	35	17	59	72
	양자	12		1	13	
토양오염 (pollution–land)	다자	1			1	1
	양자				0	
해양오염 (pollution–marine)	다자	30	90	26	146	161
	양자	11	4		15	
폐기물 (pollution–wastes)	다자	8	3	4	15	26
	양자	9	2		11	
종–농업 (species–agriculture)	다자	44	18	11	73	270
	양자	187	1	9	197	
종–조류 (species–bird)	다자	4	6	1	11	32
	양자	16	2	3	21	
종–어류 (species–fish)	다자	114	46	30	190	764
	양자	522	23	29	574	
종–포유류 (species–mammals)	다자	40	89	13	142	181
	양자	30	6	3	39	
무기와 환경 (weapons & environment)	다자	6	3	10	19	21
	양자	2			2	

출처: iea.uoregon.edu 검색결과를 바탕으로 필자 정리.

---

vention Between Baden And Switzerland Concerning Fishing In The Rhine And Its Influxes As Well As In Lake Constance(1887년 7월 14일 체결), Convention for Regulating the Police of the North Sea Fisheries(1882년 5월 6일 체결) 등이 있다.

다음으로 협약이 많이 체결된 분야들은 순서대로 대양, 자연생태, 수자원, 에너지, 농업 등이다. 이렇게 보면 그동안 환경협력이 상대적으로 많이 필요했던 분야는 어업, 대양, 수자원 등 주로 물과 관련된 분야였다고 볼 수 있을 것이다. 이들 분야에서는 이미 19세기부터 환경협력이 이루어지고 있었다.

둘째, 토양오염, 무기와 환경, 폐기물, 조류보호 등의 분야에서 환경협력은 상대적으로 활발하지 않다. 토양이나 폐기물은 대부분 국지적인 문제라서 환경협력의 필요성이 적다고 볼 수 있다. 아울러 본 데이터베이스에서 '무기와 환경' 분야의 협약들은 그 내용을 보면 주로 원자력을 주제로 삼은 경우가 많고, 원자력은 환경보다는 과학기술이나 에너지 분야 국제협약에서 더 많이 다루어지고 있어, 환경협약으로 집계된 경우는 많지 않은 것 같다.

셋째, 전체적으로는 양자협약의 건수가 더 많은 가운데, 대양, 해양오염, 대기오염, 포유류, 정주지, 무기와 환경 등의 분야에서는 다자협약의 건수가 압도적으로 많은 것으로 나타났다. 대양, 해양오염, 대기오염은 원래 월경성 환경문제라는 점에서 다자협약이 많은 것으로 볼 수 있으며, 포유류, 정주지 관련 협약들은 많은 부분 포경(whaling)문제를 포함하고 있어 다자협약이 많은 것으로 보인다.

3 우리나라의 국제환경협약 가입현황

한 국가의 국제환경협약 참여방식은 국내 사회경제적 상황과 밀접하게 연관된다. 국가들은 국익과 지구환경보전이라는 두 가지 충돌하는 목표를 추구할 수밖에 없기 때문이다. 특히 환경보호와 무역 간 연계가 강화되면서 개발도상국들은 협약 이행에 큰 부담을 느끼면서도 가입할 수밖에 없는 경우도 많았다. 우리나라는 지구환경보전에 동참하면서도 경제발전을 염두에 두는 방식으로 국제환경협약 가입문제에 대처해 왔고, 사회경제적 상황 변화에 따라 참여방식도 달리해 왔다.[19] 2023년 현재 우리나라가 가입하고 있는 국제환경협약은 54개다(〈표 6-4〉 참조). 해양・어업 분야가 가장 많으며, 대기・기후, 자연 및 생물보호, 유해물질・폐기물 분야 순으로 많은 협약에 가입하고 있다.

19) 김영호(2010)는 이러한 환경외교의 변화를 관망적 참여기(1972~1987), 수동적 대응기(1989~1996), 능동적 대응기(1997~2007), 적극적 주도기(2008~현재) 등 네 시기로 구분하여 제시했다.

〈표 6-4〉 우리나라의 국제환경협약 가입현황(2023년 기준)

분야	협약 명칭	협약 채택연도	우리나라 가입연도
대기 · 기후 (9개)	기후변화에 관한 국제연합기본협약(기후변화협약)	1992	1993
	기후변화에 관한 국제연합기본협약에 대한 교토의정서	1997	2002
	파리협정	2015	2016
	오존층보호를 위한 비엔나협약	1985	1992
	오존층파괴물질에 관한 몬트리올의정서	1987	1992
	몬트리올의정서 런던개정서	1990	1992
	몬트리올의정서 코펜하겐개정서	1992	1994
	몬트리올의정서 몬트리올개정서	1997	1998
	몬트리올의정서 베이징개정서	1999	2004
해양 · 어업 (27개)	국제포경규제협약	1946	1978
	대서양 참치의 보존에 관한 국제협약	1966	1970
	동남대서양 생물자원보존협약	1969	1981
	남극 해양생물자원 보존에 관한 협약	1980	1985
	1954년 유류에 의한 해양오염방지를 위한 국제협약	1969	1978
	폐기물 및 그 밖의 물질의 투기에 의한 해양오염방지에 관한 협약(런던덤핑협약)	1972	1993
	유류오염 손해에 대한 민사책임에 관한 국제협약	1969	1978
	유류오염 손해에 대한 민사책임에 관한 1969년 국제협약의 의정서	1976	1992
	유류오염 손해배상을 위한 국제기금 설치에 관한 국제협약	1971	1992
	1973년 선박으로부터의 오염방지를 위한 국제협약 및 1978년 의정서	1978	1984
	북서대서양 다자간 장래 어업협력에 관한 협약	1978	1993
	해양법에 관한 국제연합협약	1982	1996
	1982년 12월 10일 해양법에 관한 국제연합협약 제11부 이행에 관한 협정	1994	1996
	1969년 유류오염손해에 대한 민사책임에 관한 국제협약을 개정하는 1992년 의정서	1992	1997
	1971년 유류오염손해 배상을 위한 국제기금의 설치에 관한 국제협약을 개정하는 1992년 의정서	1992	1997
	1990년 유류오염의 대비, 대응 및 협력에 관한 국제협약	1990	1999
	인도양 참치위원회 설립협정	1993	1996
	중부베링해 명태자원의 보존과 관리에 관한 협약	1994	1995
	남방참다랑어 보존협약	1993	2001

	국제포경규제협약	1946	1978
	대서양 참치의 보존에 관한 국제협약	1966	1970
	동남대서양 생물자원보존협약	1969	1981
	남극 해양생물자원 보존에 관한 협약	1980	1985
	북태평양 소하성자원 보전협약	1992	2003
	공해상 어선의 국제적 보존관리조치 이행증진을 위한 협정	1993	2003
	중서부 태평양 고도회유성 어족의 보존과 관리에 관한 협약	2000	2004
	폐기물 및 그 밖의 물질의 투기에 의한 해양오염방지에 관한 1972년 협약에 대한 1996년 의정서	1996	2009
유해물질 · 폐기물 (4개)	유해폐기물의 국가 간 이동 및 그 처리의 통제에 관한 바젤협약	1989	1994
	특정 유해화학물질 및 농약의 국제교역 시 사전통보승인에 관한 로테르담 협약	1998	2003
	잔류성유기오염물질에 관한 스톡홀름협약	2001	2007
	수은에 관한 미나마타협약	2013	2019
자연 및 생물보호 (8개)	멸종위기에 처한 야생동식물종의 국제거래에 관한 협약	1973	1993
	생물다양성에 관한 협약(생물다양성협약)	1992	1994
	물새 서식처로서 국제적으로 주요한 습지에 관한 협약	1971	1997
	국제식물보호협약	1951	1953
	아시아태평양지역 식물보호협정	1956	1981
	1994년 국제열대목재협정	1994	1995
	바이오안전성에 관한 생물다양성협약 카르타헤나의정서	2000	2007
	유전자원에 대한 접근 및 그 이용으로부터 발생하는 이익의 공정하고 공평한 공유에 대한 생물다양성에 관한 협약 나고야의정서	2010	2017
기타 (6)	남극조약	1959	1986
	환경보호에 관한 남극조약의정서	1991	1996
	심각한 한발 또는 사막화를 겪고 있는 아프리카지역 국가 등 일부 국가들의 사막화 방지를 위한 국제연합협약(사막화방지협약)	1994	1999
	세계문화유산 및 자연유산의 보호에 관한 협약	1972	1988
	환경변경기술의 군사적 또는 기타 적대적 사용의 금지에 관한 협약	1976	1986
	세균무기(생물무기) 및 독소무기의 개발, 생산, 비축의 금지와 그 폐기에 관한 협약	1972	1987

출처: 환경부(2023a).

제 3 절 | 국제환경협약의 문제점과 거버넌스 개혁

지구환경문제에 대처하기 위해 국제사회는 다양한 분야에서 협약을 체결하고, 이를 통해 국가들의 행동 변화를 추구해 왔다. 그동안 국제환경협약을 통해 달성한 성과는 괄목할 만하다. 많은 국가에서 정부에 환경행정기관을 설치했고, 환경보전과 지속가능발전 관련 정부지출이 획기적으로 증가했으며, 세계적으로 천문학적 규모의 환경산업시장이 생겨났다. 아울러 많은 환경협약이 소기의 목표를 달성하기도 하였다. 예를 들면, 경제와 교역 규모 확대에도 불구하고 해양 기름누출 횟수와 규모가 감소했고, 오존층파괴물질이 효과적으로 통제되면서 성층권 오존이 빠르게 회복되고 있다.[20] 가시적 개선증거를 보이지 못하고 있는 환경협약들도 해당 분야에서 문제 악화속도를 늦추는 데 도움이 되었다. 하지만 이러한 성과들과는 별개로 국제환경협약의 구조적 결함으로 인한 여러 문제점도 꾸준히 제기되어 왔다. 여기서는 국제환경협약이 지니는 구조적 특징을 논의한 후 1990년대 이후 진행되어 온 거버넌스 개혁을 소개하기로 한다.

1 국제환경협약의 구조적 특징: 분절성

환경협약은 그 종류도 수도 대단히 많다. 유형별, 분야별, 권역별로 많은 환경협약이 분절적으로 존재한다. 국제환경협약이 분절적 형태를 지니게 된 데는 다음과 같은 역사적 맥락이 있다(Kanie, 2007). 국제환경협약이 본격적으로 등장한 것은 1970년대부터고, 당시 지구환경문제의 주된 관심사는 자연보전이었다. 지구환경문제가 지금처럼 단기간에 심화 및 다양화할 것을 예상하지 못함에 따라, 당시로서는 전체 지구환경문제를 아우르는 중장기적 틀을 만드는 데까지 나아가지는 못했다. 이러한 상태에서, 오존층파괴, 기후변화, 생물다양성, 사막화 등 새롭게 등장하는 지구환경문제에 대한 대응은 임시적이거나 분절적 방식에 의존할 수밖에 없었다. 제2차 세계대전 이후 개발, 인권, 노동, 무역 등의 국제레짐들이 상대적으로 명료한 규범을 바탕으로

20) 2018년 미국항공우주국(NASA)은 세계적으로 CFC의 사용을 금지한 것이 실질적인 오존층회복 효과로 나타났다는 연구결과를 발표했다(동아사이언스, 2018).

소수의 공식제도를 중심으로 단기간에 체계화된 것과는 달리 환경레짐은 부문별로, 그리고 점증적으로 확산함으로써 지금과 같은 분절적 구조를 지니게 된 것이다.

조직 측면 요인들도 분절성을 강화했는데 그 핵심에 UNEP가 있다. UNEP를 매개로 무려 500여 개의 국제환경협약이 체결되었으나, UNEP는 협약 간 조정을 감당할 만한 인적·물적 기반이 취약하다는 평가를 받았다.21) 그뿐 아니라 UNDP(UN개발계획), WMO(세계기상기구), WHO(세계보건기구), FAO(세계식량농업기구), ADB(아시아개발은행), OECD(경제협력개발기구), World Bank(세계은행), GEF(지구환경기금) 등 여타 국제기구들이 외연을 넓혀 지구환경문제를 다루기 시작했는데, 이들과 UNEP 간 조정이 취약하다는 점도 분절성을 강화하는 요인이 되었다(Simon, 2011).

분절적 구조는 나름대로 장점이 있다(Kanie, 2007). 첫째, 협약 간의 네트워크가 제대로 설정 및 관리된다면 지구환경문제와 같이 복잡하게 얽힌 문제를 관리하기에 적합할 수 있다. 둘째, 다양한 분야의 환경협약들이 느슨하게 연계되고 분산적으로 존재하기 때문에, 특정 분야에서의 실패나 오작동이 전체 시스템의 붕괴를 가져오는 것을 예방할 수 있다. 셋째, 다양한 환경논의의 장이 존재함으로써 환경 규범의 지구적 확산에 도움이 되는 동시에 시민사회 등 많은 주체의 참여기회를 확대할 수 있다. 넷째, 분야별로 협약이 존재한다는 것은 그만큼 해당 분야에서의 전문성이 높다는 것이고, 이러한 전문성은 정교한 문제해결수단을 모색하고 채택하는 데 도움이 될 수 있다. 다섯째, 다양한 환경협약의 존재는 시민사회가 지구환경논의에 참여할 기회를 확대할 수 있으며, 이것은 절차적 관점에서 지속가능발전을 촉진하는 데 있어 중요한 요소다. 여섯째, 분산된 구조 하에서 환경협약 사무국들은 상대적 독자성을 가지고 있으므로 스스로 혁신하는 데 있어 방해받지 않을 수 있고, 협약 간 경쟁이 각자의 성과를 높이는 동기로 작용할 수도 있다.22)

하지만 분절적 구조가 지니는 문제점들이 이러한 장점들보다 더 크게 인식되는 경향이 있다. 대체로 다음과 같은 문제점이 지적되어 왔다(InfoResources Focus, 2005;

21) 2011년 기준 UNEP의 사무국 직원은 600여 명 수준으로 세계식량계획(WFP, 약 9,100명), 세계보건기구(WHO, 약 9,000명) 등보다 훨씬 적었다. 2011년 예산은 4.3억 달러로 UN개발계획(UNDP)의 2008년 예산인 41억 달러의 10분의 1 수준이었다(Simon, 2011).

22) 분절적 구조가 지니는 이와 같은 장점들은 분산체제를 옹호할 때 일반적으로 제시되는 것들이다. 예컨대, 정치체제에 있어 지방분권 추진은 위에 제시한 장점들을 근거로 이루어진다. 지방정부 하나의 실패가 국가의 실패로 연결되지 않으며, 민주주의 규범을 확산할 수 있고(지방자치는 민주주의의 학교), 각 지역 특성에 부합하는 효과적인 정책수행이 가능하며, 시민과 다양한 이해당사자 참여를 가능하게 하고(풀뿌리 민주주의), 지역 수준에서의 혁신을 쉽게 한다는 것 등이다.

Kanie, 2007; Simon, 2011).

첫째, 병렬적 구조와 경쟁에 따른 부작용이다. 부문별로 국제환경협약이 체결되다 보니 협약 간에 병렬적 구조가 생겨났고, 재정확보와 영향력 행사 등을 둘러싸고 경쟁이 발생했다. 협약(및 사무국)마다 자신의 영역을 수호하고 확대하려는 경쟁에 돌입하면서 이른바 칸막이효과라는 제도적 장애가 조성되기도 했다. 문제는 이러한 구조와 경쟁이 협력을 저해할 수 있다는 것이다. 게다가 협약마다 사고방식과 용어사용이 상이함에 따라 공동행동과 시너지 창출을 어렵게 만드는 경향도 나타났다.

둘째, 갈등과 불일치다. 협약들이 협소한 부문적 관점을 견지하다 보니 협약들이 추구하는 조치 간에 갈등과 불일치가 발생하여 전체적인 문제 해결 능력을 저해할 수 있다. 기후변화협약과 생물다양성협약을 예로 들어보자. 이산화탄소 배출감소를 위해 산림조성사업에서 외래종 단종재배(monoculture)를 채택하면 이는 생물다양성을 해치는 결과를 초래할 수 있다. 이산화탄소 배출감소를 위해 화력발전소 대신 수력발전소를 건설하면 생물환경에 부정적 영향을 끼칠 수 있다. 이러한 갈등과 불일치는 오존층보호협약과 기후변화협약에서도 나타난 바 있다. 몬트리올의정서의 성과에 따라 염화불화탄소(CFCs) 등 종전의 오존층파괴물질은 대부분 통제되고 있다. 하지만 그 대체물질로 사용되는 수화불화탄소(HFCs)는 강력한 온실가스로 판명되어 교토의정서의 규제대상에 포함되어 있었다. 수화불화탄소에 대한 규제가 몬트리올의정서에 의해 이루어져야 한다는 선진국들과 교토의정서에 의해 이루어져야 한다는 주요 개발도상국(중국, 인도, 브라질 등) 간에 입장이 대립하기도 했다.

셋째, 상반된 규제 프레임의 중첩이다. 환경협약 당사국들은 여타 분야(무역, 노동, 인권, 개발 등) 국제협약의 당사국들이기도 하다. 이에 따라 국가들은 상반된 규제 프레임에 당면할 수 있는데, 환경협약의 분절적 구조가 이러한 규제 프레임의 다양화와 복잡성을 더욱 심화시킬 가능성이 있다. 무역, 환경, 빈곤퇴치 등의 각종 협약이 지속가능발전이라는 일관된 전략 속으로 통합되지 않는 한 상반된 규제 프레임의 중첩현상은 지속할 수밖에 없을 것이다.

넷째, 거시적 차원과 미시적 차원 간의 연결고리 부재다. 환경협약들은 지구 차원의 일관된 행동을 추구하는 동시에 각 지역이 처한 현실도 고려해야 한다. 하향적(top-down) 접근과 상향적(bottom-up) 접근을 동시에 고려해야 한다는 것이다. 그러나 환경협약에서 상향적 과정과 하향적 과정의 접점이 어딘지 불분명한 경우가 많다. 이에 따라 지구적, 국가적, 지방적 차원이 어떤 지점에서 어떻게 협력해야 하는

지, 각 차원이 서로 어떤 영향을 주고받는지에 대한 이해가 불충분하고, 따라서 실효성 있는 문제 해결방안을 도출하기 어렵게 된다. 다양한 분야에서 수많은 환경협약이 체결되어 있으나 그 실천을 위해 움직이는 다양한 주체들을 연계하는 전략은 불충분한 실정이다.

다섯째, 비용증대다. 1992년에서 2007년까지 18개의 주요 다자간 환경협약과 관련하여 모두 540번의 회의가 개최되고 5,084개의 의사결정이 도출되었다. 이처럼 세계 각지에서 열리는 다양하고 잦은 회의들은 개발도상국이 감당하기 힘든 행정 및 여행경비를 초래할 뿐만 아니라 NGO의 참여를 가로막는 결과를 가져오기도 한다. 실제로 이러한 비용문제는 많은 개발도상국이 환경협약에 참여하는 것을 꺼리게 만드는 이유 중 하나로 지목받고 있다.

2 국제환경거버넌스 개혁

지구환경문제는 주로 환경협약을 바탕으로 그 해결이 모색되어 왔고 많은 환경협약의 중심에 UNEP가 있다. 따라서 환경협약 및 이를 바탕으로 한 국제환경거버넌스(International Environmental Governance, 이하 IEG)가 지니는 한계를 극복하려는 노력은 필연적으로 UNEP 개혁에 초점을 맞추게 되었다. UNEP는 1972년 스톡홀름회의 결과로 설립되어 지구환경문제 해결에 있어 중요한 역할을 담당해 왔음에도 불구하고, 그 위상과 역할에 있어 한계를 드러냄에 따라 1990년대 이후 개혁대상이 되어 왔다. Simon(2011)은 이러한 개혁시도를 3단계로 구분했다.

첫째, 1992년부터 2000년까지의 시기로, 그간의 IEG 확장에 따라 드러난 문제점들을 개선하기 위한 노력이 이루어졌다. 1992년 리우회의를 계기로 체결된 기후변화협약, 생물다양성협약, 사막화방지협약 등 주요 협약들은 지구환경문제 조정에 있어 어려움을 가중했을 뿐 아니라 UNEP와의 연계도 취약했다. 이러한 문제를 해결하기 위해 UN은 1997년 UNEP의 역할 강화를 골자로 하는 나이로비선언을 채택하고, 1999년 환경관리그룹(Environmental Management Group, 이하 EMG)과 지구환경장관포럼(Global Ministerial Environmental Forum, 이하 GMEF)을 신설했다.[23] 그러나 이러한

23) EMG는 UNEP, UNDP, 여타 UN 기구 간의 환경 관련 활동 조정을 위해 설치된 것으로 UNEP 사무총장이 의장을 맡았다. 하지만 그 조정 효과는 크지 않은 것으로 평가되었다. 그 이유는 첫째, EMG 활동에 대하여 고위수준의 관심이 적었고, 둘째, EMG를 UNEP가 여타 기구들을 통제하는 수단으로 보는 부정적 시각이 존재했으며, 셋째, EMG 역할이 무엇인지가 명확하지 않았기 때문이다

노력이 가시적인 결실을 가져오지는 못한 것으로 평가되었다.

둘째, 2001년부터 2008년까지 시기로, IEG 개혁을 위한 다양한 계획들이 제시되었으나 특정 국가들의 정치적 반대를 극복하지 못한 단계다.24) 2002년에 GMEF에 강력한 정치적 리더십을 부여하는 것을 골자로 하는 「카르타헤나패키지」와 UN 기구들 및 여타 국제기구들의 활동에 있어 지속가능발전 관점을 강화하는 내용을 담은 「요하네스버그 집행계획」이 도출되었다. 2005년에는 개발도상국의 기술 및 역량개발 지원에 있어 UNEP를 통한 공동지원을 골자로 하는 「발리 전략계획(Bali Strategic Plan for Technology Support and Capacity Building, 이하 BSP)」이 도출되었다. 2005년 UN지구정상회의(World Summit) 결과문서에서는 환경부문에서 일관성 있는 제도적 구조를 만들기 위해 각국의 정치적 관심이 필요하다는 점을 명문화했다(제169항). 2006년에는 프랑스 주도 하에 UN환경기구(United Nations Environment Organization, 이하 UNEO) 신설방안 및 UNEP 집행이사회 개혁방안이 논의되었다. 그러나 이들 노력 역시 구체적인 성과로 이어지지는 못했다. 성과를 보이지 못한 주된 이유로는 현 시스템의 약점이 사전에 충분히 분석 및 토의되지 못했다는 점, 그리고 IEG가 수행해야 할 기능이 궁극적으로 무엇인지에 대한 국제사회의 합의가 부재하다는 점이 지적되었다. 2006년부터 2008년까지 이러한 쟁점들(현 체제의 약점분석 및 IEG의 역할 규명)을 다루기 위한 논의가 진행되었다.25) 2007년 이 논의의 결과물인 대안보고서(Co-Chairs Options Paper)에서는 IEG 개혁전략으로 '야심찬 점증주의(ambitious incrementalism)'26)를 제안했다.

셋째, 2009년 이후의 시기다. 기존체제의 문제점과 향후 IEG의 역할 등에 대하여 논의가 축적되고 국제사회의 정치-사회적 상황도 변화했다는 점에서 과거 어느 때보다도 개혁에 대한 기대가 높은 시기였다. 실제로 2012년 Rio+20을 통해 어느 정도의 결실을 보기도 했다. 여러 논의 중에서 IEG와 가장 직접 연관된 두 가지 문서로 「베

(Kanie, 2007).

24) 주로 EU 국가들에 의한 개혁주도 및 미국(부시 행정부)에 의한 반대로 특징지을 수 있다(Simon, 2011).

25) 이러한 논의를 위해 2006년에 UN총회의 위임에 따라 'UN의 환경 활동을 위한 제도적 틀에 관한 비공식자문과정(Informal Consultative Process on the Institutional Framework for the United Nations' Environmental Activities)'이 신설되고, 공동의장으로 멕시코의 엔리케 베루가(Enrique Berruga)와 스위스의 피터 마우러(Peter Maurer)가 임명되었다.

26) '야심찬 점증주의'는 급속하고 근본적인 개혁보다는 현 상태로부터의 점진적 개선을 적극적으로 추구하려는 입장이다.

오그라드 프로세스(Belgrade Process)」와 「나이로비-헬싱키 결과보고서(Nairobi-Helsinki Outcome)」를 들 수 있다.[27] 「베오그라드 프로세스」는 '형식은 기능에 따라 도출되어야 한다'라는 원칙에 기반했다. 먼저 IEG가 추구하는 목표를 6가지로 규명하고, 각 목표를 달성하기 위해 수행해야 할 기능을 17가지로 분류한 후, 이러한 기능을 제대로 수행하기 위한 5가지 대안적 개혁방안을 제시했다(UNEP, 2009). 「베오그라드 프로세스」를 바탕으로 2010년 작성된 「나이로비-헬싱키 결과보고서」는 2011년 2월에 UNEP 집행이사회에 보고되고, UNEP는 이를 발전시켜 2012년 Rio+20회의에 제출했다.

구체적으로 「나이로비-헬싱키 결과보고서」에서 제시된 다섯 가지 개혁방안은 ① UNEP 강화, ② 지속가능발전을 위해 새로운 통할 기구 설립, ③ (가칭)세계환경기구(World Environmental Organization) 등 전문기관 설립, ④ UN경제사회이사회 및 UN 지속가능발전위원회 개혁, ⑤ 제도개선 촉진 및 기존 구조의 효율화 등이다(UNEP, 2010b).[28] 이 중에서 가장 유력하게 검토된 것은 첫 번째(UNEP 강화)와 세 번째(전문기관 설립) 대안이었고, 2012년 리우+20회의에서도 이러한 두 대안을 중심으로 논의가 진행되었다.

위의 두 가지 대안이 지니는 단점은 다음과 같다. 먼저 UNEP 강화방안의 단점으로는 ① UNEP 체제를 유지하는 한 UN 시스템 내에서 독자적 의사결정은 제약될 수밖에 없다는 점(집행이사회의 결정에 대해 UN총회 승인이 필요), ② 여타 UN 전문기관들과의 관계가 여전히 명확하지 않다는 점, ③ 조약제정권을 갖지 못한다는 점 등이 지적되었다. 전문기관 설립방안의 단점으로는 ① UN 정규예산 지원(기존의 4% 수준) 수혜를 상실함으로써 전적으로 회원국들의 재정적 기여에 의존하게 된다는 점, ② 독립적인 운영규정 등의 마련 시 회원국의 인준이 필요하게 된다는 점 등이 지적되었다(한국환경정책·평가연구원, 2012).

---

27) 이 두 문건은 UNEP가 설치한 자문회의의 결과물이다. 2009년 2월 20일 UNEP 집행이사회는 'IEG에 관한 장관·고위급 대표 자문회의(Consultative Group of Ministers or High-level Representatives on International Environmental Governance)' 설치를 결정했다. 자문회의는 IEG의 목표 및 기능을 밝히고 이를 개선하기 위한 대안들을 구체화해서 UNEP 총회에 보고하는 것을 목적으로 했다. 2009년 6월 베오그라드에서 개최된 1차 자문회의 결과물이 「베오그라드 프로세스」이며, 2010년 7월 및 11월에 나이로비와 헬싱키에서 각각 개최된 2차 자문회의 결과물이 「나이로비-헬싱키 결과보고서」다.

28) 다섯 가지 대안의 내용 및 장·단점에 대한 설명은 UNEP(2010a)를 참조할 수 있다.

〈표 6-5〉 IEG 개혁을 위한 주요 대안의 내용 및 장점

구분	내용 및 장점
UNEP 강화	• UNEP 집행이사회(Governing Council)에 보편적 멤버십을 도입하여 환경지속성에 대한 반응성 강화 및 국제적 권능 부여 – 집행이사회에 회원국의 참여확대를 위해 보편적 멤버십 제도를 도입하고 거버넌스 강화(기존 집행이사회는 58개 이사국으로 구성되어 있으며, GMEF도 법적 권능이 없는 상태임) • UN 시스템 내에서의 효과성, 효율성, 일관성 확보 – 다자간 환경협약들과의 역할관계 재정립 및 통합조정력 확보 – UN 내부에서의 역할 강화 • 강력하고 신뢰할 수 있는 과학–정책 상호연계 구축 • 다자간 환경협약의 의무이행 평가 및 새로운 협력시스템 구축을 통해 시너지 제고 • 충분하고 예측가능한 안정된 재정기반 구축 • 회원국의 수요를 충족시키기 위해 반응성 및 밀착서비스 강화 – 개발도상국의 능력개발(capacity building)지원을 위한 다양한 프로그램 운영 • UN총회 결정을 통해 UNEP에 강화된 제도적 권능 부여
전문기관 설립	• 보편적 멤버십과 강화된 권능, 재정기반을 갖춘 환경에 관한 새로운 전문기관을 설립(가칭 WEO)하여 현재의 UNEP를 대체 – 보편적 멤버십을 기초로 환경에 관한 강력한 리더십 발휘 – 독자적 의사결정 권한 및 조약제정 권한 보유 – 특정 이슈에 관하여 보조기구 및 위원회 창설기능 보유 • UN 시스템 내에서의 효과성, 효율성, 일관성 확보 – 전문기관으로서의 강력한 권능을 바탕으로 다자간 환경협약들에 대한 통솔력 강화를 통해 시너지 극대화 – 협약권한 보유를 바탕으로 UN 시스템 내에서의 영향력 확대 • 강력하고 신뢰할 수 있는 과학–정책 상호연계 구축 – 과학자문기구 설립권한 보유, 과학계로부터의 정보지원 획득 • 다자간 환경협약의 의무이행 평가 및 새로운 협력시스템 구축을 통해 시너지 제고 • 충분하고 예측가능한 안정된 재정기반 구축(GEF 이사회 참여권한 등 보유) • 회원국의 수요를 충족시키기 위해 반응성 및 밀착서비스 강화 – 개발도상국의 능력개발(capacity building)지원을 위한 다양한 프로그램 운영 – 지역적 차원의 권한 강화를 통해 다양한 지역기구와의 협력 및 지원역량 확보 – 다양한 UN 기구와의 정책연대를 통한 공동협력시스템 구축으로 정책역량 강화

출처: 한국환경정책·평가연구원(2012). 필자에 의해 문구 수정이 이루어짐.

2012년 12월 21일 제67차 UN총회에서는 'UNEP 강화방안'을 채택함으로써, UNEP는 1972년에 설립된 지 40년 만에 새로운 제도적 기반을 마련하게 되었다. 모든 UN 가입국이 참여하는 집행이사회를 갖춤으로써 추진력을 강화하는 동시에 조직과 재원의 확충도 가능해졌다. 이와 같은 UNEP 강화가 국제환경협약의 분절성에 기인한 IEG의 취약성을 개선하는 데 어느 정도 도움이 될 수 있을 것이다. 하지만 이 정도의 개혁으로는 불충분하다는 시각도 존재한다. 환경레짐들은 다변화되어 있고, 이들 간

의 효과적 조정과 협력의 필요성이 엄연히 존재하며, 환경부문은 여전히 지속가능성의 다른 두 축인 경제와 사회 부문보다 취약한 거버넌스를 가지고 있기 때문이다. UNEP를 전문기구로 전환하거나 완전히 새로운 기구로 대체하는 등의 적극적 대안들이 다시 대두될 수 있다는 점에서 국제환경협약 및 IEG 개혁논의는 현재진행형이라 할 것이다.

주요 국제환경레짐

지구환경문제를 해결하기 위해 여러 국제레짐(international regime)들이 형성되어 왔다. 국제레짐은 국제관계의 특정 이슈 영역에 있어 해당 주체들의 행위를 규제 및 조정하기 위한 원칙, 규범, 규칙, 운영절차, 제도, 시스템 등으로 구성된다(Downie, 2011). 따라서 국제레짐은 협약보다 큰 개념이다. 하지만 국제레짐을 구성하는 위의 요소들은 대부분 협약내용에 포함되기 마련이므로 협약을 중심으로 국제레짐을 이해할 수 있다. 이 장에서는 기후변화, 생물다양성, 사막화방지 등[1] 세 가지 주요 국제환경레짐을 해당 분야의 협약을 중심으로 살펴보기로 한다.

제 1 절 기후변화

1 배경

미국해양대기청(NOAA)에 의하면, 관측 사상 지표면 평균기온이 가장 높았던 해는 2016년이다. 2위가 2020년, 3위가 2019년이다. 그 뒤로 2017년, 2015년 · 2022년, 2018년 · 2021년, 2014년, 2010년 등의 순서로 기온이 높았다.[2] 역사상 가장 더웠던

1) 흔히 기후변화협약, 생물다양성협약, 사막화방지협약을 가리켜 3대 국제환경협약으로 분류하기도 한다. 모두 1992년 리우회의를 기점으로 생겨난 것들로, 기후변화협약과 생물다양성협약은 리우회의에서 체결했고, 사막화방지협약은 1994년에 체결하기로 리우회의에서 결의했다.

20개 연도 중에서 1998년을 제외한 19개 연도가 2000년 이후이며, 특히 최근으로 올수록 기온은 더 높아지고 있다.

이러한 지구온난화가 기후변화를 초래하고 있다. 기상의 변동성이 커지고, 해수면이 높아지고, 기후재해가 증가하는 등 기후변화의 전방위적 영향도 점차 명백해지고 있다. 기후변화정부간협의체(IPCC) 제6차 보고서 제1그룹 보고서(AR6 WG1)인 *Climate Change 2021: the Physical Science Basis*(기후변화 2021: 과학적 근거)에 따르면, 오늘날 지표면 기온은 산업화 이전보다 1.09℃ 상승했고, 현재와 같은 추세로 온실가스 배출이 진행될 경우, 산업화 이전보다 최대 5.7℃ 상승할 것으로 전망된다. 해수면은 산업화 이전보다 20cm 상승했고, 향후 지금보다 최대 1m 더 상승할 것으로 전망된다. 무엇보다 우려되는 것은 최근으로 올수록 기온 상승 속도 및 해수면 상승 속도가 가파르게 증가하고 있다는 것이다(IPCC, 2021).

〈표 7-1〉 IPCC AR6 WG1 보고서에 제시된 기후변화현황

기온 상승	현황	산업화 이전(1850~1900년) 대비 2011~2020년의 지표면 온도 → 1.09℃ 상승
	전망	산업화 이전 대비 2081~2100년의 지표면 온도 – 온실가스를 가장 적게 배출하는 시나리오(SSP1–1.9): 1.0~1.8℃ 상승 – 온실가스를 가장 많이 배출하는 시나리오(SSP5–8.5): 3.3~5.7℃ 상승
해수면 상승	현황	1901~2018년 사이 지구 평균 해수면 → 0.20m 상승
	전망	1995~2014년 대비 2100년까지의 지구 평균 해수면 – 온실가스를 가장 적게 배출하는 시나리오(SSP1–1.9): 0.28~0.55m 상승 – 온실가스를 가장 많이 배출하는 시나리오(SSP5–8.5): 0.63~1.01m 상승

지구온난화의 주요 원인은 온실가스(Greenhouse Gas: GHG)다. 대기 중 온실가스 농도가 짙어질수록 지표면 복사에너지를 더 많이 가두게 되고, 이로 인해 지구온난화가 진행된다. 비닐이나 유리로 인해 온실 내부가 따뜻하게 유지되는 것에 빗대어 이 원리를 온실효과(Greenhouse Effect)라 한다. 온실효과는 1827년 프랑스의 푸리에(Joseph Fourier, 1769~1830)에 의해 발견되고, 1896년 스웨덴의 아레니우스(Svante Arrhenius, 1859~1927)에 의해 검증된 바 있다. 이후 많은 연구에서 온실효과를 검증해 왔다. 극지방에서 빙하코어를 시추하여 지난 80만 년 기간을 분석한 연구에 따르면, 이산화탄소 농도와 지구 기온 간에 분명한 비례관계가 있으며, 지난 80만 년 동안

2) https://www.climate-change-guide.com/hottest-years-on-record.html(2023.8.10. 검색)

[그림 7-1] 80만 년 동안 이산화탄소 농도와 기온의 연관성

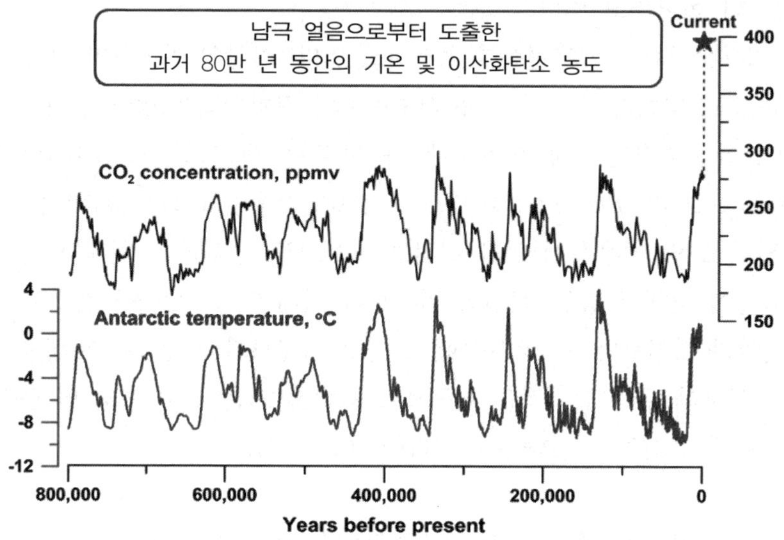

출처: https://simpleclimate.wordpress.com/2012/04/04/global-view-answers-ice-age-co2-puzzle/

대기 중 이산화탄소 농도는 20세기 이전까지만 해도 300ppm을 넘어선 적이 없었다.

온실가스는 지구의 온도를 적정하게 유지하는 역할을 하므로 지구생명체 생존에 있어 필수요소다. 문제는 인위적 온실가스 배출이 증가하여 급속한 지구온난화를 가져오고, 이에 따라 급속한 인위적 기후변화가 진행된다는 데 있다. 특히 화석연료 연소에 따라 배출되는 이산화탄소는 인위적 온실가스 총량의 80% 정도를 차지하며, 그 농도가 매년 증가하여 지구온난화를 초래하는 주된 요인으로 인식되고 있다. 미국 과학자 킬링(Charles Keeling, 1928~2005)이 1958년 하와이 마우나로아화산(해발 3,397m) 정상에서 최초로 이산화탄소 농도를 측정했을 때만 해도 300ppm을 약간 웃돌던 이산화탄소 농도는 이후 한해도 거르지 않고 매년 대략 1.5~2.5ppm씩 증가하여, 2023에는 420ppm을 넘어섰다.[3] 최근으로 올수록 이산화탄소 농도가 더욱 가파르게 증가하고 있다는 점도 크게 우려할 만한 대목이다. 농도가 450ppm을 넘고 이것이 지구의 평균기온을 산업화 이전 시기보다 1.5°C 이상 높이게 되면 그때는 돌이킬 수 없는 재앙이 올 것이라는 종말론적 예측들도 나오고 있다. 현재의 추세대로 이산화탄소가 증

3) 마우나로아 관측소 홈페이지(https://https://gml.noaa.gov)에서 이산화탄소 농도측정 자료를 포함한 다양한 자료들을 볼 수 있다.

가한다면 2040년 이전에 450ppm에 도달할 것이다.

국제사회는 1970년대부터 온실가스 감축을 통해 기후변화를 완화하고자 노력해 왔다. 1976년 지구대기연구계획이 마련되었고, 1979년 제1차 세계기후회의, 1985년 빌라흐(Villach)회의 등을 거치면서 온실효과에 대한 과학적 합의가 이루어지고 지구적 공동대응의 필요성이 인식되었다. 특히 1988년 개최된 토론토회의는 선진국의 차별화된 책임과 개발도상국에 대한 지원을 명시한 「토론토선언」을 도출함으로써, 기후변화협약의 골격을 형성하는 중요한 계기가 되었다. 기후변화에 관한 과학적 정보를 도출 및 제시하기 위해 1988년 UNEP와 WMO가 공동으로 기후변화정부간협의체(Intergovernmental Panel on Climate Change, 이하 IPCC)를 창설했고,[4] 1989년 헤이그 정상회담 및 G7 정상회의에서는 기후변화대응 국제기구의 출범을 공론화했다. 1992년 브라질 리우에서 체결된 기후변화협약은 이러한 흐름의 산물이다.

2 기후변화협약의 체결과 전개

1) 기후변화협약의 주요 내용

기후변화협약(United Nations Framework Convention on Climate Change: UNFCCC)은 협약의 명칭인 동시에 협약을 관리하는 기구의 명칭이다. 1992년에 154개국이 협약에 서명하여 체결되고 1994년 3월에 발효되었다. 우리나라는 1993년 12월에 이 협약에 가입했다. 기후변화협약은 전문과 26개 조항, 그리고 2개 부속서(부속서Ⅰ, 부속서Ⅱ)로 구성되어 있으며, '대기 중 온실가스 안정화'를 목표로 삼고 있다. 이를 위해 온실가스 배출의 역사적 책임에 근거하여 각국이 '형평성과 공통의 차별화된 책임'에 입각하여 기후시스템을 보호해야 함을 명시하고 있다. 2개의 부속서에는 특정 국가들의 명단이 나열되어 있다. 부속서Ⅰ에 포함된 41개(EU 포함) 국가들은 2000년까지 온실가스 배출 규모를 1990년 수준으로 안정화해야 하는 국가들이다. 이 중 24개 국가들(EU 포함, 주로 선진국들)을 부속서Ⅱ에 포함하여 개발도상국의 기후변화 대응을 위해 재정과 기술을 지원하는 의무를 추가로 부과했다.

4) IPCC는 1990년 1차 보고서(FAR)를 시작으로, 1995년(2차, SAR), 2001년(3차, TAR), 2007년(4차, AR4), 2013년(5차, AR5) 보고서를 발간했다. 매번 4종의 보고서를 발간하는데, 1그룹 보고서(과학적 근거), 2그룹 보고서(영향, 적응, 및 취약성), 3그룹 보고서(완화), 종합보고서 등이다. 6차 보고서(AR6)의 경우 1그룹 보고서는 2021년에, 2그룹 및 3그룹 보고서는 2022년에, 종합보고서는 2023년에 각각 발간되었다.

기후변화협약의 최고의사결정기구인 당사국총회(COP)는 연 1회 개최되며, 당사국총회의 보조기구로 이행보조기구(SBI), 과학기술자문보조기구(SBSTA)가 설치되어 있다. 그 밖에 당사국총회를 지원하고 기후변화협약 전반을 관리하기 위해 사무국을 설치하고 있다. 기후변화협약은 가능한 한 많은 국가를 기후변화대응에 동참시키는 데 일차적 목적이 있었기 때문에 자세한 의무이행 관련 사항까지 담지는 않았다. 따라서 온실가스 감축이라는 실질적인 행동을 유도하기 위해 후속 조치가 필요했다. 1995년 베를린에서 개최된 제1차 당사국총회에서는, 선진국의 온실가스 감축을 전제로, 법적 구속력을 갖춘 '의정서(protocol)'를 2년 이내에 채택하자는 내용의 합의문인 「베를린 위임(Berlin Mandate)」을 도출했다. 그 결과 2년 뒤인 1997년 교토에서 개최된 제3차 당사국총회에서 교토의정서(Kyoto Protocol to the United Nations Framework Convention on Climate Change)가 채택되었다. 교토의정서 채택으로 '협약-의정서'라는 두 트랙으로 구성된 국제기후변화대응 협상 메커니즘을 형성한 것이다.

2) 교토의정서

(1) 교토의정서의 의의 및 주요 내용

모든 국가가 기후변화대응을 위해 공동으로 노력하기로 약속한 것이 기후변화협약이라면, 이를 위해 온실가스를 누가 얼마나 줄일지를 정한 것이 교토의정서다. 교토의정서는 28개 조항과 2개 부속서(부속서A, 부속서B)로 구성되어 있으며, 그 주요 내용은 〈표 7-2〉와 같다.

첫째, 온실가스 종류는 여섯 가지로 결정되었다. 이산화탄소(CO_2), 메탄(CH_4), 아산화질소(N_2O), 수소불화탄소(HFCs), 과불화탄소(PFCs), 육불화황(SF_6) 등이다. 이러한 온실가스 종류는 부속서A에 기재되었다. 둘째, 기후변화협약 부속서Ⅰ에 포함된 국가들은 2008~2012년 사이에 온실가스 배출량을 1990년 대비 평균 5.2%를 감축하기로 했다. 셋째, 부속서Ⅰ국가들에 대해서 차별적인 감축목표를 부여했다(−8~+10%). 국가별 감축목표는 부속서B에 제시되었다. 넷째, 신축성구조로 일컬어지는 교토메커니즘(Kyoto Mechanism)이 도입되었다. 자국 내 감축만으로는 감축목표를 달성하는 것이 어렵다는 점을 인정하여 세 가지 시장적 기재들을 활용할 수 있도록 한 것이다. 부속서Ⅰ국가가 감축목표를 초과 달성한 경우 초과분을 다른 부속서Ⅰ국가와 거래할 수 있도록 하는 배출권거래제도(Emission Trading Scheme: ETS), 부속서Ⅰ국가가 개발도상국에서 온실가스 감축 사업을 수행하면 그 실적의 일부를 감축량으로 인정받는 청정개발체제(Clean Development Mechanism: CDM), 부속서 I 국가가 다른 부속서 I 국가에 투자하여 온실가스 감축 사업을 수행하면 그 실적의 일부를 투자국의 감축량으로 인정하는 공동이행제도(Joint Implementation: JI) 등이다.

교토의정서가 발효되기 위해서는 이른바 '55-55 기준'을 충족해야 했다. 55개국 이상의 당사국이 비준서를 기탁해야 하고, 비준서를 기탁한 부속서 I 국가들의 온실가스 배출량 합이 전체 부속서 I 국가들의 1990년 기준 배출량의 55% 이상을 차지해야 한다는 것이다. 이 기준을 충족한 지 90일이 지나면 발효하는 것이었는데, 실제 발효까지 순탄하지는 않았다. 당시 부속서 I 국가들 총배출량의 36%를 차지하던 미국이 비준을 거부하는 등 우여곡절이 있었다. 결국은 온실가스 대량배출국인 러시아가

〈표 7-2〉 교토의정서의 주요 내용

<table>
<tr><td rowspan="2">의무사항</td><td colspan="2">• 온실가스 배출 및 흡수현황 보고
• 온실가스 배출량 감축을 위한 국가전략수립 및 시행의 공개</td><td>모든 당사국</td></tr>
<tr><td colspan="2">온실가스 감축 의무</td><td>부속서 I 국가</td></tr>
<tr><td rowspan="2">온실가스의 종류
(부속서A)</td><td rowspan="2">6종류</td><td colspan="2">1990년 기준 – CO_2, CH_4, N_2O</td></tr>
<tr><td colspan="2">1995년 기준 – HFCs, PFCs, SF_6</td></tr>
<tr><td rowspan="2">온실가스 감축목표
및 감축기간</td><td>감축기간</td><td colspan="2">2008~2012년(1차 공약기간)</td></tr>
<tr><td>감축목표</td><td colspan="2">1990년 대비 평균 5.2%(부속서 I 국가)</td></tr>
<tr><td rowspan="8">부속서 I 국가별
온실가스 감축목표
(부속서B)</td><td>−8%</td><td colspan="2">오스트리아, 벨기에, 불가리아, 체코, 덴마크, 에스토니아, EC, 핀란드, 프랑스, 독일, 그리스, 아일랜드, 이탈리아, 라트비아, 리히텐슈타인, 리투아니아, 룩셈부르크, 모나코, 네덜란드, 포르투갈, 루마니아, 슬로바키아, 슬로베니아, 스페인, 스웨덴, 스위스, 영국</td></tr>
<tr><td>−7%</td><td colspan="2">미국</td></tr>
<tr><td>−6%</td><td colspan="2">캐나다, 헝가리, 일본, 폴란드</td></tr>
<tr><td>−5%</td><td colspan="2">크로아티아</td></tr>
<tr><td>0%</td><td colspan="2">뉴질랜드, 러시아, 우크라이나</td></tr>
<tr><td>+1%</td><td colspan="2">노르웨이</td></tr>
<tr><td>+8%</td><td colspan="2">오스트레일리아</td></tr>
<tr><td>+10%</td><td colspan="2">아이슬란드</td></tr>
<tr><td rowspan="3">기타 주요 사항</td><td colspan="3">흡수원 인정: 산림 등을 포함(1990년 이후 조성분에 한함)</td></tr>
<tr><td colspan="3">교토메커니즘: 배출권거래제, 청정개발체제, 공동이행제도</td></tr>
<tr><td colspan="3">교토메커니즘을 활용하여 국가의 감축목표 전부나 과반을 달성하는 것은 금지</td></tr>
</table>

출처: 윤경준(2017a).

2004년에 최종적으로 비준서를 제출함에 따라 교토의정서는 2005년 2월에야 발효할 수 있었다. 우리나라도 2002년 11월에 비준서를 기탁했다. 교토의정서 2차 공약 기간 마지막 해인 2020년 기준 당사국은 유럽연합을 포함하여 모두 192개국이다.

(2) 교토의정서 발효 이후의 움직임

교토의정서 제9조 제3항에서는 제1차 공약 기간(2008~2012)의 마지막 해로부터 최소한 7년 전에 공약 기간 이후의 의무감축 관련 논의가 시작되어야 한다고 명시했다. 교토의정서가 발효한 2005년에 Post-교토체제의 의무감축 논의가 시작된 것도 이 때문이다. 2007년 제13차 당사국총회에서는 Post-교토체제의 의무감축 협상을 2009년까지 마무리한다는 내용의 「발리 로드맵」을 채택했고, 개발도상국들도 온실가스 감축에 동참한다는 의지를 표명했다.

하지만 2009년 코펜하겐에서 개최된 제15차 당사국총회에서 Post-교토체제 협상을 마무리하는 데는 실패했다. 2008년 세계금융위기 등을 이유로 기후변화 협상에 대해 미온적인 국가들이 많았기 때문이다. 대신 교토의정서의 공약 기간을 연장하는 방향으로 논의가 전개되었고, 2012년에 교토의정서 개정을 통해 제2차 공약 기간(2013~2020)을 설정하게 된 것이다. 이로써 교토체제는 2020년까지 연장되었다. 의무감축국 구성에서도 약간의 변동이 있었다. 아울러 의무감축국들이 제2차 공약 기간에 온실가스 배출량을 1990년 대비 평균 18% 감축하는 것으로 합의가 이루어졌다.

3 Post-교토체제와 파리협정

1) 교토의정서의 성과와 한계

교토의정서는 온실가스 감축을 위해 지구촌이 함께 마련한 최초의 행동계획이라는 점에서 중요한 의미를 지닌다. 실질적 효과가 어떠했는가를 떠나 전 세계를 대상으로 온실가스 감축의 시급성과 실천 가능성을 함께 보여주었다는 점에서 높게 평가될 수 있다. 여러 의무감축국에서는 실제로 온실가스를 감축하는 성과도 나타났다. 아울러 2015년 파리협정을 계기로 새롭게 출범하게 된 신(新)기후체제도 교토의정서를 통해 얻은 경험을 바탕으로 구축된 것임을 간과해서는 안 된다. 하지만 교토의정서를 둘러싼 논란과 한계도 다양하게 지적되고 있다.

첫째, 구속력을 갖추는 데 실패했다. 의무감축 국가들이 감축목표를 달성하지 못

해도 이렇다 할 제재수단이 없을 뿐 아니라 비준 이후에 탈퇴하는 것도 가능했다. 탈퇴 의사를 밝히고 1년이 지나면 탈퇴할 수 있었다. 교토의정서 채택 당시 온실가스 최대배출국이던 미국은 교토의정서가 미국 경제에 부정적 영향을 미칠 뿐 아니라 중국이나 인도와 같은 거대 개발도상국이 불참했다는 것을 이유로 비준서를 제출하지 않았으며 2002년에 탈퇴하고 말았다. 캐나다는 2002년에 비준서를 제출했으나 교토의정서가 자국의 이익에 부합하지 않는다는 것을 이유로 2012년에 결국 탈퇴했다.

둘째, 개발도상국이 포함되지 않아 애초부터 큰 온실가스 감축 효과를 기대하기 어려웠다. 이 부분은 교토의정서의 가장 결정적인 한계 중 하나로 꼽힌다. 의무감축 대상에서 제외된 거대 개발도상국들에 의해 이후 온실가스 배출이 급증했고, 이는 기후변화를 더욱 심화시켰다. 2021년 기준 중국은 세계 이산화탄소 배출량의 30.9%를 배출했다.[5] 이는 2위 미국(13.5%), 3위 인도(7.3%), 4위 러시아(4.7%), 5위 일본(2.9%)의 배출량을 모두 합한 것보다도 많은 양이었다. 개발도상국에 의한 온실가스 배출은 그 양이 많을 뿐 아니라 증가속도도 빠르다는 점에서, 이들을 제외한 국가들의 온실가스 감축 노력만으로는 기후변화 속도를 늦추는 효과를 기대하기 어려웠다.

셋째, 경제적인 측면에서 투입 대비 효과가 미흡했다. 어느 정도의 온실가스 감축 효과는 있었지만, 이를 위해 투입된 천문학적 비용을 다른 긴요한 사업에 투입했더라면 훨씬 더 좋았을 것이라는 지적도 제기되었다. 예컨대, 이 정도의 돈을 깨끗한 물 공급을 위해 투자했다면 매년 수백만 명의 생명을 살릴 수 있었을 것이라는 주장이 제기되기도 했다.

넷째, 애초부터 감축목표(기후변화협약 부속서Ⅰ국가 1990년 배출량 대비 5.2% 감축)가 너무 안일하고 소극적이었다는 지적이다. 설사 의무감축국 모두가 주어진 감축목표를 달성한다 해도 이 정도 감축으로는 기후변화 진행을 되돌리는 데 거의 도움이 되지 않는다는 것이 처음부터 명백했다.

2) 파리협정의 주요 내용과 전망

2015년 12월 파리에서 개최된 제21차 당사국총회의 산물인 파리협정(Paris Agreement)은 교토의정서와 그 목적에서는 일치했으나 내용에서는 상당한 차이가 있다. 개발도상국을 포함한 거의 모든 국가가 자국의 상황에 맞게 자발적 감축목표(Intended

5) https://www.statista.com/statistics/271748/the-largest-emitters-of-co2-in-the-world/ (2023.6.30. 검색)

Nationally Determined Contributions, 이하 NDC)를 제시하는 상향적 방식을 취했고, 그 이행을 2023년부터 5년 주기로 점검하는 것을 주된 특징으로 한다. 파리협정은 감축목표 설정에 있어 국가별 자율성을 부여하는 방식을 취함으로써 많은 국가의 동참을 유도할 수 있었다. 그에 따라 애초에 예상된 발효 시점인 2020년을 훨씬 앞질러 2016년 11월 4일에 일찌감치 발효했다. 우리나라도 '2030년 BAU 대비 37% 감축' 국가목표를 담은 NDC를 2015년에 제출했고,[6] 2016년에 비준서도 기탁했다.

파리협정은 현재와 미래의 기후변화대응을 선도하는 매우 중요한 문서이기 때문에 그 내용을 좀 더 구체적으로 살펴볼 필요가 있다. 우선 파리협정 전반을 관통하는 주요 전제들은 〈표 7-3〉과 같다.

〈표 7-3〉 파리협정의 주요 전제

- 기후변화협약의 목적(완화 및 적응)을 추구하고, 그 원칙(국가별 상이한 환경을 고려하여, 형평성, 공통의 차별화된 책임, 개별역량 원칙)에 입각
- 기후변화 대응을 위해 활용 가능한 최적의 과학적 지식 활용
- 개발도상국 특히 기후변화 취약국가 및 최저발전국가의 특별수요와 상황 인지
- 당사국들이 기후변화 대응조치로 인해 영향받을 수 있음을 인지
- 기후변화 대응과 지속가능발전 및 빈곤퇴치 간 관련성 강조
- 식량안보와 빈곤종식이 지니는 근본적 우선순위 인지
- 기후변화의 부정적 영향에 의한 식량생산 시스템의 특별한 취약성 인지
- 기후변화 대응조치를 취함에 있어, 인권, 건강권, 토착민 · 지역사회 · 이민자 · 아동 · 장애인 · 취약상황에 처한 사람들의 권리, 개발권을 존중 및 증진해야 하며, 동시에 성 평등, 여성 권한부여, 세대 간 형평성을 존중 및 증진
- 흡수원 보전 및 향상의 중요성 인지
- 기후변화 대응조치를 취함에 있어 생태계의 통합성 및 기후정의를 인지
- 정부를 포함한 다양한 행위자, 그리고 대중의 인식 및 참여의 중요성 인지

출처: UN(2015b).

파리협정의 주요 내용은 다음과 같다(UN, 2015b). 첫째, 지구 기온상승 제한목표를 설정했다. 산업화 이전보다 2℃ 미만 상승으로 제한하고, 나아가 1.5℃ 이하 상승

6) 당시 우리나라의 감축목표를 정하기 위해 4개의 감축안(2030년 BAU 대비 14.7%, 19.2%, 25.7%, 31.3% 등)이 제시 및 논의되고, 이 중 세 번째 안(25.7%)이 채택되었다. 여기에 '국제탄소시장 메커니즘을 통한 11.3% 감축'을 추가하여 37% 감축방안(25.7%+11.3%)이 NDC에 담겨 국제사회에 제시된 것이다. '2030년까지 BAU 대비 37% 감축'은 절대량 기준으로는 2012년 배출량보다 8.1% 감축하는 것으로 평가되었다(관계부처합동, 2015a).

으로 제한하기 위해 노력하기로 했다(제2조). 둘째, 국가별로 NDC를 제출하고, 이를 5년마다 갱신하여 제출하기로 했다(제3조). 2022년 9월 현재 파리협정 당사국은 193개국이며, 이들이 배출하는 온실가스는 세계온실가스 배출량의 94.9%다(UNFCCC, 2022). 셋째, 순배출제로(Net-Zero Emissions)을 지향하기로 했다. 가능한 한 빨리 온실가스 배출정점에 도달하고, 21세기 후반에 순 배출량 제로(zero)를 달성하도록 노력하기로 했다(제4조). 넷째, 국가들은 적응계획을 제출하고 주기적으로 업데이트해야 하며, 적응 능력 향상, 복원력 강화 및 취약성 감소 목표를 설정하기로 했다(제7조). 다섯째, 손실 및 피해 메커니즘을 규정했다. 취약국가가 기후변화로 인해 입은 손실을 인정하고, 이를 적절한 수준에서 지원해야 함을 규정했다(제8조), 여섯째, 개발도상국 지원을 위한 재원 조성을 규정했다(제9조). 개발도상국이 기후변화에 적응하고 청정에너지로 전환하는 것을 돕기 위해 2020년까지 연간 1,000억 달러를 조성하고, 여기에 선진국이 의무를 부담할 것을 규정했다. 일곱째, 투명성체제의 도입이다(제13조). 각국의 온실가스 감축 공약을 평가하기 위해 당사국들이 제출한 기후행동계획에 대해 전문가기술점검 보고서를 작성하기로 했다. 선진국에 대해서는 국제평가점검보고서(International Assessment and Review: IAR)를, 개발도상국에 대해서는 국제자문분석보고서(International Consultation and Analysis: ICA)를 작성하는 것이다. 여덟째, 지구적 차원의 이행점검체계를 구축하기로 했다(제14조). 파리협정의 이행을 위한 대표적 장치는 상황점검회의(Global Stocktake: GST)다. 모든 당사국이 모여 자신들의 이행상황을 공개적으로 발표하고 평가받는 것이다. 2023년에 제1차 상황점검회의를 개최하고[7] 이후 5년마다 개최하는데, 여기서 중요한 원칙은 '공약은 진전되어야 하고 도전적이어야 한다'라는 것이다. 다시 말해, 과거에 제출했던 감축목표보다 강화된 목표를 담은 NDC를 주기적으로 제출하는 것이다. 이러한 후퇴금지원칙(No-Backsliding Principle)이 5년마다 열리는 상황점검회의와 결합하여 파리협정의 이행에 강력한 원동력을 제공할 수 있을 것으로 기대되었다.

7) 1차 상황점검회의를 위한 준비작업은 2018년부터 시작하는 것으로 했다.

제 2 절 생물다양성

1 배경

생물다양성(biodiversity)은 생태계 다양성, 종 다양성, 유전자 다양성을 포함하는 개념이다. 생태계 다양성(ecosystem diversity)은 사막, 산림지대, 습지대, 산, 호수, 강, 농경지 등 서식환경의 다양성을 말한다. 특정한 지역 내에 다양한 서식환경(즉, 생태계)이 존재할수록 생태계 다양성이 큰 것이다. 생태계마다 고유의 생물적 및 비생물적 구성요소를 가지고 있으며 구성요소 간 상호작용의 양상도 고유하므로, 생태계 다양성이 클수록 생물다양성도 풍부하기 마련이다. 종 다양성(species diversity)은 식물, 동물, 균류, 미생물 등 생물 종류의 다양성을 의미한다. 종 다양성은 특정한 지역 내에 얼마나 많은 종류의 생물이 서식하는가, 종류마다 얼마나 많은 개체가 존재하는가, 종류별로 균등한 수의 개체가 존재하는가 등으로 평가된다. 유전자 다양성(genetic diversity)은 종 내의 유전자 정보의 다양성을 말한다. 같은 종 내에 여러 집단이 존재하거나(인간이라는 종 내에 다양한 인종 존재) 한 집단 내 개체들 사이의 유전적 변이(같은 인종에서도 다양한 머리카락이나 눈동자 색)가 다양한 것을 말한다. 20세기 후반 국제사회는 오존층파괴, 지구온난화, 개발에 따른 서식환경 악화, 남획 등에 따라 생물다양성이 심각하게 훼손되고 있음을 인식하게 되었다.

생물다양성의 가치는 숫자로 환산할 수 없을 정도로 지대하다. 인류는 다양한 생태계에 둘러싸여 있을 뿐만 아니라 생태계로부터 도움을 받으며 살아간다. 생태계는 물, 식량, 섬유, 건축자재, 에너지 등의 원료를 제공하고, 여가를 위한 공간으로 이용되며, 토양형성, 대기와 물 정화, 기후조절 등의 기능을 담당한다. 생태계가 제공하는 이 모든 것들을 생태계서비스(ecosystem services)라 부른다. 생물다양성은 생태계서비스의 기반으로서 인류의 생활을 지탱해 주며, 생물다양성이 풍부할수록 생태계가 외부의 위협으로부터 회복하는 것도 원활해진다. 생물다양성의 천문학적인 경제적 가치는 오랫동안 선진국에 의해 독점되었다고 해도 과언이 아니다. 20세기 후반 이후 개발도상국들은 자국의 생물자원이 지니는 가치를 새롭게 인식하게 되었고, 선진국들의 생물자원 채취 및 개발에 대한 비용지불, 기술이전, 재정지원 등을 요구하기 시작했다. 1992년 생물다양성협약 채택의 배경에는 이러한 흐름이 있는 것이다.

국제자연보전연맹(IUCN)은 1987년 생물다양성 보전에 관한 협약체결의 필요성을 건의했고, 이를 이어받아 UNEP가 생물다양성 보전에 관한 국제적 행동계획을 수립했다. 이후 몇 차례의 실무위원회와 정부 간 협상을 바탕으로, 1992년 5월 케냐 나이로비에서 개최된 생물다양성협약 전권회의(Plenipotentiary Conference)에서 협약문건이 작성되고, 1992년 UNCED에서 158개국이 이에 서명했다. 생물다양성협약은 1993년 12월에 발효되었으며, 2023년 현재 196개국(EU 포함)이 가입되어 있다. 우리나라는 1994년 10월에 공식 가입했고, 2014년 12월 생물다양성협약 제12차 당사국총회를 강원도 평창에서 개최했다.

2 생물다양성협약의 체결과 전개

1) 생물다양성협약의 주요 내용

생물다양성협약(Convention on Biological Diversity: CBD)은 생물다양성 보전의 필요성에 대한 지구적 공감대 형성에 따라 채택되었다. 협약의 목적은 생물다양성의 보존, 생물다양성 구성요소의 지속가능한 이용, 유전자원 이용으로 발생하는 이익의 공정하고 공평한 분배 등 세 가지다. 생물다양성협약은 생물다양성과 관련한 모든 측면을 포괄하는 최초의 국제협약으로,[8] 전문과 42개 조항 및 두 개의 부속서로 구성되었다. 전문(Preamble)에서는 협약의 전반적 취지 및 협약당사자들이 견지할 자세를 〈표 7-4〉와 같이 규정했다. 생물다양성은 인류의 공통 관심사이며, 이에 대한 이익의 공평한 공유 및 지속가능한 이용이 필요하고, 생물자원 보유국의 주권적 권리를 인정하며, 지역사회의 참여 및 다양한 주체들 간의 협력이 중요하고, 개발도상국에 대한 지원 및 최빈국과 군소도서국가에 대한 배려가 필요하다는 것 등이다.

협약의 내용은 크게 가입국의 생물다양성 보존의무와 보존을 위한 국가 간 협력사항으로 구별된다(나태준 외, 2013). 보존의무에는 국가전략 및 행동계획 수립,[9] 조사와 감시, 보호지역 설정 등 현지 내(in-situ) 보존조치, 종자은행 설립 등 현지 외

---

8) 이전에도 특정 분야의 생태계 관련 국제협약들은 존재했다. 1971년 람사협약, 1972년 세계유산조약, 1973년 멸종위기야생동식물보호협약, 1980년 남극해양생물자원보존협약 등이다.

9) 협약 제6조에서는 각 국가가 국가생물다양성 전략 및 행동계획(National Biodiversity Strategies and Action Plans: NBSAP)을 수립하도록 규정하고 있다.

〈표 7-4〉 생물다양성협약 전문

협약당사자는,

- 생물다양성의 내재적인 가치와 생물다양성과 그 구성요소의 생태학적 · 유전학적 · 사회적 · 경제적 · 과학적 · 교육적 · 문화적 · 휴양적 및 미학적 가치를 의식하고,
- 진화와 생물계의 생명유지체계의 유지를 위해 생물다양성이 가진 중요성을 또한 의식하고,
- 생물다양성의 보전이 인류의 공통적인 관심사임을 확인하고,
- 국가는 자신의 생물자원에 대한 주권적 권리를 가지고 있음을 재확인하고,
- 국가는 자신의 생물다양성을 보전하고 생물자원을 지속가능한 방식으로 이용할 책임이 있음을 재확인하고,
- 생물다양성이 인간의 특정 활동에 의하여 현저하게 감소되고 있음을 우려하고,
- 생물다양성에 관한 정보와 지식이 전반적으로 결핍되어 있음과 적절한 조치의 수립 및 시행의 기초가 되는 기본적인 이해를 제공할 과학적 · 기술적 및 제도적인 능력을 시급히 개발하는 것이 필요함을 인식하고,
- 원산지의 생물다양성이 현저하게 감소 또는 소실되는 원인을 예측 · 방지 및 제거하는 것이 필수적임을 유의하고,
- 생물다양성이 현저히 감소 또는 소실될 위협이 있는 경우, 완전한 과학적 확실성의 결여가 이러한 위협을 피하거나 최소화하는 대책을 지연시키는 구실이 되어서는 안 됨을 유의하고,
- 생물다양성의 보전을 위하여 기본적으로 필요한 것은 생태계와 천연서식지의 현지 내 보전과 자연환경 속에서의 종의 적정한 개체군의 유지 및 회복에 있음을 유의하고,
- 현지 외의 조치도 역시 중요한 역할을 하며 그 조치는 가급적 원산국 내에서 이루어지는 것이 바람직함을 유의하고,
- 전통적 생활양식을 취하는 원주민사회 및 지역사회는 생물자원에 밀접하게 그리고 전통적으로 의존하고 있음을 인식하며, 생물다양성의 보전 및 그 구성요소들의 지속가능한 이용과 관련된 전통적인 지식 · 기술혁신 및 관행의 이용에서 발생되는 이익을 공평하게 공유하는 것이 바람직함을 인식하고,
- 생물다양성의 보전과 지속가능한 이용에 있어서 여성의 중요한 역할을 인식하며, 생물다양성의 보전을 위한 정책결정 및 시행의 모든 단계에서 여성의 완전한 참여의 필요성을 확인하고,
- 생물다양성의 보전과 그 구성요소의 지속가능한 이용을 위하여 국가 · 정부 간 기구 및 비정부 부문 간의 국제적 · 지역적 및 범세계적 협력증진의 중요성과 필요성을 강조하고,
- 신규 추가재원 제공과 관련 기술에의 적절한 접근이 생물다양성의 소실을 막기 위한 세계의 능력을 실질적으로 제고할 것으로 기대될 수 있음을 인정하고,
- 개발도상국의 필요를 충족시키기 위하여 신규 추가재원의 제공과 관련 기술에의 적절한 접근을 포함하여 특별한 제공이 필요하다는 것을 인정하고,
- 이와 관련하여 최빈국과 군소도서국가의 특별한 사정을 유의하고,
- 생물다양성을 보전하기 위하여 상당한 투자가 필요하고, 이러한 투자로부터 광범위한 환경적 · 경제적 및 사회적인 이익이 기대됨을 인정하고,
- 경제 · 사회개발 및 빈곤퇴치가 개발도상국의 최우선 과제임을 인식하고,
- 생물다양성의 보전과 지속가능한 이용은 증가하는 세계인구의 식량 · 건강 및 그 밖의 요구를 충족시키는데 극히 중요하며 이를 위하여 유전자원 및 유전기술에의 접근과 공유가 긴요함을 인식하고,
- 궁극적으로 생물다양성의 보전과 지속가능한 이용이 국가 간의 우호관계를 강화하고 또한 인류의 평화에 공헌함에 유의하고,

• 생물다양성의 보전과 그 구성요소의 지속가능한 이용에 관한 기존의 국제적 합의를 강화·보완할 것을 희망하고,
• 현재 세대와 미래 세대의 이익을 위하여 생물다양성을 보전하고 지속가능하게 이용할 것을 결의하며,

다음과 같이 합의했다.

출처: 지속가능발전포털(http://ncsd.go.kr/app/sub03/18.do).

(ex-situ) 보존조치,[10] 환경영향평가 수행 등이 포함된다. 협력 사항에는 타국 보유 유전자원 접근 시 사전통보합의제도 도입, 생물다양성 보전기술 이전, 유전자변형생물체의 안전한 국가 간 이동 및 관리를 위한 의정서 채택 검토, 개발도상국에 대한 재정지원, 유전자원 이용 결과 및 이익에 대한 유전자원 제공국의 우선적 접근 가능 조치 마련 등이 포함된다.

생물다양성 보존 못지않게 협약의 내면을 관통하는 특징은 생물자원의 이용 측면이다. 협약 제15조에서는 유전자원에 대한 접근권리를 보유한 당사국이 다른 당사국들도 이러한 유전자원에 편리하게 접근할 수 있도록 여건을 조성할 책무가 있음을 규정했다. 선진국이 개발도상국의 풍부한 생물자원을 이용할 수 있는 여건을 조성한 셈이다. 아울러 제19조는 이러한 이용에 따라 발생하는 결과 및 이익에 대한 생물자원 제공국의 공정하고 우선적인 접근을 규정했다.

생물다양성협약의 최고의사결정기구는 당사국총회(COP)다. 1994년 제1차 당사국총회가 개최되었고, 2022년에 제15차 당사국총회가 개최되어 「쿤밍-몬트리올 글로벌 생물다양성 프레임워크(Kunming-Montreal Global Biodiversity Framework, 이하 GBF)」를 도출했다.[11] GBF는 생물다양성 보전을 위한 지구 차원의 전략계획으로

10) 현지 내 보존조치란 생태계 및 자연서식지의 보존 및 자연환경에서 생존 가능한 종의 적정한 개체군의 유지 및 회복을 의미한다. 구체적 내용으로는 생물다양성보호지역제도나 특정조치필요지역 설정 및 관리지침 개발, 생물자원 규제·관리, 파괴된 생태계의 회복·복구, 생명공학에 의한 생물변형체 이용 통제, 생태계·서식지 또는 종을 위협하는 외래종 도입 방지, 전통적 생활양식의 토착민 및 현지 사회의 지식·기술 및 관습의 존중·보존·유지 등을 들 수 있다. 현지 외 보존조치란 생물다양성 구성요소를 자연서식지 외의 장소에서(식물원, 동물원, 유전자은행 등) 보존하는 것을 말한다(나태준 외, 2013).

11) 1994년 제1차(바하마), 1995년 제2차(자카르타), 1996년 제3차(부에노스아이레스) 당사국총회가 개최되었고, 이후에는 2년에 한 번씩 개최되고 있다. 다만 제15차 당사국총회는 코로나-19로 인해 연기되어 2021년과 2022년에 1부와 2부로 각각 나뉘어 개최되었다. 2021년 10월 중국 쿤밍에서 1부가 개최되어 쿤밍선언을 채택했고, 이를 바탕으로 2022년 12월에 캐나다 몬트리올에서 2부가 개최되어 쿤밍-몬트리올 GBF를 도출한 것이다. 이와 관련한 구체적인 사항은 환경부보도자료(2022e)를 참조할 수 있다.

〈표 7-5〉 쿤밍-몬트리올 글로벌 생물다양성 프레임워크(GBF)의 주요 내용

구분		내용
2050 비전		자연과 조화를 이루는 세계(a World of Living in Harmony with Nature)
2030 미션		인류와 지구의 편익를 위해, 생물다양성 손실을 막고 자연을 회복의 길로 되돌릴 수 있는 조치들을 긴급히 취함
2050 목표	목표 A	• 2050년까지 모든 생태계의 온전성 · 연결성 · 복원력을 유지 · 강화 또는 복원하고, 면적을 크게 확대 • 인간이 초래하는 것으로 알려진 생물종 멸종을 중단하고, 2050년까지 모든 종의 멸종률 및 위험을 1/10로 감소시키며, 토착종의 개체 수를 건강하고 복원 가능한 수준으로 증대 • 야생종 및 가축종의 개체군 내 유전자 다양성을 유지하여 적응역량 보호
	목표 B	• 생물다양성이 지속가능하게 이용 · 관리되며, 생태계 기능 및 서비스 등 자연이 인간에게 주는 혜택이 가치화되고, 유지 · 강화
	목표 C	• 유전자원, 유전자원과 관련된 디지털서열정보 및 전통지식의 이용에서 발생하는 금전적 · 비금전적 이익이 토착민과 지역사회 등에게 공정하고 공평하게 공유되고 대폭 증가할 수 있도록 하며, 국제적으로 합의된 유전자원의 접근 및 이익공유 체계에 따라 관련 전통지식을 적절히 보호
	목표 D	• GBF를 이행하기 위한 수단인 재원, 역량개발, 과학기술협력, 기술에 대한 접근 및 이전이 모든 당사국(특히, 개발도상국, 최빈국, 군서도서 개발도상국, 시장경제 전환국)에게 보장되고, 매년 7,000억 달러에 달하는 생물다양성 재정 격차를 점진적으로 줄이고, 재정의 흐름을 GBF와 동조화
2030 실천목표		생물다양성 위협 저감 관련 실천목표: 목표 1, 2, 3, 4, 5, 6, 7, 8
		지속가능한 이용 및 이익공유 관련 실천목표: 목표 9, 10, 11, 12, 13
		이행 및 주류화 관련 실천목표: 목표 14, 15, 16, 17, 18, 19, 20, 21, 22, 23

출처: 생물다양성협약 GBF 페이지(https://www.cbd.int/gbf/introduction/).

2010년에 수립된 「2011~2020 전략계획」을 대체한 것이다.[12)] GBF는 2050년까지 달성해야 할 4개 목표 및 2030년까지 달성해야 할 23개 실천목표를 담고 있다.[13)] 생물다양성협약 사무국은 UNEP가 위탁운영하고 있으며 몬트리올에 소재하고 있다. 사무국은 사무총장실, 협약집행을 위한 기술지원, 과학 · 평가 · 모니터링, 주류화 · 파트너십 · 현지파견, 바이오안정성의정서, 나고야의정서, 자원관리 · 회의지원 등의 부서들로 구성되어 있다. 사무국 외에 과학기술자문기구(SBSTTA)를 두고 있으며, 필요에 따

12) 「2011~2020 전략계획」에는 2020년까지 달성해야 할 목표들(이른바 Aichi Targets)이 담겼다. 생물다양성협약 사무국이 2020년 9월 발간한 보고서 *The 5th Global Biodiversity Outlook*(제5차 지구생물다양성전망)는 아이치목표의 달성에 관한 최종 평가결과를 담았는데, 20개 목표 중 완전히 달성한 것은 하나도 없으며, 단지 6개 목표에서 부분적 성과만 있었던 것으로 평가했다(환경부보도자료, 2020b). GBF는 이러한 평가결과(참담한 실패)에 대한 성찰에 기반하고 있다.

13) 지면의 제한으로 〈표 7-5〉에서는 23개 실천목표를 제시하지는 않고 3대 범주만 제시했다.

라 실무위원회를 설치하여 당사국총회 활동을 지원하기도 한다.

2) 카르타헤나의정서

바이오안전성에 관한 카르타헤나의정서(Cartagena Protocol on Biosafety to the Convention on Biological Diversity)는 생물다양성협약 부속 의정서다. 생물다양성협약 제19조 제3항 규정에 따라 유전자변형생물체(Living Modified Organisms: LMOs)의 국가 간 이동을 논의할 임시작업반이 설치되었고(결의 BS-II/5), 이 작업반이 1996년부터 1999년까지 여섯 차례의 회의를 통해 의정서 초안을 만들었다. 1999년 2월 콜롬비아 카르타헤나에서 개최된 당사국총회 특별회의에서 이를 두고 논의했으나 합의에 이르지는 못했다. 이후 2000년 1월 몬트리올에서 개최된 당사국총회 특별회의인 '유전자조작물질(Genetically Modified Organism: GMO) 교역에 관한 국제회의'에서 의정서가 채택되었다(결의 EM-I/1). 의정서 제29조의 규정에 따라 50번째 비준서가 제출된 지 90일이 지난 2003년 9월에 발효했다. 170개 이상의 국가들이 비준을 완료한 상태이며, 우리나라도 2007년에 비준했다. 아울러 우리나라는 의정서 관련 국내조치로 「유전자변형생물체의 국가 간 이동에 관한 법률」을 2001년에 제정하고, 2008년부터 시행에 들어갔다.

카르타헤나의정서의 주요 목적은 인간건강에 유해할 수 있는 유전자변형생물체의 취급, 운반, 사용 등을 규제함으로써, 궁극적으로 인간건강과 환경을 보호하는 데 있다. 이를 위해 모든 유전자변형생물체는 환경에 노출되기 전에 그 위험이 평가되고 명확히 표기되어야 한다. 유전자변형생물체는 생명공학기술에 의해 인위적으로 유전물질을 변형한 생물체를 말하며 세 가지로 구분된다(나태준 외, 2013). 첫째, 환경방출용 및 기타 유전자변형생물체다. 농산물 종자, 미생물농약, 환경정화용 미생물 등이 여기 포함되며, 수입국의 환경에 직접 방출되어 생태계 교란 등 직접적 위해를 가할 수 있는 것들이다. 이러한 유전자변형생물체의 국가 간 이동을 위해서는 사전통보합의(Advanced Informed Agreement: AIA)를 통한 수입국의 사전승인이 필요하며, 운송포장에 있어 유전자변형생물체임을 명기하고, 안전조치를 취하는 등의 엄격한 절차가 수반되어야 한다. 둘째, 식용·사료용·가공용 유전자변형생물체(LMO-FFPs)로 유전자변형생물체 중 대부분이 여기 속한다. 수입국의 국내법에 따라 사전통보합의에 갈음하는 다른 절차를 준용할 수 있다. 셋째, 연구목적으로 사용되며 환경방출 가능성이 적은 밀폐사용 유전자변형생물체가 있다. 이에 대해서는 수입 시 사전통보합의 절차가 적용되지 않는다.

3) 나고야의정서

생물다양성협약의 핵심은 생물자원에 대한 보유국의 주권적 권리를 인정하는 동시에 유전자원에 대한 접근과 이익공유(Access to Genetic Resources and Benefit Sharing, 이하 ABS)를 규정하는 데 있다. 생물다양성협약에는 이를 위한 구체적 이행방법 및 절차가 없었기 때문에, 2002년 헤이그에서 개최된 제6차 당사국총회는 「본 가이드라인(Bonn Guidelines)」을 채택한 바 있다. 하지만 이 역시 ABS의 기본적 틀만 제시한 법적 구속력이 없는 자발적 지침에 불과해 실질적인 이익공유가 어렵다는 우려가 개발도상국 중심으로 제기되었다. 생물자원이 풍부한 나라는 주로 개발도상국인데 반해 생물자원을 상업적으로 이용할 수 있는 능력은 주로 선진국이 보유하고 있어, 이익공유를 둘러싼 선진국과 개발도상국 간 대립 구도가 형성되어 왔고, 이에 따라 실효성 있는 새로운 ABS 국제규범을 제정할 필요성이 제기되었다.

2002년 WSSD는 ABS 국제규범 협상 개시를 권고했다. 2006년 제8차 생물다양성협약 당사국총회에서는 2010년 제10차 당사국총회까지 ABS 협상을 종결하기로 하고, 협상 일정으로 「본 로드맵(Bonn Roadmap)」을 채택했다. 2010년 제10차 당사국총회는

[그림 7-2] ABS의 구성요소

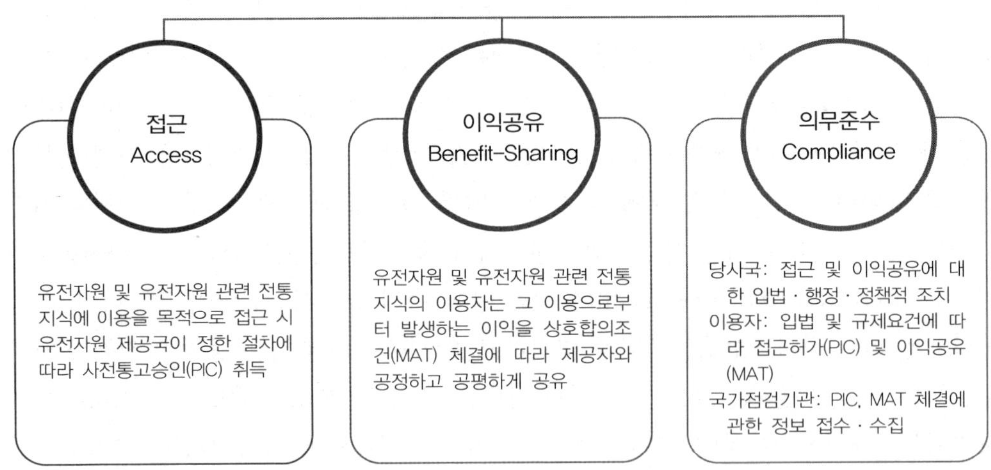

출처: 국립생물자원관(2022: 9).

나고야의정서를 채택했다(환경부, 2011a),[14] 의정서는 50번째 비준 제출 후 90일째 되는 날인 2014년 10월 12일에 발효했다. 나고야의정서 의사결정기구는 당사국회의(Meeting of Parties: MOP)이며, 생물다양성협약 사무국이 나고야의정서 사무국 역할도 맡고 있다.

나고야의정서는 전문, 36개의 조문, 1개의 부속서로 구성되어 있다. 전문에는 의정서의 채택 취지, 내용, 위임사항, 여타 협약과의 관계 등이 제시되었다. 주요 조문으로는 적용범위(제3조), 공평한 이익공유(제5조), 생물유전자원의 접근(제6조), 의무준수체계(제15조, 제16조, 제17조) 등을 들 수 있다. 부속서는 금전적 및 비금전적 이익의 종류를 예시하고 있다. 나고야의정서의 주요 내용은 다음과 같다(환경부, 2011a).

첫째, 생물유전자원 이용을 위한 접근(Access) 측면이다. 생물유전자원에 접근하려면 해당 생물유전자원의 제공국이 정한 절차에 따라 사전통고승인(Prior Informed Consent, 이하 PIC)을 얻어야 한다. 여기서 접근이란 생물유전자원의 이용(연구개발)을 위한 표본채취 등 사전활동을 말한다. 당사국들은 사전승인 대상 생물유전자원, 승인기관, 승인절차 등 PIC 관련 국내제도를 정비해야 한다. 토착 지역공동체(Indigenous and Local Communities, 이하 ILC)가 PIC 권한을 가진 경우에는 이를 국내법으로 명확히 규정해야 한다.

둘째, 이익공유(Benefit Sharing) 측면이다. 이익공유는 생물유전자원 제공국과 이용자 간에 체결한 상호합의조건(Mutually Agreed Terms, 이하 MAT)에 따라 실시한다. 당사국들은 MAT을 통해 이익이 공유되도록 입법, 행정, 정책적 조치를 마련할 책무가 있다. 공유대상 이익에는 사용료, 접근료 등 금전적 이익과 기술이전, 공동연구 등 비금전적 이익이 모두 포함된다.

셋째, 적용범위(Scope) 측면이다. 접근 및 이익공유가 적용되는 대상은 유전자원 및 토착 지역공동체가 보유한 유전자원 관련 전통지식이다. 자국 영토를 벗어난 공해 혹은 남극 등지에 존재하는 생물유전자원은 적용 대상에서 제외된다. 한편 인류의 보건, 동·식물 건강에 위해를 줄 수 있는 긴급상황 발생 시에는 병원균(예컨대, 전염병 백신 개발에 활용될 수 있는) 등 관련 생물유전자원의 ABS 절차를 간소화할 수 있다.

14) 나고야의정서의 공식 명칭은 '생물다양성 부속 유전자원에 대한 접근 및 유전자원 이용으로부터 발생하는 이익의 공정하고 공평한 공유에 관한 나고야의정서(Nagoya Protocol on Access to Genetic Resources and the Fair and Equitable Sharing of Benefits Arising from their Utilization to the Convention on Biological Diversity)'이다.

넷째, 의무준수(Compliance) 측면이다. 당사국들은 자국민이 외국의 생물유전자원을 이용할 때, 해당 국가의 ABS 관련 법규에 따른 PIC 획득 및 MAT 체결을 요구하는 입법, 행정, 정책적 조치를 해야 한다. 아울러 유전자원 이용 상황을 점검하는 기관(checkpoint)을 최소 1개 이상 설치하여, PIC, MAT, 유전자원의 출처, 이용 등에 관한 정보를 수집해야 한다. 또한 유전자원 제공국은 PIC 및 MAT에 근거하여 국제적으로 인증된 의무준수인증서를 발급해야 한다. 이때 PIC 획득 및 MAT 체결 사항을 정보공유체계(ABS Clearing-House Mechanism)에 등록하면 국제인증서로 인정하게 된다.

제 3 절 | 사막화

1 배경

사막화(desertification)는 많은 사람의 삶에 포괄적이면서도 직접적인 영향을 주는 환경문제다. 사막화는 토양 훼손과 질적 저하를 통해 첫째, 생물다양성을 감소시키고 토양 내 탄소 배출을 증가시켜 지구온난화를 가속하는 생태적 문제이고, 둘째, 토양과 산림의 생산성을 저해하는 경제적 문제이며, 셋째, 해당 지역의 물 부족과 식량 생산 저하를 가져와 갈등과 충돌을 초래하는 사회경제적 문제이고,[15] 넷째, 난민을 발생시키고 대기오염의 광역화를 초래하여 국가 간 갈등을 초래하는 외교적 문제다(나태준 외, 2013).[16]

사막화라는 용어는 1930년대부터 사용되었으나 국제사회의 관심 대상이 된 것은 1970년대 이후다. 특히 1980년대 발생한 아프리카의 극심한 가뭄과 기아로 인해 사막

15) 케냐에서는 극단적 기후변화로 북부지역이 사막화됨에 따라 부족해진 목초지와 가용 수원에 대한 접근을 놓고 지역민들 간 갈등이 발생하고 물리적 충돌이 일어났다. 빈곤, 폭력, 기후변화가 겹쳐 만들어내는 이른바 '재앙적 수렴(catastrophic convergence)' 현상이 나타난 것이다. 아프가니스탄에서는 전쟁과 빈곤으로 사회안전망이 무너진 상황에서 가뭄이 덮치자 물을 덜 먹는 양귀비 재배와 판매에 매달리는 현상이 발생했고, 인도와 파키스탄 간에는 기존의 종교문제와 기후변화에 따른 수자원 갈등이 겹친 카슈미르 분쟁이 발생했다. 브라질 리우데자네이루에서는 가뭄으로 인해 고향을 떠나 슬럼을 형성한 이주민 사회에서 폭력 현상이 나타났다(나태준 외, 2013).

16) 동아시아에서는 중국과 몽골의 사막화에 따른 황사 발생 증가로 대기오염, 호흡기질환 증가 등 건강문제와 함께 상당한 경제적 피해가 발생하고 있다.

화가 국제사회의 주요 의제로 부상했고, 그 대표적 결실이 1994년 체결된 사막화방지협약이다. 사막화방지협약 제1조(a)에서는 사막화를 '기후변동성과 인간 활동 등 다양한 요인에 의해 발생하는 건조, 준-건조, 건조습윤 지역에서의 토양의 질적 저하'로 정의했다(UN, 1994). 자연적 원인과 인위적 원인이 사막화를 가져왔다는 것이다. 자연적 원인으로는 기후, 토양상태, 하수, 지형, 지질, 그리고 이와 연관된 물 또는 바람에 의한 토양침식이나 염화 등이 있다. 인위적 원인으로는 인구증가, 사회경제적 구조 및 변동, 문화적 변화, 기술변화, 제도, 정책 등을 들 수 있다. 인간 활동에 따른 지구온난화 역시 사막화의 주된 원인이다(나태준 외, 2013).

2009년 지구생태보고서(World Ecology Report)에 의하면, 지표면의 약 41%, 경작가능지역의 약 44%가 건조지역이며, 이 지역에 약 20억 명의 인구가 거주한다. 역사적으로 나일강 유역이나 황하 유역처럼 오랜 시간을 두고 사막으로 변모한 곳들이 있으므로, 사막화가 전혀 새로운 현상은 아니다. 문제는 지금의 사막화가 과거의 사막화보다 30~35배에 달할 정도로 빠르고, 100개 이상의 국가에 걸쳐 진행된다는 데 있다.[17] 2018년 발표된 EU집행위원회 보고서에 따르면 육지의 75% 이상이 이미 훼손되었고 90% 이상이 2050년까지 훼손될 수 있다. 매년 200만km^2 가량의 육지가 훼손되고 있는데, 이는 유럽연합 전체 면적(418만km^2)의 거의 절반에 해당하는 면적이다. 특히 아프리카와 아시아에서 사막화 진행속도가 빠른 상황이다. 사막화로 인해 매년 수백억 유로의 경제적 손실이 발생하고, 2050년까지 세계 식량 생산의 10%가 감소할 수 있다(EU Commission, 2018).

사막화는 이처럼 지구 전역에서 발생하고 있으며, 지역에 따라 그 원인이 다양하지만,[18] 사막화의 영향을 받는 사람들은 대체로 빈곤하고 정치적으로 취약한 국가 및 계층이라 할 수 있다. 이런 국가와 계층일수록 사막화에 의해 상대적으로 큰 영향을 받는 산업(농업 등)에 대한 의존도가 높고, 사막화에 대한 적응역량이 낮기 때문이다. 하지만 사막화는 경제발전이나 기후변화 문제보다 정책적 우선순위가 낮고, 사막화를

---

17) https://www.nationalgeographic.com/environment/article/desertification(2018.5.5. 검색)

18) 사막화의 원인은 지역에 따라 다르다. 아랄해를 둘러싸고 있는 우즈베키스탄, 카자흐스탄 지역에서의 사막화는 농업용수의 과도한 사용이 주된 원인이다. 농업용수 사용에 따라 아랄해가 축소하고 소금사막이 생성된 것이다. 아프리카 사헬지역(북쪽으로 사하라, 남쪽으로 사바나와 경계를 이루는 사이 지역)의 사막화는 인구증가와 이에 따른 벌목, 불법적 농업, 주택건설용 토지 개간 등이 주된 원인이다(https://www.nationalgeographic.com/environment/article/desertification). 기후변화는 이 모든 원인의 영향을 가중시키는 요인이라 할 수 있다.

둘러싼 인과관계의 복잡성으로 인해 사막화 방지를 위한 정책적 노력은 충분치 못한 것이 현실이다. 사막화로 인해 직접적 피해를 보는 있는 국가들이 대체로 약소국이라는 점도 사막화 방지 논의의 진전을 저해하는 요인이라 할 수 있다. 이하에서는 1994년 체결된 사막화방지협약의 채택과정과 내용을 살펴보기로 한다.

2 사막화방지협약의 체결과 전개

1) 협약채택과정

사막화방지협약은 1994년 6월 채택되어 1996년 12월 발효되었으며, 2022년 말 현재 197개국(EU 포함)이 가입하고 있다. 협약이 채택되기까지 다양한 노력이 있었다(나태준 외, 2013). 최초의 논의는 1937년 영국과 프랑스의 서아프리카 식민정부가 사하라사막 남쪽 건조지역의 심각한 토양 훼손에 대한 보고서들을 검토하기 위해 구성한 합동산림위원회에서 이루어졌다. 이후 건조지역의 토양 훼손이 지속적이고 광범위하게 나타남에 따라, 1970년대에 사막화가 국제사회의 주요 의제로 부상했다. 1974년 UN총회는 사막화대책협의회 개최를 요청하는 결의안을 채택했다. 이에 따라 1977년 케냐 나이로비에서 90개국 500여 명의 대표가 참석한 가운데 UN사막화회의(United Nations Conference on Desertification: UNCOD)가 개최되었다. 이 회의에서는 「사막화 방지를 위한 행동계획(Plan of Action to Combat Desertification: PACD)」을 채택했다. PCAD는 세계 사막화 지도를 만들어 사막화가 전 세계적 현상임을 드러내기도 했으나, 법적 구속력이 없어 획기적 성과를 창출하지는 못한 것으로 평가되었다.

1985년 세계농업개발기금(IFDA)은 '가뭄과 사막화의 영향을 받는 사하라 이남 국가들을 위한 특별프로그램'을 수립하고, 25개국의 45개 프로젝트를 재정적으로 지원했다. 1992년 UNCED에서 아프리카 국가들은 사막화 방지를 위해 법적 구속력을 지닌 국제협약이 필요함을 강력히 제기했다. 1992년 UN총회는 사막화방지협약을 논의할 정부간협상위원회(INCD) 설립을 결의하고, 협상 시한을 1994년 6월로 설정했다(결의안 47/188). 위원회는 다섯 차례 회의를 진행했고, 1994년 파리에서 개최된 제5차 회의에서 사막화방지협약이 체결되었다. 우리나라는 1999년 비준서를 제출했고, 2011년 제10차 당사국총회를 창원에서 개최하여 과학기술과 정보공유 강화를 주된 내용으로 하는 「창원 Initiative」를 도출한 바 있다.

2) 사막화방지협약의 주요 내용

사막화방지협약의 공식 명칭은 '심각한 가뭄 또는 사막화를 겪고 있는 아프리카 지역 등 일부 국가들의 사막화 방지를 위한 UN협약(United Nations Convention to Combat Desertification in Those Countries Experiencing Serious Drought and/or Desertification Particularly in Africa: UNCCD)'이다. 협약은 전문, 40개 조항, 5개 부속서로 구성되었다. 세계를 아프리카, 아시아, 라틴아메리카와 캐리비안, 북부지중해, 중부 및 동부유럽 등 5개 지역으로 분류하고, 해당 지역의 특수한 사막화 문제를 다루기 위해 5개 부속서가 만들어진 것이다.

사막화방지협약은 회원국의 행동계획 등 사막화 방지 대응계획 수립 지원, 사막화 피해국의 문제 해결 능력 배양, 기술 및 재정지원 모색, 지식과 기술 교환, 협약 이행의 주기적 모니터링 및 그에 따른 정책적 조치 권고 등의 내용을 규정했다. 사막화의 직접적 영향을 받는 아프리카, 아시아, 라틴아메리카와 캐리비안, 북부 지중해 연안 국가들은 국가행동계획(National Action Plan: NAP)을 수립하고, 계획들의 조정과 이행을 추진하는 국가조정기관(National Coordination Body: NCB)을 설치하여 각국의 상황과 협약을 연계해야 한다. 사막화 영향이 간접적인 여타 국가들은 국가행동계획을 수립하거나 다른 사막화 방지전략을 채택할 수 있다. 재원 마련 차원에서는 기존의 재정지원 채널을 통한 조달에 더하여 이러한 노력을 지원하기 위한 기구로 글로벌메커니즘(Global Mechanism: GM)을 설치했다.

사막화방지협약의 특징은 다음과 같다(나태준 외, 2013). 첫째, 빈곤과 환경문제를 연계했다. 사막화와 가뭄이 기아, 빈곤, 열악한 영양 및 건강, 이주와 공동체 와해 등으로 인해 발생하는 사회경제적 문제와 상호작용 관계에 있음을 인식하고, 사막화와 가뭄의 물리적 · 생물적 · 사회경제적 측면을 모두 성찰하는 통합적 접근의 필요성을 명시했다. 둘째, 참여적 협약 이행을 강조했다. 사막화 영향을 받는 지역의 개발과 환경문제에 있어 각각의 특수한 상황에 맞는 해결방안을 제공하기 위해, 참여적이고 분산적이며 통합적인 접근방법을 제안했다. 협약 이행을 위해 국가, 지역, 마을공동체가 행동계획을 수립하고, 모든 이해당사자가 정책 결정과 이행의 모든 분야에 참여할 수 있도록 해야 함을 명시한 것이다. 셋째, 다른 환경협약과의 연계를 강조했다. 협약 제8조에서 기후변화협약 및 생물다양성협약과의 정책조정을 권고하고, 연구, 교육훈련, 체계적 관찰, 정보수집 및 공유 등의 부분에서 공동프로그램을 수행하도록 명시했다.

사막화방지협약의 최고의사결정기구는 당사국총회(Conference of Parties: COP)로 1997년 로마에서 개최된 제1차 당사국총회를 기점으로 2년마다 개최되고 있다. 2022년 제15차 당사국총회는 코트디부아르 아비장에서 개최되었다. 당사국총회의 부속기구로 협약이행검토위원회(Committee for the Review of the Implementation of the Convention: CRIC) 및 과학기술위원회(Committee on Science and Technology: CST)를 두고 있다. 사무국은 독일 본에 본부를 두고 있으며, 3개의 지역사무소(아프리카, 아시아, 중남미)와 3개의 연락사무소(뉴욕, 로마, 제네바)를 두고 있다.

3) 사막화방지협약의 성과 및 한계

사막화방지협약에는 2023년 현재 197개국이 가입되어 있고, 112개 국가가 국가행동계획(NAP)을 제출했다(www.unccd.int). 행동계획들에는 사막화의 원인과 영향이 상세히 기술되고 해결을 위한 수단들도 담겨 있다. 인접 국가 간의 정책조정을 거친 지역행동계획들도 다수 제출되었다.

이러한 외형적 성과에도 불구하고 사막화방지협약의 실질적 이행과 성과에 관해서는 회의적 시각이 지배적이다(나태준 외, 2013). 첫째, 사막화의 직접적 영향을 받는 국가들에서조차 사막화 문제의 정책 우선순위가 높지 않고, 정책추진을 뒷받침하는 제도적 기반이 취약한 경우가 많다. 이러한 상황은 간접적 영향을 받는 국가들이나 선진국이 재정 및 기술지원에 적극적으로 나서지 않게 하는 빌미가 되어 왔다. 둘째, 다른 국제환경협약이나 기구들과의 실질적인 공조가 미흡하다. 사막화가 빈곤과 연결되어 있음에도 불구하고, 빈곤퇴치나 농촌개발 등을 다루는 기구들(UNDP, IFAD, FAO 등)과의 공동노력이 제대로 이루어지지 못하고 있다. 셋째, 사막화방지협약을 아프리카 국가들만 연관된 '아프리카협약'으로 간주하는 경향도 국제사회의 광범위한 협력을 도출하지 못하는 요인이 되고 있다. 넷째, 과학적 기반이 약하다는 문제도 제기된다. UNCED에서 도출한 주요 3대 협약 중 하나로 거론됨에도 불구하고, 사막화방지협약에 대한 인식과 이해는 기후변화협약이나 생물다양성협약에 비해 낮은 것이 현실이다. 사막화 과정에 대한 과학적 기반이 불확실하고, 사막화 방지를 위해 특정 시기까지 달성할 목표(온실가스감축목표와 같은)가 설정되지 않아, 과학적 논의보다는 정치적 토론이 지배하는 경우가 많다. 다섯째, 당사국 간 이해관계의 차이가 매우 분명하게 드러난다. 피해국인 개발도상국을 선진국이 일방적으로 지원하는 구조로 되어 있어 양자 간 공감대 형성이 어려운 실정이다.

제 3 부

한국 환경정책의 맥락과 기반

한국의 환경현황

제 1 절 | 물리적 및 사회경제적 조건

1 물리적 조건

한 국가의 환경은 기본적으로 주어진 물리적 조건에 의해 가장 큰 영향을 받기 마련이다. 우리나라에 주어진 물리적 조건들은 지리적 특성, 기후적 특성, 생태적 특성 측면에서 살펴볼 수 있다.

1) 지리적 특성

우리나라는 아시아 대륙의 북동부로부터 서남부 방향으로 뻗은 한반도와 3,358개의 도서로 구성되어 있다. 총면적은 22.3만km^2이며, 이 중 남한 면적은 약 10만km^2로 전체의 45%를 차지한다.[1)] 간석지를 포함한 대륙붕은 육지 면적의 2배가 넘는 50만km^2(남한은 34.5만km^2)이며, 이 가운데 80%가 서해안에 분포하고 있다.[2)]

지층의 약 66%가 신생대에 형성되었고, 화강암과 편마암이 전체의 70% 이상을

1) 남한 면적은 2013년 현재 100,266km^2로, 지적통계가 최초로 작성된 1970년에 비해 2,075km^2 증가했다. 서울시 면적의 약 3.4배에 달하는 면적이 증가한 것이다. 면적 증가의 가장 중요한 요인은 간척사업이다(환경부, 2014c).

2) 대륙붕(continental shelf)이란 수심이 200m 이하인, 대륙의 연장 부분을 말한다. 1958년 UN이 체결한 대륙붕협약에 따라 대륙붕의 해저 자원에 대한 연안국의 권리를 인정하고 있다. 동중국해 대륙붕을 차지하기 위해 한국, 중국, 일본이 경쟁을 벌이고 있다.

차지한다. 전형적인 동고서저(東高西低)의 지형으로 동쪽은 급경사면, 서남쪽은 완경사면을 이루고 있다. 설악산, 오대산, 소백산, 지리산 등을 중심으로 남북으로 뻗은 백두대간과 그로부터 갈라진 산맥축이 주요 능선을 구성하고 있으며, 남서쪽으로 내려오면서 침식평야의 농경지를 이루고 있다. 이와 같은 지리적 특성으로 인해 서남쪽으로는 큰 하천이 완만하게 흐르며, 동쪽으로는 짧은 하천이 급류를 이루고 있다. 전체 국토의 70% 이상이 산지이며, 경사도 5° 이하의 평탄한 지역은 약 23%에 불과한데, 그마저 대부분 서해안과 남해안에 연접하여 분포하고 있다.

우리나라는 국토의 3면을 해양에 접하고 있으므로, 해양이 환경과 경제 모두에 있어 매우 중요한 의미를 지닌다. 2013년 기준 해안선 길이는 14,963km인데, 이는 지구 적도 둘레의 37%에 맞먹는 것이다.3) 해안선 중 육지부가 52%, 도서부가 48%를 차지한다. 자연해안 연장이 66%고 인공해안(연안개발과 항만공사 등으로 형성된) 연장이 34%다. 총 3,358개의 도서 중 사람이 사는 유인도서는 482개다. 전라남도가 전체 도서의 62%인 1,969개, 경상남도가 전체 도서의 13%인 425개를 차지하고 있다. 해양생태계에 있어 중요한 의미를 지니는 연안습지(갯벌)는 1987년 3,203km^{2}던 것이 간척사업 등에 따라 2018년에는 2,482km^{2}로 22.5% 감소했다. 연안습지가 이처럼 급속하게 감소하는 것은 환경 및 생태계 측면에서 우려할 만한 일이다.

2) 기후적 특성

우리나라는 아시아 대륙의 동쪽 중위도(33°~43°N, 124°~132°E)에 위치함으로써, 사계절이 뚜렷한 중위도 온대성 기후를 가지고 있다. 겨울에는 한랭건조한 대륙고기압의 영향을 받아 차고 건조하며, 여름에는 고온다습한 북태평양고기압의 영향으로 습하고 무더운 날씨를 보인다. 봄과 가을에는 이동성 고기압의 영향으로 맑고 건조한 날이 많다. 주요 기후인자를 살펴보면 다음과 같다.4)

연평균 기온은 10~15℃ 정도이며, 2021년에는 13.3℃를 기록했다. 이는 최근 10년(2012~2021년) 평균보다는 0.4℃, 평년(1991~2020년)보다는 0.8℃ 높은 것이다(e-나라지표).5) 여름과 겨울의 기온 차이는 매우 큰 편이며, 가장 추운 시점과 가장 더운

3) 미국항공우주국(NASA)이 계산한 지구 적도의 둘레는 40,030km이다.
4) 기상청이 운영하는 '기상청 날씨누리' 사이트에서 좀 더 자세한 자료들을 볼 수 있다.
5) 우리나라에서도 온난화 추세는 뚜렷하게 나타나고 있다. 관측 이래 연평균 기온이 가장 높았던 해의 순서를 보면, 1위가 2016년, 2위가 2021년과 2019년, 4위가 1998년, 5위가 2015년이다(e-나라지표). 최근으로 올수록 연평균 기온이 높아지는 경향을 보인다.

시점 간에 40℃ 이상 차이가 나는 지역도 있다. 서울의 경우 1월과 8월의 평균기온 차이는 30℃ 정도다.

연평균 강수량은 약 1,300mm로 상당히 많은 편이다. 따라서 세간의 인식과는 달리 우리나라는 '물 부족 국가'가 아니며, 일시적 물 부족 현상이 지역적으로 나타난다고 이해하는 것이 더 정확하다.[6] 우리나라는 우기와 건기가 비교적 뚜렷해 전체 강수의 50~60%가 6~8월에 집중적으로 내린다. 그뿐 아니라 연간 강수량 1,267억m^3의 약 55%인 697억m^3가 해양으로 유출됨으로써 비교적 유출량 비중이 큰 편이다. 상대적으로 유역이 작고 유역 경사가 급하며 유로 연장이 짧은 지형적 특성, 그리고 집중호우에 의해 일시에 대량 유출되는 수문특성 때문이다. 이에 따라 적지 않은 강수량에도 불구하고, 지역에 따라서는 일시적으로 물 부족 현상이 나타나는 것이다.

바람은 겨울에는 북서풍이 여름에는 남서풍이 강하다. 계절에 따라 편차가 있으며, 대체로 9월과 10월에는 바람이 비교적 약하게 분다. 북태평양 서부에서 연중 26개 정도의 태풍이 발생하는데, 이 중 3개 내외가 우리나라에 직・간접적 영향을 준다. 습도는 전국적으로 연평균 60~75% 수준인데, 7~8월에는 70~85%, 3~4월에는 50~70% 정도다.

3) 생태계 특성

우리나라 생태계의 근간은 백두대간을 축으로 한 산악생태계다. 난대에서 한대에 이르는 다양한 식생대가 분포하며, 독특한 지형과 지세 및 기후여건을 가지고 있고, 산림생태계와 연안생태계가 연결됨으로써 국토의 면적에 비해 다양한 자연식생을 가지고 있다(환경부, 2012). 2001년에 설립되어 세계적으로 파악된 생물 종 온라인 DB를 구축하고 관리하는 COL(Catalogue of Life)에 따르면, 2022년 9월 기준 세계적으로 확인된 생물종은 총 2,067,951종이다.[7] 2023년 3월 기준 확인된 국내 생물종은 58,050종인데,[8] 동물계 39,941종, 식물계 8,192종, 유색조실식물계 3,212종, 균계 6,116종,

---

6) 강수량을 고려할 때 우리나라를 '물 부족 국가'로 규정하는 것은 부적절하다. 우리나라의 연간 강수량은 OECD 국가 중 10위 이내에 들 정도로 많은 편이다. G7 국가로 한정하면 우리나라의 강수량은 일본을 제외한 여타 국가들보다 훨씬 많다(data.worldbank.org). G7 국가들의 연간 강수량을 보면, 2019년 기준 미국(715mm), 일본(1,668mm), 프랑스(867mm), 독일(700), 영국(1,220mm), 호주(534mm), 캐나다(537mm) 등이다. 게다가 기후변화에 따라 우리나라의 강수량은 더 늘어날 전망이다. 이처럼 우리나라가 '숙명적으로' 물이 부족한 나라가 아니므로, 지역적이고 일시적인 물 부족 문제는 강수를 어떻게 관리하느냐에 따라 해결할 수 있는 문제다.

7) COL의 생물종 수는 매월 업데이트된다. 자세한 사항은 COL 홈페이지(catalogueoflife.org) 참조.

원생동물계 2,883종, 세균계 4,682종, 고세균계 24종 등이다.

우리나라의 생물다양성은 여러 요인에 의해 위협받고 있다(환경부, 2012). 도시화, 산업화, 산림전용 등 토지이용 변화에 따라 동·식물 서식지가 감소해 왔다. 조림, 군락복원, 산림 자연회복 등의 증가에도 불구하고, 산림면적은 매년 감소하고 있다. 세계평균보다 빠르게 진행되고 있는 기후변화 역시 생물다양성을 위협하는 요인이다. 예를 들어, 여름 기온 상승으로 고유종인 한라산의 구상나무 개체 수가 감소하고 있으며, 수온 상승에 따라 열대해역 서식생물이 국내 연안까지 올라오고 기존 자생생물이 사라지기도 한다. 외래생물 유입도 생물다양성을 위협하는 요인 중 하나다. 「제2차 외래생물 관리계획(2019~2023)」에 따르면, 외래생물의 국내 유입은 2009년 894종에서 2018년 2,160종으로 2배 이상 증가했다(관계부처합동, 2019b).

생물다양성을 보호하기 위해 우리나라는 국가보호종을 지정하고 있다. 환경부, 해양수산부, 농림축산식품부 등이 각각 관련 법률에 따라 특정 생물들을 지정 보호하는 것이다. 환경부는 「야생생물 보호 및 관리에 관한 법률」에 따라 멸종위기 야생생물을 지정한다. 「야생생물 보호 및 관리에 관한 법률 시행규칙」 [별표 1]에서 2023년 현재 282종(Ⅰ급 68종, Ⅱ급 214종)의 멸종위기 야생생물을 지정하고 있다. 해양수산부는 「해양생태계의 보전 및 관리에 관한 법률」에 따라 해양보호생물을 지정한다. 「해양생태계의 보전 및 관리에 관한 법률 시행규칙」 [별표 3]에서 2023년 현재 91종의 해양보호생물을 지정하고 있다. 농림축산식품부는 「수목원·정원의 조성 및 진흥에 관한 법률」에 따라 희귀식물·특산식물을 각각 지정하고 있다.[9] 2023년 현재 「수목원·정원의 조성 및 진흥에 관한 법률 시행규칙」 [별표 1의3]에서 571종의 희귀식물을, [별표 1의4]에서 360개의 특산식물을 각각 지정하고 있다.

---

8) 국내 생물종 통계는 국립생물자원관 홈페이지(www.kbr.go.kr)에서 확인할 수 있다. 매년 새롭게 확인되는 종들이 있으므로 주기적으로 업데이트된다. 2023년 발표된 생물종 수는 10년 전인 2013년 발표된 생물종 수(41,438종)보다 대폭 증가했음을 알 수 있다. 아울러 우리나라는 생물종에 대한 파악이 늦게 시작되었기 때문에 아직 밝혀지지 않은 종들이 많을 것으로 짐작된다.

9) 희귀식물이란 자생식물 중 개체 수와 자생지가 감소하고 있어 특별한 보호·관리가 필요한 식물로서 농림축산식품부령으로 정하는 식물을 말하며, 특산식물이란 자생식물 중 우리나라에만 분포하고 있는 식물로서 농림축산식품부령으로 정하는 식물을 말한다(수목원·정원의 조성 및 진흥에 관한 법률 제2조).

2 사회경제적 조건

1) 인구 특성

인구증가는 환경에 영향을 미치는 가장 중요한 인위적 요인으로 여겨져 왔다. 인구가 증가할수록 이를 부양하는 과정에서 환경에 미치는 영향도 커지기 때문이다. 세계적으로 인구가 특히 급속히 늘어난 것은 20세기 중반 이후다. 현재 선진국은 낮은 출생률과 낮은 사망률을, 개발도상국은 높은 출생률과 낮은 사망률을 보인다는 점에서 개발도상국 중심의 인구증가가 전 세계 인구증가를 견인하는 상황이다. 이러한 상황은 앞으로도 상당 기간 지속할 전망이다.

우리나라 인구도 극적으로 증가해 왔다. 남한 인구는 정부가 수립된 1948년에 약 2천만 명이던 것이 1967년에 3천만 명, 1984년에 4천만 명, 2012년에 5천만 명으로 증가했다. 정부 수립 이후 불과 64년 만에 인구가 2.5배가 된 것이다. 하지만 최근 낮은 출생률(2022년 기준 0.78명) 지속에 따라 2019년(5,185만 명)을 정점으로 인구는 감소추세를 나타내고 있다. 아울러 고령화가 급속히 진행되어 2025년에는 65세 이상 고령 인구비율이 20%를 넘는 초고령사회에 진입할 전망이다.[10)]

인구감소와 고령화는 사회 전반에 이미 상당한 영향을 미치고 있으며, 특히 노년부양비의 증가가 심각한 문제로 대두되고 있다.[11)] 통계청에 따르면, 2022년 현재 노년부양비는 24.6%로 생산가능인구 4명이 고령인구 1명을 부양하는 수준이다. 하지만 2070년이 되면 이것이 100%에 도달하여 생산가능인구 1명이 고령인구 1명을 부양하는 구조가 될 전망이다(매일경제, 2022년 9월 5일). 이러한 추세는 세대갈등을 촉발하고 사회 전반의 활력을 저해하는 등 매우 심각한 문제들을 초래할 수 있다.

인구밀도는 대단히 높은 편이다. 세계은행 자료에 따르면, 2020년 현재 우리나라 인구밀도는 531명/km^{2}로 OECD 국가 중에서 가장 높은 수준이다(data.worldbank.org). 인구밀도가 높다는 것은 그만큼 1인당 생태용량이 적다는 것, 국토 중 사람들의 영향이 닿지 않은 곳이 그만큼 적다는 것을 의미한다. 특히 인구의 절반 이상이 수도권에 거주하므로, 수도권의 인구밀도는 매우 높다. 그 중에서도 서울의 인구밀도는 2021년

10) 65세 이상 인구의 비율이 7%를 넘으면 고령화사회, 14%를 넘으면 고령사회, 20%를 넘으면 초고령사회로 분류한다. 일본은 2005년에 세계 최초로 초고령사회에 진입했으며, 현재는 75세 이상 인구 비중도 20%를 넘어섰다.

11) 노년부양비는 노년 인구에 대한 생산가능인구의 경제적 부담을 나타내는 대표적 지표다. '고령인구 수(65세 이상)÷생산가능인구 수(15~64세)×100'으로 계산한다.

말 기준 16,699명/km²으로 우리나라 평균 인구밀도의 30배가 넘는다. 한편 도시화율(도시지역 거주 인구비율)은 1960년 39.1%, 1970년 50.1%, 1980년 68.7%, 1990년 81.9%, 2000년 88.3%, 2010년 90.9%, 2020년 91.8%로 증가했다(환경부, 2014c; e-나라지표). 인구 대부분이 도시공간에 거주하게 됨으로써, 도시공간에서의 환경 질 문제가 점점 더 중요한 관심사가 되고 있다.

2) 경제활동 특성

경제활동은 기본적으로 자원을 사용하고 그에 따른 부산물(오염물질 및 고형폐기물 등)을 배출하는 활동이다. 인구가 늘어나면 경제활동도 그만큼 늘어나고, 이에 따라 환경에 대한 영향도 더 커지기 마련이다. 아울러 경제가 성장하고 소득이 증가하면 1인당 자원사용이 늘어나므로, 경제활동이 환경에 미치는 영향은 훨씬 더 극적으로 증가한다. 즉, 인구증가와 경제성장이 맞물리면 환경에 주는 영향은 폭발적으로 증가하게 된다는 것이다.

우리나라가 초기 경제성장을 추진하는 데 있어 활용한 수단 중 하나가 경제개발계획이다. 제1차 경제개발 5개년계획은 1962~1966년 기간을 대상으로 추진되었다. 그 직전 연도인 1961년에 우리나라 인구는 약 2,577만 명이었고, 1인당 소득은 94달러에 불과했다. 그로부터 60년이 지난 2021년 말 기준으로 인구는 5,174만 명으로 약 2배 증가했고, 1인당 소득은 35,373달러로 약 376배 증가했다. 경제활동의 확대는 사람들의 활동반경 확대와 긴밀하게 연관된다. 2023년 6월 말 기준 자동차 누적등록 대수는 2,576만대다(국토교통부보도자료, 2023). 1970년에 13만대였으니 50여 년 동안 200배 가까이 증가한 셈이다. 국민 중 해외여행객 수도 1970년에 연간 17.3만 명이었는데(여행신문, 2001년 7월 6일), 2019년에는 2,871만 명으로 166배 증가했다. 한국교통연구원이 집계하는 통계에 따르면, 연간 국가물류비는 2000년에 약 80.7조 원이었으나 2020년에는 약 226.2조 원으로 20년 동안 약 2.8배 증가했다(한국교통연구원, 2018; e-나라지표).[12] 경제활동 증가에 따라 에너지 사용도 급증했다. 1인당 전력소비량은 1981년 915(kwh)에서 2021년 10,330(kwh)로 지난 40여 년 동안 11배 이상 증가했다(e-나라지표).

물론 정부와 시민들의 환경개선 및 복원 노력이 있었고, 모든 경제활동이 환경파

12) 국제항공 및 해운수송비를 제외한 국내 물류비를 산정한 것이다.

괴로 이어지는 것은 아니더라도, 급속한 인구증가, 소득증가, 경제활동 증가가 환경에 대한 인위적 영향을 극적으로 증가시켰음은 분명하다.

3) 토지이용 특성

우리나라는「국토의 계획 및 이용에 관한 법률」제6조에 근거하여 전국의 토지를 도시지역, 관리지역,[13] 농림지역, 자연환경보전지역 등 4개의 용도지역으로 구분한다. 모든 토지는 4개의 용도지역 중 하나로 지정되며 원칙적으로 중복지정은 없다. 용도지역별 현황 및 변화를 보면 대략적인 토지이용 특성을 파악할 수 있다. 2022년 기준 도시지역 16.7%(1997년 14.2%), 관리지역 25.8%(1997년 26.7%), 농림지역 46.3%(1997년 47.8%), 자연환경보전지역 11.2%(1997년 11.3%) 등이다(환경부, 2014c; e-나라지표). 비중 면에서 도시지역은 증가했고, 관리지역과 농림지역은 감소했으며, 자연환경보전지역은 큰 변화가 없었다. 최근에도 여전히 도시화가 지속되고 있음을 이러한 토지이용 변화를 통해 짐작할 수 있다.

지목별로 보면 토지이용의 특성을 좀 더 구체적으로 이해할 수 있다. 지목이란 토지를 이용 용도별로 구분한 것인데, 현재 전국 토지를 주된 용도에 따라 28개 지목으로 분류하고 있다.[14] 2013년 현재 임야가 차지하는 비중이 64%로 가장 크며, 답(11.6%), 전(7.7%) 등의 순으로 크다. 1980~2013년 동안의 변화를 보면, 특히 도로와 대지의 비율이 늘어난 대신 전(논), 답(밭), 임야의 비율은 줄어든 것으로 나타났다([그림 8-1] 참조). 도시화, 산업화, 고속도로 확충, 신도시 개발 등에 따라 녹지면적의 비중이 전반적으로 감소했음을 알 수 있다.

하지만 우리나라는 산림면적 비율이 높아 전체 녹지면적 비율도 세계적으로 매우 높은 편에 속한다. 2011년 기준으로 OECD 국가들의 평균 산림면적 비율은 31%이며, 우리나라는 핀란드(73%), 스웨덴(69%), 일본(69%)에 이어 네 번째로 높다.[15] 참고로 OECD 국가들의 산림면적은 전 세계 산림면적의 약 25%를 차지한다(환경부, 2014c).

13) 관리지역은 도시지역의 인구와 산업을 수용하기 위하여 도시지역에 준하여 체계적으로 관리하거나, 농림업의 진흥, 자연환경 또는 산림의 보전을 위하여 농림지역 또는 자연환경보전지역에 준하여 관리할 필요가 있는 지역이다. 다른 용도지역들의 기능을 보완하는 성격을 지닌다고 볼 수 있다.

14) 전, 답, 과수원, 목장용지, 임야, 광천지, 염전, 대지, 공장용지, 학교용지, 주차장, 주유소용지, 창고용지, 도로, 철도용지, 제방, 하천, 구거, 유지, 양어장, 수도용지, 공원, 체육용지, 유원지, 종교용지, 사적지, 묘지, 잡종지 등이다.

15) 2020년 말 기준 우리나라의 산림면적비율은 62.7%다(e-나라지표).

아울러 산림면적이 감소하고 있음에도 불구하고, 조림사업의 성과에 따라 임목축적은16) 증가하고 있다.

[그림 8-1] 주요 지목의 비율 변화(1980~2013)

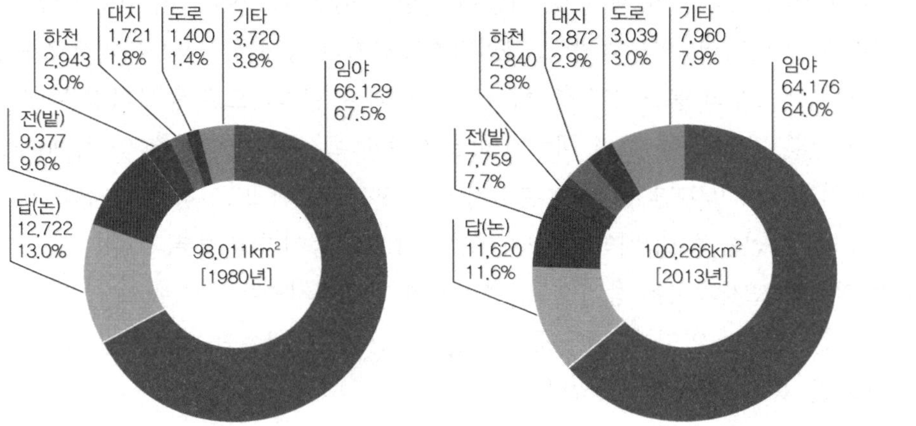

출처: 환경부(2014c: 20).

〈표 8-1〉 우리나라의 산림면적 및 임목축적

연도	2005년	2010년	2015년	2020년
산림면적(ha)	6,394	6,369	6,335	6,286
임목축적(백만m^3)	506	800	925	1,038

출처: e-나라지표.

제 2 절 | 환경오염현황 및 성과

환경현황을 판단하는 근거로 크게 두 가지를 생각해 볼 수 있다. 하나는 대기, 수질, 토양 등 주요 환경문제 영역별로 오염현황을 살펴보는 것이다. 다른 하나는 국제적으로 개별 국가들의 환경성과를 비교 평가한 결과들을 살펴보는 것이다. 이하에서

16) 임목축적은 산림의 나무 총량을 나타낸다. 참고로 2020년 기준 단위면적(ha)당 임목축적은 OECD 국가는 평균 131m^3이며, 우리나라는 165.2m^3다(e-나라지표).

는 이러한 두 측면에서 우리나라의 환경현황을 살펴본다.

1 주요 환경오염현황

1) 대기오염

우리나라 「대기환경보전법」에 따른 대기오염물질 배출업소는[17] 연간 배출량에 따라 1종(80t 이상), 2종(20~80t), 3종(10~20t), 4종(2~10t), 5종(2t 미만)으로 구분된다. 1995년 대기오염물질 배출업소는 모두 28,801개였는데, 2022년에는 65,733개로 27년 동안 2배 이상 증가했다(e-나라지표). 이 중 5종이 38,444개(58.5%), 4종이 21,471개(32.7%)다. 서울, 부산, 대구, 인천, 광주, 대전, 울산, 세종 등 8개 주요 도시에 있어 이산화황, 이산화질소, 미세먼지(PM_{10}), 초미세먼지($PM_{2.5}$) 등 주요 오염물질별로 과거와 최근의 대기오염현황을 보면 〈표 8-2〉와 같다.

〈표 8-2〉 주요 도시의 대기오염현황

(단위: 연평균 ppm)

오염물질	이산화황 (SO_2)		이산화질소 (NO_2)		미세먼지 (PM_{10})		초미세먼지 ($PM_{2.5}$)	
연도	2012	2021	2012	2021	2012	2021	2015	2021
서울	0.005	0.003	0.030	0.024	41	38	23	20
부산	0.006	0.003	0.020	0.015	43	32	26	15
대구	0.004	0.002	0.021	0.016	42	35	26	17
인천	0.007	0.003	0.027	0.021	47	39	29	20
광주	0.004	0.003	0.019	0.014	38	34	26	13
대전	0.004	0.003	0.021	0.017	39	36	28	16
울산	0.008	0.003	0.023	0.017	46	30	25	15
세종		0.003		0.016		39		18

출처: e-나라지표(www.index.go.kr).

이산화황 오염도는 1989년부터 최근까지 꾸준히 감소하고 있다. 현재 모든 지역에서 환경기준(연평균 0.02ppm 이하)을 넉넉히 충족하는 상황이다. 황 함유기준제도

17) 법적으로 대기오염물질 배출업소란 '대기오염물질을 배출하는 기계·기구 등 배출시설에 대한 설치허가(신고)를 득한 사업장'으로 정의된다.

(1981년), 고체연료사용 금지제도(1985년), 청정연료사용 의무화제도(1988년) 등 이산화황 배출감소를 위한 정책추진 결과로 볼 수 있다. 이산화질소 오염도 역시 환경기준(연평균 0.03ppm 이하)을 충족하고 있으며, 전국적으로 감소추세를 보인다.

미세먼지는 이산화황이나 이산화질소보다 체감영향이 훨씬 커서 우리나라 국민에게 가장 심각한 환경문제로 인식되어 있다. PM_{10}은 환경기준(연평균 50㎍/m³)을 외형적으로 충족하고 있으며 꾸준히 개선되고 있다. 서울의 경우 2000년 65㎍/m³, 2005년 58㎍/m³, 2010년 49㎍/m³, 2021년 38㎍/m³로 각각 개선되었다. 인체에 특히 위험한 것으로 판단되는 $PM_{2.5}$는 대부분 지역에서 환경기준(연평균 15㎍/m³)을 충족하지 못한다. 초미세먼지는 그 측정이 2015년부터 이루어지는 등 최근에서야 본격적으로 대처하기 시작했으나, 어느 정도 개선추세를 보이고 있다. 한편 미세먼지는 특정 계절에 집중적으로 발생하는 특징이 있으므로 연평균 차원에서만 그 위험도를 판단하는 것은 한계가 있으며, 중국 등 국외로부터의 유입도 많아 정책적 대응에도 상당한 어려움이 있다.

대기오염의 한 분야로 관리되고 있는 소음 · 진동 배출시설은[18] 2000년에 26,667개(정온지역[19] 1,720개, 정온지역 이외 지역 24,947개)이던 것이 2022년에는 42,951개(정온지역 791개, 정온지역 이외 지역 42,160개)로 약 1.6배 증가했다(e-나라지표). 다행히 삶의 질과 직결되는 정온지역에서의 소음 · 진동 배출시설은 2017년 이후 꾸준히 감소하는 추세를 보인다.

한편 온실가스종합정보센터에 따르면, 2020년 온실가스 배출량은 656(백만 $tCO_2eq.$)으로 집계되었다. 이는 1990년에 비해 124.7% 증가한 양이다(순 배출량은 143.3% 증가). 분야별로는 에너지 88.8%, 산업공정 7.4%, 농업 3.2%, 폐기물 2.5% 등으로, 에너지 소비에 따른 배출이 절대량을 차지하고 있다. 다만 최근 수년 동안에는 온실가스 배출량 증가세가 정체하거나 감소하고 있다. 온실가스 총배출량 감소가 더디긴 하지만, 온실가스 배출집약도(intensity)를 나타내는 '국내총생산(GDP)당 배출량'이 빠르게 하락하는 추세를 보이는 점은 고무적이다. 구체적으로 'GDP당 온실가스 총배출량(t/10억 원)'은 2013년 505t이던 것이 2020년에 357t으로 감소했다(온실가스종합정보센터, 2022).

18) 「소음 · 진동관리법」에서 '소음 · 진동을 많이 발생하는 기계 및 기구로 지정'된 시설이다.
19) 정온지역이란 학교 · 병원 · 공공도서관 인근 지역, 주거지역 등을 말한다.

〈표 8-3〉 우리나라의 연도별 온실가스 배출량

(단위: 백만 CO_2eq.)

분야 \ 연도	1990	2000	2010	2018	2019	2020	1990~2020 증가율
에너지	240.3	411.6	565.7	632.6	611.6	569.9	137.2%
산업공정	20.4	50.9	53.0	55.8	52.2	48.5	137.4%
농업	21.0	21.4	22.1	21.1	21.0	21.1	0.4%
폐기물	10.4	18.9	15.4	17.4	16.5	16.7	60.9%
LULUCF*	−37.9	−60.1	−56.1	−40.3	−37.7	−37.9	−0.2%
총 배출량 (LULUCF 제외)	292.1	502.7	656.1	727.0	701.2	656.2	124.7%
순 배출량 (LULUCF 포함)	254.2	442.6	600.0	686.6	663.5	618.3	143.3%

* LULUCF: Land Use, Land Use Change and Forestry.
출처: 온실가스종합정보센터(2022).

한편 기상청이 1999년부터 안면도 기후변화감시소(북위 36˚2', 동경 126˚19', 해발 고도 45.7m)에서 측정하고 있는 연평균 CO_2 농도는 매년 꾸준히 증가하여, 2022년에 연평균 425ppm으로 역대 최고치를 기록했다(기상청보도자료, 2023). 세계평균 이산화탄소 농도와 비슷한 수준이라 할 수 있다.

2) 수질오염

수질오염 측정에 활용되는 기준은 다양하지만 여기서는 주요 하천의 BOD 및 COD를 기준으로 평가해 보기로 한다. 「환경정책기본법 시행령」 [별표 1]에서는 수질 및 수생태계 환경기준을 정하고 있다. 하천은 수질에 따라 7등급으로 구분되며 각 등급을 판정하는 데 있어 모두 9개의 기준을 사용한다.[20] 4대강 주요 지점의 최근 10년 동안 BOD 및 COD 측정치를 보면 한강과 영산강은 좋음(Ⅰb)단계를, 금강은 좋음(Ⅰb) 또는 약간 좋음(Ⅱ)단계를 보이고 있다. 반면 낙동강은 보통(Ⅲ)단계로 수질오염이 상대적으로 더 심한 편이다.[21]

20) 이 중 BOD 및 COD를 보면 매우 좋음(Ⅰa)은 1 이하 및 2 이하, 좋음(Ⅰb)은 2 이하 및 4 이하, 약간 좋음(Ⅱ)은 3 이하 및 5 이하, 보통(Ⅲ)은 5 이하 및 7 이하, 약간 나쁨(Ⅳ)은 8 이하 및 9 이하, 나쁨(Ⅴ)은 10 이하 및 11 이하, 매우 나쁨(Ⅵ)은 10 초과 및 11 초과 등이다.

21) 「환경정책기본법 시행령」 [별표 1]에 따르면, '좋음'은 용존산소가 많은 편이고 오염물질이 거의 없는 청정상태에 근접한 생태계로, 여과·침전·살균 등 일반적인 정수처리 후 생활용수로 사용할

〈표 8-4〉 4대강 주요 지점의 수질현황

(단위: 연평균 mg/L)

연도		2014	2015	2016	2017	2018	2019	2020	2021	2022
BOD	한강(팔당댐)	1.2	1.3	1.3	1.1	1.2	1.2	1.1	1.1	1.0
	낙동강(물금)	2.3	2.2	2.0	2.0	2.0	1.9	1.7	1.9	2.2
	금강(대청댐)	1.0	1.0	0.9	0.8	0.9	0.8	0.9	0.8	0.7
	영산강(주암댐)	0.7	0.9	0.9	0.8	0.9	0.9	0.8	1.0	1.4
COD	한강(팔당댐)	3.5	3.5	3.9	3.7	3.8	3.9	3.7	3.6	3.5
	낙동강(물금)	6.3	6.4	6.4	6.2	6.8	5.8	5.8	6.2	6.4
	금강(대청댐)	4.0	3.8	4.2	4.3	4.8	4.7	4.9	4.6	4.3
	영산강(주암댐)	2.7	2.8	2.9	3.0	3.4	3.5	3.4	3.0	3.5

출처: e-나라지표(www.index.go.kr).

수질의 전반적 상태를 가늠할 수 있는 다른 지표로 상하수도 보급률을 들 수 있다. 상수도는 먹는물과, 그리고 하수도는 폐수처리와 관련되는 가장 중요한 시설이기 때문이다. 상수도보급률은 '총인구 중 수돗물을 공급받고 있는 인구의 비율(급수인구/총인구)'로 산정한다. 우리나라 상수도보급률은 1995년 82.9%였으나 2004년에 90%를 돌파했다. 2021년 현재 99.4%로 세계 최고 수준의 상수도보급률을 보인다. 다만 도시와 농촌 간에는 다소의 격차가 존재한다. 도시지역은 거의 100%지만 농어촌지역은 95.9% 수준이다. 다만 농어촌 상수도보급률 역시 2012년 88.2%에서 2021년 95.9%로 빠르게 증가하고 있다.

하수도보급률은 '총인구 중 공공하수처리시설(마을하수도 포함) 및 폐수종말처리시설을 통해 처리되는 하수처리구역 내에 거주하는 인구비율'로 산정된다. 1997년에 우리나라의 하수도보급률은 60.9%에 불과했으나, 2004년에 80%, 그리고 2010년에 90%에 도달했다. 2021년 현재 하수도보급률은 94.8%로 많이 향상되었으나 유럽의 주요 선진국들(거의 100%) 수준에는 미치지 못한다. 무엇보다 농어촌지역의 하수도보급률은 80% 미만으로 여전히 열악한 실정에 머물러 있다. 정부는 2025년까지 전국 하수도보급률을 96%로, 농어촌지역 하수도보급률을 80%로 향상하는 계획을 수립한

수 있는 상태다. '약간 좋음'은 약간의 오염물질은 있으나 용존산소가 많은 상태의 다소 좋은 생태계로, 여과 · 침전 · 살균 등 일반적인 정수처리 후 생활용수 또는 수영용수로 사용할 수 있는 상태다. '보통'은 보통의 오염물질로 인하여 용존산소가 소모되는 일반생태계로, 여과 · 침전 · 활성탄투입 · 살균 등 고도의 정수처리 후 생활용수로 이용하거나 일반적 정수처리 후 공업용수로 사용할 수 있는 상태를 말한다.

바 있다.

3) 토양오염

우리나라는 2023년 현재 23개 토양오염물질을 지정하고 각 물질에 대한 지역별 토양오염의 우려기준과 대책기준을 정하고 있다. 우려기준이란 '사람의 건강 · 재산이나 동물 · 식물의 생육에 지장을 줄 우려가 있는 토양오염의 기준'을 말하며(토양환경보전법 제4조의2), 대책기준이란 '우려기준을 초과하여 사람의 건강 및 재산과 동물 · 식물의 생육에 지장을 주어서 토양오염에 대한 대책이 필요한 토양오염의 기준'을 말한다(토양환경보전법 제16조).

「토양환경보전법」 제5조에 따라 지방자치단체장은 관할구역 중 토양오염이 우려되는 지역에 대하여 토양오염실태조사를 실시해야 한다. 시장 · 군수 · 구청장은 환경부령으로 정하는 바에 따라 토양오염실태조사의 결과를 시 · 도지사에게 보고해야 하며, 시 · 도지사는 환경부령으로 정하는 바에 따라 그가 실시한 토양오염실태조사의 결과와 시장 · 군수 · 구청장이 보고한 토양오염실태조사의 결과를 환경부장관에게 보고해야 한다. 현재는 토양오염물질별로 우려기준과 대책기준을 초과하는 지점의 수를 보고하는 식으로 실태조사가 이루어지고 있다. 2020년의 총 조사지점의 수는 2,619개였으며, 이 중 우려기준을 초과한 지점은 39곳, 우려기준뿐만 아니라 대책기준까지 초과한 지점은 12곳으로 조사되었다. 2011~2020년 동안의 실태조사결과를 보면 전체 지점 중 우려기준을 초과하는 지점의 비율은 1.4~2.6%,[22] 우려기준뿐만 아니라 대책기준까지 초과하는 지점의 비율은 0.2~0.8%였다.

〈표 8-5〉 토양오염실태조사 결과

연도		2011	2013	2015	2017	2019	2020
총 조사지점 수(A)		2,470	2,472	2,512	2,526	2,568	2,619
우려기준 초과 지점 수(B)		41	61	53	46	36	39
대책기준 초과 지점 수(C)		12	21	12	5	9	12
기준 초과비율	우려기준 초과율(B/A, %)	1.7	2.5	2.1	1.6	1.4	1.5
	대책기준 초과율(C/A, %)	0.5	0.8	0.5	0.2	0.4	0.5

출처: 환경부(2022a).

22) 2014년 우려기준 초과율이 2.6%였는데, 지면의 부족으로 표에서는 표시하지 않았다.

4) 화학물질배출

매년 엄청난 종류와 수의 화학물질들이 개발 및 유통되어 사람의 건강과 생태계에 크고 작은 부정적 영향을 끼치고 있다. 우리나라에서는 특히 2010년 이후에 화학물질관리 강화를 위해 다양한 입법이 이루어졌다. 화학물질관리의 기본이 되는 것이 배출량조사인데, 환경부는 매년 「화학물질배출량조사 결과보고」를 발표한다. 사업장 스스로 화학물질의 제조 및 사용 과정에서 대기, 수계, 토양 등 환경으로 배출되는 화학물질의 양을 파악해서 보고하면, 화학물질안전원 등의 검증을 거쳐 집계하는 방식을 취한다. 대상 업종과 사업장의 규모 및 화학물질 종류는 시기별로 약간의 차이가 있는데, 2017년 이후에는 40개 업종, 종업원 수 1인 이상 업체, 415종의 화학물질을 대상으로 조사가 이루어지고 있다. 〈표 8-6〉에서 보는 바와 같이 대기 중 배출이 전체 화학물질 배출의 대부분을 차지한다.

〈표 8-6〉 화학물질 배출현황

연도		2011	2013	2015	2017	2019	2020
조사사업장(개소)		3,159	3,435	3,634	3,732	3,858	3,803
조사화학물질(종)		242	228	226	226	229	228
배출량 (천 톤)	합계	52,289	50,767	53,732	56,232	56,263	60,206
	대기	52,105	50,544	53,486	55,961	56,027	59,936
	수계	184	223	246	272	251	270
	토양	0.0	0.0	0.0	0.0	0.0	0.0

출처: 환경부(2022b).

2 환경성과평가

국가들의 환경성과에 대한 외부평가로는 세계경제포럼(WEF)이 발표하는 환경성과지수(Environmental Performance Index: EPI)와 OECD가 발표하는 환경성과평가(Environmental Performance Review: EPR)가 있다. 우리나라 환경성과에 대한 이 두 기관의 평가결과를 통해 한국의 환경현황과 앞으로의 정책추진 방향을 어느 정도 가늠해 볼 수 있다.

1) 세계경제포럼 환경성과지수

환경성과지수는 환경지속성지수의 후속 작업의 결과다. 환경지속성지수(Environmental Sustainability Index: ESI)는 미국 예일대 환경법정책센터와 컬럼비아대 지구과학정보네트워크가 공동 작업으로 산정하여, 1999년부터 2005년까지 세계경제포럼의 이름으로 발표하던 것이다. 2006년부터는 그 명칭과 내용을 변경한 환경성과지수(EPI)를 2년마다 발표하고 있다. 우리나라는 2006년 133개국 중 42위, 2008년 149개국 중 51위, 2010년 163개국 중 94위, 2012년 132개국 중 43위, 2014년 178개국 중 43위, 2016년 180개국 중 80위, 2018년 180개국 중 60위, 2020년 180개국 중 28위, 2022년 180개국 중 63위로 각각 평가된 바 있다. 사용하는 평가지표는 매번 조금씩 달라지는데, 2022년 평가에서는 생태계 활력(Ecosystem Vitality), 건강(Health), 기후정책(Climate Policy) 등 세 분야로 구분하고, 모두 40개의 성과지표를 활용했다(Yale Center for Environmental Law & Policy, 2022).

〈표 8-7〉 2022년 환경성과지수(EPI) – 우리나라의 분야별 순위

<table>
<tr><th>부문</th><th colspan="2">평가지표</th><th>순위</th><th>점수</th></tr>
<tr><td rowspan="17">생태계 활력

순위: 70
점수: 48.8</td><td rowspan="7">생물다양성
순위: 78/점수: 61</td><td>육상보호생물군계(국내관점)</td><td>54</td><td>98.3</td></tr>
<tr><td>육상보호생물군계(국제관점)</td><td>49</td><td>98.3</td></tr>
<tr><td>해양보호구역</td><td>54</td><td>17.2</td></tr>
<tr><td>보호구역대표성지수(PARI)</td><td>125</td><td>19.7</td></tr>
<tr><td>생물다양성서식지지수(BHI)</td><td>103</td><td>41.6</td></tr>
<tr><td>종보호지수(SPI)</td><td>68</td><td>61.1</td></tr>
<tr><td>종서식지지수(SHI)</td><td>107</td><td>78.8</td></tr>
<tr><td rowspan="3">생태계서비스
순위: 134/점수: 17.7</td><td>수관피복(tree cover)손실</td><td>78</td><td>16.4</td></tr>
<tr><td>초지손실</td><td>157</td><td>13</td></tr>
<tr><td>습지손실</td><td>123</td><td>30.8</td></tr>
<tr><td rowspan="3">어업
순위: 112/점수: 12.8</td><td>어류남획정도</td><td>88</td><td>14.1</td></tr>
<tr><td>해양부영양화지수(MTI)</td><td>47</td><td>16.6</td></tr>
<tr><td>트롤어업에 의한 어획</td><td>72</td><td>6.5</td></tr>
<tr><td rowspan="2">산성화
순위: 60/점수: 84.3</td><td>SO_2 증가율</td><td>1</td><td>100</td></tr>
<tr><td>NO_x 증가율</td><td>82</td><td>68.6</td></tr>
<tr><td rowspan="2">농업
순위: 56/점수: 44.1</td><td>농약</td><td>63</td><td>36.4</td></tr>
<tr><td>지속가능질소관리지수(SNMI)</td><td>47</td><td>51.7</td></tr>
<tr><td>수자원</td><td>하수처리</td><td>22</td><td>76.8</td></tr>
</table>

건강 순위: 27 점수: 73.3	공기질 순위: 30/점수: 62.9	$PM_{2.5}$	45	47.2
		가정용고체연료	1	100
		Ozone	91	44.4
		NO_x	174	NA
		SO_2	174	NA
		CO	172	NA
		VOC	117	19.9
	마시는 물 순위: 23/점수: 90.8	위생	1	100
		음용수	26	84.6
	중금속	납	16	88.4
	폐기물관리 순위: 6/점수: 72.0	고형폐기물	12	97.9
		리사이클링	1	67.1
		해양플라스틱	97	24.9
기후정책 순위: 126 점수: 30.9	기후변화 순위: 126/점수: 30.9	CO_2 증가율	76	42
		CH_4 중가율	93	40.3
		F-gas 증가율	17	87.2
		N_2O 증가율	76	67.1
		블랙카본(Black Carbon) 증가율	1	100
		2050년 예상 온실가스 배출량	167	1.7
		토지피복 변화에 따른 CO_2 증가	63	53.1
		GHG 집약도 추이	87	49.9
		1인당 GHG	160	16.6
2022 EPI 순위: 63위(점수: 49.9)				

출처: https://epi.yale.edu/epi-results/2022/country/kor

우리나라에 대한 평가결과를 좀 더 자세히 살펴보면 어떤 부문에서 추가적 조치가 필요할지를 판단하는 데 도움을 받을 수 있다. 건강 부문(27위)에서는 비교적 양호한 평가를 받았다. 공기질(30위), 마시는 물(23위), 폐기물관리(6위) 등 비교적 오랫동안 관리해 오던 분야에서는 성과를 보여 왔다는 뜻이다. 생태계 활력 분야(70위)는 매회 평가에서 대체로 낮은 점수를 받은 분야다. 인구밀도가 높고 생태용량이 적기 때문에 극복하기 힘든 지표들이 다수 존재하기 때문이다. 그렇더라도 서식 생물종에 대한 DB 확대, 숲이나 늪지 개발 감소, 어류남획 감소 등은 정책적 노력으로 개선할 수 있는 일들이다. 가장 부정적인 평가를 받은 분야는 기후정책 분야(126위)다. 특히 2050년 온실가스 예상 배출량(167위)이나 1인당 온실가스 배출량(160위) 등에서는 거의 최하위 평가를 받았다. 탄소중립 달성 시점을 앞당기고, 이를 위해 모든 부문에서 온실가스 배출량을 획기적으로 감소해야 한다는 점을 강력히 시사하는 대목이다.

2) OECD 환경성과평가

OECD는 1992년부터 국가별 환경성과평가 보고서를 작성해 왔다.[23] 이 보고서는 주기적으로 업데이트되고 있는데, 현재까지 제3차 평가보고서가 작성된 나라들도 있다. 우리나라에 대한 보고서는 1997년, 2006년, 2017년에 각각 작성되었다. 2017년에 작성된 제3차 보고서는 제2차 보고서 작성 시점인 2006년 이후의 한국의 환경정책 성과를 바탕으로 작성되었으며, 모두 45개의 권고사항을 담았다. 이러한 권고사항들은 현재 미흡하여 개선이 필요한 사항, 그리고 좋은 성과를 보이지만 추가적 개선 가능성이 있는 사항 등을 포함하고 있다.

〈표 8-8〉 제3차 OECD 한국 환경성과평가 보고서의 권고사항들

기후변화, 대기질 관리, 환경정보
기후변화
• 2030 온실가스 배출감소목표 달성을 위해 분야별 감축목표 및 구체적 수단을 담은 로드맵 수립. 진전 상황 추적을 위한 중간단계 설정 및 필요 시 수정조치 마련 • 국제 기후변화 공약 이행과 부합할 수 있도록 에너지계획 수정
대기질 관리
• 수도권 밖 대규모 산업단지 지역에 대기오염물질 배출 총량관리시스템 도입 고려; 수도권지역 황산화물 및 질소산화물 배출총량규제는 지속 강화 • 차량 배출기준 강화와 동시에 테스트조건과 실제주행 결과 간 격차 감소 • 심각한 대기오염의 영향을 받는 지역에 배출저감구역 도입 노력 • 월경성 대기오염 해결을 위해 역내협력 추진
환경정보
• 국가 물정책 지원을 위한 종합적이고 일관된 물정보시스템 구축 노력; 국가 차원의 담수자원 및 취수 관련 정보를 더욱 자주 업데이트 • 대기오염원인(국내 vs. 월경) 및 각 원인별 인체에 미치는 영향에 대한 지식 강화
환경거버넌스 및 관리
• 모든 이해관계 부처 간 정책대화를 위해 기존 협력플랫폼을 활용하고 물관리기본법 도입을 통해 수자원관리에 있어 전정부적 접근을 지원; 기후변화·화학물질안전·생물다양성 등 주요 환경문제에 있어 부처 간 협력 강화

23) 2023년에 4주기 평가가 시작되었다. 보고서 작성 대상국에는 OECD 비회원국도 포함되어 있는데, 벨라루스, 브라질, 중국, 콜롬비아, 인도네시아, 러시아, 남아프리카공화국 등이다.

- 지방자치단체가 법정 환경책임 및 중앙정부로부터 위임된 과업을 감당할 수 있도록 역량 강화; 국가 환경규제의 효과적 집행을 담보할 수 있도록 필요재원 공급; 모든 정부단위에 대하여 환경성과지표시스템 강화
- 비용편익분석을 폭넓게 적용하여 환경정책과 규제에 대한 사전평가 강화 및 그 이행에 대한 사후평가 확대
- 환경영향평가 및 전략환경영향평가 적용범위를 지속적으로 확대하여, 유해산업시설은 규모에 상관없이 환경영향평가를 적용하고, 모든 토지이용계획을 포함하여 환경에 잠재적 영향을 미칠 수 있는 전반적인 정부정책 및 프로그램에 대하여 전략환경영향평가 실시. 이러한 수단들을 적절히 활용하여 환경적으로 민감한 지역에서의 무분별한 개발 방지; 토지이용계획과 자연보전계획 간 긴밀한 조정 추구
- 가용한 최선의 기술 활용, 규제기관 역량 강화, 이해당사자의 광범위한 참여를 전제로 주요 산업시설에 대한 통합적 배출허용기준 개혁을 일관되게 추진; 저위험 시설에 대한 개별-중간적 허용기준을 부문별 일반강제규정으로 대체하는 것을 고려
- 개별 산업시설의 환경위험 수준을 바탕으로 검사대상을 잘 선별하여 준수 모니터링의 효율성 제고; 행정적 강제도구를 강화하고, 위반자에 대한 벌칙 적용에 있어 검찰과 법원의 역할 강화

녹색성장

- 녹색성장에 대한 정치적 의지표명을 강화. 프레임워크의 설계, 모니터링 및 이행을 위한 역할과 책임 측면에서 정치적 및 제도적 안정성 제공
- 온실가스 감축, 대기오염 감소, 에너지안보 목표 달성을 위해 에너지부문 녹색화
- 온실가스 배출 감축목표 달성을 위해 ETS의 효과성 및 효율성 강화
- 환경적 외부효과 반영을 위해 세금, 요금 및 보조금 조정
- 교통 관련 온실가스 배출, 대기오염 및 교통정체 감소를 위한 조치 강화
- 상수도 및 위생 인프라 관련 재원조달의 장기적 지속가능성 확보
- 녹색혁신 배양 및 확산 노력 추구
- 녹색 공공조달과 소비자의 녹색구매 증진
- 양자 간 녹색 ODA 대폭 확대를 통해 2020년 목표인 전체 ODA 중 양자 간 ODA 비중 30% 달성; 지원금이나 양허성 차관이 수혜국의 경제적 상황, 재정현황, 거버넌스, 선호 및 필요에 맞게 사용될 수 있도록 보장

폐기물, 물질관리 및 순환경제

- 재활용 및 재활용시스템의 효율성 더욱 향상
- 2차 원재료 및 재활용품 시장을 통합 및 강화
- 물질과 제품의 전체 생애주기 및 가치사슬에 대한 고려를 바탕으로, 자원순환 비즈니스모델, 산업의 자원생산성, 폐기물 발생 억제를 더욱 촉진
- 비용절감 및 생산자부담원칙에 부합하는 경제적 도구를 보다 잘 활용함으로써, 지속가능한 물질관리의 경제적 효율성을 더욱 향상
- 폐기물회수 및 처리의 환경적 효과성을 지속적 개선
- 의사결정 지원, 정책효과성 평가, 대중에 대한 정보제공을 위해 폐기물과 물질에 관한 기존 데이터를 보다 적절하게 활용

환경정의
정책프레임워크

- 관련 법률과 정책에 환경정의 목표를 명시하고, 정책문서 간 일관성 유지를 통해 정책우선순위, 부처 간 책임소재, 환경정의에 대한 대중의 권리를 명확화; 적절한 법률 및 정책을 통해 환경정의 목표 이행

환경정의 및 광범위한 형평성 과제
• 환경정책의 효과성을 향상시키고 환경적 불평등을 줄이기 위해 사회적 불평등을 개선; 공공의 사회부문 지출 확대를 통해 사회안전망 강화
현재 세대에 대한 공정한 처우
• 광역 및 지역 상수도 추가 확대의 경제적 효율성과 소규모 마을상수도 품질개선 활동을 비교 평가; 독립 수도사업자가 효율성, 비용절감, 비용복구, 환경성과 등에 있어 지속적 개선을 이룰 수 있도록 이들을 독려하는 효과적 수단 확보 • 수도공급 및 위생서비스 요금 정책에 있어, 해당 부문의 재정안정성과 이들 서비스에 대한 공평한 접근성 보장을 견지한 상태에서 정책의 경제적, 환경적, 분배적 영향 평가 • 대도시지역 녹지에 대한 취약계층의 접근성 관련 정보를 우선적으로 수집하여, 우선순위가 높은 지역에 녹지공급 촉진; 도시계획에 있어 녹지문제를 전면적으로 고려 • 대도시, 산업단지, 오염지역 등의 환경보건문제에 대하여 경제적 분석을 포함한 분석을 확대하고, 파악된 위험을 관리하기 위한 효과적 조치 확보 • 도시와 농촌의 비교 및 취약가구 관점에서 환경위험 노출 정보수집 개선 • 입지선정 및 정책 수립 시 분배적 영향을 고려함으로써, 진행 중인 개발압력에 맞서 분배적 정의 향상
미래 세대에 대한 공정한 처우
• 정책 및 의사결정에 있어 미래 세대의 환경이익 고려(예: 녹색성장 및 지속가능발전정책 활성화)
환경배상책임
• 토양오염에 대한 배상책임제도를 모델로 수역과 수생태계에 대한 과거 훼손에 책임을 부과하는 엄격한 배상책임제도 도입; 버려진 모든 오염된 산업부지 등록을 지속적으로 업데이트하고, 점진적 오염제거를 위한 재정메커니즘 개발
환경민주주의
• 정보접근, 환경의사결정에 대한 대중의 참여, 효과적 환경감시를 위한 대중의 지원 조직화; 환경갈등을 건설적으로 해결하기 위한 법률 및 정책에의 접근에 관련한 핵심 절차적 권리 표명을 강화 • 배출허용기준 개발에 있어 대중의 참여메커니즘 도입 및 환경영향평가 과정에 일반시민(지역주민을 넘어서는) 및 NGOs의 의견이 반영되도록 함으로써, 환경적 의사결정에 대한 대중의 참여를 향상 • 배출권 적용, 정기적인 자체모니터링 보고서 및 검사보고서 작성, 대기오염물질 정보 등을 포함한 경제주체들의 환경행태 관련 기록공개를 확대하여 환경정보에 대한 접근성 강화 • 환경문제에 대한 사법적 접근 강화

출처: OECD(2017).

한국 환경정책의 전개

세계적으로 환경정책은 다른 정책들에 비해 비교적 늦게 추진되는 경향을 보였다. 산업발달이 먼저 이루어지고 그로 인한 환경문제가 나타남에 따라 환경정책이 추진되었기 때문일 것이다. 주요 선진국에서 국가 차원의 환경정책이 본격적으로 추진된 것은 1960년대 후반부터다. 우리나라에서 환경정책은 선진국들보다 더 늦게 추진되었다. 식민지배와 6·25 전쟁 등을 겪으면서 1950년대까지만 해도 세계 최빈국에 머물러 있었고, 본격적인 산업화와 경제성장을 추진한 것은 1960년대 초반부터이기 때문이다. 급속한 산업화와 경제성장에 따라 환경오염이 심화했으나, 빈곤 탈피라는 일차적 과제에 밀려 1990년대 들어서야 환경정책의 법적 및 제도적 기반이 정착되었다. 그 이전에 환경정책 관련 조직이나 법률이 전혀 없었던 것은 아니지만, 1990년대에 들어 현재와 같은 제도적 기반이 정착되었다는 것이다.

이 장의 제1절에서는 우리나라의 환경정책 발전단계를 주로 입법과 조직 측면에서 시기별로 구분하고, 각 시기의 주요 환경정책 및 성과를 살펴본다. 환경정책 발달시기는 크게 태동기(1977년 이전), 기반형성기(1977~1990), 제도정착기(1990~2008), 확장발전기(2008~현재)로 구분했다. 제2절에서는 주요 환경계획의 종류 및 제5차 국가환경종합계획의 내용을 살펴본다.

제 1 절 | 한국 환경정책의 시기별 특징

1 환경정책의 태동기

우리나라는 급속하고 압축적인 경제성장을 통해 신속하게 빈곤을 탈피하는 데 성공한 대표적 국가다. 경제성장에 있어 국가 주도의 하향식 정책추진이 큰 역할을 했는데, 1962년부터 경제기획원이 수립·추진한 경제개발계획이 그 대표적 수단이었다.[1] 제1차 경제개발 5개년계획(1962~1966), 제2차 경제개발 5개년계획(1967~1971), 제3차 경제개발 5개년계획(1972~1976), 제4차 경제개발 5개년계획(1977~1981), 제5차 경제사회발전 5개년계획(1982~1986), 제6차 경제사회발전 5개년계획(1987~1991), 제7차 경제사회발전 5개년계획(1992~1996) 등 모두 7개의 경제개발계획이 추진되었다. 1997년 말 외환위기 시에 IMF 구제금융이 도입되고, IMF와 합의한 의무들을 이행하는 과정에서 신자유주의 사조가 강조되면서, 국가 주도 경제성장 정책의 핵심이던 경제개발계획 수립은 중단되었다.

경제개발계획 수립·추진 시기의 경제성장 속도는 여러 경제지표의 변화를 통해 확인할 수 있다. 세계은행 자료에 따르면,[2] 우리나라의 1인당 GDP는 제1차 경제개발계획 직전인 1961년에 94달러였다. 그러던 것이 1970년에 279달러, 1980년에 1,704달러, 1990년에 6,516달러, IMF 구제금융 직전인 1996년에는 13,138달러를 기록했다. 경제개발계획이 추진된 35년 동안 1인당 GDP가 약 140배 증가한 셈이다. 한국무역협회 자료에 따르면,[3] 1961년에 약 324(백만 달러)였던 무역 규모는 1996년에 약 280,054(백만 달러)로 864배 증가했다. 이처럼 급속한 경제성장은 빈곤 탈출을 이끌었으나 환경 측면에서는 부정적 영향을 끼쳤고, 지금까지도 많은 과제를 남기고 있다.

국가 차원의 환경정책이 태동한 것은 경제성장의 초입이던 1960년대였다. 1961년 도시지역 발생오물의 위생적 처리를 위해 「오물청소법」이 제정되어 폐기물 관리가

---

1) 경제기획원은 1961년 7월 설립되었다. 1994년 12월 재무부와 통합하여 재정경제원이 되었다가, 1998년에 재정경제부, 기획예산위원회, 예산청으로 분리되었고, 1999년에는 기획예산위원회와 예산청이 통합되어 기획예산처가 되었다. 2008년에 재정경제부와 기획예산처 통합으로 현재의 기획재정부가 출범했다.

2) https://data.worldbank.org/

3) http://m.stat.kita.net/

비로소 국가업무로 전환되었다. 1963년에는 「공해방지법」 제정으로 경제개발에 수반하는 대기오염, 하천오염, 소음·진동으로 인한 피해 방지대책이 규정되었다. 같은 해에 「독물·극물에 관한 법률」 제정으로 독성이 매우 강한 화학물질의 취급자 안전에 중점을 둔 화학물질 관리정책이 추진되었다.

1967년 보건사회부 환경위생과에 공해계를 설치하고 직원 4명을 배정함으로써, 정부 내 환경정책 조직이 처음 만들어졌다. 공해계는 1973년 직원 9명의 공해과로 확대되었다. 1977년에는 보건사회부차관 직속의 환경관리관(2급)을 설치하고, 환경관리관 밑에 환경기획, 대기보전, 수질보전 담당 보좌관(4급)을 두었으며, 인원도 23명으로 확대되었다. 아울러 이 시기에 시작된 산림녹화사업은 현재와 같은 울창한 산림을 조성하는 초석이 되었고, 1971년 도입된 개발제한구역제도(Green Belt) 역시 도시의 팽창을 억제하는 데 기여했다.

이러한 노력에도 불구하고 이 시기에는 환경정책 추진 의지나 제도적 기반이 매우 취약했기 때문에, 뚜렷한 정책성과를 보이지는 못했다. 「공해방지법」은 전문이 21개 조에 불과한 소규모 법률로 규율 내용이 크게 미흡했고, 시행규칙이 1969년에야 제정되는 등 후속 입법도 미비했다. 법을 집행할 조직도 예산도 거의 없었을 뿐만 아

[그림 9-1] 울산공업센터 기공식 치사문

니라, 제정 당시 환경문제에 대한 사회적 인식이 매우 낮았기 때문에 법의 실효성도 약했다. 울산공업센터 기공을 기념하여 1962년에 세워진 울산공업탑에 담긴 문구를 통해 환경문제를 바라보는 당시의 시각을 짐작할 수 있다.[4] 당시에 공장 굴뚝에서 나오는 검은 연기는 환경오염이 아니라 국가번영의 상징이자 원동력처럼 여겨졌다.

1960년대 후반부터 각종 환경문제가 언론을 통해 보도되면서 1971년에 「공해방지법」 전문개정을 통해 배출허용기준, 배출시설설치허가제도, 이전명령제도 등을 도입하기도 했다. 하지만 1970년대 이후 환경문제가 더욱 심각해지면서 「공해방지법」 체계로는 광역적 환경문제에 효과적으로 대처하는 데 한계가 있었다. 전문개정에도 불구하고 「공해방지법」은 공해법적 성격을 벗어나지 못했으며, 환경 전반에 대한 배려 없이 공해 자체의 규제, 그것도 사후규제에 집중된 입법이라는 한계를 보였다(정준금, 2007). 아울러 이 시기에는 독립적 환경정책 추진조직을 갖추지 못했고, 1977년에 이르러서야 직원 23명 수준의 국 단위 조직이 그것도 보건사회부 내에 설치되는 등 환경정책의 조직적 기반 역시 매우 미흡한 수준에 머물러 있었다.

환경정책 추진 의지 및 제도적 기반의 미흡, 그리고 중화학공업 중심의 산업화 추진에 따라 이 시기에 환경문제는 점차 심화하고 있었다(정회성 외, 2014). 1974년 서울 중랑천 하류의 BOD는 374.92(mg/L)로 심각한 오염상태에 있었다.[5] 1977년 서울의 아황산가스 농도가 0.083(ppm)을 기록하는 등 대부분의 도시지역에서 아황산가스 대기환경기준(당시 0.05ppm)을 충족하지 못했다.[6] 1970년대 말 전국 상수도보급률은 32%, 하수도보급률은 8% 수준에 머물러 수인성전염병이 국민건강을 위협하는 상황이었다.[7]

2 환경정책의 기반형성기

최초의 환경 분야 기본법이라 할 수 있는 「공해방지법」을 대체하여 1977년 12월

4) "… 第2次 產業의 우렁찬 建設의 수레소리가 東海를 震動하고, 工業生產의 검은 煙氣가 大氣 속에 뻗어 나가는 그날엔 國家民族의 希望과 發展이 눈앞에 到來하였음을 알 수 있는 것입니다…" (1962년 울산공업센터 기공식 치사문 中).

5) 참고로 중랑천환경센터 자료에 따르면, 2022년 한해 중랑천의 COD 수치는 4-6 수준을 보였다. 이는 「환경정책기본법 시행령」에 제시된 수질환경기준 중 보통(Ⅲ)에 해당하는 것이다. '보통'은 'BOD 5 이하 또는 COD 7 이하'인 경우다.

6) 2020년대 주요 도시의 아황산가스 농도는 0.003ppm 이하다.

7) 2021년 현재 전국 상수도보급률은 99.4%, 하수도보급률은 94.8%다.

에 「환경보전법」을 제정하고, 이후 환경 행정조직을 강화함으로써 우리나라 환경정책은 새로운 국면에 접어들었다.

「환경보전법」은 국민의 건강과 자연환경을 보호하는 데 필요한 환경기준 설정, 특별대책지역 지정, 배출허용기준 합리화 등 제반 대책 수립을 위한 법적 기초를 제공했다. 환경영향평가제도 도입, 환경오염 상시측정망 설치, 자연생태계 조사, 환경보전위원회 설치 등을 규정함으로써, 환경정책 수행을 위한 최소한의 기반을 형성한 것으로 볼 수 있다. 최초의 국가 차원 환경종합계획인 「환경보전장기종합계획(1987~2001)」도 이 법에 따라 수립되었다. 1980년 10월 개정된 제5공화국 헌법에서는 환경권을 기본권 중 하나로 명시함으로써 환경정책의 기반형성에 일조했다. 아울러 경제개발 5개년계획의 명칭이 제5차(1982~1986)부터는 경제사회발전 5개년계획으로 변경되고, 경제발전과 환경보전의 조화를 위해 환경보전 부문 계획을 추가했다는 점도 기억할 필요가 있다. 1986년에는 기존의 「오물청소법」을 대체하여 「폐기물관리법」을 제정함으로써, 폐기물 관리체계를 일원화 및 합리화하는 성과를 보이기도 했다.

환경행정조직 측면에서도 상당한 변화가 나타났다. 대표적인 변화는 종전의 국 단위 조직을 확대해 1980년 1월에 환경청을 신설한 것이다. 여전히 보건사회부 소속이긴 했으나, 4개국(기획관리관, 계획조정국, 대기보전국, 수질보전국)과 246명의 직원으로 구성된 최초의 환경전담 행정조직이 출범한 것이다. 동시에 국립환경연구소의 소속을 보건사회부에서 환경청으로 변경했으며, 환경청의 지역사무소 성격을 지닌 환경측정관리사무소(6개소)를 신설했다.[8] 환경청은 1986년 폐기물관리국과 감사담당관 신설을 통해 더욱 확대되었고, 같은 해 환경측정관리사무소 대신 6개 환경지청 및 1개 출장소(제주)를 신설함으로써, 지역 수준에서 국가 환경정책을 추진하는 특별지방행정기관 체계를 갖추었다.[9]

이 시기에 환경정책의 기반이 형성될 수 있었던 이유 중 하나는 경제성장에 따라 환경부문에 대한 투자 여력이 생겼기 때문이다. 5 · 16 군사쿠데타를 기반으로 1963년 집권한 박정희 정부는 취약한 정치적 정통성을 메우기 위해 처음부터 경제성장에 전력투구했다. 1969년 3선 개헌과 1972년 10월 유신체제에 따라 정치적 정당성은 더

8) 1980년 5월 「환경측정관리사무소의 명칭 · 위치 및 관할구역에 관한 규칙」(보건사회부령 제647호)를 제정하고, 서울, 춘천, 대전, 광주, 대전, 부산 등 6개 지역에 설치했다.

9) 2023년 현재 지역 수준에서의 국가 환경정책 추진을 위해 한강유역환경청, 낙동강유역환경청, 금강유역환경청, 영산강유역환경청, 원주지방환경청, 대구지방환경청, 전북지방환경청, 수도권대기환경청 등 8개 환경부 소속기관을 두고 있다.

욱 취약해졌고, 이를 극복하기 위해 경제성장은 더욱 절실한 과제로 인식되었다.[10] 이러한 와중에서 국민에게 경제성장의 청사진으로 제시한 것이 '수출 100억 달러, 1인당 국민소득 1,000달러'라는 목표였다. 1973년에 작성된 국가산업 기본모델에서는 1980년대 초까지 이 목표를 달성하기 위한 수단으로 중화학공업 육성전략을 선택했다.[11] 중화학공업 중에서도 전후방 산업연관 효과가 크고, 산업 전반에 걸쳐 성장기여도가 높으며, 기술집약적인 산업으로서, 국제수준에 도달할 잠재력을 가진 것으로 판단된 철강, 화학, 비철금속, 기계, 조선, 전자 등 6개 업종을 주력업종으로 선정했다. 1973년 당시만 해도 1980년대 초까지 '수출 100억 달러, 1인당 국민소득 1,000달러' 목표를 달성하는 것은 매우 어려워 보였다. 그러나 실제로는 목표 시점보다 훨씬 빠른 1977년에 이를 달성하는 성과를 보였다. 수출액 100억 달러는 1977년 기준 세계 23위권에 해당하는 괄목할 만한 수출실적이었다.

급속한 경제성장은 정부의 재정확충을 가져왔고, 이는 환경부문 투자 여력을 확대하고 환경정책의 기반을 형성하는 원동력이 되었다. 특히 하수종말처리장 등 환경기초시설 확충이 본격화되었다. 1980년 이전에 2곳에 불과하던 하수종말처리장이 1989년에는 18개로 급증했고, 37개가 신규로 착공되었다. 1980년까지만 해도 없었던 공단폐수종말처리장도 6개 공단지역에 건설되었으며, 농공지구 오폐수처리장 28개소, 분뇨처리장 154개소가 가동되는 성과를 보였다. 폐기물 처리시설도 대폭 확충되었다(정회성 외, 2014).

하지만 이 시기를 지배했던 중화학공업육성 중심의 경제성장은 환경오염을 가속하는 원인이 되었고, 지금도 그 영향이 이어지고 있다는 점을 함께 기억해야 할 것이다. 예컨대, 현재 우리나라 온실가스 배출량이 많고 그 감축에 있어 어려움을 겪는 것

10) 유신체제는 1972년 10월 17일 대통령 박정희가 비상계엄령 선포, 국회해산, 헌법 정지 등을 골자로 하는 대통령 특별선언을 발표한 시점부터의 정치체제다. 1868년 시작된 일본의 '메이지유신(明治維新)'을 인용하여 이를 '10월 유신'이라고 불렀다. 이러한 비상조치 하에서 1972년 유신헌법이 만들어졌는데(헌법 제7차 개정), 국회의원 1/3을 대통령이 추천하고, 모든 법관 임명권을 대통령에게 부여하며, 대통령을 간접선거로 선출하고 연임제한을 철폐하는 등의 내용을 골자로 했다. 삼권분립이라는 민주주의의 기본원칙을 완전히 파괴한 헌법으로 볼 수 있는데, 당시 정부는 이를 '한국적 민주주의'라고 홍보했다. 임혁백(2004)은 박정희 대통령의 국가발전 모델은 애초부터 민주주의가 아니라 메이지유신이라고 주장했다. 국가에 대한 절대적인 충성과 군부를 중심으로 한 혁신적 관료들의 엘리트주의적 지배구조를 특징으로 하는 메이지 체제와 같은 정치체제를 꿈꾸었다는 것이다.

11) 국가산업 기본모델은 일본의 新장기경제계획을 참조한 것이다. 일본은 1957년 중화학공업 주도의 성장을 천명한 新장기경제계획을 수립했고, 그로부터 10년 후인 1967년에 100억 달러 수출을 달성했다(국가기록원 자료 참조).

은 이때 만들어진 산업구조와 무관치 않다. 아울러 이 시기에도 4대강 유역의 수질오염이나 주요 도시의 대기오염 등 주요 분야의 환경지표들이 환경기준을 충족하지 못하는 경우가 많았다.

3 환경정책의 제도정착기

우리나라 환경정책을 뒷받침하는 제도적 기반 정착에 있어 특히 중요한 시기는 1990년대 초반이다. 이 시기는 국제사회가 1992년 리우에서 UNCED를 개최하고 지속가능발전 개념을 중심으로 본격적인 국제환경협력 체제를 만들기 시작한 시기와도 맞물린다. 아울러 우리나라는 1996년에 OECD에 가입함으로써, 환경관리에 있어 국제표준을 준수해야 할 당위성도 커졌다. 국내적으로는 1991년 3월 및 4월의 낙동강 페놀오염 사건으로 인해 환경관리의 중요성이 전면에 등장한 시기다. 1990년대는 이러한 국내·외 여건에 대응하기 위해 다양한 형태의 입법이 이루어지고 행정조직이 강화됨으로써, 환경정책의 제도적 기반이 정착되는 시기였다.

낙동강 페놀오염 사건

1991년 3월 14일 경상북도 구미시 구포동에 있는 두산전자의 페놀 원액 저장 탱크에서 페놀수지 생산라인으로 통하는 파이프가 파열되어 발생한 환경사고다. 30t의 페놀 원액이 옥계천을 거쳐 대구 상수원인 다사취수장으로 흘러 들어가 주변 지역 수돗물을 오염시켰다. 다사취수장을 오염시킨 페놀은 낙동강을 타고 흘러 밀양과 함안, 칠서 수원지 등에서도 잇따라 검출되어 부산, 마산을 포함한 영남 전 지역이 페놀오염사고 대상 지역이 되었다. 이 사고로 대구지방 환경청 공무원 7명과 두산전자 관계자 6명 등 13명이 구속되고, 관계 공무원 11명이 징계를 받았다. 국회는 진상조사위원회를 개최했고, 시민단체들은 수돗물 페놀오염 대책 시민단체협의회를 구성했으며, 두산 제품 불매운동이 확산되기도 했다. 두산전자는 조업정지 처분을 받았으나, 페놀사고가 단순한 과실일 뿐 고의성이 없었다는 이유로 20일 만에 조업재개가 허용되었다. 그러나 4월 22일 페놀탱크 송출 파이프의 이음새 부분이 파열되어 또다시 페놀 원액 2t이 낙동강에 유입되는 2차 사고가 일어남으로써, 두산그룹 회장이 물러나고 환경처 장관과 차관이 경질되는 결과로 이어졌다.

페놀오염 사건은 물의 소중함과 환경보전에 관한 국민의 관심을 증대하는 계기가 되었다. 「환경범죄의 처벌에 관한 특별조치법」이 제정되고 공장설립 시의 환경기준이 강화되었으며, 행정구역에 따른 시·도별 수질관리의 문제점을 개선하기 위해 한강, 낙동강, 금강, 영산강 등 전국 4대강을 수계별로 관리하도록 하는 유역별 환경관리위원회가 구성되었다. 그 후 2008년 3월 3일 경북 김천의 코오롱유화 공장에서 발생한 화재사건의 진화과정에서 페놀 11.2kg이 유출되는 또 다른 페놀오염 사건이 발생했다.

출처: 행정학전자사전 중 '페놀오염사건(김기환, 2008 작성)'에서 발췌

입법 측면에서 가장 두드러진 것은 종전의 「환경보전법」을 분화하고 전문화하는 방식으로 개별법들이 제정된 것이다. 1990년에 이른바 환경6법으로 일컬어지는 「환경정책기본법」, 「대기환경보전법」, 「수질환경보전법」, 「소음・진동규제법」, 「유해화학물질관리법」, 「환경오염피해분쟁조정법」이 제정된 것이 대표적이다. 1991년에는 「자연환경보전법」, 「오수・분뇨 및 축산폐수의 처리에 관한 법률」, 1993년에는 「환경영향평가법」, 1995년에는 「토양환경보전법」 등이 각각 제정되었다. 이러한 일련의 입법을 통해 우리나라는 주요 환경문제 영역별로 개별법들을 갖추게 되었다.

입법 측면에서 볼 때 4대강 수질관리 입법도 두드러진다. 1998년부터 2002년까지 수차례 토론회 및 공청회를 거쳐 「4대강 물관리 종합대책」을 수립했고, 이를 뒷받침하기 위해 수계별로 4개의 법률을 제정했다. 1999년 8월 「한강수계 상수원 수질 개선 및 주민지원 등에 관한 법률」을 제정하고, 2002년 7월에는 금강, 낙동강, 영산・섬진강 수계에 대해서도 같은 법을 제정한 것이다. 이를 통해 오염총량관리제도, 수변구역제도, 물이용부담금제도, 상수원지역 지원제도, 토지매수제도, 민간수질감시활동 지원제도 등이 도입됨으로써, 협력적 수계관리를 위한 제도적 기반이 마련되었다.

조직 측면에서 두드러진 변화는 1990년 환경처 및 1994년 환경부 신설이다. 환경처는 보건사회부 소속 외청으로 1980년에 설치된 기존의 환경청을 폐지하는 대신 1990년 1월 국무총리 소속 장관급 부처로 신설된 것이다. 신설 당시 인원도 1,216명으로 종전의 환경청보다 약 5배 가까이 증가했다. 무엇보다 독자적인 정부 부처 위상을 지님으로써, 부처 간 환경관리 협조 및 조정 능력을 강화할 수 있게 되었다. 1994년 낙동강에서 다시 벤젠과 톨루엔 오염사고가 발생하여 수질관리의 중요성이 다시금 강조됨에 따라 급기야 환경처에 수질관리 기능을 부여하게 되었다. 건설부와 보건사회부가 관장하던 수질 기능을 1994년 5월 환경처로 이관한 것이다.

이에 따라 환경처에 상・하수도국 및 상수원관리과가 신설되고 인원도 1,364명으로 증가했으며, 이를 계기로 1994년 12월에 환경처를 폐지하고 환경부가 신설되어 오

늘에 이르고 있다. 전형적인 환경문제인 수질관리를 환경부의 업무영역에 포함하는 계기가 되었다는 점에서 이러한 변화에 의미를 부여할 수 있다. 다른 한편으로는 이때부터 물 관리가 국토교통부 중심의 수량관리와 환경부 중심의 수질관리로 이원화됨으로써, 이를 둘러싼 논쟁이 2018년 정부조직법 개정을 통해 물관리를 환경부로 일원화하기까지 이어졌다는 점도 기억할 필요가 있다. 끝으로 2002년에 대통령직속 지속가능발전위원회가 신설된 점도 환경정책 관련 조직변화 측면에서 특기할 만하다.

다양한 환경계획들이 활발하게 수립된 것도 이때부터다. 정회성 외(2014)에 따르면, 이 시기에 많은 환경계획이 수립되기 시작한 이유는 첫째, 1980년대 후반 및 1990년대 초반에 환경오염에 대한 국민의 인식과 우려가 커졌고, 둘째, 1990년에 종전의 환경청이 독립된 정책부서인 환경처로 승격되었으며, 셋째, 1990년대 초반 환경 관련법이 분화되고 이에 따라 환경부 내 부서들이 확장하면서, 부서별 업무계획 작성 및 추진이 중요하게 되었다는 점 등이다. 환경계획 중 최상위계획은 「환경정책기본법」에 의해 수립되는 국가환경종합계획이며, 현재 제5차 계획(2020~2040)이 수립・추진되고 있다. 국가환경종합계획에 대해서는 제2절에서 더 자세히 설명하기로 한다.

4 환경정책의 확장발전기

전통적으로 환경과 경제는 상쇄 관계에 있다는 관념이 지배해 왔다. 환경규제를 강화할수록 기업 활동을 위축시켜 경제에 부정적인 영향을 끼치는 것으로 여겨지곤 했다. 하지만 1980년대 이후 환경쿠즈네츠가설 내지 생태근대화론처럼[12] 환경과 경제는 상쇄 관계가 아니라 상생 또는 보완 관계에 놓일 수 있다는 시각이 확대되었다. 실제로 선진국일수록 높은 경제성과와 높은 환경성과를 동시에 보이는 경향이 나타났다. 환경문제 해결 없이 경제성장을 기대할 수 없고, 나아가 환경문제 해결을 위한 기술이 경제성장의 새로운 엔진이 되리라는 기대가 확산했다.[13] 특히 기후변화라는

12) 생태근대화(ecological modernization)는 환경보전과 경제성장을 연관시키고 양자의 동시 추구를 전제하는 대표적 논의로, 1980년대 독일을 중심으로 논의가 시작되어 확장된 관점이다. 종전까지 환경파괴는 근대화의 산물로 인식됨으로써, 환경보호는 탈근대화 내지 탈산업화 맥락에서 추구하는 것이 당연시되었다. 이에 반해 생태근대화론은 경제성장 및 산업발전의 환경적 재적응에 초점을 맞춘다. 과거의 근대화가 노동생산성과 자본생산성에 의지하여 이루어졌다면, 앞으로의 근대화는 환경적 생산성(자연자원 및 환경의 생산적 활용)을 통해 성장과 개발을 지속하는 과정을 통해 진행될 수 있다는 것이다(윤경준, 2012).

13) 제3차 국가환경종합계획(2006~2015)에는 7개의 전략이 제시되었다. 전략 중 하나로 '환경을 지키

전대미문의 환경위기를 극복하는 동시에 경제성장을 지속할 수 있는 전략을 찾는 일이 많은 국가에서 최우선 과제로 등장했다. 이러한 기류 속에서 환경과 산업(주로 기후 관련 산업)이 자연스럽게 수렴되었고, 환경정책의 영역도 확장되었다. 우리나라에서 이러한 면모는 특히 녹색성장 정책을 추진하면서 두드러졌다.

녹색성장(green growth)이라는 용어는 2000년에 영국의 Ekins(2000)가 처음 사용

환경쿠즈네츠가설

환경쿠즈네츠곡선(Environmental Kuznetz Curve, 이하 EKC)은 경제성장과 소득불평등 간의 역-U자 커브를 제시한 쿠즈네츠가설을 원용한 것이다. 경제성장 초기에는 환경오염이 증가할 수 있으나, 경제성장에 따른 소득증가는 이 같은 부정적 고리를 끊고 결국 환경문제를 개선하는 데 기여할 수 있다는 주장이다. 경험적 연구들은 통상 1인당 소득 8,000달러 정도를 이러한 탈동조화(decoupling)의 분기점으로 제시하고 있다. 그간의 연구들을 종합하면 소득증가와 환경오염의 관계는 그림과 같이 다양한 형태로 나타날 수 있다(Dasgupta et al., 2002). 특정 시점 이후에는 환경오염이 일정 수준을 유지하는 형태로 나타나기도 하고, 산업화의 지속에 따라 미처 규제하지 못한 독성물질이 등장하여 그 배출량이 최상단 곡선처럼 계속 증가할 수도 있다. 하지만 경제발전 초기단계부터 환경오염에 관심을 기울인다면 맨 하단에서와 같은 곡선이 나타날 수도 있다. 전통적 EKC를 하향 이동하여 수정된 EKC를 창출하는 것이 환경정책의 궁극적 목적이라 할 수 있다.

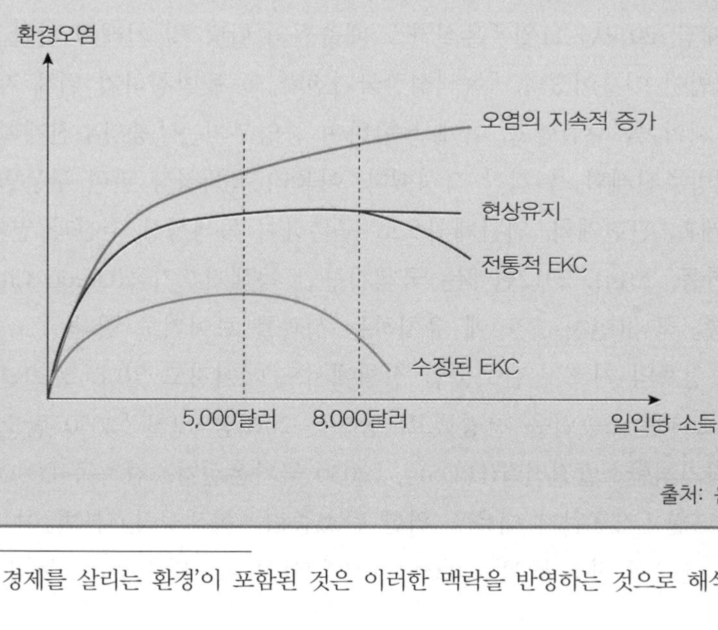

출처: 윤경준(2012)

는 경제, 경제를 살리는 환경'이 포함된 것은 이러한 맥락을 반영하는 것으로 해석할 수 있다.

한 것으로 알려져 있다. 그는 녹색성장을 '환경적으로 지속가능한 경제성장'으로 정의했으며, '생태계와 인간의 건강 및 삶의 질을 유지 혹은 강화하는 방식의 GDP 증가'로 설명했다(홍종호, 2010). 녹색성장이라는 발전패러다임이 전면에 대두한 것은 2005년 서울에서 개최된 UN 아시아태평양경제사회위원회(UNESCAP) 환경과 개발에 관한 장관회의(MCED)였다. 이 회의에서는 「환경적으로 지속가능한 경제성장(녹색성장)에 관한 서울이니셔티브」를 채택했다. 국내에서는 2008년 광복절 기념식 경축사에서 이명박 대통령이 녹색성장전략을 천명함으로써 본격화했다. 당시 녹색성장의 추진배경으로는 지구온난화 대응, 에너지위기 극복, 신성장동력 창출, 새로운 발전패러다임으로의 전환 등 네 가지가 제시되었다. 녹색성장 정책의 주된 내용은 2009년 9월 수립된 「녹색성장국가전략(2009~2050)」 및 2010년 1월 제정된 「저탄소녹색성장기본법」 등에 담겨 있다. 「저탄소녹색성장기본법」 제1조는 녹색성장의 목적이 '경제와 환경의 조화로운 발전'에 있음을 명시했다.

조직 측면에서 가장 특기할 만한 것은 2009년 2월에 대통령소속 녹색성장위원회를 설치한 것이다. 총 50명의 위원으로 구성되고, 국무총리와 민간위원 1인이 공동위원장을 맡았다. 녹색성장위원회는 저탄소 녹색성장과 관련된 주요 정책들을 심의·점검·평가하는 등 녹색성장 추진에 있어 주도적 역할을 담당했다. 2010년 6월에는 온실가스종합정보센터를 신설하여 체계적인 온실가스 관리의 기초를 형성했다.

아울러 녹색성장 추진을 위해 2011년 11월 「지능형전력망의 구축 및 이용촉진에 관한 법률」 제정, 2012년 11월 「온실가스 배출권의 할당 및 거래에 관한 법률」 제정 등 다양한 입법이 이루어졌다. 「녹색성장국가전략」을 뒷받침하기 위해 제1~3차 「녹색성장 5개년계획」을 수립했고, 이에 부합하여 중앙부처는 「중앙추진계획」을 지방자치단체는 「지방추진계획」을 각각 작성했다. 아울러 녹색성장 관련 부문별 다양한 계획들은 핵심계획, 관련계획, 연관계획으로 구분하여 녹색성장 추진과 연계되도록 했다(관계부처합동, 2014). 2012년에는 국제기구인 녹색기후기금(Green Climate Fund: GCF) 사무국을 국내(인천 송도)에 유치하는 성과를 보이기도 했다.

녹색성장 정책의 기조는 탄소중립 정책에서도 이어지고 있다. 2020년 10월 문재인 대통령이 2050탄소중립을 천명했고, 정부는 2020년 12월 「2050 탄소중립추진전략」, 「2050 장기저탄소발전전략(LEDS)」, 「2030 국가온실가스감축목표(NDC)」을 발표했다. 2022년 3월 「기후위기 대응을 위한 탄소중립·녹색성장기본법」이 제정되었고, 이 법에 따라 윤석열 정부에서는 2023년 4월 「제1차 국가탄소중립·녹색성장 기본계획(2023~2042)」을 수립했다. 녹색성장위원회 역시 박근혜 정부 출범 직후인 2013년 3월 국무총리 소속으로 그 위상이 변경되는 등 부침을 겪기도 했으나, 2021년 대통령 소속으로 신설된 2050탄소중립위원회(2022년에 2050탄소중립녹색성장위원회로 명칭 변경)에 통합되어 그 명맥을 이어가고 있다.14) 녹색성장 정책보다 탄소중립녹색성장 정책에서 기후변화문제와 공정성을 더 강조하고, 일부 표현상에서 차이가 있지만, 환경보호와 경제성장의 동시 추구를 최고의 목표로 삼고 있다는 점에서는 차이가 없다.

녹색성장 추진과 함께 본격화한 환경과 산업의 수렴은 환경 관련 입법과 조직 측면에서도 확인할 수 있다. 2011년 4월 종전의 「환경기술개발 및 지원에 관한 법률」을

〈표 9-1〉 녹색성장국가전략과 2050탄소중립추진전략

<table>
<tr><td rowspan="5">녹색성장
국가전략
(2009)</td><td colspan="2">(비전) 2020년까지 세계 7대, 2050년까지 세계 5대 녹색강국 진입</td></tr>
<tr><td>3대 전략</td><td>10대 정책방향</td></tr>
<tr><td>기후변화 적응 및 에너지 자립</td><td>① 효율적 온실가스 감축
② 탈석유・에너지자립 강화
③ 기후변화 적응역량 강화</td></tr>
<tr><td>신성장동력 창출</td><td>④ 녹색기술개발 및 성장동력화
⑤ 산업의 녹색화 및 녹색산업 육성
⑥ 산업구조의 고도화
⑦ 녹색경제 기반 조성</td></tr>
<tr><td>삶의 질 개선과 국가 위상 강화</td><td>⑧ 녹색국토・교통의 조성
⑨ 생활의 녹색혁명
⑩ 세계적인 녹색성장 모범국가 구현</td></tr>
<tr><td rowspan="5">2050탄소중립
추진전략
(2020)</td><td colspan="2">(비전) '적응적(Adaptive) 감축'에서 '능동적(Proactive) 대응'으로
: 탄소중립・경제성장・삶의 질 향상 동시 달성</td></tr>
<tr><td>3대 정책방향</td><td>10대 과제</td></tr>
<tr><td>경제구조의 저탄소화</td><td>① 에너지 전환 가속화
② 고탄소 산업구조 혁신
③ 미래모빌리티로 전환
④ 도시・국토 저탄소화</td></tr>
<tr><td>新유망 저탄소 산업 생태계 조성</td><td>⑤ 新유망 산업 육성
⑥ 혁신 생태계 저변 구축
⑦ 순환경제 활성화</td></tr>
<tr><td>탄소중립 사회로의 공정전환</td><td>⑧ 취약 산업 계층 보호
⑨ 지역 중심의 탄소중립 실현
⑩ 탄소중립 사회에 대한 국민 인식 제고</td></tr>
</table>

출처: 녹색성장위원회(2009), 관계부처합동(2020a).

14) 2050탄소중립위원회는 2021년 5월 녹색성장위원회와 국가기후환경회의를 통합하여 신설되었다. 2023년 현재 2050탄소중립녹색성장위원회의 구성이나 역할은 2009년 녹색성장위원회와 흡사하다.

「환경기술 및 환경산업 지원법」으로 개정해 환경산업 지원의 법률적 근거를 강화했다. 그 취지는 '저탄소 녹색성장'의 중요한 축인 환경기술·산업 분야의 국가경쟁력 강화를 위한 것이었다(환경부보도자료, 2011). 종전의 「환경기술개발종합계획」도 「환경기술 개발 및 환경산업의 육성을 위한 계획」으로 변경되었다. 조직 측면에서는 환경기술진흥원(2000년 개원)과 친환경상품진흥원(2005년 개원)을 통합해 2009년 4월 한국환경산업기술원(KEITI)이 환경부 산하 공공기관으로 출범했다. 2015년에는 「환경산업기술원법」을 제정해 한국환경산업기술원의 위상과 역할을 한층 강화했다.

제 2 절 | 환경계획

1 환경계획의 종류

환경은 사람의 일상에 두루 관련되므로 환경법의 종류도 많고 환경계획의 종류도 많다. 범부처적으로 수립하는 계획, 환경부가 수립하는 계획, 지방자치단체가 수립하는 계획, 환경부 이외 중앙부처들이 수립하는 계획들이 있다.

최상위 환경계획은 국가환경종합계획이다. 이 계획은 환경부 주도 하에 여러 정부 부처의 공동 작업을 통해 수립되며, 분야별 환경계획, 중앙행정기관과 지방자치단체의 환경 관련 계획에 대한 기본원칙 및 방향을 제시한다. 제1차 계획인 「환경보전장기종합계획(1987~2001)」은 종전의 「환경보전법」에 근거해 수립되었고, 계획 기간은 15년이었다. 제2차 계획부터는 「환경정책기본법」에 근거하여 수립되고 있다. 제2차 계획인 「환경비전21(1996~2005)」 및 제3차 계획인 「국가환경종합계획(2006~2015)」은 각각 10년을 계획 기간으로 수립되었다. 제1~3차 계획을 보면 명칭, 기간, 내용 등에 있어 일관성이 없음을 볼 수 있다. 초기 종합계획 수립에 있어 장기적 비전이 부재했음을 시사하는 대목이다.

「제4차 국가환경종합계획(2016~2035)」은 상위계획으로서의 위상을 강화하고,[15)]

---

15) 2015년 당시 대기환경 종합계획, 물환경관리 기본계획, 자연환경보전 기본계획, 환경보건 종합계획, 국가폐기물관리 종합계획 등 12개의 분야별 환경계획들이 10년 단위로 수립되고 있었다(최준영, 2016).

[그림 9-2] 환경계획의 종류 및 구성

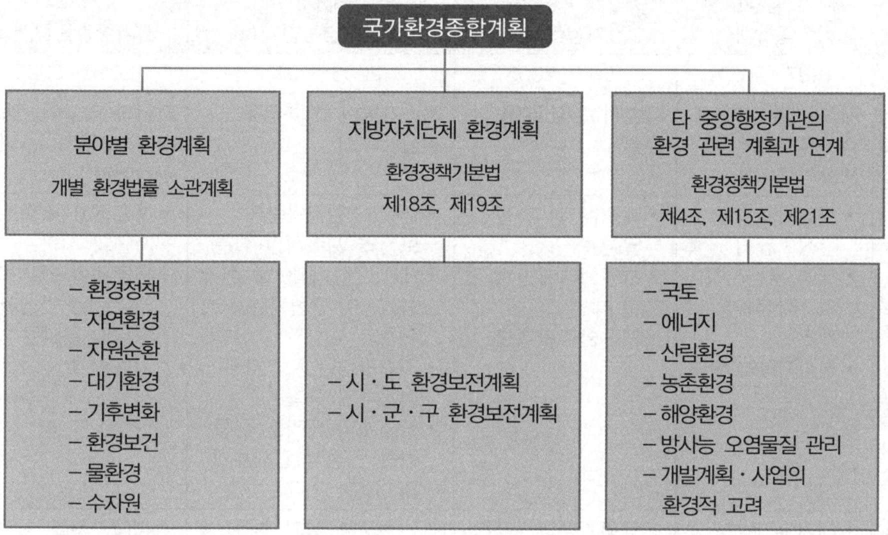

출처: 관계부처합동(2019c).

국토종합계획과의 연계성 강화를 위해 20년을 계획 기간으로 수립되었다. 제1 · 2 · 3 · 4차 계획의 주요 내용은 〈표 9-2〉와 같다. 「제5차 국가환경종합계획(2020~2040)」은 국토계획과의 연계성 강화를 위해 계획 기간을 「제5차 국토종합계획(2020~2040)」과 일치시켰다.[16] 환경부장관은 환경적 · 사회적 여건 변화 등을 고려하여 5년마다 국가환경종합계획의 타당성을 재검토하고 필요한 경우 이를 정비해야 한다(환경정책기본법 제16조의2). 「제5차 국가환경종합계획」의 주요 내용은 항을 달리하여 살펴

16) 환경보전과 국토개발은 분리되기 어려운 문제임에도 불구하고, 오랫동안 우리나라에서 양자 간 정합성은 높지 않았다. 이러한 인식 하에 2015년부터 환경보전과 국토개발의 정합성을 위한 노력이 본격화했다. 2015년 개정된 「환경정책기본법」 제4조 및 2016년 개정된 「국토기본법」 제5조에 환경부와 국토교통부가 환경계획과 국토계획의 연계 강화를 위해 노력해야 한다는 규정을 신설했다. 2018년부터는 환경계획과 국토계획의 연계를 위한 실무적 노력이 전개되었다. 대표적으로 「국토계획 및 환경보전계획의 통합관리를 위한 공동훈령」이 제정되어 2018년 3월 28일부터 시행되었다. 공동훈령에서는 통합관리의 적용범위, 연계방법, 절차 등을 규정했다. 2018년 10월 2일에는 양 부처의 차관을 의장으로 하고 각계 전문가들로 구성되는 국가계획수립협의회가 발족했다(국토교통부 보도자료, 2018). 이 협의회는 국토종합계획과 국가환경종합계획의 수립지침 작성단계부터 계획 수립 확정 시까지 운영하는 기구로(국토계획 및 환경보전계획의 통합관리에 관한 공동훈령 제7조), 「제5차 국토종합계획」과 「제4차 국가환경종합계획 수정계획」의 계획 기간을 '2020~2040년'으로 일치시키고, 지속가능한 국토 · 환경을 위한 국가계획 통합관리 방안을 논의하는 기능을 수행했다. 제5차 국가환경종합계획은 이러한 노력의 결과물이다.

〈표 9-2〉 제1~4차 국가환경종합계획의 주요 특징

구분	제1차 환경보전 장기종합계획	제2차 환경보전 장기종합계획	제3차 국가환경종합계획	제4차 국가환경종합계획
기간	1987~2001	1996~2005	2006~2015	2016~2035
비전	쾌적한 환경이 조성·유지되어 국민 생활의 질 향상	모범적 환경국가의 건설	지속가능한 선진국가 조성	자연과 더불어, 안전하게, 모두가 누리는 환경행복
목표	• 환경기준의 달성·유지 • 오염 우심지역의 우선적인 해소 • 청정지역의 확대	• 쾌적한 삶의 질 달성 • 자연생태계의 보전과 복원 • 지구환경의 보전	• 한반도 환경용량의 보전과 지속적인 확충 • 세대 간, 세대 내 환경 형평성이 구현되는 사회 구축 • 지속가능한 자연자원 이용체계 구축 • 생태계의 원리를 존중하는 안정적 경제체계의 구축	• 풍요롭고 조화로운 자연과 사람 • 환경위험으로부터 자유로운 안심사회 • 국격에 걸맞은 지속가능환경
전략	• 대기오염방지 • 수질오염방지 • 폐기물 관리	• 생활환경의 보전과 개선 • 자연환경의 보전과 복원 • 지구환경보전과 국제협력의 강화	• 안전하고 살기 좋은 생활환경 조성 • 지속가능하고 활력있는 자연생태 보전 • 자연자원 보전과 효율적·순환적 이용 • 환경을 지키는 경제, 경제를 살리는 환경 • 환경형평성 구현기반 구축 • 동북아 환경보전 및 환경협력 강화 • 지구적 지속가능한 발전의 선도	• 생태가치를 높이는 자연자원 관리 • 고품질 환경서비스 제공 • 건강위해 환경요인의 획기적 저감 • 미래 환경위험 대응 능력 강화 • 창의적 저탄소 순환경제의 정착 • 지구환경보전 선도
비고	• 제1차 환경보전 중기종합계획 (1992~1996)	• 제2차 환경보전 중기종합계획 (1998~2002) • 제3차 환경보전 중기종합계획 (2003~2007)	• 제4차 환경보전중기종합계획(2008~2012) • 제5차 환경보전중기종합계획(2013~2017)	

출처: 관계부처합동(2019c: 17).

보기로 한다.

종전에는 국가환경종합계획을 종합적·체계적으로 추진하기 위한 실천계획 성격을 지닌 「환경보전중기종합계획」이 수립되었다. 「환경정책기본법」에 따라 환경부장관이 5년 단위로 수립하던 계획으로, 제1차 계획(1992~1996), 제2차 계획(1997~2001), 제3차 계획(2003~2007), 제4차 계획(2008~2012), 제5차 계획(2013~2017)이 수립된 바 있다. 그 이후로는 수립되지 않다가 2021년 「환경정책기본법」 개정으로 이 계획은 폐지되었다. 2015년 「환경정책기본법」 개정에 따라 환경부장관이 5년마다 국가환경종합계획을 정비하게 되면서 양 계획 간 중복성이 우려되었기 때문이다.[17)]

주요 환경 분야별로 개별 법률에 따라 다양한 환경계획들이 수립되고 있다. 예컨대, 환경부장관은 「대기환경보전법」에 따라 10년마다 대기환경개선 종합계획을, 「물환경보전법」에 따라 10년마다 국가물환경관리 기본계획을, 「자연환경보전법」에 따라 10년마다 자연환경보전 기본계획을, 「순환경제사회전환촉진법」에 따라 10년마다 순환경제 기본계획을, 「환경보건법」에 따라 10년마다 환경보건 종합계획을, 「수도법」에 따라 10년마다 국가수도 기본계획을, 「하수도법」에 따라 10년마다 국가하수도 종합계획을, 「화학물질관리법」에 따라 5년마다 화학물질관리 기본계획을, 「화학물질의 등록 및 평가 등에 관한 법률」에 따라 5년마다 화학물질의 평가 등에 관한 기본계획을 수립한다.

지방자치단체도 환경계획을 수립한다. 광역지방자치단체는 국가환경종합계획에 따라 관할구역의 특성을 고려하여 시・도 환경보전계획을 수립・시행해야 한다. 이 계획을 수립하거나 변경할 때는 환경부장관의 승인을 받아야 한다(환경정책기본법 제18조). 기초지방자치단체는 국가환경종합계획 및 시・도 환경보전계획에 따라 관할구역의 특성을 고려하여 시・군・구 환경보전계획을 수립해야 한다. 이 계획을 수립하거나 변경할 때는 시・도지사의 승인을 받아야 한다(환경정책기본법 제19조).

환경부 이외 중앙행정기관들에 의해서도 에너지, 산림, 농촌, 해양, 방사능 등 다양한 분야에서 환경과 관련이 깊은 계획들이 다양하게 수립된다. 몇 가지 예로, 산업통상자원부가 수립하는 신・재생에너지 기술개발 및 이용・보급 기본계획, 산림청이 수립하는 산림기본계획, 농림축산식품부가 수립하는 친환경농업 육성 5개년계획, 해

17) 2021년 개정 이전에는 관계 중앙행정기관 및 광역자치단체가 「환경보전중기종합계획」을 소관 업무계획에 반영하도록 의무화하고 있었다. 구체적으로 「환경정책기본법 시행령」에서는 관계 중앙행정기관의 장 및 시・도지사가 중기계획의 해당 연도별 시행계획을 수립하여 매년 1월 31일까지 환경부장관에게 제출하고, 시행계획의 추진실적도 매년 1월 31일까지 환경부장관에게 제출하도록 규정했다. 국가환경종합계획(정부합동), 환경보전중기종합계획(환경부), 연도별 시행계획(관계 중앙행정기관 및 광역지방자치단체)이 수직적으로 연계되는 구조였던 셈이다. 환경보전중기종합계획이 없어짐으로써, 다른 중앙행정기관이나 지방자치단체의 환경 관련 계획 수립에 대한 환경부의 영향력은 감소한 것으로 볼 수 있다.

양수산부가 수립하는 해양수산발전 기본계획, 원자력안전위원회가 수립하는 국가방사능방재계획 등을 들 수 있다.

이처럼 다양한 환경계획들을 개별적으로 상세히 소개하는 것은 이 책의 범위를 넘는다. 다만 환경부가 수립하는 주요 계획들에 대해서는 한국의 분야별 환경정책을 다루는 제4부에서 필요에 따라 설명하기로 하고, 이하에서는 「제5차 국가환경종합계획」의 주요 내용을 간략히 설명하기로 한다.

2 제5차 국가환경종합계획의 주요 내용

「제5차 국가환경종합계획(2020~2040)」은 다음과 같은 수요를 바탕으로 수립되었다. 첫째, 인구감소, 기술혁신, 저성장 등 사회・경제적 전환에 대비한 국가환경정책 모색, 둘째, 친환경 에너지로의 전환, 통합물관리, 환경정의, 국토-환경계획의 통합관리 등 새로운 환경정책 수요를 반영한 국가환경 비전과 전략 마련, 셋째, 최상위 국가환경종합계획으로서의 위상 정립과 실효성 제고 등이다.

계획의 기조는 '국토 생태용량을 적극적으로 늘리고, 그 속에 사는 국민을 행복하게 하며, 사회・경제적 시스템 전반의 녹색화를 견인하는 생태국가'를 지향하는 것으로 설정했다. 이러한 기조 하에 '국민과 함께 여는 지속가능한 생태국가'라는 비전 및 ① 자연 생명력이 넘치는 녹색환경, ② 삶의 질을 높이는 행복환경, ③ 사회・경제 시스템을 전환하는 스마트환경 등 세 가지 목표가 제시되었다(관계부처합동, 2019c). 목표달성을 위한 핵심전략은 7개가 제시되었다. 핵심전략을 보면 전체적으로 지속가능성, 기후변화, 순환경제 등이 핵심 키워드라 할 수 있다. 아울러 핵심전략별로 24개의 주요 정책과제가 제시되었다.

〈표 9-3〉「제5차 국가환경종합계획」의 핵심전략 및 주요 정책과제

환경관리 7대 핵심전략	주요 정책과제
(전략 1) 생태계 지속가능성과 삶의 질 제고를 위한 국토 생태용량 확대	• 국토환경 연결성 확보와 자연회복으로 국토 생태용량 증가 • 모두가 누리는 자연 혜택으로 생태복지 실현 • 지속가능한 녹색도시・지역으로 도약 • 연안 및 해양 환경의 생태건강성 강화
(전략 2) 사람과 자연의 지속가능한 공존을 위한 통합물관리	• 물순환 건전성과 수요・공급의 조화를 고려한 물 서비스 강화 • 수질오염관리 선진화로 안전한 물환경 조성 • 수생태계 건강성 증진 및 생태계서비스 가치 실현 • 유역기반・참여기반의 통합물관리로의 전환

(전략 3) 미세먼지 등 환경위해로부터 국민건강 보호	• 미세먼지의 근본적 해결 추진 • 위해성에 기반한 공기질 관리 • 생활 주변 유해인자 · 화학물질 · 제품 관리 강화
(전략 4) 기후환경 위기에 대비된 저탄소 안심사회 조성	• 저탄소 안심사회 기반구축 • 저탄소 사회로의 전환 추진 • 기후위험 대응과 신(新)기회 창출 현실화 • 미래 환경안보 관리 강화
(전략 5) 모두를 포용하는 환경정책으로 환경정의 실현	• 환경정의 구현과 녹색사회로의 전환 • 수용체 관점의 환경개선 • 환경정보의 알권리와 피해자 구제 강화
(전략 6) 산업의 녹색화와 혁신적 R&D를 통한 녹색순환경제 실현	• 환경 R&D의 미래지향적 혁신 • 물질순환과 친환경경영에 기초한 산업 녹색화 • 환경일자리 창출과 환경가치 제고
(전략 7) 지구환경보전을 선도하는 한반도 환경공동체 구현	• 항구적인 남북환경협력 이행 • 동북아 환경협력 발전 • 국제협약의 성실한 이행 · 선도와 개발도상국 협력 확대

출처: 관계부처합동(2019c: 47).

제 10 장 ENVIRONMENTAL POLICY

한국 환경정책의 추진기반

모든 국가정책은 기본적으로 법, 사람, 돈을 기반으로 추진된다. 우선 법적 기반이 있어야 정책을 추진할 수 있는 근거와 권위를 갖출 수 있다. 그뿐 아니라 특정한 법의 존재 여부나 제정·개정을 보면 관련 정책의 추진현황을 어느 정도 이해할 수 있다. 또한 정책을 추진하기 위해서는 사람과 사람으로 구성된 조직이 있어야 한다. 어떤 사람들이 어떤 위상의 조직을 구성하고 있는지를 보면 정책추진의 현황과 맥락도 짐작할 수 있다. 아울러 정책을 추진하는 데 있어 재원을 마련하고 집행하는 것이 필수적이다. 어떤 정책에 예산이 배정되는지, 상대적으로 어느 정도 비중으로 배정되는지, 과거보다 예산이 증가하는지를 보면 정책의 추이에 대해서도 어느 정도 판단할 수 있다. 따라서 법, 조직, 예산은 각각 정책의 다른 표현이라 할 수 있다. 이 장에서는 한국 환경정책의 추진기반을 이러한 세 가지 측면에서 살펴본다.

제 1 절 환경법

1 환경법의 개념과 의의

1) 헌법과 환경권

우리나라는 「헌법」에서 환경권을 기본권 중 하나로 규정하고 있다. 환경권은 1980년 헌법 개정으로 처음 도입되었다. 1980년 「헌법」 제33조는 "모든 국민은 깨끗한 환경에서 생활할 권리를 가지며 국가와 국민은 환경보전을 위하여 노력하여야 한다"라고 규정했다. 환경권 규정은 1987년에 개정된 현행 「헌법」에서 다소 확대되어 제35조에서 다음과 같이 규정하고 있다. ① 모든 국민은 건강하고 쾌적한 환경에서 생활할 권리를 가지며, 국가와 국민은 환경보전을 위하여 노력하여야 한다. ② 환경권의 내용과 행사에 관하여는 법률로 정한다. ③ 국가는 주택개발정책 등을 통하여 모든 국민이 쾌적한 주거생활을 할 수 있도록 노력하여야 한다.

자세히 살펴보면 환경권의 기본적 내용은 제1항에 정의되어 있고, 이를 구현하기 위한 수단은 제2항이라 할 수 있다. 즉, 모든 국민이 '건강하고 쾌적한 환경에서 생활할 권리'를 행사할 수 있게 하는 수단 마련은 법률, 즉 환경법에 위임하고 있는 셈이다. '건강하고 쾌적한 환경'은 사람의 일상 전반에서 추구되는 것이므로 환경권 구현을 위한 구체적 수단들 역시 대단히 광범위할 수밖에 없다. 오늘날 환경법의 종류가 많고 범위가 넓은 이유도 여기에 있다.

2) 환경법

환경법은 헌법상의 환경권을 구현하기 위한 수단이다. 환경권을 구현하기 위한 정책들을 조문 형태로 표시한 것을 환경법으로 이해할 수 있다. 환경권의 내용이 매우 추상적이고 광범위하므로, 넓게 보면 인간의 삶의 질과 관련된 모든 법률이 환경법의 범주에 포함될 수도 있다. 실제로 환경부뿐만 아니라 다양한 정부 부처들이 많은 환경 관련 법률들을 관장하고 있다. 몇 가지 예를 들면, 대기오염 관련성이 높은 「에너지이용합리화법」(산업통상자원부), 「원자력안전법」(원자력안전위원회), 수질오염 관련성이 높은 「해양환경관리법」(해양수산부), 「소하천정비법」(행정안전부), 입지규제 관련성이 높은 「국토의 계획 및 이용에 관한 법률」(국토교통부), 「산업입지 및 개발에 관한 법률」(국토교통부), 화학물질 관련성이 높은 「농약관리법」(농림축산식품부). 「식물방역법」(농림축산식품부), 자연환경 관련성이 높은 「산림법」(산림청), 「도시공원 및 녹지 등에 관한 법률」(국토교통부) 등이 있다. 이처럼 환경법의 범위는 매우 넓으므로, 광의의 관점에서 환경법의 실체와 내용을 파악하는 것은 이 책의 범위를 넘는 일이다. 그러므로 여기서는 환경부 소관 법률들을 중심으로 환경법을 살펴보기로 한다.

2 환경부 소관 환경법

다양한 환경문제를 다루려면 환경법도 다양하게 갖추어야 한다. 우리나라에서 현재와 같은 환경법 체계를 갖추게 된 시점은 1990년대로 볼 수 있다. 제9장에서 논의한 바와 같이 1990년대 이전에도 1967년 제정된 「공해방지법」과 이를 대체하여 1977년에 제정된 「환경보전법」 및 개별 법률들이 있었다. 그러나 현대사회의 환경문제를 다루는 데 있어 기존의 환경법 체계로는 한계가 있다는 평가에 따라 1990년대에 포괄적인 개편이 이루어진 것이다. 1990년에 「환경보전법」을 나누어 「환경정책기본법」 등 이른바 환경6법을 제정했고, 이후 분야별로 많은 환경법이 제정 또는 개정되어 현재에 이르고 있다. 이하에서는 먼저 「환경정책기본법」의 주요 내용을 살펴보고, 환경부 소관 법률들의 시기별 특징을 고찰하기로 한다.[1)]

1) 환경정책기본법의 주요 내용

여러 환경법을 규율하는 기본적 사항을 정한 것이 「환경정책기본법」이다. 「환경정책기본법」은 '환경보전에 관한 국민의 권리 · 의무와 국가의 책무를 명확히 하고, 환경정책의 기본 사항을 정하여 환경오염과 환경 훼손을 예방하며, 환경을 적정하고 지속가능하게 관리 · 보전함으로써, 모든 국민이 건강하고 쾌적한 삶을 누릴 수 있도록 하는 것을 목적'으로 제정되었다. 모두 5장 61개 조항으로 구성되어 있으며, 주요 내용은 다음과 같이 요약할 수 있다.

첫째, 기본이념이다. 제2조(기본이념)에서는 우리나라 환경정책 추진에서 견지할 기본이념들을 제시하고 있다. 제1항에서는 인간과 환경 간의 조화와 균형 유지, 환경보전에 있어 국가, 지방자치단체, 사업자, 국민 등 모든 당사자의 공동노력 추구, 환경을 이용하는 모든 행위에서 환경보전 우선적 고려, 지구환경과 미래 세대를 위한 지속가능성 추구 등을, 제2항에서는 환경정책 추진에서 모든 사람의 참여와 정보 접근성 보장, 환경적 혜택과 부담의 공평성 확보, 환경정의 실현 등을 규정하고 있다.

둘째, 환경정책의 원칙이다. 오염원인자책임 원칙(제7조), 수익자부담 원칙(제7조의2), 사전예방원칙(제8조), 환경과 경제의 통합적 고려 원칙(제9조), 자원 등의 절약 및 순환사용 촉진 원칙(제10조) 등이 명시되었다. 주요 선진국들이 채택하고 있는 사

---

1) 물론 1990년 이전에 제정된 중요한 법률들이 존속하고 있다. 특히 상수도, 하수도, 폐기물 분야에서의 법률들을 들 수 있다.

전조치원칙(precautionary principle)은 언급되지 않았다.

셋째, 환경기준이다. 환경기준은 환경정책의 목표로서의 성격을 지니는 것이다. 법에서는 환경기준의 설정(제12조) 및 유지(제13조)에 있어 국가와 지방자치단체의 책무를 규정했다. 구체적인 환경기준은 시행령 [별표 1]에서 대기, 소음, 수질 및 수생태계(하천, 호소, 해역)에 대해 설정하고 있다.[2] 환경정책 분야마다 다양한 기준들을 개별법에서 정하고 있으나,[3] 이러한 기준들을 환경기준이라고 부르지는 않는다.

넷째, 환경정책의 기본적 시책 측면이다. 20년 단위의 국가환경종합계획 수립(제14조), 시・도 환경계획 수립(제18조), 시・군・구 환경계획 수립(제19조) 등이 규정되어 계획 간의 계층성과 정합성을 추구하는 구조를 갖추고 있다. 그 밖에 환경상태의 조사・평가(제22조), 환경친화적 계획기법의 작성・보급(제23조), 환경정보의 보급(제24조), 환경보전 교육(제25조), 민간 환경단체의 환경보전 활동 촉진(제26조), 국제협력 및 지구환경보전(제27조), 환경과학기술의 진흥(제28조), 환경보전시설의 설치・관리(제29조), 환경보전을 위한 규제(제30조), 배출허용기준의 예고(제31조), 경제적 유인수단(제32조), 화학물질 관리(제33조), 방사성 물질에 의한 환경오염 방지(제34조), 과학기술의 위해성 평가(제35조), 환경성 질환에 대한 대책(제36조), 국가시책 등의 환경친화성 제고(제37조), 특별종합대책의 수립(제38조), 영향권별 환경관리(제39조), 환경영향평가(제41조), 분쟁조정(제42조), 피해구제(제43조) 등 환경보전을 위해 사용되고 있는 다양한 정책수단을 규정하고 있다. 각 수단의 구체적 내용은 개별 환경법들에 담겨 있다.

다섯째, 환경정책 추진기반 측면이다. 우선 환경정책 추진에 있어 가장 중요한 재정적 기반인 환경개선특별회계의 설치근거(제45조), 세입 및 세출 등 그 운영에 관한 사항을 규정하고 있다(제46조~제53조). 아울러 환경정책 추진에 있어 필요한 법제・재정상의 조치 시행근거(제54조), 지방자치단체, 사업자, 연구개발 등에 필요한 재정지원 근거를 규정하고 있다(제55조~제57조). 그 밖에 환경정책 추진을 위한 심의・자문 기구로 환경정책위원회(제58조), 환경보전에 관한 조사연구, 기술개발 및 교육, 홍보, 생태복원 등을 효율적으로 수행하기 위한 기구로 한국환경보전원(제59조)[4] 설

---

2) 수질 및 수생태계 항목 중 하나인 지하수에 대해서는 환경부령으로 정하고 있다.

3) 예를 들면, 「토양환경보전법」에서 정하는 우려기준과 대책기준 등을 들 수 있다. 이 책 제4부에서는 개별 정책 분야별로 설정된 기준들도 설명하고 있다.

4) 2022년 6월 「환경정책기본법」 개정에 따라 종전의 환경보전협회(1978년 설립)의 명칭이 한국환경보전원으로 변경되는 등 몇 가지 사항이 변경되었다. 종전의 환경보전협회는 회원이 환경오염물질

치 및 운영을 규정하고 있다.

2) 현행 환경부 소관 법률

2023년 현재 환경부 소관 법률들은 〈표 10-1〉에서 보는 바와 같다. 각 법률에 대한 설명은 생략하기로 한다. 제9장에서 한국 환경정책의 시기별 변천을 설명하면서 환경법들에 대해 언급했고, 제4부의 한국의 분야별 환경정책에서도 환경법들이 계속 다루어질 것이기 때문이다. 대신 여기서는 시기별로 어떤 법률들이 주로 제정되었는가를 살펴봄으로써, 환경정책의 변화양상을 파악하고자 한다. 이를 위해 〈표 10-1〉은 제정연도순으로 정렬되었다.

1990년대 이전까지만 해도 환경 관련 입법이 그다지 활성화되지 않았음을 확인할 수 있다. 가장 기본적인 사회서비스에 속하는 상·하수도 및 폐기물 위주로 입법이 이루어졌다.[5] 현행 법률들이 대거 제정된 것은 대체로 1990년대부터라 할 수 있는데, 이는 1990년에 독자적인 환경부처인 환경처가 출범한 것과 무관치 않다. 환경정책이 독자성을 지니고 환경전담 부처의 규모도 커지면서 업무가 다양하게 분화했고, 이에 부합하여 입법도 분화한 것이다. 1990년에 「환경정책기본법」을 포함하여 대기, 소음·진동, 수질, 화학물질 등 주요 환경문제들 및 환경분쟁을 다루는 이른바 환경6법이[6] 제정되었고, 자연환경, 토양환경, 환경영향평가 등에 관한 법률들도 연이어 제정되었다. 「먹는물관리법」, 「실내공기질관리법」 등 국민의 일상에 직결된 법률들, 그리고 다수의 폐기물처리(재활용, 국가 간 이동, 폐기물처리시설 등) 관련 법률들이 이 시기에 제정되었다.

2000년을 전후한 시기에 가장 눈에 띄는 특징은 이른바 4대강 특별법 제정일 것이다. 물 관리에서 세계적 패러다임으로 정착한 유역관리를 체계화하기 위해 한강, 금강, 낙동강, 영산·섬진강 수계별로 물 관리 및 주민지원 등을 규정한 법률들(4대

배출업자로 구성되어 이익단체처럼 인식되는 측면이 있었다. 2022년 개정의 골자는 이러한 회원규정을 삭제하고 공공성 및 환경부의 지도·감독을 강화한 것이라 하겠다.

5) 1990년 이전의 법률들의 수가 적다는 것이 1980년대까지는 환경법이 거의 없었음을 의미하지는 않는다. 1990년대 이후의 법률 중에는 이전 시기의 법률을 대체하여 제정된 것들도 있기 때문이다. 〈표 10-1〉에 제시되지 않았으나 「폐기물관리법」의 전신이라 할 수 있는 「오물청소법」(1961), 「화학물질관리법」의 전신이라 할 수 있는 「독물·극물에 관한 법률」(1963), 「환경정책기본법」의 전신이라 할 수 있는 「공해방지법」(1963), 「환경보전법」(1977) 등이 제정된 바 있다.

6) 「환경정책기본법」, 「대기환경보전법」, 「수질환경보전법」, 「소음·진동규제법」, 「유해화학물질관리법」, 「환경오염피해분쟁조정법」.

〈표 10-1〉 환경부 소관 법률현황(2023년 1월 현재)

법률명	제정연도
수도법	1961
하천법	1961
하수도법	1966
자연공원법	1980
폐기물관리법	1986
한국수자원공사법	1987
대기환경보전법	1990
소음 · 진동관리법	1990
물환경보전법	1990
화학물질관리법	1990
환경분쟁조정법	1990
환경정책기본법	1990
자연환경보전법	1991
환경개선비용부담법	1991
환경범죄 등의 단속 및 가중처벌에 관한 법률	1991
자원의 절약과 재활용촉진에 관한 법률	1992
폐기물의 국가 간 이동 및 그 처리에 관한 법률	1992
환경영향평가법	1993
지하수법	1993
환경기술 및 환경산업 지원법	1994
먹는물관리법	1995
토양환경보전법	1995
폐기물처리시설 설치촉진 및 주변지역지원 등에 관한 법률	1995
실내공기질관리법	1996
독도 등 도서지역의 생태계 보전에 관한 특별법	1997
습지보전법	1999
한강수계 상수원 수질개선 및 주민지원 등에 관한 법률	1999
댐건설 · 관리 및 주변지역 지원 등에 관한 법률	1999
수도권매립지관리공사의 설립 및 운영 등에 관한 법률	2000
금강수계 물관리 및 주민지원 등에 관한 법률	2002
낙동강수계 물관리 및 주민지원 등에 관한 법률	2002
영산강 · 섬진강수계 물관리 및 주민지원 등에 관한 법률	2002
건설폐기물의 재활용촉진에 관한 법률	2003
백두대간 보호에 관한 법률	2003

남극활동 및 환경보호에 관한 법률	2004
녹색제품 구매촉진에 관한 법률	2004
악취방지법	2004
야생생물 보호 및 관리에 관한 법률	2004
가축분뇨의 관리 및 이용에 관한 법률	2006
국립공원공단법	2006
문화유산과 자연환경자산에 관한 국민신탁법	2006
환경분야 시험·검사 등에 관한 법률	2006
잔류성유기오염물질관리법	2007
전기·전자제품 및 자동차의 자원순환에 관한 법률	2007
환경교육의 활성화 및 지원에 관한 법률	2008
환경보건법	2008
하천편입토지 보상 등에 관한 특별조치법	2009
한국환경공단법	2009
물의 재이용 촉진 및 지원에 관한 법률	2010
친수구역 활용에 관한 특별법	2010
석면피해구제법	2010
석면안전관리법	2011
생물다양성 보전 및 이용에 관한 법률	2012
온실가스 배출권의 할당 및 거래에 관한 법률	2012
인공조명에 의한 빛공해 방지법	2012
국립생태원의 설립 및 운영에 관한 법률	2013
화학물질의 등록 및 평가 등에 관한 법률	2013
환경오염피해 배상책임 및 구제에 관한 법률	2014
생물자원관의 설립 및 운영에 관한 법률	2015
한국환경산업기술원법	2015
환경오염시설의 통합관리에 관한 법률	2015
동물원 및 수족관 관리에 관한 법률	2016
자원순환기본법	2016
가습기살균제 피해구제를 위한 특별법	2017
유전자원의 접근·이용 및 이익공유에 관한 법률	2017
수자원의 조사·계획 및 관리에 관한 법률	2017
생활화학제품 및 살생물제의 안전관리에 관한 법률	2018
미세먼지 저감 및 관리에 관한 특별법	2018
물관리기술 발전 및 물산업 진흥에 관한 법률	2018
물관리기본법	2018

댐 주변지역 친환경 보전 및 활용에 관한 특별법	2018
대기관리권역의 대기환경 개선에 관한 특별법	2019
공공 폐자원 관리시설의 설치·운영 및 주민지원 등에 관한 특별법	2020
기후위기 대응을 위한 탄소중립·녹색성장 기본법	2021
녹색융합 클러스터의 조성 및 육성에 관한 법률	2021
중대재해 처벌 등에 관한 법률	2021
유기성 폐자원을 활용한 바이오가스의 생산 및 이용 촉진법	2022

출처: 환경부(2023a: 870)를 바탕으로 작성.

강 수계법)을 제정하고 제도적 기반을 조성한 것이다. 또한 2000년대 중후반에는 종전에는 큰 관심을 받지 않았던 분야의 법률들이 다수 제정되었음을 확인할 수 있다. 남극 환경보호, 녹색구매 촉진, 야생동물 보호, 백두대간 보호, 국립공원 관리, 문화유산 및 자연환경자산에 대한 국민신탁 등과 관련한 법률들을 그 예로 들 수 있다.

2010년을 전후한 시기에 나타나는 특징 중 하나는 환경안전 및 환경보건에 대한 강조라 할 수 있다. 석면이나 가습기살균제의 피해와 구제, 화학물질의 등록·평가 및 체계적 관리, 환경오염피해 구제 등과 관련한 법률들이 이 시기에 다수 제정되었다. 기후변화협약 및 생물다양성협약과 같은 국제규범에 부응하는 국내법들이[7] 다수 제정된 것도 2010년대의 주요 특징으로 볼 수 있다. 2010년대 후반의 가장 눈에 띄는 특징은 물관리일원화를 골자로 하는 「물관리기본법」 제정이라 할 것이다. 또한 물 관리가 환경부로 일원화됨에 따라 종전에 국토교통부가 관장하던 물 관련 법률들이 다수 환경부로 이관했음을 볼 수 있다.

2020년대에 들어 입법의 핵심은 기후변화 대응과 순환경제 구축으로 옮겨가고 있다. 2021년에 「기후위기 대응을 위한 탄소중립·녹색성장 기본법」을 제정함으로써, 탄소중립 및 2030년까지의 감축목표를 법제화하는 중대한 변화가 있었다. 또한 〈표 10-1〉에는 제시되지 않았으나 2022년에는 「순환경제사회전환촉진법」이 제정되어 2024년부터 「자원순환기본법」을 대체할 예정이다. 기후변화 대응과 순환경제 구축은 오늘날 전 세계적 화두라는 점에서, 우리나라에서도 이와 관련한 후속 입법들이 계속될 것으로 보인다.

7) 「저탄소 녹색성장기본법」(2021년에 「기후위기 대응을 위한 탄소중립·녹색성장 기본법」으로 대체), 「생물다양성 보전 및 이용에 관한 법률」, 「온실가스 배출권의 할당 및 거래에 관한 법률」, 「유전자원의 접근·이용 및 이익공유에 관한 법률」 등.

제 2 절 | 환경행정조직

1 환경정책과정의 참여자

환경문제는 다양한 정책영역에 연관되므로 환경정책과정에 관여하는 주체들도 매우 다양하다. 특히 최근에는 기업, NGO, 일반시민 등의 정책참여가 강조되며, 실제로도 폭넓게 이루어지고 있다. 여기서는 이러한 민간부문의 정책참여는 제외하고, 공공부문에 한정하여 설명하기로 한다. 공공부문으로 한정하더라도 환경정책에 관여하는 주체는 여전히 다양하다. 환경정책 추진의 주무 부처는 환경부지만 대통령비서실, 입법부, 사법부, 그리고 다른 정부 부처들의 역할도 작지 않다.

대통령비서실은 대통령을 근거리에서 보좌하므로, 각종 정책추진에 미치는 영향이 심대할 뿐 아니라 정책을 실질적으로 주도하기도 한다. 「정부조직법」 제14조는 대통령의 직무(국가안보 제외)를 보좌하기 위해 대통령비서실을 두도록 규정하고 있다.[8] 「대통령비서실직제」 제5조에 따라 대통령비서실에 보좌관과 수석비서관을 두는데, 2023년 9월 현재 국정기획수석, 정무수석, 시민사회수석, 홍보수석, 경제수석, 사회수석 등 6명의 수석비서관이 있다. 이 중 사회수석실에 속한 기후환경비서관실이 정부 환경정책에 주로 관여하게 된다.

국회는 법률을 제·개정하고 예산을 심의·확정할 뿐만 아니라 행정부를 견제할 수 있는 다양한 권한을 가지고 있으므로, 정책에 큰 영향을 미칠 수 있다. 특정 정책을 추진하기 위해 정부 부처 공무원들이 국회를 방문하고, 설득 및 설명에 열중하는 풍경을 자주 볼 수 있는 것도 이 때문이다. 국회는 행정부의 조직편제에 조응하여 2023년 현재 17개의 상임위원회를 구성하고 있는데,[9] 이 중 환경정책은 환경노동위원회 소관 사항이다.

사법부는 정책의 합법성을 판단하는 최종 주체로서 판결을 통해 정책에 영향을 준다. 사법적 결정으로 인해 특정 정책이 좌절되거나 변경될 수 있다(홍준형, 2008).[10]

---

8) 「정부조직법」에 따르면, 대통령실 조직은 대통령비서실, 국가안보실, 대통령경호처로 구성된다. 국가안보에 관한 대통령의 직무를 보좌하는 조직은 국가안보실이다.

9) 국회에는 상임위원회 외에도 여러 특별위원회가 설치된다. 상설특별위원회로 예산결산특별위원회와 윤리특별위원회가 있고, 여타 특별위원회들이 필요에 따라 설치되기도 한다.

환경 관련 소송이 증가함에 따라 매년 많은 환경 관련 판례가 나오고 있으며, 이러한 판례가 정부의 정책담당자에 영향을 미치기 마련이다.

행정부 내에서도 환경부 이외에 매우 다양한 부처들이 환경정책을 수행하고 서로 영향을 주고받는다. 2023년 현재 행정부는 18부 4처 5위원회 18청의 중앙행정기관으로 구성되어 있다.[11] 이 중 여러 부처가 환경정책과 연관된 법률들을 관장하고 있다.[12] 특히 앞서 논의한 바와 같이 국토교통부, 산업통상자원부, 해양수산부, 행정안전부, 농림축산식품부 등은 다양한 형태로 환경보전 문제를 다룬다는 점에서 환경부와 긴밀히 협력할 필요가 있다.

위의 참여 주체들을 상세히 논의하는 것은 이 책의 범위를 넘어선다. 여기서는 국가 환경정책의 주무부처인 환경부 및 많은 환경정책을 실질적으로 집행하고 있는 지방자치단체에 초점을 두어 살펴보기로 한다.

2 환경부

1) 환경부조직의 변천

우리나라 중앙정부에서 환경정책 업무를 처음 시작한 조직은 1967년 보건사회부 환경위생과에 설치된 공해계로 직원 4명으로 구성되었다. 공해계는 1973년에 공해과로 확대 개편되고 직원도 9명으로 증가했다. 1977년에는 보건사회부차관 직속으로 환경관리관을 설치하고 인원도 23명을 배치하게 되었다. 환경관리관은 2급 공무원으로 임명했고, 4급 공무원으로 임명하는 3명의 보좌관을 두었다. 1978년에는 보건사회부 소속으로 국립환경연구소(현 국립환경과학원)를 설치했다. 1980년에는 차관급의 환경청을 신설했는데, 여전히 보건사회부 소속이었지만 최초의 환경전담 중앙행정기관이라는 점에서 중요한 의미를 지닌다. 4개국을 두고 지방에 6개의 환경측정관리사무소

---

10) 환경정책에 대한 사법부의 영향을 거론할 때 새만금사업과 같은 대형 국책사업들이 인용되곤 한다. 새만금사업은 1991년부터 사업이 시작되었으나, 중간에 환경단체가 생태계 파괴를 이유로 사업계획취소청구 소송을 제기하여 수년 동안 사업이 표류하다가, 2006년 3월 대법원의 최종판결에 따라 사업이 속개된 사례다.

11) 국무총리 산하의 중앙행정기구를 말한다. 행정부에 속하나 독립기구인 감사원, 국가정보원, 방송통신위원회 등은 여기서 제외했다.

12) 간접적 관여까지 포함하면 관련되지 않은 부처들이 거의 없을 것이다. 예를 들어, 교육부는 환경교육, 외교부는 환경 관련 국제협약, 문화체육관광부는 생태관광, 보건복지부는 에너지복지 등과 관련한 정책을 추진한다.

를 설치했으며,[13] 직원도 246명으로 급증했다. 1980년에 폐기물처리 및 재활용을 위해 한국자원재생공사(2004년에 한국환경자원공사로 개명), 1983년에 환경기초시설 관리를 위해 환경관리공단을 각각 설립했다.

환경청이 1990년에 장관급 부처인 환경처로 격상되면서 독립부처 수준의 환경정책 전담기구가 출범하게 되었다. 부처 수준의 위상을 갖추면서 직원도 1,216명으로 증가했다. 1991년에는 중앙환경분쟁조정위원회가 설치되었다. 현재의 환경부가 출범한 것은 1994년의 일이다. 건설부가 관장하던 상하수도관리 업무와 보건사회부가 관장하던 음용수관리 업무를 환경처로 이관하면서 1994년 12월에 환경처가 환경부로 승격했고, 인원도 1,364명으로 증가했다. 1998년에는 내무부의 국립공원관리 기능이 환경부로 이관되었다. 2006년에 국립환경인력개발원(2019년 국립환경인재개발원으로 개명), 2007년에 국립생물자원관을 신설했고, 2008년에는 과학기술부 소속이던 기상청이 환경부로 소속을 옮겼다. 2010년에는 한국환경공단이 출범했고,[14] 온실가스종합정보센터를 설치했다. 2013년에 화학물질안전원, 국립생태원을 신설했다.

2018년에는 환경부조직이 크게 변모했다. 정부조직법 개정에 따라 국토교통부의 '수자원의 보전·이용·개발 사무'가 환경부로 이관되면서 환경부의 조직 및 역할 범위가 대폭 확대된 것이다. 환경부는 「수자원의 조사·계획 및 관리에 관한 법률」, 「댐건설 및 주변지역 지원 등에 관한 법률」, 「친수구역 활용에 관한 특별법」, 「지하수법」, 「한국수자원공사법」 등 수자원 관련 5개 법률을 새로 관장하게 되었다. 이에 따라 국토교통부에 있던 수자원정책국 및 정원 36명, 소속기관인 홍수통제소 및 인원 152명, 그리고 산하공공기관인 한국수자원공사 및 직원 약 5,000명도 환경부로 소속을 옮겼다. 이후 2019년에 국가미세먼지정보센터, 2020년에 국립야생동물질병관리원을 각각 신설했다.

1980년에 소규모 외청인 환경청으로 출범한 지 40여 년 만에 환경부는 빠른 속도로 확대를 거듭하여 현재는 거대부처 중 하나로 성장했다. 이러한 성장은 환경문제의 중요성에 대한 국내·외적 인식강화와도 맞물려 있는 것이라 하겠다. 이하에서는 2023년 현재 환경부조직의 현황을 본부, 외청, 소속기관, 산하기관, 위원회 등으로 구

---

13) 1980년 설치된 6개 환경측정관리사무소는 1986년에 6개 환경지청으로 승격했고, 1990년 환경처 승격에 따라 다시 지방환경청(서울, 원주, 부산, 대구, 대전, 광주)으로 개칭했다. 2023년 현재 4개 유역환경청과, 3개 지방환경청, 수도권대기환경청 등 모두 8개 특별지방행정기관이 있다.

14) 한국환경자원공사와 환경관리공단의 합병에 의한 것이다.

분하여 살펴보기로 한다.

2) 환경부조직의 현황 및 기능

(1) 본부

2023년 11월 현재 환경부 본부(하부조직)[15]는 3실(기획조정설, 기후탄소정책실, 물관리정책실), 3국(자연보전국, 자원순환국, 환경보건국), 운영지원과, 임시조직인 물관리위원회지원단 등으로 구성되어 있다. 실·국의 명칭을 보면 2023년 현재 환경부가 추진하는 대표업무는 기후변화대응, 물관리, 자연보전, 자원순환, 환경보건 등임을 짐작할 수 있다. 「환경부와 그 소속기관 직제」에 따라 실 조직에는 고위공무원으로 보하는 정책관을 두는데, 기획조정실에는 정책기획관을, 기후탄소정책실에는 기후변화정책관, 녹색전환정책관, 대기환경정책관을, 물관리정책실에는 물통합정책관, 물환경정책관, 수자원정책관을 두고 있다. 정책관 및 국 산하에는 다수의 과 수준 부서들을 두고 있다.

(2) 외청

환경부 외청으로는 기상청이 있다. 1904년에 최초로 임시기상관측소 5곳을 설치한 것을 시작으로, 1949년 당시 문교부 소속으로 설치한 국립중앙관상대가 기상청의 전신이다. 1967년에 과학기술처로 소속이 변경되었고, 1987년에 중앙행정기관이 되었으며, 1990년에 기상청으로 승격했고, 2005년에 차관급 기관으로 격상되었다. 환경부 소속으로 바뀐 것은 2008년이다. 2023년 11월 현재 6개의 국(기획조정관, 예보국, 관측기반국, 기후과학국, 기상서비스진흥국, 지진화산국), 15개 소속기관(7개 지방기상청 및 2개 기상지청 포함), 3개 산하기관이 설치되어 있다. 기술직이나 연구직이 전체 인력의 대부분(90% 이상)을 차지할 정도로 전문성이 높은 조직이라 할 수 있다. 아울러 기후변화가 중대한 지구환경문제로 대두되고, 우리나라도 본격적인 기후변화대응

---

15) 행정기관 내에 존재하는 각 부서 유형의 정의는 대통령령인 「행정기관의 조직과 정원에 관한 통칙」 제2조에서 확인할 수 있다. 하부조직이란 행정기관의 보조기관과 보좌기관을 말한다. 보조기관이란 행정기관의 목적달성에 공헌하는 기관을 말하는데, 흔히 실·국 아래 설치된 국·과(팀)를 말한다. 실 아래에는 국이나 과를, 국 아래에는 과를 두게 된다. 과장은 3급 또는 4급 공무원으로 보한다. 보좌기관이란 기관장이나 보조기관을 보좌하는 기관으로 정책관·기획관·담당관 등으로 표현된 것들이다. 보조기관은 계선조직이고 보좌기관은 참모조직인 셈이다. 한편 소속기관이란 특별지방행정기관과 부속기관을 말한다. 하부조직과 소속기관의 구성원은 공무원이며, 뒤에 살펴볼 산하기관의 구성원은 민간인이다.

정책을 강화하고 있다는 점에서 향후 기상청의 역할도 강화될 것으로 예상할 수 있다.

(3) 소속기관

환경부 소속기관의 조직 및 역할은 「환경부와 그 소속기관 직제」에 규정되어 있다. 직제에 따라 소속기관들은 다음과 같이 구분된다. ① 환경부장관의 관장사무를 지원하기 위한 국립환경과학원, 국립환경인재개발원, 온실가스종합정보센터, 국가미세먼지정보센터, 국립야생동물질병관리원, ② 환경부장관의 소관사무를 분장하기 위한 유역환경청, 지방환경청, 수도권대기환경청, 홍수통제소,[16] ③ 중앙환경분쟁조정위원회의 사무를 처리하기 위한 중앙환경분쟁조정위원회사무국, ④ 환경부장관의 관장사무를 지원하기 위한 책임운영기관으로 국립생물자원관, 화학물질안전원 등이다.

〈표 10-2〉 환경부 소속기관(2023년 11월 현재)

기관	주요 기능
국립환경과학원	• 환경보전과 환경오염방지에 대한 조사 · 연구 • 원장: 고위공무원단에 속하는 일반직 공무원 또는 연구직 공무원
국립환경인재개발원	• 환경 분야 업무에 종사하는 공무원과 민간인 등의 교육 · 훈련 • 원장: 고위공무원단에 속하는 일반직 공무원
온실가스종합정보센터	• 국가온실가스 종합정보관리체계 구축 · 관리 • 센터장: 고위공무원단 소속 일반직 또는 연구직 공무원
국가미세먼지정보센터	• 미세먼지 등의 체계적인 관리 • 센터장: 3급 또는 4급 공무원
국립야생동물질병관리원	• 야생동물 질병의 체계적인 관리 • 원장: 3 · 4급 공무원 또는 연구관
유역환경청(4개)	• 환경부장관의 소관사무 분장 • 청장: 고위공무원단에 속하는 일반직 공무원
지방환경청(3개)	• 환경부장관의 소관사무 분장 • 청장: 고위공무원단에 속하는 일반직 공무원
수도권대기환경청	• 환경부장관의 소관사무 분장 • 청장: 고위공무원단에 속하는 일반직 공무원

16) 유역환경청, 지방환경청, 수도권대기환경청은 특별지방행정기관으로 기능한다. 즉, 환경부의 정책을 지역 단위에서 집행하는 역할이다. 유역환경청은 한강유역환경청, 낙동강유역환경청, 금강유역환경청, 영산강유역환경청 등 4개가, 지방환경청은 원주지방환경청, 대구지방환경청, 새만금지방환경청 등 3개가 설치되어 있다. 수도권대기환경청은 현재 경기도 안산시에 소재한다. 한편 홍수통제소는 한강, 낙동강, 금강, 영산강 홍수통제소가 있다.

홍수통제소(4개)	• 환경부장관의 소관사무 분장 • 소장: 한강홍수통제소는 고위공무원단에 속하는 일반직 공무원, 낙동강 · 금강 · 영산강 홍수통제소는 4급 공무원 또는 연구관
중앙환경분쟁조정위원회 사무국	• 중앙환경분쟁조정위원회 운영 • 국장: 3급 또는 4급 공무원
국립생물자원관	• 국가생물자원의 효율적 보전 및 이용을 위한 조사 · 연구와 생물자원에 대한 홍보 · 전시 • 관장: 고위공무원단에 속하는 공무원
화학물질안전원	• 화학사고와 테러의 예방, 대비 · 대응 및 복구 • 원장: 고위공무원단에 속하는 공무원

출처: 「환경부와 그 소속기관 직제」.

(4) 산하기관

정부산하기관이란 정부로부터 업무를 위탁받거나 독점적 사업권을 부여받아 기업처럼 책임경영체제로 운영하는 기관들을 말한다.[17] 2023년 11월 현재 환경부의 산하기관은 12개다.

〈표 10-3〉 환경부 산하기관(2023년 11월 현재)

기관	설립목적 및 근거
한국수자원공사	• 수자원을 종합적으로 개발 · 관리하여 생활용수 등의 공급을 원활하게 하고 수질을 개선 • 한국수자원공사법
한국환경공단	• 환경오염방지 · 환경개선 · 자원순환촉진 및 기후위기대응을 위한 온실가스 감축사업 등 탄소중립 사회로의 이행을 효과적으로 추진 • 한국환경공단법
국립공원공단	• 국립공원 등의 자연생태계, 자연 · 문화경관 및 지형 · 지질자원을 체계적으로 보전 · 관리 • 국립공원공단법
수도권매립지 관리공사	• 수도권 매립지의 효율적 관리 • 수도권매립지관리공사의 설립 및 운영 등에 관한 법률

17) 「정부산하기관 관리기본법」에 따르면, 정부산하기관이란 '정부로부터 출연금 · 보조금 등을 받는 기관 또는 단체, 법령에 의하여 직접 정부로부터 업무를 위탁받거나 독점적 사업권을 부여받은 기관 또는 단체'를 말한다(제2조). 정부산하기관에 대해서는 책임경영체제 확립을 위해 자율적 운영을 보장하고(제4조), 이사회를 두고(제5조), 공정하고 투명한 절차를 통해 기관장을 선임하며(제6조), 정부산하기관의 운영 및 관리에 관한 사항을 심의 · 의결하기 위해 기획재정부가 정부산하기관운영위원회를 운영한다(제8조).

한국환경 산업기술원	• 환경기술의 개발 · 지원 및 보급을 촉진하고 환경산업 육성과 친환경생활 확산 • 한국환경산업기술원법
국립생태원	• 생태와 생태계에 관한 조사 · 연구 · 전시 및 대국민 교육 등을 체계적으로 수행 • 국립생태원의 설립 및 운영에 관한 법률
국립낙동강 생물자원관	• 국가 생물주권의 조기 확보와 생물다양성 보전 및 생물자원의 지속가능한 이용에 기여(담수생물 분야 담당) • 생물자원관의 설립 및 운영에 관한 법률
국립호남권 생물자원관	• 국가 생물주권의 조기 확보와 생물다양성 보전 및 생물자원의 지속가능한 이용에 기여(연안생물 분야 담당) • 생물자원관의 설립 및 운영에 관한 법률
한국상하수도협회	• 수도에 관한 조사연구, 기술개발, 그 밖에 수도의 건전한 발전 도모 • 수도법
한국환경보전원	• 환경보전에 관한 조사연구, 기술개발 및 교육 · 홍보, 생태복원 • 환경정책기본법
수자원환경 산업진흥	• 경인아라뱃길 및 4대강 문화관 운영 • 한국수자원공사 자회사
한국수자원 조사기술원	• 정확하고 공정한 수자원 기초자료의 생산, 분석, 제공 및 이와 관련된 기술개발 • 수자원의 조사 · 계획 및 관리에 관한 법률

(5) 위원회

2023년 7월 기준 환경부 소관 위원회는 모두 25개다. 위원회마다 환경부 소관 법령에 근거를 두고 있으며, 대부분 심의위원회다.[18] 통상적으로 근거 법률의 명칭과 유사한 명칭을 가지고 있고, 해당 법률에서 규정하고 있는 기본계획 등을 심의한다. 보통 차관이나 실장과 같은 당연직 위원장을 포함하여 통상 20명 내외의 공무원, 전문가, 시민사회단체 인사 등으로 구성된다.[19] 대체로 남녀 성비를 고려하여 위원회를 구성하며, 연간 회의가 빈번하게 개최되는 위원회가 있는가 하면 거의 개최되지 않는 위원회도 존재한다.

18) 2023년 7월 현재 설치된 25개 위원회 중 중앙환경분쟁조정위원회만 행정위원회다.

19) 다만 중앙환경정책위원회는 「환경정책기본법」 제58조에 따라 위원장과 10명 이내의 분과위원장을 포함한 200명 이내의 위원으로 구성한다.

〈표 10-4〉 환경부 소관 위원회(2023년 7월 말 기준)

연번	위원회명	설치근거	위원 수		
			계	당연	위촉
1	중앙환경분쟁조정위원회	환경분쟁조정법	6	1	5
2	국가생물다양성위원회	생물다양성 보전 및 이용에 관한 법률	20	10	10
3	국가습지심의위원회	습지보전법	22	7	15
4	국립공원위원회	자연공원법	25	12	13
5	빛공해방지위원회	인공조명에 의한 빛공해 방지법	20	8	12
6	석면피해구제재심사위원회	석면피해구제법	13	1	12
7	중앙환경정책위원회	환경정책기본법	126	1	125
8	지질공원위원회	자연공원법	20	11	9
9	토양정화자문위원회	토양환경보전법	9	–	9
10	할당결정심의위원회	온실가스배출권의 할당 및 거래에 관한 법률	15	7	8
11	화학물질관리위원회	화학물질관리법	24	13	11
12	화학물질평가위원회	화학물질의 등록 및 평가 등에 관한 법률	18	3	15
13	환경교육위원회	환경교육진흥법	20	9	11
14	환경보건위원회	환경보건법	20	6	14
15	환경오염피해구제정책위원회	환경오염피해 배상 책임 및 구제에 관한 법률	20	5	15
16	가습기살균제피해구제위원회	가습기살균제 피해구제를 위한 특별법	15	4	11
17	온실가스정보공개심사위원회	저탄소 녹색성장 기본법	12	7	5
18	배출량인증위원회	온실가스 배출권의 할당 및 거래에 관한 법률	16	9	7
19	국가수자원관리위원회	수자원의 조사·계획 및 관리에 관한 법률	47	12	35
20	(댐)사전검토협의회	댐건설 및 주변지역지원 등에 관한 법률	정비 중		
21	친수구역조성위원회	친수구역 활용에 관한 특별법	25	5	20
22	동물원 및 수족관동물관리위원회	동물원 및 수족관의 관리에 관한 법률	20	4	16
23	생활화학제품 및 살생물제 관리 위원회	생활화학제품 및 살생물제의 안전관리에 관한 법률	20	6	14
24	폐기물처리자문위원회	폐기물관리법	정비 중		
25	자원순환보증금관리위원회	자원의 절약과 재활용 촉진에 관한 법률	7	1	6

출처: 환경부(2023e).

3 지방자치단체

1) 지방자치단체의 환경업무

우리나라에는 두 계층의 지방자치단체가 설치되어 있다(지방자치법 제2조). 특별시, 광역시, 특별자치시, 도, 특별자치도 등 17개의 광역지방자치단체와 시, 군, 구 등 226개의 기초지방자치단체다. 「헌법」 제117조 제1항은 "지방자치단체는 주민의 복리에 관한 사무를 처리하고 재산을 관리하며, 법령의 범위 안에서 자치에 관한 규정을 제정한다"라고 규정하고 있다. 이 조항에 근거하여 지방자치단체는 환경 관련 법령의 범위 안에서 조례나 규칙과 같은 자치법규를 제정하여 관할구역의 환경사무를 처리하게 된다.

특히 우리나라 「지방자치법」은 지방자치단체의 기능 및 사무와 관련하여 '현지성 원칙'을 중시하고, 예시적 열거주의를 취하고 있다. 제13조에서 지방자치단체의 사무들을 예시하고 법률에 다른 규정이 없는 한 이러한 사무들은 지방자치단체의 사무로 본다는 것을 명확히 하고 있다. 예시된 사무는 2023년 현재 지방자치단체의 구역 · 조직 · 행정관리 등에 관한 사무(11종), 주민의 복지증진에 관한 사무(10종), 농림 · 수산 · 상공업 등 산업진흥에 관한 사무(14종), 지역개발과 자연환경보전 및 주민의 생활환경시설 설치 · 관리에 관한 사무(17종), 교육 · 체육 · 문화 · 예술의 진흥에 관한 사무(5종), 지역민방위 및 지방소방에 관한 사무(2종), 국제교류 및 협력에 관한 사무(2종) 등 모두 7개 분야 61종의 사무다. 61종의 사무들은 매우 포괄적으로 정의되어 있다는 점에서 지방자치단체는 반드시 국가가 수행해야만 하는 일을 제외한 모든 일을 처리하는 주체로 볼 수 있다. 이것은 지방자치단체가 주민에게 가장 가까이 존재하는 종합행정기관이라는 점에 착안한 것이다.

지방자치단체의 사무 중 직접적인 환경업무로 명시된 것들로는 청소 · 폐기물의 수거 및 처리, 공유림 관리, 주변 생활환경 개선의 장려 및 지원, 자연보호 활동, 지방하천 및 소하천의 관리, 상수도 · 하수도의 설치 및 관리, 소규모급수시설의 설치 및 관리, 도립공원 · 광역시립공원 · 군립공원 · 시립공원 · 도시공원 등의 지정 및 관리, 도시공원 및 공원시설, 녹지, 유원지 등과 그 휴양시설의 설치 및 관리 등을 들 수 있다. 한편 여러 환경법의 내용에 따라 지방자치단체의 환경업무를 기능별로 구분해 보면, 환경계획 등의 수립, 기준 및 관리지역 등의 설정, 국가사무에 대한 의견제시 또는 협의, 허가 및 규제, 특정 행위의 유도 및 지원, 출입 · 검사, 협약체결 등이라 할 수 있다(최승필, 2016).

2) 지방자치단체의 환경행정조직

지방자치단체마다 환경행정조직의 구성이나 명칭은 상이하지만, 대체로 광역지방자치단체는 실이나 국 수준의 전담부서를 두는 경우가 많다. 예를 들어, 2023년 현재 서울시는 기후환경본부를, 경기도는 기후환경에너지국을, 부산광역시는 환경물정책실을, 인천광역시는 환경국을 설치하고 있다. 기초지방자치단체는 주로 과 수준의 전담부서를 두는 경향을 보인다.20) 서울시 종로구청은 안전환경국 내에 환경과를, 경기도 안산시는 환경교통국 내에 환경정책과를, 부산시 남구는 일자리환경국 내에 환경위생과를, 인천광역시 남구는 복지환경국 내에 환경보전과를 설치하고 있다. 작은 규모의 기초지방자치단체는 과 수준의 부서에 환경업무와 다른 분야 업무가 함께 부여되는 경우도 많다.

이처럼 지방자치단체마다 환경행정부서 설치 수준이 다른 것은 대통령령인 「지방자치단체의 행정기구와 정원기준 등에 관한 규정」에서 지방자치단체에 둘 수 있는 부서의 수를 인구에 비례해서 정하고 있기 때문이다. 2023년 기준 경기도는 22개의 실·국·본부를, 서울특별시는 18개의 실·국·본부를 둘 수 있다. 반면 인구가 200만 명이 되지 않는 강원도, 충청북도, 전라북도, 전라남도, 경상북도, 제주도가 둘 수 있는 실·국·본부 수는 11개에 불과하다. 시·군·자치구의 실·국 설치기준도 이와 비슷한 방식으로 정해져 있다. 예컨대, 인구 120만 명이 넘는 경기도 수원시는 9개

〈표 10-5〉 시·도의 실·국·본부 설치기준

구분		실·국·본부의 수
서울특별시		16개 이상 18개 이하
광역시	인구 350만 이상 400만 미만	14개 이상 16개 이하
	인구 300만 이상 350만 미만	13개 이상 15개 이하
	인구 250만 이상 300만 미만	12개 이상 14개 이하
	인구 200만 이상 250만 미만	11개 이상 13개 이하
	인구 200만 명 미만	10개 이상 12개 이하
세종특별자치시		6개 이상 8개 이하
도	경기도	20개 이상 22개 이하
	인구 300만 이상 400만 미만	11개 이상 13개 이하
	인구 200만 이상 300만 미만	10개 이상 12개 이하
	인구 100만 이상 200만 미만	9개 이상 11개 이하

출처: 「지방자치단체의 행정기구와 정원기준 등에 관한 규정」 [별표 1].

20) 규모가 큰 기초지방자치단체는 국 수준의 환경행정기관을 두기도 한다. 예를 들어, 2023년 현재 경기도 수원시는 환경국을, 경상남도 창원시는 기후환경국을 설치하고 있다.

〈표 10-6〉 시 · 군 · 구의 실 · 국 설치기준

<table>
<tr><th colspan="3">구분</th><th>실 · 국의 수</th></tr>
<tr><td rowspan="12">시</td><td colspan="2">인구 10만 미만</td><td>1개 이상 3개 이하</td></tr>
<tr><td colspan="2">인구 10만 이상 15만 미만</td><td>1개 이상 3개 이하</td></tr>
<tr><td colspan="2">인구 10만 이상 15만 미만
(지방자치법 제10조 제2항 제1호의 도농복합형태의 시)</td><td>2개 이상 4개 이하</td></tr>
<tr><td colspan="2">인구 15만 이상 20만 미만</td><td>2개 이상 4개 이하</td></tr>
<tr><td colspan="2">인구 20만 이상 30만 미만</td><td>3개 이상 5개 이하</td></tr>
<tr><td colspan="2">인구 30만 이상 50만 미만</td><td>4개 이상 6개 이하</td></tr>
<tr><td colspan="2">인구 50만 이상(구를 설치하지 않은 시)</td><td>5개 이상 7개 이하</td></tr>
<tr><td colspan="2">인구 50만 이상 70만 미만(구를 설치한 시)</td><td>3개 이상 5개 이하</td></tr>
<tr><td colspan="2">인구 70만 이상 90만 미만(구를 설치한 시)</td><td>4개 이상 6개 이하</td></tr>
<tr><td colspan="2">인구 90만 이상 100만 미만(구를 설치한 시)</td><td>5개 이상 7개 이하</td></tr>
<tr><td colspan="2">인구 100만 이상 120만 미만(구를 설치한 시)</td><td>6개 이상 8개 이하</td></tr>
<tr><td colspan="2">인구 120만 이상(구를 설치한 시)</td><td>7개 이상 9개 이하</td></tr>
<tr><td rowspan="3">군</td><td colspan="2">인구 15만 미만</td><td>1개 이상 3개 이하</td></tr>
<tr><td colspan="2">인구 15만 이상 20만 미만</td><td>2개 이상 4개 이하</td></tr>
<tr><td colspan="2">인구 20만 이상</td><td>3개 이상 5개 이하</td></tr>
<tr><td rowspan="5">구</td><td colspan="2">특별시의 자치구</td><td>4개 이상 6개 이하</td></tr>
<tr><td rowspan="4">광역시의
자치구</td><td>인구 10만 미만</td><td>1개 이상 3개 이하</td></tr>
<tr><td>인구 10만 이상 30만 미만</td><td>2개 이상 4개 이하</td></tr>
<tr><td>인구 30만 이상 50만 미만</td><td>3개 이상 5개 이하</td></tr>
<tr><td>인구 50만 이상</td><td>4개 이상 6개 이하</td></tr>
</table>

출처: 「지방자치단체의 행정기구와 정원기준 등에 관한 규정」 [별표 3].

의 실 · 국을 둘 수 있으나, 인구 10만 명이 채 되지 않는 강원도 태백시는 3개의 실 · 국만 둘 수 있다.

3) 중앙과 지방 간 환경기능 분담

환경부가 집행하는 예산 중 약 70% 정도는 지방자치단체에 대한 국고보조금 형태로 집행된다. 그만큼 환경정책에 있어 지방자치단체의 역할이 크다는 뜻이다. 다른 한편으로는 지방자치단체가 환경정책 수행에 있어 충분한 수준의 전문성과 의지가 있는지, 그리고 지방자치단체의 환경 권한 확대가 환경보전에 유익한 것인지에 대해 의구심이 제기되기도 했다.[21] 예를 들어, 정우현 외(2013)는 실증연구를 통해 환경규

제 권한의 분권이 규제 효과를 저하했다고 보고했다. 환경 분권의 환경규제 효과를 둘러싼 논란에 따라 중앙과 지방 간 환경업무 분담 형태도 수차례 변화를 겪어 왔다. 2013년 현재 환경부와 지방자치단체의 환경업무 분담현황은 〈표 10-7〉과 같다.

〈표 10-7〉 환경부와 지방자치단체의 환경업무 분담현황

<table>
<tr><th colspan="2">구분</th><th>업무</th></tr>
<tr><td colspan="2" rowspan="5">환경부</td><td>환경법령의 제・개정, 환경 관련 제도 도입 등 국가환경관리를 위한 환경행정 기본체계의 확립</td></tr>
<tr><td>환경보전을 위한 중장기 종합대책의 수립 및 시행</td></tr>
<tr><td>각종 규제기준의 설정</td></tr>
<tr><td>지방환경관서 및 자치단체의 환경관리를 위한 행・재정적 지원</td></tr>
<tr><td>국가 간 환경보전 협력</td></tr>
<tr><td colspan="2" rowspan="6">지방
환경관서</td><td>영향권별 환경관리계획 수립 및 시행 / 전략환경영향평가 및 환경영향평가 협의</td></tr>
<tr><td>자연생태계 보전 등 지방환경보전 / 환경오염원 조사 및 환경오염도 측정・분석</td></tr>
<tr><td>환경 관련 산업체 육성・지원 / 지정폐기물 배출업소 및 처리업체 관리</td></tr>
<tr><td>환경기초시설 운영에 대한 지도・감독</td></tr>
<tr><td>수계관리위원회 운영, 수계관리기금의 운용, 자치단체 수질개선 사업의 승인, 수질오염 총량관리 시행계획의 승인 및 평가, 전용수도 사업자에 대한 물이용부담금의 부과・징수(4개 유역환경청)</td></tr>
<tr><td>수도권 대기환경 개선에 관한 특별법에 근거한 사전예방적・광역적인 수도권 대기관리업무의 전담수행(수도권대기환경청)</td></tr>
<tr><td rowspan="6">지방
자치단체</td><td rowspan="4">고유사무</td><td>관할구역 내 지역 환경보전대책 수립 및 시행</td></tr>
<tr><td>생활폐기물의 수집・처리</td></tr>
<tr><td>오수・분뇨・축산폐수의 처리</td></tr>
<tr><td>소음・진동 및 자동차 배출가스 규제 등</td></tr>
<tr><td rowspan="2">위임사무</td><td>환경오염물질 배출업소 관리</td></tr>
<tr><td>환경개선부담금의 부과징수</td></tr>
</table>

출처: 정우현 외(2013: 20).

21) 지방선거에 있어서는 지역경제 활성화 이슈가 환경 이슈를 압도하는 경향이 있다. 후보자들은 너나 할 것 없이 경제 활성화, 기업이나 투자 유치, 일자리 창출 등의 경제공약을 공약집의 상단에 포진시키기 마련이고, 환경공약은 거의 없거나 우선순위가 낮은 것이 보통이다. 당선될 경우 주민과의 약속을 지키고 재선에 성공하기 위해 공약을 이행하게 되고, 이로 인해 지역에서의 환경규제는 약화할 개연성이 있다. 물론 이러한 개연성은 지방자치단체가 처한 사회경제적 상황에 따라 달라질 수 있다.

제 3 절 | 환경재정

1 국가재정과 환경재정

국민경제를 구성하는 주체는 가계, 기업, 정부로 구분할 수 있다. 이 중 정부의 경제활동, 즉 화폐단위로 표시되는 정부의 수입·지출 활동을 재정(public finance)이라 한다. 우리나라에서 국가(중앙정부) 재정과 관련한 사항은 「국가재정법」에서 정하고 있다.[22] 국가의 회계연도는 매년 1월 1일에 시작하여 12월 31일에 종료한다. 재정은 운용방식에 따라 예산과 기금으로 구분되며, 예산은 일반회계와 특별회계로 구분된다. 2023년 현재 우리나라는 1개 일반회계, 21개 특별회계, 68개 기금을 통해 국가재정을 운용하고 있다. 특별회계와 기금은 법률로써 설치한다. 2023년 기준 국가재정 규모(총지출 기준, 본예산 기준)는 639조 원이다. 이 중 예산이 441.3조 원(일반회계 378.5조 원, 특별회계 62.8조 원), 기금이 197.7조 원이다(국회예산정책처, 2023).

「헌법」에 따라 정부 예산은 행정부가 편성하고, 국회가 이를 심의·의결함으로써 성립한다. 정부는 회계연도마다 예산(안)을 편성하여 회계연도 개시 90일 전까지 국회에 제출하고,[23] 국회는 회계연도 개시 30일 전까지 이를 의결해야 한다(헌법 제54조 제2항). 국회는 소관 상임위원회의 예비심사, 예산결산특별위원회의 종합심사, 그리고 본회의 심의·의결로 예산을 확정한다. 기금은 국가가 특정한 목적을 위하여 특정한 자금을 신축적으로 운용할 필요가 있을 때 법률로써 설치한다(국가재정법 제5조). 기금 역시 정부가 기금운용계획(안)을 회계연도 개시 120일 전에 국회에 제출하고, 국회 심의·의결로 확정한다(국가재정법 제68조).[24]

환경재정은 좁게 보면 환경부의 예산과 기금이다.[25] 2023년 총지출 기준 환경재

22) 지방자치단체의 재정에 관한 사항은 「지방재정법」에서 정한다. 「국가재정법」은 종전의 「예산회계법」과 「기금관리기본법」을 통합하여 2006년 12월에 제정되었다.

23) 「국가재정법」 제33조에서는 회계연도 개시 120일 전까지 제출하도록 규정하고 있다.

24) 「헌법」에 예산에 관한 규정은 있으나 기금에 관한 규정은 없다. 2001년 「기금관리기본법」 개정 이전에는 기금이 국회 심의·의결 사항이 아니었다. 국무회의 심의와 대통령 승인을 거쳐 행정부가 재량껏 사용하는 돈이었던 셈이다. 현재는 예산과 기금 모두 국회의 심의·의결 사항이므로, 국회는 통상 연말에 'OOOO년도 예산안 및 기금운용계획안'을 의결하는 것을 볼 수 있다.

25) 환경재정을 넓게 보면 환경의 질을 유지 및 개선하는 데 소요되는 모든 재정을 의미한다. 하지만 이처럼 넓은 의미로 해석할 경우 환경재정의 정확한 규모를 산정하기가 어려우므로, 여기서는 환

정은 13조 4,735억 원으로 국가재정의 2.1% 정도를 점하고 있다.[26] 이 중 예산이 11조 5,981억 원(86%)이고, 기금이 1조, 8,817억 원(14%)이다. 환경재정은 꾸준히 증가하여 2023년은 2018년보다 2배 이상 늘었다. 특히 2018년 물관리일원화에 따라 다른 부처에 있던 물 관련 업무들이 환경부로 이관되면서 2019년도부터 환경예산이 급속히 늘어났음을 확인할 수 있다. 이하에서는 환경재정을 환경부의 예산과 기금으로 구분하여 살펴보기로 한다.

[그림 10-1] 환경재정 규모 변화(총지출 기준, 본예산 기준)

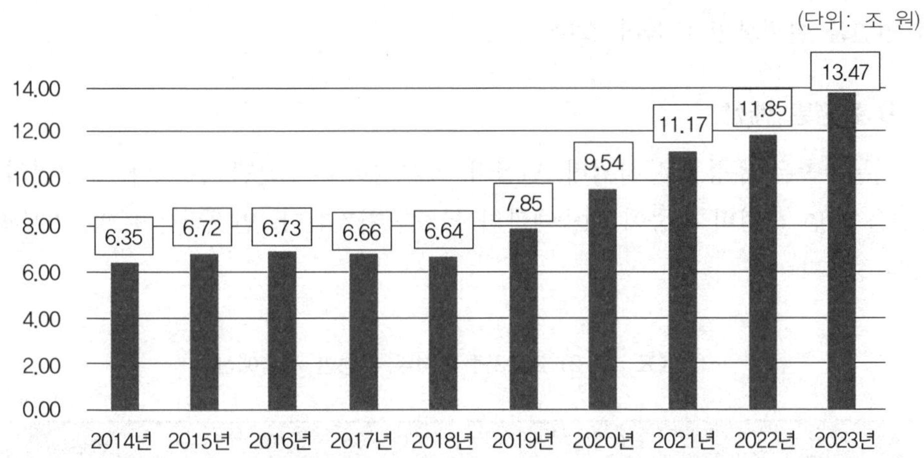

출처: 「환경부 소관 예산 및 기금운용계획 개요」(각 연도).

2 환경부의 예산

정부 부처는 국회에 예산안을 제출할 때 해당 회계연도의 중점사업 등을 담은 편성 방향을 함께 제시한다. 환경예산 편성 방향을 보면 환경부문에서 해당 정부가 중시하는 부문을 어느 정도 파악할 수 있다. 〈표 10-8〉은 박근혜 정부, 문재인 정부, 윤석열 정부 출범 직후 연도의 환경예산 편성 방향을 제시한 것이다. 어느 정부에서든 국민안전, 생태계, 지속가능성 등이 강조되는 가운데, 최근에는 탄소중립이 중요한 과제로 떠올랐음을 알 수 있다. 국회에서 확정된 2023년 환경부 세출예산(총지출 기준)

경부의 예산과 기금만 다루기로 한다.

26) 1980년 신설된 환경청의 예산이 120억 원 수준이었으니 40여 년 만에 1,000배 이상 증가한 셈이다.

〈표 10-8〉 정부별 환경예산 편성 방향

2014년(박근혜 정부 2년차)	2018년(문재인 정부 2년차)	2023년(윤석열 정부 2년차)
• 환경서비스 품질 수준 제고, 양질의 환경일자리 창출 • 기후변화 대응 · 자원순환사회 실현 등 미래환경 대비 강화 • 유해물질로부터의 안전을 확보하고, 생활 체감 환경보건 서비스 증진	• 국민의 건강을 위협하는 환경위해요인 저감사업 강화 • 자연의 보전 · 복원 및 지속가능한 이용 • 사회 전반의 지속가능성 제고 • 기초시설 투자예산을 조정하여 환경예산 내실화 도모	• 재난 · 질병 · 화학물질로부터 국민안전 확보 • 대기 · 물 · 자연생태계 등 환경기본권 강화 • 탄소중립 실현으로 지속가능한 미래

출처: 환경부(2014a), 환경부(2018c), 환경부(2023b).

의 면면을 살펴보면 다음과 같다.

1) 유형별 예산

정부지출은 유형별로 사업비, 인건비, 기본경비로 구분할 수 있다. 2023년의 환경예산을 보면 사업비 비중이 세출예산의 98%를 차지한다. 인건비는 1.7%, 기본경비는 0.3% 정도다.

〈표 10-9〉 2023년 환경부 유형별 세출예산

(단위: 억 원)

구분	2022 예산		2023 예산 (B)	증감	
	본예산(A)	2회 추경		(B-A)	%
합계	115,700	111,586	115,918	218	0.2
사업비	113,475	109,367	113,610	135	0.1
인건비	1,913	1,910	1,972	59	3.1
기본경비	312	309	336	24	7.7

출처: 환경부(2023b).

2) 회계별 예산

환경부 세출예산은 일반회계 및 4개의 특별회계로 구성된다. 특별회계에 대한 의존도가 매우 높아 2023년 경우 〈표 10-10〉에서 보는 바와 같이 86.6%에 달한다. 이 중에서도 환경개선특별회계의 비중이 56%로 가장 크다. 에너지 및 자원사업특별회계가 26.8%, 국가균형발전특별회계가 13.2%를 각각 점하고 있다.[27] 일반회계 비중은 13.5% 수준이다.

〈표 10-10〉 2023년 환경부 회계별 세출예산

(단위: 억 원)

구분	2022 예산		2023 예산 (B)	증감	
	본예산(A)	2회 추경		(B-A)	%
합계	115,700	111,586	115,918	218	0.2
일반회계	16,217	16,091	15,684	△533	△3.3
환경개선특별회계	64,228	62,581	53,446	△10,782	△16.8
에너지 및 자원사업특별회계	28,650	26,309	31,058	2,408	8.4
국가균형발전특별회계	6,179	6,179	15,329	9,120	148.1
농어촌구조개선특별회계	426	426	401	△25	△5.9

출처: 환경부(2023b).

환경개선특별회계는 환경개선사업의 투자를 확대하고, 그 관리·운영을 효율화하기 위해 1995년 신설된 것으로 현재 「환경개선특별회계법」에 의해 운영된다. 환경개선특별회계의 세입은 자체세입, 전년도 세계잉여금, 일반회계전입금으로 구성된다. 2023년 기준 환경개선특별회계 세입 규모는 67,342억 원이며, 이 중 일반회계전입금이 약 81.2%인 54,694억 원,[28] 자체세입이 약 18.7%인 12,584억 원이다. 자체세입 중 가장 큰 비중을 차지하는 것은 법정부담금(16종)이며, 2023년 경우 6,864억 원으로 자체세입의 54.5%를 차지했다. 법정부담금 중에서는 환경개선부담금이 가장 큰 비중을 차지한다.[29]

3) 분야별 예산

환경예산이 가장 많이 지출되는 분야는 물관리 분야로, 2023년 예산의 42.7%를 점하고 있다. 물관리 중에서도 가장 압도적인 비중을 차지하는 것은 수질·하수도 부문이다. 최근에는 대기를 포함한 기후·탄소 분야 비중이 많이 높아져, 2023년 경우

27) 특별회계는 각자 개별법에 의거 관리되며, 각 특별회계로부터 일부 금액이 환경예산으로 전입되는 것이다.

28) 일반회계로부터의 전입 중 주세로부터의 전입이 꽤 큰 부분을 차지한다. 「환경개선특별회계법」 제5조 제1항에 따라 수질오염방지 관련 사업추진을 위해 주세의 1,000분의 466에 상당하는 금액을 환경개선특별회계로 전입한다. 참고로 2022년 국세 수입 중 주세는 약 3.8조 원이었다.

29) 환경개선부담금은 1992년 제정된 「환경개선비용부담법」에 의거 징수된다. 환경오염의 원인자가 환경개선에 필요한 비용을 부담하게 하여, 환경개선을 위한 투자재원을 합리적으로 조달하는 데 그 목적이 있다. 원래는 경유사용 자동차와 일정 요건을 갖춘 건물에 부과했으나, 2015년 법 개정을 통해 현재는 주로 노후 경유차에 부과한다. 문제는 수납률인데, 수납률 추이를 보면 2018년 42.9%, 2019년 39.9%, 2020년 37.8%, 2021년 35.7% 등으로 매우 낮고, 매년 낮아지고 있다.

〈표 10-11〉 2023년 환경부 분야별 세출예산

(단위: 억 원)

분야	2022년 예산		2023 예산			
	본예산(A)	2회 추경	본예산(B)	%	증감(B-A)	%
합계	115,700	111,586	115,918	100	218	0.2
물관리	49,564	49,085	49,509	42.7	△55	△0.1
– 상수도 · 지하수	14,603	14,600	10,098	8.7	△4,505	△30.9
– 수질 · 하수도	23,191	22,839	26,990	32.6	3,799	16.4
– 댐 · 하천 · 물산업	11,770	11,646	12,421	4.5	651	5.5
기후 · 탄소	46,331	42,729	45,264	39.1	△1,067	△2.3
– 기후	2,056	2,054	2,240	1.9	184	9.0
– 대기	38,780	35,187	37,833	32.6	△947	△2.4
– 환경경제	5,495	5,488	5,191	4.5	△304	△5.5
자연환경	8,616	8,598	9,555	8.2	939	10.9
자원순환	3,027	3,024	3,257	2.8	230	7.6
환경보건 · 화학	3,380	3,374	3,472	3.0	92	2.7
환경일반	4,782	4,776	4,861	4.2	79	1.7

출처: 환경부(2023b).

예산의 39.1%를 차지하고 있다.

3 환경부의 기금

환경부는 2023년 현재 수계관리기금과 석면피해구제기금을 운용하고 있다. 오래 전에 환경오염방지기금(1983~1994)과 폐기물관리기금(1992~1994)이 있었으나, 1995년에 환경개선특별회계로 모두 통합되었다. 현재 운용되고 있는 기금들의 2023년 확정 운용 규모는 다음과 같다.

1) 수계관리기금

수계관리기금은 4대강(한강, 금강, 낙동강, 영산 · 섬진강) 특별법에 의거 징수하는 물이용부담금을 효율적으로 관리하기 위해 조성되는 기금으로, 수계별 수계관리위원회가 관리한다. 1999년 8월 한강수계관리기금이 처음 설치되었고, 2002년 7월 나머지 3개 강에 대한 수계관리기금이 설치되었다. 2003년부터 수계관리기금에 의한 수질

개선사업과 주민지원사업이 본격적으로 시행되고 있다. 2023년 수계관리기금 수입총계는 약 1조 2,634억 원으로 전망되며,[30] 이 중 물이용부담금의 비중이 약 75%다.

〈표 10-12〉 2023년 수계관리기금 수입계획

(단위: 백만 원)

구분	2022 계획(A)	2023 계획(B)	증감	
			(B–A)	%
1. 총수입	1,009,933	1,007,915	△2,018	△0.2
– 물이용부담금	960,050	955,910	△4,140	△0.4
– 재산수입	3,780	4,062	282	7.5
– 기타 경상이전수입 등	46,103	47,943	1,840	4.0
2. 여유자금 회수	235,904	255,454	19,550	8.3
3. 수입 총계(1+2)	1,245,837	1,263,369	17,532	1.4

출처: 환경부(2023b).

수계관리기금은 주민지원사업, 환경기초시설, 수질개선, 토지매수 및 수변구역관리, 오염총량관리, 친환경 청정사업, 기금운영비, 여유자금운용 등의 항목에 지출된다. 수계관리기금의 가장 큰 용처는 환경기초시설 설치 지원사업이라 할 수 있는데, 2023년 경우 지출총계의 약 39.7%를 차지한다. 토지매수 및 수변구역관리 약 15.9%가, 주민지원 약 11.7% 등이다.

〈표 10-13〉 2023년 수계관리기금 지출계획

(단위: 백만 원)

구분	2022 계획(A)	2023 계획(B)	증감	
			(B–A)	%
1. 총지출	990,383	1,023,448	33,065	3.3
– 주민지원사업	145,713	147,392	1,679	1.2
– 환경기초시설	494,021	501,296	7,275	1.5
– 기타 수질개선지원	88,395	95,306	6,911	7.8
– 토지매수 및 수변구역관리	198,941	201,392	2,451	1.2
– 오염총량관리	25,304	25,702	398	1.6

30) 수계별로 보면 한강수계 682,477(백만 원), 낙동강수계 248,206(백만 원), 금강수계 181,648(백만 원), 영산강·섬진강수계 151,038(백만 원) 등이다.

– 친환경청정사업	19,987	34,049	14,062	70.4
– 기금운영비	18,022	18,311	289	1.6
2. 여유자금 운용	255,454	239,921	△15,533	△6.1
3. 지출 총계(1+2)	1,245,837	1,263,369	17,532	1.4

출처: 환경부(2023b).

2) 석면피해구제기금

석면피해구제기금은 「석면피해구제법」에 따른 구제급여를 지급하는 데 필요한 재원을 조성할 목적으로 설치된 기금이다. 2011년에 처음 조성되기 시작했다. 기금수입은 석면피해구제분담금을 중심으로 한 자체수입 및 여타 다양한 재원으로 구성된다. 2023년 기금 수입총계는 약 439억 원이며, 이 중 자체수입이 절반 정도인 약 224억 원이다. 자체수입의 약 95%는 법정분담금인 석면피해구제분담금으로 충당된다. 사업비가 지출의 대부분을 차지하고, 사업비 중에서는 석면피해구제급여 지급이 대부분을 차지한다.

〈표 10–14〉 2023년 석면피해구제기금 수입계획

(단위: 백만 원)

구분	2022 계획(A)	2023 계획(B)	증감	
			(B–A)	%
1. 자체수입(총수입)	14,935	22,443	7,508	50.3
– 법정분담금	13,834	21,287	7,453	53.9
– 기타 재산수입	542	542	0	0.0
– 기타 경상이전수입	553	608	55	9.9
– 가산금	6	6	0	0.0
2. 정부내부수입	660	13,000	12,340	1,869.7
– 환경개선특별회계 전입금	500	3,000	2,500	500.0
– 공자기금예탁원금회수	–	10,000	10,000	순증
– 공자기금예탁이자수입	160	–	△160	△100.0
3. 여유자금 회수	16,524	8,451	△8,073	△48.9
– 비통화금융기관예치금회수	16,524	8,451	△8,073	△48.9
4. 수입 총계(1+2+3)	32,119	43,894	11,775	36.7

출처: 환경부(2023b).

〈표 10-15〉 2023년 석면피해구제기금 지출계획

(단위: 백만 원)

구분	2022 계획(A)	2023 계획(B)	증감	
			(B-A)	%
1. 총지출(①+②)	23,668	33,068	9,400	39.7
① 사업비	21,750	31,151	9,401	43.2
- 석면피해구제급여	18,185	27,669	9,484	52.2
- 석면건강영향조사	692	692	0	0.0
- 석면안전관리사업	2,873	2,790	△83	△2.9
② 기금운영비	1,918	1,917	△1	△0.1
- 인건비	956	973	17	1.8
- 기타 운영비	807	789	△18	△2.2
- 정보화경비	155	155	0	0.0
2. 여유자금운용	8,451	10,826	2,375	28.1
3. 지출 총계(1+2)	32,119	43,894	11,775	36.7

출처: 환경부(2023b).

제 4 부

한국의 분야별 환경정책

제 11 장 ENVIRONMENTAL POLICY

린치핀 환경정책

국가 환경정책은 매우 다양하다. 사람의 일상이 모두 환경과 연관되니 환경정책이 다양할 뿐 아니라 그 범위가 점차 확대되는 것도 자연스러운 일이다. 다양한 환경정책 중에서도 국가운영에 있어 특히 중요한 위치를 점하는 정책들이 있다. 환경정책 영역에서 다루어지고는 있으나 환경문제에 국한될 수 없는 것들이다. 이 책에서는 이러한 정책들을 린치핀 환경정책이라 명명해 보았다. 린치핀(linchpin)이란 수레 등의 바퀴가 빠지지 않도록 축에 꽂는 핀으로, 바퀴가 굴러감에 있어 구심점 역할을 하는 장치다. 『케임브리지 사전』에서는 린치핀을 '한 집단 또는 체제를 구성하는 요소들이 소기의 목적대로 움직일 수 있도록 묶어주는 가장 중요한 요소'로 정의하고 있다. 이 책에서는 우리나라의 린치핀 환경정책으로 지속가능발전 추구, 기후변화 대응, 순환경제사회로의 전환 등 세 가지를 제시하고 각각을 설명한다. 이 정책들은 환경정책 영역에 머물러 있지 않고, 환경부의 책임 하에 있지도 않다는 공통점이 있다. 국가운영의 패러다임을 형성하고 범국가적으로 추구하는 정책들이기 때문이다. 이 정책들이 지니는 또 하나의 공통점은 세계적으로 비교적 최근인 1990년대 이후에 그 중요성이 강조되고, 특히 2010년대 이후에 강력한 추진동력을 얻고 있는 정책들이라는 점이다.

제 1 절 | 지속가능발전 추구

1 우리나라의 지속가능발전 추진현황

1992년 UNCED에서 지속가능발전이 국제사회의 발전전략으로 채택되고 이후 확산함에 따라 우리나라도 관련 정책적 노력을 기울여 왔다. 2000년에 「새천년 국가환경비전」을 선언하고 대통령소속 지속가능발전위원회를 설치하고, 2007년 8월에 「지속가능발전기본법」을 제정함으로써 법적 기반을 강화했다. 하지만 2010년 「저탄소녹색성장기본법」 제정에 따라 이 법은 「지속가능발전법」으로 격하되고, 지속가능발전위원회도 환경부장관 소속으로 변경되면서 그 추진동력을 많이 잃기도 했다.[1] 2022년 1월 「지속가능발전법」을 폐지하고, 「지속가능발전기본법」을 새로 제정하면서 우리나라에서 지속가능발전 추진은 새로운 국면을 맞게 되었다. 「지속가능발전기본법」 제2조 제1항에서는 지속가능발전을 '지속가능한 경제성장과 포용적 사회, 깨끗하고 안정적인 환경이 지속가능성에 기초하여 조화와 균형을 이루는 발전'으로 정의하고 있다.

「지속가능발전기본법」 하에서 지속가능발전은 정부와 지방자치단체에 의해 각각 그리고 동시적으로 추진되어야 한다(제7조~제16조). 첫째, 정부는 지속가능발전 국가기본전략을, 지방자치단체는 지속가능발전 지방기본전략을 각각 20년 단위로 수립해야 한다. 둘째, 기본전략 이행을 위해 중앙행정기관은 중앙추진계획을, 지방자치단체는 지방추진계획을 각각 5년마다 수립해야 한다. 셋째, 정부는 국가의 지속가능성을, 지방자치단체는 그 지방자치단체의 지속가능성을 2년마다 각각 평가해야 한다. 넷째, 지속가능발전을 효율적으로 추진하기 위해 국가와 지방자치단체에 지속가능발전위원회를 설치한다. 국가위원회(국가지속가능발전위원회)는 대통령소속으로, 지방위원회는 지방자치단체장소속으로 설치한다. 다섯째, 국가위원회는 중앙추진계획 추진상황

---

1) 2008년 녹색성장정책 추진으로 우리나라에서는 녹색성장이 지속가능발전의 상위개념으로 위치하는 기형적인 구조를 갖게 되었다. 지속가능발전은 경제, 사회, 환경의 세 측면을 동시에 고려하는 관점인 데 비해, 녹색성장은 경제와 환경 측면에 대한 고려에 머물러 있었다(윤경준, 2012). 최근 「저탄소녹색성장기본법」을 폐지하고 「탄소중립녹색성장기본법」과 「지속가능발전기본법」을 제정한 것은 이와 같은 기형적 구조를 어느 정도 탈피한 것으로 평가할 수 있다.

및 국가의 지속가능성을 평가한 지속가능발전 국가보고서를, 지방위원회는 지방추진계획의 추진상황 및 지방자치단체의 지속가능성을 평가한 지속가능발전 지방보고서를 2년에 한 번씩 각각 작성하여 공표해야 한다.

「2022년 국가지속가능성 보고서」에서는 K-SDGs 지표별 평가를 바탕으로 악화하고 있는 지표 개선을 위해 필요한 정책 방향을 〈표 11-1〉과 같이 제시했다. 이 평가는 「제4차 지속가능발전 기본계획」에서 확정된 K-SDGs체계(17개 목표, 119개 세부목표, 236개 지표)를 바탕으로 수행한 최초 평가작업이다.

〈표 11-1〉 국가지속가능성 강화를 위해 필요한 정책(2022년 국가지속가능성 평가)

K-SDGs	악화하는 지표 개선을 위해 필요한 정책적 노력
목표3	임신・출산에 대한 사회적 지원 강화
목표4	직업 교육훈련 혁신을 통한 노동시장의 지속가능성을 제고
목표6	자연성 회복 중심의 생태하천 복원
목표11 목표12	생활폐기물 억제를 위한 일회용품 사용 제로화 및 과대포장 근절
	음식물 폐기물 발생 감소를 위해 세대별 RFID 종량제 방식 적용 확대
	유해폐기물 저감을 위한 폐관법-화관법 관리 사각지대 해소방안 마련
	수은 취급에 대한 전과정 안전관리 규정 마련
	지속가능경영 활동 지원을 위한 환경친화적 산업구조를 구축
	환경의식 개선을 위한 환경교육 다변화
목표14	수질 개선을 위한 해양 및 육상 점오염원 및 비점오염원 예방
목표15	산림면적을 유지하는 방향으로 정책목표와 제도 개선
목표16	취약계층의 법률구조 강화를 위한 제도 마련
목표17	ODA 확대를 위해 국제개발협력 종합기본계획에서 ODA 질적 제고 계획 포함

출처: 환경부・한국환경연구원(2022)을 바탕으로 정리.

지속가능발전 추진의 컨트롤타워는 대통령소속 국가지속가능발전위원회다(지속가능발전기본법 제18조). 위원회는 위원장 1명을 포함한 60명 이내 위원으로 구성하며, 공무원이 아닌 위원이 과반수가 되도록 한다. 위원은 당연직 위원(관계부처 장관 및 시・도 지방위원회 위원장)과 위촉위원으로 구분되며 임기는 2년이다. 위원장은 위촉위원 중 대통령이 임명한다. 위원회에는 두 개의 보좌기구를 두는데, 전문위원회와 지속가능발전추진단이 그것이다. 첫째, 전문위원회는 위원회의 심의사항에 대한 전문적 검토를 위한 조직으로, 지속가능발전전략, 지속가능한 경제성장, 포용적 사회,

생태·환경 및 기후위기 대응, 이해당사자 협력 등을 다루는 5개의 전문위원회를 둔다. 그 밖에 대통령령으로 정하는 분야에 전문위원회를 추가로 둘 수 있다. 둘째, 추진단은 위원회의 사무를 지원하는 조직이다. 「지속가능발전기본법 시행령」 제16조는 추진단장을 국무조정실의 일반직 공무원 중에서 국무조정실장이 지명하도록 규정하고 있다.

한편 우리나라는 지속가능발전의 추진을 위해 「제1차 국가지속가능발전전략 및 이행계획(2006~2010)」, 「제2차 지속가능발전 기본계획(2011~2015)」, 「제3차 지속가능발전 기본계획(2016~2035)」, 「제3차 지속가능발전 기본계획(2016~2035) 변경계획」을 수립하여 지속가능발전 추진기반을 강화해 왔다.[2] 2021년에는 「제4차 지속가능발전 기본계획(2021~2040)」을 확정했다. 제1~4차의 기본계획의 비전과 전략은 〈표 11-2〉에 제시한 바와 같다.[3] 모든 기본계획에서 표현은 달라도 환경보전, 사회통합, 경제발전을 전략에 포함하고 있다. 특히 제4차 기본계획에서 제시한 전략은 2015년 발표된 SDGs의 5P원칙과 일맥상통하게 설정되었다. 제5장에서 논의한 바와 같이 2015년 SDGs 발표 이후 지속가능발전 추구는 곧 SDGs를 추구하는 것과 동일시되고 있다. 이하에서는 제4차 기본계획을 중심으로 우리나라 지속가능발전목표와 지표체계를 좀 더 자세히 알아보기로 한다.

〈표 11-2〉 제1·2·3·4차 지속가능발전 기본계획의 비전 및 전략

계획	비전	전략
제1차 국가지속가능발전 전략 및 이행계획	■ 2030년 지속가능발전 세계 일류 선도국가 구현	• 환경 및 자원의 지속가능성 강화 • 기후변화적응 및 대응체계 확립 • 사회적 형평성 및 국민건강 증진 • 경제 및 산업구조 지속가능성 제고
제2차 지속가능발전 기본계획	■ 21세기 선진국가	• 자연자원의 지속가능한 관리 • 사회통합과 국민건강 증진 • 지속가능한 경제발전 • 기후변화 대응과 지구환경 보전
제3차 지속가능발전 기본계획	■ 환경·사회·경제의 조화로운 발전	• 건강한 국토 환경 • 통합된 안심 사회 • 포용적 혁신 경제 • 글로벌 책임 국가

2) 제3차부터는 20년을 기간으로 하는 장기계획으로 수립되고 있다.

3) 〈표 11-2〉에서 제3차 기본계획의 경우에는 '전략'이 아닌 '목표'로 제시된 것을 포함했다. 제3차 기본계획은 비전, 4대 목표, 14개 전략으로 구성되어 다른 기본계획들과는 다른 체계를 가지고 있다.

제3차 지속가능발전 기본계획 변경계획	▪ 모두를 포용하는 지속가능 국가	• 모두가 사람답게 살 수 있는 포용사회 구현 • 모든 세대가 누리는 깨끗한 환경보전 • 삶의 질을 향상시키는 경제성장 • 인권 보호와 남북평화구축 • 지구촌 협력
제4차 지속가능발전 기본계획	▪ 포용과 혁신을 통한 지속가능국가 실현	• 사람이 사람답게 살 수 있는 포용사회(사람) (목표 1, 2, 3, 4, 5, 11) • 혁신적 성장을 통한 국민의 삶의 질 향상(번영) (목표 8, 9, 10, 12) • 미래세대가 함께 누리는 깨끗한 환경(환경) (목표 6, 7, 13, 14, 15) • 지구촌 평화와 협력의 강화(평화 · 협력) (목표 16, 17)
UN SDGs의 5P 원칙		• People(사람) • Prosperity(번영) • Planet(지구) • Peace(평화) • Partnership(파트너십)

출처: 기상청 기후정보포털.

2 우리나라 지속가능발전목표(K-SDGs)

SDGs 및 이행과제는 전 세계를 대상으로 제시된 것이기 때문에, 개별 국가들의 실정에 부합하지 않는 부분들도 많다. 34개 OECD 국가들의 SDGs 이행준비 정도를 평가한 조사연구(Kroll, 2015)에 따르면, 대체로 스웨덴, 노르웨이, 덴마크, 핀란드 등 북구 유럽에 있는 국가들이 SDGs 달성에 가장 근접해 있는 것으로 나타났다.[4] 우리나라는 23위, 미국은 29위, 이탈리아는 26위에 머물러 있는 것으로 나타났다. SDGs 이행이 반드시 경제 규모나 소득수준에 비례하지는 않으며, 국가마다 구체적인 수요가 다를 수 있다는 뜻이다(윤경준, 2017b). 따라서 지속가능발전목표와 이행과제는 반드시 현지화되어야 한다. 「우리 세계의 변혁」(UN, 2015c)에서도 제55조에서 '과제들은 야심적이고 지구적인 차원에서 정의된 것으로, 개별 정부는 이러한 지구적 열망을 반영하되 국가적 상황을 고려하여 자신들의 과제들을 설정할 것', 즉 현지화할 것을 주문하고 있다. 현지화를 위해서는 각국이 처한 사회 · 경제 · 환경적 실정에 맞게 17개 목표를 재해석하고, 그 중요도를 판단하며, 선택과 집중 영역을 선별하는 작업

4) 다만 이 조사에 사용된 지표와 실제 UN이 공식 발표한 230개 지표는 상당히 다르다.

이 필요하다(윤경준, 2017b).

제3차 기본계획에 대한 변경계획이 2018년에 만들어진 것도 현지화를 위한 것이었다. 2016년에 만들어진 제3차 기본계획이 UN SDGs를 제대로 반영하지 못하고 있었으므로, 서둘러 변경계획을 수립해 K-SDGs를 제시한 것이다.[5] 17개 목표, 122개 세부목표, 214개 지표가 제시되었다. 2021년에는 이를 수정・보완한 제4차 기본계획을 수립했고, 현재와 같은 K-SDGs 체계(17개 목표, 119개 세부목표, 236개 지표)가 확정되었다.[6] 〈표 11-3〉에서 17개 목표와 119개 세부목표를 확인할 수 있다.[7]

〈표 11-3〉 K-SDGs 및 세부목표(제4차 지속가능발전 기본계획)

(목표1) 빈곤층 감소와 사회안전망 강화	
1-1	남녀노소, 장애 여부 등과 관계없이 빈곤인구 비율을 OECD 평균 이하 수준으로 줄인다.
1-2	사회보장제도의 사각지대를 최소화하고, 빈곤층과 취약계층에 대한 실질적 보장을 달성한다.
1-3	빈곤층과 취약계층에 사회서비스 제공을 강화한다.
1-4	빈곤층과 취약계층의 경제・사회・환경적 충격 및 재난에 대한 노출을 감소하고, 회복력을 강화한다.
(목표2) 식량안보 및 지속가능한 농업 구현	
2-1	취약계층에 대한 식량 접근성을 안정적으로 보장한다.
2-2	농가 소득원을 다각화하고, 경영 안전망을 확충하여 농가소득 증대를 도모한다.
2-3	지속가능한 식량 생산체계를 구축한다.
2-4	종자, 작물, 가축의 유전적 다양성을 유지하고 신품종을 개발한다.
2-5	식량 작물의 가격 변동성을 줄여 식량 접근성을 보장한다.
(목표3) 건강하고 행복한 삶 보장	
3-1	만성질환의 위험요인 관리와 건강보장을 확대한다.
3-2	정신건강을 증진하고 약물 오남용을 예방한다.
3-3	교통사고 등 각종 인명사고로 인한 사망과 신체 손상을 예방한다.
3-4	감염병의 예방과 관리를 위해 노력한다.
3-5	모성의 건강을 보호하고 증진한다.
3-6	아동・청소년의 건강을 보호하고 증진한다.
3-7	기후・환경오염물질로 인한 사망과 질병을 줄인다.
3-8	대한민국의 저출생 극복과 인구 고령화를 대비한다.
3-9	공공보건의료서비스를 확대하여 보편적 의료보장을 달성한다.

5) SDGs 수립은 2012년 Rio+20에서 이미 천명된 사항이고, 2014년 9월에 17개 목표 및 169개 이행과제를 담은 보고서가 UN총회에 제출되었다. 2016년에 작성된 제3차 기본계획에서 이를 전혀 반영하지 못한 것은 당시 정부의 무관심을 보여주는 아쉬운 대목이다.

6) 17개 K-SDGs는 〈표 11-2〉에서 제시한 바와 같이 4개의 전략범주(사람, 번영, 환경, 평화・협력)로 묶였다.

7) 236개 지표는 〈표 11-3〉에서는 생략했다.

(목표4) 모두를 위한 양질의 교육	
4-1	모든 아동이 성별과 장애 유무와 관계없이 적절하고 효과적인 학습성과를 거둘 수 있도록 양질의 무상 초등·중등교육의 평등한 이수를 보장한다.
4-2	모든 아동에게 양질의 영유아보육 및 교육서비스의 이용기회를 보장하여 초등교육에 대비한다.
4-3	모든 학습자에게 성별과 장애 유무와 관계없이 적정비용으로 가능한 양질의 기술교육, 직업교육 및 대학교육을 포함한 고등교육에 대해 평등한 접근을 보장한다.
4-4	디지털화, 기술변화에 따라 취업, 양질의 일자리, 창업 활동에 필요한 전문기술 및 직업기술 등 적절한 기술을 가진 청소년 및 성인의 수를 실질적으로 증대한다.
4-5	교육에서의 성 불평등을 해소하고, 장애인, 이주민, 취약상황에 처한 아동 등 취약계층이 모든 수준의 교육과 직업훈련에 평등하게 접근할 수 있도록 한다.
4-6	모든 청소년과 다수의 성인이 문해 및 산술 능력을 갖추도록 한다.
4-7	지속가능발전, 지속가능한 생활방식, 인권, 성평등, 평화와 비폭력문화 확산, 세계시민의식, 문화다양성 존중과 지속가능발전을 위한 문화의 기여 등에 대한 교육을 통해 모든 학습자가 지속가능발전을 증진하기 위한 지식과 기술을 습득할 수 있도록 한다.
4-8	아동, 장애인, 성별을 고려한 교육 시설을 건립·개선하고, 안전하고 비폭력적이며 포용적이고 효과적인 학습환경을 제공한다.
4-9	포용적이고 양질의 교육을 위해 모든 교육단계에서의 충분한 교육재정을 확보한다.
4-10	모든 교육단계에서 양질의 교육을 제공하기 위한 교사를 충분히 확보한다.
(목표5) 성 평등 보장	
5-1	여성과 소녀를 대상으로 하는 모든 형태의 차별을 철폐한다.
5-2	모든 여성과 소녀에 대해 모든 영역에서의 인신매매, 성적착취 등의 폭력을 철폐한다.
5-3	무보수 돌봄과 가사노동에 대해 인정하고 가치를 부여한다.
5-4	정치·경제·공적 생활의 모든 의사결정 수준에서 여성의 완전하고 효과적인 참여와 리더십을 위해 평등한 기회를 보장한다.
5-5	성·재생산 건강과 재생산 권리에 대한 보편적 접근을 보장한다.
5-6	여성 권한 강화를 위해 핵심기술, 특히 정보통신기술에 대한 접근을 확대하고, 여성 인력을 양성한다.
5-7	모든 수준에서 성평등 및 모든 여성과 소녀의 권한 강화를 위한 견실한 정책과 법을 채택하고 증진한다.
(목표6) 건강하고 안전한 물 관리	
6-1	모두를 위한 안전한 식수를 공평하게 공급한다.
6-2	모두에게 편리한 하수도 서비스를 제공한다.
6-3	수질오염물질의 수계 유입을 최소화하여 수질 개선을 담보한다.
6-4	물 공급 안정성 도모를 위해 수자원을 효율적으로 사용한다.
6-5	수생태계의 건강성을 회복하고 다양성을 확대한다.
6-6	건강하고 안전한 물관리를 위해 지역공동체 참여를 지원하고 강화한다.
(목표7) 에너지의 친환경적 생산과 소비	
7-1	에너지 서비스에 대해 안정적이고 적정한 접근을 보장한다.
7-2	국가 에너지원에서 청정에너지 공급을 증대한다.
7-3	에너지를 절약하고 에너지효율을 향상시킨다.
7-4	운송 분야의 에너지 소비로 인한 대기오염을 최소화한다.

(목표8) 좋은 일자리 확대와 경제성장	
8-1	모두가 행복해지는 경제성장을 한다.
8-2	좋은 일자리 창출을 위한 정책을 강화한다.
8-3	중소기업 및 소상공인의 성장을 촉진한다.
8-4	동일한 가치 노동에 대해 동일한 임금을 지급한다.
8-5	이주노동자, 연소근로자 등 취약그룹 노동자들의 권리 보호를 확대한다.
8-6	모든 근로자의 권리를 보호하고 안전하고 건강한 근로환경을 조성한다.
(목표9) 산업의 성장과 혁신 활성화 및 사회기반시설 구축	
9-1	대다수 국민에게 정보접근이 안정적으로 제공될 수 있도록 노력한다.
9-2	산업의 다양성을 추구하고 지속가능한 기업활동의 기반 마련을 통해 산업경쟁력을 확보한다.
9-3	기술 역량을 구축하고 고도화된 기술 상용화를 촉진하여 국제경쟁력을 강화한다.
9-4	국가 연구인력과 자본을 확충하고 적절한 연구의 기획과 실행을 통해 국가 경제성장에 기여한다.
9-5	환경친화적인 산업활동과 기술혁신을 통해 자원효율성이 높은 산업화를 추구한다.
(목표10) 모든 종류의 불평등 해소	
10-1	하위 40% 인구의 가처분소득 증가율을 국가 평균보다 높은 수준으로 달성하고 유지한다.
10-2	나이, 성별, 장애 여부, 지위 등과 관계없이 모든 사람에 대한 사회・경제・정치적 포용성을 확대한다.
10-3	나이, 성별, 장애 여부에 따른 차별적 대우를 철폐하여 공정한 기회를 제공한다.
10-4	재정정책, 임금정책, 사회보호정책을 강화하여 더 높은 수준의 평등을 달성한다.
10-5	내・외국인 권익을 균형적으로 보장하는 이민정책을 통한 상호문화 이해 환경을 조성한다.
(목표11) 지속가능한 도시와 주거지	
11-1	적절하고 부담가능한 가격의 주택과 기본 서비스에 대한 접근을 보장하기 위한 노력을 지속적으로 강화한다.
11-2	안전하고 부담가능한 가격의 교통시스템을 제공하고, 특히 여성, 아동, 장애인, 노인 등 취약계층을 고려한 대중교통을 확대한다.
11-3	도시의 포용성과 지속가능성을 제고하며, 주거지에 대한 참여적, 통합적 계획 및 관리역량을 강화한다.
11-4	세계유산을 보호하고 보존하기 위한 노력을 강화한다.
11-5	재난으로 인한 인명피해와 경제적 손실을 현저히 감소시키며, 통합적 도시재난 위기관리를 개발・이행한다.
11-6	대기질 및 폐기물 관리 등 도시가 가지는 부정적인 환경영향을 감소시킨다.
11-7	여성, 아동, 장애인, 고령자를 포함한 모든 이에게 공공 녹지공간으로의 안전하고 용이한 접근을 보장한다.
(목표12) 지속가능한 생산과 소비	
12-1	지속가능한 소비와 생산에 관한 통합적인 국가정책을 수립하고 이행한다.
12-2	모든 자원을 지속가능하게 관리하고 효율적으로 사용한다.
12-3	식품의 생산・유통과정에서 발생하는 식품 손실과 소비과정에서 발생하는 식품폐기물을 감소시킨다.
12-4	화학물질과 유해폐기물의 친환경적 관리를 통해 인간의 건강을 보호하고 환경오염을 예방한다.
12-5	폐기물의 원천예방과 감량, 재사용과 재활용을 통해 폐기물 발생을 감소한다.
12-6	기업의 지속가능경영 활동을 관리하고 지원을 확대한다.
12-7	녹색제품 인증 및 녹색구매의 확대를 통해 지속가능한 녹색소비를 촉진한다.

12-8 모든 국민이 지속가능발전에 대한 의식을 갖도록 환경교육 참여기회를 확대한다.
12-9 플라스틱이 선순환하도록 플라스틱의 제활용을 증가시키고, 친환경재료 개발을 통해 플라스틱의 환경으로 유출을 방지한다.
12-10 지속가능한 관광의 확대를 통해 환경보전에 기여한다.
12-11 화석연료 보조금을 단계적으로 철폐한다.

(목표13) 기후변화와 대응

13-1 기후변화로 인해 예상되는 위험을 감소시키고, 자연재해에 대한 회복 및 적응 능력을 강화한다.
13-2 기후변화에 대한 조치계획을 국가 및 지방 정책 등에 반영하도록 노력한다.
13-3 기후변화 대응에 관한 역량을 강화한다.
13-4 지구의 온도상승을 산업화 이전 수준에 비해 2℃보다 아래로 유지하고, 더 나아가 온도상승을 1.5℃까지 제한하도록 노력한다.

(목표14) 해양생태계 보전

14-1 육상과 해상의 오염물질로부터 해양환경 보전을 위한 관리체계를 확립한다.
14-2 바다의 생태환경과 수산자원의 서식처를 적극적으로 관리한다.
14-3 과학기술 협력 강화 등을 통한 해양산성화에 의한 영향을 최소화한다.
14-4 수산자원을 지속가능하게 관리하고 과도한 어업을 지양한다.
14-5 해양생태계의 체계적인 보전과 현명한 이용을 위해 해양보호구역 지정 면적을 확대한다.
14-6 해양자원의 지속가능한 이용을 통해 경제적 이익을 확보한다.
14-7 해양과학 연구역량 제고와 해양과학기술 이전을 확대한다.
14-8 소규모 영세어업인의 안정적 어업행위를 지원한다.

(목표15) 육상생태계 보전

15-1 육상과 내륙 담수의 생태계 다양화를 위해 보전과 복원 활동을 활성화한다.
15-2 산림파괴 중단, 황폐화된 산림복원 등 지속가능한 산림경영을 강화한다.
15-3 가뭄・홍수・개발 등으로 황폐화된 토지를 복원하기 위해 노력한다.
15-4 생물다양성 손실을 예방하고 멸종위기종을 보호한다.
15-5 야생생물과 인간 사이 점촉점에 대한 관리를 강화하고 야생생물 밀거래를 근절한다.
15-6 침입외래종의 유입을 예방하고 이들이 육지 및 수중생태계에 미치는 영향을 줄이기 위한 조치를 취한다.
15-7 개발사업 등 인간 활동으로 단절된 생태축의 복원과 생태네트워크 유지・관리를 위해 노력한다.

(목표16) 평화・정의・포용

16-1 모든 형태의 폭력 및 폭력으로 인한 사망률을 대폭 감소시킨다.
16-2 아동에 대한 학대, 착취, 매매 및 모든 형태의 폭력과 고문을 종식한다.
16-3 국내・국제적 차원에서 법치를 증진하며, 정의에 대한 평등한 접근을 모두에게 보장한다.
16-4 불법자금 및 무기거래를 감소시키고, 불법취득자산의 환수와 반환조치를 강화하며, 모든 형태의 조직범죄를 퇴치한다.
16-5 부정부패와 뇌물수수를 감소시킨다.
16-6 효과적이고 책임감 있는 정부정책과 제도를 수립・이행한다.
16-7 포용적이며 사회 각계각층의 시민 참여도가 높은 의사결정을 보장한다.
16-8 모든 사람에게 출생등록을 포함하여 법적 지위를 부여한다.
16-9 국내법과 국제협정에 따라 정보에 대한 대중의 접근을 보장하고, 기본적 자유를 보호한다.
16-10 개발도상국 내 폭력, 테러 및 범죄 퇴치를 위한 공공기관의 역량 강화를 위해 국제협력을 강화한다.

16–11	차별을 지양하기 위한 법과 정책을 수립하고 시행한다.
16–12	디지털인권을 보호하고 증진한다.
16–13	평화와 번영을 위한 남북한 협력을 증진한다.
(목표17) 지구촌 협력 강화	
17–1	ODA를 확대하고 개발재원을 다양화한다.
17–2	다자무역체제를 촉진하고 개발도상국의 교역 및 투자증대를 지원한다.
17–3	개발도상국의 과학기술 혁신시스템 강화를 지원한다.
17–4	전략적인 개발협력을 추진한다.
17–5	지속가능발전을 위한 정책일관성을 강화한다.
17–6	개발도상국의 지속가능발전을 위한 다양한 글로벌 파트너십을 강화한다.
17–7	효과적인 공공, 공공–민간 및 시민사회 간 파트너십을 권장하고 촉진한다.

출처: 관계부처 합동(2022b).

〈표 11-3〉에 제시된 목표 및 세부목표들을 보면 유사한 사항들이 중복적으로 제시되는 것을 볼 수 있는데 이는 당연하다. 지속가능발전 개념이 아우르는 경제, 사회, 환경은 서로 긴밀히 연결되어 있기 때문이다. Leblanc(2015)은 연결망분석을 통해 각각의 SDG가 많게는 14개, 적게는 2개의 다른 SDG와 연결되어 있음을 보여주고 있다. 예컨대, 목표1 '빈곤퇴치(No Poverty)'는 다른 10개의 목표와 연결되어 있다.

〈표 11-4〉 SDG별 연관된 다른 SDG의 개수

목표1	목표2	목표3	목표4	목표5	목표6	목표7	목표8	목표9
10	8	8	7	8	7	3	10	3
목표10	목표11	목표12	목표13	목표14	목표15	목표16	목표17	
12	6	14	6	2	6	6		

출처: Leblanc(2015).

목표 간 상호연결성이 높다는 것은 지속가능발전 추진이 서로 다른 목적을 가진 다양한 주체들의 공동노력에 기초해야 함을 의미한다. 정부는 K-SDGs 달성을 위한 부처들의 공동노력을 유도하기 위해 세 가지 수단을 활용한다는 방침을 제시했다(관계부처 합동, 2022b). 첫째, 행정계획이 지속가능발전목표에 미치는 영향에 대한 검토 강화다. 각종 국가정책을 추진하기 위해 수립하는 행정계획들이 지속가능발전목표 달성에 미치는 영향을 사전적으로 검토하여 방향을 보완한다는 것이다. 검토의 실효성 확보를 위해서는 행정계획 담당부처가 이러한 영향을 검토하고, 그 결과 회신을 의무화하는 것이 필요하다. 둘째, 이행관리 및 평가 내실화다. 지속가능발전목표 달성 여부나 정도를 평가하기 위해 많은 지표를 활용한다(2023년 현재 236개). 이러한 지표들이 타당성과 대표성을 지녀야 하고, 관련 통계를 확보할 수 있어야 하며, 국내·외 여건변화 등을 반영하여 보완되어야 한다. 셋째, 전문성 확보 및 인프라 구축이다. 지속가능발전목표 달성을 위한 공동노력을 유도하고, 지표를 관리할 수 있는 전담기구를 설치하며, 관련 데이터베이스(K-SDGs DB)를 구축하는 등의 노력이 필요하다.

제 2 절 | 기후변화 대응

1 기후변화의 현황과 정책적 대응양식

기후가 변하면 모든 것이 변한다. 의식주를 포함한 일상이 기후의 영향을 받기 때문이다. 역사적으로 많은 문명이 기후변화에 제대로 대응하지 못해 쇠락의 길을 걸었다. 이렇게 볼 때 기후변화에 적절히 대응하는 것은 지구적 및 국가적 지속가능성 확보를 위해 매우 중요한 사안이라 할 수 있다. 특히 우리나라는 세계평균 기후변화보다 빠른 기후변화를 겪고 있다. IPCC 6차 보고서에 따르면 지구 평균기온은 산업화 이후(대략 150년 동안) 1.09℃ 상승했다. 이에 비해 우리나라는 지난 109년(1912~2020) 동안 2.2℃ 상승했다. 기온상승 속도가 지구 평균의 2배에 달한 것이다. 21세기 말까지의 전망도 크게 다르지 않다. 온실가스를 가장 많이 배출하는 시나리오(SSP1-8.5)에 입각할 때, 지구 평균기온은 산업화 이전보다 3.3~5.8℃ 상승할 전망이다. 이에 비해 우리나라는 현재(2000~2019년)보다 최대 6.3℃ 상승할 것으로 전망된다. 산업화 이전부터의 상승분 2.2℃를 합산하면 산업화 이전보다 최대 8.5℃까지 상승하는 셈이다.8)

기후변화는 수자원, 생태계, 산림, 농업, 해양 및 수산, 산업 및 에너지, 보건, 거주지, 복지 등 거의 모든 영역에 심대한 영향을 미칠 전망이다. 이미 그 영향이 관찰되는 영역도 적지 않다. 우리나라는 1999년부터 기후변화대응 정책들을 추진해 왔다. [그림 11-1]에서 보는 바와 같이 국제적 기후레짐의 진화에 부응하여 대통령이나 국

8) 기후변화의 속도는 온실가스를 배출하는 속도에 달려 있다. 온실가스 배출을 최소화하는 시나리오(SSP1-1.9)에 따르면 지구 평균기온은 산업화 이전보다 1.0~1.8℃ 상승에 그칠 수도 있다.

〈표 11-5〉 우리나라의 기후변화현황과 전망

기온 상승	현황	1912~2020년(109년 동안) 2.2℃ 상승 ※ 지구 평균: 산업화 이전보다 1.09℃ 상승
	전망	현재(2000~2019년) 대비 21세기 후반: 2.3~6.3℃ 상승 - 온실가스를 가장 적게 배출하는 시나리오(SSP1-2.6): 2.3℃ 상승 - 온실가스를 가장 많이 배출하는 시나리오(SSP5-8.5): 6.3℃ 상승
강수 변화	현황	1912~2020년(109년 동안) 강수량 200mm 증가, 강수일 30일 감소
	전망	현재(2000~2019년) 대비 21세기 후반: 강수량 3~18% 증가, 강수일 5.6~6.0일 감소 - 온실가스를 가장 적게 배출하는 시나리오(SSP1-2.6): 강수량 3% 증가, 강수일 6일 감소 - 온실가스를 가장 많이 배출하는 시나리오(SSP5-8.5): 강수량 18% 증가, 강수일 5.6일 감소
계절 변화	현황	1912~2020년(109년 동안) 여름 20일 증가, 겨울 22일 감소, 봄가을은 큰 변화 없음
	전망	현재(2000~2019년) 대비 21세기 후반: 여름은 증가, 겨울은 감소 - 온실가스를 가장 적게 배출하는 시나리오(SSP1-2.6): 여름 129일(+32일)/겨울 82일 (-25일) - 온실가스를 가장 많이 배출하는 시나리오(SSP5-8.5): 여름 170일(+73일)/겨울 39일 (-68일)

출처: 기상청(2021).

무총리소속으로 정책조정기구를 설치하고, 이들을 중심으로 국가계획을 수립하여 집행하는 것이 전형적인 방식이라 할 수 있다. 하지만 다양한 국가계획들이 수립되고 이렇다 할 성과를 내지 못한 채 조기에 다른 국가계획에 의해 대체되는 등, 최근에 이르기까지 정책추진의 일관성은 취약했다고 평가할 수 있다.

현재 기후변화대응의 법적 근거는 「기후위기 대응을 위한 탄소중립·녹색성장기본법(탄소중립기본법)」이다. 이 법은 종전의 「저탄소녹색성장기본법(녹색성장법)」을 대체하여 2021년에 제정된 것으로, 2050탄소중립을 국가비전으로 제시하고(제7조), '2030년까지 2018년 배출량 대비 35% 이상 감축'을 중장기 감축목표로 제시했다(제8조). 정부는 국가비전과 중장기 감축목표 달성을 위해 20년을 계획 기간으로 하는 국가탄소중립녹색성장 기본계획을 5년마다 수립·시행해야 한다(제10조).[9] 지방자치단체도 10년을 계획 기간으로 하는 계획을 5년마다 수립한다.[10] 한편 정책조정기구로

9) 종전에 수립되던 기후변화대응 기본계획은 이 계획에 의해 대체되었다. 녹색성장 5개년계획 역시 설치근거인 「저탄소녹색성장기본법」 폐지로 설치근거를 잃었다.

10) 시·도는 시·도탄소중립녹색성장 기본계획(제11조)을, 시·군·구는 시·군·구 탄소중립녹색성장 기본계획(제12조)을 각각 수립한다.

[그림 11-1] 우리나라 기후변화대응 양식의 변화

구분				
국제레짐	기후변화협약 (1992)	교토의정서 (1997)	발리로드맵 (2007)	파리협정 (2015)
정책조정기구	지구환경관계장관 대책회의(1992) (국무총리소속)	기후변화협약범정부 대책기구(1998) (국무총리소속) ↓ 기후변화협약 대책위원회(2001) (국무총리소속)	녹색성장위원회 (2009) (대통령소속) ↓ 녹색성장위원회 (2013) (국무총리소속)	탄소중립녹색성장 위원회(2021) (대통령소속)
국가계획	간헐적 회의 진행	기후변화협약 제1차 종합대책 (1999~2001) 기후변화협약 제2차 종합대책 (2002~2004) 기후변화협약 제3차 종합대책 (2005~2007) 기후변화협약 제4차 종합대책 (2008~2012)	제1차 녹색성장 5개년계획 (2009~2013) 제2차 녹색성장 5개년계획 (2014~2018) 제3차 녹색성장 5개년계획 (2019~2023) 제1차 기후변화대응 기본계획 (2017~2036) 제2차 기후변화대응 기본계획 (2020~2040)	제1차 국가탄소중립 녹색성장기본계획 (2023~2042)
법령	국무총리훈령	국무총리훈령	저탄소녹색성장 기본법(2010)	탄소중립녹색성장 기본법(2021)

는 대통령소속으로 2050탄소중립녹색성장위원회를 설치했다.[11] 위원회는 탄소중립 관련 주요 정책과 계획의 심의 · 의결 기능을 담당한다(제15조).

기후변화 대응은 크게 완화(mitigation)와 적응(adaptation)으로 구분할 수 있다. 완화는 대기 중 온실가스 농도 증가를 안정화함으로써 지구온난화 속도를 늦추는 데 그 목적이 있다. 온실가스 배출을 감축하거나 배출된 온실가스를 포집하는 등의 수단들

11) 위원회는 위원장 2명(국무총리와 위촉위원 중 대통령이 지명하는 위원 1인)을 포함한 50명 이상 100명 이내 위원으로 구성된다. 위원회의 간사위원은 국무조정실장이 맡는다.

이 추구된다. 적응은 기후변화 영향에 대한 예측을 바탕으로 달라진 기후환경에서의 생존을 모색하는 데 그 목적이 있다. 그동안 우리나라에서뿐만 아니라 세계적으로도 기후변화 대응의 주안점은 완화에 놓여 있었으며, 오늘날 완화의 핵심은 탄소중립 추구로 수렴되고 있다. 많은 국가에서 2050년을 탄소중립 달성 시기로 정하고 각종 수단을 동원하고 있다. 나아가 탄소중립 기술들이 국가경쟁력 확보나 새로운 돈벌이수단으로 인식됨으로써, 너도나도 여기에 투자하고 있다. 하지만 기후변화 영향이 이미 나타나고 있을 뿐 아니라 그 영향이 더욱 강력해질 것임을 고려할 때, 적응의 중요성이 완화보다 낮게 인식되어서는 안 된다. 이하에서는 이 두 분야에서의 우리나라 정책추진현황을 설명하기로 한다.

2 완화

우리나라는 산업에서 제조업의 비중이 크고 1인당 에너지사용량이 많아, 최근에 이르기까지 온실가스 배출이 매년 증가해 왔다. 중국과 인도 등 거대 개발도상국 및 이란과 사우디아라비아 등 몇몇 산유국을 제외하고는 세계적으로 가장 높은 수준의 증가율을 보여 국제사회로부터 곱지 않은 시선을 받아왔다. 우리나라에서 1990~2020년 동안 온실가스 배출량은 125% 증가했는데, 같은 기간 OECD 국가의 총배출량이 15,369(Mt)[12]에서 14,371(Mt)로 감소한 것을 보면, 우리나라의 배출량이 얼마나 이례적으로 증가했는지 짐작할 수 있다.

경제성장과 온실가스 배출량 증가가 반드시 비례하지는 않는다. 경제성장을 지속하면서 온실가스 배출량이 감소한 국가들도 많기 때문이다. 1990~2020년 동안 영국은 797(Mt)에서 406(Mt)로 약 49%, 독일은 1,242(Mt)에서 729(Mt)로 약 41%, 프랑스는 547(Mt)에서 399(Mt)로 약 27% 감소했다. 미국도 같은 기간 6,453(Mt)에서 5,981(Mt)로 7% 감소했다.[13] 우리나라는 배출량 국가순위에서 2020년 현재 세계에서 10위 내외, OECD 국가 중에서 5위 내외에 있다. 유사한 경제 규모를 지닌 선진국들보다 온실가스 배출이 많다는 것이다. 1인당 온실가스 배출량이 여전히 매우 높은 수준이지만 2018년을 정점으로 감소세에 들어섰고, GDP당 온실가스 배출량(탄소집약도)이 꾸준히 감소하고 있는 것은 다행스러운 일이다.

12) Mt=백만t.
13) https://stats.oecd.org/Index.aspx?DataSetCode=air_ghg (2023.5.10. 검색)

〈표 11-6〉 우리나라 온실가스 배출량 및 탄소집약도(1990~2020)

구분 \ 연도	1990	2000	2005	2010	2015	2018	2019	2020
총배출량 ($MtCO_2eq.$)	292.1	502.7	561.5	656.1	692.6	727.0	701.2	656.2
1인당 총배출량 ($tCO_2eq.$)	6.8	10.7	11.7	13.2	13.6	14.1	13.5	12.7
GDP당 총배출량 ($tCO_2eq.$/10억 원)	643.2	556.4	486.1	459.9	417.7	401.2	378.5	356.7

출처: 온실가스종합정보센터(2022).

우리나라는 2009년부터 온실가스 감축목표를 국제사회에 공약해 왔다. 2009년 11월 기후변화협약 제15차 당사국총회(코펜하겐)에서 '2020년 BAU(776Mt) 대비 30% 감축' 목표를 제시했고, 2014년 1월 「2020 국가온실가스 감축목표 달성을 위한 로드맵」을 마련했다. 2015년 21차 당사국총회(파리)를 앞두고 2015년 6월 제출한 NDC에서는 '2030년 BAU(851Mt) 대비 37% 감축'이라는 변경된 목표를 제시했다. 하지만 이러한 37%는 국외감축 11.3%를 포함한 것이라 2009년에 제시한 목표에서 후퇴했다는 비난을 받기도 했다. 여하튼 이 목표 달성을 위해 2016년 12월에 「제1차 기후변화대응 기본계획」 및 「2030 국가온실가스 감축목표 달성을 위한 기본로드맵」을 수립했다.

2017년 집권한 문재인 정부에서는 감축목표를 강화하는 일련의 흐름이 이어졌다. 2018년 7월 「2030 국가온실가스 감축목표 달성을 위한 기본로드맵 수정안(2018~2030)」을 확정하고, 종전에 설정되었던 국외감축량 11.3%를 4.5%로 줄이는 대신 국내 부문별 감축을 확대하여 국가목표를 달성하기로 했다. 2020년부터는 BAU 방식 대신 기준연도를 기준으로 하는 감축목표를 제시하기 시작했다. 2020년 12월 '2030년까지 2017년 대비 24.4% 감축'을 목표로 제시한 것이다. 2021년에 탄소중립과 중장기목표가 법제화되면서, 2021년 10월에는 '2030년까지 2018년 대비 40%' 감축이라는 훨씬 강화된 목표를 제시했다. 2018년 배출량 726.6(Mt)보다 40% 감소한 436.6(Mt)을 2030년에 배출하겠다는 것이다.[14] 이 기조는 2022년 출범한 윤석열 정부에서도 유지되어,

14) EU는 2050년까지 탄소중립 및 2030년까지 1990년 대비 55% 감축을, 영국은 2050년까지 탄소중립 및 2030년까지 1990년 대비 68% 감축을 미국은 2050년까지 탄소중립 및 2030년까지 2005년 대비 50~52% 감축을, 일본은 2050년까지 탄소중립 및 2030년까지 2013년 대비 46% 감축을 각각 목표로 제시했다.

2023년 수립된 「제1차 국가 탄소중립녹색성장 기본계획」에서도 '2030년까지 2018년 대비 40% 감축'이라는 동일한 목표가 제시되었다. 다만 〈표 11-7〉에서 보는 바와 같이 일부 부문 간의 조정이 있었다.15)

[그림 11-2] 우리나라 온실가스 감축목표 변화

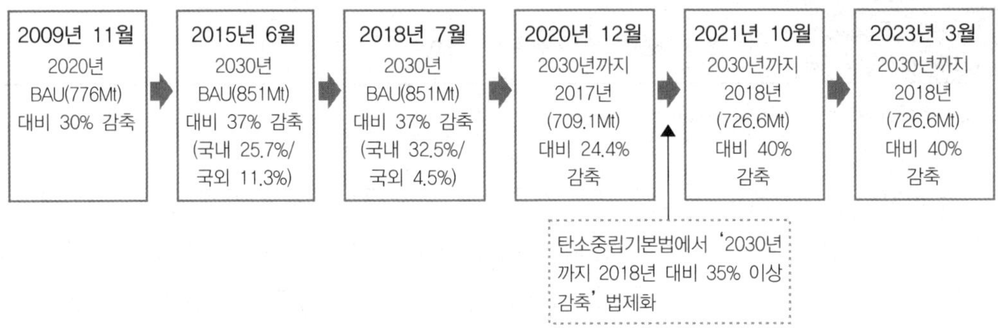

〈표 11-7〉 2030년까지의 부문별 감축목표

(단위: $MtCO_2e$, 괄호는 2018년 대비 감축률)

구분	부문	2030 목표	
		기존 NDC(2021년 10월)	수정 NDC(2023년 3월)
배출량 합계		436.6(40.0%)	436.6(40.0%)
배출	전환	149.9(44.4%)	145.9(45.9%)
	산업	222.6(14.5%)	230.7(11.4%)
	건물	35.0(32.8%)	35.0(32.8%)
	수송	61.0(37.8%)	61.0(37.8%)
	농축수산	18.0(27.1%)	18.0(27.1%)
	폐기물	9.1(46.8%)	9.1(46.8%)
	수소	7.6	8.4
	탈루 등	3.9	3.9
흡수/제거	흡수원	−26.7	−26.7
	CCUS	−10.3	−11.2
	국제감축	−33.5	−37.5

출처: 관계부처합동(2023c).

15) 2021년 대비 2023년 NDC의 주된 변화는 산업 부문의 감축목표를 낮추고 전환(발전) 부문과 국제감축 부문의 감축목표를 그만큼 높인 것이라 할 수 있다.

탄소중립기본법 제5장에서는 〈표 11-8〉에서 보는 바와 같이 다양한 온실가스 감축 시책들을 규정했다. 아울러 이 법에 따라 수립된 「제1차 국가 탄소중립 녹색성장 기본계획(2023~2042)」에서는 전환, 산업, 건물, 수송, 농축산업, 폐기물, 수소, 흡수원, CCUS, 국제감축 등 10대 부문에서 온실가스 감축을 위해 활용할 구체적 수단들을 제시하고, 수단별 주무부처도 지정했다.

〈표 11-8〉 탄소중립기본법에 규정된 온실가스 감축 시책들

시책	주요 내용
기후변화영향평가	환경영향평가법에 따라 전략환경영향평가 또는 환경영향평가 대상이 되는 사업 중 온실가스를 다량 배출하는 사업의 경우(대통령령으로 지정) 기후변화에 미치는 영향이나 기후변화로 인해 받게 되는 영향도 함께 평가
온실가스 감축인지 예산제도	국가와 지방자치단체는 자신들이 집행하는 예산과 기금이 기후변화에 미치는 영향을 분석(인지)하고, 이를 재정 운용에 반영
온실가스 배출권거래제	배출허용량 할당방법, 등록・관리방법, 거래소의 설치・운영 등 제도의 실행은 「온실가스 배출권의 할당 및 거래에 관한 법률」에 의거 운영
공공부문 온실가스 목표관리	중앙행정기관, 지방자치단체, 시도교육청, 공공기관 등 대통령령으로 정하는 기관은 기관별 감축목표를 설정하고, 정부는 그 추진상황을 지도・감독
관리업체 온실가스 목표관리	특정 기준량(대통령령으로 지정) 이상의 온실가스를 배출하는 업체를 관리업체로 지정하고, 이들의 감축목표를 정부와 업체가 협의를 통해 설정하고 관리
탄소중립도시 지정	탄소중립 관련 계획 및 기술 등을 활용하여 탄소중립을 공간적으로 구현하는 도시를 탄소중립도시로 지정하고 지원
지역 에너지전환 지원	지방자치단체의 에너지전환(신・재생에너지 보급 확대) 비용 지원
녹색건축물 확대	에너지이용 효율과 신・재생에너지 사용비율이 높고 온실가스 배출을 최소화하는 건축물(녹색건축물) 확대를 위한 정책 수립・시행
녹색교통 활성화	효율적 에너지사용을 촉진하고 온실가스 배출을 최소화하는 교통체계(녹색교통) 확대
탄소흡수원 등 확충	온실가스를 흡수하고 저장하는 탄소흡수원을 조성・확대하는 동시에 탄소흡수원의 흡수 능력 개선
탄소포집・이용・저장 기술 육성	이산화탄소를 배출단계에서 포집하여 이용하거나 저장하는 기술(CCUS)의 개발과 발전을 지원
국제감축사업 추진	파리협정 제6조의 'NDC 이행에 있어 국가 간 협력'에 근거하여, 온실가스 감축 실적을 얻기 위해 행하는 기술지원, 투자 및 구매 등의 사업(국제감축사업) 추진

출처: 탄소중립기본법.

3 적응

적응정책 역시 탄소중립기본법에 의해 추진되고 있다.[16] 제2조에서는 적응을 '기후위기에 대한 취약성을 줄이고 기후위기로 인한 건강피해와 자연재해에 대한 적응 역량과 회복력을 높이는 등, 현재 나타나고 있거나 미래에 나타날 것으로 예상되는 기후위기의 파급효과와 영향을 최소화하거나 유익한 기회로 촉진하는 모든 활동'으로 정의하고 있다. 기후위기 적응 시책들로는 기후위기의 감시 · 예측, 기후위기 적응대책 수립, 지역 기후위기 대응사업 시행 등이 탄소중립기본법에 규정되어 있다.

첫째, 기후위기 감시 · 예측이다. 적응에 있어 가장 기본적인 것은 기후위기를 감시하고 예측하는 일이라 할 수 있다. 이와 관련하여 정부는 두 가지 시스템을 구축 · 운영한다(제37조). 하나는 기상청이 운영하는 기상정보관리체계다. 대기 중 온실가스 농도 변화를 상시 측정 · 조사하고 기상 현상에 대한 관측 · 예측 · 제공 · 활용 능력을 높여, 기후위기에 대한 감시 · 예측의 정확도를 향상하기 위한 것이다. 다른 하나는 환경부가 운영하는 기후위기적응정보관리체계다. 기후변화가 생태계, 생물다양성, 대기, 물환경, 보건, 농림 · 식품, 산림, 해양 · 수산, 산업, 방재 등에 미치는 영향과 취약성, 위험 및 사회적 · 경제적 파급효과를 조사 · 평가하기 위한 것이다.

둘째, 기후위기 적응대책 수립 · 시행이다. 정부는 국가기후위기적응대책을(제38조), 지방자치단체는 지역적 특성 등을 고려한 관할구역의 지방기후위기적응대책을(제40조), 공공기관 중 기후위기 영향에 취약한 시설을 보유 · 관리하는 기관(대통령령으로 정하는 취약기관)은[17] 공공기관기후위기적응대책(제41조)을 각각 5년마다 수립 · 시행해야 한다. 한편 관계 중앙행정기관은 국가기후위기적응대책 중 자신의 소관 사항을 효율적 · 체계적으로 이행하기 위해 세부시행계획을 수립 · 시행한다. 환경부는 국가기후위기적응대책과 세부시행계획 추진상황을 매년 점검하고, 결과보고서를 작성한다. 한편 기후위기적응대책 수립 · 시행을 지원하기 위해 환경부는 국가기

16) 다만 탄소중립기본법은 법의 명칭에서 드러나고 있는 바와 같이 주로 완화에 초점을 맞추고 있으며 적응 부문 규정이 큰 비중을 차지하지는 않는다. 이 때문에 기후적응 관련 개별법을 제정해야 한다는 주장도 꾸준히 제기되고 있다.

17) 탄소중립기본법 시행령 제44조에 따라 다음 각호의 시설을 보유 · 관리하는 기관 중 환경부장관이 정하여 고시한다. 1. 교통 · 수송 분야(도로, 철도, 지하철, 공항, 항만), 2. 에너지 분야(에너지 생산, 에너지 유통 및 공급), 3. 용수 분야(상수도, 댐, 저수지), 4. 환경 분야(하수도, 폐기물 처리, 방사성폐기물 처리), 5. 그 밖에 환경부장관이 공공기관기후위기적응대책의 수립이 필요하다고 인정하여 고시하는 분야의 시설.

후위기적응센터(적응센터)를 지정할 수 있다(제46조). 국가기후위기적응센터로 지정할 수 있는 기관은 국・공립 연구기관, 정부출연 연구기관, 한국환경공단, 그 밖에 환경부장관이 인정하여 고시하는 기관 또는 단체 등이며, 지정 기간은 3년 이내다. 지정될 경우 환경부가 예산을 지원하고 실적을 평가할 수 있다.[18)]

셋째, 지역 기후위기 대응사업 시행이다. 국가 또는 지방자치단체는 기후변화로 심화하는 환경오염・훼손에 종합적・효과적으로 대응하고, 기후위기에 따른 변화나 자연재해 등으로 농업 등 기존 산업을 유지하기 어려운 취약지역 및 계층 등을 중점적으로 보호・지원하기 위해, 지역 기후위기 대응사업을 시행할 수 있다(제42조). 이러한 사업의 시행을 위해 대통령령으로 지원기구(기후위기지원기구)를 지정할 수 있는데, 그 대상은 한국수자원공사, 한국환경공단, 한국환경산업기술원, 정부출연 연구기관, 그 밖에 관계 중앙행정기관의 장이 인정하는 기관 등이다.

우리나라 최초의 국가 수준 기후적응계획은 2008년 12월 수립된「국가기후변화적응 종합계획(2009~2030)」이다. 하지만 이 계획은 법적 근거를 갖추지 못했고,「저탄소 녹색성장기본법」 제정에 따라 국가기후변화적응대책으로 대체되었다. 현재까지「저탄소 녹색성장기본법」에 근거해「제1차 국가기후변화적응대책(2011~2015)」,「제2차 국가기후변화적응대책(2016~2020)」,「제3차 국가기후변화적응대책(2021~2025)」이 수립되었다.[19)20)]

2023년 6월에는 제3차 적응대책을 보완한「제3차 국가기후위기적응 강화대책(2023~2025)」이 수립되었다. 2021년 발간된 IPCC 제6차 보고서의 기후변화 전망을 반영하고 제3차 적응대책의 한계를 보완하기 위한 것이다. '기후위기에 안전하고 회복력 높은 대한민국'이라는 비전 및 '과학적 예측에 기반한 적응대책 지원', '기후재난 예방으로 국민피해 최소화', '모든 적응 주체가 함께하는 역량 제고' 등 세 가지 목표를 제시하고, 비전과 목표 달성을 위해 4대 정책 및 12개 과제를 담았다(관계부처합

18) 2009년「대기환경보전법」에 따라 한국환경연구원(KEI)에 국가기후변화적응센터가 설립되어 지금까지(제1기~제4기) 운영되고 있으며, 탄소중립기본법 제정 이후 명칭이 국가기후위기적응센터로 변경되었다. 제5기(2022~2024년)부터는 환경부가 국립환경과학원도 국가기후위기적응센터로 지정함으로써, 2023년 현재 2개의 적응센터가 운영되고 있다.

19) 탄소중립기본법에서는 이 대책의 명칭이 국가기후위기적응대책으로 변경되었다.

20) 적응대책에 수립을 위해 선제적으로 해야 할 일은 기후리스크를 확인하는 일이다. 제3차 적응대책에서는 우리나라 기후리스크를 6개 분야 84개로 분류해 제시했다. 물관리(10개), 생태계(18개), 국토・연안(14개), 농수산(17개), 건강(13개), 산업・에너지(12개 등이다. 84개 기후리스크의 면면은 관계부처합동(2020e) 부록, 대한민국정부(2023)을 참고할 수 있다.

〈표 11-9〉「제3차 국가기후위기적응 강화대책」의 정책 분야 및 과제

4대 정책	과제
과학적 기후 감시 · 예측 및 적응 기반 고도화	• 기후위기 감시체계 및 예측 강화 • 기후위기 적응정보 생산 및 기술개발 촉진
기후재난 · 위험을 극복한 안전사회 실현	• 홍수 · 가뭄 대비 물관리 강화 • 산불 · 산사태 등 산림재해 예방 • 폭염 · 한파 등 이상기온 대비 건강피해 사전예방 강화
기후위기에 적응하는 사회적 기반 구축	• 기후위기에 따른 주택 · 도시 · 기반시설 재해대응력 강화 • 기후위기 적응형 항만 · 해양공간 조성 • 지속가능한 농수산 환경 조성 • 생태계 안정성 유지
모든 주체가 함께하는 기후적응 추진	• 기후위기 취약계층 등에 대한 국가적 보호 강화 • 기후재난 대비 대응역량 제고 • 국민과 함께하는 적응 거버넌스 구현

출처: 관계부처합동(2023a: 51).

동, 2023a).

제 3 절 | 순환경제사회로의 전환

순환경제(circular economy)는 상품이나 물질 등 모든 자원의 가치를 최대한 유지함으로써 궁극적으로 폐기물 발생을 최소화하는 경제로, 선형경제(linear economy)와 대비되는 개념이다.[21] 순환경제는 재활용(recycling)과 공유경제(sharing economy) 개념을 동시에 포함한다. 재사용, 공동이용, 수거, 선별, 수리, 보수, 재제조 등 다양한 활동들을 포함함으로써, 순환경제 관련 산업영역도 다양하고 방대하다. 순환경제가 '성장과 자원한계의 탈동조화(decoupling) 수단'이자 대안적 경제체제로 인식되는 이유가 여기에 있다.[22] 순환경제는 UN 지속가능발전목표 중 '지속가능한 생산과 소비

21) 선형경제는 자원투입-생산-유통-소비-수거-폐기-오염으로 이어지면서, 궁극적으로 기체, 액체, 고체형태의 폐기물들을 배출하는 경제다. 반면 순환경제는 자원투입-디자인-생산-유통-소비-수거-재사용 · 수리-재활용 단계들이 '닫힌 원(Closed Loop)'을 구성하는 것이다. 즉, 원 밖으로 배출되는 폐기물을 최소화(즉, 자원화)하는 동시에 새로운 자원사용을 최대한 억제할 수 있는 경제체제라 할 수 있다(EU Commission, 2014).

22) 최근 순환경제 논의를 선도하고 있는 Ellen MacArthur Foundation에 따르면, 순환경제 관점이 대

증진'(목표 12)과 직결된다. 우리나라도 전통적인 폐기물 관리에서 자원순환으로, 그리고 자원순환에서 순환경제로 전환하는 입법을 순차적으로 진행해 왔다.

[그림 11-3] 선형경제와 순환경제

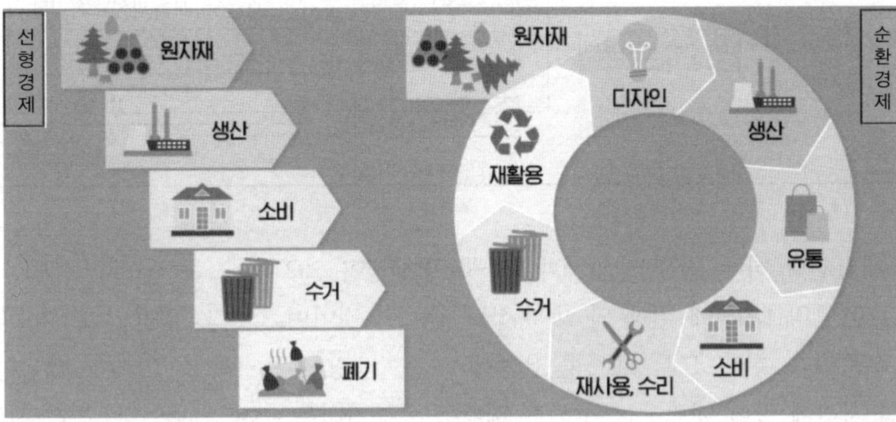

출처: https://blog.lxinternational.com/30011/

1 폐기물 발생 및 처리현황

실정법상 폐기물이란 '사람의 생활이나 사업 활동에 필요하지 아니하게 된 물질'이다(폐기물관리법 제2조). 폐기물은 생활폐기물과 사업장폐기물(건설폐기물 포함)로 구분되며, 사업장폐기물은 유해성이나 발생특성에 따라 다양하게 구분된다. 현행법상 특정 물질을 폐기물로 분류하는 기준은 버리는 사람의 용도폐기 의사다. 다른 사람이나 장소에서 활용 가능성이 있더라도 버리는 사람이 필요하지 않다고 판단하여 배출하면 폐기물로 일단 분류되고, 법률에서 정한 처리기준에 따라 적정하게 처리되거나 재활용되어야 한다는 것이다(환경부, 2023a).

두된 것은 1970년 전후이며, 몇 가지 학문적 흐름과 연관된다. 예를 들면, Walter Stahel의 '기능적 서비스경제(Functional Service Economy)', William McDonough & Michael Braungart의 '요람에서 요람까지(Cradle to Cradle) 설계철학', Janine Benyus의 '생태모방(Biomimicry)', Reid Lifset & Thomas Graedel의 '산업생태(Industrial Ecology)', Amory Lovins, Hunter Lovins, & Paul Hawken의 '자연자본주의(Natural Capitalism)', Gunter Pauli의 '블루경제(Blue Economy)' 등이다. https://www.ellenmacarthurfoundation.org/circular-economy/concept 참조.

[그림 11-4] 「폐기물관리법」에 다른 폐기물 구분

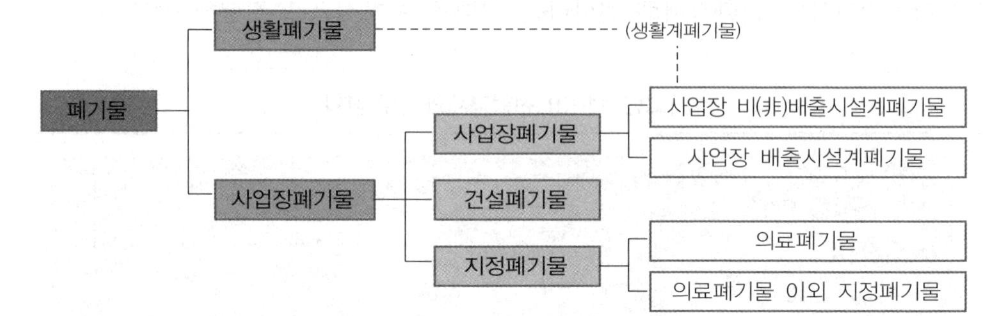

국내 1인당 하루 평균 생활계폐기물[23] 발생량은 2021년 기준 1.18kg 정도다. 이것은 1993년의 1.3kg에 비해 약 10% 정도 감소한 것이며, OECD 평균인 1.19kg과 유사한 수준이다. 한편 모든 폐기물 유형에서 총발생량이 증가하고 있으며, 발생한 폐기물의 처리에 있어 매립은 감소하고 재활용이 증가하는 추세를 보인다. 특히 사업장폐기물은 재활용률이 매우 높아, 2021년 기준 사업장배출시설계폐기물 84.4%, 지정폐기물 65.3%, 건설폐기물 99.3% 등을 기록했다.

〈표 11-10〉 폐기물 유형별 발생량 및 처리방법

(단위: t/일)

구분		생활계폐기물		사업장 배출시설계폐기물		지정폐기물		건설폐기물	
연도		2016	2021	2016	2021	2016	2021	2016	2021
발생량		53,772	62,178	162,129	232,603	13,783	16,381	199,444	229,618
처리방법	계	53,772	62,178	162,129	232,603	13,783	16,381	199,444	229,618
	매립	7,909	7,995	24,065	16,891	2,910	2,416	3,058	1,349
	소각	13,610	15,453	9,787	8,789	2,315	2,206	738	372
	재활용	32,253	35,247	128,185	196,337	7,714	10,695	195,648	227,897
	기타		3,483	92	10,587	845	1,065		

출처: 환경부(2023a)를 바탕으로 작성.

23) 생활계폐기물은 가정에서 배출하는 생활폐기물, 그리고 사업장에서 배출하나 생활폐기물과 유사한 성상을 지니는 사업장 비(非)배출시설계폐기물을 통칭한 것이다.

2 폐기물 정책의 변화

폐기물 정책의 초점은 안전관리→재활용→자원순환→순환경제로 변모해 왔다. 현재 폐기물 관리의 기본적 틀은 1986년 「폐기물관리법」 제정을 통해 형성된 것이다. 「폐기물관리법」 제정으로 생활폐기물과 사업장폐기물의 관리체계가 일원화되고, 다양한 정책과 제도가 마련되었다. 1992년에는 「자원의 절약과 재활용촉진에 관한 법률(자원재활용법)」을 제정하여 재활용 관련 정책을 본격 추진하기 시작했다. 1995년에는 「폐기물처리시설 설치촉진 및 주변지역 지원 등에 관한 법률(폐기물시설촉진법)」을 제정하여 소각시설 등 폐기물처리시설을 둘러싼 사회적 갈등을 해소하기 위한 노력이 추가되었다. 2003년 「건설폐기물의 재활용촉진에 관한 법률(건설폐기물법)」을, 2007년 「전기 · 전자제품 및 자동차의 자원순환에 관한 법률(전자제품등자원순환법)」을 제정함으로써 주요 분야에서의 재활용기반을 강화했다.

자원 소비와 폐기물 발생량 증가가 지속함에 따라 기존의 안전관리와 재활용 중심의 폐기물 정책만으로는 한계가 있었다. 이러한 인식에 따라 생산-소비-관리-재생의 전 과정을 체계적으로 관리하기 위한 자원순환 정책이 대두되었다. 2018년 제정된 「자원순환기본법」을 통해 폐기물처분부담금, 자원순환성과관리, 순환자원인정, 제품 등의 유해성 및 순환이용성 평가 등의 제도가 도입되었다. 이 법에 따라 수립된 「제1차 자원순환 기본계획(2018~2027)」에서는 '자원의 선순환으로 지속가능한 순환경제 실현'이라는 비전과 핵심전략 및 단계별 추진과제를 제시했다. 핵심전략으로는 ① 생산-소비-관리-재생 등 자원의 전 과정 순환이용체계 구축, ② 폐기물 발생 저

[그림 11-5] 「제1차 자원순환 기본계획」의 단계별 추진과제

생산단계
- 업종별 자원생산성 제고
- 생산단계 폐기물 원천감량 촉진
- 자원순환성을 고려한 제품 설계

소비단계
- 생활속 폐기물 발생 억제
- 자원효율적 친환경 소비 촉진
- 자원순환 문화 조성 · 확산

재생단계
- 미래 고부가가치 재활용 촉진
- 물질재활용 중심의 체계 개선
- 재활용시장 안정화 및 산업 육성

관리단계
- 배출 · 수거 · 선별 체계 혁신
- 직매립 제로화 및 처리 최적화
- 유해폐기물 안전관리 강화

〈표 11-11〉「제1차 자원순환 기본계획」의 자원순환지표

<table>
<tr><th>자원순환지표</th><th>목표(2018년→2027년)</th><th>비고</th></tr>
<tr><td><u>원단위 발생량</u>
(톤/년 · 십억 원)
국내총생산 대비
폐기물 발생량의 비율</td><td>95.5 → 76.4
(20% 감축)</td><td>• 자원생산성 향상
• 생산 · 소비단계 폐기물 발생 감량 촉진 등</td></tr>
<tr><td><u>순환이용률(%)</u>
폐기물 발생량 중
실질재활용량*의 비율

* 기존재활용량에서 잔재물 발생량을 제외</td><td>70.3 → 82.0<table><tr><th>부문</th><th>순환이용률(%)</th></tr><tr><td>생활폐기물</td><td>35.8(2016) → 61.1</td></tr><tr><td>사업장폐기물</td><td>69.1(2016) → 83.1</td></tr><tr><td>건설폐기물</td><td>79.5(2016) → 88.9</td></tr><tr><td>지정폐기물</td><td>51.6(2016) → 51.6</td></tr><tr><td>총계</td><td>70.3(2016) → 82.0</td></tr></table></td><td>• 재활용이 쉬운 제품 생산
• 수거 · 선별 시 잔재물 발생 최소화
• 재생원료 수요 확대 및 재활용 R&D 등</td></tr>
<tr><td><u>최종처분율(%)</u>
폐기물 발생량 중
최종처분량**의 비율

** 발생 후 바로 매립된 양 및 중간처리를 거쳐 매립된 양의 합</td><td>9.1 → 3.0<table><tr><th>부문</th><th>최종처분율(%)</th></tr><tr><td>생활폐기물</td><td>19.9(2016) → 7.7</td></tr><tr><td>사업장폐기물</td><td>16.3(2016) → 3.2</td></tr><tr><td>건설폐기물</td><td>1.6(2016) → 0.9</td></tr><tr><td>지정폐기물</td><td>26.3(2016) → 26.3</td></tr><tr><td>총계</td><td>9.1(2016) → 3.0</td></tr></table></td><td>• 폐기물처분부담금 부과 · 징수
• 자원순환 성과관리
• 폐기물 직매립 단계적 금지 등</td></tr>
<tr><td><u>에너지회수율(%)</u>
가연성폐기물 발생량 중
에너지화된 폐기물의 비율</td><td>16.3 → 20.3</td><td>• 최대한 물질재활용 후 차선책으로 바이오가스 등 열적 재활용 유도</td></tr>
</table>

출처: 관계부처합동(2018c: 41).

감을 최우선으로 하고, 고품질 물질재활용 촉진, ③ 국민참여 거버넌스에 기반한 지역별 폐기물처리 최적화 등 세 가지가 제시되었다. 단계별(생산-소비-관리-재생) 추진과제로는 모두 12가지를 제시했다. 아울러 계획 기간 내에 달성할 네 가지 자원순환지표(원단위 발생량, 순환이용률, 최종처분율, 에너지회수율)별 목표치를 제시했다.

3 순환경제사회로의 전환 촉진

2022년 12월「자원순환기본법」 전부개정으로「순환경제사회 전환 촉진법」(2024년 1월 1일 시행)이 만들어지면서 폐기물 정책은 새로운 국면을 맞았다. 이 법은「자원순환기본법」을 대체한 것으로, 전 주기적 순환체계 구축을 위한 제도적 기반을 강

화하기 위한 것이다. 이 법에 근거하여 순환경제 분야의 기술과 서비스 개발을 촉진하고 관련 시장을 창출하기 위해 규제 특례(샌드박스)를 도입하는 등 순환경제로의 전환에 필요한 정책들이 탄력적으로 추진될 전망이다(환경부, 2023a). 「순환경제사회 전환 촉진법」에 담긴 주요 내용을 구분해서 살펴보기로 한다.

1) 기본원칙

실정법상 순환경제는 '제품의 지속가능성을 높이고 버려지는 자원의 순환망을 구축하여, 투입되는 자원과 에너지를 최소화하는 친환경 경제체제'를 말한다(제2조 제1호). 순환경제사회로의 전환을 촉진하기 위한 기본원칙은 제3조에 제시되었다. 유럽연합 폐기물지침(Waste Framework Directive)에 제시된 5단계(Prevent-Reuse-Recycle-Recovery-Disposal) 원칙 또는 이를 더 축약한 3R(Reduce-Reuse-Recycle) 원칙과 일맥상통하는 원칙이라 할 수 있다. 핵심은 자원사용과 폐기물 배출을 최소화하고, 폐기물이 발생한 경우 최대한 순환이용하되, 순환이용이 불가능한 폐기물은 적정하게 처분하는 것이다. 순환이용은 크게 두 가지로 구분된다(제2조 제3호). 첫째, 사람의 생활이나 산업 활동에서 사용된 물질 또는 물건을 다시 자원으로 재사용 및 재생이용하는 등 환경부령으로 정하는 일련의 활동이다. 둘째, 폐기물로부터 에너지(연료·열·전기)를 회수하거나 회수할 수 있는 상태로 만드는 활동이다.

〈표 11-12〉 순환경제사회로의 전환 촉진을 위한 기본원칙

순환경제사회 전환 촉진법 제3조(기본원칙)
국가 및 지방자치단체와 사업자, 국민 등 사회의 모든 구성원은 순환경제사회로의 전환을 촉진하기 위하여 다음 각호의 원칙을 따라야 한다. 1. 자원의 효율적인 이용을 통하여 자원의 낭비를 최대한 억제할 것 2. 내구성이 우수한 제품의 생산 및 제품의 수리 등을 통하여 제품의 수명을 연장함으로써 폐기물의 발생을 최소화할 것 3. 폐기물 발생이 예상될 경우에는 순환이용을 우선적으로 고려할 것 4. 발생된 폐기물은 기술적·경제적으로 가능한 범위에서 다음 각 목의 원칙에 따라 최대한 순환이용할 것 가. 폐기물의 전부 또는 일부 중 재사용할 수 있는 것은 최대한 재사용할 것 나. 재사용이 곤란한 폐기물의 전부 또는 일부 중 재생이용할 수 있는 것은 최대한 재생이용할 것 다. 폐기물을 재생이용할 경우 순환경제를 달성하는 데 효율적인 수단을 우선적으로 적용할 것 라. 재사용·재생이용이 곤란한 폐기물의 전부 또는 일부 중 에너지 회수를 할 수 있는 것은 최대한 에너지 회수를 할 것 마. 가목부터 라목까지의 규정에 따른 순환이용이 불가능한 것은 사람의 건강과 환경에 미치는 영향이 최소화되도록 적정하게 처분할 것

2) 순환경제 기본계획

환경부장관은 순환경제사회로의 전환을 위한 중장기 정책목표와 방향을 제시하는 순환경제 기본계획을 관계 중앙행정기관의 장과 협의를 거쳐 10년마다 수립·시행해야 한다(제10조).[24] 기본계획은 다음 사항들을 포함해야 한다. ① 순환경제사회로의 전환에 관한 기본방침과 추진목표에 관한 사항, ② 자원의 절약과 폐기물의 발생 억제에 관한 사항, ③ 순환이용의 활성화와 폐기물의 적정 처분에 관한 사항, ④ 지방자치단체, 사업자, 국민 등 이해관계자의 역할 분담에 관한 사항, ⑤ 기본계획의 시행에 드는 비용의 산정 및 재원의 확보계획, ⑥ 그 밖에 순환경제사회로의 전환에 필요한 사항으로서 대통령령으로 정하는 사항 등이다. 환경부장관은 기본계획을 수립한 후 5년이 지나면 그 타당성을 검토하고 필요하면 기본계획을 변경할 수 있다. 기본계획을 수립하거나 변경할 때는 2050탄소중립녹색성장위원회의 심의를 거쳐야 한다. 이는 순환경제가 탄소중립 및 녹색성장과 긴밀한 연관이 있음을 보여주는 대목이다.

기본계획의 틀 내에서 관계 중앙행정기관과 지방자치단체도 시행계획을 수립해야 한다(제11조). 관계 중앙행정기관의 장은 소관 사항에 대하여 순환경제사회로의 전환 촉진을 위한 투자계획을 포함한 기본계획의 연차별 시행계획을 수립하여 환경부 장관에게 제출하고 시행해야 한다. 광역자치단체장은 관할지역에 대하여 순환경제사회로의 전환 촉진을 위한 투자계획을 포함한 기본계획의 시행계획을 수립하여 환경부장관의 승인을 받아 시행해야 한다. 기초자치단체장은 관할지역의 여건을 고려하여 광역자치단체 시행계획의 연차별 집행계획을 수립하여 광역자치단체장에게 제출하고 시행해야 한다.

3) 순환경제목표 설정 및 성과관리

국가, 시·도, 사업자의 순환경제목표를 설정하고 그 달성을 위해 관리하는 것이다(제13조~제15조). 순환경제목표는 ① 폐기물발생감량률(기준연도 대비 해당 연도 원 단위 폐기물 감량비율), ② 최종처분율(폐기물 발생량 대비 폐기물 최종처분량의 비율), ③ 순환이용률(폐기물 발생량 대비 폐기물 순환이용량의 비율), ④ 에너지회수율(에너지 가용폐기물 발생량 대비 에너지화된 폐기물량의 비율) 등 네 가지다. 환경부 장관은 국가의, 시·도지사는 시·도의 중장기·단계별 순환경제목표를 설정하고

---

24) 「자원순환기본법」에 따라 수립되는 자원순환 기본계획을 이 계획으로 대체하는 것이다.

추진한다. 아울러 환경부장관은 일정한 업종 및 규모에 해당하는 사업자(순환경제성과관리대상자)25)별로 순환경제목표를 협의를 통해 설정하고 관리해야 한다. 순환경제성과관리대상자가 목표를 초과 달성한 경우 다음 연도 실적에 포함할 수 있고, 목표를 달성하지 못한 경우 다음 연도에 이행하도록 명령할 수 있다. 아울러 이들의 목표 달성을 위해 필요한 행정적·기술적·재정적 지원도 할 수 있다. 2021년 12월 발표된 「한국형(K)-순환경제 이행계획」에서는 주요 7대 품목의 중장기(2030년 및 2050년) 순환이용률 목표를 〈표 11-14〉와 같이 제시했다.

〈표 11-13〉 주체별로 설정해야 하는 순환경제목표

국가	폐기물발생감량률, 최종처분율, 순환이용률, 에너지회수율
시·도	폐기물발생감량률, 최종처분율, 순환이용률,
사업자(순환경제성과관리대상자)	최종처분율, 순환이용률,

〈표 11-14〉 7대 품목 순환이용률 목표

구분	2021년	2030년	2050년
포장재(EPR대상)	81%	85%	90%
플라스틱	56%	60%	95%
섬유	30%	50%	70%
전기·전자제품	33%	50%	70%
자동차(대당)	89%	93%	95%
음식물(바이오가스화)	13%	52%	70%
건설자재(천연자원 대체율)	73%(6.2%)	80%(20%)	90%(30%)

출처: 환경부 보도자료(2021e).

4) 제품의 생산·유통·소비에 있어 순환이용 촉진

순환이용은 제품의 생애주기 관점에서 최대한 촉진할 필요가 있다(제16조~제20조). 생산단계에서는 순환원료 사용 확대, 순환이용 촉진, 순환이용성 평가 등의 정책이 활용된다. 정부는 생산에 있어 천연원료 사용을 줄이고 순환원료26) 사용 비중을

25) 환경부령(시행규칙)으로 정한다. 자원순환정보시스템에 따르면, 2022년 경우 자원순환성과관리대상자는 모두 3,867개다.

26) 순환원료란 사람의 생활이나 산업 활동에서 사용되었거나 사용되지 아니하고 수거된 물질 또는 물건의 전부·일부를 원형 그대로 또는 가공을 거쳐 순환이용 할 수 있는 물질로서, 대통령령으로 정

높이기 위해 천연자원 대체원료를 개발하고, 순환원료의 품질을 개선하며, 순환원료 사용 촉진을 위한 기술 · 기법을 개발하고 활용해야 한다. 대통령령으로 정하는 제품을 생산하거나 수입하는 사업자는 해당 제품의 순환원료 또는 친환경 소재 · 공법 사용, 내구성 및 수리의 용이성, 전 과정에서의 순환이용 가능성과 탄소배출 등에 관하여 대통령령으로 정하는 사항을 준수하도록 노력해야 한다. 아울러 환경부장관은 순환이용이 어려울 것으로 의심되는 제품 등에 대하여 순환이용성을 평가하고, 그 제품을 생산 · 가공 · 수입 · 판매하는 자(개선대상자)에게 순환이용성의 개선을 권고하거나 개선에 필요한 지원을 할 수 있다. 개선대상자가 권고를 이행하지 않으면 해당 제품의 순환이용성 평가결과를 공개할 수 있다.

〈표 11-15〉 연도별 순환이용성 평가대상 제품군 및 평가항목

연도	평가대상(제품 · 원료 · 재료 · 용기)
2018	PET(음료용기 등), PET(세정제 등), PP · PE · PS(음료용기 등), 발포합성수지(식품트레이 등), PVC 랩
2019	멸균 종이팩, 냉장고, 토너 카트리지
2020	비데, 자동차 부품
2021	음료용 플라스틱 용기, 전기밥솥, 에어 프라이어
2022	식품용 플라스틱 용기, 사무용 의자, 자전거
2023	기타 플라스틱 용기, 정수기, 안마의자
평가항목: ① 순환이용 · 적정처분 가능성, ② 폐기물의 중량 · 부피 · 재질 · 성분, ③ 유해물질의 종류와 양, ④ 내구성	

출처: 한국환경산업기술원 순환이용성 평가제도 정보관리시스템.

유통단계에서는 유통포장재의 순환이용현황 조사, 감량, 표준화, 순환이용 관련 기술 · 기법의 개발 및 활용 등을 통해 순환이용을 극대화한다. 소비단계에서는 제품의 지속 사용을 위한 수리 관련 정책에 초점을 맞추고 있다. 대통령령으로 정하는 제품의 생산자나 수입자는 해당 제품의 수리에 필요한 예비부품의 확보 및 배송기한 등에 있어 대통령령이 정하는 기준을 준수해야 한다.

5) 순환자원 인정 · 지정 · 품질인증제도

순환자원 활용 확대를 위해 일정 기준을 충족하는 물질 또는 물건을 순환자원으

하는 것을 말한다(제2조 제4호). 종전에는 '재생원료'라는 표현이 많이 사용되었다.

로 인정하거나 지정 · 고시하는 제도다(제21조~제23조).[27] 순환자원으로 인정받으려면 다음 세 가지 기준을 모두 충족해야 한다. 첫째, 사람의 건강과 환경에 유해하지 않아야 하고, 둘째, 경제성에 있어 유상거래가 가능하고 방치될 우려가 없어야 하며, 셋째, 그 밖에 대통령령으로 정하는 순환자원의 기준[28]을 충족해야 한다. 순환자원 인정은 개인 또는 법인 · 단체의 신청을 받아 환경부장관이 인정서를 발급함으로써 이루어진다. 최초 인정의 경우에는 3년, 2회 이상 인정의 경우에는 5년 동안 유효한 인정서를 발급한다. 이러한 신청절차가 없어도 환경부장관은 산업통상자원부장관과 협의하여 일정 요건을 충족하는 물질을 순환자원으로 지정 · 고시할 수 있다. 이처럼 지정 · 고시한 순환자원을 발생시키거나 사용하는 개인 또는 법인 · 단체는 매년 그 실적을 환경부장관에게 제출해야 한다. 또한 순환자원의 사용을 촉진할 필요가 있는 사업자로서 대통령령으로 정하는 업종 및 규모 이상의 사업자(순환자원사용지정사업자)는 대통령령으로 정하는 순환자원을 일정량 이상 사용하도록 노력해야 한다.

환경부장관은 순환자원의 품질과 기술경쟁력을 강화하기 위해 사업자의 신청에 따라 순환자원에 관한 품질인증을 할 수 있다. 품질인증을 받은 순환자원을 환경부령으로 정하는 비율 이상으로 원료로 사용한 제품(순환자원사용제품)에는 그 포장 및 용기 등에 순환자원사용제품임을 표시할 수 있다. 환경부장관 및 산업통상자원부장관은 공공기관에 순환자원사용제품의 우선구매를 요청할 수 있으며, 민간단체나 기업에 우선구매를 권유할 수 있다.

6) 순환경제 신기술 · 서비스 활성화를 위한 규제샌드박스

순환경제 신기술 · 서비스 관련 기술을 활용하여 사업하려는 자는 규제에 있어 여러 편의를 받을 수 있다(제27조~제34조). 순환경제 신기술 · 서비스 활성화를 위해 신속처리,[29] 일괄처리, 실증을 위한 규제특례, 임시허가 등 규제샌드박스 운영을 법에서 규정한 것이다.[30] 신속처리란 사업자가 자신이 하려는 사업이 관련 법령에 따른

---

27) 순환자원은 폐기물로 보지 않으므로 「폐기물관리법」의 규제를 받지 않는다. 환경성과 경제성을 갖춘 폐기물이라면 적법하게 판매하거나 사용할 수 있는 길이 확대되는 것이다.

28) 대통령령으로 정하는 인정기준은 2022년 9월 「자원순환기본법 시행령」 개정으로 종래의 9개에서 2개로 줄었다(8개 폐지, 1개 신설). 순환자원 인정기준을 대폭 완화한 셈이다. 2020년 기준 발생한 전체 폐기물 중 순환자원 인정량은 0.8%에 불과했으나, 이러한 인정기준 완화에 따라 향후 순환자원 인정이 증가할 전망이다.

29) '신속확인'이 의미상 더 적절한 표현으로 보이지만 여기서는 법에 명시된 표현을 그대로 사용했다.

30) 규제샌드박스란 사업자가 신기술을 활용한 새로운 제품과 서비스를 일정 조건(기간 · 장소 · 규모

〈표 11-16〉 순환경제 신기술 · 서비스 활용 사업자에 대한 규제샌드박스

구분	항목	내용
신속처리(제28조)	절차	(사업자) 신속처리 신청 → (환경부) 관계기관 통보 → (관계기관) 소관 업무 여부 및 허가 등 필요 여부 회신 → (환경부) 신청인 통보
	효과	허가 등의 필요 유무를 30일 이내에 확인 통보
일괄처리(제29조)	절차	(사업자) 일괄처리 신청 → (환경부) 관계기관에 신속심사 진행 요청 → (관계기관) 즉시 심사개시, 심사개시 사실 및 심사 기간을 환경부와 신청인에게 통보
	효과	2개 이상의 허가 등을 신속하게 심사
실증을 위한 규제특례(제30조~제32조)	신청 요건	• 근거 법령에 기준 · 규격 · 요건 등이 없는 경우 • 근거 법령에 따른 기준 · 규격 · 요건 등을 적용하는 것이 맞지 않는 경우 • 다른 법령의 규정에 따른 허가 등을 신청하는 것이 불가능한 순환경제 신기술 · 서비스에 대하여 제한된 구역 · 기간 · 규모 안에서 실증이 필요한 경우
	절차	(사업자) 규제특례 신청 → (환경부) 관계기관 통보 → (관계기관) 검토 결과 회신 → (환경부) 심의위원회 상정 → (심의위원회) 규제특례 허용 여부 심의 → (환경부) 규제특례 부여
	효과	2년 간(2년, 1회 연장 가능) 관련 규제 전부 또는 일부 적용 면제
임시허가(제33조)	신청 요건	• 근거 법령에 기준 · 규격 · 요건 등이 없는 경우 • 근거 법령에 따른 기준 · 규격 · 요건 등을 적용하는 것이 맞지 않는 경우
	절차	(사업자) 임시허가 신청 → (환경부) 관계기관 통보 → (관계기관) 검토 결과 회신 → (환경부) 심의위원회 상정 → (심의위원회) 임시허가 허용 여부 심의 → (환경부) 임시허가 부여
	효과	2년 간(2년, 1회 연장 가능) 임시허가

출처: 법무법인세종(2023)을 바탕으로 보완 작성.

허가 · 승인 · 등록 · 인가 · 검증 등(이하 허가 등)을 필요로 하는가를 환경부에 문의하면, 그 여부를 30일 이내에 확인하여 알려주는 제도다. 일괄처리란 사업자가 자신이 하려는 사업이 2개 이상의 허가 등이 필요한 경우, 그 심사가 동시에 신속하게 이루어지도록 환경부에 신청하는 제도다. 실증을 위한 규제특례란 신기술 · 서비스에 대한 제한적 시험 · 기술검증을 위해 규제의 전부 또는 일부를 적용하지 않는 제도다. 일정 요건에 해당할 경우 사업자가 환경부에 신청한다. 임시허가란 신기술 · 서비스

제한)에서 시장에 우선 출시해 시험 · 검증할 수 있도록 현행 규제의 전부나 일부를 적용하지 않는 것을 말하며, 그 과정에서 수집된 데이터를 토대로 합리적으로 규제를 개선하는 제도다. 아이들이 모래놀이터(sandbox)에서 안전하게 뛰어놀 수 있는 것처럼 시장에서의 제한적 실증을 통해 신기술을 촉진하는 동시에, 이 기술로 인한 안전성 문제 등을 미리 검증하는 것이다. 2016년 영국이 처음으로 도입한 이래 60여 국가에서 운영하고 있다. 우리나라는 2017년에 도입을 결정하고 2019년에 ICT융합과 산업융합 분야에서 처음 시행했다. '규제특례'가 전형적인 형태지만 우리나라는 '임시허가', '신속확인'도 운영한다. 자세한 사항은 규제정보포털(www.better.go.kr)를 참조할 수 있다.

에 대해 기업의 편의성을 높이기 위해 즉시 시장에 출시할 수 있도록 임시허가하는 것이다. 일정 요건에 해당할 경우 사업자가 환경부에 신청한다.

실증을 위한 규제특례와 임시허가의 경우 순환경제 신기술·서비스 심의위원회 심의를 거쳐야 한다. 심의위원회는 20명 이내 위원으로 구성하며(민간위원이 절반 이상) 위원장은 환경부장관이다. 위원은 심의대상 순환경제 신기술·서비스 관계 중앙행정기관 및 지방자치단체(이하 관계기관)의 장이 추천하는 사람, 관계기관의 차관급 공무원(지방자치단체의 경우 단체장이 지정하는 공무원), 환경부장관이 필요하다고 인정하는 사람 중에서 환경부장관이 위촉한다.

7) 순환경제 기반조성 및 지원

순환경제 사회로의 전환을 위한 기반을 조성하고 지원하기 위해 규정된 사항들은 다음과 같다(제35조~제43조). 첫째, 순환이용센터 설립·운영이다. 지방자치단체의 장이 관할구역 내에서 순환이용 촉진을 위해 순환이용센터를 설치할 경우 행정적·기술적·재정적 지원을 할 수 있다. 둘째, 폐기물처분부담금 부과·징수다. 폐기물을 순환이용 할 수 있음에도 불구하고 소각 또는 매립 방법으로 처분하는 경우 부과·징수하는 것이다.[31] 대상은 특별자치시, 특별자치도, 시·군·자치구의 장과 사업장 폐기물 배출자다. 현재 전자(생활폐기물)에 대해서는 시·도지사가, 후자(사업장폐기

〈표 11-17〉 폐기물처분부담금 산정방식(2023년 현재)

	폐기물 유형		요율	
			매립하는 경우	소각하는 경우
부과요율 (자원순환기본법 시행령 [별표 6])	1. 생활폐기물		kg당 15원	kg당 10원
	2. 사업장폐기물 (건설폐기물 제외)	가. 불연성	kg당 10원	–
		나. 가연성	kg당 25원	kg당 10원
	3. 건설폐기물		kg당 30원	kg당 10원
산정방식	폐기물처분부담금(원) = 폐기물처분량(kg)×부과요율(원/kg)×산정지수			
산정지수	전년도 폐기물처분부담금 산정지수×가격변동지수(최초 적용연도인 2018년 산정지수 1 적용) ※ 가격변동지수: 전년도 생산자물가상승률과 소비자물가상승률을 고려하여 환경부장관이 고시			

31) 특정 유해물질 및 유독물을 함유하고 있거나 재활용이 어려운 제품에 대하여 부담금을 부과하는 제도로는 1993년 도입된 폐기물부담금제도가 있다.

물)에 대해서는 한국환경공단이 위탁받아 징수하고 있다. 부담금 산정방식은 〈표 11-17〉과 같다. 셋째, 순환경제특별회계 설치다. 순환경제사회 전환 촉진에 필요한 사업비를 확보하기 위해 지방자치단체에 순환경제특별회계를 설치할 수 있다. 넷째, 순환자원정보센터 설치 · 운영이다. 순환자원 정보를 관리 · 제공하기 위한 센터로, 2023년 현재 한국환경공단이 위탁받아 설치 · 운영하고 있다. 다섯째, 순환경제정보체계 구축 · 운영이다. 앞에서 설명한 순환경제 성과관리(제13조~제15조에 규정) 관련 정보를 체계적으로 관리하는 것을 목적으로 한다. 여섯째, 재정적 · 기술적 지원 및 법제상 · 행정상 조치다. 국가 및 지방자치단체는 순환경제사회 발전을 위한 사업을 하는 지방자치단체나 사업자 등에게 재정적 · 기술적 지원이나 융자 등의 지원을 할 수 있으며, 순환경제 발전을 위해 필요한 규제 완화 등 법제상 · 행정상의 조치를 해야 한다.

제 12 장 ENVIRONMENTAL POLICY

물관리 정책

제 1 절 | 안전하고 충분한 물 공급

1 상수도 관리

상수도는 일반수도, 공업용수도, 전용수도로 구분된다.[1] 일반수도는 지방자치단체가 공급 주체가 되는 지방상수도 및 마을상수도, 그리고 국가(한국수자원공사)가 공급하는 광역상수도로 구분된다. 지방상수도는 지방자치단체가 관할지역 주민 · 인근 지방자치단체 또는 그 주민에게 원수 또는 정수를 공급하는 일반수도이며, 광역상수도는 둘 이상의 지방자치단체에 원수 또는 정수를 공급하는 일반수도를 말한다. 상수도 관리의 주요 정책은 크게 상수도공급 안정성 확보 및 상수도 수질관리로 구분할 수 있다.

1) 공업용수도란 공업용수도 사업자가 원수 또는 정수를 공업용에 맞게 처리하여 공급하는 수도를 말한다. 전용수도는 전용상수도와 전용공업용수도로 구분된다. 전용상수도란 100명 이상을 수용하는 기숙사 · 사택 · 요양소, 그 밖의 시설에서 사용되는 자가용의 수도와 수도사업에 제공되는 수도 외의 수도로서 100명 이상 5천 명 이내의 급수인구(학교 · 교회 등의 유동인구 포함)에 대하여 원수나 정수를 공급하는 수도를 말한다. 전용공업용수도란 수도사업에 제공되는 수도 외의 수도로서 원수 또는 정수를 공업용에 맞게 처리하여 사용하는 수도를 말한다(수도법 제3조).

[그림 12-1] 우리나라 상수도공급체계

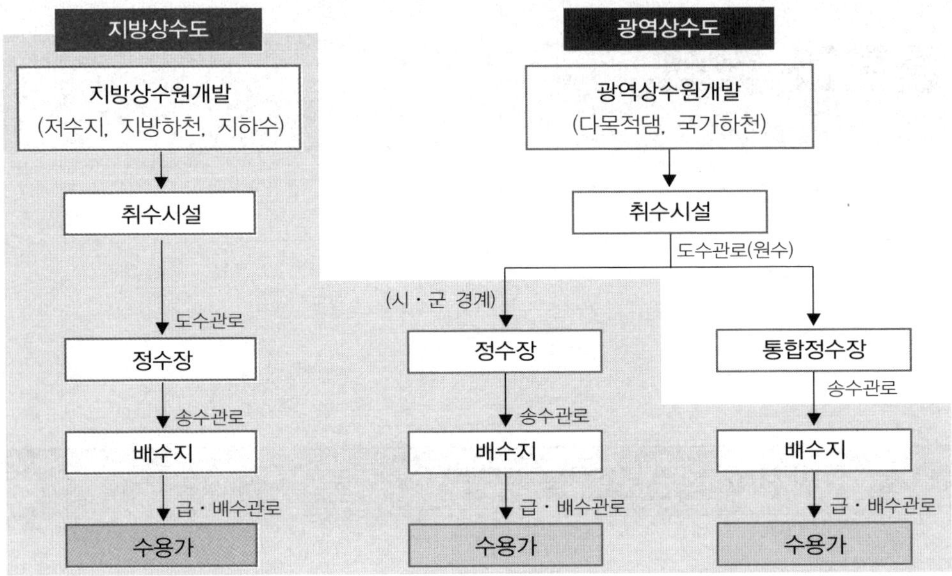

출처: 환경부(2023a: 437).

1) 상수도공급의 안정성 확보

우리나라 상수도보급률은 2021년 현재 97.7%(마을상수도 및 소규모급수시설 이용인구[2] 제외)로 주요 선진국들과 유사한 높은 수준이다. 하지만 기후변화에 따라 강수량의 변동성이 커지고 있으며, 도시와 농어촌 간 급수 안정성에 격차가 있는 것은 문제점으로 지적되고 있다. 정부는 물관리일원화라는 정책환경 변화에 따라 2022년 10월 「국가수도 기본계획(2022~2031)」을 새롭게 수립했다. 이는 종전에 수립하던 「전국수도 종합계획」 및 「광역 및 공업용수도 수도정비 기본계획」을 통합한 수도 분야 최상위 계획으로, 「수도법」 제4조에 근거하여 환경부가 10년마다 수립한다. 기본계획에서는 '언제 어디서나 국민 모두가 신뢰하는 서비스 제공'을 비전으로 '유역 중심의 안

2) 2021년 말 기준 마을상수도 및 소규모급수시설은 총 12,067개소(마을상수도: 3,702개소, 소규모급수시설: 8,365개소), 급수인구는 903천명(마을상수도: 543천명, 소규모급수시설: 360천명)이다. 지방상수도 공급 사업을 통해 감소 추세를 이어가고 있다(환경부, 2023a). 마을상수도 및 소규모급수시설을 합산할 경우 2021년 상수도보급률은 99.4%다. 참고로 2015년 상수도 통계까지는 마을상수도와 소규모급수시설 급수인구가 미급수인구로 분류되었으나, 2016년부터는 급수인구로 분류되었다.

〈표 12-1〉「국가수도 기본계획」에 제시된 전략, 정책과제, 투자계획

추진전략	정책과제
① 유역기반의 통합적 수도공급체계 구축	1. 유역중심의 물이용으로 전환
	2. 유역 수요관리 기반 물 이용체계 구축
	3. 가뭄 및 사고대비 수도시스템 복원력 강화
	4. 급수취약지역 물 복지 확대
② 국민 모두가 안심하는 수돗물 생산	5. 취수에서 수도꼭지까지 위생・안전관리 강화
	6. 노후・취약 수도시설 적정 유지보수
	7. 수돗물 생산・공급 전과정 스마트 관리체계 구축
	8. 국민체감형 수돗물 서비스 확대
③ 수도시설 운영관리 전문성 제고	9. 수도시설 운영관리 전문성 제고
	10. 수도분야 종사인력의 관리역량 향상
	11. 글로벌 수준의 수도산업 기술경쟁력 확보
④ 지속가능 수도사업 관리체계 구축	12. 수도서비스 제고 및 활성화를 위한 사업구조 개선
	13. 수도사업 합리화 및 평가체계 개선
	14. 저탄소형 수돗물 생산・관리체계 구축
	15. 수요자 기반 물 수요관리 정책 강화

2040년까지 투자계획(단위: 억 원)	
투자액 총계	244,006
시설확충계획(대체수원 개발, 급수체계 조정, 신규개발, 미급수지역 물 안전 개선)	76,995
생산시설 개량 및 안정화 구축(수원시설 개량 및 안정화, 취・정수시설 개량 및 안정화)	23,491
관로시설 안정화(노후관 개량, 관로복선화, 비상연계, 기타시설 안정화)	135,702
운영 및 정보관리 계획	3,076
수질관리계획	4,742

출처: 환경부보도자료(2022b).

전한 물 이용체계 구축 및 지속가능한 수도서비스 실현'을 목표로 제시했다. 깨끗하고 안정적인 수돗물 공급을 위한 4대 추진전략과 15대 정책과제를 제시하고, 2040년까지 24조 4,006억 원을 투자하는 계획도 함께 담았다(환경부보도자료, 2022b).

2) 상수도 수질관리

우리나라 상수도보급률은 선진국 수준이지만 수돗물을 그대로 마시는 비율은 매우 낮다. 2021년 전국 7만 2,460가구를 대상으로 시행한 '수돗물 먹는 실태' 조사(환경부・한국상하수도협회, 2021)에 따르면, 수돗물을 먹는 방법의 비율은 '수돗물에 정수

기를 설치해서 먹음' 49.4%, '수돗물을 그대로 먹거나 끓여서 먹음' 36.0%, '먹는 샘물(생수)을 구매해서 먹음' 32.9% 등으로 나타났다. 그대로(끓이지 않고) 먹는 비율은 매우 작은 것으로 보인다. 심지어 전체 인구의 30% 이상은 수돗물을 아예 먹지 않는 것으로 나타났다. 이처럼 수돗물에 대한 불신이 높은 이유로는 물탱크나 수도관 등에 대한 불신, 상수원오염 우려, 이물질・냄새 등이 지적되었다(수돗물홍보협의회, 2014). 수돗물에 대한 신뢰를 제고하고 국민건강을 보호하기 위해 상수도 수질관리가 중요하며, 다음 대책들이 추진되고 있다(환경부, 2016b; 환경부, 2018b; 환경부, 2023a).

첫째, 상수원에서의 수질관리다. 상수원 수질관리를 위해 가장 중요하고 대표적인 제도는 상수원보호구역제도다. 상수원보호구역을 지정하고 이곳에 대한 오염과 유해물질의 유입을 원천적으로 차단하는 제도로, 1961년부터 「수도법」에 근거하여 실시하고 있다. 상수원보호구역은 시・도지사가 지정 및 변경하고, 시장・군수・구청장이 관리한다. 2022년 현재 267개소(1,121km^2)가 지정되어 있다.[3] 그 밖에 2010년부터는 상수원보호구역 상류 또는 상수원보호구역 미지정 취수시설 상류・하류 일정 지역에 공장설립을 제한하여 상수원오염을 예방하고 있다. 아울러 토지이용 규제 등 재산권 행사 제한을 감내해야 하는 상수원보호구역 내 거주민을 위해 국가와 지방자치단체는 복지증진, 소득증대, 육영사업 등 주민지원사업을 실시하고 있다.

둘째, 상수도설비 정비다. 상수원 수질이 우수해도 물을 정수 및 전달하는 과정에서 오염이 발생한다면 수돗물에 대한 신뢰를 확보할 수 없다. 따라서 다음과 같은 측면에서 상수도시설 정비가 이루어져 왔다. ① 아연도강관이나 흄관과 같은[4] 부적절한 관로 정비, ② 고도정수처리시설 확충,[5] ③ 내구연한이 지난 노후 관로와 정수장 교체, ④ 수도시설 기술진단의 실효성을 높이기 위한 제도(수행기관 등록제, 기술진단심의제도, 기술진단 매뉴얼 개정 등) 개선, ⑤ 옥내급수관[6] 및 저수조관리[7] 강화,

---

3) 2002년에는 369개소(1,261km^2)였으니, 지난 20년 동안 장소 기준으로는 27%, 면적 기준으로는 11% 감소한 셈이다.

4) 아연도강관에서는 유해물질이 발생하며 흄관은 지반침하의 원인이 된다. 2013년 현재 이러한 부적절 관로가 전체 관로의 0.4%를 차지하고 있었으며, 정부는 2025년까지 모두 교체한다는 목표를 제시한 바 있다(환경부, 2016b).

5) 정부는 고도정수처리시설 도입률을 2025년까지 70%로 높이는 계획을 제시했다(환경부, 2016b).

6) 현재 건축연면적 6만m^2 이상의 다중이용건축물은 준공 5년 후부터 2년 주기로 옥내급수관 검사를 실시해야 한다.

7) 「수도법」에 따라 5천m^2 이상의 대형건축물 및 아파트 등의 소유자나 관리자는 저수조청소 및 위생점검을 정기적으로 실시해야 하며, 매년 먹는물 수질기준 중 탁도 등 일정 항목을 검사해야 한다.

⑥ 수도용 자재와 제품 관련 위생안전기준 인증 강화,[8] ⑦ 물관리 안전기법(WSP)의 단계적 도입[9] 등이다.

2 먹는물 관리

우리나라는 1995년에 「먹는물관리법」을 제정했다. 법 제3조에 따르면, '먹는물'이란 '먹는 데에 통상 사용하는 자연 상태의 물, 자연 상태의 물을 먹기에 적합하도록 처리한 수돗물, 먹는샘물, 먹는염지하수,[10] 먹는해양심층수 등'을 말한다. 먹는물 관리와 연관된 대책들을 「먹는물관리법」의 내용을 중심으로 살펴보면 다음과 같다.

1) 먹는물 수질관리

「먹는물관리법」 제5조에 따라 환경부장관은 「먹는물 수질기준 및 검사 등에 관한 규칙」을 제정하여 먹는물 수질관리를 실시한다.[11] 먹는물 수질기준은 인체에 미치는 영향을 고려하여 안전한 수준의 함량을 설정한 것이다.[12] 2023년 현재 미생물에 관한 기준(6개), 건강상 유해영향 무기물질에 관한 기준(14개), 건강상 유해영향 유기물질에 관한 기준(17개), 소독제 및 소독부산물질에 관한 기준(11개), 심미적 영향물질에 관한 기준(15개), 방사능에 관한 기준(3개) 등 모두 66개의 먹는물 수질기준이 설정되어 있다. 일반수도사업자, 전용상수도 설치자, 소규모급수시설 및 먹는물공동시설(약수터 등)을 관할하는 시장・군수・구청장은 각자의 경우에 부합하는 방식으로 수질검사를 실시해야 하며, 검사결과를 3년 간 보존해야 한다.

환경부장관은 「먹는물 수질감시항목 운영 등에 관한 고시」를 제정하여 먹는물 수질감시항목을 지정하고 주기적으로 검사한다. 수질감시항목이란 검출수준이 매우 낮아 현재로서는 수질기준을 정하지는 않지만, 먹는물의 안전성 확보를 위해 체계적이

8) 수도용 자재와 제품의 품질관리를 위해 2011년부터 '위생안전기준 인증제도'가 도입되었으며, 2022년 말 기준 총 2,144건의 인증서가 발급되었다(환경부, 2023a).
9) WSP(Water Safety Plan)는 상수원에서 수도꼭지까지 수돗물의 안전성 위협요소를 사전에 진단하고 개선 방향을 제시하는 기법으로, 세계보건기구(WHO)와 국제물학회(IWA)가 공동 개발한 160개 항목을 가지고 수돗물 전달과정(상수원, 정수처리, 공급과정)을 관리하는 것이다(환경부, 2016b).
10) 염지하수(鹽地下水)란 물속에 녹아 있는 염분 등의 함량이 일정 기준 이상인 지하수이다.
11) 먹는물 수질기준은 1963년 보건사회부령으로 처음 만들어졌고 이후 변화해 왔다.
12) 체중 60kg의 성인이 하루 2리터씩 평생 물을 마셨을 때 인체에 위해하지 않는 수준으로 설정된 해당 물질의 농도를 말한다(환경부・국립환경과학원, 2017).

고 조직적으로 검출상태 등을 감시하는 항목을 말한다. 2023년 현재 상수원수에 4개, 정수에 31개, 먹는샘물에 3개를 감시항목으로 선정하고, 주기적으로 검사하고 있다.[13] 감시항목에 따라 감시주기는 상이하다.

2) 먹는샘물 관리

먹는샘물이란 샘물(지하수, 용천수 등)을 먹기에 적합하도록 처리하여 제조한 물을 말한다. 시중에서 판매하는 생수가 대표적이다. 먹는샘물의 수질기준은 대부분 먹는물 수질기준을 적용하며, 미생물 등에 관한 기준으로 이를 보완하고 있다. 2022년 현재 먹는샘물의 수질기준은 52개 항목을 운영 중이다. 먹는샘물 제조업을 영위하려면 시・도지사의 허가를 받아야 하며, 2022년 말 기준 업체의 수는 59개다(환경부, 2023a). 먹는샘물과 관련한 주요 제도 중 하나로 1995년 도입된 수질개선부담금을 들 수 있다. 「먹는물관리법」 제31조에 근거하여 먹는샘물 제조업자 및 수입업자 등에게 부과하며, 먹는물의 수질관리 재원으로 활용한다. 「먹는물관리법 시행령」 제8조에 따라 2012년 이후 부담금은 제조업자 및 수입판매업자 모두에 대해 m^3당 2,200원으로 정해져 있다.[14]

3) 먹는물 공동시설 관리

먹는물 공동시설이란 약수터, 샘터, 우물 등을 말한다. 2021년 말 현재 1,555개소가 지정되어 있고, 이용인구는 1일 22만여 명에 달한다. 「먹는물관리법」 제8조에서는 이 시설들에 대해 관할 시・군・구청장이 시설개선, 수질정기검사, 사용금지, 폐쇄조치 등의 관리행위를 할 것을 규정하고 있다. 먹는물 공동시설의 경우 대부분 지표수와 유사한 시설로서, 오염원에 노출될 개연성이 있고 실제 수질검사 결과에서도 부적합률이 매우 높게 나타난다(2021년 30.4%). 최대 연 8회까지 수질검사를 실시하며, 수질검사 결과 부적합시설에 대해서는 1개월 간격으로 재검사를 실시하고, 부적합이 지속할 경우 '사용금지' 조치한다. 아울러 먹는물 공동시설에 대한 수질검사정보는 2015년부터 토양지하수정보시스템에서 공개하고 있다(환경부, 2023a).

---

13) 먹는물에 대한 국민적 관심이 높아 감시항목은 증가하는 추세다. 2018년에는 상수원수 2개 항목, 정수 26개 항목, 먹는 샘물 3개 항목이 설정되어 있었다.

14) 제조업자는 취수량, 수입판매업자는 수입량에 대해 각각 부과한다. 2012년 이전에는 수입 먹는샘물에 대해 더 많이 부과했었다.

3 하수도 관리

하수도는 하수관로와 하수처리장 등으로 구성된다. 버려진 물이 하수관로를 따라 하수처리장으로 보내지면, 이를 정화해서 하천으로 방류하는 시스템이다. 운영 주체에 따라 하수도는 공공하수도와 개인하수도로 구분된다. 공공하수도는 지방자치단체가, 개인하수도는 건물・시설 소유자가 설치・관리하는 하수도다. 현재 개인하수도의 비중은 크지 않다.15) 하수도보급률은 지속 증가하여 2021년 말 현재 94.8%다. 하지만 도시와 비도시 지역 간 격차가 상당히 크다는 점이 문제로 지적되고 있다. 특히 면 지역의 하수도보급률은 58.3%에 머물러 있다. 최근에는 기후변화로 인한 집중호우 빈도가 증가하면서 공공하수도의 우수(빗물)배제 기능이 점차 강조되고 있다.16)

〈표 12-2〉 2021년 기준 행정구역별 하수도보급률(%)

구분	전체	시지역	군지역		
			전체	읍	면
총계	94.8	96.5	75.6	89.1	58.3
특・광역시	99.2	99.6	88.8		
도	91.3	93.9	76.8	89.1	58.3

출처: 환경부(2023a).

「하수도법」 제4조에 따라 환경부는 국가하수도 종합계획을 수립한다. 2023년 현재 「국가하수도 종합계획(2016~2025)」이 수립되어 있다. 또한 「하수도법」 제5조에 따라 지방자치단체는 관할구역 내 하수처리를 위해 20년 단위로 「하수도정비 기본계획」을 수립하고 5년마다 타당성 여부를 검토해 계획에 반영해야 한다. 하수도 관련 주요 정책들은 다음과 같이 정리할 수 있다(환경부, 2023a).

15) 개인하수도는 농어촌지역 등 오염원이 산재하여 하수관로 설치비가 과다하게 소요되는 등의 사유로 공공하수도가 보급되지 못한 지역에 주로 설치되어 있다.

16) 하수도의 기능은 생활하수 처리 및 우수배제로 구분할 수 있다. 우수배제란 침수를 방지하기 위해 빗물을 지하로 침투시켜 일시적으로 지하에 머물게 하는 것이다. 도시는 아스팔트나 콘크리트 등으로 덮인 표면(불투수면적)이 많아 강수의 지하 침투율이 낮아 침수에 특히 취약하다. 자연 상태 토지에서는 강수의 42%가 지하로 침투하는 데 비해, 도시에서는 7%에 불과하다(김동욱, 2016).

〈표 12-3〉「국가하수도 종합계획(2016~2025)」의 목표 및 분야별 정책과제

목표: 시민에게는 안전을, 생활에는 쾌적함을, 지역에는 활력을 주는 하수도	
분야	주요 정책과제
하수도 안전관리	• 기후변화 대비 하수도 도시침수 대응 능력 향상 • 노후 하수관로 정비 등 도시안전 확보
국민편의 중심 서비스	• 하수도악취 등 생활 주변의 불편요소 관리 강화 • 개인하수도 및 소규모 하수처리시설 공공관리 강화
강우 시 하수 관리	• 강우 시 하수 수집 · 이송체계 개선 • 강우 시 하수처리시설 최대처리 능력 확보
유역 단위 하수도 관리	• 하수처리시설별 방류수수질기준 설정 · 운영 • 하수도시설 개 · 보수사업의 투자 효율성 제고
경제적 기회 창출	• 하수도산업 지원 및 해외진출 활성화 • 하수도 에너지 절감 및 재생에너지 생산 확대
재정 및 자산 관리	• 하수도 요금현실화 및 재투자 여력 확보 • 지방자치단체 하수도 자산관리 제도화 및 지원체계 구축

출처: 환경부(2015a: 35).

1) 하수도시설 확충 및 정비

하수도시설의 확충과 정비사업은 다양한 분야에서 이루어져 왔고 앞으로도 확대할 전망이다. 첫째, 공공하수처리시설 설치다. 하수처리시설 신 · 증설, 개량, 슬러지 처리시설 설치사업 등으로 구성되며, 2022년에는 241개 하수처리장을 지원했다. 둘째, 농어촌지역의 하수도 확충이다. 도시와 농촌 간 하수도보급률은 상당한 격차가 존재한다.「국가하수도 종합계획(2016~2025)」에서는 농어촌지역 하수도보급률을 2025년까지 80%로 높인다는 목표를 제시했다. 셋째, 하수관로 정비다. 하수관로 정비는 상시 진행되어야 하며, 특히 기후변화로 인한 집중호우 빈도 증가에 따라 공공하수도의 빗물관리 기능이 강화될 수 있도록 정비할 필요가 있다. 넷째, 분뇨처리시설 확충이다. 분뇨처리시설은 신설보다는 기존처리시설과 공공하수도 간 연계를 강화하는 방향으로 정비한다는 방침이다.[17] 다섯째, 개인하수 처리시설에 대한 관리 강화다. 일정 규모 이상의 처리시설에 대해서는 전문관리인을 지정하고, 처리시설 설치 시 전문업체에 의한 시공을 의무화하는 등의 제도를 시행하고 있다.

17) 기존 분뇨처리시설(2021년 말 현재 186개소, 처리량 42,129t/일)에서 1차 처리 후 공공하수처리시설에 유입하거나 공공하수처리시설 부지 내에 분뇨처리시설을 설치하여 공공하수처리시설과 연계하는 방식이다.

2) 하수도 관리의 경쟁력 강화

우리나라의 하수도 관리 경쟁력은 선진국보다 낮은 편이다. 일반적으로 하수도 발전단계를 1~5세대로 구분하는데,[18] 하수도의 역사가 길고 투자가 많이 이루어진 하수도 선진국은 4세대 또는 5세대에 진입 중이나, 우리나라는 2~4세대에 걸쳐 있는 상황이다(환경부, 2023a). 경쟁력을 높이기 위해 다음의 정책들이 추진되고 있다.

[그림 12-2] 하수도 발전단계

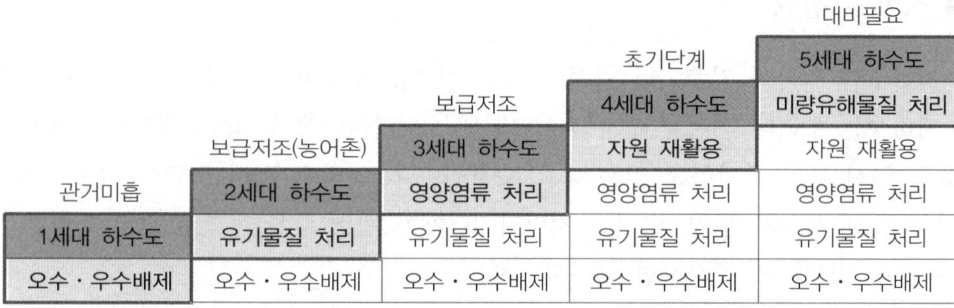

출처: 환경부(2023a: 460).

첫째, 하수도사업 운영 선진화다. 공공하수도 운영 · 관리의 전문성 제고, 자율경쟁을 통한 일자리 창출 및 물산업 육성을 위해 2012년부터 기술진단 업무를 민간으로 개방했다. 2022년도 말 기준 등록된 업체는 96개다. 2013년에는 공공하수도 관리대행업 등록제를 도입 · 시행했다. 2021년 말 기준 공공하수처리시설 704개 중 약 72%인 505개를 민간업체가 위탁관리하고 있다. 둘째, 유역단위 하수도 정비계획 도입이다. 「하수도법」 제4조의2에 따라 유역환경청장 또는 지방환경청장이 20년 단위의 유역하수도 정비계획을 수립한다. 권역별 종합계획을 바탕으로 공공하수도의 중복설치 방지와 효율적인 운영 · 관리를 위한 것이다. 셋째, 물 재이용이다. 빗물이용, 중수도, 하수처리수 재이용 등을 통해 물 재이용을 확대하는 것이다.[19] 전체 수자원 이용량에서

18) 1세대 오수 · 우수배제, 2세대 유기물질 처리, 3세대 영양염류 처리, 4세대 자원 재활용, 5세대 미량유해물질 처리 등으로 고도화단계를 구분할 수 있다.

19) (빗물이용)수질이 양호한 빗물을 초기우수배제 또는 간단한 여과처리만으로 청소용수 및 조경용수 등으로 사용, (중수도)개별시설물 · 개발사업지역에서 발생하는 오수를 공공하수처리시설로 배출하지 않고 별도로 중수도 시설에서 처리하여 각종 용도로 재이용, (하수처리수 재이용)버려지는 하수 등을 하천유지용수, 조경용수, 농업용수, 공업용수 등으로 공급(환경부, 2023a).

재이용량은 2018년 기준 4.1%(15.2억m^3)에 불과하다. 「물의 재이용 촉진 및 지원에 관한 법률」에 따라 환경부는 10년 단위의 물 재이용 기본계획을 수립한다. 제1차 기본계획(2011~2020)에 이어 제2차 기본계획(2021~2030)이 수립된 바 있다. 제2차 기본계획에서는 물 재이용을 획기적으로 높이기 위해 ① 도시 물 순환이용체계로 전환, ② 유역기반 물 재이용체계 구축, ③ 물 재이용 산업발전 지원 등 세 가지 정책추진 방향 및 2030년까지의 투자계획(2조 2,905억 원)을 제시했다(환경부, 2021c).

4 지하수 관리

지하수란 지하의 지층이나 암석 사이의 빈틈을 채우고 있거나 흐르는 물을 말한다. 지하수는 우리나라 전체 수자원 이용량의 11%(연간 약 41억m^3) 정도를 차지하며, 이용량 역시 매년 증가하고 있는 중요 수자원이다. 지하수 관리 소관 부처는 환경부이나 모두 11개 중앙부처, 그리고 지방자치단체가 관련된다. 현재 추진되고 있는 지하수 관리 정책들을 구분하면 다음과 같다.

1) 지하수관리 기본계획 수립

1993년 제정된 「지하수법」에 따라 환경부는 10년마다 지하수관리 기본계획을 수립하고 5년마다 계획의 타당성을 검토해야 한다. 이 계획은 지하수의 개발 · 이용 및 보전 · 관리에 관한 국가 최상위 계획으로서 일선 관계기관의 기본지침으로 활용된다. 계획에는 ① 지하수의 부존 특성 및 개발 가능량, ② 지하수의 이용실태, ③ 지하수의 이용계획, ④ 유출 지하수의 관리 및 이용계획, ⑤ 지하수의 보전계획, ⑥ 지하수의 수질관리 및 정화계획, ⑦ 그 밖에 지하수의 관리에 관한 사항 등을 담게 된다(지하수법 제6조). 2012년에 「제3차 지하수관리 기본계획(2012~2021)」이, 그리고 2017년에 이를 수정한 「제3차 지하수관리 기본계획 수정계획(2017~2026)」이 수립된 바 있다.[20] 하지만 물관리일원화와 국가물관리 기본계획 수립에 따라 「제4차 지하수관리 기본계획(2022~2031)」이 조기에 수립되었다.

20) 2018년 물관리일원화 이전 지하수 관리의 주무부처였던 국토교통부가 수립한 계획이다.

〈표 12-4〉「제4차 지하수관리 기본계획」의 비전, 목표, 전략

비전	모두가 누리는 건강하고 안전한 지하수
목표	지하수 수량·수질 통합관리 실현
전략	• 유역기반 지하수 수량·수질 통합관리체계 구축 • 기후위기에 대응한 지하수 활용 역량 제고 • 지하수 오염 전주기 관리체계 구축 • 지하수 관리 인프라에 대한 합리성 제고 • 스마트 정보관리 및 대국민 서비스 확대 • 지하수산업 활성화 및 연구개발 확대

출처: 환경부보도자료(2022d).

2) 지하수 수질관리

지하수 수질관리를 위해 정부는 다음과 같은 조치들을 취하고 있다. 첫째, 지하수 측정망 설치·운영이다. 전국 지하수 수위 및 수질현황과 변화 추세를 파악·분석하여 정책 수립을 위한 기초자료로 활용하는 것이다. 국가측정망과 보조측정망으로 구분되며,[21] 2021년 말 기준 총 5,717개소가 설치되어 있다. 측정망마다 반기 또는 분기에 1회 검사를 시행한다. 2021년도 지하수 측정망 운영결과, 조사 시료 7,393개 중 11.7%인 862개가 지하수 수질기준을 초과한 것으로 나타났다. 둘째, 지하수 수질기준 설정이다. 환경부령인「지하수의 수질보전 등에 관한 규칙」[별표 4]에서는 일반오염물질 4개 및 특정 유해물질 16개에 대하여 용도별(생활용수, 농·어업용수, 공업용수)[22] 수질기준을 정하고 있다.[23] 지하수의 개발·이용을 허가받거나 신고한 자는 지하수 수질기준에 적합한지 여부를 판정받기 위해 관련 수질검사를 받아야 하며, 수질기준을 초과할 경우 오염방지조치를 취해야 한다. 셋째, 지하수 오염방지시설 설치다. 취수정으로 오염물질이 유입되지 않도록 지표 상부와 하부에 오염방지시설을 설치해야 한다.[24] 넷째, 가축 매몰지 환경관리다. 조류독감이나 구제역 등 가축질병에 따라 가축매몰이 발생하면서 매몰지 환경관리 대책이 다수 제시되었다. 2010년「가

21) 국가측정망에는 환경부가 설치한 국가관리측정망과 국가감시측정망(국가오염측정망, 국가오염우려측정망, 국가장해측정망), 농림축산식품부가 설치한 농촌관리측정망이 있다. 보조측정망(보조수위측정망, 보조수질측정망)은 국가측정망을 보완하기 위한 것으로 지방자치단체가 운영한다.
22) 지하수를 음용수로 이용하는 경우에는「먹는물관리법」에 따른 수질기준을 적용한다.
23) 대통령령인「환경정책기본법 시행령」제2조 [별표 1]에서는 대기, 소음, 수질 및 수생태계에 대하여 환경기준을 제시하면서, 수질 및 수생태계 중 '지하수' 환경기준 항목 및 수질기준은 환경부령으로 정하도록 규정하고 있다.
24) 지표 상부에 상부보호공을 설치하고 지표 하부에 보호벽(케이싱)을 암반선 이하까지 설치한다.

축 매몰지 환경관리지침」, 2011년에 「가축 매몰지 관리 종합대책」 등을 수립하여 사후관리를 강화하는 한편, 매몰지역 주변 지하수 및 먹는물 안전대책을 추진하고 있다(환경부, 2023a).

〈표 12-5〉 용도별 지하수 수질기준(2023년 기준)

		생활용수	농·어업용수	공업용수
일반오염물질(4개)	수소이온농도(pH)	5.8~8.5	6.0~8.5	5.0~9.0
	총대장균군	5,000 이하 (군 수/100mL)	–	–
	질산성질소	20 이하	20 이하	40 이하
	염소이온	250 이하	250 이하	500 이하
특정유해물질(16개)	카드뮴	0.01 이하	0.01 이하	0.02 이하
	비소	0.05 이하	0.05 이하	0.1 이하
	시안	0.01 이하	0.01 이하	0.2 이하
	수은	0.001 이하	0.001 이하	0.001 이하
	다이아지논	0.02 이하	0.02 이하	0.02 이하
	파라티온	0.06 이하	0.06 이하	0.06 이하
	페놀	0.005 이하	0.005 이하	0.01 이하
	납	0.1 이하	0.1 이하	0.2 이하
	크롬	0.05 이하	0.05 이하	0.1 이하
	트리클로로에틸렌	0.03 이하	0.03 이하	0.06 이하
	테트라클로로에틸렌	0.01 이하	0.01 이하	0.02 이하
	1.1.1-트리클로로에탄	0.15 이하	0.3 이하	0.5 이하
	벤젠	0.015 이하	–	–
	톨루엔	1 이하	–	–
	에틸벤젠	0.45 이하	–	–
	크실렌	0.75 이하	–	–

출처: 「지하수의 수질보전 등에 관한 규칙」 [별표 4].

3) 지하수 정보화

「지하수법」 제5조에 따라 환경부장관은 전국의 지하수에 대하여 부존 특성, 개발가능량, 수질 특성, 지하수 개발·이용시설 등에 관한 기초조사를 실시한다. 이렇게 조사된 자료 및 여타 지하수 관리에 필요한 자료를 효율적으로 활용하기 위해 지하수 정보체계를 구축·운영하며, 이 정보체계 관리를 위해 국가지하수정보센터(지하수센터)를 두고 있다.[25] 현재는 지하수 관련 모든 정보를 일원적으로 관리하는 공식 허브로 작동하고 있다. 한편 기관별로 상이하게 관리되고 있는 지하수 정보의 표준화를 위해 국가지하수정보협의회를 구성하여 「지하수정보 관리표준」을 마련하고, 타 기관에서 생산되는 지하수 자료를 동일한 기준으로 생산·관리토록 하고 있으며, 표준화된 정보는 '지하수 공동활용 정보시스템'을 통해 관계기관과 공동으로 활용한다.

〈표 12-6〉 국가지하수정보 DB 구축현황(2022년 기준)

구분		수량	세부내용
지하수 개발 이용시설		172만공	위치, 제원, 이용량 등
측정망	국가관리	688개소	측정자료, 위치, 시설제원, 점검정비이력
	국가오염	157개소	
	농촌	718개소	측정자료, 위치, 시설제원
	해수침투	257개소	
	보조	2,791개소	
지하수 정보지도		151지역	수질, 수위, 지하수지도
기초조사		151지역	조사건수
측정자료		2.04(억 건)	수위, 수온, EC
수질검사자료	일반	928(천 건)	누적건수
	측정망	126(천 건)	누적건수

출처: 환경부(2023a).

제 2 절 | 물환경 및 수생태계 관리

1 물환경 관리의 기본 수단

1) 수질 및 수생태계 환경기준

물환경 관리의 목표라 할 수 있는 수질 및 수생태계 환경기준은 「환경정책기본법 시행령」 [별표 1]에서 하천, 호소, 지하수, 해역 등 4개 영역에 대하여 제시하고 있다. 2023년 기준 하천과 호소의 환경기준은 사람의 건강보호기준(카드뮴 등 20개 항목,

25) 이 센터는 2003년 한국수자원공사에 설치된 것으로, 2021년 「지하수법」 개정으로 법제화되었다.

하천 및 호소 공통) 및 생활환경기준(하천은 8개, 호소는 9개 항목에 따라 각각 7등급)으로 구분되어 있다. 지하수 환경기준은 앞서 설명한 바와 같이 환경부령인 「지하수의 수질보전 등에 관한 규칙」에서 따로 정하고 있다. 해역은 생활환경기준(3개 항목), 생태기반 해수수질기준(수질평가지수 값에 따라 5등급 구분), 해양생태계보호기준(구리 등 6개 항목), 사람의 건강보호기준(6가크롬 등 19개 항목) 등으로 구분하여 정하고 있다.

〈표 12-7〉 하천과 호소 환경기준: 사람의 건강보호기준

(단위: mg/L)

카드뮴 (Cd)	비소 (As)	시안 (CN)	수은 (Hg)	유기인	납 (Pb)	6가크롬 (Cr^{+6})	PCB	PCE	1,4-다이옥세인
0.005 이하	0.05 이하	불검출 (검출한계 0.01)	불검출 (검출한계 0.001)	불검출 (검출한계 0.0005)	0.05 이하	0.05 이하	불검출 (검출한계 0.0005)	0.04 이하	0.05 이하
사염화탄소	**1,2-디클로로에탄**	**디클로로메탄**	**벤젠**	**헥사클로로벤젠**	**클로로포름**	**포름알데히드**	**디에틸헥실프탈레이트**	**안티몬**	**ABS**
0.004 이하	0.03 이하	0.02 이하	0.01 이하	0.00004 이하	0.08 이하	0.5 이하	0.008 이하	0.02 이하	0.5 이하

출처: 「환경정책기본법 시행령」 [별표 1].

〈표 12-8〉 하천과 호소 환경기준: 생활환경기준

■ 생활환경 기준(하천)

등급		기준								
		pH	BOD (mg/L)	COD (mg/L)	TOC (mg/L)	SS (mg/L)	DO (mg/L)	T-P (mg/L)	대장균군 (군수/100mL) 총 대장균군	분원성 대장균군
매우 좋음	Ia	6.5~8.5	1 이하	2 이하	2 이하	25 이하	7.5 이상	0.02 이하	50 이하	10 이하
좋음	Ib	6.5~8.5	2 이하	4 이하	3 이하	25 이하	5.0 이상	0.04 이하	500 이하	100 이하
약간 좋음	Ⅱ	6.5~8.5	3 이하	5 이하	4 이하	25 이하	5.0 이상	0.1 이하	1,000 이하	200 이하
보통	Ⅲ	6.5~8.5	5 이하	7 이하	5 이하	25 이하	5.0 이상	0.2 이하	5,000 이하	1,000 이하

약간 나쁨	Ⅳ	6.0~8.5	8 이하	9 이하	6 이하	100 이하	2.0 이상	0.3 이하		
나쁨	Ⅴ	6.0~8.5	10 이하	11 이하	8 이하	쓰레기 등이 떠 있지 않을 것	2.0 이상	0.5 이하		
매우 나쁨	Ⅵ		10 초과	11 초과	8 초과		2.0 미만	0.5 초과		

■ 생활환경 기준(호소)

등급		기준									
		pH	COD (mg/L)	TOC (mg/L)	SS (mg/L)	DO (mg/L)	T-P (mg/L)	T-N (mg/L)	Chl-a (mg/L)	대장균군 (군수/100mL)	
										총 대장균군	분원성 대장균군
매우 좋음	Ia	6.5~8.5	2 이하	2 이하	1 이하	7.5 이상	0.01 이하	0.2 이하	5 이하	50 이하	10 이하
좋음	Ib	6.5~8.5	3 이하	3 이하	5 이하	5.0 이상	0.02 이하	0.3 이하	9 이하	500 이하	100 이하
약간 좋음	Ⅱ	6.5~8.5	4 이하	4 이하	5 이하	5.0 이상	0.03 이하	0.4 이하	14 이하	1,000 이하	200 이하
보통	Ⅲ	6.5~8.5	5 이하	5 이하	15 이하	5.0 이상	0.05 이하	0.6 이하	20 이하	5,000 이하	1,000 이하
약간 나쁨	Ⅳ	6.0~8.5	8 이하	6 이하	15 이하	2.0 이상	0.10 이하	1.0 이하	35 이하		
나쁨	Ⅴ	6.0~8.5	10 이하	8 이하	쓰레기 등이 떠 있지 않을 것	2.0 이상	0.15 이하	1.5 이하	70 이하		
매우 나쁨	Ⅵ		10 초과	8 초과		2.0 미만	0.15 초과	1.5 초과	70 초과		

출처: 「환경정책기본법 시행령」 [별표 1].

2) 물관리체제

2018년 6월 「정부조직법」 개정에 따라 환경부와 국토교통부로 나뉘어 있던 수질관리와 수량관리가 환경부로 일원화되었다. 일원화 이전의 물관리체제에서는 물의 이용목적이나 시설 등에 따라 다양한 부처들이 관여하고 있었다. 이에 따라 각종 정책 추진에 있어 갈등과 비효율, 그리고 책임소재의 불명확성이 발생했다. 물 관련 법령이 24개에 달했고 관련 계획도 45개에 달했다. 4대강 보의 방류범위 결정이나 녹조관리 등에서도 비효율이 발생했고, 상수도 분야에서는 과잉 · 중복투자 및 지역 간 형평성 저하를 가져왔다. 이러한 문제 인식에 따라 1990년대 중반부터 통합물관리(물관리 일원화)가 논의되었다. 다양한 논의에도 불구하고 부처 간 이견 등으로 인해 결실을 보지 못하다가, 2018년에 비로소 통합물관리체제가 마련되었다(환경부, 2018b).[26]

통합물관리를 뒷받침하는 「물관리기본법」이 2018년 6월 제정되고 2021년에 시행되었다. 수량, 수질, 재해예방 등 대부분의 물관리 기능이 환경부로 일원화되고, 국토교통부에서 환경부로 188명의 인력(본부 36명, 소속기관 152명)과 약 6,000억 원의 예산이 이관되었다. 2020년 12월 31일 정부조직법 개정으로 국토교통부에 남아 있던 하천관리 기능까지 모두 환경부로 이관되었다. 이로써 국토교통부가 관장하던 7개 법률과 8개 기능이 환경부로 이관되고, 수자원 정책 담당 본부조직, 홍수통제소, 한국수자원공사 등 여러 조직도 환경부로 함께 이관되었다. 정부는 물관리일원화의 효과로 ① 재해로부터 더 안전한 물 환경 조성, ② 사각지대 없는 공평한 물 복지 구현, ③ 생태 네트워크 복원, ④ 물 산업 육성 등 네 가지를 제시했다(환경부, 2018b).

〈표 12-9〉 물관리일원화에 따라 국토교통부에서 환경부로 이관된 법률 및 기능

법률	기능
• 하천법 • 하천편입토지보상 등에 관한 특별조치법(하천편입토지보상법) • 수자원의 조사·계획 및 관리에 관한 법률(수자원법) • 댐건설·관리 및 주변지역 지원 등에 관한 법률(댐건설관리법) • 한국수자원공사법 • 지하수법 • 친수구역 활용에 관한 특별법(친수구역법)	• 하천 점용허가 • 하천공사 및 유지보수 • 하천시설 관리 • 홍수통제(수량결정) • 수문조사 • 수자원산업 육성 • 댐 운영관리 • 광역상수도

출처: 환경부(2023a).

통합물관리체제에서 물관리에 관한 중요 사항을 심의·의결하기 위해 대통령소속 국가물관리위원회가 신설되었다. 국가물관리위원회는 위원장 2명(국무총리, 민간위원)을 포함한 30명 이상 50명 이내의 위원으로 구성되며, 위원 중 민간위원이 과반수가 되어야 한다. 국가물관리위원회에는 유역별로 유역물관리위원회를 둔다.[27] 유역

26) 분산적 물관리체제 문제를 해결하기 위한 해법으로 크게 두 가지가 모색되었다. 하나는 물관리체제를 일원화하는 것이고, 다른 하나는 효과적인 조정수단(위원회 등)을 만드는 것이었다. 윤경준(2008)은 물관리체제 개편의 역사는 전자의 해법이 후자의 해법에 의해 좌절된 역사였다고 지적했다. 2018년은 전자의 해법이 처음 우위를 점하게 된 시점이라 할 것이다.

물관리위원회는 위원장 2명(환경부장관, 민간위원)을 포함한 30명 이상 50명 이내의 위원으로 구성되며, 역시 위원 중 민간위원이 과반수가 되어야 한다.

환경부장관은 「물관리기본법」 제27조에 따라 10년 단위의 국가물관리 기본계획을 수립해야 하며, 5년마다 타당성을 검토하여 국가계획을 변경해야 한다. 「제1차 국가물관리 기본계획(2021~2030)」에서는 '자연과 인간이 함께 누리는 생명의 물'을 비전으로 제시했다. 이를 위한 3대 기본목표로 ① 유역공동체의 건강성 증진, ② 미래세대의 물 이용 보장, ③ 기후위기에 강한 물 안전사회 구축을 제시했다. 또한 목표 달성을 위한 6대 전략 분야를 구분하고 모두 25개의 과제를 제시했다.

[그림 12-3] 「제1차 국가물관리 기본계획」에 제시된 전략 분야 및 과제

전략 01 물환경의 자연성 확보
① 오염원 관리 강화를 통한 목표 수질 달성
② 안전하고 깨끗한 상수원 확보 및 지하수 보전 관리
③ 하천유역의 자연성 회복 및 수생태계 건강성 확보
④ 수변공간 관리체계의 정비 및 강 문화 활성화
⑤ 물환경 관리 기준 및 관리체계 개선

전략 02 지속가능한 물이용 체계 확립
① 미래 물부족 대비를 위한 수요관리 강화기반 조성
② 공급시설 효율화 및 수원 다변화를 통한 수자원 확보
③ 서로 배려하는 합리적 물 배분 기반 마련
④ 국민이 믿고 마시는 수돗물 공급
⑤ 물 복지 사각지대에 있는 취약지역의 물 기본권 보장

전략 03 물재해 안전체계 구축
① 가뭄관리체계 선진화 및 극한 가뭄 대응체계 구축
② 기반시설 홍수안전 강화 및 예방 투자 확대
③ 기후변화에 따른 극한 홍수 대응체계 구축
④ 홍수 예보체계 고도화
⑤ 도시 침수 관리체계 강화

전략 04 미래 인력양성 및 물 정보 선진화
① 물관리 전문인력 양성 및 일자리 창출
② 물 관련 조사·분석·정보화 관리체계 지능화
③ 세계 최고 수준의 물관리 기술 확보

전략 05 물 기반시설 관리 효율화
① 재해예방 위한 선제적 유지관리 체계 마련
② 생활안전 관리수준 상향
③ 스마트 기술을 통한 유지관리 성능 고도화

전략 06 물산업 육성 및 국제협력 활성화
① 물 관련 글로벌 선도국가 도약을 통한 국제 위상 제고
② 물산업 육성 생태계 조성 및 활력 제고
③ 국내기업 해외 진출 활성화
④ 남북 공유하천 관리 및 북한 수자원 조사·분석체계 구축

출처: 관계부처합동(2021a: 59).

27) 한강, 낙동강, 금강, 영산강·섬진강 유역물관리위원회가 설치되어 있다.

3) 주요 정책수단

(1) 입지규제

수질오염 예방을 위해 가장 강력하면서도 효과적인 것은 입지규제라 할 수 있다. 특정 지역에서 오염을 초래할 수 있는 행위들을 원천적으로 봉쇄하는 것이기 때문이다. 환경법제에 의한 입지규제와 토지법제에 의한 입지규제로 구분할 수 있다. 환경법제에 의한 것으로는 「환경정책기본법」에 의한 상수원 수질보전 특별대책지역, 「수도법」에 의한 상수원보호구역, 4대강수계법에 의한 수변구역, 「물환경보전법」[28]에 의한 폐수배출시설 설치제한지역 등이 있다. 토지법제에 의한 것으로는 「국토의 계획 및 이용에 관한 법률」에 의한 자연환경보전지역과 개발제한구역, 「수도권정비계획법」에 의한 자연보전권역, 「농어촌정비법」에 의한 저수지 상류지역, 「산림보호법」에 의한 산림보호구역 등이 있다.

(2) 오염물질의 지정과 배출기준 설정

수질에 영향을 줄 수 있는 오염물질을 지정하고, 이들에 대한 배출기준을 설정하여 규제하는 것이다. 2023년 현재 61종의 수질오염물질이 지정되어 있다(물환경보전법 시행규칙 [별표 2]). 이러한 수질오염물질 중 사람의 건강, 재산이나 동·식물의 생육에 직접 또는 간접으로 위해를 줄 우려가 있는 것은 특정수질유해물질로 추가 지정하는데, 2023년 현재 33종이 지정되어 있다(물환경보전법 시행규칙 [별표 3]). 생활하수, 산업폐수, 가축분뇨 등에 대하여 각각 이러한 수질오염물질의 배출허용기준을 규정한다. 이 중 산업폐수의 배출허용기준은 지역에 따라 '청정'지역, '가'지역, '나'지역, '특례'지역의 4단계로 차등화하여 구분·적용하고 있다(물환경보전법 시행규칙 [별표 31]). 생활하수는 「하수도법」, 가축분뇨는 「가축분뇨의 관리 및 이용에 관한 법률」에 근거해 관리하고 있다.[29]

(3) 수질 모니터링 및 평가

수질현황 모니터링을 위한 주요 조치로는 수질측정망 설치·운영 및 수생태계 건강성 조사·평가를 들 수 있다. 수질측정망은 2022년 말 기준 전국 1,949개 지점에

---

28) 이 법의 전신은 1990년 8월 제정된 「수질환경보전법」인데, 2007년에 「수질 및 수생태계 보전에 관한 법률」로 명칭이 변경되었다가, 2017년에 다시 「물환경보전법」으로 명칭이 변경된 것이다.

29) 생활하수 방류수 수질기준은 「하수도법 시행규칙」에, 가축분뇨 정화시설의 방류수 수질기준은 「가축분뇨의 관리 및 이용에 관한 법률 시행규칙」에 각각 규정되어 있다.

설치되어 있다. 조사지점별로 매월 1회 이상 측정 · 분석하며, 주요 지점에 대해서는 주 1회 조사한다. 수질조사 결과는 매월 관보와 물환경정보시스템(nier.go.kr)에 공개하고, 수질개선계획 수립 등에 반영하고 있다. 수생태계 건강성 조사 · 평가는 2007년부터 4대강과 전국 주요 하천에 대해 실시하고 있다. '수생태계 건강성'은 물환경 정책이 지향하는 핵심 개념으로, 깨끗한 수질, 하천 내에 서식하는 생물종의 다양성과 풍부성, 생물의 번식 · 생장 · 적응에 적합한 서식환경 등을 종합적으로 나타내는 것이다. 평가등급은 5등급으로 구분되어 있으며, 2022년 말 기준 하천(2,036곳, 3,035개 지점) 및 하구(325곳, 668개 지점)에 대해 평가하고 있다.

(4) 물환경관리 기본계획 수립

전국단위의 수질보전계획이 최초로 수립된 것은 1989년의 「맑은물 공급 종합대책」이었다. 현재는 「물환경보전법」에 따라 10년마다 국가물환경관리 기본계획을 수립하고 있다. 「제1차 물환경관리 기본계획(2006~2015)」에 이어 「제2차 물환경관리 기본계획(2016~2025)」이 수립 · 시행되고 있다. 제2차 기본계획은 건강한 물 순환체계 확립, 유역통합관리로 깨끗한 물 확보, 수생태계 건강성 제고로 생태계서비스 증진, 안

[그림 12-4] 「제2차 물환경관리 기본계획」의 체계

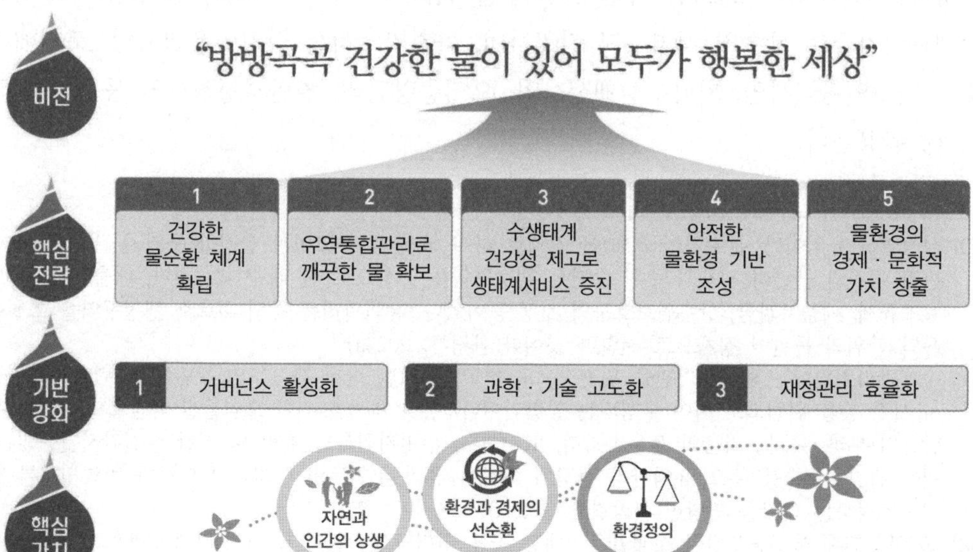

출처: 환경부(2016e: 10).

전한 물 환경기반 조성, 물 환경의 경제·문화적 가치 창출 등 5개 핵심전략으로 구성되어 있다. 계획 기간 중 총 투자 예상 규모는 6.3조 원이며, 이 중 하수도 부문에 4.4조 원이 투자될 전망이다.

2 유역 및 호소 수질관리

1) 유역관리

1990년대 초 팔당호의 수질이 악화하고 낙동강 오염사고(1991년, 1994년) 등 일련의 수질오염사고가 발생함에 따라 유역 차원의 물관리를 도입할 필요성이 제기되었다. 이에 따라 2002년 「4대강 물관리 종합대책」이 수립되고, 이를 뒷받침할 4대강 물관리 및 주민지원 관련 법률(4대강 수계법)이 수계별(한강, 금강, 낙동강, 영산·섬진강)로 제정됨으로써 유역관리가 본격화되었다.[30] 또한 유역관리를 위해 수계별로 구성하는 수계관리위원회가 주요 의사결정기구로 기능하게 되었다.[31] 유역관리를 구성하는 주요 정책들은 다음과 같다(환경부, 2023a).

첫째, 물이용부담금 및 수계관리기금이다. 사용자부담원칙에 따라 물의 최종사용자에게 사용량에 비례하여 물이용부담금을 부과하고, 이를 재원으로 수계관리기금을 조성하는 것이다.[32] 2020년 기준 징수된 물이용부담금은 약 9천억 원이다.[33] 조성된 수계관리기금은 상수원 지역주민 지원사업, 환경기초시설 설치·운영사업, 토지매수 및 수변구역관리사업, 기타수질개선사업, 오염총량관리, 친환경청정사업 등을 추진하는 데 활용된다.

---

30) 실정법상 유역이란 '분수령(分水嶺)을 경계로 하여 하천 등이 모이는 일정한 구역'을 말한다. 유역관리 이전의 물관리 정책의 주된 수단은 행정구역을 중심으로 한 배출시설 허가, 배출허용기준의 농도규제, 배출부과금, 상수원보호구역 지정 등이었다. 유역관리를 통해 비로소 행정구역을 초월한 유역 단위의 물관리 정책으로 전환한 것이다(환경부, 2023a).

31) 수계관리위원회는 환경부차관을 위원장으로 하고, 수계별 관계 시·도의 부단체장, 한국수자원공사 사장 등을 위원으로 하여 구성되는 공법인이다. 수질 개선을 위한 오염물질 삭감계획, 물이용부담금의 부과·징수, 기금의 운용·관리, 토지매수, 주민지원사업 계획 및 민간 수질감시활동의 지원에 관한 사항 등 주요 유역관리 정책에 대하여 유역 주민들의 합리적인 의사가 반영되도록 합의·조정하는 역할을 담당한다(환경부, 2023a).

32) 2020년 현재 물이용부담금 부과율은 4대강 공통 리터당 170원이다. 실제 부과금액은 '부과율×부과계수×사용량'으로 정하며, 부과계수는 수계에 따라, 그리고 연도에 따라 변한다. 예를 들어, 2023년 낙동강수계 부과계수는 0.951이다.

33) 한강 4,709억 원, 낙동강 2,220억 원, 금강 1,202억 원, 영산·섬진강 867억 원이다(환경부, 2023a).

[그림 12-5] 우리나라의 유역 구분

4대 대권역(118개 중권역)	
한강(31개 중권역)	
	한강(25개)
	안성천(1개)
	한강서해(2개)
	한강동해(3개)
낙동강(32개 중권역)	
	낙동강(22개)
	형산강(1개)
	태화강(1개)
	회야 · 수영강(2개)
	낙동강동해(3개)
	낙동강남해(3개)
금강(21개 중권역)	
	금강(14개)
	삽교천(1개)
	만경 · 동진강(3개)
	금강서해(3개)
영산강 · 섬진강(34개 중권역)	
	섬진강(9개)
	섬진강남해(6개)
	남해도(1개)
	영산강(8개)
	탐진강(1개)
	영산강남해(2개)
	영산강서해(3개)
	제주도(4개)

유역 구분도

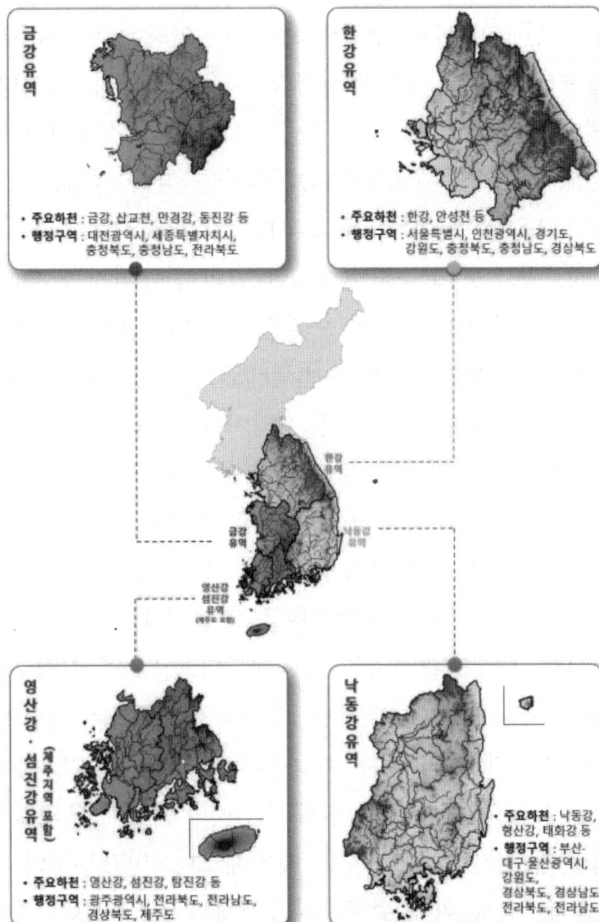

출처: 관계부처합동(2021a): 5.

둘째, 오염총량관리제다.[34] 하천구간별 목표수질을 정하고, 이를 달성하기 위해 오염물질의 배출허용 총량을 산정하여 유역에 속한 지방자치단체별로 할당함으로써, 각 구간 내에서 배출되는 오염물질의 총량을 허용총량 이내로 관리하는 것이다. 2004년 한강수계 일부 지역에서 시작하여, 2022년 말 현재 총 164개 지방자치단체에서 오염총량관리제를 실시하고 있다. 할당된 오염부하량을 초과한 지역에 대해서는 신규 개발사업(도시개발사업, 산업단지 개발, 관광단지 개발, 대규모 건축물이나 시설물 설치 등) 승인 · 허가를 제한한다. 아울러 할당된 오염부하량을 초과한 시설에 대해서는 조치명령(개선명령, 조업정지명령, 사용중지명령, 폐쇄명령 등)을 할 수 있고, 초과배출이익에 준한 오염총량초과과징금을 부과 · 징수한다.[35]

셋째, 수변구역제도다. 하천 줄기를 따라 양옆으로 일정구간(하천경계에서 최대 1km 이내)을 수변구역(Riparian Buffer Zone)으로 설정하여, 음식점, 숙박시설, 목욕탕, 공장, 축사 등 고농도 수질오염원의 신규입지를 제한한다. 2022년 말 현재 수변구역으로 지정된 4대강 수계 토지면적은 약 1,195.5km^{2}다.

넷째, 토지매수제도와 수변생태벨트 조성이다. 수계관리기금을 이용하여 수변구역 등 상수원 수질 영향이 큰 지역이나 수변생태계 복원이 필요한 지역의 토지나 건축물을 매입하고, 매수한 토지는 수변생태벨트로 복원하는 것이다. 수변구역 지정 등으로 불이익을 받는 주민들의 재산권 회복과 영구적 수질 개선을 동시에 추구하는 제도다. 2000년부터 2022년까지 모두 2조 8,092억 원을 투자하여, 70.3km^{2}의 토지를 매수하고 32.9km^{2}의 수변생태벨트를 조성했다.

다섯째, 상수원관리지역 지원제도다. 상수원 지역주민에게는 각종 불이익에 대한 보상 차원에서 지원하고, 해당 지방자치단체에는 환경기초시설 설치 및 운영비를 지원한다. 주민지원사업에는 소득증대사업, 육영사업, 복지증진사업, 장학금, 주택개량사업 등이 있으며, 2022년 한해 1,416억 원이 사용되었다.

여섯째, 민간수질감시활동 지원제도다. 민간부문의 자발적 참여와 파트너십에 기초한 유역관리를 위해 수계관리기금에서 민간단체를 지원하는 것이다. 지역에서 환경보전을 위하여 활동하는 비영리민간단체 중 주민 신뢰, 전문성, 실적, 경험, 공헌 등

---

34) 총량관리는 농도관리와 대비된다. 이전에 주류를 이루었던 농도중심 규제로는 오염물질의 절대량이 늘어나는 것을 예방하지 못하므로 수질관리에 한계가 있었다. 총량관리가 도입된 이유다. 총량관리에 대해서는 「물환경보전법」 제4조 이하에서 상세히 규정하고 있다.

35) 과징금의 산식은 「물환경보전법 시행령」 [별표 1]에 다음과 같이 제시되어 있다. [오염총량초과과징금＝초과배출이익×초과율별부과계수×지역별부과계수×위반횟수별부과계수－감액대상 과징금].

이 풍부한 단체를 선정하여 이들의 수질보전 관련 활동(홍보, 교육, 캠페인, 모니터링 등)을 지원한다.

2) 호소관리

우리나라에는 2022년 기준 17,521개의 호소(湖沼)가[36] 있으며, 대부분 댐 건설로 조성된 인공호소다. 농업용 저수지가 17,401개로 대부분을 차지한다. 호소는 폐쇄적 속성 때문에 자체정화 능력이 떨어져 오염위험이 크다. 호소 관리 주요 정책들은 다음과 같다(환경부, 2023a).

첫째, 호소환경조사다. 1일 취수량 30만 톤 이상, 만수위 면적 0.5km^2 이상인 호소에 대하여 이용현황, 수질 및 수생태계현황, 수질오염원 분포상황, 수질오염물질 발생량 등을 정기적으로 조사하고 정책 수립의 기초자료로 활용한다.

둘째, 중점관리저수지 지정・관리다. 총저수용량 1,000만m^3 이상이거나 상대적으로 수질이 좋지 않은 저수지(농업용 저수지는 Ⅳ등급, 여타 저수지는 Ⅲ등급)를 중점관리저수지로 지정하여, 저수지별 수질개선대책을 수립・추진하고 있다. 2022년 기준 11개 중점관리저수지가 지정되어 있다.[37]

셋째, 하구 및 석호에 대한 관리다.[38] 하구는 총 463개가 있으며, 2008년부터 주요 하구를 대상으로 수생태계 건강성을 조사・평가하고 있다. 하구에 유입되는 부유

〈표 12-10〉 지역별 석호현황

지역	석호 수	석호명
강릉시	4	경포호, 향호, 순포개, 풍호
양양군	5	매호, 쌍호, 가평리습지, 염개호, 군개호
속초시	2	영랑호, 청초호
고성군	7	화진포호, 송지호, 광포호, 봉포호, 천진호, 봉포습지, 선유담

출처: 환경부(2023a: 370).

36) 호소의 사전적 의미는 ‘내륙에 있는 호수와 늪’이다. 다목적댐, 발전 전용댐, 생공용수 전용댐, 농업용 저수지, 하구호, 석호 등으로 구분된다.

37) 기흥저수지, 왕송저수지, 물왕저수지, 양전저수지, 업성저수지, 덕진연못, 반월저수지, 예당저수지, 남양호, 마산저수지, 잠홍저수지 등 11개다.

38) 하구(河口, river mouth)는 하천이 바다나 호수 등 다른 수역으로 흘러드는 부분, 즉 연결지점을 말한다. 석호(潟湖, coastal lagoon)는 사주(모래톱)나 사취의 발달에 따라 바다와 격리된 호수를 말한다. ‘바다자리호수’라고도 한다. 석호는 지하를 통해 바닷물이 섞여드는 일이 많아 염분 농도가 높고 담수호에 비해 플랑크톤이 풍부하다.

쓰레기 문제를 해결하기 위해 상·하류 지방자치단체 간 비용분담협약을 체결하고, 이를 이행하는 경우 국고에서 비용 일부를 지원한다. 석호는 동해안에 18개가 존재하며 이 중에는 보존이 잘되지 못한 곳들도 있다. 2015년 「동해안 석호 복원·관리 기본계획」을 수립하여 석호별 적절한 보존 및 관리정책을 추진하고 있다.

3) 오염원별 관리대책

수질오염원은 점오염원(point source)과 비점오염원(non-point source)으로 구분된다. 점오염원은 일정한 배출경로를 확인할 수 있는 오염원으로 생활하수·산업폐수·축산폐수 등을 말한다. 비점오염원은 도시, 도로, 농지, 산지, 공사장 등과 같이 오염경로를 특정할 수 없는 오염원으로, 주로 빗물과 함께 오염물질을 배출한다. 배출된 오·폐수의 관리대책은 다음과 같다(환경부, 2023a).

(1) 생활하수 관리

생활하수는 사람의 생활이나 경제활동으로 인해 발생한 물질이 섞여 오염되어 배출되는 물을 말한다. 배수설비와 하수관로를 거쳐 하수처리시설로 들어와 물리적·화학적·생물학적 방법으로 정화된다. 생활하수는 「하수도법」에 따라 공공하수도와 개인하수도로 관리된다. 공공하수도는 지방자치단체가 설치 또는 관리하는 시설로 공공하수처리시설, 간이공공하수처리시설, 하수저류시설, 분뇨처리시설 등이 포함된다. 개인하수도는 건물·시설 등의 소유자가 해당 건물에서 발생하는 하수를 처리하기 위해 설치한다.

2021년 현재 전국에 가동 중인 공공하수처리시설은 4,339개다. 이 중 시설용량 500m^3/일 이상 시설은 개수는 704개에 불과하지만 총 시설용량(2021년 기준 26,799천m^3/일)의 약 99%를 차지한다. 공공하수처리시설에 유입된 하수는 「하수도법」에서 정한 방류수수질기준 또는 유역하수도정비계획 등에서 고시한 수질기준 이하로 적정하게 처리되어 하천으로 방류된다.

〈표 12-11〉 공공하수처리시설 수 및 시설용량 추이

	2014	2015	2016	2017	2018	2019	2020	2021
처리시설(개소)	3,757	3,907	3,963	4,072	4,111	4,216	4,281	4,339
시설용량(천m^3/일)	24,999	25,398	25,671	26,107	26,124	26,360	26,543	26,799

출처: 환경부(2023: 377).

(2) 산업폐수 관리

폐수배출시설은 1일 폐수배출량 규모에 따라 1~5종으로 구분되며,[39] 2022년 현재 모두 54,870개이고 매년 증가하고 있다. 「물환경보전법」에서는 다음과 같이 다양한 산업폐수 관리수단을 규정하고 있다.

첫째, 폐수배출시설 설치 허가 및 신고제도다. 폐수배출시설을 설치하는 경우 사전에 허가받거나 신고해야 한다.[40] 둘째, 배출사업장에 대한 배출허용기준 설정이다. 2022년 기준 56개 항목에 대해 설정하고 있으며, 수역별 수질등급 등을 고려하여 '청정', '가', '나', '특례지역'의 4단계로 구분하여 적용하고 있다. 셋째, 배출부과금제도다. 배출부과금은 배출허용기준을 초과하는 경우 부과하는 초과배출부과금과 배출허용기준 이내라도 공공폐수처리시설의 방류수수질기준을 초과할 경우 부과하는 기본배출부과금으로 구분된다.[41] 넷째, 공공폐수처리시설 설치 · 운영이다. 산업단지 공공폐수처리시설과 농공단지 공공폐수처리시설이 있다. 전자는 산업단지 또는 공장밀집 지역에서 배출되는 다량의 산업폐수처리를 위해 설치하며, 2022년 말 현재 142개가 가동하고 있다. 후자는 농공단지개발로 인해 발생한 산업폐수의 효율적 처리를 위해 설치하며, 2021년 말 현재 90개가 가동하고 있다. 다섯째, 완충저류시설 설치 · 운영이다. 산업단지 또는 공업지역에서의 사고로 인한 유출수 등을 저류하기 위한 시설이다. 여섯째, 폐수처리업 허가제도다.[42] 2021년 말 기준 84개 폐수처리업체가 허가되어 있다. 일곱째, 수질오염사고 대응이다. 수질오염사고를 실시간으로 감시하기 위해 주요 하천과 호소에 70개의 수질자동측정망을 구축 · 운영하는 한편, 수질오염사고대응 예측시스템(오염물질의 확산 범위와 농도 예측)을 운영하고 있다.

(3) 비점오염원 관리

비점오염원은 배출지점이 명확하지 않을 뿐 아니라 강우량에 크게 좌우되므로 제

39) 1종은 2,000m^3 이상, 2종은 700~2,000m^3, 3종은 200~700m^3, 4종은 50~200m^3, 5종은 50m^3 미만 등이다. 5종 사업장이 전체의 90% 이상이다.

40) 규제합리화 차원에서, 동일 배출시설이라도 폐수배출시설 설치가 제한되는 지역에 설치되거나 특정수질유해물질을 배출하는 경우 등은 허가를 받도록 하고, 그 외의 시설은 신고만 하면 된다.

41) 초과배출부과금은 19종의 오염물질에 대하여 부과한다. 기본배출부과금은 유기물질과 부유물질에 대해서만 부과하되, 5종 사업장이나 공공 하 · 폐수처리시설에 유입 처리하는 시설, 폐수를 재이용하는 시설 등은 감면 또는 면제된다.

42) 소규모 폐수처리시설의 경우 직접 폐수처리를 하는 것보다는 전문폐수처리업자에게 맡겨 처리함으로써 경제적 부담을 완화할 수 있다는 점에 착안하여 운영되는 제도다. 종전에 등록제였던 것이 2020년에 허가제로 변경되었다.

어하기 어렵다. 하지만 개발면적 확대(도시개발, 도로 등)에 따라 비점오염원도 증가하고 있어 그 관리가 필수적이다. 2018년 기준 비점오염원 배출부하량을 오염원별로 보면 축산계(BOD 54.7%/T-P 49.2%)와 토지계(BOD 39.3%/T-P 48.6%)가 대부분을 차지하며, 생활계와 산업계 비중은 상대적으로 적다.

〈표 12-12〉 점오염원과 비점오염원

	점오염원	비점오염원
배출원	공장, 가정하수, 분뇨처리장, 축산농가 등	대지, 도로, 논, 밭, 임야 중의 오염물질 등
특징	• 인위적 • 배출지점이 특정·명확 • 차집관거를 통해 한 지점으로 집중적 배출 • 자연적 요인의 영향을 적게 받아 연중 배출량의 차이가 일정 • 모으기 용이하고 처리효율이 높음	• 인위적 및 자연적 • 배출지점이 불특정·불명확 • 희석 및 확산하면서 넓은 지역으로 배출 • 강우 등 자연적 요인에 따라 연중 배출량의 변화가 큼 • 모으기 어렵고 처리효율 확인 어려움

출처: 관계부처합동(2020d: 13).

정부는 「4대강 비점오염원관리 종합대책(2004~2011)」, 「제2차 비점오염원관리 종합대책(2012~2020)」에 이어 「제3차 강우유출 비점오염원관리 종합대책(2021~2025)」을 수립했다. 제3차 종합대책에서는 '2025년까지 비점오염배출 부하량 T-P 5%(BAU 기준) 감축'을 목표로 제시하고, 이를 달성하기 위한 도시, 농·축산, 산림, 도시 부문에서의 관리지표별 관리목표를 제시했다.

〈표 12-13〉 「제3차 강우유출 비점오염원관리 종합대책」의 목표 및 관리목표

(목표) T-P 배출부하량 5% 저감: (2025 전망) 52.7톤/일 → (2025 목표) 50.1톤/일		
분야별	관리지표	관리목표
도시	불투수면적 감축(%)	불투수율 감축 (2017년) 40.3% → (2030년) 37.6%
농·축산	비점오염 관리지역(개소)	농·축산분야 비점오염관리지역 지정 확대 (2020) 9개소 → (2025) 20개소
산림	고랭지 흙탕물 관리(km^2)	흙탕물 관리 배수구역 확장 (2020년) 37.9km^2 → (2025년) 47.2km^2
관리기반	지역 거버넌스(개소)	주민참여형 거버넌스 구축 (2020년) 7개소 → (2025년) 50개소

출처: 관계부처합동(2020d: 38).

3 수생태계 건강성 관리

1) 녹조 관리

녹조는 부영양화 등으로 조류(藻類, 식물성플랑크톤)가 과도하게 증식하여 강이나 호수가 짙은 녹색으로 변하는 현상이다.[43] 녹조는 경제적(정수처리 비용 증가), 사회적(위락행위 제한), 생태적(생물다양성 및 건강성 감소)으로 부정적 영향을 미친다. 녹조를 예방하는 근본대책은 오염물질 유입을 줄이는 것이다. 그 밖에 정부는 다음과 같은 정책들을 활용하고 있다(환경부, 2023a).

첫째, 조류경보제다. 조류 발생 모니터링을 위해 하천 및 호소를 주기적으로(평시 주 1회) 검사하고, 일정 기준을 초과하는 경우 신속한 대응조치를 취하는 동시에 관계기관과 국민에게 알리는 제도다. 1998년 주요 상수원인 팔당호 · 대청호 · 충주호 · 주암호 등 4개 호소를 대상으로 처음 시행한 이후 점차 확대했으며, 2020년부터는 29개 하천 및 호소를 대상으로 시행하고 있다. 남조류 세포 수를 기준으로 상수원 구간은 관심-경계-조류대발생으로, 친수활동 구간은 관심-경계로 구분하여 발령한다.[44]

둘째, 조류예측이다.[45] 조류경보제 운영지점 중 11개 지점에 대해 유역모델(HSPF와 EFCD-NIER)을 연계하여 향후 7일 간의 조류 발생을 예측하여 물환경정보시스템을 통해 정보를 전달하는 제도다. 매년 5~10월, 주 2회(월 · 목) 예측정보를 발표한다. 예측 결과는 총 5단계(0~4단계)로 구분된다.

셋째, 과학적 녹조대응체계 구축이다. 녹조 발생의 원인 중 하나인 질소, 인 등 영양염류의 유입 차단을 위해 하 · 폐수처리시설 등 환경기초시설의 방류수 수질기준을 강화해 왔다. 아울러 국립환경과학원을 중심으로 녹조 예측 및 모니터링이나 사후제거 등에 관한 관련 기관 간 협력적 R&D를 추진하고 있다.

43) 녹조(綠潮, algal bloom)의 주된 원인은 (녹조류가 아닌)남조류의 과다증식이다. 남조류는 여름과 가을에 수온이 높을 때 많이 발생한다. 비슷한 방식으로 바다에서 조류가 과다 증식하여 색깔이 적색으로 변하는 것을 적조(赤潮, red tide)라 한다.

44) 2016년 이전에는 클로로필-a 농도와 남조류 세포수를 기준으로 주의보-경보-대발생 단계로 구분하여 발령했다.

45) 종전에 운용하던 수질예보제가 2020년에 조류경보제와 통합하면서, 수질예보제를 대체하기 위해 만들어졌다.

2) 4대강 하천시설(보) 모니터링

2008년부터 추진된 4대강 정비사업에 따라 한강, 낙동강, 금강, 영산강에 모두 16개의 보가 설치되었다.[46] 이 사업의 공과에 대한 평가와는 별개로 보 등의 하천시설 운영을 합리화하려는 노력이 이어져 왔다. 2017년 6월부터 4대강 보의 영향을 받는 하천 구간을 대상으로, 하천시설의 운영이 하천에 미치는 영향을 점검하고 있다. 이러한 하천 모니터링은 기후변화대응, 보 활용, 수리수문 · 하상, 수질 등 크게 4부문으로 구분하여 이루어진다.

〈표 12-14〉 하천 모니터링 분야 및 주요 내용

분야	항목	주요 내용
기후변화대응	물 공급(취 · 양수)	- 취수 · 양수 가능 여부 - 취수 · 양수 이용현황
	물 공급(지하수)	지하수위 변화 측정
	농어업	농작물 및 어업 피해
보 활용	소수력	소수력 발전현황
	친수 등	접안시설 및 어도시설 피해
	경관	수위 변화에 따른 경관 변화
	공도교	공도교 이용현황
수리수문 · 하상 등	수리수문	수위, 유속, 유량 측정
	지류하천	지류하천 합류지점 침식 여부
	구조물 안정성	보 본체, 수문, 물받이공, 하상 등

분야	항목		주요 내용
수질 등	수질	일반	수온, DO, 유기물, 영양물질 등
		조류	세포수, 유해남조류 유전형 등
		수심별	수온, 용존산소, PH, 탁도 등
	퇴적물		- 유기물질 · 입도 · 중금속 등 - 수질 영향 및 하상 변화
	생태	수생태	생물상(어류, 저서동물 등) 및 서식환경현황
		육상생태	생물상(양서 · 파충류 · 조류 등) 서식환경현황
	어패류		수변부 어류 및 패류 구제현황

출처: 환경부(2023a: 403).

3) 낙동강하구 기수생태계 복원

기수생태계란 강물과 바닷물이 만나 형성되는 생태계로서, 염분의 농도가 다양해 다양한 생물들이 사는 지역이다. 낙동강 하굿둑은 부산 · 울산 · 경남 지역에 대한 안정적 용수공급을 목적으로 1987년 건설된 시설물이다. 하지만 이로 인해 하구 물 순환이 차단되고 생태계가 단절된다는 지적이 있었고,[47] 이에 따라 복원이 진행되고 있

46) 한강(이포보, 여주보, 강천보), 낙동강(창녕함안보, 합천창녕보, 달성보, 강정보, 칠곡보, 구미보, 낙단보, 상주보), 금강(백제보, 공주보, 세종보), 영산강(죽산보, 승촌보) 등이다.

다. 2017년부터 진행된 하굿둑 수문 시범 개방, 그리고 2018~2021년 동안 진행된 연구를 통해, 낙동강 하굿둑 수문개방 등을 시행할 경우 농·어업에 대한 영향을 최소화하면서도 기수생태계를 복원할 수 있음을 확인했다.

이러한 성과를 바탕으로 2022년 2월에 낙동강유역물관리위원회는 다양한 이해당사자의 의견수렴을 통해 「낙동강하구 기수생태계 복원방안」을 수립했다. 그 주요 내용은 다음과 같다(환경부보도자료, 2022a). 첫째, 하굿둑 상류 기수생태계 복원을 위해 안정적으로 기수역을 조성하고, 체계적인 생태복원사업을 추진하는 동시에, 이로 인한 변화 관측을 강화한다. 둘째, 바닷물 유입으로 인한 염분 피해를 방지하고, 서낙동강 유역의 환경개선을 추진한다. 셋째, 낙동강하구 기수생태계 복원성과를 활용·확산하는 방안을 모색한다. 넷째, 하천·하구·연안 간 통합관리 강화를 위해 관계기관 간 협력을 강화하고, 법·제도적 기반을 정비한다.

4) 생태하천 복원

생태하천이란 하천 본연의 자연성과 생태적 기능을 최대한 보유하고 있는 하천을 의미한다. 하천을 생태하천으로 복원하는 것은 하천의 물리적 기반을 자연 상태로 복원하여 하천이 수질개선을 위한 자정기능, 동·식물 서식지로서의 생태적 기능, 심미적 공간으로서의 친수기능을 회복하게 하려는 것이다. 이 사업은 1987년에 오염하천 정화사업(수질개선에 중점)으로 시작했고, 2002년에 자연형하천 복원사업(자연형하천 복원에 중점)으로 전환했다가, 2009년부터 생태하천 복원사업(수생태계 건강성 회복에 초점)으로 전환되었다. 이 사업의 실정법적 근거는 「물환경보전법」이다.

「물환경보전법」 제27조의2에 따라 지방자치단체장은 수질 개선이 필요한 지역 또는 수생태계 훼손 정도가 상당하여 수생태계의 복원이 필요한 지역을 대상으로 수생태계 복원계획을 수립·시행할 수 있다. 복원계획이 필요하다고 판단되면 환경부장관이 복원계획의 수립을 지방자치단체장에게 명할 수도 있다. 복원계획은 환경부장관의 승인을 받아야 하고, 복원사업 수행에 대해 환경부는 보조금을 지급한다. 그동안 일부 복원사업에서는 사업목적 불분명(친수시설 도입 위주 등), 지역적 특성을 고려하지 않은 획일화된 복원계획 수립, 모니터링 및 시설 유지관리 미흡 등의 문제가 지적된 바 있다. 2021년 작성된 「생태하천복원사업 업무추진지침(제13차 개정)」에서는 이러한 문제점 해소를 위해 계획 수립에 고려해야 할 기본방향을 다음과 같이 제시했

47) 하굿둑 건설 이후 출현 어종이 단순화되고, 식생이 변화해 철새가 감소하는 현상이 나타났다.

다. ① 수생태계 건강성 회복에 초점을 둘 것, ② 유역통합관리에 근거할 것, ③ 하천의 종·횡적 연속성을 확보할 것, ④ 깃대종 선정 등을 통해 계획단계부터 복원의 목표상을 제시할 것, ⑤ 도심하천의 물길을 회복하고 생태공간을 조성할 것, ⑥ 하천별 특성을 살릴 것 등이다(환경부, 2021a).

5) 새만금유역 수질관리

새만금사업은 전라북도 군산시·김제시·부안군 앞바다를 연결하는 방조제 33.9 km를 쌓아 그 안에 간척 토지 291km^2, 호수(새만금호) 118km^{2}를 만드는 계획으로, 1991년부터 추진되고 있다. 2013년에 「새만금사업 추진 및 지원에 관한 특별법」 제정으로 법적 근거를 갖추었다. 새만금개발 사업은 간척사업이므로 수생태계에 미치는 영향이 심대할 수밖에 없어,[48] 오랫동안 새만금유역 수질개선을 위한 사업들이 꾸준히 추진되었다. 1단계 수질개선 사업(2001~2011)을 수립하여 2012년까지 1조 4,715억 원을 투자했고(전북연구원, 2013), 「새만금유역 2단계 수질개선 종합대책(2011~2020)」을 수립하여 총 30개 사업에 3조 966억 원을 투자했으며, 현재는 「새만금유역 3단계 수질개선 종합대책(2021~2030)」을 수립·시행하고 있다.

3단계 종합대책에서는 '그린뉴딜을 실현하는 글로벌 신산업 중심지 새만금' 구현을 위해 '강과 호소, 해양을 잇는 깨끗한 물의 확보'를 목표로 설정했다. 새만금호의 목표수질은 〈표 12-15〉와 같이 제시되었다. 목표수질 달성을 위해 계획 기간 동안

〈표 12-15〉 「새만금유역 3단계 수질개선 종합대책」에 제시된 새만금호 목표수질

<table>
<tr><th colspan="2" rowspan="2">구분</th><th colspan="2">새만금호 목표수질 설정</th></tr>
<tr><th>농업용지구간(중·상류)</th><th>도시용지구간(하류)</th></tr>
<tr><td rowspan="2">수치적 기준</td><td>생활환경기준</td><td>Ⅳ 등급
– TOC: 6.0mg/L 이하
– T-P: 0.10mg/L 이하 등</td><td>Ⅲ 등급
– TOC: 5.0mg/L 이하
– T-P: 0.05mg/L 이하 등</td></tr>
<tr><td>인체건강보호</td><td colspan="2">카드뮴, 비소, 수은, 시안, 유기인, PCB 등 20개 항목</td></tr>
<tr><td>심미적 기준</td><td colspan="3">• 쓰레기, 기름성분, 하수 찌꺼기, 배설문 등 친수활동에 제약을 주는 이물질이 없고, 불쾌한 냄새·색깔·거품 등이 없을 것
• 친수활동에 제한을 주는 어패류의 집단폐사 등이 발생하지 아니할 것</td></tr>
</table>

출처: 환경부(2023a: 393).

48) 새만금개발 사업에 따라 나타날 수 있는 문제로는 정체수역 형성, 적조·녹조 발생, 노출지 증가 및 육지화 진행으로 인한 생물의 폐사 및 유해곤충 발생, 조류이동 등 생태계 변화, 비산먼지 발생, 쓰레기 유입, 기름유출 등이 있다(환경부, 2018b).

총 44개 대책, 144개 세부사업에 총 1조, 6,875억 원을 투입한다는 계획이다. 대책들은 상류대책, 호내대책, 해양대책 등으로 구분되며, 수생태 모니터링도 강화하는 내용을 담고 있다(국무조정실보도자료, 2021).

4 토양환경 관리

수질오염과 직결된 것 중 하나가 토양오염이다. 토양은 지표수 및 지하수와 연결되어 서로 영향을 주고받기 때문이다. 따라서 이 장에서 토양환경 관리를 위한 제도적 기반 및 정책들을 함께 설명하기로 한다.

1) 토양환경관리의 제도적 기반

(1) 토양오염물질 지정 및 오염기준 설정

「토양환경보전법」에 따르면, 토양오염이란 '사업 활동이나 그 밖의 사람의 활동에 의하여 토양이 오염되는 것으로, 사람의 건강 · 재산이나 환경에 피해를 주는 상태'를 말한다(제2조). 즉, 토양오염의 범위를 인위적 오염에 한정한 것이다. 「토양환경보전법 시행규칙」 [별표 1]에서는 2023년 현재 카드뮴 및 그 화합물 등 24종의 토양오염물질을 지정하고 있다. 또한 오염물질 중 카드뮴 등 23가지에 대하여 [별표 3]에 우려기준, [별표 7]에 대책기준을 정하여 토양오염의 여부 및 정책대응 필요성을 판단한다. 우려기준이란 '사람의 건강 · 재산이나 동물 · 식물의 생육에 지장을 줄 우려가 있는 토양오염의 기준'이며, 대책기준이란 '우려기준을 초과하여 사람의 건강 및 재산과 동물 · 식물의 생육에 지장을 주어서, 토양오염에 대한 대책이 필요한 토양오염의 기준'이다.[49]

---

49) 우려기준과 대책기준은 지역(1지역, 2지역, 3지역)에 따라 다르다. 1지역: 「공간정보의 구축 및 관리 등에 관한 법률」에 따른 지목이 전 · 답 · 과수원 · 목장용지 · 광천지 · 대 · 학교용지 · 구거(溝渠) · 양어장 · 공원 · 사적지 · 묘지인 지역과 「어린이놀이시설 안전관리법」 제2조 제2호에 따른 어린이 놀이시설 부지. 2지역: 「공간정보의 구축 및 관리 등에 관한 법률」에 따른 지목이 임야 · 염전 · 대 · 창고용지 · 하천 · 유지 · 수도용지 · 체육용지 · 유원지 · 종교용지 및 잡종지인 지역. 3지역: 「공간정보의 구축 및 관리 등에 관한 법률」에 따른 지목이 공장용지 · 주차장 · 주유소용지 · 도로 · 철도용지 · 제방 · 잡종지(2지역에 해당하는 부지 외의 모든 잡종지를 말한다)인 지역과 「국방 · 군사시설 사업에 관한 법률」 제2조 제1호 가목부터 마목까지에서 규정한 국방 · 군사시설 부지.

〈표 12-16〉 토양오염 물질별 우려기준 및 대책기준(2023년 현재)

(단위: mg/kg, 다이옥신의 경우에는 pg-TEQ/g)

물질	우려기준			대책기준		
	1지역	2지역	3지역	1지역	2지역	3지역
카드뮴	4	10	60	12	30	180
구리	150	500	2,000	450	1,500	6,000
비소	25	50	200	75	150	600
수은	4	10	20	12	30	60
납	200	400	700	600	1,200	2,100
6가크롬	5	15	40	15	45	120
아연	300	600	2,000	900	1,800	5,000
니켈	100	200	500	300	600	1,500
불소	400	400	800	800	800	2,000
유기인화합물	10	10	30	–	–	–
폴리클로리네이티드비페닐	1	4	12	3	12	36
시안	2	2	120	5	5	300
페놀	4	4	20	10	10	50
벤젠	1	1	3	3	3	9
톨루엔	20	20	60	60	60	180
에틸벤젠	50	50	340	150	150	1,020
크실렌	15	15	45	45	45	135
석유계총탄화수소(TPH)	500	800	2,000	2,000	2,400	6,000
트리클로로에틸렌(TCE)	8	8	40	24	24	120
테트라클로로에틸렌(PCE)	4	4	25	12	12	75
벤조(a)피렌	0.7	2	7	2	6	21
1,2-디클로로에탄	5	7	70	15	20	210
다이옥신(퓨란을 포함한다)	160	340	1,000	500	1,000	3,000

출처: 「토양환경보전법 시행규칙」 [별표 1], [별표 3], [별표 7].

(2) 토양보전 기본계획 수립

「토양환경보전법」에 따라 환경부장관은 토양보전을 위해 10년마다 토양보전에 관한 기본계획을 수립·시행해야 하며, 시·도지사는 기본계획에 따라 관할구역의 토양보전계획을 수립해야 한다. 「제1차 토양보전 기본계획(2010~2019)」에 이어 현재 「제2차 토양보전 기본계획(2020~2029)」이 수립·시행 중이다. 제2차 기본계획에서는 '현재와 미래세대가 함께 누리는 건강한 토양'을 비전으로 제시하고, '적정한 관리·

보전으로 토양환경의 건강성 증진'을 목표로 설정했다. 비전과 목표를 달성하기 위해 4대 추진전략 및 15개 추진과제가 제시되었다. 계획 기간 중 투자 규모는 7,105억 원으로 전망되었다.

〈표 12-17〉「제2차 토양보전 기본계획」에 제시된 전략 및 추진과제

(전략 1) 토양오염 · 훼손 사전방지 기반 확립	(전략 2) 오염토양 정화 및 관리 강화
1. 토양오염물질 관리체계 합리화 2. 토양오염원 감시 · 관리 체계화 3. 토양 · 지하수 연계관리 기반 구축 4. 토양훼손 예방 · 관리 기반조성	1. 오염도 조사 및 검증방법 고도화 2. 오염토양에 대한 정화책임 강화 3. 오염토양 반출정화 관리 강화 4. 토양오염 우려지역의 조사 및 관리 내실화 5. 위해성평가 관리체계 개선 6. 토양오염 이력관리체계 구축
(전략 3) 토양환경 산업 육성 및 관리기술 개발	**(전략 4) 거버넌스 및 국제협력 활성화**
1. 토양환경 산업 육성 지원 2. 토양환경 관리기술 개발 및 성과 확산 3. 토양환경 전문인력 양성	1. 거버넌스 구축 및 홍보 · 교육 강화 2. 국제협력 역량 강화

출처: 환경부(2020b: 6).

(3) 토양오염원 인벤토리 구축

2012년부터 2021년까지 「토양오염원 인벤토리 및 토양오염평가 기반 구축」 사업을 진행했다. 전국의 토양 점오염원 실태를 파악하고 토양오염물질 배경농도를 조사하여 인벤토리를 구축하고, 이를 바탕으로 토양환경지도를 제작하는 사업이다. 조사 대상인 오염시설은 위험물시설, 광산지역 등 27종으로, 모두 683,424개에 대한 자료 수집이 이루어졌고 관련 DB를 구축했다. 토양환경지도는 전국을 10개 구역으로 구분하여 진행했고 2021년에 마무리되었다.

2) 토양오염방지 주요 정책

(1) 토양오염조사

토양오염조사는 「토양환경보전법」 제5조에 입각하여 두 가지 경로로 이루어진다. 첫째, 환경부장관이 설치 · 운영하는 토양측정망을 통해서다. 1987년 250개 토양측정망이 처음 설치된 이래 확대되어, 2014년부터는 전국에 2,000개가 설치되어 있다. 2021년 현재 총 22개 항목에 대하여 매년 오염도를 측정하고, 우려기준과 대책기준을 충족하는지 점검하는 방식을 취한다. 측정망은 격년제로 운영하므로 한 해 1,000곳에

서 측정이 이루어지는 셈이다. 2021년 경우 모든 측정망에서 우려기준을 충족하는 것으로 조사되었다. 둘째, 시・도지사가 실시하는 토양오염실태조사다. 산업단지 및 공장지역, 공장폐수유입지역 등 토양오염이 우려되는 지역을 대상으로 하되, 매년 측정지점을 달리하면서 실태를 조사한다. 조사결과는 토양지하수정보시스템(SGIS)을 통해 공개한다. 2021년 전국 2,587개 지역에 대한 조사가 이루어졌고, 이 중 43개 지점에서 우려기준을 초과한 것으로 조사되었다. 서울, 전남, 경기 순으로 초과지역이 많았으며, 대구, 대전, 충북, 전북, 경남은 초과지역이 없었다. 우려기준을 초과한 지역에 대해서는 오염원인자로 하여금 토양정밀조사를 실시하고 정화하도록 하고 있다.

(2) 특정토양오염관리 대상시설 관리

특정토양오염관리 대상시설은 '토양을 현저하게 오염시킬 우려가 있는 시설'을 말하며 「토양환경보전법 시행령」에서는 이러한 시설들로 석유류 제조 및 저장시설, 유해화학물질 제조 및 저장시설, 송유관시설 등을 지정하고 있다. 2021년 말 현재 특정토양오염관리 대상시설을 설치한 업소는 20,488개소다. 그 중 대부분(97.8%)이 주유소 등 석유류 저장시설이다. 이들은 정기적으로 전문기관으로부터 토양오염검사를 받는다.[50] 2021년에 석유류의 제조 및 저장시설에 대해 검사한 결과, 105개 업소가 우려기준을 초과한 것으로 나타났다(환경부, 2023a). 환경부는 2002년 SK에너지, GS칼텍스, S-Oil, 현대오일뱅크 등 국내 정유사들, 그리고 2006년 한국석유공사와 자발적 협약을 체결했다. 자발적 협약의 주요 내용은 자율적 토양오염도검사와 정화책임 이행이다. 토양오염 관련 시설투자비 증가(11억 원→114억 원), 환경관리인력 증가(5명→26명) 등 석유업계의 토양오염 정화 및 예방 노력이 늘어난 것으로 나타나, 자발적 협약은 나름의 성과를 거둔 것으로 평가된다(환경부, 2023a).

한편 주유소 시설에 대해서는 '토양안심주유소(종전의 클린주유소)' 지정을 통해 오염예방시설 확충을 유도하고 있다.[51] 토양안심주유소는 2021년 말 기준 1,077개가 지정되어 있다. 토양안심주유소로 지정되면 15년 간 토양오염검사 면제, 지정현판 수여, 방지시설 설치자금 융자 등의 인센티브를 제공할 수 있다(환경부, 2023a).

---

50) 토양오염검사에는 두 가지가 있다. 하나는 토양 중의 시료를 직접 채취하여 오염물질 함유 정도를 검사하는 토양오염도검사, 다른 하나는 저장시설의 누출 여부를 검사하는 누출검사다. 토양오염도검사 결과 우려기준을 초과한 경우 의무적으로 누출검사를 실시해야 한다. 종전에는 토양오염도검사만 실시했으며, 누출검사는 이를 보완하기 위해 2006년에 도입되었다.

51) 클린주유소 지정은 2006년 처음 시작되었으며, 2021년에 명칭을 토양안심주유소로 변경한 것이다.

(3) 폐광산 토양오염 방지

토양오염을 유발하는 대표적인 폐광산은 폐금속광산, 폐석탄광산, 폐석면광산이며, 2021년 현재 각각 2,383개, 423개, 38개가 있다. 대부분 1940년대 이전에 개발되어 지금은 경제성 저하 등으로 방치된 상태다. 환경부는 1992년부터 전국의 폐금속광산에 대해 오염실태를 조사하여, 오염이 확인된 경우 광해방지사업, 농경지 토양개량 등 오염방지사업을 수행하고 있다. 2021년까지 2,383개의 폐금속광산 실태조사 결과 1,324개소에서 오염도가 높은 것으로 나타났고, 이 중 565개소에 대해서는 정밀조사가 이루어졌다. 폐석탄광산 423개에 대해서는 2010~2014년에 기초환경조사가, 그리고 이 중 69개에 대해서는 정밀조사가 이루어졌다. 폐석면광산 38개에 대해서는 2009~2010년에 기초환경조사를 실시했고, 이 중 29개에 대해서는 정밀조사를 실시했다(환경부, 2023a).

폐광산 토양오염 방지를 체계화하기 위해 2005년 「광산피해의 방지 및 복구에 관한 법률」이 제정되었다. 이 법에 근거하여 2006년에 광해방지사업단(現 한국광해관리공단)이 발족하여 광해방지사업을 본격적으로 수행하기 시작했다.[52] 2010년부터 환경부・산업통상자원부・농림축산식품부・식품의약품안전처 등 4개 부처로 구성된 정책협의회를 운영하고 있다. 법 제7조에 따라 산업통상자원부장관은 5년마다 광해방지기본계획을 수립한다. 현재 「제4차 광해방지 기본계획(2022~2026)」이 수립된 상태다. 제4차 기본계획에서는 '국민체감형 광해방지를 통한 탄소중립 기여'를 비전으로 제시하고, '2026년까지 전국 휴・폐광산 광해방지사업 완료율 30% 달성' 및 '산림복구

〈표 12-18〉「제4차 광해방지 기본계획」의 정책추진 방향 및 추진과제

추진방향	추진과제
광해방지사업의 효율성 제고	• 권역형 광해통합처리 사업방식 도입 • 핵심 광해방지기술 고도화 추진 • 가행광산 대상 선제적 광해방지 추진
지속가능한 광산 개발환경 조성	• 탄소상쇄 광해방지사업 본격 추진 • 탄소배출 저감형 광해방지시설 활용
국민체감형 광해방지 집중 추진	• 지역별 집단민원형 광해방지 현안 해소 • 광해방지 수요처 연계사업 확대

출처: 산업통상자원부(2022: 8).

52) 광해방지사업단은 2008년 한국광해관리공단으로 명칭이 변경되었다.

사업으로 2026년부터 연간 1,400tCO_2 탄소상쇄 실현'을 목표로 제시했다. 이를 위해 세 가지 추진방향 및 일곱 개 추진과제를 담았으며, 계획 기간 중 재정소요액은 5,652억 원으로 추산되었다(산업통상자원부, 2022).[53]

(4) 기타 토양오염유발시설 관리

토양오염을 일으키는 주요 요인 중 하나는 농약사용이다. 정부는 골프장과 상수원보호구역에서의 농약에 의한 오염을 관리하고 있다. 골프장의 경우 환경부가 「골프장의 농약 사용량 조사 및 농약 잔류량 검사방법 등에 관한 규정」을 바탕으로 농약의 사용량 및 잔류량을 조사하고, 조사결과를 토양지하수정보시스템(SGIS)에 공개한다. 아울러 골프장별로 농약 사용량 조사결과와 농약 잔류량 검사결과 등이 표기된 표지판을 설치해야 한다. 2020년 기준 전국에 541개의 골프장이 있고 총 202.1톤의 농약을 사용했는데, 이는 단위면적(ha)당 6.85kg을 사용한 것이다. 상수원보호구역의 경우 농경지의 유출수, 토양 및 상수원수에 대해 농약 잔류실태를 조사하고 있다. 2021년 전국 상수원 유역 중 14개를 선정하여 조사한 결과 농약 성분이 검출되지는 않았다(환경부, 2023a).

53) 산업통상자원부 5,432억 원, 환경부 220억 원이다.

제 13 장 ENVIRONMENTAL POLICY

대기환경 정책

제 1 절 | 대기질 관리

1 대기질 관리의 기본 수단

1) 대기환경기준 설정

대기환경기준은 도달해야 할 바람직한 대기질 수준을 정한 것이다. 1978년 아황산가스에 대해 최초로 대기환경기준을 설정했고, 1983년 일산화탄소, 이산화질소, 총먼지, 오존, 탄화수소, 1991년 납, 1995년 미세먼지(PM_{10}), 2010년 벤젠, 2011년 미세먼지($PM_{2.5}$)에 대한 기준을 각각 설정했다. 이러한 8개 오염에 대한 대기환경기준은 점차 강화되어 왔고, 2018년 3월 초미세먼지($PM_{2.5}$)에 대한 기준을 강화한 바 있다.[1)]

2) 대기오염물질 지정

대기오염물질은 「대기환경보전법」에 따라 대기오염물질, 유해성대기감시물질, 특정대기유해물질로 구분된다. '대기오염물질'이란 대기 중에 존재하는 물질 중 대기오염의 원인으로 인정된 가스 · 입자상물질로서 환경부령(대기환경보전법 시행규칙)으로 정한다(2023년 6월 기준 64종). '유해성대기감시물질'이란 대기오염물질 중 사람의 건강이나 동 · 식물의 생육에 위해를 끼칠 수 있어, 지속적인 측정이나 감시 · 관찰

---

1) 강화 이전 초미세먼지 환경기준은 연간 평균치 25$\mu g/m^3$ 이하, 24시간 평균치 50$\mu g/m^3$였다.

〈표 13-1〉 대기환경기준(2023년 현재)

항목	기준
아황산가스(SO_2)	연간 평균치 0.02ppm 이하, 24시간 평균치 0.05ppm 이하, 1시간 평균치 0.15ppm 이하
일산화탄소(CO)	8시간 평균치 9ppm 이하, 1시간 평균치 25ppm 이하
이산화질소(NO_2)	연간 평균치 0.03ppm 이하, 24시간 평균치 0.06ppm 이하, 1시간 평균치 0.10ppm 이하
미세먼지(PM_{10})	연간 평균치 50㎍/m^3 이하, 24시간 평균치 100㎍/m^3 이하
초미세먼지($PM_{2.5}$)	연간 평균치 15㎍/m^3 이하, 24시간 평균치 35㎍/m^3 이하
오존(O_3)	8시간 평균치 0.06ppm 이하, 1시간 평균치 0.1ppm 이하
납(Pb)	연간 평균치 0.5㎍/m^3 이하
벤젠	연간 평균치 5㎍/m^3 이하

출처: 「환경정책기본법 시행령」 [별표 1].

등이 필요하다고 인정된 물질로서 환경부령으로 정한다(2023년 6월 기준 43종). '특정대기유해물질'이란 유해성대기감시물질 중 저농도에서도 장기적인 섭취나 노출에 의하여 사람의 건강이나 동·식물의 생육에 직접 또는 간접으로 위해를 끼칠 수 있어 대기 배출에 대한 관리가 필요하다고 인정된 물질로서 환경부령으로 정한다(2023년 6월 기준 35종). 대기오염물질의 지정 및 재분류 등은 「대기환경보전법」 제7조에 따라 물질의 독성, 생태계에 미치는 영향, 배출량, 대기환경기준에 대비한 오염도 등에 대한 심사·평가를 바탕으로 이루어진다. 심사·평가위원회 구성 등의 실무는 국립환경과학원이 담당하고 있다.

3) 배출허용기준 설정

대기질 관리의 중심은 결국 대기오염물질의 배출을 감소하는 것이며, 이를 위해 배출허용기준을 설정한다. 배출허용기준은 개별 배출시설에서 배출되는 오염물질의 최대허용치 또는 최대허용농도를 정한 것이다. 배출허용기준을 설정할 때는 현재의 배출수준, 처리기술, 경제·사회적 여건을 고려하므로, 대기오염물질로 지정되었다해서 모두 배출허용기준을 정하지는 않는다. 우리나라는 환경부령인 「대기환경보전법 시행규칙」에서 배출허용기준을 정하는데, 2022년 현재 황산화물 등 44개 오염물질에 대한 배출허용기준을 설정하고 있다.[2)]

2) 배출허용기준은 시설 등에 따라 세분화된다.

한편 「대기환경보전법」 제16조에 따라 대기오염이 심각하여 '대기보전특별대책지역'이나 '대기관리권역'으로 지정된 지역에 대해서는 더 강화된 배출허용기준을 적용할 수 있다. 또한 대도시에서 지역 환경기준의 유지에 필요하다고 인정된 경우에도 해당 지방자치단체 조례로 더 엄격한 배출허용기준을 정할 수 있다. 배출허용기준을 초과하는 시설에 대해서는 개선명령, 조업정지명령, 배출부과금 부과·징수 등의 조치를 시행할 수 있다.[3)]

배출부과금은 배출허용기준을 초과한 오염물질에 부과하는 초과부과금과 배출허용기준 이내로 배출한 오염물질에 부과하는 기본부과금으로 구분한다. 초과부과금은 1983년부터 부과하고 있으며, 2023년 기준 대기오염물질 9종(먼지, 황산화물, 암모니아, 염화수소, 황화수소, 이황화탄소, 불소화합물, 시안화수소, 질소산화물)의 배출허용기준을 초과한 1~5종 사업장이 부과 대상이다.[4)] 배출허용기준 초과 시점부터 개선완료가 확인된 시점까지 배출량을 산정하여 부과하며, 법적 기준인 배출허용기준을 위반한 경우이므로 초과부과금에 대해서는 기본부과금과 다르게 면제 규정이 없다. 기본부과금은 1997년부터 부과하고 있으며, 2023년 기준 대기오염물질 3종(먼지, 황산화물, 질소산화물)을 배출하는 1~3종 사업장이 부과 대상이다. 기본부과금은 반기별로 부과하며(연 2회), 배출허용기준의 30% 미만 배출시설, 중소기업의 TMS 부착시설, 대기관리권역내 총량관리사업장, 자발적협약 체결 사업장, 청정연료 사용시설, 군사시설 등은 면제된다(환경부, 2023a). 배출부과금 산정방식은 대통령령으로 정한다.[5)]

〈표 13-2〉 대기오염물질 발생량에 따른 사업장 분류기준(2023년 현재)

종별	오염물질발생량 구분
1종 사업장	대기오염물질발생량의 합계가 연간 80톤 이상인 사업장
2종 사업장	대기오염물질발생량의 합계가 연간 20톤 이상 80톤 미만인 사업장
3종 사업장	대기오염물질발생량의 합계가 연간 10톤 이상 20톤 미만인 사업장
4종 사업장	대기오염물질발생량의 합계가 연간 2톤 이상 10톤 미만인 사업장
5종 사업장	대기오염물질발생량의 합계가 연간 2톤 미만인 사업장

출처: 「대기환경보전법 시행령」 [별표 1의3].

3) 개선명령은 기간을 정하여 해당 오염물질의 정도가 배출허용기준 이하로 내려가도록 필요한 조치를 이행하도록 명령하는 것이다. 조업정지명령은 개선명령을 이행하지 않았거나 배출허용기준을 계속 초과할 경우 해당 배출시설의 전부 또는 일부에 대해 내리는 것이다.

4) 질소산화물에 대한 초과부과금 및 기본부과금 제도는 2020년부터 시행되었다. 사업장은 배출시설의 오염물질 발생량에 따라 〈표 13-2〉와 같이 5종으로 분류된다.

5) 기본부과금은 오염물질 1kg당 부과금액, 연도별 부과금 산정지수, 지역별 부과계수 및 농도별 부과

4) 대기환경개선 종합계획 수립

환경부장관은 「대기환경보전법」 제11조에 따라 10년마다 대기환경개선 종합계획을 수립・시행해야 한다. 현재 「제3차 대기환경개선 종합계획(2023~2032)」이 수립되어 있다.6) 제3차 종합계획에서는 '깨끗한 공기, 건강한 국민'이라는 비전과 2032년까지 '전국 연평균 $PM_{2.5}$ 농도 12$\mu g/m^3$ 달성' 및 '전국 O_3 1시간 기준 달성률 50% 달성'을 목표로 제시했다. 현재 대기환경기준 달성률이 가장 취약한 초미세먼지와 오존을 집중적으로 관리한다는 취지다. 초미세먼지와 오존의 원인 물질인 질소산화물(NO_x), 황산화물(SO_x), 휘발성유기화합물(VOCs), 암모니아(NH_3) 등의 종합관리를 통한 국내 감축 및 국제협력 등을 통한 국외유입 저감을 바탕으로 목표를 달성한다는 전략이다. 종합계획에는 5대 핵심전략 및 26개 중점 추진과제가 제시되었다.7)

〈표 13-3〉「제3차 대기환경개선 종합계획」의 전략 및 추진과제

핵심전략	중점 추진과제
1. 국민건강 중심의 관리체계 구축	1-1. 건강 위해성 기반 관리 확대 1-2. 고농도 $PM_{2.5}$ 대응 강화 1-3. 고농도 O_3 관리 강화 1-4. 장거리 이동 대기오염물질 측정・분석 강화 1-5. 대기오염물질 관리 거버넌스 강화
2. 사업장 배출관리 고도화	2-1. 사업장 배출원 관리체계 개선 2-2. 배출허용총량 관리 효율화 2-3. 배출농도 관리 체계화 2-4. 사업장 VOCs, HAPs 등 관리 강화 2-5. $PM_{2.5}$ 고농도 시기 사업장 관리 강화

계수를 곱한 금액으로 한다. 초과부과금 산정은 이보다 복잡하며 다음과 같이 구분한다. ① 개선계획서를 제출하고 개선하는 경우: [오염물질 1kg당 부과금액×배출허용기준초과 오염물질배출량×지역별 부과계수×연도별 부과금 산정지수]. ② 그 밖의 경우: [오염물질 1kg당 부과금액×배출허용기준초과 오염물질배출량×배출허용기준 초과율별 부과계수×지역별 부과계수×연도별 부과금 산정지수×위반횟수별 부과계수].

6) 「제2차 대기환경개선 종합계획(2016~2025)」이 종료되기 전에 수립되었다. 탄소중립 추진, WHO 대기오염 권고기준 변경(2021년 9월) 등 대기환경 정책 관련 여건변화를 반영하여 조기에 수립된 것이다.

7) 제2차 종합계획과의 가장 큰 차이는 기후 분야 대책이 제외된 것이라 할 수 있다. 제2차 종합계획은 대기환경 관련 6대 분야 30개 과제, 기후변화 관련 4대 분야 17개 추진과제를 담고 있었다. 그런데 탄소중립 추진에 따라 기후변화 분야의 입법과 국가계획이 별도로 체계화됨에 따라, 제3차 종합계획에서는 대기 분야에 집중하게 된 것이다.

3. 이동오염원 배출 저감 가속화	3-1. 무공해차 전환 확대 3-2. 노후 경유차 등 퇴출 가속화 3-3. 내연기관차 관리 강화 3-4. 이륜차 및 농업·건설기계 저감 확대 3-5. 해양·항공 배출원 관리 강화 3-6. 교통 수요관리 강화
4. 생활 주변 배출원의 효과적 관리 및 저감 지원	4-1. 생활 속 VOCs 등 관리 강화 4-2. 생물성 연소 배출 축소 4-3. 농업·축산 NH_3 관리 강화 4-4. 비산먼지 발생 억재
5. 과학적 역량 강화 및 실효적 국제협력 추진	5-1. 환경위성 활용성·정확성 제고 5-2. 과학적 정책지원 역량 강화 5-3. 대기환경 개선 R&D 추진 5-4. 대기오염물질-온실가스 통합관리체계 구축 5-5. 동아시아 대응체계 제도화 5-6. 기상·산림 분야 장거리 이동 대응 협력 강화

출처: 환경부(2022c: 29).

2 권역별 대기질 관리

1) 권역별 대기질 관리의 연혁

종전에 권역별 대기질 관리는 수도권과 비수도권을 구분하는 방식으로 이루어졌다. 수도권은 협소한 면적에 많은 인구가 밀집해 있고 경제활동 규모도 커서 환경문제에 상대적으로 더 취약할 수밖에 없다는 인식에 따른 것이다. 2002년에 '수도권 대기질 개선 추진기획단'을 발족하고 「수도권 대기개선 특별대책」을 수립했으며, 이를 법적으로 뒷받침하기 위해 2003년에 「수도권 대기환경개선에 관한 특별법(수도권대기법)」을 제정했다. 서울특별시·인천광역시·경기도 지역을 수도권으로 정하고, 수도권 대기관리에 있어서는 이 법을 「대기환경보전법」에 우선하여 적용했다. 수도권 대기환경관리위원회를[8] 설치하여 수도권 대기관리에 관한 주요 사항들을 심의하고, 대기오염의 심각성이 인정된 지역을 대기관리권역으로 정하며, 대기환경개선을 위한 10년 단위의 기본계획을 수립했다. 이에 따라 「제1차 수도권 대기환경관리 기본계획(2005~2014)」 및 「제2차 수도권 대기환경관리 기본계획(2015~2024)」을 수립했다.[9]

8) 환경부장관을 위원장으로 하고 관계 중앙행정기관의 차관 및 서울특별시·인천광역시·경기도 부단체장을 위원으로 하는 위원회다.

9) 제2차 기본계획에서는 '맑은 공기로 건강한 100세 시대 구현'이라는 비전 하에 자동차 관리, 배출시

한편 수도권 외 지역 중 대기오염이 심각한 지역은 특별대책지역(산업단지), 대기환경규제지역 등으로 지정하여 관리했다.

수도권-비수도권 구분에 의한 대기환경 관리는 2019년을 기점으로 대기관리권역 대기환경관리로 변경되었다. 2019년에 「대기관리권역의 대기환경 개선에 관한 특별법(대기관리권역법)」을 제정하여 「수도권 대기환경개선에 관한 특별법」을 대체한 것이다. 이러한 변경의 취지는 수도권 지역에 시행 중이던 대기관리권역 지정제도를 전국으로 확대하고,[10] 권역 특성에 맞는 대기질 관리대책을 추진함으로써, 궁극적으로

〈표 13-4〉 대기관리권역 지정현황(2023년 기준)

권역	지역 구분	지역 범위
수도권	서울특별시	전 지역
	인천광역시	옹진군(옹진군 영흥면은 제외한다)을 제외한 전 지역
	경기도	수원시, 고양시, 성남시, 용인시, 부천시, 안산시, 남양주시, 안양시, 화성시, 평택시, 의정부시, 시흥시, 파주시, 김포시, 광명시, 광주시, 군포시, 오산시, 이천시, 양주시, 안성시, 구리시, 포천시, 의왕시, 하남시, 여주시, 동두천시, 과천시
중부권	대전광역시	전 지역
	세종특별자치시	전 지역
	충청북도	청주시, 충주시, 제천시, 진천군, 음성군, 단양군
	충청남도	천안시, 공주시, 보령시, 아산시, 서산시, 논산시, 계룡시, 당진시, 부여군, 서천군, 청양군, 홍성군, 예산군, 태안군
	전라북도	전주시, 군산시, 익산시
남부권	광주광역시	전 지역
	전라남도	목포시, 여수시, 순천시, 나주시, 광양시, 영암군
동남권	부산광역시	전 지역
	대구광역시	전 지역
	울산광역시	전 지역
	경상북도	포항시, 경주시, 구미시, 영천시, 경산시, 칠곡군
	경상남도	창원시, 진주시, 김해시, 양산시, 고성군, 하동군

출처: 「대기관리권역의 대기환경개선에 관한 특별법 시행령」 [별표 1].

설 관리, 생활오염원 관리, 과학적 관리기반 구축 및 홍보 강화 등 4개 분야, 12개 추진과제를 제시했다(환경부, 2013b).

10) 수도권대기법에서 '대기관리권역'은 ① 수도권 지역 중 대기오염이 심각하다고 인정되는 지역, ② 수도권 지역 중 해당 지역에서 배출되는 대기오염물질이 수도권 지역의 대기오염에 크게 영향을 미친다고 인정되는 지역 중 대통령령으로 정하는 지역이다(제2조). 대기관리권역법에서도 이와 대

미세먼지를 줄이는 데 있다. 국내 초미세먼지 농도에 크게 영향을 미치는 지역을 중심으로 기존의 수도권 외 중부권, 남부권, 동남권이 대기관리권역으로 추가 지정되었다. 환경부장관은 관계 중앙행정기관의 장과 대기관리권역을 관할하는 시·도지사의 의견을 들어, 7종의 대기오염물질을[11] 줄이기 위한 대기환경관리 기본계획을 5년마다 대기관리권역별로 수립한다(제9조 제1항). 또한 대기관리권역의 대기환경 개선을 위한 주요 사항을 심의·조정하기 위해 권역별 대기환경관리위원회를 설치하고, 위원회를 보좌하는 대기환경관리실무위원회를 둔다.[12]

2) 권역별 대기환경관리 기본계획의 주요 내용

대기관리권역법에 따라 4개 권역별로 5개년 기본계획을 수립했다.[13] 중부권, 남부권, 동남권은 2020~2024년을 계획 기간으로 수립했고, 수도권은 「제2차 수도권 대기환경관리 기본계획」을 수정한 「제2차 수도권 대기환경관리 기본계획 수정계획(2015~2024)」을 수립했다. 권역별 기본계획마다 국민건강에 미치는 위해도, 국가 대기환경기준 등을 고려하여 초미세먼지($PM_{2.5}$), 미세먼지(PM_{10}), 이산화질소(NO_2), 오존(O_3) 등 네 가지 오염물질에 대해 2024년까지의 개선목표 및 BAU 대비 감축률을 제시했다.[14] 다만 2024년에 목표를 달성한다 해도 초미세먼지는 여전히 국가환경기준을 달성하지 못할 것으로 전망되어 추가적인 노력이 필요하다.

동소이하게 규정하고 있다. 제2조에 따르면, '대기관리권역'이란 다음 중 대통령령으로 정하는 지역을 말한다. ① 대기오염이 심각하다고 인정되는 지역, ② 해당 지역에서 배출되는 대기오염물질이 지역의 대기오염에 크게 영향을 미친다고 인정되는 지역. 다시 말해서, '수도권'이라는 표현만 생략된 것이다. 이처럼 대기관리권역 지정이 전국적으로 확대함에 따라 종전의 대기환경규제지역은 폐지되었다.

11) 질소산화물(NO_x), 황산화물(SO_x), 휘발성유기화합물(VOCs), 먼지(PM), 미세먼지(PM_{10}), 초미세먼지($PM_{2.5}$), 오존(O_3) 등 7종이다(제9조 제1항).

12) 권역별 대기환경관리위원회 위원장은 환경부장관이다. 위원은 대통령령으로 정하는 관계 중앙행정기관의 차관, 각 권역별 대기관리권역에 포함된 시·도의 부시장 또는 부지사, 전문성과 식견이 높은 전문가 등이다. 실무위원회는 환경부차관이 위원장이며, 중앙행정기관 및 시·도의 공무원과 대기환경 분야에 학식과 경험이 풍부한 사람으로 구성된다.

13) 권역별 기본계획은 2019년 11월 수립된 「미세먼지관리 종합계획(2020~2024)」의 하위 계획으로서, 종합계획에 수록된 대책을 권역별 특성에 맞게 우선순위를 정하고 구체화한 대기오염물질 저감계획의 성격을 지닌다(환경부보도자료, 2020a).

14) 대기관리권역법 제9조 제1항에 제시된 7종의 오염물질 중 황산화물은 전국적으로 기준치를 넉넉히 충족하고 있으며, 휘발성유기화합물(VOCs)은 배출량만 관리하는 물질이라 목표설정을 하지 않는다. 먼지는 미세먼지와 초미세먼지에 대해 목표를 설정하므로 따로 목표를 설정하지 않는다. 결국 〈표 13-5〉와 같이 네 가지 오염물질에 한정하여 목표를 설정하게 된 것이다.

〈표 13-5〉 권역별 대기개선목표(권역 내 평균농도)

		$PM_{2.5}$ ($\mu g/m^3$)	PM_{10} ($\mu g/m^3$)	NO_2 (ppm)	O_3 (ppm)
수도권	2024년 전망(BAU)	27	51	0.025	0.077
	2024년 개선목표치(감축률)	17(37%)	30(41%)	0.021(16%)	0.060(22%)
중부권	2024년 전망(BAU)	26	48	0.017	0.073
	2024년 개선목표치(감축률)	17(35%)	34(29%)	0.014(18%)	0.060(18%)
남부권	2024년 전망(BAU)	24	39	0.015	0.068
	2024년 개선목표치(감축률)	16(33%)	30(23%)	0.013(13%)	0.060(12%)
동남권	2024년 전망(BAU)	26	45	0.019	0.071
	2024년 개선목표치(감축률)	17(35%)	33(27%)	0.015(21%)	0.060(15%)
대기환경기준(환경정책기본법 시행령)		15	50	0.030	0.060

출처: 수도권대기환경청(2020), 금강유역환경청(2020), 영산강유역환경청(2020), 낙동강유역환경청(2020).

3 대기오염물질 배출시설 관리

1) 배출시설 관리체계

대기오염물질 규제는 그 배출시설에 대한 관리를 기반으로 이루어진다. 대기오염물질 배출시설은 2021년 말 기준 37개 종류로 구분되며 62,271개다. 「대기환경보전법」에 의한 배출시설 관리수단들은 다음과 같다. 첫째, 대기오염물질 배출시설의 설치 및 변경에 대한 허가·신고제도다. 특정대기유해물질을 일정 기준농도 이상으로 배출하거나 대기보전특별대책지역에[15] 설치하는 배출시설에 대해서는 허가를, 그 밖의 시설에 대해서는 신고를 의무화한 것이다. 둘째, 배출허용기준의 단계적 강화 및 예고제 시행이다. 2022년 기준 「대기환경보전법 시행규칙」에서 44개 오염물질에 대하여 배출허용기준을 정하고 있으며, 배출허용기준을 강화할 경우 3~5년 단위로 미리 알려주어 사전에 대비하도록 유도하고 있다. 셋째, 사업장에 대한 지도·점검을 통해 배출시설 및 방지시설을 적정하게 운영하도록 유도한다. 특히 관리의 사각지대로 인식되어 온 소규모업체에 대한 지도·점검 내실화를 위해 최근에는 이동측정 차

15) '특별대책지역'이란 환경오염·환경훼손 또는 자연생태계의 변화가 현저하거나 현저하게 될 우려가 있는 지역과 환경기준을 자주 초과하는 지역 중 환경부장관이 지정·고시하는 지역을 말한다(환경정책기본법 제38조). 환경부의 「대기보전특별대책지역 지정 및 동지역 내 대기오염 저감을 위한 종합대책 고시」에 따라 2023년 현재 울산광역시 울산·미포 및 온산 국가산업단지, 전라남도 여수시 여천국가산업단지 및 확장단지가 대기보전특별대책지역으로 지정되어 있다.

량(지상)과 드론(공중)의 이용이 확대되고 있다(환경부, 2023a).[16] 2022년에는 현장방문 없이도 방지시설 등의 운전상태를 점검할 수 있도록 소규모업체 사물인터넷(IoT) 측정기 부착이 의무화되었다. 늦어도 2025년 6월까지 모든 4~5종 사업장에 4종의 사물인터넷 측정기기가 부착될 전망이다(환경부보도자료, 2022c).

〈표 13-6〉 사물인터넷 측정기기의 종류 및 기능

측정기기	전류계	차압계	pH계	온도계
부착시설	• 배출시설 • 방지시설	• 여과집진시설 • 흡착시설	• 흡수시설	• 여과집진시설 • 흡착시설
주요기능	배출시설, 방지시설 가동여부 확인	방지시설 가동, 상태정보(여과재 상태, 흡착제 충전 등) 확인		

출처: 환경부보도자료(2022c).

2) 굴뚝 원격감시체계를 통한 대형배출사업장 관리

굴뚝 원격감시체계(TMS)[17]는 대형배출사업장의 오염물질 배출 측정을 목적으로 운영된다. 1988년에 울산·온산 특별대책지역의 31개 업소에 처음 설치된 이래, 2022년 말 현재 887개의 대형배출사업장(1~3종)에 2,988개의 굴뚝 자동측정기를 부착하고 있다. 7종의 대기오염물질을[18] 5분 간격으로 측정하고, 30분마다 실시간으로 측정 데이터를 생산하여 한국환경공단으로 전송한다. 전송자료는 배출부과금, 행정처분 등의 근거자료로 활용되며, 2020년부터 시스템(CleanSys)을 통해 실시간으로 일반인에게도 공개되고 있다. 배출허용기준 초과우려(예보)나 초과(경보) 시, 측정기기 상태표시 발생 및 실시간 자료 미전송 시, 해당 사업장에 SNS로 자동 통보하는 예·경보 기능도 갖추고 있다(환경부, 2023a).

3) 비산먼지 발생사업장 관리

비산먼지를 발생시키는 사업을 하려는 자는 「대기환경보전법」 제43조에 따라 지방자치단체에 신고해야 한다. 정부는 2019년 7월 「대기환경보전법 시행규칙」 개정을

16) 전체 배출시설 중 대기오염물질을 연간 10톤 이하로 발생시키는 소규모업체(4~5종)가 91%를 점한다. 이처럼 단속인력 대비 업체 수가 많아 불법 배출현장 적발에 한계가 있는 상황이다. 또한 굴뚝 자동측정기는 부착비용(1.2억 원/기)이 비싸 대형사업장(1~3종) 중심으로 부착하고 있다.

17) Tele-Monitoring System.

18) 먼지, SO_2, NO_x, NH_3, HCl, HF, CO 등이다.

통해 비산먼지 발생사업 신고대상을 확대했다(41개 → 45개). 주거지 인근에 비산먼지를 쉽게 발생시킬 수 있는 도장공사, 대수선공사, 농지조성 및 농지정리를 비산먼지 발생사업 신고대상에 포함한 것이다. 2022년 연간 신고한 발생사업장은 모두 47,540개다. 비산먼지 발생사업장은 방진시설 설치 등 필요한 조치를 해야 한다. 이를 준수하지 않으면 조치이행명령, 과태료부과, 고발, 관급공사 참여에서의 불이익 등과 같은 조치의 대상이 된다. 아울러 날씨가 건조하여 비산먼지가 많이 발생하는 봄철이나 가을철에는 발생사업장에 대하여 특별점검을 실시한다. 2022년에는 37,840개 사업장을 점검하여 3,762건의 위반사항을 적발 · 조치했다(환경부, 2023a).

4) 악취배출원 관리

악취는 원인 물질이 다양하고 복합적이며, 국지적 · 순간적으로 발생 · 소멸하는 특성으로 인해 관리에 어려움이 있다. 우리나라는 효과적인 악취관리를 위해 2004년에 「악취방지법」을 제정했다. 「악취방지법 시행규칙」에서는 2023년 현재 암모니아 등 악취의 원인이 되는 22개의 지정악취물질을 정하고 물질별 배출허용기준을 정하고 있다. 악취관리는 주로 지방자치단체의 업무다. 「악취관리법」 제6조에 근거하여 시 · 도지사 및 대도시 지방자치단체장은 악취를 규제할 필요가 있다고 인정되는 지역을 악취관리지역으로 지정할 수 있다. 2022년 12월 기준 울산 미포 · 온산 국가산업단지 등 12개 시 · 도 50개 지역이 악취관리지역으로 지정 · 관리되고 있다. 악취관리지역에서 악취배출시설을 설치하거나 운영하는 사업자는 악취방지계획을 수립하여 해당 지방자치단체장에게 신고해야 한다. 악취관리지역 외의 지역에 설치된 악취배출시설은 악취 관련 민원이 1년 이상 지속되고 복합악취나 지정악취물질이 3회 이상 배출허용기준을 초과할 경우, 신고 대상시설로 지정할 수 있다(환경부, 2023a).

환경부는 「악취방지법」 제3조에 따라 악취방지에 관한 종합시책을 10년마다 수립한다. 「제1차 악취방지 종합시책(2009~2018)」에 이어 「제2차 악취방지 종합시책(2019~2028)」이 수립되어 있다. 제2차 종합시책에서는 '악취 없는 쾌적한 생활환경 조성'이라는 비전과 함께 4개 분야의 9개 주요 추진과제를 제시하고 있다. 이를 통해 악취민원 발생 건수를 2017년 23,000건에서 2028년에 10,000건으로 57% 감소시킨다는 목표를 제시했다(환경부, 2018e).

〈표 13-7〉「제2차 악취방지 종합시책」의 분야별 추진과제

분야	주요 추진과제
사전예방적 악취관리	사업장 설치단계부터 악취영향 최소화
	악취 취약지역에 대한 정확한 진단·조치
맞춤형 악취배출원 관리	축사시설 현대화 등을 통한 축산 악취피해 저감
	하수도 악취 실태분석 및 종합적 악취관리체계 마련
	음식물 제조부터 처리까지 악취노출 최소화
과학적 악취관리기반 강화	수용체 중심의 악취 평가체계 도입
	최신기술을 활용한 악취 감시기법 도입
적극적 소통을 위한 거버넌스 활성화	전문성에 기반을 둔 이해관계자 간 협의체 활성화
	투명한 악취민원 관리를 위한 통합시스템 구축

출처: 환경부(2018e: 17).

5) 휘발성유기화합물 배출시설 관리

「대기환경보전법」 제2조 제10호에 따르면, 휘발성유기화합물(VOCs)[19]이란 '탄화수소류 중 석유화학제품, 유기용제, 그 밖의 물질로서 환경부장관이 관계 중앙행정기관의 장과 협의하여 고시하는 것'을 말한다. 간단히 말하면, 대기 중에 가스 상태로 배출되는 탄화수소류의 물질이라 할 수 있다. 「휘발성유기화합물 지정 고시」에서는 2023년 현재 아세트알데히드·벤젠·휘발유 등 37개 물질을 지정하고 있다.[20] 2019년 기준 배출원은 유기용제 사용(도장시설, 가정 및 상업용 유기용제 사용, 세정시설 등)에 의한 것이 53.4%로 가장 많고, 생산 공정(석유제품제조업, 유기화학제품제조업 등)에 의한 것이 18.3%로 뒤를 잇는다. 휘발성유기화합물 배출 저감을 위해, 특별대책지역, 대기관리권역, 휘발성유기화합물 배출규제 추가지역에서 휘발성유기화합물을 배출하는 시설을 설치할 경우, 지방자치단체에 신고하고 휘발성유기화합물 배출 억제·방지시설을 설치해야 한다. 다만 지역에 따라 규제업종에는 차이가 있다(환경부 2023a).[21]

19) Volatile Organic Compounds.
20) 2015년에 지정되어 2023년 현재까지 유지되고 있다.
21) 대기관리권역에서는 9개 업종, 특별대책지역에서는 여기에 2개를 더해 11개 업종에 대해 규제한다.

제 2 절 | 미세먼지 저감

1 미세먼지의 현황과 환경기준

1) 미세먼지의 현황

미세먼지는 지름 10μm 미만의 미세먼지(PM_{10})와 그 중에서도 지름 2.5μm보다 작은 초미세먼지($PM_{2.5}$)로 구분된다. 입자가 작을수록 사람의 건강에 심각한 피해를 가져오며 생태계와 산업 활동에도 부정적 영향을 미친다. 최근 미세먼지가 초래하는 부정적 건강 영향이 인식되면서 국내에서 가장 심각한 환경문제의 하나로 인식되고 있다.[22) 특히 초미세먼지는 호흡기에 염증반응을 일으켜 천식, 만성기관지염, 기도폐쇄 또는 악화를 가져올 수 있고, 폐 조직에서 박테리아의 불활성화 작용을 방해함으로써 호흡기계 감염을 유발할 수 있으며, 심근경색, 뇌졸중, 심박동수 이상, 급사 등과 같은 심혈관계 질환의 원인이 되고, 기도에서 염증반응을 일으키며, 활성산소와 산화스트레스를 증가시키는 것으로 알려져 있다(강광규, 2018). 2013년 세계보건기구 산하 국제암연구소(IARC)는 초미세먼지를 1군 발암물질(Group 1)로 지정했다.

2021년 기준 전국의 미세먼지 농도는 38$\mu g/m^3$, 초미세먼지 농도는 18$\mu g/m^3$로 주요 선진국들보다 여전히 높은 수준이지만 약간의 개선추세를 나타내고 있다.[23) 이처럼 미세먼지 농도가 높은 것은 주변국 영향, 기상여건, 인구・산업 밀집 등 구조적 취약성에 기인한다(환경부, 2023a). 미세먼지 생성은 1차적 발생과 2차 생성으로 구분된다. 1차적 발생은 배출원으로부터 고체상태의 미세먼지로 나오는 경우이며,[24) 2차 생성은 배출원으로부터 가스 상태로 배출된 물질(미세먼지 생성물질)이 공기 중 다른 물질과 화학반응을 일으켜 미세먼지가 되는 경우다.[25) 수도권은 2차 생성의 비중이 전체 초미세지 발생량의 70%를 차지할 정도로 높다(환경부, 2023a).

---

22) 통계청이 2022년 국민 약 36,000명을 대상으로 한 조사에 따르면, 환경문제 중 가장 불안감을 느끼는 부문은 미세먼지가 64.6%로 1순위로 꼽혔다. 기후변화나 방사능보다 높았다(환경부, 2023a).
23) 2015년 전국평균 미세먼지 농도는 48$\mu g/m^3$, 초미세먼지 농도는 26$\mu g/m^3$였다(관계부처합동, 2019a).
24) 경유자동차나 공장 굴뚝에서 나오는 검은 매연 등이다.
25) 미세먼지법 제2조에서는 '미세먼지 생성물질'을 '질소산화물, 황산화물, 휘발성유기화합물, 그 밖에 환경부령으로 정하는 물질'로 규정하고 있다. 환경부령으로는 암모니아를 지정하고 있다. 그러므로 현재 우리나라 실정법상 미세먼지 생성물질은 4종(NO_x, SO_x, VOCs, NH_3)이다.

우리나라는 2023년 현재 〈표 13-8〉과 같이 13개의 배출원을 분류하고 있다. 2020년 기준 1차적 발생 배출량은 미세먼지 약 147(천t), 초미세먼지 약 59(천t)이며, 최근 조금씩 감소하는 추세를 보인다. 지역별 초미세먼지 배출량은 경기도가 가장 많고, 경상북도, 전라남도, 충청남도 순으로 많다.[26] 미세먼지 배출원은 지역별로 다르다. 수도권은 경유차 24%, 건설기계 22%, 비산먼지 11% 등의 순으로 비중이 높다. 그러나 전국적으로는 공장 등 사업장이 41%로 가장 높은 비중을 차지하고, 다음으로 건설기계 11%, 경유차 12%, 발전소 8% 등의 순으로 비중이 높다(환경부, 2023a).

한편 미세먼지의 발생경로는 국내배출과 국외유입으로 구분할 수 있다. 국외유입은 기후조건에 따라 다르게 나타나므로 계절효과가 크다. 북서풍이 불고 강수량이 적은 겨울과 봄철에 국외유입의 영향도 크게 나타난다. 2019년 11월 수행된 한・중・

〈표 13-8〉 배출원별 미세먼지 및 생성물질 배출량(2020년 기준)

(단위: 톤)

물질 배출원	$PM_{2.5}$	PM_{10}	SO_x	NO_x	VOCs	NH_3
에너지산업 연소	2,421	2,832	30,805	53,295	8,117	2,088
비산업 연소	816	1,091	9,939	82,593	2,808	1,592
제조업 연소	3,131	6,751	26,664	125,417	2,686	1,118
생산공정	4,771	6,205	94,283	43,865	184,973	41,102
에너지수송 및 저장					22,632	
유기용제 사용					537,042	
도로이동오염원	3,761	4,088	236	309,387	30,259	2,052
비도로이동오염원	15,493	16,703	16,468	295,606	65,486	120
폐기물처리	198	236	1,685	10,497	53,444	23
농업						200,140
기타 면오염원	499	554		252	1,182	12,957
비산먼지	16,114	94,613				
생물성 연소	11,356	13,661	77	8,316	82,000	15
합계	58,558	146,733	180,157	929,227	990,629	261,207

출처: 국가미세먼지정보센터 대기정책지원시스템(CAPSS).

26) 충남, 경북, 전남 지역 배출량이 많은 것은 산업단지와 발전소가 많기 때문이다. 바다의 초미세먼지는 선박에서 발생하는 것을 말한다.

[그림 13-1] 연도별 미세먼지 배출량

(단위: t)

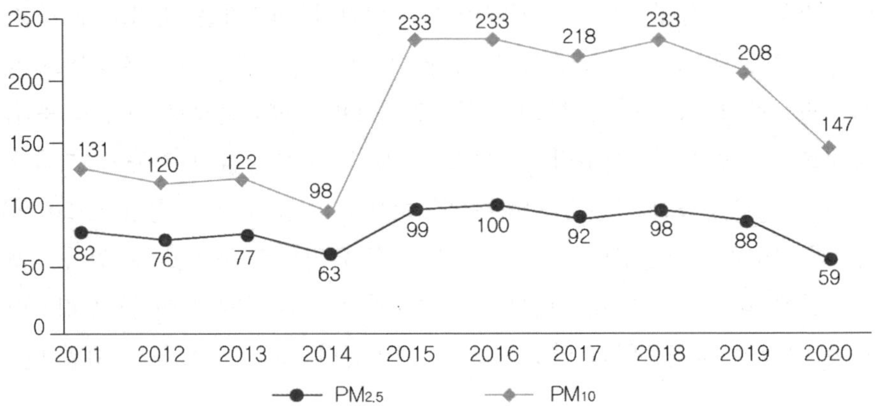

출처: 국가미세먼지정보센터 대기정책지원시스템(CAPSS) 자료를 바탕으로 작성.

[그림 13-2] 지역별 초미세먼지 배출량(2020년 기준)

(단위: t)

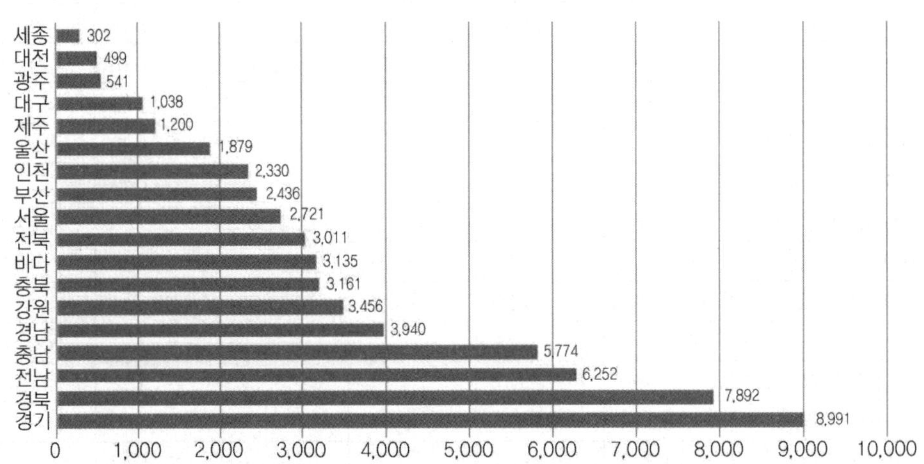

출처: 국가미세먼지정보센터 대기정책지원시스템(CAPSS) 자료를 바탕으로 작성.

일 3국 공동연구[27]에 따르면, 우리나라 3개 도시(서울, 대전, 부산) 연평균 초미세먼

27) 동북아 장거리이동 대기오염물질 조사와 대책 마련을 위한 한·중·일 3국 간 공동연구(Joint Research Project for Long-Range Transboundary Air Pollutants in Northeast Asia: LTP).

지 농도에 대한 통상적 기여율은 국내발생과 국외유입이 각각 50% 수준이다(환경부, 2022d). 아울러 〈표 13-9〉와 같이 이러한 기여율 분석에 있어 국가별 차이가 있고, 특히 중국과 한국의 입장이 판이함을 확인할 수 있다. 다만 최근 중국이 2060 탄소중립을 선언하고 대기질 개선대책을 추진하고 있어, 향후 국외유입의 영향도 점차 감소할 가능성이 있다.

〈표 13-9〉 초미세먼지($PM_{2.5}$) 국내 · 외 기여율 분석(2019년 LTP)

(단위: %)

수용지 \ 배출원		중국	한국	일본	기타(몽골, 러시아, 북한 등)
서울	중국 연구결과	23	63	0	13
	일본 연구결과	39	30	3	28
	한국 연구결과	39	42	1	18
대전	중국 연구결과	30	55	1	14
	일본 연구결과	34	48	2	16
	한국 연구결과	37	47	1	15
부산	중국 연구결과	26	62	2	11
	일본 연구결과	31	57	2	11
	한국 연구결과	29	57	2	13

출처: 환경부(2022c: 24).

2) 미세먼지 환경기준

세계보건기구는 국가별 상황에 맞추어 미세먼지 환경기준을 설정할 수 있도록 3단계의 잠정목표 및 권고기준을 제시하고 있다. 우리나라는 초미세먼지는 잠정목표

〈표 13-10〉 각국의 미세먼지 환경기준

항목	기준시간	국가별 미세먼지 환경기준					
		한국	WHO	EU	미국	일본	중국
$PM_{2.5}$ ($\mu g/m^3$)	연간	15	10	25	12,15	15	35
	24시간	35	25	–	35	35	75
PM_{10} ($\mu g/m^3$)	연간	50	20	40	–	–	70
	24시간	100	50	50	150	100	150

출처: 환경부(2019b: 16).

〈표 13-11〉 세계보건기구의 미세먼지 권고기준 및 잠정목표

구분	PM2.5(μg/m³)		PM10(μg/m³)		단계별(연평균기준) 건강 영향
	연평균	일평균	연평균	일평균	
잠정목표1	35	75	70	150	권고기준에 비해 사망위험률 약 15% 증가
잠정목표2	25	50	50	100	잠정목표1보다 약 6%(2~11%) 사망위험률 감소
잠정목표3	15	37.5	30	75	잠정목표2보다 약 6%(2~11%) 사망위험률 감소
권고기준	10	25	20	50	총 사망위험률 및 심폐질환과 폐암에 의한 사망률 증가가 가장 낮은 수준

출처: 환경부(2019b: 16).

3, 미세먼지는 잠정목표 2에 해당하는 환경기준을 채택하고 있다. 현재의 초미세먼지 환경기준은 2018년에 강화된 것이며, 미국이나 일본과 유사한 수준이다.

2 미세먼지 저감을 위한 정부대응

1) 정부대응의 흐름

2017년 9월 정부는 「미세먼지관리 종합대책(2017~2022)」을 확정하고, 2022년까지 국내배출량 30% 감축을 위한 로드맵을 제시했다. 이는 2016년 6월 수립된 「미세먼지관리 특별대책」을 1년여 만에 보완한 것으로, 2017년 5월 집권한 문재인 정부 선거공약 중 하나인 '임기 중 미세먼지 30% 감축'을 반영한 것이다. 2018년 11월에는 높아진 국민적 요구와 강화된 미세먼지 환경기준을 고려하여 「비상 · 상시 미세먼지관리 강화대책(2017~2022)」을 마련했다. 이상과 같은 대책들이 나올 때마다 미세먼지

〈표 13-12〉 「미세먼지관리 종합계획」 이전 미세먼지대책의 특성

	2016.6.3. 특별대책	2017.9.26. 종합대책	2018.11.8. 강화대책
감축 목표	2021년까지 국내배출 14%↓ (2014년 배출량 대비)	2022년까지 국내배출 30%↓ (2014년 배출량 대비)	2022년까지 국내배출 35%↓ (2014년 배출량 대비)
컨트롤 타워	• 환경부 중심 대응 • 국립환경과학원 중심 원인 규명	• 국무조정실 중심 정책조정 • 환경부 중심 실무대응	• 미세먼지특별대책위원회 설치 • 미세먼지 개선기획단 설치 • 국가미세먼지정보센터 설립
비상저감 조치	없음	공공부문 중심 참여	공공 및 민간부문 참여

출처: 환경부(2023a: 548)에서 일부 인용.

감축목표가 강화되고, 대응방식이 범부처적 성격을 띠었으며, 저감조치들이 강화 및 확대하는 모습을 보였다. 2019년 11월에는 「미세먼지관리 종합계획(2020~2024)」을 수립했다.28)

2018년 8월 「미세먼지 저감 및 관리에 관한 특별법(미세먼지법)」이 제정되어 2019년 2월 시행되었다. 법 제7조에 따라 정부는 미세먼지관리 종합계획을 5년마다 수립해야 한다. 시 · 도지사는 이를 자신의 관할구역에서 시행하기 위한 시행계획을 수립하고, 매년 시행계획의 추진실적을 환경부장관에게 보고해야 한다. 또한 미세먼지 관리의 컨트롤타워로 국무총리소속 미세먼지특별대책위원회를 설치했다. 위원회는 국무총리와 위촉위원이 공동위원장을 맡고 모두 40명 이내의 위원으로 구성된다. 위원회를 지원하기 위해 국무총리소속으로 미세먼지개선기획단을 설치했다. 아울러 미세먼지 등의 발생원인, 정책영향 분석, 배출량 관련 정보의 수집 · 분석 및 체계적인 관리를 위해 국가미세먼지정보센터를 환경부장관소속으로 설치했다.

미세먼지법에 따라 다음과 같은 주요 정책들이 법제화되었다. 첫째, 고농도 미세먼지 비상저감조치다(제18조~제20조). 미세먼지 고농도기간에 시 · 도지사가 자동차 운행제한이나 배출시설 가동제한 등의 미세먼지 비상저감조치를 취할 수 있도록 규정한 것이다. 둘째, 미세먼지 계절관리제다(제21조). 초미세먼지 월평균 농도가 특히 심화하는 '미세먼지 계절관리기간(12월 1일부터 다음 해 3월 31일까지)'에 환경부가 중앙행정기관의 장, 지방자치단체의 장, 공공기관이 운영하는 시설의 운영자에게 대기오염물질 배출시설의 가동률 조정 및 가동시간 변경, 대기오염방지시설의 효율 개선, 미세먼지 등의 배출 저감 및 관리를 위한 조치, 선박에 대한 연료 전환, 속도제한 또는 운행제한 등의 조치를 요청하는 것이다. 셋째, 미세먼지 집중관리구역 지정이다(제22조). 시 · 도지사, 시장 · 군수 · 구청장은 미세먼지 오염이 심각하다고 인정되는 지역 중 어린이 · 노인 등이 이용하는 시설이 집중된 지역을 미세먼지 집중관리구역으로 지정할 수 있으며, 지정된 경우에는 다양한 지원을 제공하는 것이다.29)

2) 「미세먼지관리 종합계획(2020~2024)」의 주요 내용

2019년 11월 수립된 「미세먼지관리 종합계획(2020~2024)」은 종전에 추진된 계획

28) 미세먼지법 제7조에 의거한 것이다.

29) 대기오염도 상시 측정, 살수차 · 진공청소차의 집중 운영, 어린이 등 통학 차량의 친환경차 전환, 학교 등에 공기정화시설 설치, 수목 식재 및 공원 조성 등이다.

들의 큰 틀은 대체로 유지한 채, 그간의 성과와 부족한 부분에 대한 평가를 바탕으로 수립되었다. 2024년까지 초미세먼지 연평균 농도를 2016년 연평균 농도(26$\mu g/m^3$) 대비 35% 이상 저감한 16$\mu g/m^3$까지 낮추는 것을 목표로 설정했다. 목표달성을 위해 5대 분야 42개 과제와 177개의 세부과제를 추진하고, 총 20.2조 원의 예산을 투입하는 내용을 담고 있다. 5대 분야별 주요 내용을 구분해서 살펴보면 다음과 같다(관계부처합동, 2019a).

(1) 국내배출량 감축

국내배출 감축을 위해 초미세먼지 직접배출 및 초미세먼지 생성물질들의 2024년 배출목표를 〈표 13-13〉에서와 같이 설정했다. 특히 질소산화물 배출량 감축에 가장 역점을 둔 것을 볼 수 있다. 국내배출 감축을 위한 정책들은 산업, 수송, 발전, 농업·생활 등의 부문에서 추진된다.

〈표 13-13〉 국내배출 초미세먼지 분야별 삭감률 목표

구분	계	산업	발전	수송	생활
$PM_{2.5}$(직접배출)	19%	8%	63%	36%	17%
SO_x	42%	25%	80%	71%	19%
NO_x	64%	63%	82%	65%	23%
VOCs	32%	75%	5%	44%	15%
NH_3	25%				30%

출처: 관계부처합동(2019a: 34). 삭감률은 2016년 배출량 대비 삭감비율임.

첫째, 산업부문에서는 ① 미세먼지 다량배출지역을 대기관리권역으로 엄격 관리, ② 사업장 오염물질 배출기준 강화 및 관리체계 재정비, ③ 사업장 배출관리 실태 감시·단속 강화, ④ 사업장 환경관리 강화를 위한 지원 확대 등의 정책이 추진된다. 둘째, 수송부문은 두 가지로 구분된다. 도로 수송부문에서는 ① 노후 경유차 퇴출 가속화, ② 경유차 검사·관리 강화, ③ 신규 경유차 수요 억제, ④ 저공해차 보급 확대, ⑤ 대중교통 편의 증진 및 교통수요 관리 강화 등이, 비도로 수송부문에서는 ① 선박 배출 미세먼지 저감, ② 항만 미세먼지 감축, ③ 건설·농업기계 관리 강화, ④ 공항 미세먼지 저감 등이 추진된다. 셋째, 발전부문에서는 ① 석탄화력 미세먼지 저감, ② 친환경 에너지전환 및 사각지대 관리 강화 등이 추진된다. 넷째, 농업 및 생활

부문에서는 ① 농업·농촌 분야 미세먼지 저감, ② 도심 미세먼지 저감 등이 추진된다.

(2) 국민건강 보호

국민건강 보호는 크게 세 가지 방향으로 추진한다. 첫째, 고농도 초미세먼지 발생 시 대응체계 구축이다. 핵심은 고농도 초미세먼지 발생 시 농도와 지속일수를 고려하여 4단계 위기경보(관심-주의-경계-심각)를 발령하고, 각 경보에 해당하는 재난대응 조치를 실행하는 것이다. 관심 경보 시에는 공공부문 차량 2부제, 건설공사장의 공사 시간 조정·단축, 도로청소차 운행 확대 등을 시행한다. 주의 경보 시에는 관심 경보에서 행한 조치에 더해 공공부문의 조치가 강화된다. 필수차량을 제외한 공공부문 차량의 운행을 전면 제한하고, 공공사업장은 연료사용량을 감축하는 등 추가조치를 취한다. 경계와 심각 경보 시에는 민간부문에 대한 조치를 강화하는 등 가용수단과 자원을 총동원하는 전면적 재난대응에 들어간다. 민간부문 차량 2부제(경계에서는 자율, 심각에서는 강제)를 시행하고, 대중교통 증차, 각급 학교나 어린이집 휴업·휴원, 재난사태 선포, 임시공휴일 지정 등이 검토된다(환경부보도자료, 2019a).

〈표 13-14〉 초미세먼지 위기경보 기준

단계	발령기준(하나의 요건만 충족되면 발령)	
관심	비상저감조치 발령기준	
주의	150μg/m^3 이상 2시간 지속 + 다음날 75μg/m^3 초과 예보	‘관심’단계 2일 연속 + 1일 지속 예상
경계	200μg/m^3 이상 2시간 지속 + 다음날 150μg/m^3 초과 예보	‘주의’단계 2일 연속 + 1일 지속 예상
심각	400μg/m^3 이상 2시간 지속 + 다음날 200μg/m^3 초과 예보	‘경계’단계 2일 연속 + 1일 지속 예상

출처: 관계부처합동(2019a: 70).

둘째, 미세먼지 고농도 시기(12월~3월) 계절관리제 시행이다. 고농도 시기에 평상시보다 강화된 배출저감 정책을 시행함으로써, 고농도 발생 강도와 빈도를 완화하기 위한 정책이다. 매년 고농도 시기 도래 전에 구체적인 시행사항을 확정하게 된다. 예를 들어, ‘2022년 12월~2023년 3월’을 대상으로 하는 「제4차 미세먼지 계절관리제 시행계획」에서는 21개 과제를 제시하고 있다.

〈표 13-15〉「제4차 미세먼지 계절관리제 시행계획」 포함 과제

구분		과제
선제조치		① 공공사업장 등 조기 감축 · 관리(10월~) ② 계절관리제 이행효과 사전제고(10월~)
부문별 감축 · 관리 강화	산업 · 발전	③ 대형사업장 자발적 감축 이행력 제고 ④ 대기오염물질 배출사업장 등 입체적 감시 · 단속 ⑤ 석탄발전 가동 축소 ⑥ 에너지 수요관리 강화
	수송	⑦ 5등급 차량 운행제한 확대 ⑧ 교통수요 관리 ⑨ 운행차 및 자동차 민간검사소 단속 ⑩ 건설공사장 노후 건설기계 사용제한 이행 제고 ⑪ 선박 · 항만 미세먼지 관리 강화
	농업 · 생활	⑫ 농촌 불법소각 방지 ⑬ 공사장 비산먼지 저감 ⑭ 도로 미세먼지 제거 ⑮ 미세먼지 안심공간 확대
국민건강 보호		⑯ 다중이용시설 실내공기질 점검 ⑰ 민감 · 취약계층 대상 부문별 감축 · 관리 강화 점검 · 지원
정보고도화 및 제공 확대		⑱ 미세먼지 관측 강화 ⑲ 미세먼지 정보제공 확대
국제협력 강화		⑳ 한 · 중 협력 지속 ㉑ 동아시아 공동대응 기반 마련

출처: 관계부처합동(2022a: 3).

셋째, 민간 · 취약계층 보호다. 영 · 유아, 어린이, 노인, 장애인 등 민감계층은 미세먼지에 더 취약할 수 있다는 것을 전제로 여러 정책을 추진한다, 이들이 많이 활용하는 시설에 대한 지원(공기정화설비 설치 등) 확대 및 이 시설들의 주변 및 실내 공기질 점검(인터넷에 결과 공개), 저소득층에 대해 미세먼지 마스크 지원, 민감계층에 대한 비상저감조치 대비 대응요령(대중교통 이용, 외출 자제 등) 교육 등이다.

(3) 국제 공동대응

미세먼지는 월경성 문제이므로 해결을 위해서는 주변국들과의 협력이 필요하다. 2000년부터 한국, 중국, 일본 연구진에 의해 동북아 장거리 이동 대기오염물질(LTP) 연구가 진행되었고, 2019년에 공동연구보고서가 발간되었다. 2000년부터 지상관측 및 대기화학 모델링을 통해 황산화물, 질소산화물 등을 대상으로 단계별 연구를 추진하고, 2013~2017년 동안 초미세먼지의 배출원-영향지역 관계 연구도 완료한 것이다.

〈표 13-9〉에서 제시한 바와 같이 우리나라 초미세먼지 농도에 있어 국외유입의 영향이 연구결과로 확인된 바 있다.

가장 시급한 것은 한국-중국 간 협력이다. 2019년에 양국 간 환경장관회의(2월), 총리회담(3월), 정상회담(6월)에서 미세먼지 공동대응 논의가 이루어졌다. 아울러 그간 분산적으로 추진하던 각종 협력사업을 2020년부터는 '청천(晴天)계획'이라는 브랜드로 통일하여 심화·발전시키고, 협력사업의 범위도 연구사업 위주에서 정책·기술교류 및 환경산업 협력으로 확대하기로 했다. 한·중 양자 협력을 넘어 동북아시아 전체의 협력도 추진하고 있다. 2018년 만들어진 동북아청정대기파트너십(NEACAP)을[30] 기반으로 역내 대기오염물질에 대한 정보공유 및 대응방안을 도출하고, 중장기적으로는 1979년 유럽 장거리 월경성 대기오염에 관한 협약(CLRTAP), 1991년 미국-캐나다 대기질 협약 등을 고려하며, 동북아지역 특성에 맞는 대기질 국제협약체계 구축을 추진한다는 계획이다(관계부처합동, 2019a; 환경부, 2023a).

(4) 정책기반 강화

정책추진의 효과성을 높이기 위한 기반 강화는 다음과 같은 측면들에서 추진된다(관계부처합동, 2019a; 환경부, 2023a).

첫째, 미세먼지 측정·예보 고도화다. 기상-해양-환경 정지궤도 복합위성(천리안 2호), 항공기, 선박, 지상·라이다[31] 측정망 등으로 3차원 입체 측정자료를 확보하는 한편, 미세먼지 측정망을 확충하여 신뢰도 높은 DB를 구축하는 것이다. 아울러 한·미(NASA 등) 대기질 공동조사, 한국형 수치예보모델 개발 및 고도화, 인공지능(AI) 예측시스템 구축 등도 추진되고 있다. 이를 통해 미세먼지 예보정확도를 2018년 72%에서 2024년 75%로 높인다는 계획이다.

둘째, 미세먼지 배출량 통계 개선이다. 국가배출량 정보를 체계적으로 생산 및 관리하고 미세먼지 발생원인을 규명하기 위해 환경부에 국가미세먼지정보센터를 설립했으며(2019년), 지역별로 미세먼지연구·관리센터(미세먼지연구센터)를 지정·운영하고 있다.[32] 아울러 대기질영향예측시스템(NEAS)[33]을 통해 국내·외 배출현황, 기

30) NEACAP(North East Asia Clean Air Partnership)은 NEASPEC(동북아환경협력계획) 내 대기오염저감 파트너십이다. NEASPEC(North-East Asian Subregional Programme for Environmental Co-operation)은 1993년에 동북아지역의 환경협력을 도모하기 위해 한국 정부 주도 하에 발족한 것으로, 한국, 중국, 일본, 북한, 몽골, 러시아가 회원국으로 참여하고 있다.

31) LIDAR: Light Detection and Ranging(빛을 통한 검출 및 거리 측정).

32) 미세먼지연구·관리센터 지정·운영은 미세먼지법 제25조의2에 근거하며, 자세한 지정절차 등은

상현황, 미세먼지 2차 생성 등 다양한 요인을 종합적으로 고려하여, 대기오염물질 배출원별 기여도 등 미세먼지 발생원인을 정량적으로 규명해 나간다는 계획이다.

셋째, 미세먼지 R&D 성과 연계 및 강화다. 그간 진행된 다양한 연구과제 간 성과를 연계하고 공백이 있는 부분의 연구를 강화하는 것이다. 특히 과학적 규명 및 예측, 배출원 측정 · 감시, 미세먼지 저감, 정보 통합분석, 건강 영향 등 5대 중점분야에서 과학적 근거를 확보하여 중장기적 대응력을 갖출 계획이다. 관리 사각지대 해소 및 취약계층 건강 보호를 위해 시급한 조치가 필요한 경우에는 조기에 실증기술 개발에 착수하며, 부문별(건강, 수송, 지하철, 농업 등) 특성 및 기술 수요에 따른 맞춤형 기술개발을 추진한다. 아울러 미세먼지 저감 신기술이나 제품의 초기 판로를 제공하고, 인증체계도 마련한다는 계획이다.

〈표 13-16〉 중장기 미세먼지 R&D 5대 중점분야(안)

분야	내용
과학적 규명 및 예측	2차 생성 미세먼지 메커니즘 도출, 바이오 미세먼지 등 미래형 이슈 연구, 예측 모형 고도화 등
배출원 측정 및 감시	운행 경유차에서 배출하는 입자상물질 실시간 측정, 측정소 미설치 지역에 대한 감시기술 개발 등
미세먼지 저감	브레이크 마모로 발생하는 미세먼지 집진기 개발, 실내공기 정화를 위한 필터 소재 개발 등
정보 통합분석	클라우드 기반 미세먼지 통합 플랫폼 개발, 일상 속 개인맞춤형(호흡기 헬스케어 관리 서비스 등) 미세먼지 소통 기술 등
건강영향	환경성질환 상관성 규명, 환경보건감시체계 구축 및 맞춤형서비스 제공 등을 위한 환경성질환 예측 평가 기술개발 등

출처: 관계부처합동(2019a: 82).

(5) 소통 및 홍보

미세먼지 문제의 이해와 해결에 있어 대국민 홍보, 소통, 참여가 중요하다는 전제하에 다음과 같은 과제들이 추진된다. 첫째, 취약 · 특정계층 대상 교육 확대(다가가는 소통)다. 학교에서의 미세먼지 교육, 생애주기별 수요자 맞춤형 교육, 학부모 커뮤

환경부 「미세먼지연구 · 관리센터 지정 · 운영지침」에서 정하고 있다. 2023년 현재 대기관리권역법에 따른 대기관리권역(4개)에는 이미 지정되어 있다. 2021년에 수도권(인하대) 및 중부권(공주대), 2022년에 남부권(전남환경산업진흥원 · 목포대) 및 동남권(울산과학연구원)에 지정한 것이다. 환경부는 대기관리권역 이외의 지역 및 국제협력 분야에서도 지정해 나간다는 계획이다.

33) National Emissions and Air quality Assessment System(NEAS). 미세먼지정보센터가 운영한다.

니티에 대해 홍보콘텐츠 제공, 대국민 교육, 공무원 교육 등을 통해 미세먼지 문제에 대한 올바른 대응을 유도한다. 둘째, 대국민 홍보접점 확대다. 국민에게 친숙한 매체를 활용한 홍보, 미세먼지 종합포털 구축, 선제적 홍보(9월) 등을 통해 미세먼지에 대한 일반 대중의 정보 수준을 향상한다. 셋째, 일반 국민의 참여를 유도하기 위한 프로그램 운영이다. 사회적 합의 도출을 위한 국민대토론회, 전국 순회 타운홀 미팅, 국민이 직접 참여하는 홍보콘텐츠 경진대회, 대국민 캠페인 개최 등이 여기 포함된다.

제 3 절 | 여타 대기환경 정책

1 실내공기질 관리

1) 실내공기질 관리의 제도적 기초

세계보건기구(WHO)에 따르면, 연간 700만 명이 공기 오염에 의해 사망한다. 이 중 실외공기 오염 사망자가 420만 명, 실내공기 오염 사망자가 380만 명이다. 실내 오염도를 20%만 줄여도 급성 기관지 질환 사망률을 최소 4~8% 줄일 수 있는 것으로 보고되고 있다(환경부, 2023a). 하루 중 대부분을 실내에서 보내는 사람이 많고, 실내 오염물질은 사람의 폐에 전달될 확률이 실외보다 훨씬 높다는 점에서, 실내공기질 관리가 중요할 수밖에 없다. 이러한 인식에 따라 우리나라는 1997년에 「지하생활공간 공기질관리법」을 제정하여 실내공기질 관리를 본격화했다. 이 법은 2004년 「다중이용시설의 실내공기질관리법」으로, 그리고 2016년 「실내공기질관리법」으로 명칭이 변경되었다. 정부의 실내공기질 관리대상 범위가 처음에는 지하공간에 한정되었다가, 이후 다중이용시설로 확대되고, 다시 신축 공동주택 및 대중교통 차량까지 넓어진 것이다. 「실내공기질관리법」의 목적(제1조)은 다중이용시설, 신축되는 공동주택 및 대중교통 차량의 실내공기질을 알맞게 유지하고 관리함으로써, 그 시설을 이용하는 국민의 건강을 보호하고 환경상의 위해를 예방하는 데 있다(환경부, 2018b).

「실내공기질관리법」 제4조의3에 따라 환경부장관은 실내공기질 관리에 필요한 기본계획을 5년마다 수립해야 하고, 기본계획에 따라 관계 중앙행정기관과 시·도에서는 시행계획을 수립해야 한다. 제1차 기본계획(2004~2008), 제2차 기본계획(2009~

2013), 제3차 기본계획(2015~2019)에 이어 제4차 기본계획으로 2020년에 「실내공기질관리 기본계획(2020~2024)」이 수립되었다. 제4차 기본계획에서는 '2024년 실내공기질 관리기준 준수율 100% 달성'을 목표로 제시하고, 4대 분야 15개 중점과제를 제시했다. 아울러 2024년까지 달성할 실내공기질 관리목표도 함께 제시했다.

〈표 13-17〉「실내공기질관리 기본계획(2020~2024)」의 분야별 중점과제

핵심분야	중점과제
1 다중이용시설 공기질 관리수준 향상	• 어린이집, 학교 등 민감계층 이용시설 관리 • 환기설비 이용 실효성 제고 • 자율적 실내공기질 관리체계 구축 • 실내공기질 관리기준 합리화
2 쾌적한 대중교통 이용환경 조성	• 지하역사 공기질 개선사업 추진 • 대중교통 공기질 관리 사각지대 해소 • IoT 기반 공기질 모니터링 확대 • 차량 제작단계 관리 강화
3 공동주택 거주환경 개선	• 라돈 관리 강화 • 신축 공동주택 공기질 측정·관리 내실화 • 일반가정 주거환경 개선 지원 확대
4 관리기반 강화	• 실내환경관리센터 중점 육성 • 조사·연구 및 기술개발 활성화 • 실내공기질 지도·점검 내실화 • 교육·홍보 및 민-관 소통 강화

출처: 관계부처합동(2020b: 15).

〈표 13-18〉「실내공기질관리 기본계획(2020~2024)」의 2024년 관리목표

구분		2018년	2024년
다중이용시설	• PM_{10} 평균농도 • 미세먼지 유지기준 준수율 • 지방자치단체 지도·점검률	• 42.6$\mu g/m^3$ • 99.7% (PM_{10}) • 4.9%	• 35.0$\mu g/m^3$ • 100%($PM_{2.5}$ · PM_{10}) • 15%
대중교통차량	• $PM_{2.5}$ 평균농도 • 대중교통차량 측정망 설치율	• – • –	• 35.0$\mu g/m^3$ • 10%
공동주택	• 폼알데하이드 평균농도 • 라돈 평균농도	• 34.8$\mu g/m^3$ • –	• 30.0$\mu g/m^3$ • 100Bq/m^3
관리기반 강화	• 실내공기 안심시설 인증 • 실내환경관리센터 운영 • 공기질 진단·개선 컨설팅 대상시설	• 22개소 • – • 100개소	• 200개소 • 10개소 • 300개소

출처: 관계부처합동(2020b: 16).

2) 실내공기질 관리의 주요 정책

실내공기질 관리를 위해 추진되는 주요 정책을 관리 대상시설을 중심으로 살펴보면 다음과 같다(환경부, 2018b; 환경부, 2023a).

(1) 다중이용시설의 실내공기질 관리기준

지하역사, 의료기관, 찜질방, 영화상영관 등 26개 종류의 다중이용시설에 대해 유지기준과 권고기준을 통한 실내공기질 관리가 이루어지고 있다. 구체적으로 미세먼지, 초미세먼지, 이산화탄소, 포름알데히드, 총부유세균, 일산화탄소 등 6개 물질에 대하여 유지기준을 설정하고, 위반 시 과태료를 부과하거나 개선명령을 내린다. 위험도가 비교적 낮은 이산화질소, 라돈, 총휘발성유기화합물, 곰팡이 등 4개 오염물질에 대해서는 권고기준을 설정하여 시설관리자의 자율적 준수를 유도한다. 유지기준과 권고기준은 환경부령인 「실내공기질관리법 시행규칙」에서 정하고 있다. 다중이용시설 관리책임자는 유지기준 항목은 연 1회, 권고기준 항목은 2년에 1회 측정하여, 30일 이내에 지방자치단체에 보고하거나 한국환경공단에서 운영하는 '실내공기질관리 종합정보망'에 입력해야 한다.

〈표 13-19〉 실내공기질 유지기준

<table>
<tr><th>오염물질 항목 / 다중이용시설</th><th>미세먼지 (PM_{10}) ($\mu g/m^3$)</th><th>미세먼지 ($PM_{2.5}$) ($\mu g/m^3$)</th><th>이산화탄소 (ppm)</th><th>폼알데하이드 ($\mu g/m^3$)</th><th>총부유세균 (CFU/m^3)</th><th>일산화탄소 (ppm)</th></tr>
<tr><td>가. 지하역사, 지하도상가, 철도역사의 대합실, 여객자동차터미널의 대합실, 항만시설 중 대합실, 공항시설 중 여객터미널, 도서관·박물관 및 미술관, 대규모 점포, 장례식장, 영화상영관, 학원, 전시시설, 인터넷컴퓨터게임시설 제공업의 영업시설, 목욕장업의 영업시설</td><td>100 이하</td><td>50 이하</td><td rowspan="3">1,000 이하</td><td>100 이하</td><td>–</td><td rowspan="2">10 이하</td></tr>
<tr><td>나. 의료기관, 산후조리원, 노인요양시설, 어린이집, 실내 어린이놀이시설</td><td>75 이하</td><td>35 이하</td><td>80 이하</td><td>800 이하</td></tr>
<tr><td>다. 실내주차장</td><td>200 이하</td><td>–</td><td>100 이하</td><td>–</td><td>25 이하</td></tr>
<tr><td>라. 실내 체육시설, 실내 공연장, 업무시설, 둘 이상의 용도에 사용되는 건축물</td><td>200 이하</td><td>–</td><td>–</td><td>–</td><td>–</td><td>–</td></tr>
</table>

출처: 「실내공기질관리법 시행규칙」 [별표 2].

〈표 13-20〉 실내공기질 권고기준

<table>
<tr><th>오염물질 항목
다중이용시설</th><th>이산화질소
(ppm)</th><th>라돈
(Bq/m^3)</th><th>총휘발성
유기화합물
(μg/m^3)</th><th>곰팡이
(CFU/m^3)</th></tr>
<tr><td>가. 지하역사, 지하도상가, 철도역사의 대합실, 여객자동차터미널의 대합실, 항만시설 중 대합실, 공항시설 중 여객터미널, 도서관·박물관 및 미술관, 대규모점포, 장례식장, 영화상영관, 학원, 전시시설, 인터넷컴퓨터게임시설 제공업의 영업시설, 목욕장업의 영업시설</td><td>0.1
이하</td><td rowspan="3">148
이하</td><td>500
이하</td><td>-</td></tr>
<tr><td>나. 의료기관, 산후조리원, 노인요양시설, 어린이집, 실내 어린이놀이시설</td><td>0.05
이하</td><td>400
이하</td><td>500
이하</td></tr>
<tr><td>다. 실내주차장</td><td>0.30
이하</td><td>1,000
이하</td><td>-</td></tr>
</table>

출처: 「실내공기질관리법 시행규칙」 [별표 3].

(2) 다중이용시설의 사전예방적 실내공기질 관리

다중이용시설 실내공기 오염을 사전예방하기 위해, 새로 설치되는 다중이용시설 및 30세대 이상의 공동주택에 대해서는 국토교통부령인 「건축물의 설비기준 등에 관한 규칙」에 따라 환기설비 설치를 의무화하고 있다. 또한 건축자재에서 방출되는 오염물질의 관리를 위해, 건축자재 제조·수입업자는 다중이용시설 또는 공동주택에 건축자재를 공급하기 전에 시험기관으로부터 폼알데하이드, 총휘발성유기화합물(TVOC), 톨루엔 등 3개 오염물질이 방출기준 이내로 방출되는지 확인받아야 한다.

(3) 신축 공동주택의 실내공기질 관리

100세대 이상 신축 공동주택 시공자는 친환경 건축자재 사용 및 실내공기질 측정·공고의무가 있다. 우선 오염물질 방출기준을 초과하지 않는 건축자재(접착제, 페인트, 실란트, 퍼티, 벽지, 바닥재, 목질 판상제품 등 총 7종)를 사용해야 한다. 또한 시공이 완료된 후 폼알데하이드, 휘발성유기화합물(벤젠, 톨루엔, 에틸벤젠, 자일렌, 스티렌), 라돈 등 7개 물질의 오염물질 농도를 측정하여, 그 결과를 입주 7일 전까지 지방자치단체장에게 제출하고, 주민이 확인할 수 있도록 입주 7일 전부터 60일 간 적절한 장소에 공고해야 한다.

(4) 대중교통 차량의 실내공기질 관리

2006년 환경부는 「대중교통수단 실내공기질 관리 가이드라인」을 처음 제정해 시행한 바 있다. 2014년부터는 환경부고시인 「실내공기질 관리를 위한 대중교통차량 제작 · 운행 관리지침」을 제정하여 시행하고 있다. 이 관리지침에 따라 환경부장관은 대중교통 차량의 제작자에게 관리지침에 맞게 대중교통 차량을 제작하도록 권고할 수 있고, 시 · 도지사는 대중교통 차량 운송사업자에게 관리지침에 맞게 대중교통 차량을 운행하도록 권고할 수 있다. 아울러 관리지침 준수에 필요한 기술적 · 재정적 지원도 할 수 있다. 2019년에는 「실내공기질관리법」을 개정하여 대중교통 차량 실내공기질 측정을 의무화하고(초미세먼지 및 이산화탄소에 대해 연 1회),[34] 차량 내 미세먼지 권고기준을 강화했다(PM_{10} 150~200$\mu g/m^3$ → $PM_{2.5}$ 50$\mu g/m^3$).

(5) 지하역사 공기질관리

많은 사람이 지하철을 이용하는 대도시의 경우 지하역사의 공기질관리가 특히 중요하다. 지하역사는 구조상 환기가 어렵고 지하상가 등과 연결되어 있어, 유입 · 발생한 오염물질을 효과적으로 처리하기에 어려움이 있다. 정부는 2008년부터 지하역사 공기질개선 5개년 대책을 통해 지하역사 미세먼지 관리 강화사업을 추진해 왔다. 제1차 대책(2008~2012), 제2차 대책(2013~2017), 제3차 대책(2018~2022년)에 이어 현재는 「제4차 지하역사 공기질 개선대책(2023~2027년)」을 수립한 상태다. 제4차 대책에서는 '초미세먼지 오염도 17% 저감(2022년 29$\mu g/m^3$ → 2027년 24$\mu g/m^3$)'을 목표로

〈표 13-21〉「제4차 지하역사 공기질 개선대책」의 분야별 세부추진과제

분야	세부추진과제
① 제도 개선	• 실내공기질 측정 · 감시체계 개선 • 미세먼지 고농도 역사 중점지원체계 구축 • 자율관리 체계 도입
② 관리 · 운영 고도화	• 지하공간 미세먼지 저감 · 관리 강화 • 스마트 공기질 관리시스템 적용 확대 • 미세먼지 특별관리 역사 운영
③ 신기술 도입 · 개발	• 첨단 저감기술 도입 · 적용 • 오염물질 관리 신기술 연구 · 개발

출처: 관계부처합동(2023b: 6).

34) 측정의무 대상은 도시철도 및 철도의 20%, 시외버스의 20%다.

제시했다. 아울러 목표달성을 위해 3대 분야 8개 세부 추진과제를 제시했다(관계부처 합동, 2023b).

2 소음 · 진동 관리

1) 소음 · 진동 관리의 제도적 기초

우리나라에서는 소음 · 진동으로 인한 피해를 방지하고 적정하게 관리하기 위한 목적으로 1990년에 「소음 · 진동규제법」을 제정했고, 2009년에 현재와 같은 「소음 · 진동관리법」으로 명칭을 변경했다. 특히 소음에 대해서는 「환경정책기본법 시행령」에서 환경기준을 정하고 있으며, 규제하는 법률도 다양하다. 하지만 소음 · 진동 관리는 주로 지방자치단체의 업무라 할 수 있다.

소음 · 진동 민원은 전체 환경 민원에서 차지하는 비중이 매우 크며 계속 증가하고 있다. 2020년 기준 소음 · 진동 민원은 169,679건으로 2015년 106,283건 대비 50% 이상 증가했고, 전체 환경 민원(322,610건)의 절반 이상을 차지했다(연합뉴스, 2021년 11월 28일). 이처럼 점증하는 문제에 대응하여 정부는 「소음 · 진동관리법」 제2조의3에 따라 소음 · 진동관리 종합계획을 5년마다 수립하고 있다. 「제4차 소음 · 진동관리

〈표 13-22〉 소음환경기준(2023년 현재)

[단위: Leq db(A)]

지역구분	적용대상지역*	기준	
		낮 (06 : 00~22 : 00)	밤 (22 : 00~06 : 00)
일반지역	‘가’ 지역	50	40
	‘나’ 지역	55	45
	‘다’ 지역	65	55
	‘라’ 지역	70	65
도로변지역	‘가’ 및 ‘나’ 지역	65	55
	‘다’ 지역	70	60
	‘라’ 지역	75	70

* ‘가’ 지역에는 녹지지역, 보전관리지역, 농림지역, 자연환경보전지역, 전용주거지역, 그리고 종합병원 · 학교 · 공공도서관으로부터 50미터 이내 지역이, ‘나’ 지역에는 생산관리지역, 일반주거지역, 준주거지역이, ‘다’ 지역에는 상업지역, 계획관리지역, 준공업지역이, ‘라’ 지역에는 전용공업지역, 일반공업지역이 포함된다.

출처: 「환경정책기본법 시행령」 [별표 1].

〈표 13-23〉 소음 · 진동 규제 법률들

소관부서	법령	주요 내용
환경부	환경정책기본법	소음환경기준 설정
	소음 · 진동관리법	공장, 생활, 교통 등의 소음 · 진동 관리
국토부	공동주택관리법	층간소음의 방지, 층간소음 분쟁조정기구, 관리규약에 층간소음 관리 포함
	공항소음 방지 및 소음대책지역 지원에 관한 법률	민간공항 소음대책지역 지정
법무부	집합건물 소유 및 관리에 관한 법률	주상복합 등 집합건물의 소유자 · 입주자 간 소음 · 진동 등의 분쟁조정
국방부	군용비행장 · 군사격장 소음 방지 및 피해보상에 관한 법률	군용 비행장 주변지역의 소음대책지역 지정 및 관리, 소음피해 방지 및 보상

출처: 관계부처합동(2020f: 13).

종합계획(2021~2025)」에서는 '소음 · 진동 국민만족도 40% 달성' 및 '소음 · 진동 노출 인구 10% 감소'를 목표로 제시했다.[35] 목표달성을 위한 전략으로는 건강영향 중심의 소음 · 진동 관리기반 구축, 신기술을 활용한 소음 · 진동 측정 선진화, 국민체감형 소음 · 진동 관리체계 구축, 소음 · 진동 관리역량 강화 등 네 가지를 제시했다(관계부처합동, 2020f).

2) 소음 · 진동 관리의 주요 정책

「소음 · 진동관리법」에서는 소음 · 진동 관리의 영역을 공장(제2장), 생활(제3장), 교통(제4장), 항공기(제5장) 등으로 구분하고, 비교적 상세한 영역별 관리방법을 규정하고 있다. 구분해서 살펴보기로 한다.

(1) 공장 소음 · 진동 관리

공장 소음은 국지적이지만 그 배출시설이 없어지지 않는 한 계속해서 발생한다는 특징이 있다. 공장 소음 · 진동 배출시설을 설치할 때는 지방자치단체장의 허가를 받거나 신고해야 한다.[36] 학교, 종합병원, 공공도서관, 공동주택의 주변지역 및 주거지역, 보육시설의 등 정온시설이 있는 지역에서는 허가를 받아야 하고, 나머지 지역에

35) 2020년 기준 소음 국민만족도는 30% 수준이며, 소음기준 초과 노출 인구는 50%다. 제4차 종합계획의 목표는 국민만족도를 40%로 향상하고, 노출 인구를 40%로 감소하겠다는 것이다.
36) 다만 산업단지 및 대통령령으로 정하는 지역(공업단지, 자유무역단지 등)에 설치하는 경우에는 허가나 신고대상에서 제외된다.

서는 신고하면 된다. 2021년 기준 허가 및 신고대상 소음배출업소 수는 43,022개소이고, 이 중 허가를 받아야 하는 업소는 835개였다. 공장에서 나오는 소음 · 진동의 배출허용기준은 환경부령인 「소음 · 진동관리법 시행규칙」에서 정하고 있다. 배출허용기준을 초과할 경우 개선명령, 조업정지명령, 설치허가 취소(신고시설인 경우는 폐쇄명령) 등에 처할 수 있다.

〈표 13-24〉 공장 소음 · 진동의 배출허용기준(2023년 현재)

[단위: dB(A)]

대상지역	시간대별		
	낮 (06:00~18:00)	저녁 (18:00~24:00)	밤 (24:00~06:00)
가. 도시지역 중 전용주거지역 및 녹지지역(취락지구 · 주거개발진흥지구 및 관광 · 휴양개발진흥지구만 해당한다), 관리지역 중 취락지구 · 주거개발진흥지구 및 관광 · 휴양개발진흥지구, 자연환경보전지역 중 수산자원보호구역 외의 지역	50 이하	45 이하	40 이하
나. 도시지역 중 일반주거지역 및 준주거지역, 도시지역 중 녹지지역(취락지구 · 주거개발진흥지구 및 관광 · 휴양개발진흥지구는 제외한다)	55 이하	50 이하	45 이하
다. 농림지역, 자연환경보전지역 중 수산자원보호구역, 관리지역 중 가목과 라목을 제외한 그 밖의 지역	60 이하	55 이하	50 이하
라. 도시지역 중 상업지역 · 준공업지역, 관리지역 중 산업개발진흥지구	65 이하	60 이하	55 이하
마. 도시지역 중 일반공업지역 및 전용공업지역	70 이하	65 이하	60 이하

출처: 「소음 · 진동관리법 시행규칙」 [별표 5].

(2) 생활 소음 · 진동 관리

생활 소음 · 진동 배출원은 공동주택, 확성기, 건설공사장, 공장, 유흥업소 등 매우 다양하다. 생활 소음 · 진동의 규제기준은 환경부령인 「소음 · 진동관리법 시행규칙」에서 정한다. 규제기준을 초과할 경우 지방자치단체장은 작업시간의 조정, 소음 · 진동 발생 행위의 분산 · 중지, 방음 · 방진시설의 설치, 소음이 적게 발생하는 건설기계의 사용 등 필요한 조치를 명할 수 있다. 이러한 조치명령을 이행하지 않거나 이행한

〈표 13-25〉 생활 소음 · 진동의 규제기준(2023년 현재)

[단위: dB(A)]

<table>
<tr><th rowspan="2">대상 지역</th><th colspan="2">시간대별
소음원</th><th>아침, 저녁
(05:00~07:00,
18:00~22:00)</th><th>주간
(07:00~
18:00)</th><th>야간
(22:00~
05:00)</th></tr>
<tr></tr>
<tr><td rowspan="7">가. 주거지역, 녹지지역, 관리지역 중 취락지구 · 주거개발진흥지구 및 관광 · 휴양개발진흥지구, 자연환경보전지역, 그 밖의 지역에 있는 학교 · 종합병원 · 공공도서관</td><td rowspan="2">확성기</td><td>옥외설치</td><td>60 이하</td><td>65 이하</td><td>60 이하</td></tr>
<tr><td>옥내에서 옥외로 소음이 나오는 경우</td><td>50 이하</td><td>55 이하</td><td>45 이하</td></tr>
<tr><td colspan="2">공장</td><td>50 이하</td><td>55 이하</td><td>45 이하</td></tr>
<tr><td rowspan="2">사업장</td><td>동일 건물</td><td>45 이하</td><td>50 이하</td><td>40 이하</td></tr>
<tr><td>기타</td><td>50 이하</td><td>55 이하</td><td>45 이하</td></tr>
<tr><td colspan="2">공사장</td><td>60 이하</td><td>65 이하</td><td>50 이하</td></tr>
<tr></tr>
<tr><td rowspan="6">나. 그 밖의 지역</td><td rowspan="2">확성기</td><td>옥외설치</td><td>65 이하</td><td>70 이하</td><td>60 이하</td></tr>
<tr><td>옥내에서 옥외로 소음이 나오는 경우</td><td>60 이하</td><td>65 이하</td><td>55 이하</td></tr>
<tr><td colspan="2">공장</td><td>60 이하</td><td>65 이하</td><td>55 이하</td></tr>
<tr><td rowspan="2">사업장</td><td>동일 건물</td><td>50 이하</td><td>55 이하</td><td>45 이하</td></tr>
<tr><td>기타</td><td>60 이하</td><td>65 이하</td><td>55 이하</td></tr>
<tr><td colspan="2">공사장</td><td>65 이하</td><td>70 이하</td><td>50 이하</td></tr>
</table>

출처: 「소음 · 진동관리법 시행규칙」 [별표 8].

이후에도 규제기준을 초과하는 경우, 해당 규제대상의 사용금지, 해당 공사의 중지 또는 폐쇄를 명할 수 있다.

최근 사회문제로 등장한 층간소음 분쟁 해소를 위해 환경부는 국토교통부와 공동으로, 2014년에 「공동주택 층간소음의 범위와 기준에 관한 규칙」을 제정한 바 있다. 2022년에도 국토교통부와 협업하여 「공동주택 층간소음 기준 정비안」을 마련했다. 실정법상 층간소음의 범위와 기준은 환경부와 국토교통부의 공동부령인 「공동주택 층간소음의 범위와 기준에 관한 규칙」에 제시되어 있다. 층간소음 기준은 직접충격 소음(뛰거나 걷는 동작 등으로 인하여 발생하는 소음)과 공기전달 소음(텔레비전, 음향기기 등의 사용으로 인하여 발생하는 소음)으로 구분되며, 주간과 야간이 달리 설정되어 있다.37)

37) 욕실, 화장실 및 다용도실 등에서 급수 · 배수로 인하여 발생하는 소음은 제외된다.

〈표 13-26〉 층간소음의 기준(2023년 현재)

[단위: dB(A)]

층간소음의 구분		층간소음의 기준	
		주간 (06:00~22:00)	야간 (22:00~06:00)
1. 직접충격 소음	1분 간 등가소음도(Leq)	39	34
	최고소음도(Lmax)	57	52
2. 공기전달 소음	5분 간 등가소음도(Leq)	45	40

출처: 「공동주택 층간소음의 범위와 기준에 관한 규칙」 [별표].

(3) 교통 소음 · 진동 관리

도로 및 철도교통망이 촘촘한 우리나라에서 교통 소음은 도시는 물론 농촌에까지 영향을 미치는 광범위한 환경문제다. 특히 교통으로 인한 소음 · 진동 노출 인구가 많은 지역에서는 주민의 실생활에 큰 영향을 끼친다. 국립환경과학원에 따르면, 서울시 25개 구 중 15개 구가 유럽보다 높은 수준의 도로교통 소음에 노출되어 있다. 특히 9개 구에서는 평균 20% 이상의 인구가 관리기준 이상의 도로교통 소음에 노출된 것으로 나타났다(국립환경과학원보도자료, 2013).

환경부령인 「소음 · 진동관리법 시행규칙」 [별표 11]에서는 도로와 철도에 대해 각각 교통 소음 · 진동의 관리기준을 설정하고 있다. 아울러 동 시행규칙에서는 도로교통 소음의 주된 배출원인 자동차에 대해서도 여러 규제기준을 설정하고 있다. 제작차 및 운행차에 대한 소음허용기준은 [별표 13]에서, 자동차용 타이어 소음허용기준은 [별표 14의2]에서 각각 정하고 있다.

지방자치단체장은 교통 소음 · 진동 관리기준을 초과하거나 초과할 우려가 있는 지역을 교통 소음 · 진동 관리지역으로 지정할 수 있다. 관리지역으로 지정한 경우에는 그 사실을 고시하고 표지판 설치 등의 조치를 해야 한다. 아울러 관리지역을 운행하는 자동차에 대해 속도제한 · 우회 등에 필요한 조치를 해 줄 것을 시 · 도 경찰청장에게 요청할 수 있다. 또한 관리지역에서 자동차 전용도로, 고속도로, 철도로부터 발생하는 소음 · 진동이 관리기준을 초과하여 주민의 생활을 침해한다고 인정할 경우, 지방자치단체가 스스로 방음 · 방진시설을 설치하거나 해당 시설관리기관의 장에게 방음 · 방진시설을 설치하도록 요청할 수 있다.

〈표 13-27〉 교통 소음 · 진동의 관리기준(2023년 현재)

대상지역(도로)	구분	한도	
		주간 (06 : 00~22 : 00)	야간 (22 : 00~06 : 00)
가. 주거지역, 녹지지역, 보전관리지역, 관리지역 중 취락지구 · 주거개발진흥지구 및 관광 · 휴양개발진흥지구, 자연환경보전지역, 학교 · 병원 · 공공도서관 및 입소규모 100명 이상의 노인의료복지시설 · 영유아보육시설의 부지 경계선으로부터 50미터 이내 지역	소음 [LeqdB(A)]	68	58
	진동 [dB(V))	65	60
	소음 [LeqdB(A)]	73	63
나. 상업지역, 공업지역, 농림지역, 관리지역 중 산업 · 유통개발진흥지구 및 관리지역 중 가목에 포함되지 않는 그 밖의 지역, 미고시지역	진동 [dB(V))	70	65
대상지역(철도)	**구분**	**한도**	
		주간 (06 : 00~22 : 00)	야간 (22 : 00~06 : 00)
가. 주거지역, 녹지지역, 보전관리지역, 관리지역 중 취락지구 · 주거개발진흥지구 및 관광 · 휴양개발진흥지구, 자연환경보전지역, 학교 · 병원 · 공공도서관 및 입소 규모 100명 이상의 노인의료복지시설 · 영유아보육시설의 부지 경계선으로부터 50미터 이내 지역	소음 [LeqdB(A)]	70	60
	진동 [dB(V)]	65	60
나. 상업지역, 공업지역, 농림지역, 관리지역 중 산업 · 유통개발진흥지구 및 관리지역 중 가목에 포함되지 않는 그 밖의 지역, 미고시지역	소음 [LeqdB(A)]	75	65
	진동 [dB(V)]	70	65

출처: 「소음 · 진동관리법 시행규칙」 [별표 11].

(4) 항공기소음 관리

환경부는 1989년부터 항공기소음 자동측정망을 설치하고 있다. 2022년 현재 14개 공항, 90개 지점에서 항공기소음을 24시간 측정한다. 환경부는 대통령령으로 정하는 항공기소음의 한도를 초과하여 공항 주변의 생활환경이 매우 손상된다고 인정하면, 관계기관 장에게 방음시설 설치나 그 밖에 항공기소음 방지에 필요한 조치를 하도록 요청할 수 있다. 2023년 기준 항공기소음의 한도는 공항 인근 지역은 가중등가소음도[LdendB(A)] 75, 그 밖의 지역은 가중등가소음도[LdendB(A)] 61로 규정되어 있다(소음 · 진동관리법 시행령 제9조). 항공기소음 방지와 피해보상을 위한 실정법적 근거로는 2010년 제정된 「공항소음 방지 및 소음대책지역 지원에 관한 법률」 및 2019년 제정된 「군용비행장 · 군사격장 소음 방지 및 피해보상에 관한 법률」을 들 수 있다.

최근에는 드론의 활용 확대로 인한 소음피해가 우려되고 있다. 미국 NASA의 2017년 조사에서는 드론 소리가 기존의 교통 소음보다 더 심각한 것으로 나타났다. 우리나라는 드론산업 활성화를 위해 2020년에 「드론 활용의 촉진 및 기반조성에 관한 법률」을 제정했는데, 여기에 소음 관리방안은 미비한 것으로 평가된 바 있다. 이와 관련하여 「제4차 소음 · 진동관리 종합계획(2021~2025)」에서는 '드론 소음 제작기준 검토 및 관리기반 구축(소음측정방법, 인증기준, 인증방안 등)', '드론 집합지역 등에 대한 환경소음 관리(드론 소음관리기준 도입 등)' 등의 추진과제를 제시했다(관계부처합동, 2020f).

(5) 진동 관리

진동이란 '기계 · 기구 · 시설, 그 밖의 물체 사용으로 인하여 발생하는 강한 흔들림'을 말하며, 지반을 통해 건축물에 전파되어 2차 소음을 발생시키는 것이 일반적이다. 정부는 진동 배출시설을 설치하는 업소에 대해 진동방지시설을 의무화하는 등의 조치를 실행하고 있다. 「소음 · 진동관리법 시행규칙」 [별표 2]에서는 탄성지지시설 및 제진시설, 방진구시설, 배관진동 절연장치 및 시설 등 3종의 시설을 '진동방지시설'로 지정하고 있다. 2021년 기준 진동 배출허가 · 신고대상 업소 수는 9,908개소이며, 이 중 허가대상 업소는 129개소였다(환경부, 2023a).

3 빛공해 관리

1) 빛공해 관리의 제도적 기초

특히 도시지역의 조명시설들은 야간생활환경을 위협할 뿐만 아니라 자연생태계 교란, 에너지 낭비, 농작물 수확 감소 등 여러 문제를 초래할 수 있다. 우리나라는 빛공해에 노출되는 국토면적 비율이 89.4%로, 이탈리아에 이어 세계 2위 수준으로 높으며 관련 민원도 계속 증가하고 있다(관계부처합동, 2018b). 2012년에 「인공조명에 의한 빛공해 방지법(빛공해방지법)」을 제정하여 빛공해 문제에 대처하고 있다. 인공조명에 의한 빛공해란 '인공조명의 부적절한 사용으로 인한 과도한 빛 또는 비추고자 하는 조명영역 밖으로 누출되는 빛이 국민의 건강하고 쾌적한 생활을 방해하거나 환경에 피해를 주는 상태'를 말한다.

빛공해방지법 제4조에 따라 환경부는 관계부처와 협동하여 빛공해 방지계획을 5년마다 수립해야 하며, 시・도지사도 관할지역의 시・도 빛공해 방지계획을 수립해야 한다. 또한 빛공해 방지계획 관련 사항을 심의하기 위해 환경부 소속으로 빛공해방지위원회를 두며, 시・도에도 빛공해방지지역위원회를 둔다. 「제1차 빛공해방지 종합계획(2014~2018)」에 이어 수립된 「제2차 빛공해방지 종합계획(2019~2023)」에서는 빛방사허용기준 초과율을 2017년 45%에서 2023년 30%로 낮춘다는 목표를 제시했다. 또한 목표달성을 위해 4개 추진전략 및 13개 추진과제를 설정했다.

〈표 13-28〉「제2차 빛공해방지 종합계획」의 추진전략 및 추진과제

추진전략	추진과제
맞춤형 빛공해 관리대책 추진	• 조명 용도별 맞춤형 관리 • 지역 특성별 맞춤형 관리 • 사전예방적 빛공해 관리제도 도입
빛공해 관리제도 집행역량 강화	• 빛공해 관리제도 효율적 개선 • 지방자치단체 빛공해 관리 이행 지원 • 인력・조직 및 전문성 강화
과학적인 빛공해 관리기반 구축	• 좋은 빛 기술 표준화 • 빛공해 측정망 구축 및 측정기술 개발 • 빛공해 평가 방법론 개발 • 빛공해 국제협력 강화
좋은 빛 문화 조성・확산	• 좋은 빛 체감 공간 조성 • 좋은 빛 홍보・교육 강화 • 빛공해 연관 산업 육성 및 일자리 창출

출처: 관계부처합동(2018b: 15).

2) 빛공해 관리의 주요 정책

빛공해 관리의 주요 정책수단에는 조명환경관리구역 지정 및 빛방사허용기준 설정이 있다. 빛공해방지법에 따라 시・도지사는 제1종부터 제4종까지의 조명환경관리구역을 지정할 수 있다(제9조). 2022년 12월 기준 11개 시・도에서 조명환경관리구역을 지정하고 있다(환경부, 2023a). 조명환경관리구역에서 조명기구 관리책임자는 빛방사허용기준을 준수해야 한다(제12조). 빛방사허용기준은 「인공조명에 의한 빛공해방지법 시행규칙」에서 조명환경관리구역의 종류 및 조명기구의 범위에[38] 따라 달리

38) 「인공조명에 의한 빛공해 방지법 시행령」 제2조에서 정한 조명기구의 범위는 다음 각호와 같다. 1.

설정하고 있다.

〈표 13-29〉 빛방사허용기준(2023년 현재)

<table>
<tr><td colspan="8">1. 영 제2조 제1호의 조명기구(공간조명)</td></tr>
<tr><td rowspan="2">측정기준</td><td rowspan="2">적용시간</td><td rowspan="2">기준값</td><td colspan="4">조명환경관리구역</td><td rowspan="2">단위</td></tr>
<tr><td>제1종</td><td>제2종</td><td>제3종</td><td>제4종</td></tr>
<tr><td>주거지
연직면 조도</td><td>해진 후 60분~
해뜨기 전 60분</td><td>최댓값</td><td colspan="3">10 이하</td><td>25 이하</td><td>lx
(lm/m^2)</td></tr>
<tr><td colspan="8">2. 영 제2조 제2호의 조명기구(광고조명) - 가. 점멸 또는 동영상 변화가 있는 전광류 광고물</td></tr>
<tr><td rowspan="2">측정기준</td><td rowspan="2">적용시간</td><td rowspan="2">기준값</td><td colspan="4">조명환경관리구역</td><td rowspan="2">단위</td></tr>
<tr><td>제1종</td><td>제2종</td><td>제3종</td><td>제4종</td></tr>
<tr><td>주거지
연직면 조도</td><td>해진 후 60분~
해뜨기 전 60분</td><td>최댓값</td><td colspan="3">10 이하</td><td>25 이하</td><td>lx
(lm/m^2)</td></tr>
<tr><td rowspan="2">발광표면
휘도</td><td>해진 후 60분~
24 : 00</td><td rowspan="2">평균값</td><td>400
이하</td><td>800
이하</td><td>1000
이하</td><td>1500
이하</td><td rowspan="2">cd/m^2</td></tr>
<tr><td>24 : 00~
해뜨기 전 60분</td><td>50
이하</td><td>400
이하</td><td>800
이하</td><td>1000
이하</td></tr>
<tr><td colspan="8">2. 영 제2조 제2호의 조명기구(광고조명) - 나. 그 밖의 조명기구</td></tr>
<tr><td rowspan="2">측정기준</td><td rowspan="2">적용시간</td><td rowspan="2">기준값</td><td colspan="4">조명환경관리구역</td><td rowspan="2">단위</td></tr>
<tr><td>제1종</td><td>제2종</td><td>제3종</td><td>제4종</td></tr>
<tr><td>발광표면
휘도</td><td>해진 후 60분~
해뜨기 전 60분</td><td>최댓값</td><td>50
이하</td><td>400
이하</td><td>800
이하</td><td>1000
이하</td><td>cd/m^2</td></tr>
<tr><td colspan="8">3. 영 제2조 제3호의 조명기구(장식조명)</td></tr>
<tr><td rowspan="2">측정기준</td><td rowspan="2">적용시간</td><td rowspan="2">기준값</td><td colspan="4">조명환경관리구역</td><td rowspan="2">단위</td></tr>
<tr><td>제1종</td><td>제2종</td><td>제2종</td><td>제3종</td></tr>
<tr><td rowspan="2">발광표면
휘도</td><td rowspan="2">해진 후 60분~
해뜨기 전 60분</td><td>평균값</td><td colspan="2">5 이하</td><td>15
이하</td><td>25
이하</td><td rowspan="2">cd/m^2</td></tr>
<tr><td>최댓값</td><td>20
이하</td><td>60
이하</td><td>180
이하</td><td>300
이하</td></tr>
</table>

출처: 「인공조명에 의한 빛공해 방지법 시행규칙」 [별표 1].

안전하고 원활한 야간활동을 위하여 도로, 보행자길, 공원녹지, 기타 지방자치단체의 조례로 정하는 옥외 공간을 비추는 발광기구 및 부속장치. 2. 옥외광고물에 설치되거나 광고를 목적으로 그 옥외광고물을 비추는 발광기구 및 부속장치. 3. 건축물, 시설물, 조형물 또는 자연환경 등을 장식할 목적으로 그 외관에 설치되거나 외관을 비추는 발광기구 및 부속장치 등이다. 1은 공간조명, 2는 광고조명, 3은 장식조명으로 표현할 수 있을 것이다.

환경안전 및 환경보건 정책

국민의 안전과 건강보호는 환경정책의 궁극적 목표 중 하나다. 특히 대량생산과 대량소비의 시대에 접어들면서 발생하는 다양한 환경오염과 화학물질들이 사람들의 건강에 미치는 영향에 관한 관심이 증폭하면서 환경안전과 환경보건은 환경정책의 중요한 영역이 되었다. 이와 관련하여 선진국에서는 세 가지 방향으로 대처해 왔다(관계부처합동, 2011a). 첫째, 환경보건이 범지구적 문제로 인식되고 사회적 약자를 고려하는 환경정의 관점이 확산하면서, 어린이 · 임산부 · 노약자 등 민감 · 취약계층 보호를 강조하는 환경보건 정책이 추진되고 있다. 둘째, 개별적인 환경성질환의 치료 및 피해보상 정책을 넘어, 위해성평가 및 질병감시 시스템 등을 통한 국가 차원의 환경보건 진단 및 처방 체계가 도입되고 있다. 셋째, 지속가능한 화학물질 관리를 위해 국제적 규제를 강화하고 있으며, 화학물질 위해성평가 등에 대한 산업계 책임을 확대하여 오염자부담원칙 실현을 추구하고 있다. 이하에서는 우리나라의 환경안전 및 환경보건 정책을 화학물질 및 화학사고 관리, 환경보건, 환경오염피해구제 등으로 구분하여 살펴보기로 한다.

제 1 절 화학물질 및 화학사고 관리

화학물질은 생활과 산업 전반에 폭넓게 활용되는 필수재지만 그 위험성도 꾸준히 증가해 왔다. 세계적으로 유통되는 화학물질은 20만여 종이며, 매년 3천여 종이 새롭게 개발된다. 화학산업은 앞으로도 꾸준한 성장이 예상되고, 2030년 시장 규모는 2017년 대비 2배로 커질 전망이다. 국내에는 5만 4천 종 이상의 화학물질이 유통되고, 매년 1천 종 이상이 새롭게 시장에 진입하고 있으며, 우리나라 화학산업 규모는 세계 5위 수준이다(환경부, 2023a). 화학물질 관리가 중요할 수밖에 없다.

UN은 2006년에 「국제화학물질 관리전략(SAICM)」[1]을 수립하여 2020년까지 유해화학물질로부터 인간의 건강 및 환경 위해성을 최소화하자는 목표를 제시하고, 이를 위해 38개 분야 299개 세부과제를 열거했다. 2019년 UNEP는 「제2차 국제화학물질 전망보고서(Global Chemicals Outlook Ⅱ)」를 발간했다. 보고서에서는 화학물질 생산 및 사용량 증가, 그리고 복잡한 공급망으로 인해 UN이 제시한 2020년 목표달성이 불가능함을 지적하고, 새로운 10대 권고안을 제시했다. 유럽연합은 2007년 「신화학물질 관리제도(REACH)」[2]을 수립하여, EU 역내 제조·수입 화학물질에 대한 산업계의 위해성 입증을 의무화한 이래 등록대상 화학물질의 범위를 계속 확대하고 있다. 미국은 2016년 유해물질관리법(Toxic Substances Control Act: TSCA)을 개정하여 신규화학물질 사전감독을 강화하고, 기존화학물질 재평가(7년 주기) 의무화 등 안전관리를 강화했다. 일본은 2010년 화학물질 신고 및 심사 등의 법률을 개정했고, 같은 해 중국도 신화학물질 관리제도를 시행하는 등 국제사회의 화학물질 관리는 점차 강화되는 추세를 보인다(환경부, 2019c; 환경부, 2023a).

국내에서는 환경호르몬, 중금속, 석면 등의 문제에 대한 인식이 증가해 왔다. 특히 가습기살균제 사고(2011년), 구미불산 사고(2012년)가 불거지면서 화학물질에 대한 안전관리 수요가 이전보다 많이 커졌다. 입법 측면에서도 화학물질관리의 체계화를 위해 종전의 「유해화학물질관리법」을 「화학물질의 등록 및 평가 등에 관한 법률」 및 「화학물질관리법」으로 개편했다.[3] 실정법에 따른 화학물질 관련 주요 정책들은 화학물질 등록 및 평가, 화학물질 관리, 화학사고 예방 및 대응으로 구분해서 살펴볼 수 있다.

1) SAICM(Strategic Approach to International Chemicals Management). 2020년까지 국가적·국제적 차원에서 추진해야 할 화학물질 관리전략으로 수립되었다.
2) REACH(Registration, Evaluation, Authorization and Restriction of Chemicals). 연간 1톤 이상 제조·수입하는 화학물질에 대해 유해성·위해성 등 정보를 등록하도록 의무화하고, 화학물질을 평가하여 허가 또는 제한하는 제도다.
3) 이 두 가지 법률을 흔히 화평법, 화관법으로 부른다. 두 법률은 상호보완적인데, 전자는 화학물질에 대한 정보를 확보하는 측면을, 후자는 화학안전 측면을 주로 다룬다.

〈표 14-1〉 2020년 이후 국제화학물질 관리를 위한 UNEP의 10대 권고안

1. 국제적 목표와 연계된 효과적인 국가관리 시스템 마련(GHS, 소비자제품, 불법유통관리 등)
2. 개발도상국의 효율적인 법률 이행을 위한 적절한 자원 조달(재원확보, 기술이전 등)
3. 국제적인 자료와 지식격차 해소를 위한 화학물질 유해정보 공유 및 상호인정
4. 화학물질 위해성 평가방법 개발·공유를 통한 효율적인 위해성 관리
5. 전 생애 관리법을 통한 지속가능한 공급망 관리, 물질정보 공개, 제품설계 추진
6. 시범사업 지원, 지속가능한 비즈니스 모델 개발 등 기업 거버넌스 강화
7. 지속가능한 녹색화학의 내용을 학교교육과 연구, 혁신적 정책에 통합
8. 정보공개와 참여확대를 통해 근로자, 소비자, 국민보호 및 의사결정과정 투명성 강화
9. 모니터링, 우선순위선정, R&D 지원분야 등 과학에 기반한 정책결정 강화
10. 2020년 이후 화학물질과 폐기물 관리를 위한 지구적 차원의 공약 강화

출처: 환경부(2019c: 7).

1 화학물질 등록 및 평가

어떤 화학물질이 존재하고 그 위해성이 어떠한가에 관한 정보는 화학물질 관리의 기본이다. 이를 위해 각국에서 화학물질의 등록 및 평가제도를 도입하고 있으며, 우리나라도 2013년에 「화학물질 등록 및 평가 등에 관한 법률(화학물질등록평가법)」을 제정해 2015년 1월부터 시행하고 있다. 이 법은 화학물질의 등록·신고, 유해성(有害性)·위해성(危害性)에 관한 심사·평가, 유해화학물질 지정에 관한 사항을 규정하고, 화학물질에 대한 정보를 생산·활용하도록 함으로써 국민건강 및 환경을 보호하는 것을 목적으로 한다(제1조).

1) 화학물질 등록·평가 제도의 주요 내용

화학물질 등록·평가 제도의 핵심은 다음과 같다(환경부, 2018b). 첫째, 화학물질 제조·수입·판매자는 매년 제조량, 용도 등을 보고하도록 하고, 둘째, 화학물질을 제조·수입하려는 자는 등록신청 자료를 제출하여 관리 당국(환경부)에 등록하며, 셋째, 등록된 화학물질에 대하여 유해성심사 및 위해성평가를 실시하여,[4] 유해·위해성이 확인된 경우 유독물질, 허가물질, 제한물질, 금지물질 등의 유해화학물질로 지정하

4) '유해성'이란 화학물질의 독성 등 사람의 건강이나 환경에 좋지 않은 영향을 미치는 화학물질 고유의 성질을 말한다. '위해성'이란 유해성이 있는 화학물질에 노출되는 경우 사람의 건강이나 환경에 피해를 줄 수 있는 정도를 말한다(화학물질등록평가법 제2조). 유해성과 위해성에 관한 심사 및 평가를 위해 환경부장관소속으로 화학물질평가위원회를 구성하고 있다. 위원장(환경부차관) 포함 30명 이내의 위원으로 구성한다.

는 것이다.5)

이를 조금 더 상세하게 도식화한 것이 [그림 14-1]이다. 연간 100kg 이상의 신규 화학물질 또는 연간 1톤 이상의 기존화학물질을 제조·수입하려는 자는 제조 또는 수입 전에 등록하는 것이 원칙이다(제10조). 그러나 등록유예기간 동안은 등록 없이도 제조·수입할 수 있다. 등록유예기간은 상황에 따라 다르다. 연간 1톤 이상의 CMR물질로6) 지정·고시되었거나 1,000톤 이상을 제조·수입하려는 경우는 2021년 12월 31일까지, 100~1,000톤 미만인 경우는 2024년 12월 31일까지, 1~100톤 미만인

[그림 14-1] 화학물질의 등록 및 평가의 개요

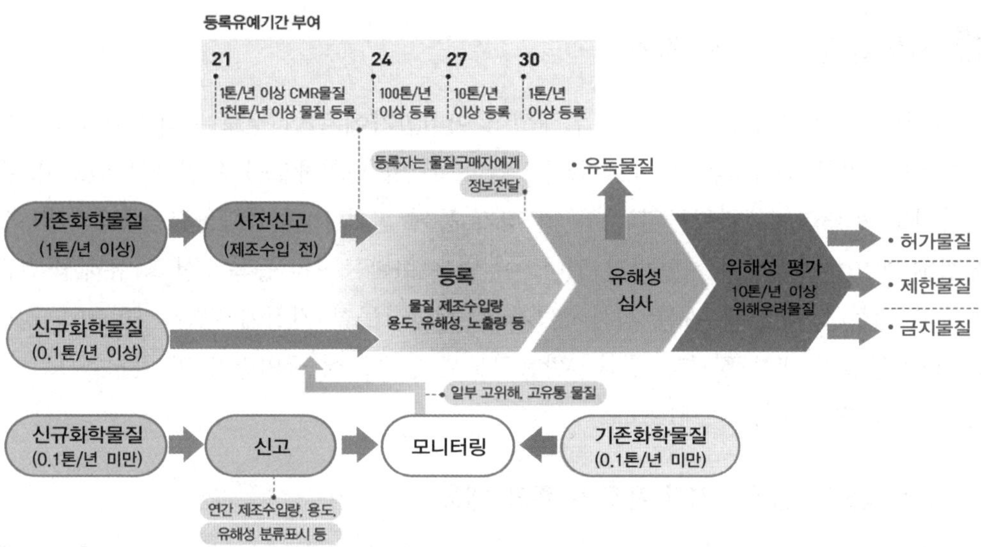

출처: KTR 화학규제대응센터(http://reach.ktr.or.kr/newpage.php?action=page&page=innercontrol-01).

5) 「화학물질 등록 및 평가 등에 관한 법률」에 따르면, 유해화학물질이란 이러한 네 가지 물질들을 말한다. 그러나 「화학물질관리법」에서는 사고대비물질 및 그 밖에 유해성 또는 위해성이 있거나 그러할 우려가 있는 화학물질도 유해화학물질에 포함하고 있다. 사고대비물질이란 화학물질 중에서 급성독성·폭발성 등이 강하여 화학사고 발생 가능성이 높거나 화학사고가 발생한 경우에 그 피해 규모가 클 것으로 우려되는 화학물질로서, 화학사고 대비가 필요하다고 인정하여 환경부장관이 지정·고시하는 물질을 말한다.

6) CMR은 Carcinogens(발암성), Mutagens(생식세포 변이원성), Reproductive Toxins(생식독성)의 약자다. 2018년 환경부고시인 「2021년까지 등록하여야 할 암, 돌연변이, 생식능력 이상을 일으키거나 일으킬 우려가 있는 기존화학물질」에서는 364개 CMR물질을 지정했다.

경우는 2030년 12월 31일 이내의 범위에서 대통령령으로 정하는 기간까지다.[7] 이상과 같은 신고와 등록 의무를 이행하지 않은 경우 환경부장관은 해당 화학물질의 제조, 수입, 사용 또는 판매 중지를 명할 수 있다(제13조). 다만 화학물질 중 위해성이 매우 낮은 등 법 제11조(화학물질의 등록 등 면제)에서 정하는 조건에 해당하는 경우에는 신고나 등록을 면제할 수 있다.

등록된 화학물질에 대한 평가에는 유해성심사와 위해성평가가 있다. 등록된 화학물질은 일단 유해성심사 대상이 되고, 심사결과 유해성이 있는 화학물질은 유독물질로 지정 및 고시한다.[8] 위해성평가는 제조 또는 수입되는 양이 연간 10톤 이상인 화학물질, 유해성심사 결과 위해성평가가 필요하다고 인정하는 화학물질에 대해 실행한다. 위해성이 있다고 우려되는 화학물질은 관계 중앙행정기관장과의 협의 및 평가위원회 심의를 거쳐 허가물질로 지정 · 고시할 수 있다. 또한 다음과 같은 경우는 제한물질 또는 금지물지로 지정 · 고시해야 한다. ① 유해성심사 및 위해성평가 결과 위해성이 있다고 인정되는 경우, ② 외국 정부, 국제기구 등이 위해성이 있다고 인정하는 경우, ③ 국제협약 등에 따라 제조 · 수입 또는 사용이 금지되거나 제한되는 경우, ④ 허가물질을 대체할 수 있는 물질 또는 신기술을 개발하여 허가물질을 사용하지 않아도 되는 경우 등이다.[9]

화학물질 등록 및 평가제도는 다음과 같은 의의를 지닌다. 산업계는 제조 · 수입되는 화학물질의 독성정보 및 위해성과 관련된 자료 등을 등록 · 제출하고, 정부는 이를 활용하여 평가하게 된다. 이러한 평가정보들을 바탕으로 기업들은 화학물질을 제조 또는 사용하는 과정에서 화학물질 안전관리를 강화할 수 있고, 정부도 화학물질 관리정책을 한층 개선할 수 있다. 또한 화학물질 정보들을 공유함으로써 새로운 친환경 화학물질 시장 선점을 위한 기술개발을 촉진할 수 있고, 이를 통해 화학산업의 경

---

7) 대통령령인 「화학물질 등록 및 평가 등에 관한 법률 시행령」 제10조에서는 연간 10~100톤 미만인 경우는 2027년 12월 31일, 1~10톤 미만인 경우는 2030년 12월 31일까지로 정하고 있다.

8) 유독물질 지정기준은 대통령령인 「화학물질 등록 및 평가 등에 관한 법률 시행령」 [별표]에서 2022년 현재 '설치류에 대한 급성 경구독성' 등 10가지 기준을 정하고 있다.

9) 「화학물질 등록 및 평가 등에 관한 법률」 제2조(정의) 및 「화학물질관리법」 제2조(정의)에 따르면, 유독물질은 '유해성이 있는 화학물질', 허가물질은 '위해성이 있다고 우려되는 화학물질로서 제조 · 수입 · 사용에 있어 환경부장관의 허가를 받아야 하는 물질', 제한물질은 '특정 용도로 사용되는 경우 위해성이 크다고 인정되는 화학물질로서 그 용도로의 제조, 수입, 판매, 보관 · 저장, 운반 또는 사용을 금지하는 물질', 금지물질은 '위해성이 크다고 인정되는 화학물질로서 모든 용도로의 제조, 수입, 판매, 보관 · 저장, 운반 또는 사용을 금지하는 물질'을 말한다.

쟁력도 강화할 수 있다(환경부, 2018b).

2) 화학물질의 평가 등에 관한 기본계획의 주요 내용

화학물질등록평가법에 따라 환경부장관은 5년마다 화학물질의 평가 등에 관한 기본계획을 수립해야 한다. 「제1차 화학물질의 평가 등에 관한 기본계획(2016~2020)」에 이어 「화학물질의 평가 등에 관한 기본계획(2019~2023)」이 수립되었다. 제1차 기본계획의 종료예정 시점이 2020년임에도 불구하고, 2018년 3월 화학물질등록평가법 전면개정에 따라 제2차 기본계획의 수립 시점을 앞당긴 것이다. 제2차 기본계획에서는 세 가지 목표를 제시했다. ① 국내 유통 화학물질 유해성 정보 확보(80%), ② 발암성 물질 정보 확보(100%), ③ 녹색화학 관리기반 조성(녹색화학센터 3개소, R&D 863억 원) 등이다. 목표달성을 위해 4개 세부목표 및 14개 중점 추진과제가 제시되었다.

〈표 14-2〉「화학물질의 평가 등에 관한 기본계획(2019~2023)」의 세부목표 및 중점 추진과제

세부목표	중점 추진과제
① 화학물질 유해성 정보 확보 및 위해성 평가 강화	• 화학물질 유해성 정보 조기 확보 • 화학물질 위해성 평가체계 선진화 • 유해화학물질 지정 · 관리 강화 • 나노물질 안전관리
② 고위험물질 관리 및 국민 알권리 제고	• 중점관리물질의 정보 확보 및 사용 저감 유도 • 화학안전 정보의 국민 알권리 제고 • 화학물질 유통 사후관리 강화
③ 산업계 자율관리 역량 및 노출관리 강화	• 산업계 화학물질 자율관리 지원 • 화학안전 정보전달 · 공유체계 확립 • 산업계 제도 이행 지원 강화
④ 지속가능한 화학물질 관리기반 강화	• 범정부, 지방정부 협력체계 구축 • 화학물질 시험기관, 전문인력 등 기반 확충 • 화학물질 관리 연구 및 기술개발 • 화학물질 분야 국제협력 강화

출처: 환경부(2019c: 14).

2 화학물질 관리

국내에 유통되는 화학물질은 목적 및 용도 등에 따라 10개 부처, 19개 법률에 따라 관리되고 있다(환경부, 2020c). 이 중 환경부가 관장하는 「화학물질관리법」은 화

학물질로 인한 국민건강 및 환경상의 위해를 예방하고 화학물질을 적절하게 관리하는 한편, 화학물질로 인하여 발생하는 사고에 신속히 대응함으로써 화학물질로부터 모든 국민의 생명과 재산 또는 환경을 보호하는 것을 목적으로 한다(제1조). 이하에서는 「화학물질관리법」을 중심으로 화학물질 관리의 주요 정책수단들을 살펴보고, 화학사고 대응에 관해서는 항을 바꾸어 살펴보기로 한다.

〈표 14-3〉 화학물질 관리 법령들

<table>
<tr><th>관리대상</th><th>소관부처</th><th>관련 법령</th></tr>
<tr><td>화학물질</td><td>환경부</td><td>• 화학물질관리법
• 화학물질의 등록 및 평가 등에 관한 법률
• 생활화학제품 및 살생물제의 안전관리에 관한 법률
• 잔류성오염물질 관리법</td></tr>
<tr><td>사업장 유해물질</td><td>고용노동부</td><td>• 산업안전보건법</td></tr>
<tr><td rowspan="3">위험물, 화약류</td><td>산업통상자원부</td><td>• 고압가스안전관리법</td></tr>
<tr><td>경찰청</td><td>• 총포・도검・화약류 등 단속법</td></tr>
<tr><td>소방청</td><td>• 위험물안전관리법</td></tr>
<tr><td>공산품 중 유해물질</td><td>산업통상자원부</td><td>• 전기용품 및 생활용품 안전관리법</td></tr>
<tr><td>의약품, 마약</td><td rowspan="5">식품의약품안전처</td><td>• 약사법
• 마약류 관리에 관한 법률</td></tr>
<tr><td>화장품</td><td>• 화장품법</td></tr>
<tr><td>식품첨가물</td><td>• 식품위생법</td></tr>
<tr><td>건강기능식품</td><td>• 건강기능식품에 관한 법률</td></tr>
<tr><td>의료기기</td><td>• 의료기기법</td></tr>
<tr><td>농약, 비료, 사료</td><td>농림축산식품부</td><td>• 농약관리법
• 비료관리법
• 사료관리법</td></tr>
<tr><td>방사성물질</td><td>원자력안전위원회</td><td>• 원자력안전법</td></tr>
<tr><td>군수품</td><td>국방부</td><td>• 군수품관리법</td></tr>
</table>

출처: 환경부(2020c: 7).

1) 화학물질 관리의 제도적 기반

(1) 화학물질관리 기본계획

환경부는 유해성・위해성이 있는 화학물질을 효율적으로 관리하기 위해 5년마다 기본계획을 수립한다. 「제1차 화학물질관리 기본계획(2016~2020)」에 이어 「제2차 화학물질관리 기본계획(2021~2025)」이 수립 · 시행되고 있다. 제2차 기본계획에서는 '화학물질 전(全)주기 안전관리체계 구축,' '화학사고 예방 · 대응을 통해 화학사고 최소화', '화학 3C(시민, 소통, 문화)로 국민안전 보호' 등 3대 목표를 제시하고, 3개 추진전략 및 10개 이행과제를 제시했다.

〈표 14-4〉「제2차 화학물질관리 기본계획」의 추진전략 및 이행과제

추진전략	이행과제
화학물질 취급 전(全)주기 안전관리	• 합리적 관리 추진(법 · 제도 개선) • 맞춤형 안전관리(사업장 관리) • 안전관리 패러다임 전환
신속한 화학사고 대응체계 확립	• 예방적 사고관리(사전진단 · 추적 · 관리) • 지역 중심의 화학사고 대응체계 구축 • 화학사고 현장대응력 강화 • 화학사고 재발방지(원인 분석 및 환류)
소통과 참여를 통한 화학안전사회 구현	• 통합정보관리를 통한 체계적 활용 • 국민안전 보호를 위한 알 권리 강화 • 국제협력 강화

출처: 환경부(2020c: 35).

(2) 화학물질관리위원회

기본계획의 수립 등 화학물질 관리와 관련한 중요 사항을 심의하기 위해 환경부장관소속으로 화학물질관리위원회를 둔다. 위원회는 위원장 포함 30명 이내의 위원으로 구성하며, 환경부소속 고위공무원이 위원장을 맡는다. 공무원, 전문가, 업계대표 등으로 구성되고, 위원의 임기는 3년이며 한 차례만 연임할 수 있다. 대통령령에 따라 산하에 분야별 전문위원회를 둘 수 있는데, 2023년 현재 화학물질안전관리위원회, 화학사고대비및대응위원회, 취급시설안전관리위원회 등 3개의 전문위원회(위원 각 10명)를 설치하고 있다.

(3) 화학물질 조사 및 정보공개

환경부가 실시하는 화학물질 조사에는 화학물질통계조사와 화학물질배출량조사가 있다. 화학물질통계조사는 2년마다 화학물질의 취급현황이나 취급시설 등에 관해 실시하는 통계조사다. 조사대상과 내용은 환경부령인 「화학물질관리법 시행규칙」에서 정하고 있다.[10] 화학물질배출량조사는 대통령령으로 정하는 화학물질을[11] 취급하

는 사업장에 대하여 매년 실시한다. 화학물질배출량조사 대상 사업장 중 유해성이 높은 화학물질을 연간 일정량 이상 배출하는 등 환경부령으로 정하는 사업장은 5년마다 화학물질 배출저감계획서를 작성하여 환경부장관에게 제출해야 한다. 환경부장관은 화학물질통계조사와 화학물질배출량조사가 완료되면, 사업장별로 그 결과를 지체없이 공개해야 한다. 다만 정보공개 대상자(사업장)가 조사결과의 비공개를 원하는 경우 공개 여부에 관한 심의를 요청할 수 있고, 이를 심의하기 위해 화학물질관리위원회에 화학물질정보공개심의위원회를 두고 있다.

(4) 유해화학물질 취급시설 관리

유해화학물질 취급시설을 설치・운영하려는 자는 사전에 화학사고예방관리계획서를 환경부(화학물질안전원장)에 제출해야 한다. 화학사고 발생으로 사업장 주변 지역의 사람이나 환경에 미치는 영향을 평가하고, 그 피해를 최소화하기 위한 사항을 담은 계획서다.[12)] 특히 일정 기준(환경부령으로 정함) 이상의 유해화학물질 취급시설(주요취급시설)을 설치・운영하는 경우에는 이 계획서를 5년마다 제출해야 한다. 환경부는 계획서를 검토하여 취급시설의 위험도 및 적합 여부를 판정하여 통보하며, 적합 통보를 받은 계획서는 사업장 내에 비치해야 한다. 또한 적합 통보를 받은 자는 사업장 인근 지역주민에게 ① 취급하는 유해화학물질의 유해성 정보 및 화학사고 위

---

10) 더 자세한 사항은 환경부고시인 「화학물질통계조사에 관한 규정」에 제시되어 있다. 보통은 조사대상 사업자에게 '화학물질통계조사표'를 배포하고 작성・제출하게 한다.

11) 「화학물질관리법 시행령」 제6조에 따르면, '대통령령으로 정하는 화학물질'이란 다음 각호의 어느 하나에 해당하는 것을 말한다. 1. 유해화학물질, 2. 「대기환경보전법」 제2조 제1호에 따른 대기오염물질 중 화학물질, 3. 「대기환경보전법」 제2조 제10호에 따른 휘발성유기화합물, 4. 「물환경보전법」 제2조 제7호에 따른 수질오염물질 중 화학물질, 5. 국제적인 전문기관이나 국제기구에서 지정한 발암성・생식독성 또는 유전독성 등을 가진 화학물질로서, 화학물질관리위원회의 심의를 거쳐 환경부장관이 국민의 건강 및 환경을 보호하기 위하여 필요하다고 인정하는 화학물질.

12) 화학사고예방관리계획서에 담겨야 하는 내용은 다음과 같다(화학물질관리법 제23조 제2항). 1. 취급하는 유해화학물질의 목록 및 유해성 정보, 2. 화학사고 발생으로 유해화학물질이 사업장 주변 지역으로 유출・누출될 경우 사람의 건강이나 주변 환경에 영향을 미치는 정도, 3. 유해화학물질 취급시설의 목록 및 방재시설과 장비의 보유현황, 4. 유해화학물질 취급시설의 공정안전 정보, 공정위험성 분석자료, 공정운전절차, 운전책임자, 작업자현황 및 유의사항에 관한 사항, 5. 화학사고 대비 교육・훈련 및 자체점검 계획, 6. 화학사고 발생 시 비상연락체계 및 가동중지에 대한 권한자 등 안전관리 담당 조직, 7. 화학사고 발생 시 유출・누출 시나리오 및 응급조치 계획, 8. 화학사고 발생 시 영향 범위에 있는 주민, 공작물・농작물 및 환경매체 등의 확인, 9. 화학사고 발생 시 주민의 소산계획, 10. 화학사고 피해의 최소화・제거 및 복구 등을 위한 조치계획, 11. 그 밖에 유해화학물질의 안전관리에 관한 사항 등이다.

험성, ② 화학사고 발생 시 대기 · 수질 · 지하수 · 토양 · 자연환경 등의 영향 범위, ③ 화학사고 발생 시 조기경보 전달방법, 주민 대피 등 행동요령 등을 고지해야 한다. 환경부장관은 계획서의 이행 여부를 정기적으로 점검해야 하며(통상적인 서면점검은 1년 주기, 현장점검은 5년 주기), 점검결과에 따라 시정조치나 그 밖에 필요한 조치를 명할 수 있다.

2) 잔류성오염물질 관리

잔류성유기오염물질(POPs)[13]이란 DDT, PCBs, 다이옥신 등과 같이 독성이 강하고 자연환경에서 잘 분해되지 않아, 오랫동안 잔류하면서 생물 중에 고농도로 농축되어 인간과 생태계에 큰 위해를 끼치는 물질을 말한다. UNEP는 2001년에 이들 물질의 생산과 사용금지 등에 관한 협약(스톡홀름협약)을 채택했다. 우리나라는 2007년에 이를 비준하고 같은 해 「잔류성유기오염물질관리법」을 제정했다. 2020년에 법의 범위를 미나마타협약(수은)까지 포함하도록 개정하고, 법의 명칭도 「잔류성오염물질관리법」으로 변경했다. 잔류성오염물질의 종류는 「잔류성유기오염물질에 관한 스톡홀름 협약」 및 「수은에 관한 미나마타협약」에서 정한 것을 준용하여(제2조), 그 구체적인 물질 종류는 환경부고시인 「잔류성오염물질의 종류 및 특정면제에 관한 규정」 [별표]에서 정하고 있다.

또한 법정계획으로 「제1차 잔류성유기오염물질관리 기본계획(2012~20216), 「제2차 잔류성유기오염물질관리 기본계획(2017~2020)」에 이어 「제3차 잔류성오염물질관리 기본계획(2021~2025)」을 수립했다.[14] 제3차 기본계획에서는 '협약의 능동적 대응체계 구축' 및 '잔류성오염물질 위해관리 강화'라는 목표를 제시하고, 협약 대응단계에 입각한 12개의 추진과제를 제시했다. 주요 잔류성오염물질별로 구분해서 살펴보면 다음과 같다(환경부, 2018b; 2023a).

(1) 다이옥신

우리나라는 1997년부터 폐기물 소각시설에서 발생하는 다이옥신을 관리해 왔다.[15] 2001년부터는 폐기물 소각시설 외에도 철강, 비철금속 등 다이옥신을 배출하는

13) Persistent Organic Pollutants.
14) 제3차 기본계획은 종전에 비법정계획으로 수립되던 수은관리 종합대책(2006~2020년까지 3차에 걸쳐 수립)을 통합하여 수립되었다. 2020년 법 개정으로 법의 관리범위를 스톡홀름협약에서 미나마타협약으로까지 확대한 데 따른 것이다.

〈표 14-5〉「제3차 잔류성오염물질관리 기본계획」의 추진과제

추진단계	추진과제(12개)
1 협약 대응 ‣ POPRC의 후보물질 검토 대응 ‣ 당사국총회* 대응 *(스톡홀름) COP 10('21) / COP 11('23) (미나마타) COP 4('21) / COP 5('23)	① 협약의 관리 후보군 사전영향평가 고도화 ② 스톡홀름협약 등재물질 관리체계 발전 ③ 국가이행계획 마련 및 이행결과 보고 대응
2 협약 이행 ‣ 물질의 제조부터 폐기까지의 전 과정 관리 체계적 이행	① 잔류성오염물질 및 함유제품 관리 내실화 ② 잔류성오염물질 배출 저감조치 강화 ③ 잔류성오염물질 함유 폐기물의 친환경적 처리방안 마련 ④ 노출수준 파악 및 위해관리 강화
3 이행 평가 ‣ 효과성 평가 대응(6년 주기) *(스톡홀름) COP 10('21) (미나마타) COP 5('23)	① 특정면제의 주기적 평가체계 마련 ② 잔류성오염물질 모니터링 확대 및 운영기반 강화 ③ 잔류성오염물질 배출량 조사 및 신뢰도 제고
4 평가 환류 ‣ 평가결과 공유 및 발전 모색	① 평가결과에 대한 환류체계 구축 ② 국제협력 강화 및 대응역량 제고

출처: 환경부보도자료(2021d).

배출시설들을 포함하여 「다이옥신 국가배출량」을 조사・발표하고 있다. 다이옥신 배출량은 2001년 1,004(g I-TEQ/년)에서 2019년 78.2(g I-TEQ/년)로 계속 감소해 왔다.[16] 특히 소각시설에서의 배출량은 2001년 880.2(g I-TEQ/년)에서 2019년에는 13.9(g I-TEQ/년)로 감소했다. 이처럼 다이옥신 배출량이 급감한 것은 다이옥신 규제대상을 확대하고, 배출허용기준을 선진국 수준으로 강화하는 등의 노력에 기인한다.

(2) PCBs

다이옥신과 함께 대표적인 잔류성유기오염물질인 PCBs[17]의 적정 관리 및 안전처

15) 2007년 「잔류성유기오염물질관리법」 제정 이전에는 「폐기물관리법」에 의해 관리되었다.
16) I-TEQ: 국제적으로 표준화된 다이옥신류(210여 종의 이성질체)의 농도를 표시하는 독성등가환산농도(TEQ: Toxic Equivalent)(환경부, 2023a).
17) 폴리염화바이페닐(polychlorinated biphenyl: PCBs). 1929년 미국 화학회사인 몬산토가 상업적 생산을 시작했다. 불연성이고 열 및 전기 절연성이 뛰어나 변압기, 콘덴서, 안전기, 차단기 등의 절연유 등으로 사용되었다. 이후 인체에 축적되면 배출되지 않고 잔류함으로써 여러 문제를 일으킨다는 사실이 알려지면서, 1970년대부터 세계적으로 사용이 금지되었다. 1968년 일본에서 이른바 '카

리를 위해 2004년 10월 한국전력을 포함한 7개 발전업계, 시민단체와 함께 'PCBs 근절을 위한 자발적협약'을 체결하고, PCBs 정책협의회를 구성한 바 있다. 한국전력은 2010년 말까지 그동안 적체되어 있던 폐변압기 약 15만 대 전량을 처리했으며, 2011년부터는 당월 발생 물량에 대해 당월 처리할 수 있는 체계를 구축하고 있다. 정부는 2015년에 「잔류성유기오염물질관리법 시행규칙」 개정을 통해 PCBs 함유폐기물 처리 방안을 구체화했다.

(3) 산업용 POPs

스톡홀름협약 등 국제사회의 POPs 규제는 초기에는 농약류에 집중되었으나, 최근으로 올수록 산업용 물질을 신규로 지정하고 이에 대해 규제를 강화하는 추세를 보인다. 2009년 스톡홀름협약 제4차 당사국총회에서 과불화화합물, 브롬화난연제 등 아홉 가지 규제물질(New POPs)이 추가된 것도 같은 맥락에서 이해할 수 있다. 우리나라는 국제사회에서 새롭게 추가되거나 제외되는 산업용 POPs들을 수시로 실정법에 반영하면서 관리하고 있다.

(4) 수은

수은은 대기, 수계, 토양에 자연적으로 존재하는 금속으로 원소(또는 금속) 수은, 무기수은화합물, 유기수은화합물 등 세 가지 형태로 존재한다. 약재나 염료 등으로 오래전부터 사용되었고, 현재도 조명기구, 전지, 의료기구 등에 활용된다. 1956년 일본에서 미나마타병을 일으키는 등 인간건강에 심각한 위해를 가져올 수 있다는 사실이 알려짐에 따라 규제대상이 되었고, 그 사용량도 많이 감소했다. 국제사회는 2013년에 「수은에 관한 미나마타협약」을 체결했고, 이 협약은 2017년 8월에 발효했다. 이에 따라 세계적으로 수은의 사용과 수출입 규제가 점차 강화되고 있다. 국민환경보건 기초조사 결과, 2018년 기준 우리나라 성인의 혈중수은농도(2.75㎍/L)는 미국(0.86㎍/L, 2015년), 캐나다(0.79㎍/L, 2015년) 등 주요 선진국에 비해 높은 수준이다. 하지만 점차 낮아지는 추세를 보이며, 어패류 섭취가 혈중수은의 주된 원인인 것으로 추정된다(환경부보도자료, 2015; 환경부, 2018b).[18]

네미유증' 사건을 일으킨 주범이 PCBs로 알려져 있다. PCBs가 혼합된 식용유를 섭취한 사람들에게서 다양한 질병(색소침착, 두통, 손발저림, 간기능 장애 등)이 나타난 사건이다. 식용유를 가열하면 PCBs가 다이옥신으로 변화해서 이러한 증상을 가져왔고, 모두 14,000명의 피해자가 발생한 것으로 보고되고 있다.

18) 그렇다고 해서 우리나라 성인의 혈중수은농도가 위험한 수준이라는 뜻은 아니다. 미국환경보호청

3 화학사고 예방 및 대응

우리나라에서 화학사고 건수는 연평균 70여 건에 달한다. 2012년까지는 매년 6~18건 수준이던 것이 이처럼 증가한 것이다. 화학사고 자체가 증가하기도 했으나, 관리체계 강화로 신고 건수가 증가했기 때문이기도 하다. 국내에 유통되는 모든 화학물질은 목적 및 용도 등에 따라 10개 부처, 19개 법률에 따라 관리되고 있다(〈표 14-3〉 참조). 다만 화학사고 대응에 관하여는 개별 법령에 특별한 규정이 있는 경우를 제외하고는 「화학물질관리법」을 준수해야 한다(제3조). 「화학물질관리법」에 따른 화학사고 안전관리 관련 대책들은 다음과 같다.

〈표 14-6〉 연도별 화학사고 발생현황

	총계	원인				인명피해
		시설관리 미흡	작업자 부주의	운송차량 사고	자연재해	
2016년	78	32	25	21	0	7명 사망, 47명 부상
2017년	86	36	24	19	8	0명 사망, 33명 부상
2018년	66	34	22	10	0	5명 사망, 30명 부상
2019년	57	16	29	12	0	1명 사망, 31명 부상
2020년 10월	63	18	30	15	0	7명 사망, 46명 부상
총계	351	136	130	77	8	

출처: 환경부(2020c: 18).

1) 사고대비물질 지정제도

환경부장관은 화학사고 발생의 우려가 높거나 화학사고가 발생하면 피해가 클 것으로 우려되는 다음과 같은 화학물질 중에서 대통령령으로 정하는 바에 따라 사고대비물질을 지정・고시해야 한다(제39조). ① 인화성, 폭발성 및 반응성, 유출・누출 가능성 등 물리적・화학적 위험성이 높은 물질, ② 경구(經口) 투입, 흡입 또는 피부에 노출될 경우 급성독성이 큰 물질, ③ 국제기구 및 국제협약 등에서 사람의 건강 및 환경에 위해를 미칠 수 있다고 밝혀진 물질, ④ 그 밖에 화학사고 발생의 우려가 커 특별한 관리가 필요하다고 인정되는 물질 등이다. 사고대비물질을 지정・고시할 때

(EPA)의 권고기준은 5.8μg/L이다.

는 화학물질평가위원회의 의견을 들은 후 화학물질관리위원회의 심의를 거쳐야 한다. 또한 사고대비물질을 취급하는 자는 환경부령으로 정하는 사고대비물질의 관리기준을 지켜야 한다.

2) 화학사고 발생 신고 및 현장대응

화학사고가 발생하면 해당 화학물질을 취급하는 자는 즉시 관할 지방자치단체, 지방환경관서, 국가경찰관서, 소방관서 또는 지방고용노동관서에 신고해야 한다(제43조). 신고내용은 사건 발생시간 및 장소, 사고내용 및 사고원인, 사고피해현황, 신고자 및 사업장 책임자 연락처 등이다. '즉시'에 대한 기준은 화학사고 상황에 따라 달리 적용될 수 있다. 신고를 받은 기관의 장은 즉시 화학사고의 원인 · 규모 등을 환경부장관에게 통보해야 한다.

〈표 14-7〉 화학사고 발생 시 즉시 신고 기준(2023년 현재)

화학사고의 상황	즉시 신고 기준
가. 화학물질이 유출 · 누출되어 인명피해(병원 입원 또는 병원진단서 등으로 증명)가 발생한 경우	15분 이내 즉시 신고
나. 화학물질이 제2호 이상으로 유출 · 누출된 경우(화재 · 폭발사고를 포함한다)	15분 이내 즉시 신고
다. 가목 및 나목에도 불구하고 다음 각호와 같이 긴급한 사유가 있는 경우(신고가 가능한 다른 화학물질 취급 종사자가 있는 경우 제외) 1) 화학물질 취급자가 현장에서 중상을 입은 경우 2) 인명피해가 발생하여 인명구조를 하는 경우 3) 화학물질 유출 · 누출 확대 방지를 위한 긴급조치(밸브 개폐작업, 누출부위 봉쇄작업 등)를 하는 경우	해당 사유 해소 시 빠른 시간 내에 신고
라. 화학물질이 제2호 미만으로 유출 · 누출된 경우(화재 · 폭발사고를 포함한다)	빠른 시간 내에 신고
마. 나목 및 라목에 해당하지 않는 화학물질이 유출 · 누출된 경우(화재 · 폭발사고를 포함한다)	관련법* 등에 따라 신고 또는 빠른 시간 내에 신고

* 위험물안전관리법(소방청), 고압가스안전관리법(산업통상자원부), 산업안전보건법(고용노동부) 등

출처: 「화학사고 즉시 신고에 관한 규정」 [별표 1].

환경부장관은 화학사고의 신속한 대응 및 상황관리, 사고정보의 수집과 통보를 위해 현장수습조정관을 현장에 파견할 수 있다(제44~제45조). 현장수습조정관은 ① 화학사고 대응 관련 조정 · 지원, ② 화학사고 대응, 영향조사, 피해의 최소화 · 제거, 복구 등에 필요한 조치, ③ 화학사고 대응, 복구 관련 기관과의 협조 및 연락 유지,

④ 화학사고 원인, 피해규모, 조치사항 등에 대한 대국민 홍보 및 브리핑, ⑤ 그 밖에 화학사고 수습에 필요한 조치 등의 역할을 담당한다. 또한 그 역할 수행에 있어 필요하다면 해당 화학물질 취급시설에 대한 가동중지를 명할 수 있다. 환경부장관은 사고의 원인 규명, 사람의 건강이나 환경피해 최소화 및 복구를 위해 화학사고 영향조사를 할 수 있고, 이를 위해 현장수습조정관을 단장으로 하는 화학사고조사단을 구성·운영할 수 있다.

3) 유해화학물질 영업허가제

2012년 구미불산사고[19] 이후 화학사고 예방·대응체계 강화를 위해 기존의 「유해화학물질관리법」을 「화학물질관리법」으로 변경하고, 유해화학물질 영업허가제를 도입했다. 유해화학물질 영업을 위해서는 적합판정을 받은 장외영향평가서,[20] 시설의 설치검사결과서, 위해관리계획서를[21] 제출하고, 일정 기준의 시설·장비·인력을 갖추어 환경부장관(화학물질안전원)의 허가를 받도록 한 것이다. 2021년 4월에는 「화학물질관리법」 개정으로 장외영향평가서와 위해관리계획서를 통합한 '화학사고예방관리계획서'를 도입하고,[22] 기업이 취급하는 화학물질의 종류·수량에 따라 작성·이행 의무를 차등화했다(환경부, 2023a).

4) 화학사고 대응체계

화학물질 유출 사고로 대규모 재난이 발생한 경우 특별재난지역 선포, 재난대응활동 종합 및 조정 등을 위해 필요시 중앙재난안전대책본부를 구성·운영하게 된다. 사고지역의 수습을 위하여 지역사고수습본부(유역·지방환경청) 및 지역재난안전대책본부(지방자치단체)를 구성하여 사고대응·수습을 지원한다. 응급조치, 주민대피 등 초동대응은 지방자치단체 및 소방(필요시)이 공동대응하고, 사고로 인한 환경피해

19) 2012년 9월 27일 경북 구미시 산동면 봉산리 구미 제4국가산업단지에 위치한 휴브글로벌 구미공장에서 발생한 사고다. 탱크로리에 실린 불화수소가스를 공장 내 설비로 이송하기 위한 연결작업 중 탱크로리 이송배관 밸브가 열리면서 불화수소가스 약 8톤이 유출되어, 공장 근로자 5명이 사망하고 18명이 부상했다. 또한 가스누출 이후 신속한 조치가 이루어지지 않아 산업단지 인근 지역까지 가스가 퍼지면서, 농작물이 죽고 가축이 가스중독 증상을 보이는 등 피해가 발생했다.

20) 장외영향평가서란 유해화학물질 취급시설을 설치·운영하려는 자가 사전에 화학사고 발생으로 사업장 주변 지역의 사람이나 환경 등에 미치는 영향을 평가한 것이다.

21) 위해관리계획서는 사고대비물질을 지정 수량 이상 취급하는 사업장이 취급물질·시설의 잠재적인 위험성을 평가하고, 화학사고 발생 시 활용 가능한 비상대응체계를 마련한 것이다.

22) 화학사고예방관리계획서에 대해서는 제2항(화학물질관리)에서 설명한 바 있다(각주 12 참조).

[그림 14-2] 화학사고 대응체계도

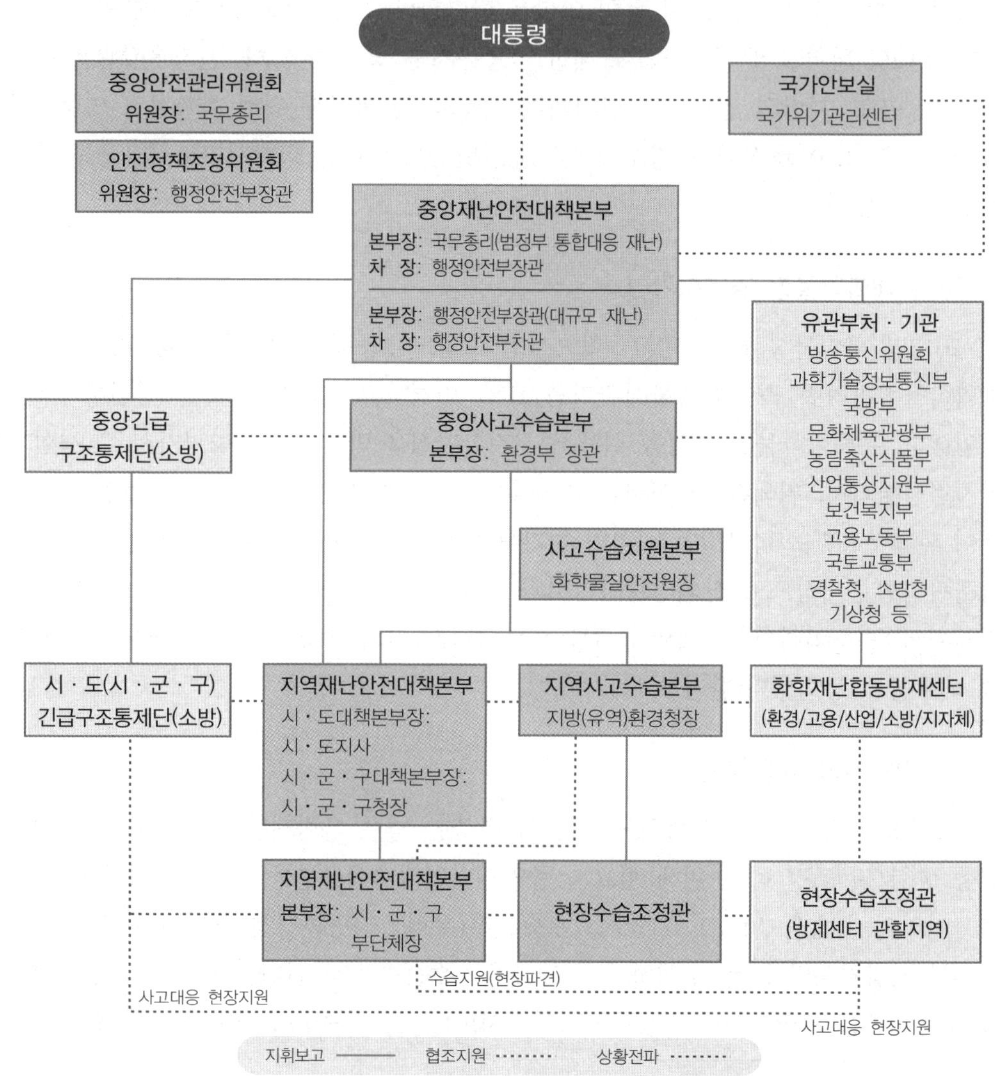

출처: 환경부(2023a: 636).

범위 예측, 환경오염 및 주민건강 영향조사 등은 유역(지방)환경청이 주관하며, 사고물질 방재정보 등 전문대응정보 제공 등은 화학물질안전원이 지원한다. 특히 부처별로 분산된 화학사고 인력과 시스템을 공유 · 연계하기 위해 환경부, 산업통상자원부, 고용노동부, 소방청, 지방자치단체 등 관계부처 합동으로 6개 산단 및 충주시에 '화학재난합동방재센터'(모두 7개)를 두어, 화학사고에 대한 효과적 대응을 도모하고 있다(환경부, 2023a). 2023년 현재 전반적인 화학사고 대응체계는 [그림 14-2]와 같다.

제 2 절 환경보건

최근 환경오염과 유해화학물질 등이 사람의 건강과 생태계에 미치는 영향에 대한 인식이 강화되면서 국제사회는 환경보건 개선을 위한 정책들을 마련해 왔다. 우리나라도 2009년에 「환경보건법」을 제정하여 시행하고 있다. 「환경보건법」 제4조에서는 환경보건의 기본이념으로 다음 네 가지를 제시하고 있다.

첫째, 환경유해인자와 수용체의 피해 사이에 과학적 상관성이 명확히 증명되지 않은 경우에도, 그 환경유해인자의 무해성(無害性)이 최종적으로 증명될 때까지 경제적・기술적으로 가능한 범위에서 수용체에 미칠 영향을 예방하기 위한 적절한 조치와 시책을 마련해야 한다. 둘째, 어린이 등 환경유해인자의 노출에 민감한 계층과 환경오염이 심한 지역의 국민을 우선적으로 보호하고 배려해야 한다. 셋째, 수용체 보호의 관점에서 환경매체별 계획과 시책을 통합・조정해야 한다, 넷째, 환경유해인자에 따라 영향을 받는 인구집단은 위해성 등에 관한 적절한 정보를 제공받는 등 관련 정책의 결정 과정에 참여할 수 있어야 한다. 우리나라 환경보건 정책이 사전조치, 취약계층 우선 보호, 수용체 중심 접근, 이해관계자 참여와 알권리 보장 등의 원칙들을 전제하고 있는 셈이다.

1 환경보건의 제도적 기초

1) 환경보건 종합계획

환경부는 관계부처와의 협의를 거쳐 10년마다 환경보건 종합계획을 수립해야 한다. 또한 시・도지사는 지역적 특성을 고려하여 종합계획에 따른 지역환경보건계획(지역계획)을 수립해야 한다. 종합계획은 환경부장관소속 환경보건위원회의, 그리고 지역계획은 시・도지사소속 지역환경보건위원회의 심의를 거친다.[23] 「제1차 환경보건 종합계획(2011~2020)」에 이어 현재 「제2차 환경보건 종합계획(2021~2030)」이 수립 · 시행되고 있다. 제2차 종합계획에서는 '환경보건 안전망 구축을 통한 환경성 질병 부담 완화'를 목표로 제시하고, 4대 전략, 12개 주요과제, 2030년까지의 성과지표를 제시했다. 계획 추진을 위한 소요 재원은 3조 4,405억 원으로 추정되었다.

〈표 14-8〉「제2차 환경보건 종합계획」의 전략, 주요과제 및 성과지표

전략	주요과제	성과지표(2020년 → 2030년)
환경 유해인자 사전감시 강화	• 전방위적 환경보건 조사 · 감시체계 구축 • 잠재적 유해인자 대비체계 마련 • 사전 건강영향평가제도 고도화	• 어린이 환경보건 출생 코호트 조사 진척률 (23% → 68%) • 국가 인체 바이오모니터링 물질 항목 수 (33종 → 100종) • 신규 환경유해인자 위해성평가 및 위해관리 방안 마련 건수(0건 → 12건)
환경 유해인자 노출관리 강화	• 생활환경 불편 · 위해요소 적극 관리 • 화학물질로부터 안전한 사회 조성 • 맞춤형 환경보건서비스 제공	• 국가환경소음측정망 확대(62개소 → 130개소) • 유해성정보 확보 · 공개 화학물질 수 (1,980건 → 4,100건) • 취약계층 실내개선가구 환경유해인자(곰팡이) 저감율(33.9% → 50%)
환경성 건강피해 대응 능력 강화	• 원스톱 환경오염피해 대응 시스템 구축 • 환경보건 피해구제 확대 및 환경개선 체계 구축	• 환경성 건강피해 사후조사 · 관리대상 지역 수(0개 → 25개) • 환경오염피해구제 및 소송지원 수혜자 수 (250명 → 1,000명) • 친환경 재생사업계획 수립 지역 수 (1개 → 5개)
환경보건 시스템 견고화	• 지역 중심의 환경보건 정책 추진 강화 • 환경보건 조사 · 연구결과 활용 활성화 • 환경보건조직 역량 강화 • 환경보건 전문성 강화	• 환경보건조례 수립 지방자치단체 수 (3개 → 14개) • 지역환경보건서비스 시범사업 건수 (0건 → 8건) • 환경보건지표 산출 및 공표 수(0개 → 15개)

출처: 관계부처합동(2020c: 37, 42).

2) 환경보건 조사 및 평가

(1) 국민환경보건기초조사

「환경보건법」 제14조는 환경부장관이 3년마다 환경유해인자의 생체 내 농도, 환

23) 위원회의 설치근거는 「환경보건법」에 규정되어 있다. 환경보건위원회는 위원장(환경부차관)을 포함한 20명 이내의 위원으로 성별을 고려하여 구성하며, 환경보건 전문가, 환경보건 관련 시민단체의 대표자, 환경보건 관련 산업계 종사자, 관계 공무원 중에서 환경부장관이 위촉한다(제10조). 지역환경보건위원회도 이와 유사한 방식으로 구성되지만, 그 설치가 의무사항은 아니다(제11조).

경유해인자로 인한 건강피해현황, 환경성질환 및 그 밖에 환경유해인자에 대한 적절한 시책 마련과 조치가 필요한 질환의 발생현황 등 국민환경보건에 관한 기초조사를 하도록 규정하고 있다. 기초조사 결과 다음과 같은 경우에는 정밀조사를 실시해야 한다. ① 특정 인구집단이나 특정 지역에서 환경유해인자의 생체 내 농도가 정해진 기준보다 높은 경우, ② 환경유해인자로 인한 건강피해가 큰 경우, ③ 환경성질환이 어느 지역에 많이 발생한 경우 등이다. 국민환경보건기초조사는 국립환경과학원이 주관하며 제1기 조사(2009~2011), 제2기 조사(2012~2014), 제3기 조사(2015~2017), 제4기 조사(2018~2020), 제5기 조사(2021~2023)가 이루어졌으며, 제6기 조사(2024~2026)가 진행될 예정이다. 제5기 조사에서는 3세 이상 국민 총 5,850명을 대상으로 중금속 등 64종 물질의 체내 농도를 조사했다.24)

〈표 14-9〉 국민환경보건기초조사 추진현황

구분	제1기	제2기	제3기	제4기	제5기
대상자	만 19세 이상		성인(만 19세 이상), 어린이 · 청소년(만 3세 이상)		
조사구 (조사인원)	350개 조사구 (6,311명)	400개 조사구 (6,478명)	416개 조사구 및 기관 (6,167명)	426개 조사구 및 기관 (6,382명)	440개 조사구 및 기관 (약 5,850명)
표본추출단위	(성인) 인구주택총조사		(성인) 인구주택총조사 (어린이 · 청소년) 보육 · 교육기관현황		
설문조사	노출 관련	노출 관련	노출 관련	노출 관련	노출 관련
임상검사		19종	16종	21종	21종
유해물질분석	16종	21종	26종	33종	64종

출처: 환경부(2023a: 585).

(2) 건강영향조사

환경부장관은 다음과 같은 집단에 대해서는 환경유해인자가 건강에 미치는 영향을 지속적으로 조사 · 평가해야 한다(환경보건법 제15조). ① 어린이, 노인, 임산부 등 환경유해인자의 노출에 민감한 계층, ② 산업단지, 폐광지역, 교통밀집지역 등 환경유해인자로 인한 건강영향의 우려가 큰 지역에 거주하는 주민 등 특정 인구집단, ③

24) 기초조사 대상 물질이 점차 확대되는 것을 알 수 있다. 제4차 조사에 따르면, 우리나라 국민의 체내 환경유해물질의 농도는 3년 전보다 전반적으로 감소하거나 유사한 수준이었으며, 일부 비스페놀류 및 파라벤류 등은 다소 증가한 것으로 나타났다(환경부보도자료, 2021c).

미세먼지 등 환경유해인자가 환경기준을 초과하는 등 환경오염이 현저하거나 현저할 우려가 있는 지역에 거주하는 주민 등 특정 인구집단에 대해 건강영향조사를 실시하는 것이다. 또한 환경성질환의 발생 또는 환경유해인자로 인한 건강피해가 우려되거나 의심되는 지역의 주민 등 특정 인구집단에 대해서는 환경부나 지방자치단체가 역학조사도 실시할 수 있다. 한편 국민은 환경유해인자로 인하여 자신의 건강상 피해가 발생하거나 우려되는 경우에는 환경부장관 또는 시·도지사에게 건강영향조사를 실시해 줄 것을 청원할 수 있다(환경보건법 제17조). 정부는 산업단지(2003년~), 폐광지역(2008년~) 등을 중심으로 환경유해인자 측정, 주민 건강검진, 건강자료 분석 등 건강영향조사를 추진해 왔다(환경부, 2023a).

(3) 건강영향평가

건강영향평가는 대규모개발 사업이 건강에 미치는 영향을 평가하는 것으로 2010년에 도입되었다. 개발계획이나 사업으로 인한 환경적 변화요인이 건강영향에 미치는 영향을 평가하는 것으로 환경영향평가를 보완하는 성격을 지닌다. 「환경보건법」 제13조에서는 환경영향평가 대상 계획 및 개발사업 중 대통령령으로 정하는 계획 및 개발사업에 대해서는 검토·평가 항목에 '환경유해인자가 국민건강에 미치는 영향'을 추가하여 평가하도록 규정하고 있다. 「환경보건법 시행령」 [별표 1]은 건강영향평가가 이루어져야 하는(대통령령으로 정하는) 사업으로 산업입지 및 산업단지 조성사업, 에너지개발사업, 폐기물처리시설·분뇨처리시설·축산폐수공공처리시설 설치사업을 제시하고 있다. 「제2차 환경보건 종합계획」은 이러한 건강영향평가 대상사업의 범위를 확대하는 것을 세부추진과제 중 하나로 포함하고 있다.

〈표 14-10〉 건강영향 항목 추가·평가 대상사업

구분	대상사업의 범위
산업입지 및 산업단지의 조성	가. 「산업입지 및 개발에 관한 법률」 제2조 제5호 가목 및 나목에 따른 국가산업단지 또는 일반산업단지 개발사업으로서 개발면적이 15만 제곱미터 이상인 사업
	나. 「산업집적활성화 및 공장설립에 관한 법률」 제2조 제1호에 따른 공장의 설립사업으로서 조성 면적이 15만 제곱미터 이상인 사업. 다만, 가목에 해당하여 법 제13조에 따른 협의를 한 공장용지에 공장을 설립하는 경우는 제외한다.
에너지 개발	가. 「전원개발 촉진법」 제2조 제2호에 따른 전원개발사업 중 발전시설용량이 1만 킬로와트 이상인 화력발전소의 설치사업
	나. 「전기사업법」 제2조 제1호에 따른 전기사업 중 발전시설용량이 1만 킬로와트 이상인 화력발전소의 설치사업

폐기물처리 시설, 분뇨처리시설 및 축산폐수 공공처리시설의 설치	가. 「폐기물관리법」 제2조 제8호에 따른 폐기물처리시설 중 다음의 어느 하나에 해당하는 시설의 설치사업 1) 최종처리시설 중 폐기물매립시설의 조성 면적이 30만 제곱미터 이상이거나 매립용적이 330만 세제곱미터 이상인 매립시설 2) 최종처리시설 중 지정폐기물 처리시설의 조성 면적이 5만 제곱미터 이상이거나 매립용적이 25만 세제곱미터 이상인 매립시설 3) 중간처리시설 중 처리능력이 1일 100톤 이상인 소각시설
	나. 「가축분뇨의 관리 및 이용에 관한 법률」 제2조 제8호 또는 제9호에 따른 처리시설 또는 공공처리시설로서, 처리용량이 1일 100킬로리터 이상인 시설의 설치사업. 다만, 「하수도법」 제2조 제9호에 따른 공공하수처리시설로 분뇨 또는 축산폐수를 유입시켜 처리하는 처리시설은 제외한다.

출처: 「환경보건법 시행령」 [별표 1].

(4) 환경보건지표

일반적으로 어떤 행위의 성과를 평가하고 개선방안을 도출하기 위한 수단으로 다양한 지표들을 활용하게 된다. 유럽연합은 2002년 개발한 'EU 국가의 환경 및 건강지표(ECOEHIS)'를 통해, 그리고 미국은 2006년 개발한 '환경공중보건지표(EPHI)'를 통해 환경과 관련된 건강상태나 위험성을 평가해 왔다(국립환경과학원, 2018). 우리나라도 「환경보건법」 제21조(환경보건지표의 개발)에 따라 정부는 국민의 환경보건 상태를 측정하고 평가하기 위한 지표를 개발해야 한다. 환경보건지표를 개발할 때는 필요한 핵심 분야를 선정한 후, 자료 확보의 용이성과 국가 간 및 지역 간 비교 가능성 등을 고려하여 분야별 세부 지표를 작성해야 한다. 지표를 통해 국민의 환경보건 상태를 측정・평가했을 때는 그 결과를 공표하고, 환경보건 시책에 반영해야 한다(환경보건법 시행규칙 제9조).

국내에서 환경보건지표가 널리 활용되지는 못하고 있다. 이러한 현실을 반영하듯 「제2차 환경보건 종합계획」에서는 '환경보건지표 기능 재정립 및 운용시스템 구축'을 세부과제로 제시했다. 다만 연구 수준에서 환경보건지표 작성작업은 이루어져 왔다. 선진국에서 환경보건지표의 대표적 개념모델로 활용되고 있는 DPSEEA모델[25]에 따라, 국립환경연구원이 2018년에 대기, 실내공기, 기후변화, 화학물질, 수질 등 5개 분야 27개 지표를 제시한 바 있다.

25) 환경유해요인이 건강영향을 일으키는 과정을 다섯 가지 단계(D-P-S-Ex-Ef)로 나누어 기술함으로써, 정책대응(Action)의 개입지점을 명확히 파악할 수 있는 모델이다. 다섯 단계는 추동력(Driving Force), 압력(Pressure), 상태(State), 노출(Exposure), 영향(Effect) 등이다(서울연구원, 2021).

(5) 환경보건종합정보시스템

환경보건 관련 각종 조사 및 평가자료는 환경보건정보시스템에 담아 관계기관과 국민에게 제공해야 한다(환경보건법 제28조의2). 「환경보건법 시행규칙」 제13조의3에서는 이 시스템에 담을 정보로 ① 환경유해인자의 종류, 건강과 생태계 영향, 위해성평가 및 관리 등에 관한 정보, ② 국민환경보건기초조사 등에 관한 정보, ③ 어린이 활동공간 대상 및 위해성관리 등에 관한 정보, ④ 어린이용품 유해물질 관리 등에 관한 정보, ⑤ 기타 환경보건정책 지원 등과 관련된 정보 등을 적시하고 있다. 환경보건종합정보시스템(EHTIS)는 2022년 1월에 서비스를 시작했고(www.ehtis.or.kr), 한국환경산업기술원이 운영한다.

3) 환경성질환 지원체계

(1) 환경보건센터

우리나라는 2007년부터 환경성질환[26] 분야별로 국・공립연구기관, 대학교, 국・공립병원, 민간병원 등을 환경보건센터로 지정하여, 환경성질환에 대한 모니터링, 환경요인과 질환과의 상관성 연구, 환경성질환 예방・관리를 위한 교육・홍보 등을 실

〈표 14-11〉 환경보건센터 지정 · 운영현황(2022년 말 현재)

분야	센터명	지정 분야	분야	센터명	지정 분야
권역형	강원대 병원	강원지역 기반	정책지원	한국환경연구원	환경보건 빅데이터
	순천향대 천안병원	충남지역 기반		순천향대 구미병원	환경독성
	서울대 의과대학	서울지역 기반		서경대학교	환경보건 연구정보
	가천대 길병원	인천지역 기반		원주 세브란스병원	환경보건 빅데이터
	대전대학교	대전지역 기반	인력양성	가톨릭대학교	환경보건 전문인력 육성
	울산대 병원	울산지역 기반		인하대 병원	
	동아대 병원	부산지역 기반		서울시립대학교	
	충북대 병원	충북지역 기반		평택대학교	
	제주대 의과대학	제주지역 기반			

출처: 환경부(2023a: 595).

26) 국민건강보험공단은 3대 환경성질환으로 아토피피부염, 알레르기비염, 천식을 지정하고 있다. 환경보건종합종보시스템(EHTIS)에서는 이 밖에도 노로바이러스, 뎅기열, 만성폐쇄성폐질환, 말라리아, 석면폐증, 성조숙증, 세균성이질, 수은중독, 심혈관계질환, 악성종피종, 알레르기결막염, 주의력결핍 과잉행동장애, 진폐증, 쯔쯔가무시병, 폐암 등을 제시하고 있다(www.ehtis.or.kr).

시하고 있다. 2007년 삼성서울병원 등 아토피, 천식, 소아발달장애 분야의 환경보건센터 3개소를 지정한 것을 시작으로, 2022년 말 기준 모두 17개소가 지정되어 있다. 과거에는 환경성질환별로 특화하여 지정하는 경우가 많았으나, 최근에는 권역형(권역별 환경보건기반 구축), 정책지원형, 인력양성형 등 세 가지 분야로 구분하고 있다. 환경보건센터는 5년의 범위에서 지정목적이나 사업의 성격 등에 따라 지정되며 재지정될 수 있다. 지정 이후에는 환경부가 사업수행에 필요한 경비를 지원하며, 정기평가(연 1회) 및 종합평가(지정 유효기간 종료 시점)를 통해 실적을 평가한다.

(2) 환경성질환 예방・관리센터

환경부는 환경성질환의 예방 및 관리를 위해 2009년부터 지방자치단체와 협력하여 환경성질환 예방・관리센터를 건립・지원하고 있다. 이 센터는 환경성질환에 관한 정보의 보급과 의료지원 및 교육・체험활동 등의 운영을 목적으로 한다(환경보건법 제27조의2). 센터는 환경성질환의 예방・관리에 관한 정보의 보급과 의료지원 및 교육・체험활동 등의 운영을 위하여 필요한 독립적인 공간을 갖추어야 하고, 의료인이 2명 이상 근무해야 한다. 2022년 말 기준 전국에 8개의 센터가 운영되고 있다.

〈표 14-12〉 환경성질환 예방・관리센터 운영현황(2022년 말 현재)

구분	센터명	개관	주요 프로그램
수도권	수원시 환경성질환 아토피센터	2014	• 1:1 맞춤형 질환 관리(전문의 등 교육・상담) • 인형극, 숲체험 등 연령별 특성에 맞는 체험형 교육 • 환경성질환 예방 관련 전문인력 양성사업(교사, 경력단절여성 등) • 알레르기교실 등 시민대상 무료 강좌
	가평군 환경성질환 예방관리센터	2019	• 도시락 만들기, 숲체험 등 어린이 대상 눈높이 교육・체험 • 숲을 이용한 치유 프로그램 • 아토피질환 가족을 위한 체험형 교육
강원권	동해무릉건강숲	2015	• 차훈명상 등 체험 프로그램 및 체류형 힐링치유캠프 • 아토피・천식 안심학교 운영 • 학교・유치원 대상 찾아가는 예방교육교실 및 전문가 초빙 강좌
충청권	공주환경성건강센터	2018	• 미술심리상담, 아토피 자조모임 등 상담 프로그램 • 아쿠아테라피, 효소테라피 등 체험 프로그램 • 아동극, 힐링캠프 등 환경성질환 예방교육 프로그램
호남권	진안고원치유숲	2012	• 아토피 과학캠프, 제철 자연식 체험 등 아토피캠프 • 에코백 만들기, 홍삼족욕 등 친환경 체험

	전남권 환경성질환 예방관리센터	2015	• 산소방, 녹차탕 등 건강증진을 위한 치유공간 운영 • 친환경제품 만들기 등 아토피 힐링캠프 운영 • 교직원 환경성질환 예방관리 교육·체험 프로그램
	비자숲힐링센터 (제주시 구좌읍)	2017	• 놀이형, 방문형, 체험형 단체 예방교육사업 • 아토피질환자 1:1 상담 및 가족캠프 운영 • 친환경 숙소 및 음식 체험 프로그램
영남권	함양군 환경성질환 예방관리센터	2022	• 숲 체험, 놀이중심의 체험형 교육 • 자연치유, 자연식 친환경 프로그램 • 환경성질환 예방관리 교육 프로그램

출처: 환경부(2023a: 593).

(3) 환경성질환 연구개발

국민들이 생활 속에서 겪는 환경문제로 인한 건강피해를 예방하고, 환경보건 정책을 과학적으로 뒷받침하기 위해 환경부는 2012년부터 「생활공감 환경보건 R&D (2012~2021)」를 추진하고, 총 1,792억 원을 투자한 바 있다. 생활환경 유해인자 위해관리 기술, 환경성질환 대응 기술, 유해화학물질 위해관리 기술, 환경호르몬 통합위해관리 기술 등 네 개 분야에 대하여 기술개발을 추진했다(환경부, 2018b). 현재는 「제2차 환경보건 종합계획」에 따라 '환경성질환 예방관리 핵심기술개발사업(2021~2028)'이 추진되고, 880억 원이 투자될 전망이다. 구체적으로 '환경성질환 상관성 규명' 및 '환경성질환 예측·평가'를 위한 기술개발을 추진한다.

〈표 14-13〉 환경성질환 예방관리 핵심기술개발사업

구분	기술	내용
환경성질환 상관성 규명 기술개발	세포 기반 독성유발 경로 분석 기술	• 대체시험법 기반 환경성질환 발생경로 분석 기술 • 환경유해인자 노출 특성을 고려한 오믹스 분석 기술
	인자-질환 간 원인 규명 기술	• 다양한 환경유해인자의 노출로 인한 환경성질환 영향 규명기술(호흡계질환, 순환계질환 등 6개 환경성 질환군)
환경성질환 예측·평가 기술개발	환경성질환 사전예측 기술	• 환경 및 건강정보 등을 활용하여 환경성질환 발생위험을 사전에 예측하고 분석할 수 있는 기술
	환경성질환 추적·평가 기술	• 환경보건 취약지역을 대상으로 환경오염피해 원인물질을 추적하고 객관적으로 규명할 수 있는 기술
	환경성질환 예방·관리 서비스 기술	• 국민 스스로 환경성질환을 예방·관리할 수 있도록 지원하는 정보서비스 기술

출처: 관계부처합동(2020c: 144).

2 민감 · 취약계층 환경보건

취약계층 보호는 환경보건 정책에 있어 주된 관심사일 수밖에 없다. 같은 유해환경인자에 노출되더라도 그 영향에 더 취약한 계층이기 때문이다. 어린이, 노인, 여성, 장애인, 빈곤층 등 취약계층에 대해서는 그에 맞는 환경보건 정책이 필요하다. 구분해서 살펴보기로 한다.

1) 어린이 환경보건

어린이는 환경오염에 민감한 대표적인 취약계층이다. 신경 · 호흡 · 생식기관 등의 발달이 불완전하고, 유해물질에 민감하게 반응하므로, 중금속 등에 노출되면 여러 장애를 유발할 수 있기 때문이다. 따라서 대부분의 선진국은 어린이 건강보호를 위한 별도의 환경보건정책을 추진하고 있다. 우리나라 「환경보건법」에서도 어린이 건강보호를 별도의 장(제4장)으로 구성하고 있다. 어린이 환경보건을 위한 정책 방향은 크게 두 가지로 구분된다.

(1) 어린이 활동공간의 환경안전 관리

「환경보건법」 제2조에 따르면 어린이(13세 미만) 활동공간이란 '어린이가 주로 활동하거나 머무르는 공간'으로서, 어린이놀이시설, 어린이집 등 영유아보육시설, 유치원, 초등학교 등 대통령령으로 정하는 것을 말한다. 환경부장관은 어린이 활동공간에 대하여 환경유해인자의 노출을 평가하고, 환경안전관리기준을 대통령령으로 정할 의무가 있다.[27] 어린이 활동공간 소유자나 관리자는 이 기준을 준수해야 한다. 이를 준수하지 않으면 시장 · 군수 · 구청장 또는 교육감이 시설개선이나 환경안전관리기준 준수를 명할 수 있다.[28] 또한 어린이 활동공간을 신축할 때, 대통령령으로 정하는 규모 이상을 증축하거나 수선할 때는 환경안전관리기준에 적합한지에 대한 검사(확인검사)를 받아야 한다.

2015년부터는 '환경안심인증제도'를 도입했다. 어린이 활동공간의 환경적 안전 여

---

27) 어린이 활동공간에 대한 환경안전관리기준은 2008년에 처음 마련되었다. 현재 「환경보건법 시행령」 [별표 2]에 정하고 있다. 주로 실내공기질, 시설물 관리, 도료 · 마감재료, 목재, 토양(모래 등), 합성고무재질 바닥재 표면재료 등에 대하여 기준을 정한다.

28) 2009~2022년 동안 총 54,731개소를 점검했고, 기준을 지키지 않은 시설에 대해 행정조치를 취했다. 영세한 시설을 대상으로는 친환경 페인트 및 벽지 제공, 공기정화기 설치 등 실내 환경개선 지원사업을 했다(환경부, 2023a).

부를 평가하여 환경안심시설로 인증하게 된 것이다(환경보건법 제23조의4). 2022년 12월까지 3,495개 어린이집 등이 '환경안심 어린이 활동공간'으로 인증(현판)을 받았다(환경부, 2023a). 인증 유효기간은 3년이며 온라인으로 공개한다. 「환경보건법 시행령」에 따라 한국환경보전원이 환경안심인증제도 전반을 위탁 관리하고 있다.[29)]

(2) 어린이용품 환경안전 관리

환경부는 2007년부터 어린이용품들을 노출 형태별로 구별하여 위해성평가를 실시하고 있다. 2009년 8월 어린이용품에 함유되어 어린이의 건강에 영향을 주는 환경유해인자 135종을 지정 · 고시했고, 2012년부터는 전국에서 판매 · 유통되는 어린이용품을 수거하여 '어린이용품 유해물질 실태조사'를 실시해 왔다(환경부, 2018b). 환경부장관은 위해성이 크다고 인정되는 환경유해인자를 함유하는 어린이용품의 판매금지, 개선, 수거 또는 파기 등 적절한 조치를 관계 중앙행정기관의 장에게 요청할 수 있고, 관계 중앙행정기관의 장은 특별한 사유가 없으면 요청받은 조치를 하여야 한다(환경보건법 제24조). 환경부는 2015년 1월부터 어린이용 플라스틱제품, 목재제품, 잉크제품에 있어 사용제한 · 금지물질의 함유 여부 및 함유량 표시제도를 시행하고 있다. 2019년에는 어린이 건강에 영향을 주는 환경유해인자 128종을 추가 지정하고, '어린이용품 시장감시단'을 출범시켜 위반 용품이 시장에서 판매되거나 유통되는지를 감시하고 있다(환경부, 2023a).

2) 취약계층 환경보건 서비스

대부분의 환경성질환은 그 원인과 범위가 불확실하므로, 예방이나 관리도 그만큼 어렵기 마련이다. 취약계층은 이러한 예방이나 관리에서 더 큰 어려움에 이 직면할 수 있어 정부 차원의 세심한 대응이 요구된다. 취약계층 환경보건 서비스로는 다음과 같은 사항이 추진되고 있다.

(1) 환경성질환 관련 교육프로그램

환경성질환 관련 교육프로그램으로 건강나누리캠프, 환경보건이동학교, 환경보건콘서트 등이 운영되고 있다. 건강나누리캠프는 아토피피부염 등 환경성질환을 겪고 있는 어린이와 가족을 대상으로, 2009년부터 환경부, 국립공원관리공단, 의료기관이 공동으로 진행하는 캠프다. 국립공원에서 동 · 식물 관찰이나 숲길걷기와 같은 친환

29) 환경보전협회가 그 전신이다. 2023년 6월 명칭을 한국환경보전원으로 변경한 것이다.

경체험을 하고, 질환에 대한 진단과 상담을 제공한다. 2022년까지 총 1,302회가 진행되고 68,302명이 참여했다. 특별한 예방이나 치유보다는 친환경적이고 긍정적인 생활방식을 체득하게 하는 데 주된 목적이 있다(환경부, 2023a). 환경보건이동학교와 환경보건콘서트는 일종의 '찾아가는 환경보건서비스' 사업이다. 환경보건이동학교는 유치원, 초·중·고 등을 방문하여 환경성질환에 대한 예방·관리 교육과 알레르기검사 등 체험교육을 실시하는 사업이다. 환경보건콘서트는 유아·어린이 보호자를 참가시켜 임상전문가 강연 및 토크 등으로 구성하는 행사다(환경부, 2018b).

(2) 취약계층 환경성질환 예방사업

정부는 2009년부터 취약계층을 대상으로 환경성질환 저감을 위한 지원사업을 추진하고 있다. 2009년부터 2022년까지 환경보건 민감·취약 가구와 시설 24,840개소를 대상으로 환경성질환 유발 유해요인을 진단하고, 이 중 5,390곳에 대해서는 친환경 벽지·장판 교체 등 실내환경 개선을 지원했다. 2014년부터는 아토피 피부염, 천식을 앓고 있는 어린이가 거주하는 저소득층, 장애인, 소년·소녀가장 가구를 방문하고, 환경 유해요인 진단 및 실내환경개선을 통해 가정 내 질환 유발요인을 제거하거나 교체하고 있다. 또한 2009년부터 환경성질환 전문 환경보건센터와 연계하여 환경성질환을 앓고 있는 소아·청소년·어르신 2,393명에게 알레르기검사·호흡기검사 등 의료서비스를 지원했다. 2021년에는 「환경보건법 시행령」 개정을 통해 취약계층 어린이 환경성질환 진료 지원 근거를 마련한 바 있다(환경부, 2023a).

현재 취약계층 환경성질환 예방사업은 한국환경산업기술원이 맡아 운영하고 있다. 2022년 소요예산은 1,040억 원이며, 사업 내용은 실내환경 진단·컨설팅(1,500곳),[30] 실내환경 개선 지원(500곳),[31] 환경성 질환자 진료 지원(350명), 유관기관 협업 강화 등이다(한국환경산업기술원, 2022).

---

30) 취약계층 가구 1,100곳, 취약계층 시설 400곳이다. 취약계층 가구는 저소득가구, 결손가구, 장애인가구, 다문화가구, 환경성질환 거주가구, 독거노인가구 등이다. 취약계층 시설은 경로당, 미혼모시설, 장애인 시설 등이다. 신청을 받아 선정한 가구와 시설에 대해 곰팡이 등 7개 실내오염물질 진단 및 컨설팅을 하는 것이다.

31) 친환경 벽지와 장판, 환기장치, 결로저감 시공, 미세먼지 저감장치 지원 등이다.

제 3 절 | 환경피해구제

우리나라 환경피해구제 제도는 환경오염피해구제제도와 유해물질(가습기살균제, 석면, 살생물제품)피해자 구제제도로 구분할 수 있다. 하지만 이 절에서는 환경분쟁조정제도도 포함했다. 환경분쟁조정제도 역시 환경피해에 대한 구제를 목적으로 한 제도이기 때문이다.

1 환경오염피해구제제도

환경오염사고는 피해규모가 크고 광범위한 경우가 많아 기업이 배상책임을 감당하지 못하고, 피해자는 적절한 배상을 받지 못하는 경우가 발생한다. 이러한 상황에 대처하기 위해 선진국들은 1970년대부터 환경오염피해구제제도를 운영해 왔다. 우리나라도 2014년에 「환경오염피해 배상책임 및 구제에 관한 법률(환경오염피해구제법)」을 제정하고, 2016년 11월 환경오염피해구제제도를 도입했다.32) 환경오염피해가 발생하는 경우 보험을 통해 해결함으로써 피해자는 신속하게 피해배상을 받고, 사고기업도 추가적 부담 없이 안정적인 경영을 지속하기 위한 것이다(환경부, 2018b). 이 제도의 전반적 사항을 심의·결정하기 위해 환경부장관소속으로 환경오염피해구제정책위원회가 구성되어 있다. 위원회는 위원장(차관)을 포함하여 총 20명 이내의 위원으로 구성된다. 「환경오염피해 배상책임 및 구제에 관한 법률」 규정을 중심으로 이 제도의 내용을 살펴보면 다음과 같다.

〈표 14-14〉 선진국들의 환경오염피해구제제도

구분	독일	미국	일본
관련 법률	환경책임법 환경피해법	종합환경책임법 자원보전 및 복원법	공해건강피해보상법 석면피해구제법

32) 제도 도입의 직접적 계기는 2012년 구미 불산누출사고다. 이 사고로 인해 대규모 인적·물적 피해가 발생하고, 사고수습을 위해 544억 원의 국고가 투입되었다. 이러한 경우를 대비한 제도적 장치 마련 필요성이 제기되었고, 2012년 제18대 대통령 선거공약으로 '환경오염피해에 대한 구제제도 구축'이 제시되었다. 선거 이후 이것이 정부 국정과제로 채택되어 제도화된 것이다.

무과실책임	시설에 대한 무과실책임 부과	시설에 대한 무과실책임 부과	사업자에 대한 무과실책임 부과
인과관계 추정	인과관계 추정	없음	제도적 인과관계 인정(대기오염)
배상책임한도	최고 1억 7천만 유로 (약 2,400억 원)	없음	없음
보험대상	사고위험성이 높은 시설	유해폐기물 취급・처리시설	환경오염 유발시설(임의)
기금설치	없음	오염정화기금(연방정부) 구제기금(주정부)	석면피해구제기금 부과금・세금 부과
정부구제	없음	의료비, 일실소득 등 (주정부)	요양비, 장해보상비 등

출처: 환경부(2023a: 657).

1) 적용대상시설 및 배상책임대상

제도의 실효성을 높이기 위해 적용대상시설은 환경오염피해 유발 위험성을 항시 보유하고 있는 환경오염유발시설로 한정했다. 대기・수질・가축분뇨・소음진동 배출시설, 폐기물처리시설, 토양오염관리대상시설, 유해화학물질취급시설, 해양시설 등 환경오염물질을 상시 배출하거나 위험물질을 상시 취급하는 시설 등이 여기 해당한다(제3조). 배상책임대상은 '내부직원이 아닌 다른 사람이 입은 생명・신체 및 재산피해'로 정했다(제2조 제2호). 사업장 내의 직원은 산업재해보상에 따라 보상되며, 자연환경 훼손 등 환경 훼손에 대해서는 「자연환경보전법」, 「물환경보전법」, 「토양환경보전법」 등에 따라 피해복구 및 행정대집행이 가능하므로 제외한 것이다(환경부, 2023a).

2) 무과실책임 및 배상책임한도

배생책임한도에 있어 주요 원칙은 사업자의 무과실책임이다. 법률 제6조에 따라, 시설의 설치・운영과 관련하여 환경오염피해가 발생한 때에는 해당 시설의 사업자가 고의나 과실 여부와 상관없이 그 피해를 배상해야 한다(무과실책임원칙). 다만 그 피해가 전쟁・내란・폭동 또는 천재지변, 그 밖의 불가항력으로 인한 경우에는 이 원칙을 적용하지 않는다. 무과실책임원칙에 대한 균형적 조치로, 사업자의 배상책임한도를 설정하여 일정 금액 이상의 피해에 대하여는 배상의무를 면제하는 조치도 함께 이루어졌다. 환경오염피해에 대한 배상책임한도를 2천억 원 범위에서 시설의 규모 및 피해 결과 등을 고려하여 대통령령으로 정하도록 한 것이다(제7조). 다만 환경오염피

[그림 14-3] 환경오염피해구제제도 체계도

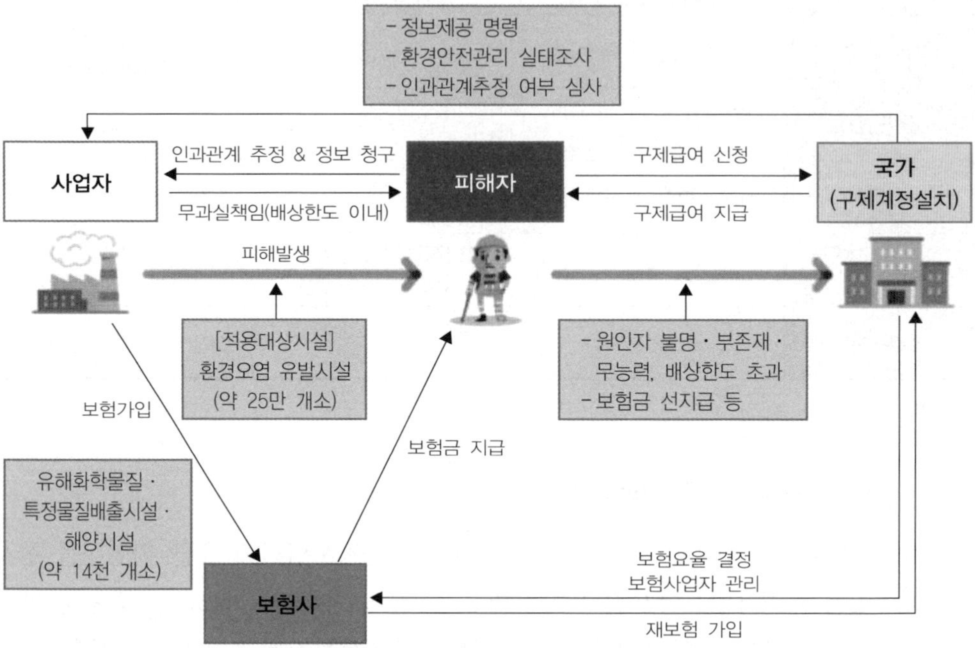

출처: 환경부(2023a: 658).

해가 사업자의 고의 또는 중대과실로 발생한 경우, 안전관리기준이나 배출허용기준 등 관계 법령을 준수하지 않아 발생한 경우, 피해의 확산방지나 방제를 위한 적정 조치를 하지 않은 경우 등은 배상책임한도를 적용하지 않는다.

3) 인과관계 추정

환경오염피해 발생의 원인이 무엇인지의 추정에 있어 피해자의 입증 부담을 완화한 것도 이 제도의 주요한 특징이다. 개인이 환경오염피해를 받아도 그 인과관계를 입증하는 것이 불가능한 경우가 대부분이고, 또한 개인에게 입증의 책임을 묻는다면 기술적 · 경제적으로 우월적 지위에 있는 사업자를 이길 가능성이 거의 없음을 고려한 것이다. 이러한 취지를 담아, 시설이 환경오염피해 발생의 원인을 제공한 것으로 볼 만한 상당한 개연성이 있는 때에는 그 시설로 인하여 환경오염피해가 발생한 것으로 추정한다(제9조). 개연성이 있는지는 시설의 가동과정, 사용된 설비, 투입되거나 배출된 물질의 종류와 농도, 기상조건, 피해 발생의 시간과 장소, 피해의 양상과 그 밖에 피해 발생에 영향을 준 사정 등을 고려하여 판단한다.

4) 환경책임보험

법률 제17조에서는 적용대상시설을 운영하는 사업자에 대하여 환경책임보험 가입을 의무화했다. 환경오염피해 발생 시 사업자의 배상 능력이 부족할 경우를 대비하기 위한 것이다. 보험 가입금액은 시설 규모 등을 고려하여 합리적 수준의 최저금액으로 규정함으로써, 기업의 부담을 최소화했다(환경부, 2018b).[33] 2016년 7월부터 가입이 의무화되어 2022년 현재 가입대상 사업장 15,356개 중 14,854개(가입률 96.7%)가 보험에 가입한 상태다(환경부, 2023a).

5) 환경오염피해구제계정

환경책임보험으로 해결하지 못하거나 원인자를 특정하지 못하는 등으로 인해 억울한 피해자가 발생한 경우, 국가가 구제급여를 지급할 수 있도록 정부는 환경오염피해구제계정을 설정・운용하고 있다.「환경오염피해 배상책임 및 구제에 관한 법률 시

[그림 14-4] 환경오염피해구제급여 신청 및 지급절차

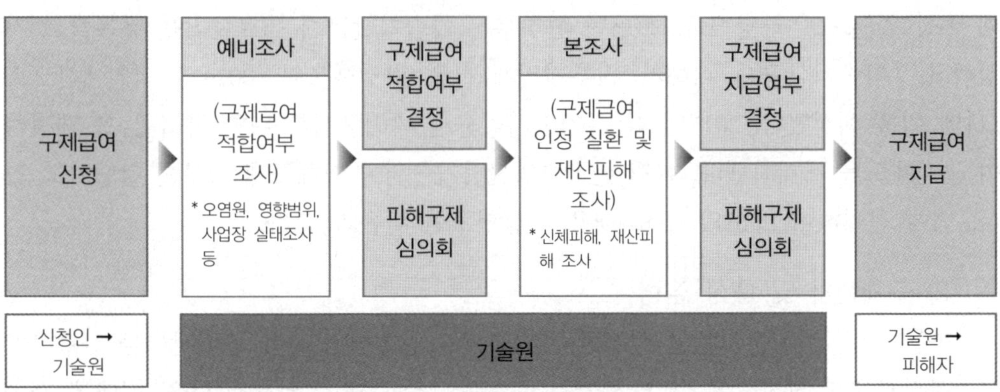

출처: 한국환경산업기술원 홈페이지(https://www.keiti.re.kr).

33) 연간 총 보험료 규모는 2019년 기준 약 800억 원으로 기업당 평균보험료는 500만~600만 원 수준이다. 1년 단위로 보험계약이 이루어지고 매년 갱신되며, 기업의 오염물질 배출 정도 및 환경안전 관리 정도 등에 따라 보험료가 결정된다. 기업들이 환경책임보험에 의무적으로 가입해야 하는 최저가입금액(보장금액)은 기업 규모에 따라, 환경오염피해 한 건마다 최소 30억 원에서 최대 300억 원이다(비즈니스워치, 2018).

행규칙」에 따라 한국환경산업기술원이 구제계정을 운영한다. 2022년 말 현재 계정에 적립된 재원은 정부출연금 250억 원(2016~2020년 간 매년 50억 원 출연) 포함 741억 원이다(환경부, 2023a). 구제급여 지급에 관한 사항은 환경부장관소속으로 설치된 환경오염피해구제심의회에서 심의・결정한다. 한편 권리를 제대로 보장받지 못할 우려가 있는 취약계층(저소득층, 고령자, 장애인 등)을 지원하기 위해 '환경오염피해소송지원변호인단'을 운영하여 2022년까지 총 8개 지역 161명을 지원했다(환경부, 2023a).

2 유해물질피해자 구제제도

1) 가습기살균제피해자 구제

(1) 배경

가습기살균제는 미생물 번식과 물때 발생 예방을 목적으로 1994년 출시되어 2011년까지 연간 약 60여만 개가 판매되었다. 2011년 발생한 급성호흡부전 환자들의 사망과 관련하여, 질병관리본부는 2011년 8월 가습기살균제를 폐질환의 원인으로 추정하고 11월에 수거명령을 내렸다. 2012년 1월에 피해자 4명이 가습기살균제 업체와 국가를 상대로 손해배상소송을 제기했고, 2012년 2월에 질병관리본부는 가습기살균제를 폐 손상 원인으로 확정했다. 2013년 환경부는 가습기살균제 원료물질을 유독물로 지정하고, 「가습기살균제 피해자 정부지원계획」을 확정했으며, 2014년 지원예산으로 111억 원을 책정했다. 2017년에는 「가습기살균제 피해구제를 위한 특별법」을 제정하여 구제제도를 체계화했다. 현재 한국환경산업기술원이 피해구제 실무를 담당하고 있다. 법에 근거하여 제도의 주요 내용을 살펴보면 다음과 같다.

(2) 구제절차 및 대상 질병

가습기살균제 건강피해를 인정받으려는 사람(인정신청자)은 증빙서류를 첨부하여 환경부장관에게 신청해야 한다. 환경부장관은 신청을 받은 날부터 60일 이내에 가습기살균제피해구제위원회의 심의를 거쳐 가습기살균제 건강피해 인정 여부 및 피해등급 등을 결정해야 한다. 위원회는 환경부장관소속으로 설치되며 위원장(환경부차관) 포함 15인 이내로 구성된다. 위원회 산하에는 전문적인 검토를 위해 조사판정전문위원회와 재심사전문위원회를 두고 있다. 인정대상 질병 범위는 점차 확대되어, 2023년 9월 현재 소엽중심성 폐섬유화를 동반한 간실성 폐질환(2014년), 태아피해(2017년),

[그림 14-5] 가습기살균제피해자 구제절차

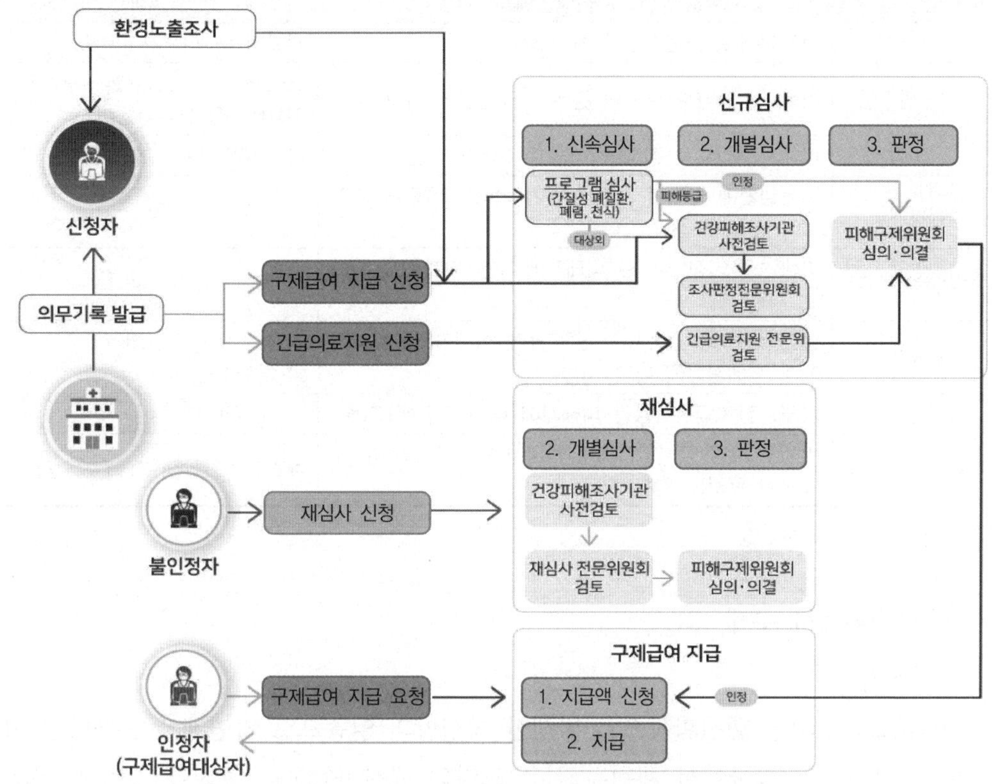

출처: 한국환경산업기술원 홈페이지(https://www.keiti.re.kr).

천식질환(2017년), 독성간염(2019년), 아동간질성 폐질환(2019년), 기관지염 및 상기도질환(2020년), 폐암(2023년) 등 7개다.

(3) 구제급여 종류 및 지원현황

가습기살균제 피해자 또는 유족에게 지급할 수 있는 급여(구제급여)의 종류, 내용, 지급액 등은 〈표 14-15〉와 같다. 2022년 12월 말 기준 가습기살균제 피해인정 신청자 7,805명 중 피해 인정자는 총 4,572명이며, 지원금액은 총 1,258억 원이다(환경부, 2023a).

〈표 14-15〉 가습기살균제피해자 구제급여 종류 및 기준(2023년 현재)

구제급여 종류	지원내용	지급액
요양급여	건강피해로 인정받은 질환 치료비	치료비 중 피해자부담액
요양생활수당	치료 외 요양이 필요한 경우 피해등급에 따라 지급	197만~17.3만 원/월 + 구급차 이용비, 장거리 교통비
장의비	피해자 사망 시 장제를 지낸 유족에게 지급	약 310만 원
간병비	일상생활에 필요한 거동을 하기 어려운 정도를 고려하여 간병 등급에 따라 지급	4.1~6.7만 원/일
특별유족조위금	피해인정 이전 사망한 피해자에 대한 위자료 명목으로 지원	약 1억 1,781만 원
장해급여	질환에 걸려 치유된 후 신체 등에 장해가 있는 사람에게 장해등급에 따라 지급	약 1억 9,907만 원~ 약 3,981만 원
특별장의비	피해인정 이전 사망한 피해자에 대한 장의비 지원	약 310만 원
구제급여조정금	피해자 사망 당시까지의 지원금이 특별유족조위금에 미치지 못하는 경우 지급	특별유족조위금-기(旣)지원금

출처: 환경부보도자료(2023).

2) 석면피해자 구제

(1) 배경

석면(Asbestos)은 화산활동으로 발생한 화성암의 일종으로 자연계에 존재하는 사문석 및 각섬석의 광물에서 채취된 섬유 모양의 규산화합물을 총칭한 것이다. 유연성, 난연성, 내화학성, 열·전기 절연성을 띠고 있어, 석면방직업, 건설업, 자동차 브레이크라이닝 제조업, 조선업, 슬레이트 제조업 등에서 사용되었다. 국내 석면 사용은 1970년 이후 본격화되어, 건축자재(82%), 브레이크라이닝 등 자동차부품(11%), 섬유제품(5%) 등에 주로 사용되었다. 석면이 여러 질병을 일으키는 것으로 알려지면서 국제암연구소는 석면을 1군 발암물질로 구분했다. 세계보건기구에 의하면, 연간 9만 명이 석면으로 인한 질병으로 사망한다(환경부, 2018b).

우리나라는 2007년을 석면안전관리 원년으로 선언하고 「석면관리 종합대책」을 수립했으며, 2009년 석면 사용을 전면 금지했다. 2010년에 세계에서 여섯 번째로 「석면피해구제법」을 제정했고, 2011년에 「석면안전관리법」을 제정했다. 석면에 대한 전반적 관리는 「석면안전관리법」에 의해 이루어지며, 이 법에 따른 법정계획으로 「제1차 석면관리 기본계획(2013~2017)」, 「제2차 석면관리 기본계획(2018~2022)」, 「제3차 석면관리 기본계획(2023~2027)」을 수립했다. 제3차 기본계획에서는 '석면관리 사각지대 발굴·해소로 석면으로부터 국민건강 보호 강화'를 비전으로 제시했다. 또한 5개 추진과제를 제시하고, 추진과제마다 3개씩의 세부추진과제를 제시했다. 소요예산은 4,751억 원으로 예상했다.

석면피해자 구제제도는 「석면피해구제법」에 의해 관리되는 것으로, 환경성 석면 노출로 인한 피해자와 유족에게 구제급여를 지급함으로써 건강피해를 신속하고 공정하게 구제하기 위한 것이다. 석면 관련 직업 종사자들은 산업재해보상보험을 적용받아 산재보상을 받을 수 있었지만, 석면광산이나 공장 주변에 살면서 환경적 요인으로 인해 발생한 석면질환 피해자에 대한 보상이나 지원 대책은 없었기 때문에, 이 제도가 시행된 것이다. 환경부장관은 구제급여를 지급하는 데 드는 비용을 충당하기 위해 석면피해구제기금을 설치한다.

(2) 구제절차 및 대상 질병

석면피해구제를 받으려면 「석면피해구제법」에 규정된 인정절차가 진행되어야 한다. 피해인정을 받으려는 사람이 관련 서류를 첨부하여 관할 지방자치단체장에게 신청하게 되고, 지방자치단체장은 한국환경산업기술원에 석면피해인정 여부 결정을 청구해야 한다. 한국환경산업기술원은 석면피해판정위원회 심의·의결을 거쳐 60일 이내에 석면피해 인정 여부 및 피해등급을 결정하게 된다. 석면피해판정위원회는 위원장 포함 15명으로 구성되며, 이 중 석면질병 관련 분야에서 5년 이상 실무에 종사한 전문의가 10명 이상 포함된다. 피해인정이 결정될 경우 인정을 받은 사람에게 석면피해의료수첩을 교부하고, 등록·관리하며, 피해등급과 조건에 맞는 구제급여를 지급하게 된다. 피해인정 유효기간은 2023년 현재 대통령령으로 5년으로 정하고 있으며, 유효기간 내에 완치 가능성이 없다고 판단되는 경우 갱신할 수 있다.

2023년 현재 실정법상 석면피해구제급여 지급대상 질병(석명질병)은 「석면피해구제법」 제3조에 명시된 원발성 악성중피종(잠복기 약 20~35년), 원발성 폐암(잠복기 약 20~40년), 석면폐증(잠복기 약 15~40년), 그리고 대통령령으로 정한 미만성 흉막비후(잠복기 약 15~20년) 등 모두 네 가지다. 2022년 말 현재 석면폐증이 5,685건으로 가장 많고, 원발성 폐암 2,480건, 원발성 악성중피종 1,732건, 미만성 흉막비후 59건이었다(환경부, 2023a).

[그림 14-6] 석면피해자 구제제도 운영체계

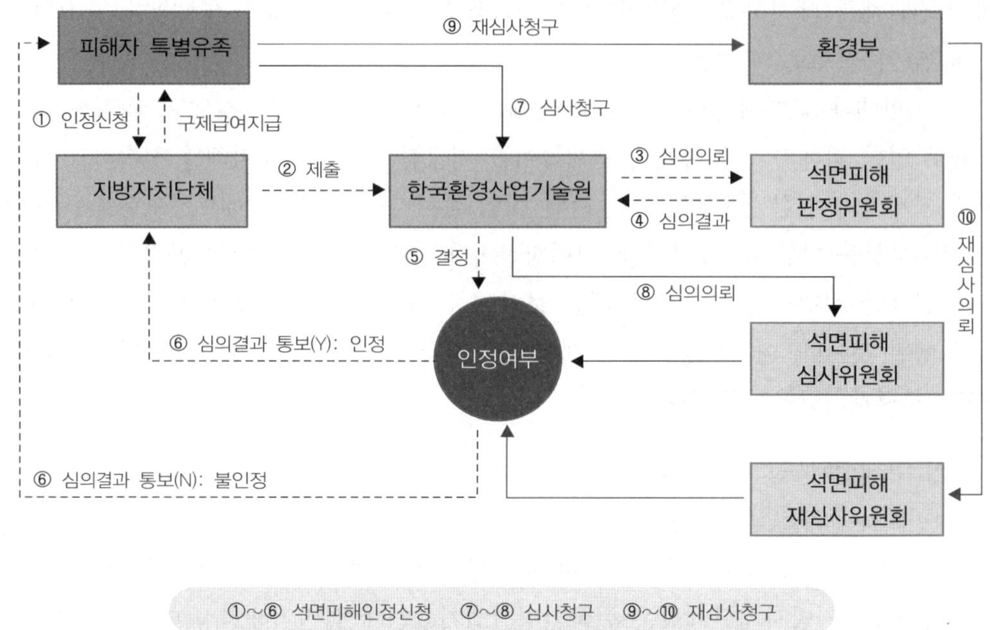

출처: 석면피해구제시스템 홈페이지(https://www.adrc.or.kr/user/succor/tab4/system.do).

(3) 구제급여 종류 및 지원현황

구제급여의 종류로는 요양급여, 요양생활수당, 장례비, 특별유족조위금 및 특별장의비, 구제급여조정금 등이 있다. 이 밖에 석면피해검사비용을 지급할 수 있다. 「산업재해보상보험법」 등 대통령령으로 정하는 법령에 따라 급여 등을 받을 수 있는 사람은 지급에서 제외된다. 요양급여는 의료기관으로부터 석면질병 치료를 받은 경우, 그 치료에 드는 비용 중 피인정자가 부담하는 금액의 범위 내에서 지급하는 것이다. 요양생활수당은 요양급여 외 석면질병의 치료·요양 및 생활에 필요한 경비이며, 장례비는 피인정자가 사망한 경우에 유족에게 지급하는 것이다. 특별유족조위금 및 특별장례비는 인정을 받기 전에[34] 석면질병으로 사망한 경우에 유족에게 지급하는 것이다. 구제급여조정금은 피인정자가 사망한 경우 해당 석면질병에 관하여 지급받은 요

34) 법 시행 이전에 사망하거나, 신청하지 않고 사망한 경우, 신청했으나 인정받기 전에 사망한 경우가 여기에 포함된다(석면피해구제법 제12조). 특별유족조위금을 받을 수 있는 유족을 특별유족이라 하며 사망 당시 사망자와 생계를 같이하고 있던 유족에 한정한다(석면피해구제법 제13조).

양급여와 요양생활수당의 합계액이 특별유족조위금 액수보다 적을 때, 그 차액을 사망 당시 생계를 같이하던 유족에게 지급하는 것이다. 2011년부터 2023년 6월까지 7,037명에게 모두 162,404(백만 원)의 구제급여가 지급되었다.

〈표 14-16〉 석면피해구제급여 종류 및 지급현황(2011~2023년 6월)

	금액(백만 원)	인원(명)
합계	162,404	7,037
요양급여(미지급 요양급여 등 포함)	6,020	3,543
요양생활수당	100,775	5,855
특별유족조위금 및 특별장의비	36,958	1,095
구제급여조정금	15,442	848
장례비	2,929	1,256
석면피해 검사비용	280	1,402

출처: 환경부(2023a).

3) 살생물제품피해자 구제

(1) 배경

살생물제품이란 유해생물의 제거 등을 주된 목적으로 하는 제품을 말한다.[35] 국민이 일상적으로 사용하는 살생물제품들이 지속적으로 상품화되고 있어 가습기살균제 사건과 같은 피해가 다시 발생할 가능성이 있다. 이처럼 살생물제품으로 인해 생명 또는 건강의 피해가 발생하는 경우 구제할 수 있도록 2019년에 「생활화학제품 및 살생물제의 안전관리에 관한 법률(화학제품안전법)」이 제정되고, 2021년부터 시행에 들어갔다.[36] 살생물제품피해자 구제제도는 이 법률 제5장의2에 규정되어 있다.

35) 「생활화학제품 및 살생물제의 안전관리에 관한 법률」 제3조에 보면 살생물제(殺生物劑)란 살생물물질, 살생물제품 및 살생물처리제품을 말한다. '살생물물질'이란 유해생물을 제거, 무해화(無害化) 또는 억제하는 기능으로 사용하는 화학물질, 천연물질 또는 미생물을 말한다. '살생물제품'이란 유해생물의 제거 등을 주된 목적으로 하는 제품을 말한다. 또한 '살생물처리제품'이란 제품의 주된 목적 외에 유해생물 제거 등의 부수적인 목적을 위하여 살생물제품을 사용한 제품을 말한다. 이 중 살생물제품의 피해자에 대한 구제제도가 마련되어 있는 것이다.

36) 이 법률에 따라 환경부장관은 5년마다 생활화학제품 및 살생물제 관리에 관한 종합계획을 수립해야 한다. 이에 따라 「제1차 생활화학제품 및 살생물제 관리에 관한 종합계획(2021~2025)」이 수립되었고, 세 가지 전략목표, 4대 추진전략, 18대 중점 추진과제가 제시되었다(관계부처합동, 2021b).

〈표 14-17〉 살생물제의 유형

분류	제품 유형	설명
1. 살균제류 (소독제류)	가. 살균제	가정, 사무실, 다중이용시설 등 일상적인 생활공간 또는 그 밖의 공간에서 살균, 멸균, 소독, 항균 등의 용도로 사용하는 제품
	나. 살조제(殺藻劑)	수영장 등 실내·실외 물놀이시설, 수족관, 어항 등 수중에 존재하는 조류의 생육을 억제하여 사멸하는 용도로 사용하는 제품(공공수역에 사용하는 것은 제외한다)
2. 구제제류	가. 살서제(殺鼠劑)	쥐 등 설치류를 제거하기 위한 용도로 사용하는 제품
	나. 기타 척추동물 제거제	설치류를 제외한 그 밖에 유해한 척추동물을 제거하기 위한 용도로 사용하는 제품
	다. 살충제	파리, 모기, 개미, 바퀴벌레, 진드기 등 곤충을 제거하기 위한 용도로 사용하는 제품
	라. 기타 무척추동물 제거제	곤충을 제외한 그 밖에 유해한 무척추동물을 제거하기 위한 용도로 사용하는 제품
	마. 기피제	기피의 방법을 이용하여 유해생물을 무해(無害)하게 하거나 억제하기 위한 용도로 사용하는 제품(인체에 직접 적용하는 것은 제외한다)
3. 보존제류 (방부제류)	가. 제품보존용 보존제	제품의 유통기한을 보장하기 위하여 제품의 보관 또는 보존을 위한 용도로 사용하는 제품
	나. 제품표면처리용 보존제	제품 표면의 초기 속성을 보호하기 위하여 제품 표면 또는 코팅을 보존하기 위한 용도로 사용하는 제품
	다. 섬유·가죽류용 보존제	섬유, 가죽, 고무 등을 보존하기 위한 용도로 사용하는 제품
	라. 목재용 보존제	목재 또는 목재 제품을 보존하기 위한 용도로 사용하는 제품
	마. 건축자재용 보존제	목재를 제외한 다른 건축자재, 석조, 복합 재료를 보존하기 위한 용도로 사용하는 제품
	바. 재료·장비용 보존제	다음의 재료·장비 등을 보존하기 위한 용도로 사용하는 제품 1) 산업공정에서 이용되는 재료·장비·구조물 2) 냉각 또는 처리 시스템에 사용되는 담수 등의 액체 3) 금속·유리 또는 그 밖의 재료를 가공하거나 자르거나 깎는 데 사용되는 유체(流體)
	사. 사체·박제용 보존제	인간 또는 동물의 사체나 그 일부를 보존하기 위한 용도로 사용하는 제품
4. 기타	선박·수중 시설용 오염방지제	선박, 양식 장비, 그 밖의 수중용 구조물에 대한 유해생물의 생장 또는 정착을 억제하기 위한 용도로 사용하는 제품

출처: 한국환경산업기술원 홈페이지(https://www.keiti.re.kr).

(2) 구제절차 및 대상 질병

살생물제품피해자가 배상받지 못하거나 피해를 신속히 구제할 필요가 있는 경우에는 피해자 또는 그 유족에게 국가가 구제급여를 지급할 수 있다. 가습기살균제 사건과 유사한 살생물제품 피해가 발생한 경우 정부가 즉시 개입하여 원인을 규명하고, 피해자에게 구제급여를 지급하며, 원인 기업에 분담금을 부과하는 등 피해자와 기업 간 갈등이 장기화하지 않게 하는 것이다(환경부, 2023a). 대상 질병은 호흡기, 순환계, 내분비계, 생식계, 피부·눈·코 등 발생 가능한 모든 질병이다. 구제급여를 받으려는 사람(신청자)이 환경산업기술원에 신청하면, 이후 생활화학제품 및 살생물제 관리위원회 심의를 거쳐 구제급여 지급 여부를 결정한다. 지급이 인정되면 유효기간과 피해등급에 따라 지급이 이루어진다. 위원회는 환경부장관소속으로 위원장(환경부 소속 살생물제 관리 담당 고위공무원) 포함 20명 이내로 성별을 고려하여 구성된다.

[그림 14-7] 살생물제품피해자 구제제도 운영체계

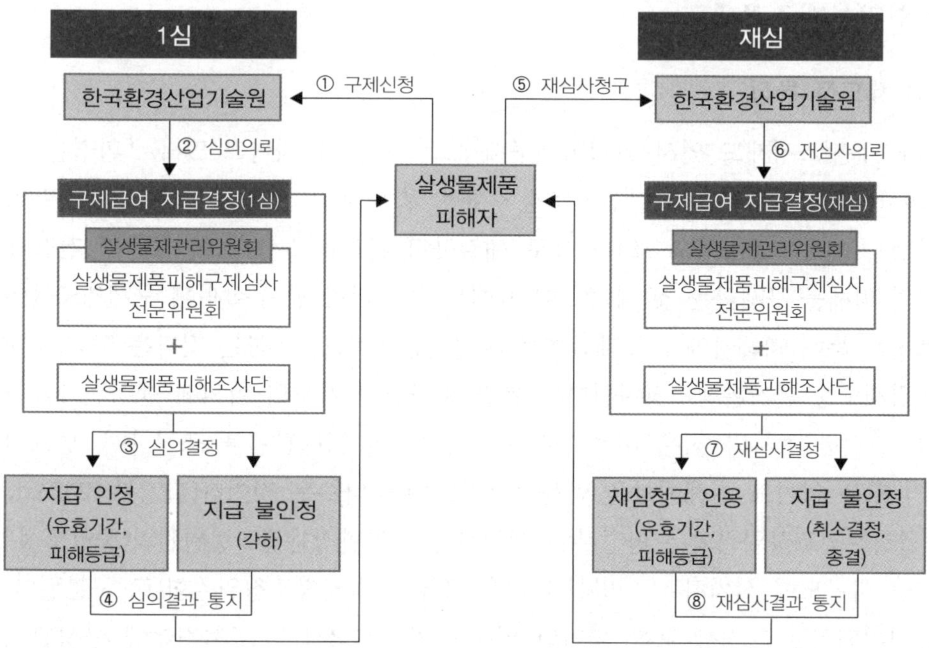

출처: 한국환경산업기술원 홈페이지(https://www.keiti.re.kr).

(3) 구제급여 종류 및 지원현황

구제급여의 종류는 진료비, 장례비, 사망일시보상금, 장애일시보상금 등 네 가지가 있다. 주요 내용과 2022년 기준 지급금액은 〈표 14-18〉과 같다.

〈표 14-18〉 살생물제품피해자 구제급여 종류 및 기준(2022년 현재)

구제급여 종류	지원내용	기준
진료비	요양기관에서 살생물제품 피해로 인한 상해 또는 질병의 치료비용 중 피해자가 부담하는 금액	본인부담금
장례비	살생물제품 피해로 인하여 피해자가 사망한 경우에는 그 장례를 지낸 유족에게 지급	292만 원
사망일시 보상금	구제급여 지급신청 당시 살생물제품 피해로 인해 사망한 피해자의 유족에게 지급	4,386만 원
장애일시 보상금	살생물제품 피해로 인해 부상을 당하거나 질병에 걸려 치유된 후 장애가 있는 피해자에게 피해등급*에 따라 차등 지급 * 대한의학회 장애평가기준을 활용하여 피해등급 산정 ※ 1급(전신장애율 80% 이상)~4급(전신장애율 20% 이상)	(1급) 9,291만 원~ (4급) 2,230만 원

출처: 한국환경산업기술원 홈페이지(https://www.keiti.re.kr).

3 환경분쟁조정제도

1) 제도적 특징

환경분쟁조정제도 역시 환경피해구제제도의 성격을 지니고 있다. 「환경분쟁조정법」의 목적이 '환경분쟁의 알선·조정·재정 및 중재의 절차 등을 규정함으로써, 환경분쟁을 신속·공정하고 효율적으로 해결하여 환경을 보전하고, 국민의 건강과 재산상의 피해를 구제하는 것(제1조)'이기 때문이다. 다만 앞서 살펴본 구제제도들이 구제계정을 통해 피해자에게 구제급여를 지급하는 방식을 취하는 것과는 달리, 환경분쟁조정제도는 환경분쟁조정위원회를 통한 준사법적 기능의 합의제 행정절차를 활용한다. 간편한 절차와 적은 비용으로 사건당사자의 이해관계를 조정하여, 변호사(소송)의 도움 없이도 피해배상을 받을 수 있도록 도와주는 것이다(환경부, 2023a).

환경분쟁조정위원회는 환경부에 설치하는 중앙환경분쟁조정위원회(중앙조정위원회) 및 시·도에 설치하는 지방환경분쟁조정위원회(지방조정위원회)로 구분된다. 중앙조정위원회는 위원장 포함 30인의 위원(상임위원 3인)으로 환경부에 구성된 상설위원회로서, 환경오염으로 인한 건강, 재산, 정신적 피해 관련 분쟁을 해결하는 준사법적 기관이다. 피해 금액이 1억 원을 초과하는 환경분쟁의 재정, 중재, 국가 또는 지방자치단체를 당사자로 하는 분쟁의 조정, 2개 이상의 시·도 관할구역에 걸치는 분쟁의 조정, 직권조정, 지방조정위원회가 조정하기 곤란하여 이송한 분쟁의 조정 업무를 수행한다. 그 밖의 사무는 지방조정위원회가 담당하는데, 지방조정위원회는 위원

〈표 14-19〉 환경분쟁조정의 종류

구분		정의	처리기간
중재(仲裁)		당사자가 중재위원회의 중재안을 수용하기로 합의할 경우 시작되며, 사실조사 후 중재위원회가 인과관계의 유무 및 피해액을 판단하여 결정하는 절차	9월
재정(裁定)	책임재정	사실조사 후 재정위원회가 인과관계의 유무 및 피해액을 판단하여 결정하는 재판에 준하는 절차	9월
	원인재정	재정위원회가 인과관계 유무만 판단하는 절차	6월
조정(調停)		사실조사 후 조정위원회가 조정안을 작성하여 당사자 간의 합의를 유도하거나 수락을 권고하는 절차	9월
알선(斡旋)		당사자의 자리를 주선하여 분쟁당사자 간의 합의를 유도하는 절차	3월

출처: 중앙환경분쟁조정위원회 홈페이지(https://ecc.me.go.kr).

장 포함 20명 이내의 위원(상임위원 1인)으로 구성한다. 중앙 및 지방 모두 위원의 임기는 2년이며 연임할 수 있다.

2) 환경분쟁사건 조정 · 처리현황

최근 5년 간 중앙환경분쟁조정위원회의 환경분쟁신청사건 조정 · 처리현황을 보면 몇 가지 특징을 도출할 수 있다. 첫째, 사건들은 주로 재정사건으로 처리되고 있다. 전체 처리 중 73%(942건)가 재정사건으로 처리되었다. 둘째, 가장 빈번하게 제기된 환경피해는 소음 · 진동이며(1,009건, 79%), 이 중에서도 공사장 소음 · 진동이 대부분을 차지했다. 셋째, 피해 내용을 보면 정신적 피해(677건, 53%)를 호소하는 경우가 가장 많았다.

〈표 14-20〉 환경분쟁신청사건 조정 · 처리현황(2018~2022년)

구분	처리현황				알선종료	자진철회 등
	합계	재정	조정	합의		
합계	1,283	942	81	260	2	174
2022년	254	154	52	48	–	26
2021년	290	187	20	83	–	30
2020년	245	176	2	67	–	41
2019년	256	215	6	35	2	24
2018년	238	210	1	27	–	53

출처: 중앙환경분쟁조정위원회(2022).

〈표 14-21〉 환경분쟁신청사건 피해원인현황(2018~2022년)

구분	합계	소음 · 진동		대기오염	수질오염	일조	기타
		공사장	교통 등				
합계	1,283	931	78	17	11	128	118
2022년	254	161	24	2	2	14	51
2021년	290	210	15	4	–	28	33
2020년	245	185	10	3	4	30	13
2019년	256	179	18	6	–	40	13
2018년	238	196	11	2	5	16	8

출처: 중앙환경분쟁조정위원회(2022).

〈표 14-22〉 환경분쟁신청사건 피해내용현황(2018~2022년)

구분	합계	정신적 피해	건축물 + 정신적	축산물 피해	농작물 피해	건축물 피해	내륙 수산물 피해	해양 수산물 피해	기타 피해
합계	1,283	677	123	51	104	208	304	1	219
2022년	254	151	14	8	20	12	2	–	47
2021년	290	188	5	6	14	27	3	–	47
2020년	245	109	24	19	22	21	3	1	46
2019년	256	110	31	13	26	26	4	–	46
2018년	238	119	49	5	22	10	–	–	33

출처: 중앙환경분쟁조정위원회(2022).

제 15 장 ENVIRONMENTAL POLICY

자연환경 및 생태계 정책

자연환경정책은 자연환경보호지역 지정 · 및 관리, 자연생태계 유지 및 생물다양성 보전, 그리고 이들을 뒷받침하기 위한 자연환경조사 및 정보망 구축 등으로 구성된다. 이러한 정책들은 여러 부처에 의해 수행되고 있다. 예를 들어, 자연환경보호지역은 환경부장관이 관장하는 생태경관보전지역 · 자연공원 · (내륙)습지보호지역 · 특정도서 · 야생생물특별보호구역, 해양수산부장관이 관장하는 (연안)습지보호지역 · 해양생태계보호구역, 산림청장이 관장하는 산림유전자원보호림 · 백두대간보호지역, 문화재청장이 관장하는 천연보호구역 · 명승지 등이 있다. 자연생태계 유지 및 생물다양성 보전의 경우에도 멸종위기 야생생물 등 야생생물 보호 업무는 환경부장관, 산림보호 · 육성 업무는 산림청장, 천연기념물 지정 · 관리 업무는 문화재청장이 관장한다(환경부, 2023a). 자연환경정책 관련 법령을 관장하는 부서들도 다양하다. 환경부는 「자연환경보전법」, 「야생생물 보호 및 관리에 관한 법률」 등 14개의 법을 관장한다. 해양수산부는 「해양환경관리법」, 「해양생태계의 보전 및 관리에 관한 법률」 등을, 산림청은 「산림보호법」, 「산림자원의 조성 및 관리에 관한 법률」 등을, 문화재청은 「문화재보호법」 등을 관장한다(환경부, 2023a). 이하에서는 자연환경정책을 자연환경 보전 및 이용, 생태계 우수지역 지정 및 관리, 생물다양성 보전 및 야생생물 관리 등으로 구분하고, 환경부 정책들을 중심으로 설명한다.

〈표 15-1〉 환경부 소관 자연환경정책 관련 법률

법률	제정	법률	제정
자연공원법	1980	문화유산과 자연환경자산에 관한 국민신탁법	2006
자연환경보전법	1991	생물다양성 보전 및 이용에 관한 법률	2012
독도 등 도서지역의 생태계 보전에 관한 특별법	1997	국립생태원의 설립 및 운영에 관한 법률	2013
습지보전법	1999	생물자원관의 설립 및 운영에 관한 법률	2015
백두대간 보호에 관한 법률	2003	동물원 및 수족관의 관리에 관한 법률	2016
야생생물 보호 및 관리에 관한 법률	2004	국립공원공단법	2016
남극활동 및 환경보호에 관한 법률	2004	유전자원의 접근·이용 및 이익공유에 관한 법률	2017

출처: 환경부(2023a: 237).

제 1 절 | 자연환경 보전 및 이용

1 자연환경보전의 제도적 기반

1) 자연환경보전 기본계획 수립

실정법상 자연환경보전이란 '자연환경을 체계적으로 보존·보호 또는 복원하고 생물다양성을 높이기 위하여 자연을 조성하고 관리하는 것'을 말한다(자연환경보전법 제2조). 즉, 보전이란 보존, 보호, 복원, 조성, 관리 등의 활동을 두루 포함하는 개념이다. 환경부는 「자연환경보전법」 제8조에 따라 10년마다 자연환경보전 기본계획을 수립한다. 자연환경보전 분야의 최상위 종합계획으로, 제1차 기본계획(1994~2003) 및 제2차 기본계획(2006~2015)에 이어 「제3차 자연환경보전 기본계획(2016~2025)」이 수립되었다. 제3차 기본계획에서는 '풍요로운 자연, 자연과 공존하는 삶'을 비전으로 제시하고, 6대 목표 및 추진과제를 담았다.

〈표 15-2〉「제3차 자연환경보전 기본계획」의 목표 및 추진과제

목표	추진과제
자연생태계 서식지 보호	• 한반도 생태네트워크 구현 • 국제적 수준의 보호지역 확대 및 관리 강화
야생생물 보호 · 복원	• 야생생물 보호 · 관리 강화 • 외래 · 유해생물로부터 안전한 자연환경
자연과 인간이 더불어 사는 생활공간	• 도시생태계 보전 · 복원 • 마을생태계 보전 · 복원 • 생활공간 생태계 보전 기반 강화
자연혜택의 현명한 이용	• 국민에게 더 가까운 자연환경 조성 • 자연혜택 증진을 위한 기반 마련 • 생물자원의 확보와 이용
자연환경보전 기반 선진화	• 자연보전과 개발의 조화 • 자연환경보전 조사 및 기술개발 • 인식 증진, 교육 및 참여 • 자연환경보전 정책 평가 · 조정
자연환경보전 협력 강화	• 국가/지방자치단체/지역주민 협력과제 발굴 및 추진 • 우리나라 자연환경보전 국제적 역할 강화 • 남북 · 동북아 자연환경보전 협력 확대

출처: 환경부(2015f: 27).

2) 자연환경 조사 · 평가

(1) 자연환경조사

자연환경보전은 엄밀한 조사연구를 기초로 추진해야 그 효과성을 극대화할 수 있다. 환경부가 수행하는 자연환경조사로는 전국자연환경조사, 우수생태계정밀조사, 멸종위기 야생생물 전국분포조사, 국가장기생태연구, 철새 이동 및 분포 조사 등이 있다(환경부, 2023a).

전국자연환경조사는 「자연환경보전법」 제30조에 근거해 1986년부터 실시하고 있으며, 현재 5년 주기로 국립생태원이 조사하고 있다.[1] 조사대상은 지형, 식생, 식물상, 곤충, 어류, 양서 · 파충류, 조류, 포유류, 저서성무척추동물 등 9개 분야다. 1차 조사는 1986~1990년, 2차 조사는 1997~2005년, 3차 조사는 2006~2013년, 4차 조사는 2014~2018년, 5차 조사는 2019~2023년에 이루어졌다. 2차 조사부터는 생태 · 자연도 및 자연환경 GIS DB를 구축하고, 이후의 조사들을 통해 이를 갱신해 나가고 있다.

1) 1~3차 조사는 국립환경과학원이 수행했다.

우수생태계 정밀조사는 우수생태계를 대상으로 국립생태원이 실시한다. ① 하구생태계 조사, ② 내륙습지 기초조사, ③ 내륙습지 정밀조사, ④ 전국해안사구 자연환경조사, ⑤ 특정도서 정밀조사, ⑥ 특정도서 발굴조사, ⑦ 생태 · 경관보전지역 정밀조사, ⑧ 생태 · 경관우수지역 발굴조사, ⑨ 독도생태계 정밀조사, ⑩ DMZ 일원 생태계 조사, ⑪ 백두대간보호지역 생태계 조사 등이 있다.

멸종위기 야생생물 전국분포조사는 2001년에 국립환경과학원 주관으로 처음 시행되었다. 2007년부터는 국립생물자원관이 주관했으며, 2020년부터는 국립생태원 멸종위기종복원센터에서 주관하고 있다. 멸종위기 야생생물의 전국적인 서식 · 분포 실태, 개체군의 크기, 주요 서식 위치, 서식권 형태, 분포넓이, 주요 위협요인 등을 중심으로 조사한다. 1단계(2001~2006), 2단계(2007~2011), 3단계(2012~2014), 4단계(2015~2017), 5단계(2018~2020) 조사에 이어 2023년 현재 6단계 조사가 진행되고 있다. 조사결과는 국립생물자원관 '한반도 생물다양성' 웹사이트를 통해 공개하고 있다. 2022년 말 현재 멸종위기 야생생물은 282종(멸종위기 Ⅰ급 68종, Ⅱ급 214종)이다.

국가장기생태연구는 단기간의 관찰로는 파악이 어려운 기후변화와 환경교란으로 인한 생태계 변화를 장기적으로 조사 · 관찰하는 사업이다. 2003년 7월 수립한 「국가기초생태연구 기본계획」에 입각하여 제1차 사업(2004~2013)에서는 육상, 담수, 연안, 동물 등 4개 연구영역으로 나누어 수행했다. 제2차 사업(2014~2024)은 2014년 수립된 「제2차 국가장기생태연구 로드맵」에 따라 진행되고 있으며, 2025년부터 제3차 사업이 시작될 전망이다.

철새 이동연구 및 분포 조사는 1993년 3월부터 수행하고 있으며, 2007년 이후 국립생물자원관에서 주관한다. 철새 이동연구는 금속 및 유색 가락지의 부착과 재관찰 및 재포획에 따른 이동정보 교환을 통해 종의 이동정보를 파악하는 것으로, 이를 바탕으로 국가조류표지관리체계(Korea Banding Scheme)를 운영한다. 또한 1999년부터 매년 동계에 '겨울철 조류 동시센서스'를 수행하여 국내에서 월동하는 수조류의 분포와 변동상황을 파악하고 있다. 철새 이동 및 분포 자료는 2017년부터 '한반도의 생물다양성-철새정보서비스'를 통해 일반에 공개되고 있다. 아울러 2018년에는 '국가철새연구센터'가 건립된 바 있다.

(2) 생태 · 자연도 제작

생태 · 자연도는 각종 자연환경조사 결과를 기초로 자연환경을 생태적 가치, 자연성, 경관적 가치 등에 따라 등급화한 지도다. 「자연환경보전법」 제34조(생태・자연도의 작성・활용)에 근거하여 토지이용 및 개발계획의 수립이나 시행에 활용하기 위한 목적으로 작성된다. 1998년부터 국립환경과학원이 제작하다가 2014년 이후부터는 국립생태원이 담당하고 있다. 전국을 1등급, 2등급, 3등급, 별도관리지역으로 구분하여 25,000분의 1 이상의 지도에 실선으로 표시하고, '환경공간정보서비스' 사이트를 통해 공개한다.[2)]

(3) 생태계서비스 평가

인간이 생태계에서 얻는 모든 직・간접적 혜택들을 생태계서비스(ecosystem service)라 한다. 생태계는 인류에게 식량, 생산, 에너지뿐만 아니라 정서・문화적 요소에 이르기까지 다양한 생태계서비스를 제공한다. 생태계가 훼손되면 생태계서비스도 영향을 받고, 이에 따라 인류의 삶도 영향을 받게 된다. 따라서 국제사회는 생태계서비스의 경제적 가치 평가에 많은 관심을 기울여 왔다. 영국은 2011년 세계 최초로 국가 수준 생태계 평가보고서(UK National Ecosystem Assessment)를 발간했고, 일본, 스페인, 벨기에, 독일 등 여러 선진국이 국가 차원에서 생태계서비스를 평가하고 있다(환경부, 2023a).

우리나라도 「생물다양성 보전 및 이용에 관한 법률」 제15조에서 생태계의 보전, 훼손된 생태계의 복원 또는 생태계가 제공하는 서비스의 회복을 위해 국가가 필요한 시책을 수립할 것을 규정했다. 또한 제26조에서는 국가와 지방자치단체가 '생물다양성 및 생태계의 가치에 대한 평가' 연구를 추진하도록 규정했다. 「제4차 국가생물다양성전략(2019~2023)」 전략4(생물다양성 이익공유 및 지속가능한 이용)는 '생태계서비스의 제도적 기반 구축'을 추진과제로 포함하고 있다. 「제3차 자연환경보전 기본계획(2016~2025)」에도 목표4(자연혜택의 현명한 이용)와 관련하여 전국 생태계서비스 평가 가이드라인 발간 등 생태계서비스 평가체계 마련 및 관련 제도 개선을 추진계획에 포함했다.[3)]

---

2) 생태적으로 매우 우수한 공간이 1등급으로 표시된다. 환경공간정보서비스(egis.me.go.kr) 사이트에서는 생태・자연도 이외에 토지피복지도, 환경주제도, 토지이용규제지역・지구도 등도 확인할 수 있다.

3) 2016년 국립생태원은 「국가 생태계서비스 평가 가이드라인」을 발간했다(국립생태원, 2016). 생태계서비스 평가를 위한 지표 선정에 있어 국제적으로 널리 활용되는 구분방식은 공급서비스(식량, 원료, 물, 에너지 등), 조절서비스(기후조절, 홍수방지, 폐기물분해, 질병예방, 수질정화 등), 문화서비스(심미적, 역사・정신적, 과학・교육적, 오락적 등), 지원서비스(영양소 순환, 토양형성, 일차생

2 한반도 핵심생태축 보전

우리나라는 2004년 「자연환경보전법」 개정을 통해 생태축 개념을 도입했다. 생태축이란 '생물다양성을 증진시키고 생태계 기능의 연속성을 위하여 생태적으로 중요한 지역 또는 생태적 기능의 유지가 필요한 지역을 연결하는 생태적 서식공간'을 말한다(제2조). 현재 백두대간, 비무장지대, 도서 · 연안지역, 5대강 수생태축을 4대 핵심생태축으로 설정하고,[4] 전국을 5대 광역생태축으로 구분하여 관리하고 있다(환경부, 2023a).[5] 환경부, 국토교통부, 산림청 등은 합동으로 2013년 「한반도 핵심생태축 연결 · 복원 추진계획(2013~2017)」 및 「한반도 생태축 보전 · 복원 추진계획(2019~2023)」을 수립한 바 있다.

1) 백두대간 자연생태축 보전

백두대간은 한반도의 등줄기로서 남과 북을 잇는 주축이자 생물다양성의 보고이며,[6] 인문 · 지리 · 문화 · 산업적 측면에서도 높은 가치를 지니는 지역이다. 1대간(백두산-두류산-금강산-설악산-오대산-태백산-속리산-덕유산-지리산), 1정간(장백정간),[7] 13정맥[8] 체계로 이루어져 있다. 백두대간이라는 표현에는 산을 단절된 봉우리로 보지 않고, 일련의 흐름을 가지고 이어지는 것으로 보는 관점이 깔려 있다. 백두대간의 길이는 약 1,400km에 달하며(남한지역 701km), 행정구역상으로는 6개 도와 32개 시 · 군을 통과한다(산림청, 2015). 1960년대부터 본격화한 국토개발에 따라 각종 관통도로, 관광리조트, 댐, 석회석광산, 송전탑, 풍력발전소 등이 생김으로써, 현재 백두대간 생태축은 심각하게 훼손된 상황이다. 백두대간 능선을 관통하는 도로와 철도가 87개이며, 이 중 터널 구간이 14곳에 달한다(환경부, 2023a).

이러한 문제의식에 따라 2003년 「백두대간 보호에 관한 법률」이 제정되고, 이 법

산 등) 등 네 가지로 구분하는 것이다. https://en.wikipedia.org/wiki/Ecosystem_services 참조.

4) 5대강 수생태축에 대한 별도의 관리계획은 찾을 수 없었다. 따라서 여기서는 나머지 3개 핵심생태축을 중심으로 설명하기로 한다.

5) 5대 광역생태축-한강수도권, 태백강원권, 금강충청권, 낙동강영남권, 영산강호남권.

6) 2022년 말 기준 백두대간에 분포하는 생물종은 7,162종이다(환경부, 2023a).

7) 원산-서수리곶산.

8) 백두대간에서 분기하여 주요 하천의 분수계를 이루는 산줄기를 말한다. 청북정맥, 청남정맥, 해서정맥, 임진북예성남정맥, 한북정맥, 낙동정맥, 한남금북정맥, 한남정맥, 금북정맥, 금남호남정맥, 금남정맥, 호남정맥, 낙남정맥 등이다.

에 따라 「제1차 백두대간 보호 기본계획(2006~2015)」과 「제2차 백두대간 보호 기본계획(2016~2025)」이 수립되었다.[9] 제1차 기본계획에서 1조 7,356억 원을 투입하여 다양한 성과를 도출했으나 여러 한계도 지적되었다. 이를 보완하여 수립된 제2차 기본계획은 '자연과 인간이 어우러진 풍요로운 삶의 터전'이라는 비전과 '보전과 이용의 조화를 통한 백두대간의 생태 · 문화 · 경제 가치 증진'이라는 목표를 제시했다. 이러한 비전과 목표 달성을 위해 5개 추진전략 및 13개 주요 추진과제가 설정되었다.

〈표 15-3〉 「제2차 백두대간 보호 기본계획」의 추진전략 및 주요 추진과제

추진전략	주요 추진과제
백두대간 자원의 생태적 관리	• 백두대간 자원의 통합적 조사 • 백두대간 생태계의 보호 · 관리 강화 • 생태계 및 훼손지의 복원 · 복구
백두대간의 가치 창출 확대	• 산림복지서비스의 창출 강화 • 경관 · 문화자원의 발굴 · 보전 및 복원 • 백두대간 자원을 활용한 지역 활성화
항구적인 백두대간 보호기반 구축	• 백두대간 보호지역의 확대와 합리적 관리 • 행위제한 및 사전협의의 투명성 · 공정성 제고 • 백두대간의 협력적 관리체계 구축
국민참여와 소통 강화	• 국민참여 활성화 • 교육 · 홍보 강화
남북 · 국제협력 강화	• 남북 백두대간 공동관리 기반 구축 • 동북아 생태네트워크 구축

출처: 산림청(2015: 31).

2) 비무장지대 자연생태축 보전

1953년 정전협정에 따라 설치된 비무장지대(DMZ)는 오랫동안 민간의 활동이 엄격히 제한되어 자연생태계가 잘 보전된 지역이다. 비무장지대의 면적은 한반도 면적의 1.6%에 불과하지만, 전국 생물종 수의 23%(6천여 종) 및 멸종위기종의 43%(100여 종)가 여기에 서식한다(환경부보도자료, 2021b). 특히 세계적 희귀종인 두루미와 저어새 등의 서식지가 분포하고 있어 국제사회의 관심도 높다.

2005년에 「비무장지대 일원 생태계보전 대책」이 수립되고 2단계 대책이 제시된 바 있다. 1단계 대책에는 비무장지대 남측지역 생태계 주기적 조사, 국립생물자원관

9) 이 계획은 산림청장이 환경부장관과 협의하여 10년마다 수립한다.

의 비무장지대 자생생물관 설치 및 표본 별도확보 등이 포함되었다. 2단계 대책은 법적·제도적 관리기반과 관련된다. 비무장지대 관할권이 대한민국에 속하는 날부터 2년 간 비무장지대를 자연유보지역으로 지정·관리하고(자연환경보전법 제2조), 이후 비무장지대 전역을 생태·경관보전지역으로 지정하되, 보전가치에 따라 핵심·완충·전이 구역으로 구분하여 보전과 이용의 조화를 추구한다는 것이었다(환경부, 2005).

이후 정부는 비무장지대 및 민통선 지역 일원을 핵심생태축으로 설정했다. 또한 자연생태계조사 실시 및 생태·자연도 조사자료 등을 토대로 개발사업에 대한 환경영향평가를 강화하고, 철원지역을 생태·평화공원으로 조성하는 등의 노력을 기울였다. 아울러 2018년 남북관계 개선에 힘입어 2018년 12월 환경부는 '비무장지대 일원 생태계 보전방안 마련을 위한 정책포럼'을 발족한 바 있다(환경부보도자료, 2018e). 그러나 2023년 현재 시점에서 비무장지대 자연생태축 보전을 위한 뚜렷한 계획은 없는 상태라 할 수 있다. 종합적이고 체계적인 보전계획을 수립할 수 있을지의 여부는 향후의 국제정세와 남북관계 상황에 따라 유동적일 수 있다.

3) 도서 · 연안 자연생태축 보전

도서·연안 지역에는 섬, 사구, 석호, 갯벌, 하구 등으로 구성된 생태계가 존재하는데, 그동안 준설, 매립, 하구언 건설 등의 개발로 인해 훼손이 적지 않았다. 정부는 1998년부터 전국 2,876개 무인도서 중 자연환경 및 생태계가 우수한 1,451개소를 조사하여, 이 중 257개(2022년 말 기준)를 특정도서로 지정했다. 생태계가 우수하거나 보전가치가 높은 해안사구는 생태·경관보전지역으로, 해수와 담수가 만나는 점이지대로 생산성이 높고 다양한 멸종위기 야생 동·식물이 서식하는 곳은 습지보호지역으로 지정하여 보호하고 있다(환경부, 2023a).

특정도서에 대해서는 「독도 등 도서지역의 생태계보전에 관한 특별법」에 근거해 2005년부터 10년마다 특정도서보전 기본계획을 수립하고 있다. 제1차 기본계획은 2005~2014년을, 제2차 기본계획은 2015~2024년을 대상으로 각각 수립되었다. 「제2차 특정도서 기본계획(2015~2024)」은 '특정도서의 생태계 보전 및 효율적 관리체계 구축'을 목표로 8개 추진방향 및 20개 추진과제를 제시했다(환경부, 2014b). 생태·경관보전지역이나 습지보호지역으로 지정된 곳에 대해서는 별도의 보전관리계획을 수립한다. 이들 지역들에 대해서는 이 장의 제2절에서 추가로 설명하기로 한다.

3 자연환경 복원

자연환경 복원이란 훼손된 자연환경의 구조와 기능을 회복시키는 것을 말한다. 2021년 개정에 따라 신설된 「자연환경보전법」 제4장의2에서는 자연환경복원사업을 새로 규정했다. 이에 따르면 환경부장관은 여러 조사결과를 토대로 자연환경복원사업 대상지역 후보목록을 작성해야 한다. 후보목록에 포함된 지역을 대상으로 자연환경복원사업을 직접 시행하거나, 지방자치단체 혹은 행정기관이 복원사업 관련 조치하도록 권고하고 예산을 지원할 수 있다. 자연환경복원사업 후보 중 우선순위를 선정하는 데는 훼손지의 생태가치, 복원 필요성, 사업추진 여건 등의 기준들이 활용된다. 선정된 자연환경복원사업의 시행자는 자연환경복원사업계획을 수립해야 한다.

〈표 15-4〉 자연환경복원사업 후보목록의 우선순위 평가 기준

기준	구분	주요 추진과제
훼손지의 생태가치	가. 일반현황	1) 주요 생태축, 법정보호지역 등 현황 2) 훼손면적, 녹지단절 등 현황
	나. 식생현황	1) 식생 훼손 정도 2) 군락 유형, 참조생태계(생태계 복원 과정에서 목표 및 모범이 되는 표준생태계) 대비현황 등
	다. 물환경	1) 수질 상태 2) 개방수면 비율(특정 생물종의 서식을 위해 심은 식물 등이 수면의 상부를 가리지 않는 개방 정도) 등
	라. 토양환경	1) 유기물 함량 및 토양 산성도 2) 토양의 경도(단단한 정도) 등
	마. 생태축 연결성	생태축 단절현황 등
	바. 야생생물 서식	1) 법정보호종 및 주요 종 출현현황 2) 주요 종 분류군별 서식 조건 3) 생태계교란 야생식물 출현현황
복원 필요성	가. 복원의 시급성	자연환경의 훼손으로 생태기능의 저하가 우려되거나 향후 복원이 어려워질 가능성
	나. 복원 효과	복원사업 이후 자연생태계 서비스 기능 향상 및 생태계 선순환 구조 형성 가능성
사업추진 여건	가. 국가 및 지방자치단체의 주요 관련 계획과의 연관성 나. 국·공유지 비율 및 사업비 조달 계획의 적정성 다. 지역주민, 이해관계자의 수용성 등 행정절차 추진의 용이성	

출처: 「자연환경보전법 시행령」 [별표 2의2].

훼손된 자연환경의 복원과 관련된 주요 제도 중 하나로 생태계보전부담금을 들 수 있다.[10] 자연환경 또는 생태계에 미치는 영향이 현저하거나 생물다양성의 감소를 초래하는 사업자에 대하여 부과하는데, 대부분 환경영향평가 대상 사업에 부과하고 있다. 부담금은 생태계 훼손 면적에 단위면적당 부과금액과 지역계수를 곱하여 산정・부과한다.[11] 이 제도의 취지는 생태계 훼손에 상응하는 비용을 부과함으로써, 훼손을 최소화하고 복원사업의 재원을 마련하기 위한 것이다. 따라서 부담금으로 조성된 재원은 생태계복원 사업에 사용해야 한다. 사업자는 납부한 부담금 범위 안에서 복원실적(대체자연의 조성 또는 생태계의 복원 등)에 따라 대통령령으로 정하는 금액만큼 환급받을 수 있다.

4 자연자산의 이용

자연자산은 보전의 대상인 동시에 이용의 대상이기도 하다. 현명하고 지속가능한 방식의 자연자산 이용은 사람들의 삶을 풍요롭게 하고, 지역경제를 활성화하는 동시에, 보전의 중요성을 일깨우는 수단이 될 수 있다. 따라서 자연자산 이용에 대한 사람들의 욕구가 자연자산의 훼손을 초래하지 않으면서 지속가능하게 충족될 수 있도록 관리하는 것이 중요하다. 환경부는 자연자산 이용 확산을 위해 생태관광 육성, 생태탐방로 조성 등을 추진해 왔다.

1) 생태관광 육성

생태관광(ecotourism)은 우수한 자연환경을 지닌 지역사회가 자연환경을 자발적으로 보전하는 동시에, 지역사회발전의 동력으로도 활용할 수 있게 하는 수단이다. 환경부와 문화체육관광부가 2008년에 공동으로 수립한 「생태관광 활성화 방안」에서는 '관광객에게는 질 높은 여행경험을 제공하고, 지역사회에는 지역경제 활성화 기회를 제공하며, 체계적인 환경보전과 관리를 추구한다'는 목표를 수립하고, 다양한 추진과제를 설정했다(환경부・문화체육관광부, 2008).

2013년 3월에는 「자연환경보전법」 개정을 통해 생태관광의 법적 근거를 강화했

10) 종전의 생태계보전협력금(2001년 신설)이 2021년 「자연환경보전법」 개정에 따라 생태계보전부담금으로 명칭이 변경된 것이다.

11) 이전에는 50억 원을 상한액으로 설정했으나 2021년 개정으로 상한액을 폐지했다.

다. 생태관광을 '생태계가 특히 우수하거나 자연경관이 수려한 지역에서 자연자산의 보전 및 현명한 이용을 통하여 환경의 중요성을 체험할 수 있는 자연친화적인 관광'으로 정의하고(제2조), 생태관광지역 지정 및 지원을 명시했다(제41조). 2013년에 12개의 생태관광지역을 지정한 이래, 2022년 현재 전국에 29개 생태관광지역을 지정하고 있다. 실제로 주요 생태관광지역들에서는 방문객 수와 주민소득이 급증하는 효과를 보이기도 했다. 2014년에 생태관광 성공모델 육성지역으로 선정된 제주시 동백동산습지, 신안군 영산도, 인제군 생태마을(용늪), 고창군 고인돌·운곡습지 등 4곳의 경우, 2017년까지 관광객 수가 112% 증가하고 지역 소득이 79% 증가했다(환경부, 2018b). 환경부가 운영하는 '우리나라 생태관광 이야기' 사이트에서는 계절별, 일정별, 목적별로 생태관광코스를 검색할 수 있도록 서비스하고 있다.

〈표 15-5〉 생태관광지역 지정현황(2022년 말 기준)

시·도	기초	생태관광지역
부산		낙동강 하구
인천		백령도
울산		태화강
경기	안산	대부도
강원	양구	DMZ
	인재	대암산 용늪
	평창	백룡동굴
	철원	DMZ 철새평화타운 및 철새도래지
	강릉	경포호와 가시연습지
충북	괴산	산막이 옛길과 괴산호
	옥천	대청호 안터지구
충남	서산	천수만 철새도래지
	서천	금강하구 및 유부도
전북	고창	고인돌·운곡습지
	정읍	정읍 월영습지와 솔티숲
전남	순천	순천만
	신안	영산도(명품마을)
	완도	상서마을(명품마을)
광주	북구	평촌마을(명품마을)
경북	울진	왕피천계곡
	영양	영양 밤하늘·반딧불이공원
경남	밀양	밀양 사자평습지와 재약산
	김해	김해 화포천습지 일원
	창녕	우포늪
	남해	앵강만
	창원	주남저수지
제주	제주	동백동산습지
		저지 곶자왈과 저지오름
	서귀포	효돈천과 하례리

출처: 환경부(2023a: 279).

2) 생태탐방로 조성

생태탐방로 조성사업도 자연자산 이용을 위한 대표적 사업 중 하나다. 주 5일 근무제 및 휴가문화 정착 등으로 생태탐방 수요가 증가함에 따라, 환경부는 2007년에 「전국단위 생태탐방로 조성계획(2008~2017)」을 수립했다. 이 계획은 「제2차 자연환경보전 기본계획(2006~2015)」에 포함된 세부과제인 '생태탐방로 설치사업 추진'을 구체화한 것이다. 우수한 탐방자원을 5대강과 옛길(영남 · 삼남대로), 해안길을 중심으로 연결하여 7개 생태탐방로를[12] 조성하는 것을 골자로 했다(환경부, 2007), 2008년부터 시작하여 2022년까지 총 2,018.5km의 국가 생태탐방로를 조성하는 성과를 보였다(환경부, 2023a).

제 2 절 | 생태계 우수지역 지정 및 관리

우리나라는 생태계가 우수하고 생물다양성이 풍부하여 특별히 보호할 필요가 있다고 판단되는 지역들을 지정 · 관리한다. 자연보호지역, 생태마을, 자연공원 등이다.

1 자연보호지역

자연생태계가 우수하고 생물다양성이 풍부하여 특별히 보호할 가치가 있는 지역을 생태 · 경관보전지역, 습지보호지역, 특정도서 등 자연보호지역으로 지정하여 관리한다. 이러한 지역에서는 건물 신 · 증축, 토지형질변경 등을 엄격히 제한하며, 필요한 경우 출입을 금지하거나 제한할 수 있다.

1) 생태 · 경관보전지역

생태 · 경관보전지역은 「자연환경보전법」 제12조에 규정된 다음의 지정요건들에 따라 지정된다. ① 자연상태가 원시성을 유지하고 있거나, 생물다양성이 풍부하여 보전 및 학술적 연구가치가 큰 지역, ② 지형 또는 지질이 특이하여 학술적 연구 또는 자연경관의 유지를 위하여 보전이 필요한 지역, ③ 다양한 생태계를 대표할 수 있는 지역 또는 생태계의 표본 지역, ④ 그 밖에 하천 · 산간계곡 등 자연경관이 수려하여 특별히 보전할 필요가 있는 지역으로서 대통령령이 정하는 지역 등이다. 환경부장관은

12) 한강탐방로, 금강탐방로, 영산강탐방로, 낙동강탐방로, 영남대로, 삼남대로, 남해연안탐방로.

생태 · 경관보전지역을 생태 · 경관핵심보전구역(핵심구역), 생태 · 경관완충보전구역(완충구역), 생태 · 경관전이보전구역(전이구역)으로 구분하여 지정할 수 있다. 2022년 말 기준 지정된 생태 · 경관보전지역은 32개(285.934km2)다. 이 중 국가가 지정한 생태 · 경관보전지역이 9개(248.029km2), 시 · 도가 지정한 생태 · 경관보전지역이 23개(37.905km^2)다.

〈표 15-6〉 생태 · 경관보전지역 지정현황(2022년 말 기준)

구분		지역명	위치	지정연도
국가 지정		지리산	전남 구례군 산동면 심원계곡 및 토지면 피아골 일원	1989
		섬진강 수달 서식지	전남 구례군 문척면, 간전면, 토지면 일원	2001
		고산봉 붉은박쥐 서식지	전남 함평군 대동면 일원	2002
		동강 유역	강원 영월군 영월읍, 평창군 미탄면, 정선군 정선 · 신동읍 일원	2002
		왕피천 유역	경북 울진군 서면, 근남면 일원	2005
		소황사구	충남 보령시 웅천읍 소황리, 독산리 일원	2005
		하시동 · 안인사구	강원도 강릉시 강동면 하시동리 일원	2008
		운문산	경북 청도군 운문면 일원	2010
		거금도 적대봉	전남 고흥군 거금도 적대봉 일원	2011
시 · 도 지정	서울	한강 밤섬	서울 영등포구 여의도동 84-4 및 마포구 당인동 314	1999
		둔촌동	서울 강동구 둔촌동 211	2000
		방이동	서울 송파구 방이동 439-2 일대	2002
		탄천	서울 송파구 가락동 및 강남구 수서동	2002
		진관내동	서울 은평구 진관동 282-1 일대	2002
		암사동	서울 강동구 624-1, 659-1 일대	2002
		고덕동	서울 강동구 고덕동 396 일대, 서울 강동구 강일동 661 일대(고덕수변 생태복원지~하남시계)	2004
		청계산 원터골	서울 서초구 원지동 산4-15번지 일대	2004
		헌인릉	서울 서초구 내곡동 산13-1 일대	2005
		남산	서울 중구 예장동 산5-6 일대, 서울 용산구 이태원동 산1-5 일대	2006
		불암산 삼육대	서울 노원구 공릉동 산223-1 일대	2006
		창덕궁 후원	서울 종로구 와룡동 2-71 일대	2006
		봉산	서울 은평구 신사동 산93-16	2007
		인왕산	서울 서대문구 홍제동 산1-1 일대	2007
		성내천 하류	서울 송파구 방이동 88-6 일대	2009
		관악산	서울 관악구 신림동 산56-2 일대	2009
		백사실계곡	서울 종로구 부암동 산115-1 일대	2009

울산	태화강	울산 북구 명촌동 태화강 하류 일원	2008
강원	소한계곡	강원 삼척시 근덕면 초당리, 하맹방리 일원	2012
전남	광양 백운산	전남 광양군 옥룡면, 진상면, 다압면	1993
경기	조종천 상류 명지산・청계산	경기 가평군, 포천군	1993
경남	거제시 고란초 서식지	경남 거제시 하청면 덕곡리 산144-3	1995
부산	석은덤계곡	부산 기장군 정관면 병산리 산101-1	2015
	장산습지	부산 해운대구 반송동 산51-188	2017

출처: 환경부(2021d) 자료를 바탕으로, 거제 고란초(2022년 7월 지정 해제)를 제외하고 작성함.

「자연환경보전법」에 따라 환경부장관은 생태・경관보전지역에 대하여 관계 중앙행정기관 및 지방자치단체와 협의하여 생태・경관보전지역관리 기본계획을 수립・시행해야 한다(제14조). 생태・경관보전지역 내에서는 행위제한(제15조), 금지행위(제16조), 출입제한(제16조의2), 중지명령(제17조) 등의 규제조치가 적용된다. 또한 환경부장관은 생태・경관보전지역으로 지정할 필요가 있는 지역에 소재하는 국유 토지・건축물 등이 군사 목적 또는 문화재보호 목적 등으로 사용할 필요가 없게 된 경우, 해당 토지 등의 관리권을 보유하고 있는 중앙행정기관의 장에게 관리전환을 요청할 수 있고(제18조), 생태・경관보전지역의 생태계 보전을 위해 필요한 경우에는 동 지역의 토지 등을 그 소유자와 협의하여 매수할 수 있다(제19조).

2) 습지보호지역

습지보호지역은 「습지보전법」에 따라 지정된다. 환경부장관, 해양수산부장관 또는 시・도지사는 습지 중 ① 자연상태가 원시성을 유지하고 있거나 생물다양성이 풍부한 지역, ② 희귀하거나 멸종위기에 처한 야생 동・식물이 서식・도래하는 지역, ③ 특이한 경관적・지형적 또는 지질학적 가치를 지닌 지역 등 특별히 보전할 가치가 있는 지역을 습지보호지역으로 지정하고, 그 주변 지역을 습지주변관리지역으로 지정할 수 있다(제8조).[13]

2022년 말 현재 지정된 습지보호지역은 총 51개소(1,634.623km^2)다. 환경부장관이

13) 한편 습지 중 다음 각호의 어느 하나에 해당하는 지역을 습지개선지역으로 지정할 수 있다. 1. 습지보호지역 중 습지가 심하게 훼손되었거나 훼손이 심화될 우려가 있는 지역, 2. 습지생태계의 보전 상태가 불량한 지역 중 인위적인 관리 등을 통하여 개선할 가치가 있는 지역.

30개소(135.249km²), 해양수산부장관이 14개소(1,491.12km²), 시·도지사가 7개소(8.254 km²)를 각각 지정했다(환경부, 2023a). 습지보호지역에서는 행위제한(제13조), 중지명령(제14조), 출입제한(제15조) 등의 규제조치가 적용된다. 「습지보전법」에 따라 환경부와 해양수산부는 각자 5년 주기 습지보전 기초계획을 수립한다. 또한 기초계획을 토대로 환경부는 해양수산부와 협의하여 5년 주기 습지보전 기본계획을 수립한다. 제1차 기본계획(2008~2012), 제2차 기본계획(2013~2017), 제3차 기본계획(2018~2022)에 이어 현재 「제4차 습지보전 기본계획(2023~2027)」이 수립·시행되고 있다. 제4차

〈표 15-7〉 습지보호지역 지정현황(2022년 말 현재)

구분	지역
환경부 지정 (30)	낙동강하구, 대암산용늪, 우포늪, 무제치늪, 제주 물영아리오름, 화엄늪, 두웅습지, 신불산 고산습지, 담양 하천늪지, 신안 장도산지늪지, 한강하구, 밀양 재약산 사자평 고산늪지, 제주 1100고지, 제주 물장오리오름, 제주 동백동산습지, 고창 운곡습지, 상주 공검지, 영월 한반도습지, 정읍 월영습지, 제주 숨은물뱅듸, 순천 동천하구, 섬진강 침실습지, 문경 돌리네, 김해 화포천, 고창 인천강하구, 광주광역시 장록, 철원 용양보, 충주 비내섬, 경남 고성 마동호, 순천 와룡산지습지
해양수산부 지정 (14)	무안갯벌, 진도갯벌, 순천만갯벌, 보성·벌교갯벌, 옹진 장봉도갯벌, 부안 줄포만갯벌, 고창갯벌, 서천갯벌, 신안갯벌, 마산만 봉암갯벌, 시흥갯벌, 대부도갯벌, 화성 매향리 갯벌, 고흥갯벌
시·도 지정 (7)	대구 달성하천습지, 대청호 추동습지, 송도갯벌, 경포호·가시연습지, 순포호, 쌍호, 가평리습지

출처: 환경부(2022d).

〈표 15-8〉 제4차 습지보전 기본계획의 전략과제 및 추진과제

전략과제	추진과제
과학 기반의 습지 조사 및 평가	• 생태계서비스·탄소흡수를 고려한 습지 조사·연구 • 습지조사의 기법 고도화 및 시민참여 확대 • 습지조사 결과의 활용 확대
습지의 실효적 보전·관리	• 습지보호지역의 지속 확대 및 관리 강화 • 우수습지의 보전·관리기반 구축 • 기후위기 대응을 위한 습지의 복원·조성 • 습지관리의 역량 강화
습지의 현명한 이용 활성화	• 습지 인식 증진 및 현명한 이용 확산 • 지역주도형 습지 생태계서비스 이용 활성화
습지관리의 협력기반 강화	• 습지 보전·관리 민·관 협력체계 강화 • 국제적 습지관리 협력기반 강화 • 국제기구 등을 통한 남북 습지협력사업 추진

출처: 환경부·해양수산부(2022: 29).

기본계획에서는 '기후위기에 대응하는 지속가능한 습지생태계 조성'을 목표로, 4대 전략과제 및 12개 추진과제를 제시했다. 계획 기간 소요예산은 6,177억 원으로 추정했다.

3) 특정도서

특정도서는 「독도 등 도서지역의 생태계 보전에 관한 특별법」에 따라 지정된다. 특정도서란 '사람이 거주하지 아니하거나 극히 제한된 지역에만 거주하는 섬으로서, 자연생태계 · 지형 · 지질 · 자연환경이 우수한 독도 등 환경부장관이 지정하여 고시하는 도서(島嶼)'를 말한다(제2조). 구체적으로 이 법 제4조에 따르면 특정도서란 다음 중 어느 하나의 요건을 갖춘 도서다. ① 화산, 기생화산, 계곡, 하천, 호소, 폭포, 해안, 연안, 용암동굴 등 자연경관이 뛰어난 도서, ② 수자원, 화석, 희귀 동 · 식물, 멸종위기 동 · 식물 기타 우리나라 고유의 생물종의 보존을 위하여 필요한 도서, ③ 야생동물의 서식지 또는 도래지로서 보전의 가치가 있다고 인정되는 도서, ④ 자연림 지역으로서 생태학적으로 중요한 도서, ⑤ 지형 또는 지질이 특이하여 학술적 연구 또는 보전이 필요한 도서, ⑥ 그 밖에 자연생태계 등의 보전을 위하여 광역시장, 도지사 또는 특별자치도지사가 추천하는 도서와 환경부장관이 필요하다고 인정하는 도서 등이다. 2022년 말 기준 257개 특정도서가 지정되어 있다.

〈표 15-9〉 특정도서 지정현황(2022년 말 기준)

구분	계	경기	경남	경북	부산	인천	전남	전북	제주	충남
도서 수	257	2	62	1	3	31	106	16	6	30
면적(km^2)	13,793	26	1,762	188	30	1,674	5,754	1,642	467	2,250

출처: 환경부(2022e).

「독도 등 도서지역의 생태계 보전에 관한 특별법」 제5조에 따라 환경부장관은 10년마다 특정도서보전 기본계획을 수립하고 기초조사를 해야 한다. 특정도서에서는 행위제한(제8조), 허가(제9조), 출입금지(제10조), 원상회복명령(제11조) 등의 규제조치가 적용된다. 또한 환경부장관은 특정도서의 자연생태계 등을 보전하기 위해 필요하다고 인정하는 경우에는 토지, 건축물 또는 그 밖의 물건의 소유자와 협의하여 토지 등을 매수할 수 있다(제12조의2).

2 생태마을

생태마을은 '생태적 기능과 수려한 자연경관을 보유하고 이를 지속가능하게 보전·이용할 수 있는 역량을 가진 마을로서, 환경부장관 또는 지방자치단체의 장이 지정한 마을'이다. 「자연환경보전법」 제42조에 따라 생태·경관보전지역 안의 마을, 생태·경관보전지역 밖의 지역으로서 생태적 기능과 수려한 자연경관을 보유하고 있는 마을을 생태마을로 지정할 수 있다. 생태마을을 지정한 때에는 공공시설 등 해당 지역주민을 위한 편의시설의 설치 및 주민소득증대 방안을 우선 강구·시행해야 한다. 생태마을은 자연생태 우수마을과 자연생태복원 우수마을로 구분하여 지정하며, 인증

〈표 15-10〉 생태마을의 지정기준

1. 자연생태 우수마을

- 가. 총괄
  - 자연환경 및 경관 등이 잘 보전되어 있는 마을이나 주민들의 노력으로 자연환경 및 경관 등이 잘 조성된 마을
- 나. 지역환경 여건
  - (1) 자연환경 및 생태적 가치: 생태·경관보전지역 등 우수한 생태지역을 포함한 지역 또는 숲·습지·철새도래지 등 생태적 가치가 높은 지역
  - (2) 경관·녹지공간 확보: 마을공원 등 녹지공간을 확보한 지역 또는 크고 수령이 오래된 나무, 동·식물 서식지 등 수려한 경관을 갖춘 지역
  - (3) 친환경 생활양식: 취락구조·건축물 등의 주변환경과의 조화, 태양열 등 청정에너지의 사용, 돌담·흙벽·나무 등 친환경 건축물의 사용, 무공해 농법의 사용, 오수처리시설 등의 설치 여부
- 다. 주민활동 및 지역문화
  - (1) 주민활동: 환경보전 주민협의체의 구성·운영 또는 무공해 농산물의 생산·판매활동 여부
  - (2) 보전활동 관련 표창의 수상경력 여부
  - (3) 지역문화: 전통 문화재의 보유 또는 환경보전 관련 지역축제의 개최 여부

2. 자연생태복원 우수마을

- 가. 총괄
  - 자연형 하천조성, 녹화, 생태연못, 생태공원 등 오염된 지역이나 생태계가 훼손된 지역을 지역주민의 노력으로 복원하여 그 복원효과가 우수한 마을
- 나. 복원효과
  - (1) 복원계획·목표의 달성도: 주변생태계와의 조화, 생물다양성의 확보 등 복원계획의 적정성 및 목표달성도
  - (2) 생태계복원 결과의 효과 및 변화도
- 다. 활용 효과
  - 운영·관리 실태: 탐방객 수, 복원관리 프로그램의 개발·활용, 주민·환경단체의 자율참여 또는 복원 후의 관리노력

출처: 「자연환경보전법 시행규칙」 [별표 1].

〈표 15-11〉 생태마을 지정현황(2023년 1월 기준)

마을명	지정기간	소재지	생태 · 경관보전지역명
가수리마을	2021.1～ 2023.12	강원 정선군 정선읍 가수리	동강유역(内)
한농마을		경북 울진군 금강송면 왕피리	왕피천유역(内)
문산1리마을(뻥창마을)	2022.1～ 2024.12	강원 영월군 영월읍 문산1리	동강유역(内)
달뜨락마을		강원 정선군 정선읍 용탄2리	동강유역(外)
막금 · 두전마을		경북 울진군 근남면 수곡2리	왕피천유역(外)
독산마을	2023.1～ 2025.12	충남 보령시 웅천읍 홀뫼1길 22	소황사구(内)
대티골마을		경북 영양군 일월면 용화2리	왕피천유역(外)
굴구지마을		경북 울진군 근남면 구산3리	왕피천유역(内)
동강할미꽃마을		강원 정선군 정선읍 귤암리	동강유역(外)
문산2리마을		강원 영월군 영월읍 문산2리	동강유역(内)

출처: 환경부(2023c).

서 및 인증표지판을 수여하고, 지정 기간은 3년이다. 2023년 1월 기준 10개의 생태마을이 지정되어 있다.

3 자연공원

자연공원은 「자연공원법」에 따라 국립공원, 도립공원, 군립공원, 지질공원 등 네 가지로 구분 지정된다. 2022년 말 기준 총 91개가 지정되어 있다. 자연공원 지정기준은 자연생태계, 경관 등을 고려하여 대통령령으로 정한다. 환경부장관은 10년마다 자연공원 기본계획을 수립해야 한다. 제1차(2003~2012), 제2차(2013~2022) 기본계획에

〈표 15-12〉 자연공원의 지정기준

구분	기준
자연생태계	자연생태계의 보전 상태가 양호하거나 멸종위기야생동식물 · 천연기념물 · 보호야생동식물 등이 서식할 것
자연경관	자연경관의 보전 상태가 양호하여 훼손 또는 오염이 적으며 경관이 수려할 것
문화경관	문화재 또는 역사적 유물이 있으며, 자연경관과 조화되어 보전의 가치가 있을 것
지형보존	각종 산업개발로 경관이 파괴될 우려가 없을 것
위치 및 이용 편의	국토의 보전 · 이용 · 관리 측면에서 균형적인 자연공원의 배치가 될 수 있을 것

출처: 「자연공원법 시행령」 [별표 1].

이어 「제3차 자연공원 기본계획(2023~2032)」이 수립되어 있다. 자연공원 유형별로 주요 내용을 살펴보기로 한다.

1) 국립공원

국립공원은 환경부장관이 관할 시 · 도지사의 의견을 들은 후, 관계 중앙행정기관의 장과 협의하고, 국립공원위원회와 국토건설종합계획심의회의 심의를 거쳐 지정한다. 1967년 지리산국립공원을 최초로 지정한 이래 2022년 현재 22개를 지정하고 있다(가장 최근의 지정은 2016년 8월 태백산국립공원).[14] 2개 해상국립공원(한려, 다도해), 해안국립공원(태안), 경주를 제외하고는 주요 명산들을 국립공원으로 지정하고 있다. 국립공원은 전체 국토면적의 6.7%를 차지하며, 외국 국립공원들보다 상대적으로 면적이 작고 사유지 비율(32%)이 높은 편이다. 2016년 「국립공원관리공단법」을 제정함으로써 관리의 체계성을 강화했다. 「자연공원법」에서는 매년 3월 3일을 '국립공원의 날'로 정하고 있다.

국립공원 관리의 주요 내용은 다음과 같다(환경부, 2023a). 첫째, 공원자원 조사 · 연구다. 1999년부터 국립공원 조사 · 연구 사업을 수행하고 있다. 조사사업에는 「자연공원법」에 따라 5년마다 시행하는 자연자원조사와 공원자원모니터링이 있다. 둘째, 훼손지 복원이다. 인위적 및 자연적 요인으로 인해 훼손된 지역을 자연상태로 복구하기 위한 작업이 2001년부터 이루어지고 있다. 2017년에는 「국립공원 훼손지 복원 중장기 종합계획(2017~2026)」이 수립되었다. 셋째, 동 · 식물보호 사업이다. 1994년부터 추진하고 있으며, 최근에는 지리산 반달가슴곰 복원사업, 월악산 산양복원사업 등 멸종위기 야생 동 · 식물의 보호 및 복원을 중심으로 사업을 수행하고 있다. 넷째, 자연휴식년제 및 국립공원특별보호구역제도다. 자연휴식년제는 1991년부터, 국립공원특별보호구역제도는 2007년부터 시행하고 있다.[15] 다섯째, 국립공원 명품마을 조성이다. 국립공원 내 주민들이 국립공원을 스스로 보전하면서, 잘 보전된 생태계와

---

14) 세계 최초로 지정된 국립공원은 미국 옐로스톤 국립공원으로 1872년에 지정되었다. 우리나라 국립공원을 지정 순으로 보면, 지리산, 경주, 계룡산, 한려해상, 설악산, 속리산, 한라산, 내장산, 가야산, 덕유산, 오대산, 주왕산, 태안해상, 다도해상, 북한산, 치악산, 월악산, 소백산, 변산반도, 월출산, 무등산, 태백산 등이다.

15) 국립공원특별보호구역이란 국립공원 내 보호할 가치가 높거나 인위적 · 자연적 훼손으로부터 보호할 필요성이 있는 야생동물 서식지, 야생식물 군락지, 습지, 계곡 등 주요 자원분포지역에 대하여 출입통제 등 행위를 제한함으로써, 훼손된 자연의 회복을 도모하기 위한 제도다. 2022년 말 기준 213개소(334.3km^2)가 지정되어 있다(환경부, 2023a).

경관 · 문화자원을 활용하여 소득과 국립공원의 가치를 동시에 높일 수 있도록 지원하는 사업이다.[16] 2010년 관매도 명품마을 조성을 시작으로 2023년 현재 17개가 조성되어 있다.

2) 도립공원 · 군립공원

도립공원은 '도의 자연생태계나 경관을 대표할 만한 지역'이며, 군립공원은 '군의 자연생태계나 경관을 대표할만한 지역'이다(자연공원법 제2조). 각 지역의 지방자치단체장이 「자연공원법」에서 정한 요건을 갖추어 지정한다. 도립공원은 1970년 경북 금오산을 최초 지정한 이래 2022년 말 기준 30개가 지정되어 있으며, 국토의 1.14%(1,147km^2)를 차지한다. 도립공원은 남한산성과 같은 사적공원, 경포와 같은 해안공원, 신안, 무안과 같은 갯벌공원, 기타 명산 등을 위주로 한 산악육지공원으로 구성되어 있다. 군립공원은 1981년 전남 순창군 강천산을 최초 지정한 이래 2022년 말 기준 28개가 지정되어 있다. 사찰 · 사적 · 계곡 · 명산 등 산악형 공원이 대부분이며, 국토의 0.25%(255km^2)를 차지하고 있다. 최근 국립공원과 도립 · 군립공원의 차등적 관리체계 정비와 국가 차원의 관리 강화를 위한 제도 개선이 추진되고 있다(환경부, 2023a).

3) 지질공원

지질공원은 '지구과학적으로 중요하고 경관이 우수한 지역으로, 이를 보전하고 교육 · 관광사업 등에 활용하기 위하여 환경부장관이 인증한 공원'을 말한다.[17] 해당 시 · 도지사가 절차를 거쳐 환경부장관에게 인증을 신청하면, 환경부장관이 「자연공원법」에서 정한 기준에 적합할 경우 인증하게 되며, 4년마다 재평가를 통해 인증을 유지하게 된다. 2012년 제주도와 울릉도 · 독도가 처음 지정되었으며, 2023년 7월 기준 15개가 지정되어 있다.[18]

16) 주거환경 개선, 특산물 개발과 마을 수익시설 조성, 주민 자가경영을 위한 운영시스템 마련, 체험프로그램 개발, 주민교육 등을 지원한다. 실제로 명품마을 조성 이후 탐방객이 늘고 소득이 크게 증가하는 경우가 많았다(환경부보도자료, 2016; 환경부, 2023a).

17) 유네스코가 인증한 세계지질공원(Global Geopark)은 2023년 7월 현재 161개다(44개국). 우리나라의 제주도(2010년 인증), 청송(2017년 인증), 무등산권(2018년 인증), 한탄강(2020년 인증) 등 4곳이 포함되어 있다. 국가지질공원 홈페이지(www.koreageoparks.kr) 참조.

18) 울릉도 · 독도, 제주도, 부산, 강원평화지역, 청송, 무등산권, 한탄강, 강원고생대, 경북 동해안, 전북 서해안권, 백령 · 대청, 진안 · 무주, 단양, 고군산군도, 의성 등이다.

제 3 절 | 생물다양성 보전 및 야생생물 관리

1 생물다양성 보전

1992년 생물다양성협약이 발효된 이후 각국은 생물다양성 보전과 생물자원의 확보 및 이용에 많은 관심과 기울이고 있다. 특히 2010년 나고야의정서 채택(2014년 발효)에 따라 유전자원 이용으로부터 발생하는 이익의 공유를 둘러싸고 국가 간 경쟁이 심화하고 있다. 우리나라도 2012년 「생물다양성 보전 및 이용에 관한 법률(생물다양성법)」을 제정하고, 이에 따른 법정계획인 국가생물다양성전략을 수립했다. 또한 2017년 「유전자원의 접근·이용 및 이익공유에 관한 법률(유전자원법)」을 제정하고, 나고야의정서를 비준하는 등 국제사회의 생물다양성 보전 노력에 참여하고 있다. 이하에서는 생물다양성 보전과 관련한 우리나라의 정책들을 설명하기로 한다.

1) 국가생물다양성전략 수립

국가생물다양성전략은 생물다양성법 제2장에 근거하여 5년마다 수립하는 법정계획이다.[19] 2023년 현재 「제4차 국가생물다양성전략(2019~2023)」이 수립되어 있다. 제4차 전략은 제3차 전략의 한계를 보완하는 방향으로 수립되었다. 제3차 전략은 생물다양성 주류화, 위협요인 관리, 생태계서비스, 부문별 생물다양성 증진 등에서 진전을 이룬 것으로 평가되었다. 그러나 여전히 사회 전반의 생물다양성 주류화가 미흡하고, 근본적인 생물다양성 증진 성과는 저조했으며, 생물다양성 보전을 위한 유기적인 협력 및 대응체계가 부족하고, 생물다양성 정책의 정량적 평가체제가 미흡하다는 한계를 보였다. 이러한 한계가 제4차 전략에 반영된 것이다(관계부처합동, 2018d).

제4차 전략에서는 '생물다양성을 풍부하게 보전하여 지속가능하게 이용할 수 있는 대한민국 구현'을 비전으로, '생물다양성 보전 및 증진을 통해 모든 국민이 공평한 자연혜택 공유'를 목표로 제시했다. 비전과 목표 달성을 위해 5개 전략 및 19개 실천목표를 제시하고, 실천목표별로 2023년 성과지표도 제시했다.

---

19) 제1차 전략(1997년 수립) 및 제2차 전략(2009년 수립)은 비(非)법정계획이고, 제3차 전략(2014~2018)부터 법정계획이 되었다. 국가생물다양성전략에 따라 관계 중앙행정기관의 장은 매년 소관 분야의 국가생물다양성전략 시행계획을 수립해야 한다.

〈표 15-13〉「제4차 국가생물다양성전략」의 전략, 실천목표, 성과지표

전략	실천목표	성과지표(2018년 → 2023년)
생물다양성 주류화	① 대국민 인식 제고	생물다양성 인지도: 78% → 90%
	② 전략·계획에 생물다양성 가치 반영	광역자치단체 지역생물다양성 계획 수립: 9개 → 17개
	③ 유익한 유인조치 확대	민간단체 생물다양성활동 프로그램 수: 200% 증가
	④ 생물다양성 친화적 생산·소비	BNBP 참여 기업 수: 31개 → 66개
생물다양성 위험요인 관리	① 서식지 손실 저감	연간 산지면적 증감량: (−)48km² → (+)20km²
	② 취약 생태계 압력감소	구상나무 적합 서식지 면적: 809km² → 현행유지
	③ 교란종 침입예방 및 통제	생태계 피해 우려 외래종 지정 수: 155종 → 209종
	④ 오염물질 저감	하천 수질목표 달성률: 69.6% → 74.8%
생물다양성 보전 및 증진	① 보호지역 확대·관리강화	보호지역 면적: 육상 15.18% → 17%(2021년)/ 해양 1.9% → 10%(2021년)
	② 생태계복원	국가생물종 목록 구축 수: 49,027종 → 60,000종
	③ 멸종위기종·고유종 보호	증식·복원하는 멸종위기종(동물) 수: 40종 → 52종
	④ 유전적 다양성 증진	국가희귀식물 보전목표 달성률: 84.9% → 95.1%
생물다양성 이익공유 및 지속가능한 이용	① 생태계서비스 기반 구축	정책·입법활동: 생태계서비스 증진·보상 입법 추진, 종합 생태계 복원정책 개발
	② 지속가능한 생태자원 활용 활성화	생태관광 지역수입(4개 모델지역): 1,564(백만 원) → 1,875(백만 원)
	③ 나고야의정서 이행	ABSCH 정보 공유건수: 2건 → 10건
	④ 지속가능한 농·임·수산업	지속가능한 농산물 비율: 3.53% → 5%
이행력 증진기반 마련	① 국제협력 강화	생물다양성 관련 ODA사업 비율: 1.12% → 4.1%
	② 전통지식의 보전·활용	전통지식 DB(국립생물자원관)에 누적된 데이터(구전·문헌) 수: 8.3만 건 → 12만 건
	③ 과학적 지식·정책협력 강화	연구과제(4차전략기간 평균치): 60건/연 → 85건/연

출처: 관계부처합동(2018d: 8-9).

2) 국가생물자원 조사 및 정보공유

생물다양성 보전을 위해서는 생물다양성을 조사하고, 생물종 목록을 구축하고, 생물정보를 관련 기관 간에 공유하고 국민에게 공개하는 등이 일이 중요하다. 생물다양성법에 따라 정부는 생물다양성 현황과 자연자산을 조사하고 생태계서비스를 평가하

며(제9조), 국내에 서식하는 생물종의 학명(學名), 국내 분포현황 등을 포함하는 국가생물종목록을 구축해야 한다(제10조). 또한 생물다양성 보전을 위해 보호 가치가 높은 생물자원은 국외반출 승인대상 생물자원으로[20] 지정・고시할 수 있다(제11조).

생물다양성 관련 중앙행정기관은 소관 분야의 생물다양성 업무를 수행하는 생물다양성센터를 운영할 수 있다(제17조). 생물다양성센터는 ① 생물다양성 및 생물자원에 대한 정보의 수집・관리, ② 생물자원의 기탁, 등록, 평가, 분양 등 활용에 관한 현황 관리, ③ 생물자원의 목록 구축, ④ 외래생물종의 수출입 현황 관리, ⑤ 생물자원의 수출입 및 반출・반입 현황 관리, ⑥ 생물자원 관련 기관과의 협력체계 구축 등을 담당한다. 환경부는 이러한 생물다양성센터들을 총괄하고 정보공유를 촉진하기 위해 국가생물다양성센터를 운영해야 한다. 2023년 현재 국가생물다양성센터는 환경부 소속 국립생물자원관에 설치되어 있으며, 국가생물다양성 정보공유체계(CBD-CHM Korea)를 가동하고 있다.[21]

3) 생물다양성 보전 유관기관 설립

생물다양성 관련하여 2000년대 이후 여러 기관이 설립되었다. 대표적으로 '생물주권의 확보, 생물다양성 보전, 생물자원의 지속가능한 이용'을 목적으로 설립된 생물자원관, 그리고 '생태와 생태계에 관한 조사・연구・전시 및 대국민 교육 등의 체계적 수행'을 목적으로 설립된 국립생태원을 들 수 있다.

(1) 생물자원관

「생물자원관의 설립 및 운영에 관한 법률(생물자원관법)」[22] 제2조에 따르면, 생물자원관은 '생물자원의 효율적 보전을 위하여 생물자원을 발굴・수집・보존・연구 및 전시하기 위한 시설로서, 대통령령으로 정하는 전문인력과 시설을 갖추어 국가나

20) 2022년 말 기준 국외반출 승인대상 생물자원은 5,814종이다(환경부, 2023a).

21) 생물다양성협약 제8차 당사국총회(2006년, 브라질)에서는 2010년까지 당사국마다 생물다양성 정보공유체계(Clearing-House Mechanism)를 구축하자는 전략을 채택했다. 따라서 국가생물다양성 정보공유체계는 생물다양성협약 이행의 일환으로 구축하는 것으로, 한 국가의 생물다양성 정보를 자국민이 공유하는 것은 물론이고 국가 간에도 공유하는 것을 목적으로 한다.

22) 2015년 제정된 「국립낙동강생물자원관의 설립 및 운영에 관한 법률」을 2019년 개정하여 법률 명칭을 변경한 것이다. 각기 다른 법률적 근거를 지니고 있던 생물자원관들의 체계적 관리와 역할 분배를 위해 법률적 근거를 일원화한 것이다. 실현되지는 않았으나, 2016년에 환경부는 생물자원관과 국립생태원을 모두 묶어 생물다양성진흥원을 환경부 산하기관으로 설립하는 「생물다양성진흥원의 설립 및 운영에 관한 법률 제정(안)」을 발의하기도 했다.

지방자치단체가 설립한 것 또는 국가나 지방자치단체가 법인으로 설립한 것'을 말한다. 즉, 생물자원관은 국가나 지방자치단체가 소속기관으로 설립하거나 산하 공공기관(법인)으로 설립할 수 있다. 2023년 현재까지 환경부가 설립된 생물자원관은 환경부 소속기관으로 국가를 대표하는 생물자원관인 국립생물자원관, 그리고 환경부 산하기관으로 생물자원관 사업을 분야별로 분담하기 위한 국립낙동강생물자원관(담수생물), 국립호남권생물자원관(도서 · 연안 생물) 등 모두 3개다.[23)]

〈표 15-14〉 환경부 생물자원관 현황

구분	국립생물자원관	국립낙동강생물자원관	국립호남권생물자원관
위치	인천 서구 경서동	경북 상주시 도남동	전남 목포시 달동
개관	2007년 3월	2015년 7월	2021년 5월
면적	66,116m^2	123,592m^2	94,116m^2
근거	생물자원관의 설립 및 운영에 관한 법률		
지위	환경부 소속기관	환경부 산하기관(법인)	환경부 산하기관(법인)

생물자원관법에 따라 환경부장관은 생물자원관의 효율적 운영을 위해 5년마다 생물자원관 기본계획을 수립해야 한다(제4조). 이에 따라 「제1차 생물자원관 기본계획(2021~2025)」이 수립되었다. 계획에서는 비전과 세 가지 목표, 그리고 목표 달성을 달성하기 위한 네 가지 추진전략 및 13개 주요과제를 제시했다.

〈표 15-15〉 「제1차 생물자원관 기본계획」의 비전, 목표, 추진전략, 주요과제

비전	생물자원으로 국가 미래 가치를 창출하는 세계 수준의 생물자원관
목표	▪한반도 생물다양성을 보전하고, 생물자원을 풍부하게 확보: 자생생물 6.2만 종 발굴('25년) ▪생물자원의 지속가능한 활용가치 창출: 생물소재 28만 점 확보('25년) ▪국민과 공감하는 생물다양성 가치 구현: 전문인력 255명 양성('25년)
추진전략	**주요과제**
1. 생물자원 발굴 및 주권확보 강화	1.1. 생물자원 전략적 발굴 · 보전 1.2. 생물다양성(종 · 서식지 · 유전자원) 관리 강화 1.3. 생물자원 원천소재 발굴 확대

23) 이 밖에 해양수산부 산하기관인 국립해양생물자원관이 있다. 국립해양생물자원관은 「국립해양생물관의 설립 및 운영에 관한 법률」에 의해 규율된다. 기능은 '해양생물자원의 수집 · 보존 · 전시 · 연구' 등으로 유사하다.

2. 생물자원의 지속가능한 활용기반 조성	2.1. 생물자원의 사회적 가치 창출 확대 2.2. 생물소재 대량증식 및 실용화 지원 2.3. 생물자원 활용 탄소중립 이행체계 구축 2.4. 생물자원정보 통합 및 활용 플랫폼 구축
3. 생물자원관 역할확대 및 협력체계 구축	3.1. 유전자원 접근·이용 및 이익공유 지원 3.2. 생물자원관의 역할 및 기능 강화 3.3. 생물자원관의 연계·협력체계 구축
4. 생물다양성 주류화 및 활용 인프라 확충	4.1. 생물다양성 주류화 4.2. 생물자원 전시관 운영 활성화 4.3. 생물자원 전문가 양성 및 생물다양성 교육

출처: 환경부(2021b: 9–10).

(2) 국립생태원

국립생태원은 「국립생태원의 설립 및 운영에 관한 법률(국립생태원법)」에 근거해 2013년 충남 서천군에 개관한 환경부 산하기관이다. 법 제1조에 따르면, 국립생태원의 기본 업무는 '생태와 생태계에 관한 조사·연구·전시 및 대국민 교육 등의 체계적 수행'이다. 구체적으로 제5조에서는 국립생태원이 수행할 사업들을 다음과 같이 규정하고 있는데, 생태계 관련 연구와 교육이 가장 주된 업무임을 알 수 있다. ① 생태에 관한 조사·연구 및 평가, ② 생태계 변화 관찰 및 적응 등에 관한 연구, ③ 기후대별 지구생태변화 관찰 및 극한기후 적응 연구, ④ 생태계복원에 관한 연구 및 기술개발 사업, ⑤ 생태계 교란 생물 및 유전자변형생물체의 생태계 위해관리에 관한 연구, ⑥ 생태계가 제공하는 서비스의 유형화, 평가 및 지속적 활용방안 연구, ⑦ 동·식물 등 생태 관련 전시, 체험 및 홍보시설 조성과 그 운영에 관한 사항, ⑧ 생태 관련 전문인력 양성 및 교육프로그램의 개발 및 운영, ⑨ 국내·외 생태 관련 연구기관 등과의 교류 협력 및 생태계 정보망 구축·운영, ⑩ 생태관광 육성 및 그 지역 소득사업 등 지역경제 활성화를 위한 사업, ⑪ 멸종위기 야생생물의 보전, 증식 및 복원에 관한 사업 등이다.

국립생태원은 그 기능 중 교육, 체험, 전시 등이 큰 비중을 차지한다는 점에서 생물자원관과 차별화된다. 이러한 기능에 부합하게 100만m^2에 달하는 큰 부지에 세계의 주요 생태환경을 조성했다. 2022년 말까지 관람객 약 650만 명을 유치했고, 문화체육관광부 선정 한국 100대 관광지로 선정되기도 했다(환경부, 2023a). 최근에는 국립생태원법 제5조의2(멸종위기종복원센터의 설치)에 따라 국립생태원에 멸종위기종

복원센터를 개원하고(2018년 10월), 2019년에는 국립환경과학원 소속이던 창녕 국립습지센터를 이관받았다.

2 유전자원의 접근 · 이용 및 이익공유

2014년 발효한 나고야의정서 당사국은 2022년 11월 기준 138개국이며, 유전자원의 접근 및 이익 공유(Access and Benefit-Sharing, 이하 ABS) 관련 법령 또는 정책을 마련한 국가는 87개국이다. 우리나라는 2017년 8월 「유전자원의 접근 · 이용 및 이익공유에 관한 법률(유전자원법)」을 제정했다. 이 법은 '나고야의정서의 시행에 필요한 사항과 유전자원 및 이와 관련된 전통지식에 대한 접근 · 이용으로부터 발생하는 이익의 공정하고 공평한 공유를 위하여 필요한 사항을 정하는 것'을 목표로 하고 있다(제1조).[24)]

유전자원법에 따라 국가는 유전자원의 접근, 이용, 이익공유를 지원하기 위해 ① 유전자원 등에 대한 접근 및 이용현황의 조사, ② 유전자원 등에 대한 접근 및 이익공유절차에 관한 국내 · 외 정보제공, ③ 유전자원 등에 대한 접근 및 이용하는 자의 권리 보호, ④ 그 밖에 유전자원 등에 대하여 접근하거나 이용하는 자를 지원하기 위하여 필요한 사항 등에 필요한 시책을 마련해야 한다(제6조). 이하에서는 유전자원법의 내용을 중심으로 우리나라의 ABS 관련 주요 제도를 살펴보기로 한다.

1) ABS 담당 국가기관 지정

나고야의정서에 따라 당사국들은 국가연락기관(제13조), 국가책임기관(제14조), 국가점검기관(제17조)을 지정해야 한다. 국가연락기관(National Focal Points: NFP)은 자국 유전자원에 대한 접근 관련 정보를 공개하고 사무국과 연락하는 일을 맡는다. 이는 자국 유전자원의 잠재적 이용자에게 유전자원(유전자원 관련 전통지식 포함)에 접근하고자 할 때 준수해야 할 절차를 공지하는 것을 의미한다. 우리나라 유전자원법

---

24) 과거에는 강대국들이 자본과 기술을 바탕으로 개발도상국의 생물자원을 활용하여 신약, 신품종, 신소재 등을 개발하고 특허를 독점하면서 막대한 이익을 취했다. 이러한 상황은 두 가지 문제를 초래했다. 하나는 개발도상국 생물주권 관련한 불공정이고 다른 하나는 생물자원 남용이다. 1992년 체결한 생물다양성협약은 이러한 문제들을 해결하기 위한 것이다. 생물다양성협약은 생물다양성 보전, 생물다양성 구성요소의 지속가능한 이용, 유전자원의 이용으로부터 발생하는 이익의 공정하고 공평한 공유 등 세 가지를 목표로 천명하고 있다. 나고야의정서는 이 중 세 번째 목표와 관련한 국제적 약속이다(국립생물자원관, 2022). 나고야의정서에 관해서는 이 책 제7장에서 설명했다.

〈표 15-16〉 ABS 담당 국가기관 지정현황

부처	기관지정	소관 분야
산업통상자원부	국가점검기관	「생명연구자원의 확보 · 관리 및 활용에 관한 법률」에 따른 소관 생명연구자원
과학기술정보통신부	국가책임기관 국가점검기관	
농림축산식품부	국가책임기관 국가점검기관	「농업생명자원의 보존 · 관리 및 이용에 관한 법률」에 따른 농업 생명자원
보건복지부	국가책임기관 국가점검기관	「병원체자원의 수집 · 관리 및 활용 촉진에 관한 법률」에 따른 병원체자원
해양수산부	국가책임기관 국가점검기관	「해양수산생명자원의 확보 · 관리 및 이용 등에 관한 법률」에 따른 해양수산생명자원
환경부	국가연락기관 국가책임기관 국가점검기관	「야생생물 보호 및 관리에 관한 법률」에 따른 야생생물 분야 생물자원 「생물다양성 보전 및 이용에 관한 법률」에 따른 소관 생물자원
외교부	국가연락기관	

제7조에서는 국가연락기관으로 외교부와 환경부를 지정하고 있다. 외교부는 생물다양성협약 사무국과의 연락 업무를, 환경부는 ABS에 대한 정보제공을 담당한다.

국가책임기관(Competent National Authorities: CNA)은 자국의 입법 · 행정 · 정책에 따라 유전자원 접근 허가를 부여하거나, 접근 요건 충족 시 증서를 발급하거나, 사전통고승인(PIC) 취득 및 상호합의조건(MAT) 체결에 관한 절차 및 요건에 대해 자문한다. 우리나라 유전자원법 제8조에서는 과학기술정보통신부, 농림축산식품부, 보건복지부, 환경부, 해양수산부 등 5개 국가책임기관을 지정하고 있다. 국가점검기관(Designated Checkpoints)은 유전자원 이용의 투명성을 감시하고 향상하기 위해 지정하는 것이다. 국가점검기관은 해외 유전자원 접근 관련 사전통고승인, 유전자원의 출처, 상호합의조건의 체결, 유전자원 이용과 관련한 정보를 취합하거나 접수한다. 우리나라 유전자원법 제13조에서는 과학기술정보통신부, 농림축산식품부, 산업통상자원부, 보건복지부, 환경부, 해양수산부 등 6개 국가점검기관을 지정하고 있다.

2) 국내 및 해외 ABS 절차

국내 유전자원 등의 이용을 목적으로 접근하려는 외국인, 재외국민, 외국기관 및 국제기구 등은 대통령령으로 정하는 바에 따라 국가책임기관에 신고해야 한다(제9조).[25] 다만 신고의 편의를 위해 유전자원정보관리센터가 운영하는 통합신고서비스

[그림 15-1] 국내 유전자원에 대한 접근, 이용, 이익공유 신청절차

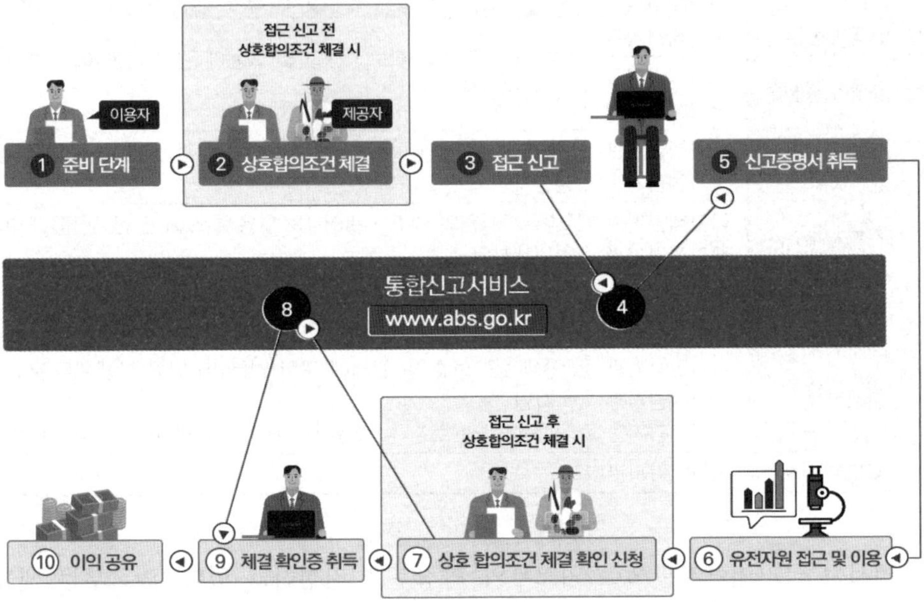

출처: 국립생물자원관 ABSCH 유전자원정보관리센터 홈페이지.

를 이용할 수 있다. 신고로부터 이익공유에 이르는 절차는 [그림 15-1]과 같다.

해외 유전자원을 국내에서 이용하고자 하는 자는 원산지 자원 제공국의 ABS 법률을 이행해야 한다. 즉, 자원 제공국의 국가연락기관에 연락하여 접근승인을 받고, 국가책임기관으로부터 사전통고승인을 취득하고, 유전자원 이용에 따른 이익을 제공자와 공정하고 공평하게 공유하도록 노력해야 한다. 아울러 이러한 절차를 준수하였음을 우리나라 국가점검기관에 신고해야 한다(제15조).

3) 유전자원정보관리센터

환경부장관은 ABS 관련 업무를 전문적으로 수행하기 위하여 정보관리센터를 설치・운영하여야 한다(제17조). 정보관리센터의 업무는 ① 국내・외 유전자원 등에 대한 접근・이용 및 이익공유에 관한 정보의 취합, 관리, 조사 및 제공, ② 의정서 제14조에 따른 접근 및 이익공유 정보공유체계에 대한 국내 유전자원 등에 관한 정보의

25) 다음에 해당하면 이러한 신고절차를 간소화하거나 생략할 수 있다. ① 인간, 동물 및 식물의 생명

제공, ③ 그 밖에 국가연락기관, 국가책임기관, 국가점검기관의 업무와 관련한 사항으로서 대통령령으로 정하는 사항 등으로 명시되었다. 이에 따라 환경부는 국립생물자원관소속으로 유전자원정보관리센터를 설치하고 2018년부터 운영하고 있다.

3 야생생물 보호 및 관리

야생생물 관련 정책은「야생생물 보호 및 관리에 관한 법률(야생생물법)」을 기반으로 시행되고 있다.[26] 야생생물이란 '산 · 들 또는 강 등 자연상태에서 서식하거나 자생(自生)하는 동물, 식물, 균류 · 지의류(地衣類), 원생생물 및 원핵생물의 종(種)'을 말한다(제1조). 주요 정책들은 몇 가지로 구분할 수 있다.

1) 야생생물보호 기본계획 수립

환경부는 야생생물법에 따라 야생생물 보호와 그 서식환경 보전을 위하여 5년마다 야생생물 보호 기본계획을 수립하여야 한다. 또한 시 · 도지사는 기본계획에 따라 관할구역의 야생생물 보호를 위한 세부계획을 수립하여야 한다(제5조). 현재「제4차 야생생물 보호 기본계획(2021~2025)」이 수립 · 시행되고 있다. 제4차 기본계획에서는 '야생생물과 국민이 공존하는 건강한 한반도'를 비전으로, '야생생물 위협요인을 저감하는 보호 · 관리체계 정착'을 목표로 제시했다. 비전과 목표 달성을 위해 4대 추진전략 및 16대 주요 추진과제를 제시했다.

〈표 15-17〉「제4차 야생생물 보호 기본계획」의 목표, 전략, 추진과제

목표	야생생물 위협요인을 저감하는 보호 · 관리 체계 정착 • 보호지역 확대: 2020년 16.8% → 2025년 20% • 상시 예찰 야생동물 질병 확대: 2020년 2개 → 2025년 25개 • 유입주의 생물 지정 확대: 2020년 300종 → 2025년 1,000종

이나 건강을 침해할 우려가 있어 치료제 개발, 식량 확보 등을 위하여 유전자원 등의 신속한 접근 또는 이용이 필요하다고 인정하는 경우, ② 순수 연구 등 비상업적 목적을 위하여 유전자원 등에 접근하는 경우 등이다(제10조).

26) 2004년 2월「자연환경보전법」과「조수보호 및 수렵에 관한 법률」에서 각각 규정하던 야생동 · 식물 관련 규정을 통합하여「야생동 · 식물 보호법」을 제정했다. 2012년 명칭이 변경되어 현재의「야생생물 보호 및 관리에 관한 법률」이 된 것이다.

추진전략	주요과제
① 야생생물보호 및 복원	• 야생생물종 조사 · 활용체계 선진화 • 멸종위기 야생생물 보호 및 보전 체계화 • 국제적멸종위기종 보호 · 관리 강화 • 야생동물 질병관리 체계 강화
② 야생생물 서식지 보전	• 야생생물 서식지 보전 및 복원체계 마련 • 한반도 생태 네트워크 보전 · 복원 확대 • 기후변화 대응 야생생물 보호 • LMO 안전관리 강화
③ 공존기반 선진화	• 해외 유입 야생동물 관리기반 마련 • 외래생물 관리기반 확충 • 야생동물 사고 예방과 구조 · 치료 체계 강화 • 유해동물 관리기반 확충 • 밀렵, 밀거래, 수렵제도 정비
④ 보호 · 관리기반 강화	• 야생생물 보호 · 관리 체계 및 제도 정비 • 야생생물 보호 교육 · 홍보 강화 • 야생생물 보호 대내 · 외 협력 강화

출처: 환경부(2020d: 25).

2) 멸종위기 야생생물 보호

서식지 파괴, 기후변화, 환경오염 등으로 생물 멸종이 가속화되고 있다. 세계자연보전연맹(IUCN)은 2018년 평가에서 현존 생물 중의 28%를 멸종위기종으로 분류한 바 있다(환경부, 2018d). 멸종위기 야생생물은 두 유형으로 구분된다(야생생물법 제2조). 멸종위기 야생생물 Ⅰ급은 '자연적 또는 인위적 위협요인으로 개체 수가 크게 줄어들어 멸종위기에 처한 야생생물로서 대통령령으로 정하는 기준에 해당하는 종'이며, 멸종위기 야생생물 Ⅱ급은 '자연적 또는 인위적 위협요인으로 개체 수가 크게 줄어들고 있어 현재의 위협요인이 제거되거나 완화되지 않으면 가까운 장래에 멸종위기에 처할 우려가 있는 야생생물로서 대통령령으로 정하는 기준에 해당하는 종'이다. 2022년 12월 기준 Ⅰ급은 68종, Ⅱ급은 214종이 지정되어 있다.

멸종위기 야생생물의 서식지 내 보전이 어렵거나 위협을 받는 경우, 증식과 복원을 위해 '서식지외(外) 보전기관'을 지정 · 지원하고 있다. 2000년 서울대공원과 제주 한라수목원을 지정한 것을 시작으로, 2022년 12월 기준 전국에 서울대공원 등 모두 28개 서식지외 보전기관을 지정하고 있다. 아울러 한반도 멸종위기 야생생물 증식 · 복원사업을 총괄하는 기관으로 국립생태원 소속 멸종위기종복원센터를 2018년 개원

[그림 15-2] 멸종위기 야생생물 지정현황(2022년 12월 기준)

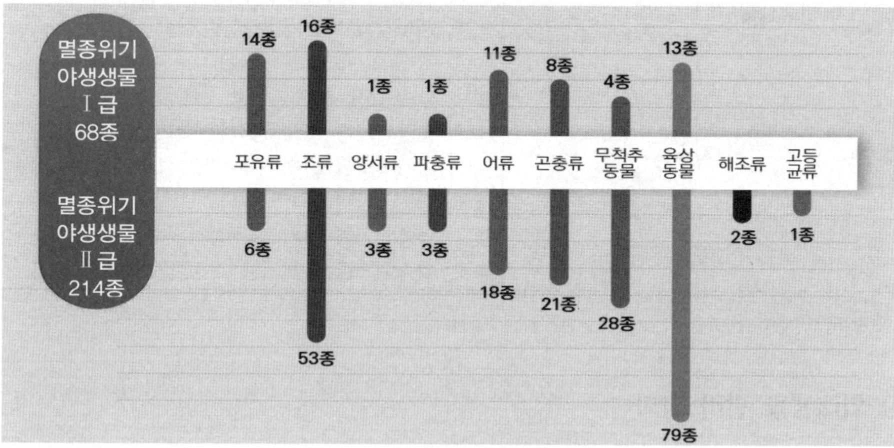

출처: 환경부(2023a: 41).

했다(환경부, 2023a).

환경부는 야생생물법에 따라 멸종위기 야생생물에 대한 중장기 보전대책을 수립·시행해야 한다(제13조). 이에 따라 「멸종위기 야생생물 보전 종합계획(2018~2027)」이 수립되었다. 종합계획을 바탕으로 멸종위기 야생생물 복원정책을 기존 개체 증식 위주에서 서식지 관리 중심으로 전환하고, 멸종위기 야생생물의 체계적 복원과 서식지 보전 강화, 멸종위기종의 지속적인 보전을 위해 지역주민이 참여하는 민·관 공존 협의체를 단계적으로 구성·운영하고 있다(환경부, 2023a). 종합계획에서는 '멸종위기 야생생물의 안전한 서식처, 생명의 한반도'를 비전으로 제시하고, 2대 목표, 4대 전략, 15대 추진과제를 담았다.

〈표 15-18〉「멸종위기 야생생물 보전 종합계획」의 목표, 전략, 추진과제

목표	1. 멸종위기 야생생물 서식지의 조화로운 연결·복원 2. 2027년까지 멸종위기종 25개종 복원 및 서식지 개선
전략	**추진과제**
1. 멸종위기 야생생물 서식지 보전 강화	1-1. 멸종위기종 서식지 보전 1-2. 기후변화 대응 1-3. 멸종위기종 서식지 개선 1-4. 멸종위기종 서식지 평가 1-5. 개체군 보전

2. 멸종위기 야생생물 체계적 복원	2-1. 복원대상종 및 우선 복원대상종 선정 2-2. 복원가이드라인 및 종별 복원계획 수립 2-3. 서식지외 보전기관 역할 강화 2-4. 종 보전 전문인력 양성
3. 국민체감도 제고 및 협업 강화	3-1. 우리 마을 멸종위기종 살리기 활성화 3-2. 멸종위기종 보전 정책위원회 운영 3-3. 국가보호종 관련 부처협업 강화 3-4. 남북 및 국제협력 강화
4. 멸종위기종 복원 컨트롤타워 구축 · 운영	4-1. 멸종위기종 복원기능 총괄조직 신설 4-2. 멸종위기종 복원기능 조정 및 체계적 복원

출처: 환경부(2018d: 37).

3) 외래생물 관리 강화

외래생물이란 '외국으로부터 인위적 또는 자연적으로 유입되어 그 본래의 원산지 또는 서식지를 벗어나 존재하게 된 생물'을 말한다. 국내에 도입되지 않은 외래생물 중 '국내에 유입될 경우 생태계 등에 위해를 미칠 우려가 있는 생물'을 유입주의생물로 지정하여 관리하고 있다(생물다양성법 제2조). 2022년 12월 기준 모두 557종의 유입주의생물이 지정되어 있다(환경부, 2023a).

환경부는 외래생물 및 유입주의생물에 대해 생태계 등에 미치는 위해성을 평가하고, 평가결과 생태계 등에 미치는 위해가 크거나 위해를 미칠 우려가 있는 경우 생태계교란생물 또는 생태계위해우려생물로 지정할 수 있다(생물다양성법 제21조의2). 생태계교란생물은 1998년부터 지정하고 있으며, 2022년 12월 기준 총 1속 36종의 포유류, 양서 · 파충류, 어류, 갑각류, 곤충, 식물이 지정되어 있다. 생태계교란생물은 수입 · 반입 · 사육 · 재배 · 양도 · 양수 · 보관 · 운반 · 유통 및 방출 · 방생 · 유기 · 이식이 금지되며, 학술 연구용 목적 등으로 관할 유역(지방)환경청장의 허가를 받아야 수입 등의 행위가 가능하다. 유역(지방)환경청과 지방자치단체, 민간단체에서는 지역별 특성에 따라 생태계교란생물의 퇴치 사업을 수행하고 있다. 생태계위해우려생물은 2020년부터 지정하고 있으며, 2022년 12월 기준 라쿤, 대서양연어, 아프리카발톱개구리, 피라냐 등 4종이 지정되어 있다. 생태계위해우려생물로 지정되면 상업적인 판매 목적의 수입 또는 반입은 유역(지방)환경청장의 허가를 받아야 하고, 상업적인 판매 외의 목적일 경우에는 신고해야 한다(환경부, 2023a).

4) 야생동물 질병관리

최근 야생동물 유래 인수공통 감염병 출현이 잦아지면서 인명과 경제적 피해가 증가하고 있으며, 이러한 질병들은 국경을 넘나들고 있다. 특히 메르스(MERS), 사스(SARS)와 마찬가지로 야생동물에서 유래한 것으로 여겨지는 코로나-19는 지구촌 전반에 엄청난 영향을 미쳤다. 이러한 추세에 따라 세계적으로 야생동물 질병에 관한 관심과 관리 필요성이 높아지고 있다. 우리나라도 2014년 개정을 통해 야생생물법에 야생동물 질병관리 규정을 신설했다(제5절).

환경부는 야생동물 질병의 예방과 확산방지, 체계적인 관리를 위해 5년마다 야생동물 질병관리 기본계획을 수립·시행해야 한다(야생생물법 제34조의3). 제1차 기본계획(2016~2020)에 이어 2023년 현재 「제2차 야생동물 질병관리 기본계획(2021~2025)」이 수립되어 있다. 제2차 기본계획에서는 '야생동물 질병관리로 건강한 한반도 생태계 구현'이라는 비전 및 '사람과 야생동물이 공생하는 건강한 삶과 생태계 증진'이라는 목표를 제시했다. 또한 비전과 목표 달성을 위해 4개 분야 12개 중점 추진과제를 제시했다. 계획 기간 소요예산은 1,642억 원으로 추정했다(환경부, 2020a).

환경부와 시·도는 야생동물의 질병관리를 위하여 야생동물의 질병연구, 조난·부상 야생동물의 구조·치료, 야생동물 질병관리 기술의 개발·보급 등 필요한 조치를 해야 한다. 또한 야생동물 치료기관을 설치·운영하거나 지정할 수 있다(야생생물

〈표 15-19〉「제2차 야생동물 질병관리 기본계획」의 분야별 추진과제

분야	추진과제
1. 야생동물 질병 사전차단 강화	1-1. 질병 위험성 분석 및 야생동물 특성 조사 강화 1-2. 야생동물 질병 감시체계 확대 구축 1-3. 국민 접점(接點) 야생동물 질병 전파 차단
2. 야생동물 질병 위기대응 체계 고도화	2-1. 주요 질병 진단기술 및 진단체계 강화 2-2. 방역체계 강화 및 선제 대응체계 구축 2-3. 주요 야생동물 질병 백신·치료제 개발
3. 야생동물 질병 예방 및 관리기반 강화	3-1. 야생동물 질병 관리기반 확충 3-2. 국외 야생동물 질병 유입 예방 및 검역기반 구축 3-3. 야생동물 질병정보 통합 관리체계 구축
4. 야생동물 질병연구 혁신 및 역량 강화	4-1. 야생동물 질병대응 기술개발(R&D) 기획·추진 4-2. 야생동물 질병 전문인력 양성 및 교육 4-3. 국내·외 협력체계 구축

출처: 환경부(2020a: 17).

법 제34조의4). 2022년 12월 기준 전국에 17개 야생동물구조관리센터를 설치하고 있으며, 연간 18,600마리 이상의 야생동물을 구조・치료하고 있다. 또한 2020년에는 야생동물 질병 연구 전문기관인 국립야생동물질병관리원을 환경부 소속기관으로 신설했다(환경부, 2023a).

참고문헌

[국내 문헌]

강광규(2018). 미세먼지관리종합대책(2018) 주요내용과 방향. 에너지고위경영자과정 발표자료. 한국환경정책 · 평가연구원.

강상인(2015). UN 지속가능발전목표(SGDs)이행. 『KEI포커스』, 3(1): 1-18.

강찬수(1997). 인류와 생태위기, 이필렬 외(1997). 『교양환경론』(pp.93-128). 서울: 따님.

관계부처합동(2011a). 「국가화학물질관리 기본계획(2011~2020)」.

______(2011b). 「환경보건 종합계획(2011~2020)」.

______(2014). 「제2차 녹색성장 5개년계획」.

______(2015a). 「Post-2020 온실가스 감축목표 설정 추진계획」.

______(2015b). 「소음 · 진동관리 종합계획(2016~2020)」.

______(2015c). 「실내공기질관리 기본계획(2015~2019)」.

______(2015d). 「제4차 국가환경종합계획」.

______(2016a). 「제1차 기후변화대응 기본계획」.

______(2016b). 「제3차 지속가능발전 기본계획(2016~2036)」.

______(2017a). 「미세먼지관리 종합대책」.

______(2017b). 「제2차 나노안전관리 종합계획(2017~2021)」.

______(2017c). 「제2차 석면관리 기본계획(2018~2022)」.

______(2018a). 「2030년 국가온실가스 감축목표 달성을 위한 기본로드맵 수정안」.

______(2018b). 「빛공해방지 종합계획(2019~2023)」.

______(2018c). 「제1차 자원순환 기본계획(2018~2027)」.

______(2018d). 「제4차 국가생물다양성전략(2019~2023)」.

______(2019a). 「미세먼지관리 종합계획(2020~2024)」.

______(2019b). 「제2차 외래생물 관리계획(2019~2023)」.

______(2019c). 「제5차 국가환경종합계획(2020~2040)」.

______(2020a). 「2050 탄소중립 추진전략」.

______(2020b). 「실내공기질관리 기본계획(2020~2024)」.

______(2020c). 「제2차 환경보건 종합계획(2021~2030)」.

______(2020d). 「제3차 강우유출 비점오염원관리 기본계획(2021~2025)」.

______(2020e). 「제3차 국가 기후변화적응대책(2021~2025)」.
______(2020f). 「제4차 소음 · 진동관리 종합계획(2021~2025)」.
______(2021a). 「제1차 국가물관리 기본계획(2021~2030)」.
______(2021b). 「제1차 생활화학제품 및 살생물제 관리에 관한 종합계획(2021~2025)」.
______(2022a). 「제4차 미세먼지 계절관리제 시행계획」.
______(2022b). 「제4차 지속가능발전 기본계획(2021~2040)」.
______(2023a). 「제3차 국가기후위기적응 강화대책(2023~2025)」.
______(2023b). 「제4차 지하역사 공기질 개선대책(2023~2027)」.
______(2023c). 「탄소중립 녹색성장 국가전략 및 제1차 국가 기본계획」.
국립생물자원관(2018). 「2018년 주요업무추진계획」.
______(2022). 『핵심만 쏙쏙 ABS 실무 매뉴얼』(증보판).
국립생태원(2016). 『국가생태계서비스 가이드라인』.
국립환경과학원(2018). 『환경보건지표의 산출 및 활용방안 연구(Ⅲ)』.
국립환경과학원보도자료(2013). 서울 15개 구, 유럽보다 높은 수준의 도로교통 소음에 노출, 2013년 1월 7일.
국무조정실보도자료(2021). 김부겸 국무총리, 제26차 새만금위원회 안건 서면심의 확정, 2021년 12월 31일.
국토교통부(2015). 「광역상수도 및 공업용수도 수도정비 기본계획」.
______(2017). 「지하수관리 기본계획 수정계획(2017~2026)」.
국토교통부보도자료(2018). 국토부-환경부, 지속가능한 국토관리를 위해 손잡는다, 2018년 10월 1일.
______(2023). 자동차 누적등록 대수 2,576만대, 2023년 7월 20일.
국회예산정책처(2023). 2023년도 예산안 심의 결과.
권귀순(2007). [유레카]생물농축, 『한겨레신문』, 2007년 12월 10일.
권율(2002). 지속가능발전세계정상회의의 성과와 과제, 『세계경제』, 2002년 9월: 8-15.
금강유역환경청(2020). 『중부권 대기환경관리 기본계획(2020~2024)』.
기상청(2021). 『우리나라 109년 기후변화 분석보고서』.
기상청보도자료(2023). 2022년 한반도 온실기체 농도 최댓값 경신, 2023년 6월 30일.
기획재정부(2019). 『2019 나라살림 예산개요』.
김광렬 외(2009). 『인간과 환경』. 서울: 동화기술.
김남두 · 김재홍 · 강상진 · 이창우(2004). 아리스토텔레스 [니코마코스 윤리학], 『철학사상』, 별책 3(9). 서울대학교 철학사상연구소.
김동욱(2016). '3대 우수배제시설' 적절히 조합해 사용 가능. 『워터저널』, 10월호.
김영호(2010). 한국 환경외교의 전개과정. 『한국의 환경외교: 쟁점과 전망』. 한국학술연구원 용역보고서.

김용국(2010). 환경표지제도의 활성화 방안. *Global Green Growth Policy*, 13: 1-11.
김용학(1992). 『사회구조와 행위』. 서울: 나남.
김형렬(2000). 『정책학』(개정판). 서울: 법문사.
나태준 · 윤이숙 · 윤경준 · 구민교 · 조윤직 · 정장훈 · 노성민(2013). 『국제환경협약의 이해』. 서울: 대영문화사.
낙동강유역환경청(2020). 『동남권 대기환경관리 기본계획(2020~2024)』.
노명준(2003). 『신국제환경법』. 서울: 법문사.
녹색성장위원회(2009). 『녹색성장국가전략』.
대한민국정부(2023). 『대한민국 기후변화적응 보고서』.
동아사이언스(2018). 구멍 뚫린 오존층, 최근 회복 빨라진 이유는? 2018년 1월 5일.
______(2022). 뇌질환 · 유산 · 자폐 · 비만…대기오염 위협 어디까지, 2022년 10월 19일.
매일경제(2022). 한국, 2070년 노인부양 부담 세계 1위, 2022년 9월 5일.
문순홍(1997). 생태위기와 세계 '환경'회의사, 이필렬 외. 『교양환경론』(pp.217-247). 서울: 따님.
미래창조과학부보도자료(2016). 한국의 모든 기후기술 연구과제 한자리에 모이다, 2016년 6월 29일.
박경애(2016). 지속가능발전목표 모니터링을 위한 글로벌 지표 마련. 『국가통계연구소 소식지』, 9: 7-9.
박영실 · 이영미(2016). SDGs 국가지표 개발 연구: 글로벌 지표 분석을 중심으로. 2016 국가통계방법론 심포지엄 자료.
박종안 · 손민일 · 손부순 · 안형환 · 윤철훈(2010). 『최신 환경과학』. 서울: 동화기술.
법무법인세종(2023). 순환경제사회 전환 촉진법 개정안 공포. 『뉴스레터』, 2023년 1월 9일.
비즈니스워치(2018). 환경책임보험 내년에 확 바뀐다, 2018년 10월 17일.
산림청(2015). 「제2차 백두대간보호 기본계획(2016~2025)」.
산업통상자원부(2019). 「제3차 에너지 기본계획(안)」.
______(2022). 『제4차 광해방지 기본계획(2022~2026)』.
서동준(2016). 인류세의 시작, 콜럼버스일까 핵폭탄일까, 『과학동아』, 2016년 4호: 124-127.
서울연구원(2021). 「서울시 환경보건지표 개발과 운용방안」.
수도권대기환경청(2020). 『제2차 수도권 대기환경관리 기본계획 수정계획(2015~2024)』.
수돗물홍보협의회(2014). 「수돗물 만족도 조사결과보고서」.
아시아경제(2019). 극심한 기후변화→엘리트이탈 … 앙코르 서서히 멸망했다, 2019년 3월 6일.
여행신문(2001). 출입국 통계로 보는 한국관광 50년, 2001년 7월 6일.
연합뉴스(2018). 대기오염, 지능저하 불러와 … 1년의 교육 잃는 것과 맞먹어, 2018년 8월 28일.
______(2021). 지난해 소음 · 진동 민원 약 17만건 … 역대 최다, 2021년 11월 28일.
영산강유역환경청(2020). 『남부권 대기환경관리 기본계획(2020~2024)』.

오정화 · 박영실(2015). 『지속가능발전의제에 대한 국가통계 대응방안 수립』. 통계청 통계개발원.

온실가스종합정보센터(2022). 『2022 국가온실가스 인벤토리 보고서』.

외교부(2010). 『한국의 환경외교: 쟁점과 전망』.

______(2017). 『기후환경외교편람 2017』.

외교통상부(2002). 『지속가능발전세계정상회의(WSSD) 참가보고』.

______(2006). 『알기 쉬운 조약업무』.

유훈(2009). 『정책변동론』. 서울: 대영문화사.

윤경준(1995). 지방정부 서비스의 상대적 효율성 측정에 관한 연구. 연세대학교 박사학위논문.

______(2005). 지속가능성지수에 대한 비판적 고찰: 지표체계와 가중치 설정 문제를 중심으로. 『한국정책과학학회보』, 9(1): 1-25.

______(2008). 물관리체제 개선을 위한 쟁점과 대안. 『현대사회와 행정』, 18(1): 47-69.

______(2012). '저탄소 녹색성장 정책' 다시 보기: 비판적 평가 및 전망. 『한국정책학회보』, 21(2): 33-59.

______(2017a). 교토의정서, 그 의미와 성과 그리고 한계. 『세계시민』, 11: 14-21.

______(2017b). 지속가능발전을 위한 정부의 역할. 문명재 외, 『미래사회와 정부의 역할』(pp.75-102). 서울: 문우사.

______(2020). 플라스틱 폐기물 정책의 평가와 개선방안. 『현대사회와 행정』, 30(4): 1-28.

이준서(2009). 자연환경의 개념과 그 한계에 대한 환경법적 고찰. 『환경법연구』, 31(3): 283-314.

이태주(2015). SDG 이행수단과 책무성 메커니즘 및 글로벌 파트너십. 『2030 개발의제 시대의 지속가능발전목표(SDGs)와 이행전략』, 19-30.

이투데이(2017). [2017국감] 수돗물 음용률 5.4% 불과…수돗물 불신 여전, 2017년 10월 19일.

이필렬(1997). 환경문제의 역사, 이필렬 외. 『교양환경론』(pp.31-47). 서울: 따님.

이해영(2010). 『정책학신론』(전정3판). 서울: 학현사.

임혁백(2004). 유신의 역사적 기원: 박정희의 마키아벨리적인 시간(上). 『한국정치연구』, 13(2): 223-258.

전북연구원(2013). 『새만금 수질보전을 위한 유역별 오염원별 대책연구』.

전영한 · 이경희(2010). 정책수단연구: 기원, 전개, 그리고 미래. 『행정논총』, 48(2): 91-118.

정승우(2003). 『토양오염물질의 물리 · 화학적 특성과 이동성에 따른 환경영향평가 방안』, 한국환경정책 · 평가연구원.

정우현 · 이창훈 · 박순애 · 황혜신(2013). 『효율적 환경자원 관리를 위한 환경행정체계의 발전방안: 중앙정부와 지자체의 역할을 중심으로』. 한국환경정책 · 평가연구원.

정준금(2007). 『환경정책론』. 서울: 대영문화사.

정지원 · 박수경(2012). Rio+20의 주요 결과와 정책적 시사점. 『KIEP 오늘의 세계경제』, 12(13): 1-13.

정진호(2018). 생태계의 구조와 기능, KSEIE-OJERI 2018생태공학 공개강좌 자료. www.kseie.or.kr/board

정회성 · 이규용 · 정회석 · 김태용 · 추장민 · 전대욱(2014). 『한국의 환경정책』. 서울: 환경과 문명.

조대현(2007). 환경보전을 위한 토지이용규제의 합리화 방안. 『법제현안』, 2007-5호(통권 제 208호): 1-51.

조선일보(2017). 2045년 서울 인구 800만 명대로 감소 … "생산가능 인구 1000만 명 줄 것", 2015년 6월 15일.

중앙일보(2016). 인간 때문에 생물 50% 멸종 중 … 지금은 인류세일까? 2016년 4월 29일.

______(2018). '인간이 바꾼 최초의 지질시대': 국내 최초 '인류세' 연구소 생긴다, 2018년 6월 4일.

중앙환경분쟁조정위원회(2022). 환경분쟁사건 처리 등 통계자료(2022.12.31. 기준).

지속가능발전위원회(2016). 『국가지속가능성 보고서(2012~2014): 지속가능발전 기본계획 점검 및 지표평가 결과』.

진교훈(1998). 『환경윤리: 동서양의 환경보전과 생명존중』. 서울: 민음사.

최봉석(2014). 『환경법』(개정판). 서울: 청목출판사.

최승필(2016). 환경행정에서 지방자치단체의 역할과 권한에 대한 법적 검토. 『지방자치법연구』, 16(2): 227-256.

최준영(2016). 제4차 국가환경종합계획의 주요내용 및 쟁점. 『이슈와 논점』, 1108호. 국회입법조사처.

하대청(2010). 사전주의의 원칙은 비과학적인가? 위험분석과의 논쟁을 통해 본 사전주의 원칙의 '합리성'. 『과학기술학연구』, 10(2): 143-174.

한겨레신문(2017). 인류세 제6의 대멸종 예상보다 심각하다, 2017년 7월 12일.

한국교통연구원(2018). 『2016 국가물류비 조사 및 산정』.

한국법제연구원(2014). 『지속가능발전과 녹색성장 등 관련 법체계 연구』.

한국재정정보원(2023). 『2023 회계 · 기금운용 구조』.

한국정책학회(2012). 『국정운영 및 정책조정 거버넌스에 관한 연구』.

한국환경산업기술원(2018). 『가습기살균제 피해구제 안내』.

______(2022). 2022년 취약계층 환경성질환 예방사업 운영계획.

한국환경정책 · 평가연구원(2004). 『2004 국제환경협약편람』.

______(2012). 『UNEP/OECD 녹색성장 · 경제 분야 의제 및 대응방안 연구』.

홍종호(2010). 한국경제의 녹색성장 가능성 검토: 배경과 과제. 『환경논총』, 49: 95-107.

홍준형(2008). 정책과정에 있어 사법의 역할. 2008년도 서울행정학회 동계학술대회 발표논

문집.
환경부(2005). 「비무장지대 일원 생태계보전 대책」.
______(2007). 「전국단위 생태탐방로 조성계획(안)」.
______(2011a). 「나고야의정서 가이드북」.
______(2011b). 「제1차 잔류성유기오염물질관리 기본계획(2012~2016)」.
______(2012). 「한국의 생물다양성 보고서」.
______(2013a). 「Post Rio+20에 적합한 지속가능발전정책 추진방안 연구」.
______(2013b). 「제2차 수도권 대기환경관리 기본계획(2015~2024)」.
______(2014a). 「2014년도 환경부 소관 예산 및 기금운용계획 개요」.
______(2014b). 「제2차 특정도서보전 기본계획(2015~2024)」.
______(2014c). 「통계로 본 국토·자연환경」.
______(2015a). 「국가하수도 종합계획(2016~2025)」.
______(2015b). 「도서지역 안정적 용수공급을 위한 지역별 맞춤형 용수공급방안」.
______(2015c). 「전략환경영향평가 업무메뉴얼」.
______(2015d). 「제1차 화학물질의 평가 등에 관한 기본계획(2016~2020)」.
______(2015e). 「제2차 대기환경개선 종합계획(2016~2025)」.
______(2015f). 「제3차 자연환경보전 기본계획(2016~2025)」.
______(2016a). 「2016년도 환경부 소관 예산 및 기금운용계획 개요」.
______(2016b). 「2025 전국수도 종합계획」.
______(2016c). 「국가지속가능성평가 등에 관한 연구」.
______(2016d). 「제1차 화학물질관리 기본계획(2016~2020)」.
______(2016e). 「제2차 물환경관리 기본계획(2016~2025)」.
______(2016f). 「환경예산과 예산제도」.
______(2017a). 「2017년도 환경부 소관 예산 및 기금운용계획 개요」.
______(2017b). 「제2차 나노안전관리 종합계획[(2017~2021)」.
______(2018a). 「2017년 석면피해인정자 및 구제급여 지급현황」.
______(2018b). 「2018 환경백서」.
______(2018c). 「2018년도 환경부 소관 예산 및 기금운용계획 개요」.
______(2018d). 「멸종위기 야생생물 보전 종합계획(2018~2027)」.
______(2018e). 「제2차 악취방지 종합시책(2019~2028)」.
______(2018f). 「제3차 습지보전 기본계획(2018~2022)」.
______(2019a). 「2019년도 환경부 소관 예산 및 기금운용계획 개요」.
______(2019b). 「미세먼지 팩트 체크: 미세먼지! 무엇이든 물어보세요」.
______(2019c). 「화학물질의 평가 등에 관한 기본계획(2019~2023)」.
______(2020a). 「제2차 야생동물 질병관리 기본계획(2021~2025)」.

______(2020b). 「제2차 토양보전 기본계획(2020~2029)」.
______(2020c). 「제2차 화학물질관리 기본계획(2021~2025)」.
______(2020d). 「제4차 야생생물보호 기본계획(2021~2025)」.
______(2021a). 「생태하천복원사업 업무추진 지침」(제13차 개정).
______(2021b). 「제1차 생물자원관 기본계획(안)(2021~2025)」.
______(2021c). 「제2차 물 재이용 기본계획(2021~2030)」.
______(2021d). 「생태·경관보전지역 지정현황」('21.12월 기준).
______(2022a). 「2020년 토양측정망 및 토양오염실태조사 결과」.
______(2022b). 「2020년 화학물질 배출량조사 결과」.
______(2022c). 「제3차 대기환경개선 종합계획(2023~2032)」.
______(2022d). 「습지보호지역 지정현황」('22.12월 기준).
______(2022e). 「특정도서 지정현황」('22.12월).
______(2023a). 「2022 환경백서」.
______(2023b). 「2023년도 환경부 소관 예산 및 기금운용계획 개요」.
______(2023c). 「생태마을 지정현황」('23.1월 기준).
______(2023d). 「석면피해구제급여 지급현황」(2011~현재).
______(2023e). 「환경부 소관 법정위원회 설치현황 및 활동내역서」(2023년 7월 말).
환경부·국립환경과학원(2017). 「2017 먹는물 수질기준 해설서」.
환경부보도자료(2011). 「환경기술 및 환경산업 지원법」 공포!, 2011년 4월 28일.
______(2015). 수은으로부터 안전한 사회만들기 위한 수은관리 종합대책 수립, 2015년 12월 18일.
______(2016). 국립공원 명품마을, 지역사회와 상생하면 발전한다, 2016년 12월 14일.
______(2018a). 2016년 온실가스 배출량 6억 9,410만 톤, 전년 대비 0.2% 증가, 2018년 9월 21일.
______(2018b). 제3기 국민환경보건기초조사 결과발표, 2018년 12월 27일.
______(2018c). 지속가능한 미래를 위한 이정표, 지속가능발전목표 수립, 2018년 12월 24일.
______(2018d). 패트 재질용기 등 제품의 순환이용성 평가 착수, 2018년 4월 25일.
______(2018e). 환경부, 비무장지대 생태계 보전을 위한 논의 본격화, 2018년 12월 27일.
______(2019a). 고농도 미세먼지 위기관리 표준매뉴얼 제정, 2019년 10월 16일.
______(2019b). 올해 첫 고농도 1월 11~15일 미세먼지 발생 사례분석 결과, 2019년 2월 7일.
______(2020a). 권역별 맞춤형 미세먼지 관리로 국민건강 보호한다, 2020년 4월 3일.
______(2020b). 전 세계 생물다양성 목표 달성 평가 담은 유엔보고서 발간, 2020년 9월 16일.
______(2021a). 5기 국민환경보건기초조사…64종 유해물질 농도조사, 2021년 8월 17일.
______(2021b). 국내외 전문가 모여 비무장지대 생태계 보전방안 논의, 2021년 10월 21일.
______(2021c). 국민 몸속 환경유해물질 농도…3년 전보다 대부분 감소, 2021년 12월 29일.

______(2021d). 제3차 잔류성오염물질관리 기본계획 시행…국민건강 보호, 2021년 1월 28일.
______(2021e). 탄소중립을 위한 한국형(K)-순환경제 이행계획 수립, 2021년 12월 29일.
______(2022a). 낙동강유역물관리위, 낙동강하구 기수생태계 복원방안 의결, 2022년 2월 22일.
______(2022b). 물관리일원화 이후 첫 국가수도기본계획 수립, 2022년 10월 4일.
______(2022c). 소규모 대기배출사업장 사물인터넷 측정기기 부착한다, 2022년 4월 26일.
______(2022d). 제4차 지하수관리기본계획, 국민 의견 반영해 수립, 2022년 9월 27일.
______(2022e). 제15차 생물다양성협약 당사국총회(COP15) 마무리: 쿤밍·몬트리올 글로벌 생물다양성 프레임워크 채택, 2022년 12월 20일.
______(2023). 가습기살균제 구제급여 지급대상자 추가…총 4,929명(누계) 인정, 2023년 5월 8일.
환경부·문화체육관광부(2008). 「생태관광 활성화 방안」.
환경부·한국상하수도협회(2021). 「2021 수돗물 먹는 실태조사 결과보고서」.
환경부·한국환경산업기술원(2017). 「OECD 선진국 토양·지하수 환경정책 패러다임 발굴을 위한 국내 정책사업 연구기획」.
환경부·한국환경연구원(2022). 「2022 국가지속가능성 보고서: 국가지속가능발전목표(K-SDGs) 점검 및 지표평가 결과」.
환경부·해양수산부(2022). 「제4차 습지보전 기본계획(2023~2027)」.

[국외 문헌]

Bollyki, Thomas(2012). Overcoming Rio+20's 'Summit Fatigue'. https://www.cfr.org/interview/overcoming-rio20s-summit-fatigue
Bouwma, I. M., Gerritsen A. L., Kamphorst, D. A. and Kistenkas F. H.(2015). *Policy Instruments and Modes of Governance in Environmental Policies of the European Union: Past, Present and Future*. Statutory Research Tasks Unit for Nature & the Environment(WOT Natuur & Milieu), WOt-technical report 60.
Brown, Lester R., Gardner, Gary T., and Halweil, Brian(1999). *Beyond Malthus: Nineteen Dimensions of the Population Challenge*; 이상훈(역)(2000). 『맬서스를 넘어서: 인구 도전의 19가지 측면』. 서울: 도서출판 따님.
Bueren, Ellen van(2014). Environmental Policy. *Encyclopedia Britannica*.
Carson, Rachel(1962). *Silent Spring*, 김은령(역)(2002). 『침묵의 봄』. 서울: 에코리브르.
Commoner, Barry(1971). *The Closing Circle: Nature, Man, and Technology*. New York: Knopf.
Crutzen, Paul(2002). Geology of Mankind. *Nature*, 415: 23.
Dasgupta, Susmita, Laplant, Benoit, Wang, Hua, and Wheeler, David(2002). Confronting Environmental Kuznets Curve. *The Journal of Economic Perspective*, 16(1): 147-

168.

Dernbach, John C. and Cheever, Federico(2015). Sustainable Development and Its Discontents. *Journal of Transnational Environmental Law*, 4(2): 247-287.

DeSombre, Elizabeth R.(2005). The Evolution of International Environmental Cooperation. *Journal of International Law & International Relations*, 1(1-2): 75-87.

Downie, Davis Loenard(2011). Global Environmental Policy: Governance through Regimes. In Regina S. Axelord, Stacy D, VanDeveer, and David Leonard Downie(eds.). *The Golbal Environment: Institutions, Laws, and Policy*. CQ Press, 70-91.

Ekins, Paul(2000). *Economic Growth, Human Welfare and Environmental Sustainability: The Prospects for Green Growth*. Routledge.

EU Commission(2012). *Principles of EU Environmental Law: the Preventive and Precautionary Principle*. http://ec.europa.eu/environment/legal/law/pdf/principles/9%20Preventive%20and%20Precautionary%20Principles_revised.pdf

______(2014). *Towards a Circular Economy: A Zero Waste Programme for Europe*.

______(2018). *World Atlas of Desertification*.

FAO and UNEP(2021). *Global Assessment of Soil Pollution: Report*.

Financial Times(2014). Proposals for UN Development Goal Face Criticism. 28 August 2014.

Fishman, Adam(2015). Jump-starting the SDGs: 4 Lessons from Early Adopters. www. https://www.irforum.org/

Foster, John Bellamy(1999). *The Vulnerable Planet: a Short Economic History of the Environment*; 김현구(역)(2001). 『환경과 경제의 작은 역사』. 서울: 현실문화연구.

Goulder, Lawrence H., and Parry, Ian W. H.(2008). Instrument Choice in Environmental Policy. *Review of Environmental Economics and Policy*, 2(2): 152-174.

Gribben, Jennifer and Fagan, Julie, M.(2016). Anthropocentric Attitudes in Modern Society: Halting Climate Change will Require a Cultural Shift toward Ecocentrism. https://doi.org/doi:10.7282/T3S184T1

Guardian(2014). India Air Pollution 'Cutting Crop Yields by Almost Half', 3 November 2014.

Gusterson, Hugh(2017). A Predictable Nuclear Accident at Hanford. *Bulletin of the Atomic Scientists*, 17 May 2017.

Hardee, Karen, Irani, Laili K., Maclnnis, Ron, and Hamilton, Matthew(2012). *Linking Health Policy with Health Systems and Health Outcomes: A Conceptual Framework*. Washington, D.C.: Futures Group, Health Policy Project.

Hardin, Garrett(1968). The Tragedy of the Commons. *Science*, 162: 1243-1248.

Harrington, Winston and Morgenstern, Richard D.(2004). Economic Incentives versus Command and Control: What's the Best Approach for Solving Environmental Problems.

Resources, Fall/Winter: 13-17.

Hiebert, Dennis(2017). Climate Change and Christian Anthropocentrism. *Journal of Sociology and Christianity*, 7(2): 57-63.

House of Commons International Development Committee(2016). *UK Implementation of the Sustainable Development Goals. First Report of Session 2016-2017.* http://ec.europa.eu/environment/legal/law/pdf/principles/9%20Preventive%20and%20Precautionary%20Principles_revised.pdf

Hughes, Donald J.(1975). *Ecology in Ancient Civilizations*; 표정훈(역)(1998). 『고대문명의 환경사』. 서울: 사이언스북스.

Hunt, Michael(2014). *The World Transformed: 1945 to the Present*. New York: Oxford University Press.

ICAP(2022). *Emissions Trading Worldwide: 2022 ICAP Status Report.*

IEAG(2014). *A World that Counts: Mobilizing the Data Revolution for Sustainable Development.*

IGES(2014). *Governance and National Sustainable Development Strategies: Implications for the SDGs*. https://www.files.ethz.ch/isn/178918/NSDS_report_combined_25.03.14.pdf

InfoResources Focus(2005). Global Conventions and Environmental Governance. https://boris.unibe.ch/71817/1/focus_3_05_e.pdf

IPCC(2021). *Climate Change 2021: The Physical Science Basis*. Contribution of Working Group I to the Sixth Assessment Report of the Intergovernmental Panel on Climate Change[Masson-Delmotte, V., P. Zhai, A. Pirani, S.L. Connors, C. Péan, S. Berger, N. Caud, Y. Chen, L. Goldfarb, M. I. Gomis, M. Huang, K. Leitzell, E. Lonnoy, J. B. R. Matthews, T. K. Maycock, T. Waterfield, O. Yelekçi, R. Yu, and B. Zhou(eds.)]. Cambridge University Press, Cambridge, United Kingdom and New York, NY, USA, In press, doi:10.1017/9781009157896

IUCN(1980). *World Conservation Strategy: Living Resource Conservation for Sustainable Development*. https://portals.iucn.org/library/sites/library/files/documents/WCS-004.pdf

Kanie, Norichika(2007). Governance with Multilateral Environmental Agreements: A Healthy or Ill-Equiped Fragmentation? In Walter Hoffman and Lydia Swart(eds.). *Global Environmental Governance: Perspectives on the Current Debate*. Center for UN Reform Education, 67-86.

KOICA(2016). 『알기 쉬운 지속가능발전목표』.

Kroll, Christian(2015). *Sustainable Development Goals: Are the Rich Countries Ready?* BertelsmannStiftung.

Lang, Winfried(1999). UN-Principles and International Environmental Law. *Max Planck UNYB*, 3: 157-172.

Leblanc, David Le(2015). Towards Integration at Last? The Sustainable Development Goals as a Network of Targets. DESA Working Paper, No.141.

Li, Houjian, Tang, Mengqian, Cao, Andi, and Guo, Lili(2022). Assessing the Relationship between Air Pollution, Agricultural Insurance, and Agricultural Green Total Factor Productivity: Evidence from China. *Environmental Science and Pollution Research*, 29(52): 78381-78395.

Lowi, Theodore J.(1972). Four Systems of Policy, Politics, and Choice. *Public Administration Review*, 32(4): 298-310.

Magdoff, Fred and Foster, John Bellamy(2011). *What Every Environmentalist Needs to Know About Capitalism;* 황정규(역)(2012). 『환경주의자가 알아야 할 자본주의의 모든 것』. 서울: 삼화.

Martell, Luke(1994). *Ecology and Society: An Introduction*. University of Massachusetts Press.

Mitchell, Ronald B., Andonova, Liliana B., Axelrod, Mark, Balsiger, Jörg, Bernauer, Thomas, Green, Jessica F., Hollway, James, Kim, Rakhyun E., and Morin, Jean-Frédéric(2020). What We Know (and Could Know) About International Environmental Agreements. *Global Environmental Politics*, 20(1): 103-121.

Morales, Ernesto Soria(2015). Implementing Policy Coherence for Sustainable Development Beyond 2015. In OECD(2015). *Better Policies for Development 2015: Policy Coherence and Green Growth*. OECD, 35-58.

Movahed, Masoud(2016). Does Capitalism Have to be Bad for the Environment? https://www.weforum.org/agenda/2016/02/does-capitalism-have-to-be-bad-for-the-environment

Niestroy, Ingeborg(2014). Governance for Sustainable Development: How to support the Implementation of SDGs? *ASEF Outlook Report 2014/2015: Facts and Perspectives*, 151-165.

Nilsson, Måns, Griggs, Dave, and Visbeck, Martin(2016). Policy: Map the Interactions between Sustainable Development Goals. *Nature*, 534: 320-322.

O'Connor, David, Mackie, James, Esveld, Daphne van, Kim, Hoseok, Scholz, Imme, and Weitz, Nina(2016). Universality, Integration, and Policy Coherence for Sustainable Development: Early SDG Implementation in Selected OECD Countries. Working Paper, World Resources Institute.

OECD(1972). *Recommendation of the Council on Guiding Principles Concerning International Economic Aspects of Environmental Policies*. Council Document No.C(72)

128.

______(2008). Policy Coherence for Development: Lessons Learned. *Policy Brief*, December 2008.

______(2011). *Towards Green Growth: A Summary for Policy Makers*. Paris: OECD Publishing.

______(2012). *OECD Environmental Outlook to 2050: The Consequences of Inaction*. Paris: OECD Publishing.

______(2016). *Better Policies for Sustainable Development 2016: A New Framework for Policy Coherence*. Paris: OECD Publishing.

______(2017). *OECD Environmental Performance Reviews: Korea 2017*. Paris: OECD Publishing.

Pisano, Umberto, Lange, Lisa, Berger, Gerald, and Hametner, Markus(2015). The Sustainable Development Goals(SDGs) and Their Impact on the European SD Governance Framework. *ESDN Quarterly Report*, No.35. European Sustainable Development Network.

Rachels, James(1986). *The Elements of Moral Philosophy*. Random House, Inc.

Reddy, Avanija, Norris, Don F., Momeni, Stephanie S., Waldo, Belinda, Ruby, and John D.(2016). The pH of Beverages in the United States. *The Journal of the American Dental Association*, 147(4): 255-263.

Rodolfo, Kelvin(2000). What is Homeostasis? https://www.scientificamerican.com/article/what-is-homeostasis/

Roser, Max and Ortiz-Ospina, Esteban(2013). World Population Growth. https://ourworldindata.org/world-population-growth

Sachs, Jeffrey D.(2012). From Millennium Development Goals to Sustainable Development Goals. *Lancet*, 379: 2206-2211.

Sadeleer, de Nicolas(2012). Principle of Subsidiarity and the EU Environmental Policy. *Journal for European Environmental & Planning Law*, 9(1): 63-70.

Salamon, Lester M.(2002). *The Tools of Government: A Guide to New Governance*. Oxford University Press.

SDSN(2015). *Indicators and a Monitoring Framework for Sustainable Development Goals: Launching a Data Revolution for the SDGs*. http://unsdsn.org/wp-content/uploads/2015/05/FINAL-SDSN-Indicator-Report-WEB.pdf

Sessions, George S.(1974). Anthropocentrism and the Environmental Crisis. *Humboldt Journal of Social Relations*, 2(1): 71-81.

Simon, Nils(2011). International Environmental Governance for the 21th Century: Challenges, Reform Processes and Options for Action on the Way to Rio 2012. SWP Research Paper.

Speed, C.(2006). Anthropocentrism and Sustainable Development: Oxymoron or Symbiosis? *WIT Transactions on Ecology and the Environment*, 93: 323-332.

The Asahi Glass Foundation(2022). *Result of the 31st Annual "Questionnaire on Environmental Problems and the Survival of Humankind."*

UN(1972a). Declaration of the United Nations Conference on the Human Environment.

______(1972b). *Report of the Conference on the Human Environment.*

______(1987). *Report of the World Commission on Environment and Development: Our Common Future.* Oxford University Press.

______(1994). United Nations Convention to Combat Desertification in Those Countries Experiencing Serious Drought and/or Desertification Particularly in Africa.

______(2012). *The Future We Want.*

______(2015a). *The Millennium Development Goals in Europe and Central Asia.*

______(2015b). Paris Agreement.

______(2015c). *Transforming Our World: the 2030 Agenda for Sustainable Development.* A/Res/70.1

______(2022). *World Population Prospects 2022: Summary of Results.*

UN Department of Global Communications(2019). *Sustainable Development Goals: Guidelines for the Use of the SDG Logo, Including the Colour Wheel, and 17 Icons.* https://www.un.org

UNEP(2006). *Training Manual on International Environmental Law.* https://wedocs.unep.org/bitstream/handle/20.500.11822/20599/UNEP_Training_Manual_Int_Env_Law.pdf?sequence=1&isAllowed=y

______(2009). 'The Belgrade Process': Developing a Set of Options for Improving International Environmental Governance. UNEP.

______(2010a). Annotated Table of Broader IEG Reform in a Standard Format: Information Note from the Executive Director of UNEP. UNEP.

______(2010b). Nairobi-Helsinki Outcome. UNEP.

______(2015). *The Emissions Gap Report 2015: a UNEP Synthesis Report.*

UNESCO(2017). *The United Nations World Water Development Report 2017.*

UNFCCC(2016). *Aggregate Effect of the Intended Nationally Determined Contributions: an Update.* FCCC/CP/2016/2, 2 May 2016.

______(2022). *2022 NDC Synthesis Report.* https://unfccc.int/ndc-synthesis-report-2022

van Nispen tot Pannerden, F. K. M.(2011). Policy Instruments. http://hdl.handle.net/1765/

33101

WCED(1987). *Our Common Future.*

WHO(2014). 7 Million Premature Deaths Annually Linked to Air Pollution. http://www.who.int/mediacentre/news/releases/2014/air-pollution/en/

______(2018). Ambient(outdoor) Air Quality and Health. http://www.who.int/en/news-room/fact-sheets/detail/ambient-(outdoor)-air-quality-and-health

Wilson, James Q.(1980). *The Politics of Regulation.* New York: Basic Books.

Wolf, Charles Jr.(1993). *Markets or Governments: Choosing between Imperfect Alternatives* (2nd ed.). the MIT Press.

Wolters, Eugine(2016). 6 Things Every Environmentalist Needs to Know About Capitalism. http://www.critical-theory.com/environmentalist-capitalism/

World Bank(2016). *The Cost of Air Pollution: Strengthening the Economic Case for Action.* Washington, D.C.: The World Bank.

World Bank Group(2012). *Getting to Green: A Sourcebook of Pollution Management Policy Tools for Growth and Competitiveness.* http://siteresources.worldbank.org/ENVIRONMENT/Resources/Getting_to_Green_web.pdf

Yale Center for Environmental Law & Policy(2022). *2022 Environmental Performance Index.* http://epi.envirocenter.yale.edu

Yang, Tseming and Percival, Robert V.(2009). The Emergency of Global Environmental Law. *Ecology Law Quarterly*, 36: 615-664.

Zeijl-Rozema, Annemarie. van, Cörvers, Ron, and Kemp, René(2007). Governance for Sustainable Development: a Framework. Paper for Amsterdam Conference on 'Earth System Governance: Theories and Strategies for Sustainability.'

Zhong, Raymond(2023). The Human Age has a New Symbol. It's a Record of Bomb Tests and Fossil Fuels. *The New York Times*, 11 July 2023.

Zylicz, Tomasz(2010). Goals and Principles of Environmental Policy. *International Review of Environmental and Resource Economics*, 3(4): 299-334.

찾아보기

ㄱ

ㄴ

ㄷ

ㄹ

ㅁ

ㅂ

ㅊ

ㅋ

ㅌ

ㅍ

ㅎ

저자 소개

윤경준

- 연세대학교 행정학과 및 대학원 졸업(행정학 학사 · 석사 · 박사)
- 한성대학교 행정학과 교수, 기획처장, 행정대학원장
- 한국국정관리학회 회장, 한국행정개혁학회 회장
- 한국행정학회 부회장, 한국정책학회 부회장
- 한국행정학회 기후환경행정포럼 위원장
- 한국환경연구원(KEI) 교환교수
- 미국 UC Davis 교환교수
- 미국 California Energy Commission(CEC) 객원연구원
- 대통령소속 국민고충처리위원회 자문위원
- 대통령소속 지방행정체제개편추진위원회 자문위원

제2판

환경정책론

펴낸날 제1판 제1쇄 2019년 6월 5일
제2판 제1쇄 2024년 2월 15일

지은이 윤경준

펴낸이 임춘환

펴낸곳 도서출판 **대영문화사**

주소 (본사) 사무실: 경기도 고양시 일산서구 주화로 70
우신프라자 307호 (㊙ 10387)
(본사) 물류센터: 경기도 고양시 일산서구 덕산로
107번길 68-50 (㊙ 10205)

등록 1975년 12월 26일 제3-16호

전화 (031) 913-3062, (031) 914-3884~5

팩스 (031) 913-3839

홈페이지 http://www.dymbook.co.kr

ISBN 978-89-7644-923-8

값 32,000원